중국어 한자 암기박사

초판 6쇄 | 2026년 1월 1일

지은이 | 공앤박 한자연구소
발행인 | 김태웅
편　집 | 김상현, 김수연
디자인 | 남은혜, 김지혜
마케팅 총괄 | 김철영
온라인 마케팅 | 신아연
제　작 | 현대순

발행처 | (주)동양북스
등　록 | 제2014-000055호
주　소 | 서울시 마포구 동교로22길 14 (04030)
구입문의 | 전화 (02)337-1737　팩스 (02)334-6624
내용문의 | 전화 (02)337-1762　dybooks2@gmail.com

ISBN 979-11-5768-279-9 13720

동양북스

　적지 않은 초급 중국어 학습자들은 한자가 상형문자라는 선입견을 갖고 있어 수천 개의 그림을 어떻게 효율적으로 습득할 수 있을지 고민한다. 이런 이유로 실제 많은 학습자들은 복잡한 그림 수천 개를 외우는 것보다, 차라리 한어병음으로 글을 쓰고 읽는 쪽을 택하는 것이 낫겠다고 생각할지 모른다.

　그러나 한자를 만든 고대 중국인들을 비롯하여, 현재 간체자를 자유자재로 읽고 쓰는 대다수의 중국인들이 모두 천재가 아니라는 사실을 생각한다면 분명 쉽게 한자를 배울 수 있는 지름길이 있을 것이다. 이제 이 책에서 누구나 쉽고 흥미롭게 한자를 접할 수 있는 비결을 함께 나누고자 한다.

　현재 한자를 사용하는 대표적인 나라는 중국 대륙을 포함하여 대만, 홍콩, 싱가포르 등의 중화권 국가와 한국, 일본 등으로, 그중 중국은 당연히 종주국으로서 가장 많이 활용하고 있다. 중국과 싱가포르는 간체자를, 대만과 홍콩은 번체자를 사용하며, 일본은 번체자와 일부 약자를 사용하고 있다. 한국은 고유문자인 한글을 사용하고 있으나 어휘의 60%가 번체자에서 그 의미를 가져왔기 때문에 한자를 모르면 언어의 의미를 온전히 이해하기 어렵다.

　이러한 이유로 한국, 중국, 일본에서는 한자에 대한 많은 연구가 있어 왔다. 우리는 위 3개국 학자들의 의견을 참고하여 新HSK 1~6급의 5,000여 개 단어를 구성하는 2,633개 글자를 바탕으로 3,500여 개의 상용한자를 정리하였다. 이 책에서는 그 가운데 新HSK 1~3급에 나오는 한자 627자를 설명하기 위해 기본글자들과 연결 고리에 있는 글자들을 포함해서 1,167여 개의 글자를 다루고 있다.

한자는 BC 14세기~BC 12세기에 사용된 것으로 추정되는 갑골문을 시작으로 중국에서 발전하였으며, 6~7세기 무렵에는 한국을 거쳐 일본으로 건너간 것으로 추정된다. 세월이 흐름에 따라 언어 역시 영향을 받기 때문에 중국에서는 한자의 의미에 어느 정도 변화가 생겼다. 반면, 언어가 다르면서 글자만 받아들인 한국과 일본은 소리는 변하였지만 뜻은 여전히 고대의 의미를 그대로 사용하고 있는 경우가 많다. 따라서 3개국 학자들의 의견을 두루 참고한 것은 상당히 유익하였다.

여기에서 우리는 3개국 학자들의 의견과, 때에 따라서는 상형문자인 갑골문(甲骨文)과 금문(金文)을 근거로 개인적인 의견을 더하여, 한자가 만들어진 원리를 설명하려고 노력하였음을 밝혀 둔다. 우리의 목표는 글자의 어원을 연구하는 학자가 되려는 것이 아니라, 한자를 더 쉽게 이해하도록 하는 것이기 때문이다. 그러나 이 책에서 다루고 있는 한자가 만들어진 원리는 나머지 3,500여 개의 한자들로 발전하는 데 조화를 이루는 설명이므로 단지 한 글자를 기억하기 위해 꾸며 낸 반쪽짜리 해설이 아니라는 것 또한 밝혀 둔다.

저자 박건호 · 공경용

목차

★ 한자 아래에 있는 번호는 본책에서 정리한 고유번호입니다.

 사람 12

신체 14	머리	亠 1	京 2	亡 3	亥 4	高 5	頁 6	首 7	彡 8	而 9		
	얼굴	面 10	目 11	直 12	見 13	艮 14	良 15	囗 16	可 17	奇 18	古 19	口 20
		欠 21	舌 22	言 23	音 24	牙 25	自 26					
	몸	身 27	心(忄) 28	骨 29	歹 30							
	손	手(扌) 31	才 32	爪 33	又 34	史 35	ヨ 36	隶 37	聿 38	ナ 39	寸 40	付 41
		寺 42	廾 43	其 44	关 45	勹 46	包 47	匈 48	勿 49	攵 50	支 51	
	발	足 52	止 53	正 54	疋 55	夂 56	各 57	舛 58	癶 59	彳 60	辶 61	廴 62
사람 150	人	人 63	内 64	厶 65	今 66	金 67	亻 68	儿 69	兄 70	元 71	ケ 72	尔 73
	大	大 74	头 75	夬 76	夭 77	央 78	立 79	尢 80				
	사람 모양	疒 81	己 82	乙 83	也 84	卩 85	令 86	卬 87	匕 88	旨 89	尸 90	尺 91
신분 219	생장 과정	巴 92	厶 93	去 94	子 95	女 96	母 97	父 98	氏 99	屮 100	者 101	长 102
	신분	辛 103	士 104	壬 105	臣 106	卧 107	王 108					

　한자를 쉽게 배우려면 어떻게 만들어졌는지 배경을 이해하는 것이 필요하다. 따라서 이 책에서는 글자를 사용하는 **사람**, 사람이 살아가는 **삶**, 삶의 터전인 **자연**, 이 세 부분으로 나누어 기본글자들을 살펴보게 될 것이다.

1. 사람과 관련된 글자

- **신체**: 동서고금을 막론하고 색깔과 크기의 차이는 있을지언정 사람의 신체 기관은 같다. 신체를 통해 모든 활동이 이루어지므로 이 부분에서 가장 많은 기본글자들이 다루어진다.
- **사람**: 기본글자들에 '서 있는 사람, 쪼그리고 앉아 있는 사람, 무릎 꿇은 사람' 등 사람의 모습을 본뜬 글자들이 상당히 많다는 것을 알게 될 것이다.
- **신분**: 배 속 태아에서부터 노인에 이르기까지 생장 과정과, 종에서 임금에 이르기까지 사회적인 신분으로 나뉘어 이야기가 전개된다.

2. 삶과 관련된 글자

- **전쟁**: 인류의 역사는 전쟁의 역사라고 해도 과언이 아닐 것이다. 한자에는 사람들에게 깊은 인상을 심어 준 전쟁과 관련된 글자들이 많이 있다.
- **필수품**: 삶의 필수 요소인 '옷, 음식, 주거'와 관련된 글자들을 살펴본다.
- **농업(직업)**: 농업은 생존에 가장 기본적인 식량을 생산하는 직업이기 때문에 인류사의 발전 과정에서 오랜 기원을 가지고 있다.

3. 자연과 관련된 글자

- **동물**: 사람이 살아가면서 만나게 되는 '육지 동물, 기타 동물 및 부산물'로 나누어 살펴본다.
- **산천초목**: 산, 광물, 물, 풀, 나무와 관련된 글자들이 한자에서 어떻게 활용되는지 볼 수 있다.
- **천체**: 해, 달, 별로 분류된 글자들이 다른 글자와 더해지면서 어떤 의미를 부여하는지 살펴본다.
- **기타**: 지금까지 해설되지 않은 숫자와 부호들을 분류하였다.

　위와 같은 순서로 한자들이 만들어진 배경을 이해하고 도표의 중심글자들을 반복 학습하다 보면 기본글자들은 물론이고 복잡한 한자들도 하나로 보이는 것이 아니라, 분리되어 마치 움직이는 장면을 보는 것처럼 느껴져 쉽게 익힐 수 있다. 더 나아가 이 책에서 배우지 않은 새로운 한자를 보게 되더라도 어떻게 읽을 것인지 무슨 뜻인지 스스로 유추해 낼 수 있는 기본 능력을 배양하게 될 것이다.

본문의 구성에 대하여

이 책의 본문은 크게 도표 부분과 해설 부분으로 나눌 수 있다.

〈도표 부분〉

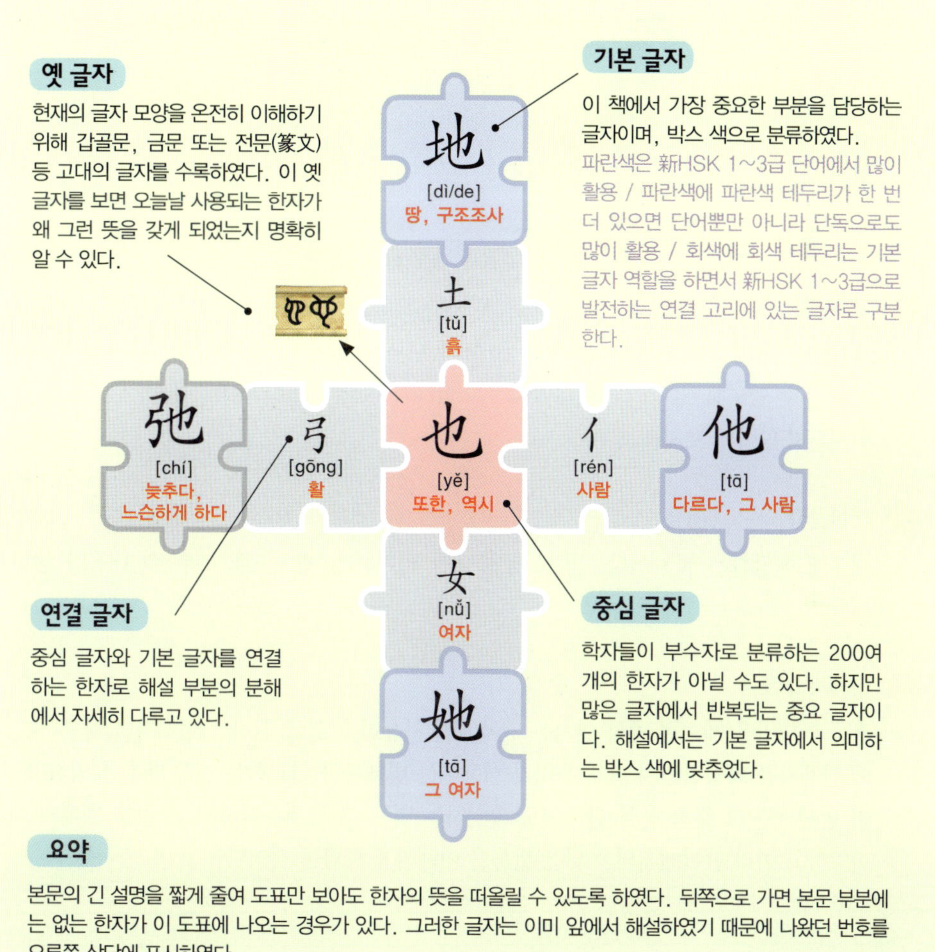

〈해설 부분〉

① **22e**

⑤ 乱 乱 乱 乱 舌 舌 乱

② 乱 luàn

③ [亂] **어지러울 란**

④ 혀 설 舌 [shé] **+** 구부러진 모습/숨을 은 乚 [83e] [yǐ]

⑥ 혀(舌)가 구부러졌다(乚)는 것은 혀를 잘못 놀려 혼란을 초래하게 되었음을 알려 준다.

* "乚"은 의미가 없는 글자로 다양한 해석이 가능하다.

⑦ 胡乱[húluàn] 함부로, 멋대로 19e
家里很乱。 집 안이 무척 어지럽다. 174a 151 14a 22e
现在的社会很乱。 지금의 사회는 매우 혼란하다. 13d 32a 46b 126h 66c 14a 22e

① 고유번호

각 글자들에 고유번호를 부여하였다. 이것은 모르거나 기억이 나지 않는 글자를 쉽고 빠르게 찾아갈 수 있도록 고안한 것이다. 해설을 읽다가 또는 단어나 예문을 보다가 궁금한 글자는 언제든지 찾아가 보자.

② 해설글자

해설에 해당하는 글자이다. 박스 색에 대한 의미는 앞에 〈도표 부분〉의 내용을 참고하면 된다.

③ 번체자와 훈음

홍콩과 대만을 제외한 중국 한자는 간체자를 사용하고 한국 한자는 번체자를 사용하기 때문에 간체자를 학습하면서 현재 우리가 사용하는 번체자와 비교하는 것은 매우 유익하다. 더욱이 번체자와 그 훈과 음을 한국어로 확인하는 것은 그 간체자가 가지고 있는 원래의 의미를 파악하고 여러 단어에서의 폭넓은 활용을 이해하게 도와줄 것이다.

④ 분해

해설한자가 어떤 글자들로 조립되었는지 보여 주는 부분이다. 대부분의 한자는 조립되는 한자의 소릿값이 반영된 형성문자이므로, 특히 이 부분에서 조립되는 한자의 한어 병음이 해설한자에 어떠한 영향을 미치는지 유의해서 보자.

또한 여기에 나오는 글자의 모양이 해설한자와 조립될 때 조금 달라진다 해도 의문을 갖지 말고, 어떠한 배경에서 조립되었는지를 생각하자. 한자가 오랜 세월에 걸쳐 조형미를 갖추면서 조금씩 변하였기 때문이다.

⑤ 쓰기순서

한자를 쓰는 순서는 '왼쪽에서 오른쪽으로, 위에서 아래로, 가로획과 세로획이 만날 때는 가로획을 먼저' 등 여러 가지 원칙이 있으나, 기본적으로 따라 쓸 수 있도록 이 부분을 배치하였다. 이러한 순서대로 쓰도록 노력한다면 한자를 균형 잡히게 쓸 수 있을 것이다.

⑥ 해설과 각주

이 책에서 가장 중요한 부분으로 기본글자가 조립되는 배경을 설명하고 있다. 필요한 경우 이해를 돕기 위해 수록된 옛 글자를 참고해 보자.

⑦ 단어&예문

해설한자가 활용되는 단어들로 검은색 글씨는 新HSK 1~3급에 해당하는 모든 단어들을 수록하였다.

회색 글씨로 되어 있는 단어들은 新HSK 1~3급에서 벗어난 단어이지만, 해설한자의 활용을 이해하는 데 도움이 되는 단어들이다. 단어의 한어병음 사이에 빗금(∥)이 그어진 단어는 이합사로 문장 안에서 분리되어서도 사용된다.

예문은 해설한자가 활용되는 의미를 단어에서 찾아보기 어려운 경우에 수록하였다.

신체

고대 중국인들이 그림으로 글자를 만들 때 누구나 알 수 있는 객관적이고 간단한 묘사를 하는 데에는 글자를 사용하는 주체인 사람 자신을 묘사하는 것이 가장 쉬웠을 것이다. 따라서 머리부터 발끝까지 신체의 주요 부분이 기본글자로 사용된다.

❶ **머리**에는 문자적인 머리라는 의미도 있지만 지도자라는 상징적인 의미도 있다.

❷ **얼굴**에는 '귀, 눈, 입, 코' 등의 기관이 있다.

❸ 희로애락과 같은 사람의 감정을 표현하기 위해서는 **몸**의 어느 부분이 사용되었겠는가? 심장을 본뜬 글자인 "마음 심 心[xīn]"자가 사용된다.

❹ 신체에서 가장 많이 사용되는 부분은 어디일까? 사람이 동물과 구분되는 가장 큰 특징이 **손**의 사용이다. 따라서 손을 의미하는 기본글자가 가장 많다.

❺ 신체에서 손 다음으로 많이 사용되는 기관은 **발**로 이 역시 많은 기본글자들이 있다.

사람

사람

기본글자에는 사람 신체의 일부분이 아니라 사람 자체를 의미하는 글자들이 있다. 여기에는 '사람'이라는 의미가 그대로 붙어 있는 글자가 있는가 하면, 원래 사람의 모습이지만 다른 의미가 붙어 있는 글자도 있다.

❶ "人"처럼 '사람'이라는 의미를 가지고 있는 기본글자들이 어떻게 의미에 기여하는지 보여 준다.

❷ 두 다리와 두 팔을 크게 벌리고 있는 사람의 모습인 "大"자와 비슷한 기본글자들이 있다.

❸ '서 있는 사람, 쪼그리고 앉아 있는 사람, 무릎 꿇은 사람' 등 원래 **사람 모양**이지만 다른 의미가 붙어 있는 기본글자들을 볼 수 있다.

신분

어느 사전에서든 인간은 사회적인 동물임이 명시되어 있다. 따라서 여기에서는 사람이 소속되어 있는 사회에서의 신분을 어떻게 기본글자에서 활용하는지 살펴볼 수 있다.

❶ 어머니 배 속 태아에서부터 노인에 이르기까지의 **생장 과정**에 대한 기본글자들이 있다.

❷ 종에서 임금에 이르기까지의 사회적인 **신분**으로 나누어서 이야기가 전개된다. 왕보다는 신하의 숫자가 월등하므로 당연히 왕보다는 신하와 관련된 글자가 많다는 것을 알 수 있다.

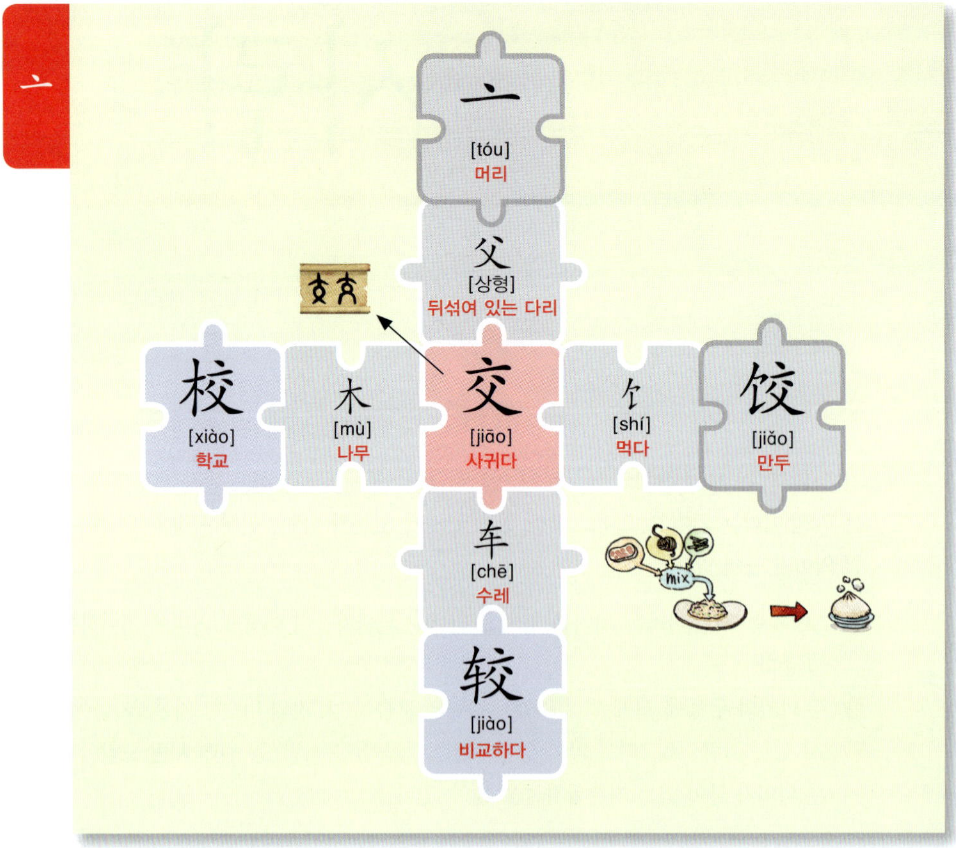

1

亠 亠

亠
tóu

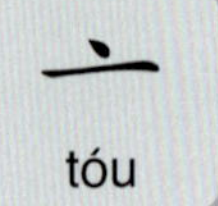

머리 두

사람이나 동물과 관련될 경우 '머리', 건물과 관련될 경우 '꼭대기', 사물과 관련될 경우 사물의 '윗부분'을 의미한다.

1a

交 交 交 交 交 交

交
jiāo

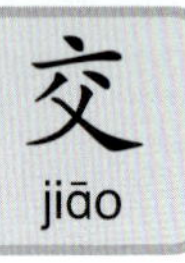

사귈 교

머리 두 亠 [tóu] + 뒤섞여 있는 다리 父 [상형]

두 사람(亠)이 다리를 교차(父)하고 있는 모습으로 '교제하다'는 의미를 가지고 있다. 또한 남녀의 다리가 섞여 있다는 것은 사랑을 '주고받는' 것을 의미한다.

* 이 글자에서 "아버지 부 父98[fù]"처럼 생긴 글자는 뒤섞여 있는 다리의 모양일 뿐 '아버지'와 관계없는 글자이다. 모양이 같다고 뜻이 항상 같은 것은 아님을 기억하자.

交流[jiāoliú] 교류하다, 소통하다 201a

交换[jiāohuàn] 교환하다, 서로 바꾸다 72d

外交[wàijiāo] 외교 222a

交付[jiāofù] 교부하다, 지불하다 41

1b

[餃] **만두** 교

jiǎo

먹을 식 饣 = 食 137 [shí] + 섞이다/사귈 교 交 1a [jiāo]

여러 가지 재료를 섞어(交) 만든 소를 피에 싸서 익혀 먹는(饣) 음식이 만두다.

饺子[jiǎozi] 만두, 교자 95

1c

[較] **비교할** 교

jiào

수레 차 车 124 [chē] + 섞이다/사귈 교 交 1a [jiāo]

섞여(交) 있는 다양한 차(车)들 가운데 누구 차가 좋은지 비교하는 모습이다.

* 고대 중국에서도 사람의 신분을 비교할 때 탈것이 사용되었음을 알 수 있다.

比较[bǐjiào] 비교하다, 비교적 88a

1d

학교 교

xiào

나무 목 木 210 [mù] + 주다/사귈 교 交 1a [jiāo]

학교란 나무(木)로 만든 건물에서 선생님과 학생들이 가르침을 주고받는(交) 곳이다.

学校[xuéxiào] 학교 95a

校长[xiàozhǎng] 교장, 학교장, 학장 102

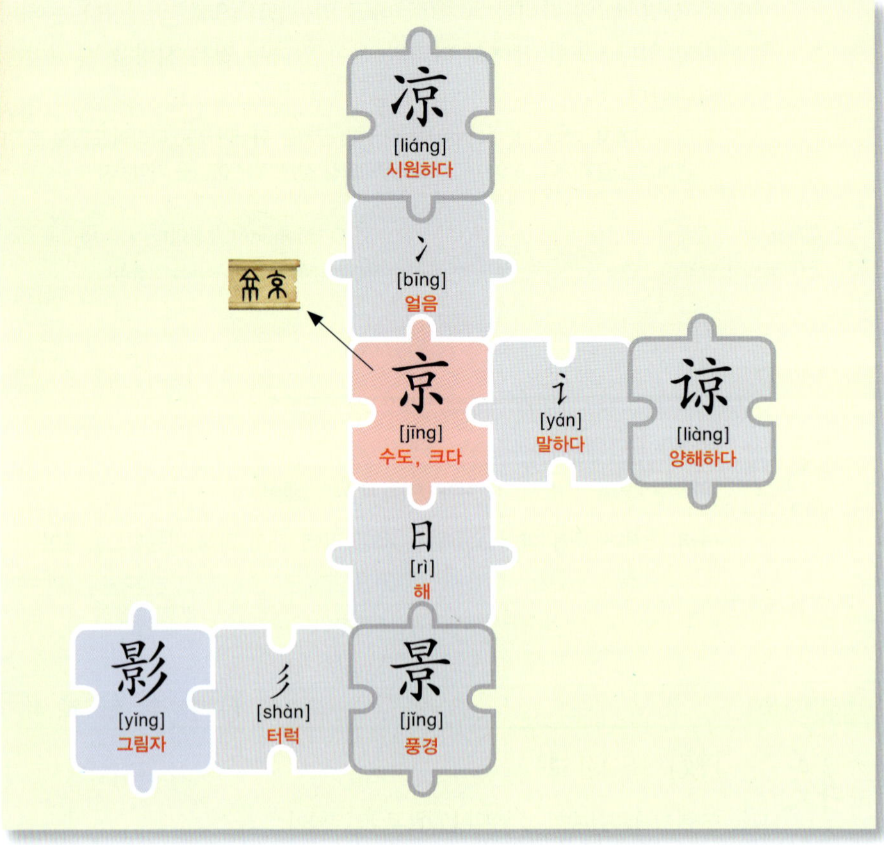

2

京 京 京 京 京 京 京 京

京 jīng

수도 경

머리 두 亠 ¹ [tóu] + 건물의 몸체 朵 [상형]

지붕(亠)이 높고 큰 건물(朵) 모양에서 '크다, 높다'는 기본 의미를 갖게 되었다.
그렇게 큰 건물이 많은 곳이 수도와 같은 대도시이다.

* 건물과 관련된 글자이므로 "亠"는 꼭대기인 지붕을 뜻하며, 아랫부분은 건물의 몸체를 의미
하는 부호이다. "입 구 口16 [kǒu]"나 "작을 소 小235 [xiǎo]"와는 무관하다.

北京 [Běijīng] 북경, 베이징 88c

2a

涼涼涼涼涼涼涼涼涼涼

凉 liáng

[涼] **서늘할** 량

얼음 빙 冫 206 [bīng] + 크다/수도 경 京 [jīng]

큰(京) 건물은 천장이 높고 벽이 두꺼워 한여름에도 얼음(冫)처럼 시원하다.

凉快[liángkuai] 시원하다, 서늘하다 28d · · · 着凉[zháo//liáng] 감기에 걸리다 11b

2b

諒諒諒諒諒諒諒諒諒諒

谅 liàng

[諒] **양해할** 량

말할 언 讠=言 23 [yán] + 크다/수도 경 京 [jīng]

큰(京) 건물에 사는 지위 높은 사람의 말(讠)은 죄를 용서할 수 있는 힘이 있다.

原谅[yuánliàng] 양해하다, 용서하다 200d

2c

景景景景景景景景景景景景

景 jǐng

풍경 경

해 일 日 218 [rì] + 크다/수도 경 京 [jīng]

태양(日)이 큰(京) 건물 위로 솟아올라 주변의 풍경을 밝게 비추는 모습이다.

景色[jǐngsè] 풍경, 경치 72f · · · 风景[fēngjǐng] 풍경, 경치 213c

2d

影影影影影影影影影影影影影影影

影 yǐng

그림자 영

볕/풍경 경 景 2c [jǐng] + 장식/터럭 삼 彡 8 [shān]

밝은 태양이 비출(景) 때 큰 건물로 가려진 부분에 그림자(彡)가 생기는 모습이다. 그림자의 명암으로 영상을 표현하는 '사진, 영화'를 의미하기도 한다.

* "彡"은 그림자가 생기는 모습을 묘사한 것이다.

电影[diànyǐng] 영화 157a · · · 影响[yǐngxiǎng] 영향을 주다, 영향 150a

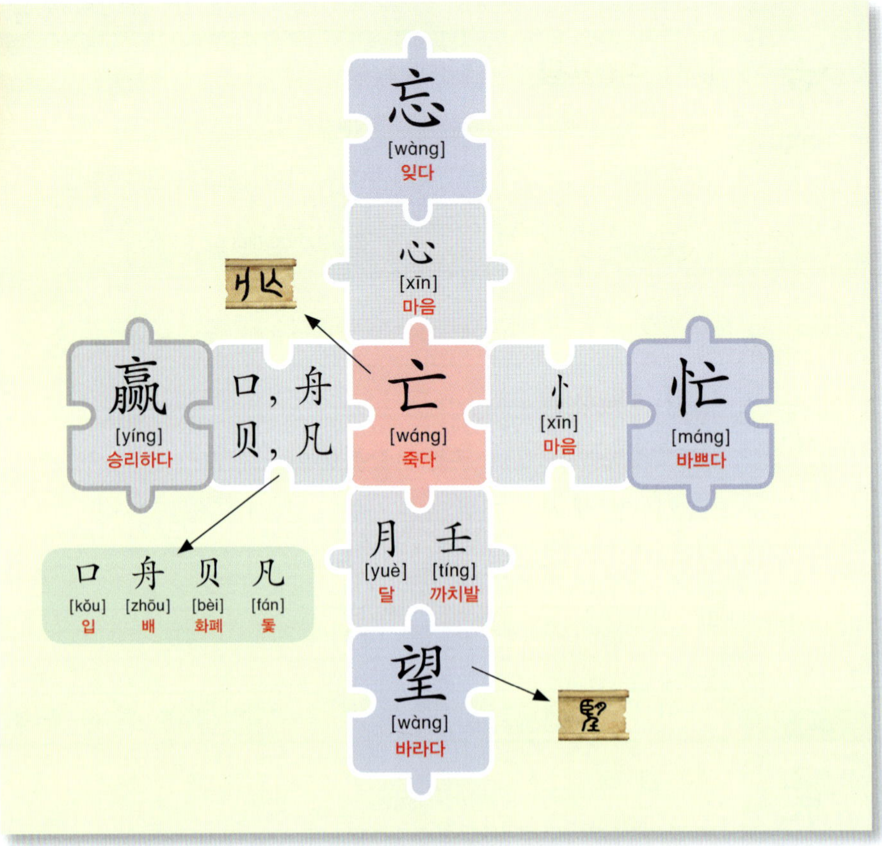

3 亠 亡 亡

亡 wáng

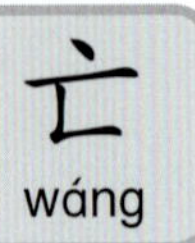

망할 망

꼿꼿하던(丨) 사람(亠)이 죽었음을 꺾인(乚) 부호로 표현하였다.

＊ 이 글자에서 "亠1[tóu]"는 사람의 신체 중에 가장 꼭대기인 머리를 뜻한다.

死亡[sǐwáng] 죽다, 사망하다 30a

3a 忘 忘 忘 忘 忘 忘 忘

忘 wàng

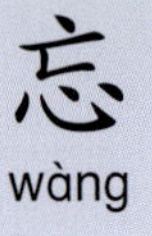

잊을 망

죽다/망할 망 亡 [wáng] + 마음 심 心 28 [xīn]

죽은(亡) 사람에 대한 기억은 마음(心)을 아프게 하므로 빨리 잊어야 한다.

忘记[wàngjì] 잊어버리다, 잊다 82b

3b

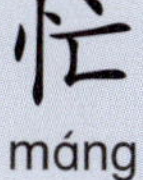

忙 máng

바쁠 망

마음 심 忄 =心 28 [xīn] + 죽다/망할 망 亡 [wáng]

죽음(亡)을 마주한 사람의 마음(忄)은 더 **바쁘게** 움직인다.

帮忙[bāng//máng] 일(손)을 돕다, 도움을 주다 209b   急忙[jímáng] 급히, 황급히, 바삐 36f

3c

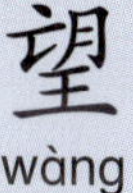

望 wàng

바랄 망

죽다/망할 망 亡 [wáng] + 달 월 月 221 [yuè] + 까치발 정 王 → 壬 105 [tíng]

타향에서 죽음(亡)을 앞둔 사람이 고향에서 가족들도 보고 있을 달(月)을 조금이라도 더 가까이 보려고 까치발(壬)을 하고 **바라보며** 그리워하는 모습이다.

＊ 이 글자에서 "임금 왕 王 108 [wáng]"처럼 생긴 글자는 까치발(壬)을 뜻하는 글자가 바뀐 것이다.

希望[xīwàng] 희망, 소망, 희망하다, 바라다 132d   失望[shīwàng] 실망하다, 낙담하다 199c

3d

赢 yíng

[贏] **남을 영**

죽다/망할 망 亡 [wáng] + 입구 口 16 [kǒu] + 배주 月 → 舟 125 [zhōu]
+ 화폐/조개 패 贝 186 [bèi] + 돛/무릇 범 凡 213b [fán]

전쟁에서 **승리**하여 죽지(亡) 않고 살아남은 사람(口)이 배(舟)에 화폐(贝)를 가득 싣고 돛(凡)을 올려 돌아오는 모습이다.

＊ "口"는 말하고 먹는 역할을 하므로 살아 있는 사람을 의미한다.

＊ "달 월 月 221 [yuè]"가 다른 글자와 합해질 경우 대부분 "고기 육 肉 192 [ròu]"의 의미를 갖지만, 가끔은 "배 주 舟 [zhōu]"의 의미로도 사용된다.

这场比赛谁赢了? 이 경기는 누가 **이겼**나요? 133a 155a 88a 206d 178b 3d 170a

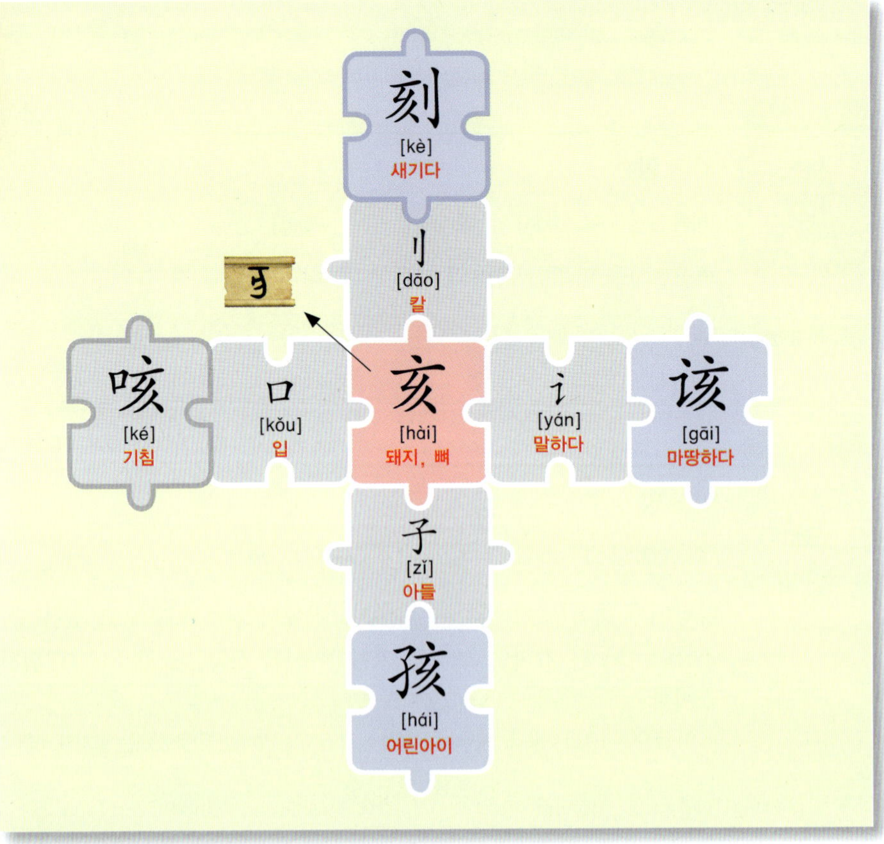

4 亥亥亥亥亥亥

亥 hài

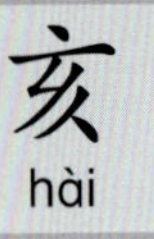

돼지 해

살을 발라내고 뼈만 남은 짐승의 모습으로, 다른 글자와 합해질 때 '뼈, 뼈대'라는 뜻을 나타낸다.

* 동물과 관련된 글자이므로 "亠1[tóu]"는 몸체 중에 가장 꼭대기인 머리를 뜻한다.

4a 刻刻刻刻刻刻刻刻

刻 kè

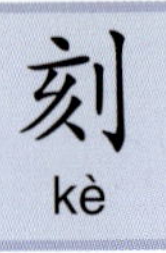

새길 각

뼈/돼지 해 亥 [hài] + 칼 도 刂 = 刀120 [dāo]

갑골문처럼 뼈(亥)에 칼(刂)로 글이나 그림을 새기는 모습이다. 고대에 하루를 100각(刻[kè])으로 나누어 물시계에 시간을 새겨 넣은 모양에서 '때, 순간'의 뜻으로도 사용하게 되었다.

＊ 갑골문: 기원전 14세기경 거북의 등딱지나 소의 어깨뼈 등에 칼로 새겨진 한자의 기원이 되는 글자.

立刻[likè] 곧, 즉시, 바로 79

深刻[shēnkè] (인상이) 깊다, 깊이가 있다 201c

4b

[該] **마땅히** 해
gāi

말할언 讠＝言 [23] [yán] ＋ 뼈/돼지 해 亥 [hài]

뼈(亥) 있는 말(讠)이란 사람들이 마땅히 따라야 할 교훈을 의미한다.

应该[yīnggāi] 반드시(마땅히) ~해야 한다, ~하는 것이 마땅하다 143c

4c

어린아이 해
hái

아들 자 子 [95] [zǐ] ＋ 뼈/돼지 해 亥 [hài]

아직 근육이 발달되지 않아 뼈대(亥)가 만져지는 어린아이(子)의 모습이다.

孩子[háizi] 어린이, 아동, 자녀 95

小孩儿[xiǎoháir] 아이, 애, 꼬마 235 69

4d

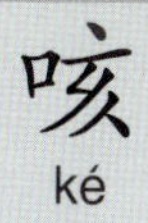

기침 해
ké

입구 口 [16] [kǒu] ＋ 뼈/돼지 해 亥 [hài]

심한 기침(口)은 뼈(亥)까지 울릴 정도로 힘들다.

＊ 이 글자에서 "口"는 기침을 하는 입을 나타낸다.

咳嗽[késou] 기침하다 212b

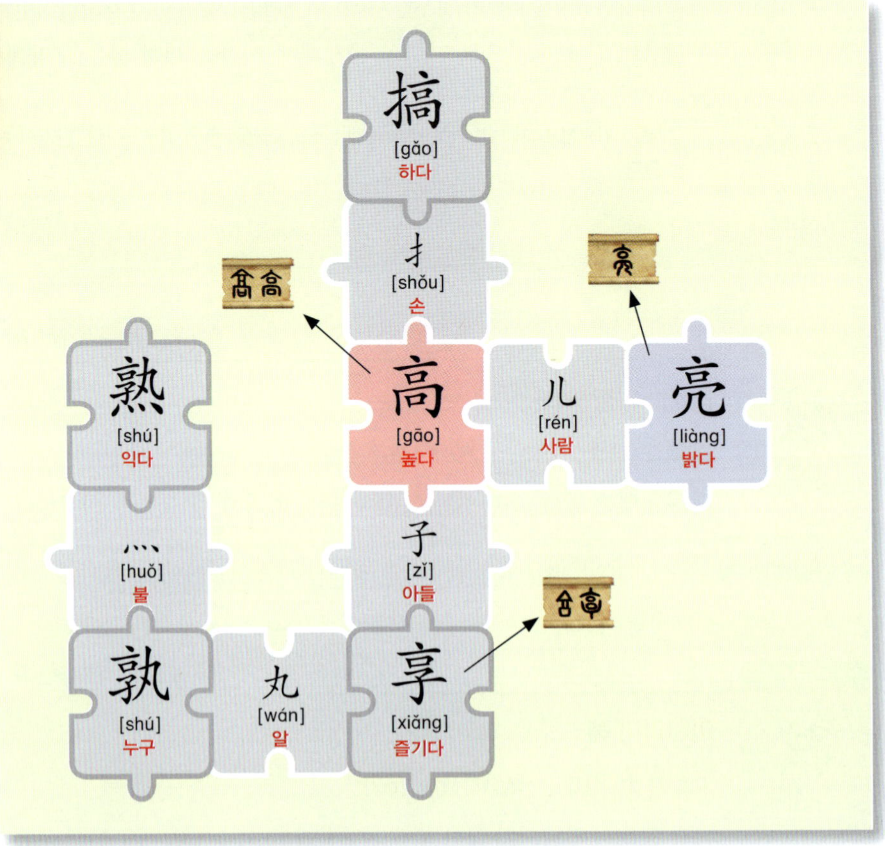

5

高高高高高高高高高高

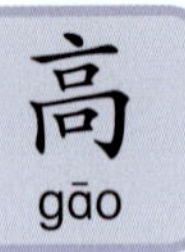

높을 고

큰 지붕(亠¹)과 출입구(口¹⁶)를 가진 **높고** 웅장한 궁궐의 모습이다.

* 건물과 관련된 글자이므로 "亠 [tóu]"는 건물의 꼭대기인 지붕을 뜻한다.

高兴[gāoxìng] 기쁘다, 즐겁다, 좋아하다 43d
提高[tí//gāo] 제고하다, 향상시키다 54c
高级[gāojí] (단계·급수가) 고급인, 상급인, (질·수준이) 고급이다 36g
高度[gāodù] 고도, 높이 143b

5a

할 고

손수 扌=手[31] [shǒu] + 높을고 高 [gāo]

자금성같이 높고(高) 웅장한 궁궐에는 할 일이 많아 일손(扌)도 많이 필요하다.

搞鬼[gǎo//guǐ] 나쁜 짓을 꾸미다, 수작을 부리다 153a　　搞好了吗? 끝내셨나요? 5a 96c 170a 176a

5b

밝을 량

높을고 高 [gāo] + 사람인 儿[69] [rén]

높은(高) 건물처럼 실력이나 미모가 출중한 사람(儿)은 주위를 밝게 비춘다.

* "高"가 다른 글자와 합해지면서 조형미를 위해 아랫부분이 생략되었다.

漂亮[piàoliang] 예쁘다, 아름답다, 멋지다 126e　　月亮[yuèliang] 달 221

5c

누릴 향

높을고 高 [gāo] + 아들자 子[95] [zǐ]

조상을 즐겁게 해드리기 위해 후손(子)들이 제단을 높고(高) 웅장하게 꾸미는 모습이다.

享福[xiǎng//fú] 복을 누리다, 행복하게 살다 126i

5d

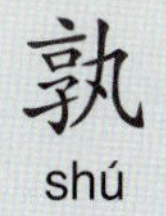

누구 숙

누릴향 享[5c] [xiǎng] + 절/알환 丸[230c] [wán]

조상이 즐겁도록(享) 제단을 높게 꾸미고 엎드려 절하는(丸) 사람이 누구인가 살펴보는 모습이다.

* "丸"은 사람이 엎드려 절을 할 때 등이 둥그렇게 말려 있는 모습이다.

熟
shú

익을 숙

누구 숙 孰 [5d] [shú] ＋ 불 화 灬 = 火 [158] [huǒ]

조상을 즐겁게 해드리기 위해서는 누가(孰) 제물을 바치든지 조상이 생전에 좋아했던 음식을 불(灬)에 잘 익혀서 드려야 했다. 과일 또한 잘 익은 것을 드려야 했음은 물론이다.

成熟[chéngshú] 성숙하다, 숙련되다, 익다 114a   熟练[shúliàn] 숙련되다, 능숙하다 131g
西瓜已经熟了。 수박은 이미 익었다. 168 33f 82a 131e 5e 170a

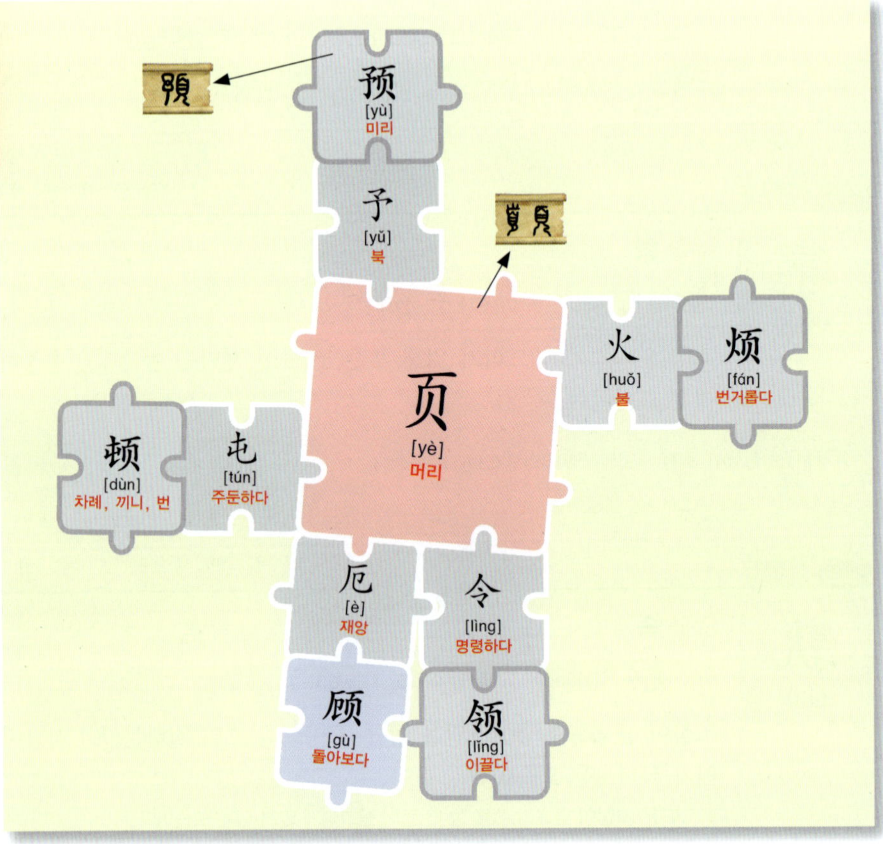

6

[頁] **머리 혈, 페이지 엽**

사람(人[63]→"사람 인 儿[69][rén]")의 다리 위에 있는 머리(一)와 얼굴(𠂊)을 강조한 글자로 '머리'라는 기본 의미를 가지고 있다. 또한 책의 맨 위에 숫자로 표시하는 '페이지'로도 쓰인다.

6a

[預] **미리 예**

북/줄 여 予[170b][yǔ] + 머리혈 頁 [yè]

베틀로 천을 짤 때 씨실이 담긴 북(予)이 날실 사이를 바쁘게 오가는 것처럼, 머리(頁)를 바쁘게 움직인다는 것은 앞으로의 일을 미리 생각하고 계획하는 것을 의미한다.

* "予"는 베틀에서 세로로 늘어진 날실 사이를 가로로 오가며 씨실을 풀어 주는 북의 모양이다.

预习[yùxí] 예습하다 182a　　　　　预报[yùbào] 예보하다, 미리 알리다 34a

6b

[煩] **번거로울 번**

불화 火[158][huǒ] + 머리혈 頁 [yè]

불(火)이 난 것처럼 머릿속(頁)이 복잡하여 번거로운 모습이다.

麻烦[máfan] 귀찮다, 성가시다, 번거롭다 211b

6c

[領] **거느릴 령**

명령할 령 令[86][lìng] + 머리혈 頁 [yè]

무리를 통솔하고 이끌기 위해 명령(令)을 내리는 우두머리(頁)의 모습이다.

领导[lǐngdǎo] 지도하다, 지도자 7b　　　　　本领[běnlǐng] 능력, 기량, 재능 210a

6d

顾
gù

[顧] **돌아볼 고**

재앙 액 厄[85a] [è] + 머리 혈 页 [yè]

무리를 통솔하는 머리(页)인 지도자는 재앙(厄)을 당해 어려운 사람들을 **돌아봐야** 한다.

* "厄"은 벼랑(厂[147])에서 떨어져 엎드려 있는 사람(卩[85])의 모습이다.

照顾[zhàogù] 보살피다, 돌보다, 간호하다 121c   顾客[gùkè] 고객, 손님 57b

6e

顿
dùn

[頓] **조아릴 돈**

주둔할 둔 屯 [tún] + 머리 혈 页 [yè]

대장(页)이 식사를 하기 위해 **잠시 멈추라**고 명령하자 대원들이 진을 치는(屯) 모습에서 대장의 명령에 **'조아린다'**는 의미를 갖게 되었다. 그렇게 진군하다 멈출 때마다 식사하는 모습에서 '끼니, 번, 차례'와 같은 양사로도 쓰이게 되었다.

* "屯"은 땅속에 말뚝을 박고 막사를 세우거나 동물들을 묶어 놓은 모습에서 유래한 글자이다.

一顿早饭 한 끼의 아침 식사 223 6e 218e 147b
我被他批评了一顿。 나는 그에게 한바탕 꾸지람을 들었다. 113b 130a 84b 88b 123a 170a 223 6e

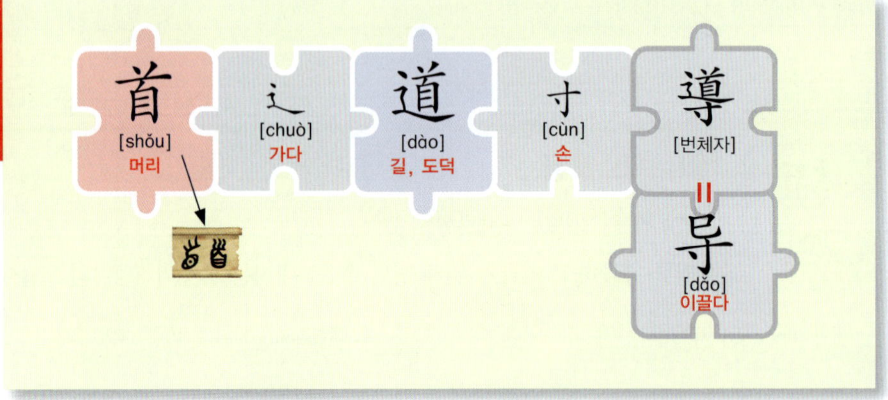

7

首首首首首首首首首

首 shǒu

머리 수

얼굴(自) 위에 머리카락(⺍)을 그려 넣어 **머리**를 뜻하는 글자를 만들었다.

* 이 글자에서 "스스로 자 自26[zì]"는 얼굴의 윤곽 중 가장 두드러지는 '코'를 본뜬 글자로 얼굴을 상징한다.

首都[shǒudū] 수도 101a   首先[shǒuxiān] 가장 먼저, 첫째(로) 69d

7a

道道道道道道道道道道道道

道 dào

길 도

머리수 首 [shǒu] + 갈착 辶61 [chuò]

머리(首), 즉 지도자가 가는(辶) 방향이 곧 무리가 따라가야 할 **길**이다. 그러한 길은 마땅히 따라야 하는 규범이라는 의미에서 **도덕**의 뜻도 갖게 되었다. 또 길게 이어진 길처럼 **긴 것을 세는 양사**로도 사용된다.

知道[zhīdào] 알다, 이해하다 111c   街道[jiēdào] 거리, 가도, 대로 60c

道理[dàolǐ] 도리, 이치, 법칙 108b   道路[dàolù] 도로, 길, 역정, 경로 57a

走道[zǒudào] 보도, 인도 53c   一道河 한줄기 강 223 7a 17d

7b

导导导导导导

导 dǎo

[導] 이끌 도

태아/여섯째 지지 사 巳92 [sì] + 손/마디 촌 寸40 [cùn]

어린아이(巳)의 손(寸)을 잡고 올바른 길로 **이끄는** 모습이다.

* 번체자(導)는 올바른 길(道7a)로 손(寸)을 잡고 **이끄는** 모습이다.

领导[lǐngdǎo] 지도하다, 지도자 6c   辅导[fǔdǎo] (학습을) 도우며 지도하다 124a

导游[dǎoyóu] 관광 가이드, (관광객을) 안내하다 161b

彡

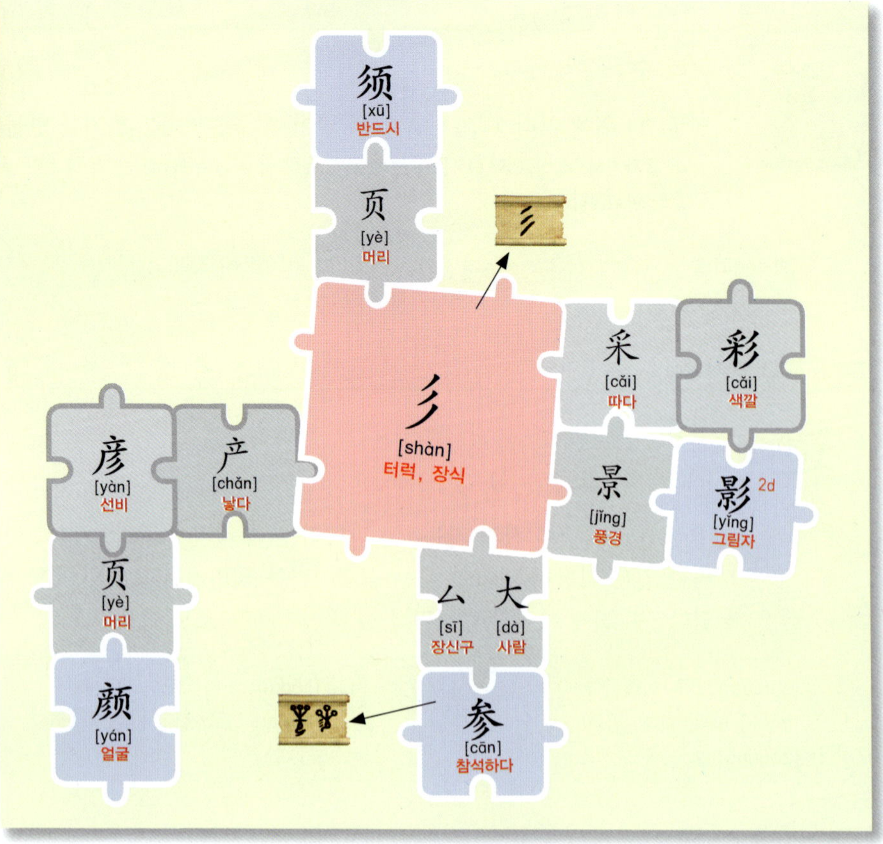

8

8

彡 彡 彡

彡
shàn

터럭 삼

식물이나 사람의 잔털을 형상화한 글자이다. 보온 효과가 있는 머리털을 제외한 모든 털은 사람이나 사물을 아름답게 장식하기 위한 것이므로, 이 글자가 들어가면 모두 '장식, 치장, 꾸밈'과 관련이 있다.

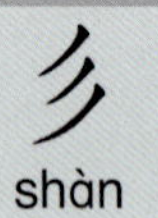

8a

[須] **마땅히** 수

须
xū

터럭 삼 彡 [shàn] + 머리 혈 頁[6] [yè]

남자는 반드시 얼굴(頁)에 구레나룻과 같은 수염(彡)이 나게 되어 있다.

* "頁"은 얼굴의 뜻으로 혼용하는 경우도 많다.

必须[bìxū] 반드시, 꼭, 기필코 28b

8b

채색 채

彩
cǎi

딸 채 采[33d] [cǎi] + 터럭 삼 彡 [shàn]

나무의 잎사귀를 따다(采) 다양한 색깔의 물감을 만들어 천을 장식(彡)하는 모습이다.

精彩[jīngcǎi] 뛰어나다, 훌륭하다, 근사하다 135b   彩色[cǎisè] 채색, 여러 가지 빛깔, 컬러 72f

8c

[參] **참가할** 참

参
cān

사적인/자기 사 厶[93] [sī] + 사람/큰 대 大[74] [dà] + 터럭 삼 彡 [shàn]

연회에 참석하기 위해 화려한 장신구(厶)로 머리를 장식(彡)한 귀부인(大)의 모습이다.

* 번체자(參)는 잔치에 참석하기 위해 장신구(厽→晶[218])로 머리(숱 많고 검을 진 參 [zhěn])를 장식한 모습이다.

参加[cānjiā] 참가하다, 가입하다, 참여하다 159g   参观[cānguān] 참관하다, 견학하다 13b

8d

产
chǎn

[產] 낳을 산

설립 효 79[lì] + 언덕 엄 厂 147[ān]

벼랑(厂) 위에 우뚝 서(효) 있는 사람이란 난세를 잘 헤쳐나가는 뛰어난 영웅을 가리킨다. 자식을 낳은 어머니는 아이가 자라서 그러한 훌륭한 인재가 되기를 바란다.

＊ 번체자(產)는 "선비 언 彦 8e[yàn]"과 "날 생 生 208[shēng]"이 합해진 모습으로 위의 설명을 뒷받침해 준다.

生产 [shēngchǎn] 생산하다, 출산하다 208

8e

彦
yàn

선비 언

낳을 산 产 8d [chǎn] + 터럭 삼 彡[shàn]

난세를 잘 헤쳐나가는 뛰어난 영웅이 되기를 바라며 낳은(产) 자식이, 어머니의 소망대로 수염(彡)을 기른 훌륭한 인재가 되었다는 의미에서 '선비'를 뜻하게 되었다.

8f

颜
yán

[顏] 얼굴 안

선비 언 彦 8e [yàn] + 머리 혈 页 [yè]

옛날에 존경받는 재덕을 지닌 사람(彦)들은 얼굴에 수염(彡)을 길게 길렀다. 그렇게 머리(页)에서도 수염이 길게 자라는 부분이 얼굴이다.

颜色 [yánsè] 색, 색깔, 안색, 용모 72f

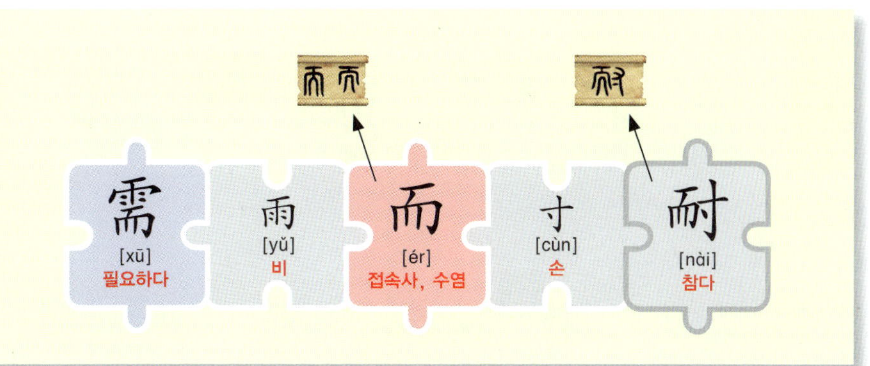

而 [xū] 필요하다　　雨 [yǔ] 비　　而 [ér] 접속사, 수염　　寸 [cùn] 손　　耐 [nài] 참다

9

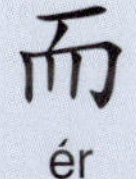

말 이을 이
ér

본래 코 밑 '수염'을 뜻하는 글자였으나, 말이 마치 코밑수염 사이에서 이어져 나오는 것 같다는 의미에서 문장을 이어 주는 접속사로 사용된다.

而且[érqiě] 게다가, 뿐만 아니라, 또한 224　　　　然而[rán'ér] 그러나, 하지만, 그렇지만 158e

---

9a

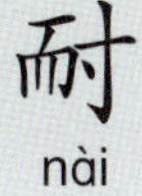

견딜 내
nài

수염/말 이을 이 而 [ér] + 손/마디 촌 寸[40] [cùn]

수염(而)을 손(寸)으로 잡아당길 때 아픔을 참는 모습이다.

9b

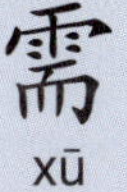

필요할 수
xū

비우 雨[205] [yǔ] + 수염/말 이을 이 而 [ér]

신에게 기우제를 올리며 비(雨)를 내려 달라고 끊임없이 요구하는 모습을 코밑수염(而) 사이로 말이 계속 이어져 나오는 것으로 묘사하였다.

需要[xūyào] 필요하다, 요구되다 168b

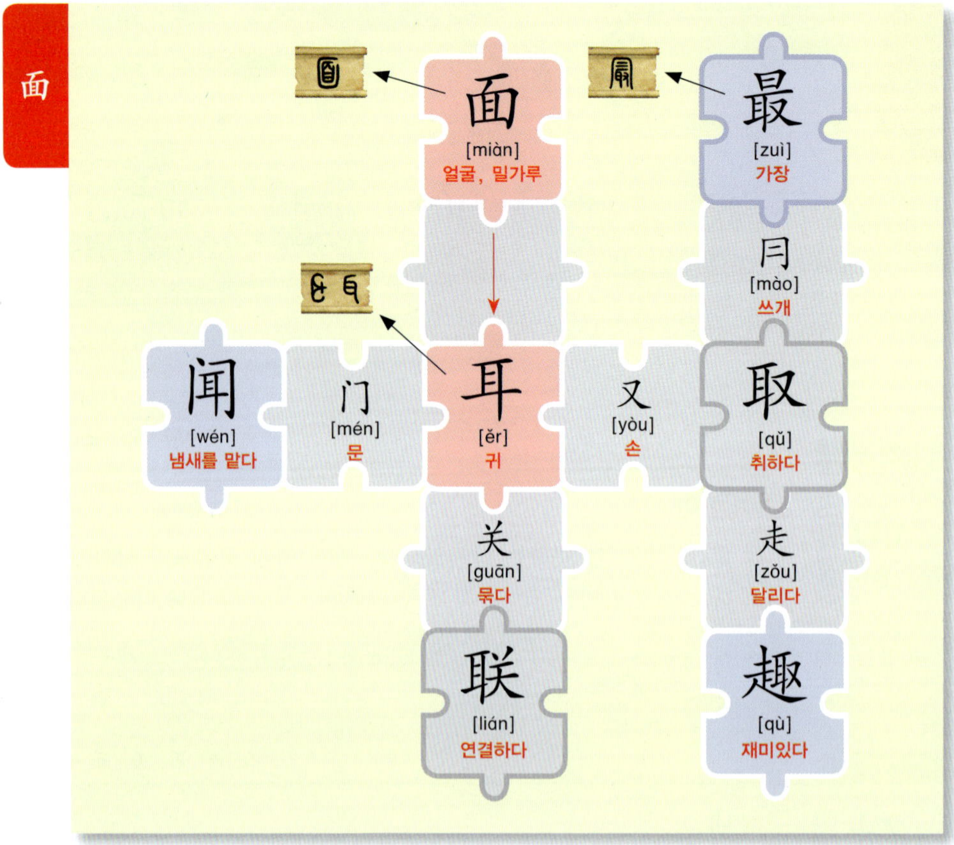

面
[miàn]
얼굴, 밀가루

최
[zuì]
가장

聞
[wén]
냄새를 맡다

門
[mén]
문

耳
[ěr]
귀

又
[yòu]
손

取
[qǔ]
취하다

冃
[mào]
쓰개

关
[guān]
묶다

走
[zǒu]
달리다

联
[lián]
연결하다

趣
[qù]
재미있다

10

面面面面面面面面面

面
miàn

[面, 麵] 얼굴 **면**, 밀가루 **면**

머리와 얼굴 그리고 눈코, 입과 같은 얼굴에 달린 기관을 간략하게 선으로
정리한 글자이다. 또한 얼굴의 뜻과는 관계없이 발음이 곡물 가루, 특히
밀가루의 발음과 같아 '밀가루, 곡물 가루, 국수'의 뜻으로도 사용된다.

后面[hòumiàn] 뒤, 뒤쪽, 뒷면 16e   前面[qiánmiàn] 앞, 앞쪽, 앞면 221a
面条[miàntiáo] 국수 56c   见面[jiàn//miàn] 만나다, 대면하다 13
面包[miànbāo] 빵 47   方面[fāngmiàn] 방면, 부분, 분야 160

10a

耳 耳 耳 耳 耳 耳

귀 이
ěr

귀의 모양을 본뜬 글자이다.

耳朵[ěrduo] 귀 210j　　　耳环[ěrhuán] 귀고리 108c

10b

取 取 取 取 取 取 取 取

가질 취
qǔ

귀이 耳[10a] [ěr] + 손/또우 又[34] [yòu]

전쟁에서 승리한 군인들이 전리품으로 적군의 귀(耳)를 잘라 손(又)으로 취하는 모습이다.

＊ 옛날 전쟁에서 전과를 증명하기 위해 적군의 왼쪽 귀를 취하던(取) 풍습이 반영되었다.

取得[qǔdé] 취득하다, 얻다 40b　　　争取[zhēngqǔ] 쟁취하다, 얻어 내다, 따내다 36a
取消[qǔxiāo] 취소하다 235d　　　采取[cǎiqǔ] 채취하다, 취하다 33d

10c

最 最 最 最 最 最 最 最 最 最 最 最

가장 최
zuì

쓰개모 日 → 冃[11e] [mào] + 가질 취 取[10b] [qǔ]

전쟁에서 가장 큰 전리품은 적장의 머리(冃)를 취하는(取) 것이다.

＊ "冃"자는 머리에 덮어쓰는 두건의 모습이다.
＊ "日"은 원래 "쓰개 모 冃[mào]"의 변형으로, 적장의 머리(冃)를 취하는(取) 것이 최고라는 의미를 가지고 있다.

最后[zuìhòu] 최후의, 맨 마지막의 16e　　　最近[zuìjìn] 최근, 요즈음 119a
最初[zuìchū] 최초, 처음, 맨 먼저 120c　　　最好[zuìhǎo] 가장(제일) 좋다 96c

趣趣趣趣趣趣趣趣趣趣趣趣趣趣趣

趣
qù

재미 취

달릴 주 走 ^{53c} [zǒu] + 가질 취 取 ^{10b} [qǔ]

전쟁에서 승리한 군인들이 전리품을 취하고(取) 즐거운 마음으로 고국으로 달려가는(走) 모습이다.

感兴趣[gǎn xìngqù] 흥미가 있다, 좋아하다 114d 43d　　兴趣[xìngqù] 흥미, 흥취, 취미 43d

联联联联联联联联联联联联

联
lián

[聯] 연합할 련

귀 이 耳 ^{10a} [ěr] + 닫을 관 关 ⁴⁵ [guān]

전쟁에서 승리한 군인들이 전리품으로 가져가기 위해 적군의 귀(耳)를 잘라 생선 엮듯이 연결하여 끈으로 묶는(关) 모습이다.

＊ "关"은 대문을 닫고 열지 못하게 문빗장을 끈으로 묶어 놓은 모습이다.

联系[liánxì] 연락하다, 연결하다, 결합하다 131b　　联合[liánhé] 연합하다, 결합하다 65a
联想[liánxiǎng] 연상하다 11d

闻闻闻闻闻闻闻闻闻

闻
wén

[聞] 들을 문

문 문 门 ¹⁴⁵ [mén] + 귀 이 耳 ^{10a} [ěr]

귀(耳)는 소리를 듣는 통로로 문(门)과 같은 역할을 한다. 소리나 냄새는 모두 외부의 정보라는 공통점이 있고, 발음이 같기 때문에 가차되어 '냄새를 맡다'는 의미도 가지고 있다.

新闻[xīnwén] 새 소식, 뉴스 103b

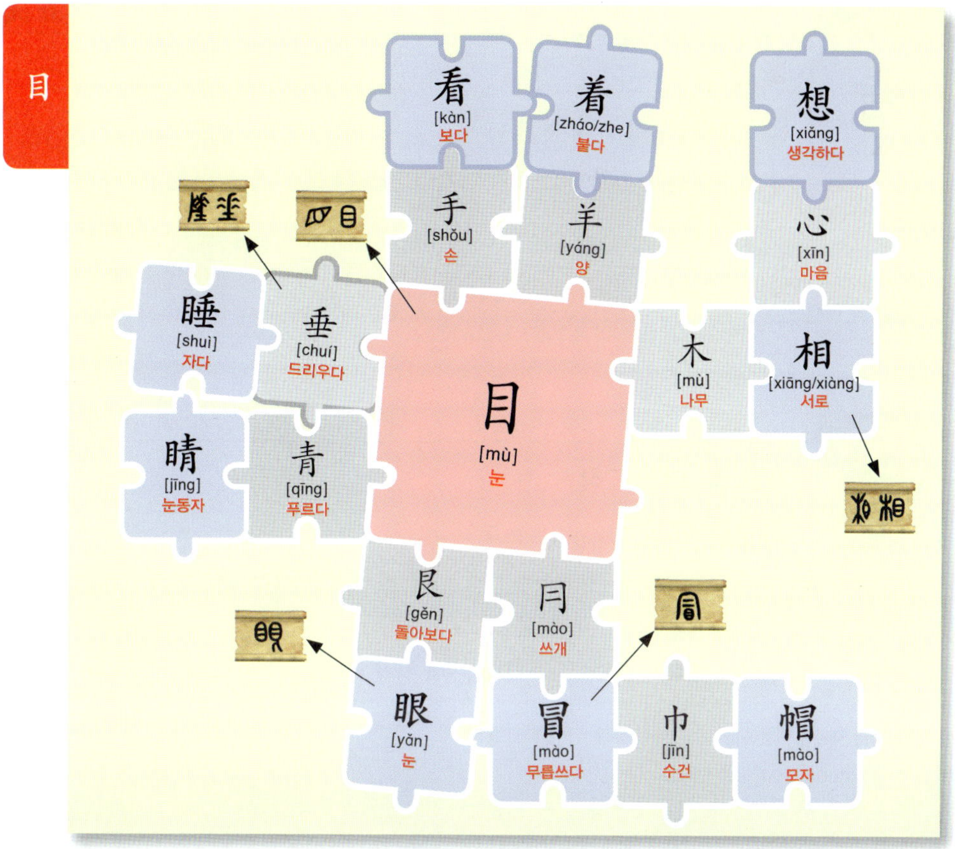

目

11

11

目 目 目 目 目

目
mù

눈 목

눈동자를 포함한 눈의 모양을 본뜬 글자이다.

节目 [jiémù] 프로그램, 항목, 목록 85g

目前 [mùqián] 지금, 현재 221a

目的 [mùdì] 목적 46b

题目 [tímù] 제목, 표제, 문제 54d

11a

看
kàn

볼 간

손수手[31] [shǒu] + 눈목目 [mù]

손(手)을 눈(目) 위에 얹고 무언가를 자세히 보는 모습이다.

看见[kàn//jiàn] 보다, 보이다, 눈에 띄다 13
看病[kàn//bìng] 진찰하다, 진료하다 81a
看电视 TV를 보다 11a 157a 13c

好看[hǎokàn] 보기 좋다, 아름답다, 근사하다 96c
难看[nánkàn] 못생기다, 보기 싫다, 흉하다 34h
看天气 날씨를 관찰하다 11a 74b 204

11

11b

着
zháo/zhe

붙을 착, 어조사 착

양양羊→羊[171] [yáng] + 눈목目 [mù]

눈(目)이 나쁜 양(羊)들이 길을 잃지 않으려고 서로에게 몸을 바짝 붙여 움직이는 모습이다. 또한 着은 후치사로 동사나 형용사 뒤에 붙여 동작의 진행이나 상태의 지속을 나타내는 데 사용된다.

着急[zháo//jí] 조급해하다, 안달하다, 초조해하다 36f
着凉[zháo//liáng] 감기에 걸리다 2a
他正穿着衣服。 그는 지금 옷을 입고 있다. (동작의 진행/동작의 지속) 84b 54 25a 11b 130 34b
我到家时大门开着。 내가 집에 도착했을 때 대문이 열려 있었다. (상태의 지속) 113b 112b 174a 42d 74 145 43a 11b

11c

相
xiāng/xiàng

서로 상, 모양 상

나무목木[210] [mù] + 눈목目 [mù]

서 있는 나무(木)를 사람이 눈(目)으로 살펴보는 모습이다. 그러한 모습을 나무와 사람이 서로 마주보는 것으로 표현하였다. 또 서 있는 나무(木)를 사람이 눈(目)으로 살펴본다는 것은 나무의 외관을 보는 것이다.

相信[xiāngxìn] 믿다, 신임하다, 신뢰하다 23a
照相机[zhàoxiàngjī] 사진기, 카메라 121c 213a

互相[hùxiāng] 서로, 상호 149a
照相[zhào//xiàng] 사진을 찍다, 촬영하다 121c

11d

想
xiǎng

생각할 상

서로 상 相 [11c] [xiāng] + 마음 심 心 [28] [xīn]

사랑하는 사람끼리 서로(相)를 마음(心)으로 그리며 생각하는 모습이다.

思想[sīxiǎng] 사상, 생각, 견해 28a

想念[xiǎngniàn] 그리워하다, 생각하다 66b

想象[xiǎngxiàng] 상상(하다) 174b

11e

冒
mào

무릅쓸 모

쓰개 모 冃 [28e] [mào] + 눈목 目 [mù]

눈(目)을 덮을 정도로 두건(冃)을 푹 눌러쓴 모습이다. 얼굴을 다 가릴 정도로 모자를 눌러쓰고 평소에 할 수 없었던 일을 과감히 하는 모습에서 '무릅쓰다, (밖으로) 내뿜다'는 뜻이 파생되었다.

* "冃"는 머리에 덮어쓰는 두건의 모습이다.

感冒[gǎnmào] 감기, 감기에 걸리다 114d

11f

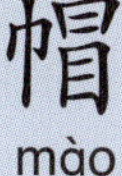

帽
mào

모자 모

수건 건 巾 [132] [jīn] + 무릅쓸 모 冒 [11e] [mào]

눈 위에 두건을 쓴 모습의 "冒"가 '무릅쓰다, 내뿜다'는 뜻으로 변하자, 두건의 재질인 헝겊이나 천 조각을 뜻하는 "巾"을 더하여 '모자'라는 의미를 만들었다.

帽子[màozi] 모자 95

11g

眼眼眼眼眼眼眼眼眼眼眼

眼 yǎn

눈 안

눈목 目 [mù] + 돌아보다/딱딱할 간 艮[14] [gěn]

눈을 의미하는 "目"와 뒤를 돌아보는 눈을 의미하는 "艮"을 합하여, 또 다른 '눈'을 의미하는 글자를 만들었다.

眼睛[yǎnjing] 눈 11h   眼镜[yǎnjìng] 안경 24e

11h

睛睛睛睛睛睛睛睛睛睛睛睛

睛 jīng

[睛] **눈동자** 정

눈목 目 [mù] + 푸를청 青[135] [qīng]

물이 맑고 깊으면 푸르게 보이는 것처럼, 눈(目)이 맑고 깊어 푸르게(青) 빛나는 눈동자를 의미한다.

眼睛[yǎnjing] 눈 11g

11i

垂垂垂垂垂垂垂垂

垂 chuí

드리울 수

나무목 木[210] [mù] + 흙토 土[155] [tǔ]

수양버들처럼 줄기와 이파리를 땅(土)바닥까지 늘어뜨린 나무(木[210])의 모습이다.

垂直[chuízhí] 수직의 12

11j

睡睡睡睡睡睡睡睡睡睡睡睡睡

睡 shuì

잘 수

눈목 目 [mù] + 드리울수 垂[11i] [chuí]

눈(目)꺼풀을 아래로 드리우고(垂) 잠을 자는 모습이다.

睡觉[shuì//jiào] (잠을) 자다 13a

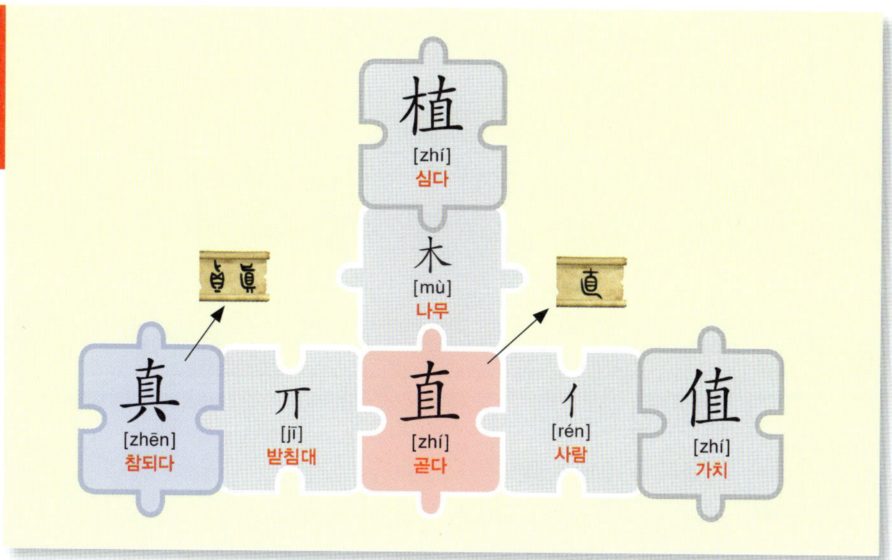

12

[直] 곧을 직

zhí

자재(一)의 수직과 수평(十)이 곧은지 눈(目[11][mù])으로 살펴보는 모습이다.

一直[yìzhí] 계속, 줄곧, 곧장 223   直接[zhíjiē] 직접적인 96i

12a

[植] 심을 식

zhí

나무목 木[210][mù] + 곧을직 直 [zhí]

나무(木)가 잘 자라도록 곧게(直) 세워서 심는 모습이다.

植物[zhíwù] 식물 49b

12b

[值] 값치

사람 인 亻[68] [rén] + **곧을 직 直** [zhí]

마음이 바르고 곧아야(直) 가치 있는 사람(亻)이다.

值得[zhídé] 값에 상응하다, ~할 만한 가치가 있다 40b

12c

[眞] 참진

곧을 직 直 [zhí] + **받침대 기 丌**[44] [jī]

흠이 없는 곧은(直) 제물을 받침대(丌) 위에 올려놓은 모습으로, 신의 도움
으로 진리를 깨닫기 위해 제물을 바치는 장면이다.

* 아랫부분의 "丌"는 물건을 얹는 받침대의 모양이다.
* 번체자(眞)는 의례에 사용되는 발이 달린 솥(鼎-敗186g참조)에 들어 있는 음식을 신이 수저
(匕88)로 음미하고 진리를 알려 주는 모습이다.

认真[rènzhēn] 진지하다, 진솔하다, 곧이 듣다 63a
真正[zhēnzhèng] 진정한, 참된, 진정으로 54

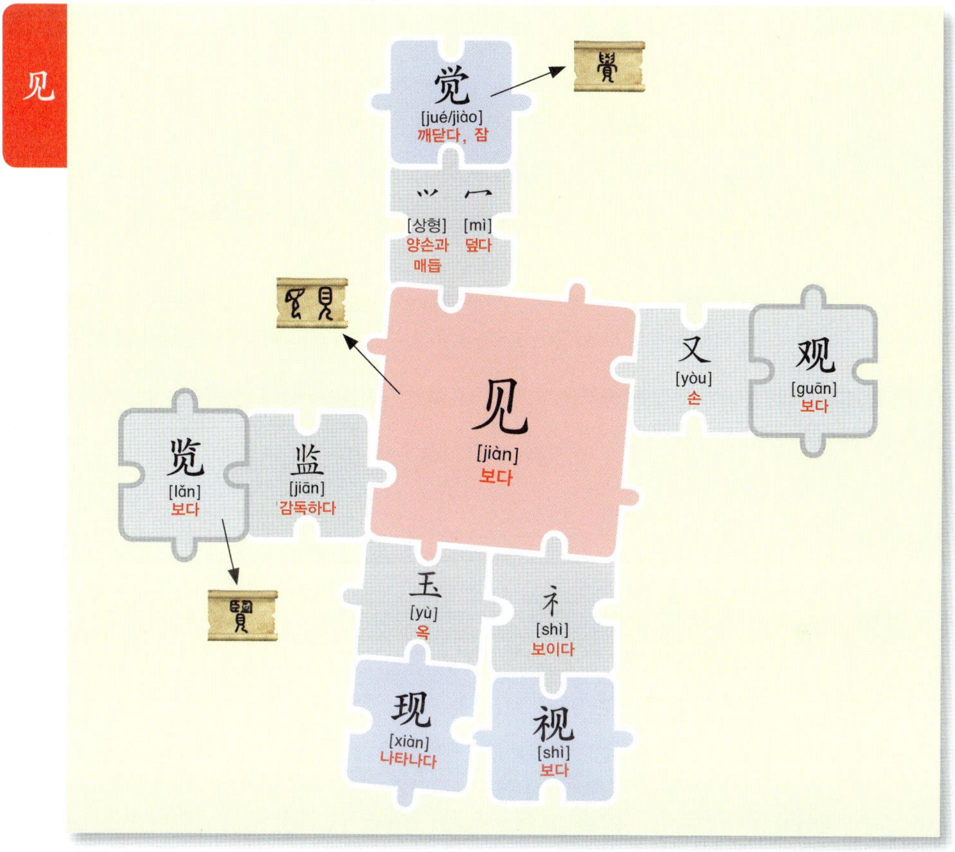

觉 [jué/jiào] 깨닫다, 잠

[상형] 양손과 매듭 　[mì] 덮다

见 [jiàn] 보다

又 [yòu] 손

观 [guān] 보다

览 [lǎn] 보다

监 [jiān] 감독하다

玉 [yù] 옥

礻 [shì] 보이다

现 [xiàn] 나타나다

视 [shì] 보다

13

见 见 见 见

见
jiàn

[見] 볼 **견**

사람(儿⁶⁹) 위에 눈(冂 → 目¹¹)을 얹어서 정면을 뚫어지게 보는 모습이다.

* 번체자(見)는 눈(目)과 사람(儿)이 합해진 글자임을 알 수 있다.

看见[kàn//jiàn] 보다, 보이다, 눈에 띄다 11a

见面[jiàn//miàn] 만나다, 대면하다 10

意见[yìjiàn] 견해, 의견 24b

再见[zàijiàn] (인사말로) 또 뵙겠습니다 148a

听见[tīng//jiàn] 듣다, 들리다 16d

41

13a

觉
jué/jiào

[覺] 깨달을 **각**, 잠 **교**

양손과 매듭 ⠕ [상형] + 덮을 멱 ⌒[167] [mì] + 볼 견 见 [jiàn]

어른들이 양손으로 짚을 엮어(⠕) 지붕을 덮는(⌒) 것을 사내아이가 보고 (见) 깨우치는 모습에서 '**깨닫다, 느끼다**'는 뜻을 갖게 되었으며, 그것을 마치 **잠**에서 깨어나는 것에 비유했다.

* "觉" 윗부분의 점 세 개(⠕)는 번체자(覺)에서 양손(臼[43d])과 매듭(乂)을 줄인 것으로, 양손 (臼)으로 짚을 엮어(乂) 지붕을 덮는(⌒) 것을 아이가 보고(見) 깨닫는 모습임을 알 수 있다.

觉得[juéde] ~라고 여기다, ~라고 느끼다 40b　　感觉[gǎnjué] 감각, 느낌, 느끼다 114d
睡觉[shuì//jiào] (잠을) 자다 11j

13b

观
guān

[觀] 볼 **관**

손/또 우 又[34] [yòu] + 볼 견 见 [jiàn]

사물을 손(又)으로 만져 보고 눈으로 살펴보며(见) 자세히 **관찰**하는 모습 이다.

参观[cānguān] 참관하다, 견학하다 8c　　观众[guānzhòng] 관중, 구경꾼, 시청자 63h
观察[guānchá] 관찰하다, 살피다 126b　　乐观[lèguān] 낙관적이다, 희망차다 210l

13c

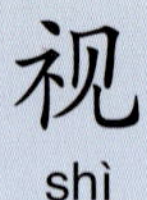

视
shì

[視] 볼 **시**

보일 시 礻 =示[126] [shì] + 볼 견 见 [jiàn]

어떤 사물을 **볼** 때는 단순히 눈으로 보는(见) 것만이 아니라 신의 계시로 보이는(礻) 것처럼, 그 이면도 볼 수 있어야 한다.

* "礻"는 제단의 모습으로, 제물을 받은 신이 답례로 계시를 **보여 주는** 모습이다.

电视[diànshì] 텔레비전, TV 157a　　重视[zhòngshì] 중시하다, 중요시하다 151a
轻视[qīngshì] 경시하다 124b

13d

現 現 現 現 現 現 現 現

[現] 나타날 현
xiàn

옥 옥 王 → 玉[198] [yù] **+** 볼 견 见 [jiàn]

옥(玉)을 햇빛에 비춰 볼(见) 때 여러 빛깔이 나타나는 모습이다.

* "玉"은 다른 글자와 합해질 때 대부분 점(丶)이 없는 "임금 왕 王[108][wáng]"의 형태로 바뀐다.

現在[xiànzài] 현재, 지금 32a
出現[chūxiàn] 출현하다, 나타나다 169a
实現[shíxiàn] 실현하다, 달성하다 75a

发現[fāxiàn] 발견하다 34f
表現[biǎoxiàn] 태도, 표현, 표현하다 130b
現代[xiàndài] 현대 110c

13e

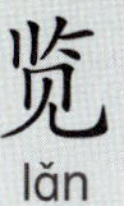

览 览 览 览 览 览 览 览 览

[覽] 볼 람
lǎn

감독할 감 监[107a] [jiān] **+** 볼 견 见 [jiàn]

물(丶)이 담긴 그릇(皿)에 자기 얼굴을 비춰 자세히 살펴보는(丨→臣[106]) 사람(人[63])의 모습이 "监"이다. 이 글자에 눈으로 정면을 보는 모습의 "见"을 더해, 자세히 살펴보는 것보다는 약한 의미의 '보다'라는 뜻이 만들어졌다.

* 번체자(覽)는 "감독할 감 監[jiān]"과 "볼 견 見[jiàn]"이 합해진 글자임을 알 수 있다.

* 번체자(覽)에서 크게 뜬 눈의 모양인 "신하 신 臣[106][chén]"이 보는 역할을 담당하고 있다.

* "그릇 명 皿[mǐn]"은 음식을 담는 그릇의 모양이다.

展览[zhǎnlǎn] 전람하다 90a

游览[yóulǎn] 유람하다 161b

13

艮

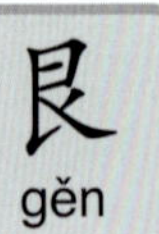

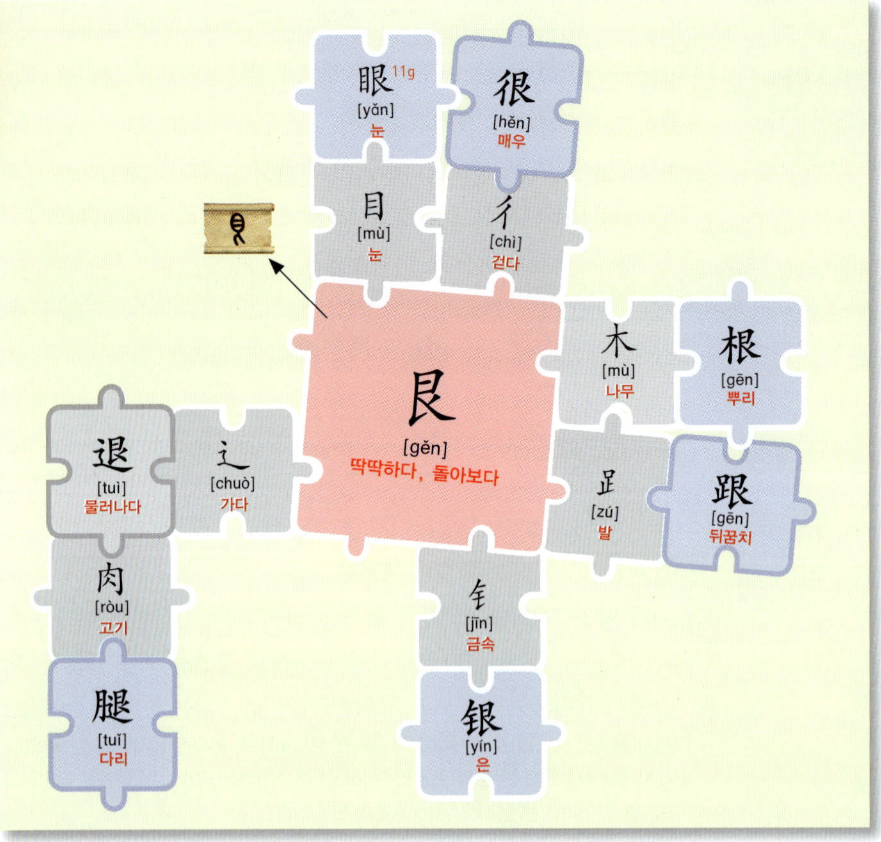

14

14

艮 艮 艮 艮 艮 艮

艮
gěn

딱딱할 간

정면을 주시하는 모습인 "볼 견 见[13][jiàn]"과 반대되는 글자이다. "艮"은 뒤를 돌아보는 모습으로 '돌아보다'라는 기본 의미를 가지고 있다. 상대방에게 어떤 요청을 받았을 때 고개를 돌려 뒤를 본다는 것은 싫다는 자신의 의사를 분명히 나타내는 것이므로 '성격이 곧다, 딱딱하다'는 뜻도 가지고 있다.

14a

很 hěn

매우 흔

걸을 척 彳[60] [chì] + 돌아보다/딱딱할 간 艮 [gěn]

앞으로 걸어가면서(彳) 자꾸 뒤돌아보는(艮) 모습으로, 뒤에 둔 무언가가 몹시 아쉽다는 의미를 가지고 있다.

很好 매우 좋다 14a 96c

14b

根 gēn

뿌리 근

나무 목 木[210] [mù] + 돌아보다/딱딱할 간 艮 [gěn]

나무(木)는 심고 나서 뿌리가 자리를 잡을 때까지 돌아보며(艮) 살펴야 한다. 또한 뿌리처럼 긴 것을 세는 단위로도 사용된다.

根据[gēnjù] 근거, 근거하다 90h　　　　　　一根草 풀 한 포기 223 14b 207a

14c

跟 gēn

발꿈치 근

발 족 𧾷=足[52] [zú] + 돌아보다/딱딱할 간 艮 [gěn]

발(足)에서 뒤꿈치는 뒤를 돌아봐야(艮) 보이는 부분이다. 그러한 뒤꿈치(足)처럼 돌아보면(艮) 보인다는 의미에서 '따라가다, ~와[과]'의 뜻도 갖게 되었다.

英国跟中国的文化 영국과 중국의 문화 78a 20a 14c 231a 20a 46b 133 68a

14d

银 yín

[銀] 은 은

쇠 금 钅=金[199] [jīn] + 돌아보다/딱딱할 간 艮 [gěn]

고대에 은은 찾기 위해 자꾸 돌아보게(艮) 만드는 귀한 금속(金)이었다.

银行[yínháng] 은행 60b

14e

退
tuì

물러날 퇴

돌아보다/딱딱할 간 艮 [gěn] + 갈 착 辶 [61] [chuò]

뒤로 '물러나는' 것을 아쉬움이 남아 돌아보며(艮) 가는(辶) 것으로 표현하였다.

* "辶"은 길(彳 [60])과 발(止 [53])이 합쳐진 글자이다.

退步 [tuìbù] 퇴보하다, 뒷걸음질하다 53a   退休 [tuìxiū] 퇴직하다, 은퇴하다 68c

14f

腿
tuǐ

넓적다리 퇴

고기 육 月 [221] → 肉 [192] [ròu] + 물러날 퇴 退 [14e] [tuì]

아쉬움을 뒤로하고 물러가면서(退) 지나온 길을 돌아보는 사람은 신체 부위
(月) 중에 다리가 가장 무거울 것이다.

* "달 월 月[yuè]"가 다른 글자와 합해질 경우 대부분 "肉"의 의미를 갖는다.

鸡大腿 닭다리 177a 74 14f

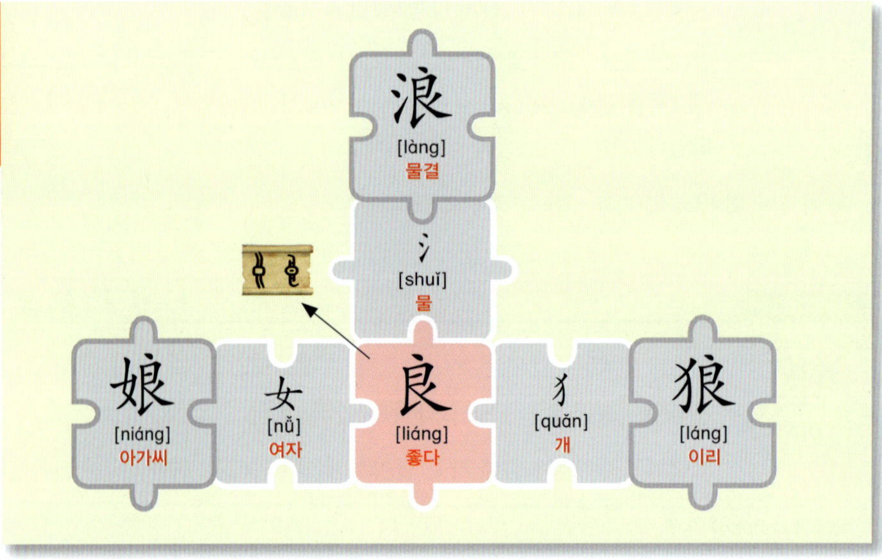

15

良 liáng

좋을 량

성루를 중심으로 양쪽으로 늘어선 성곽의 모양을 본뜬 글자이다. 성루와 성곽의 어우러짐이 보기에 좋다는 의미를 가지고 있다.

* "딱딱할 간 艮14[gěn]"과는 아무 관련이 없는 글자이다.

良好[liánghǎo] 좋다, 양호하다 96c

15a

浪 làng

물결 랑

물수 氵201 [shuǐ] + 좋을량 良 [liáng]

물결은 물(氵)에 좋은(良) 영향을 미친다.

* 해수나 담수의 생명의 원천이라 할 수 있는 플랑크톤은 물결에 의존해 떠다니며 살아간다.

15b

狼 láng

이리 랑

개견 犭173 [quǎn] + 좋을량 良 [liáng]

이리나 늑대(犭)는 머리가 아주 좋은(良) 영리한 동물이다.

* 늑대의 영민함 때문에 아메리카 인디언들은 늑대를 영물로 여겨 숭배하였다.
* "犭"은 개 정도 크기의 동물을 뜻하는 글자에 의미 요소로 들어간다.

15c

娘 niáng

아가씨 낭

여자녀 女96 [nǚ] + 좋을량 良 [liáng]

여자(女)의 인생에서 가장 좋은(良) 시절이라는 의미에서 '아가씨'를 뜻한다. 또한 여자는 누구나 젊어 보이기를 원하기 때문에 '어머니, 이모'처럼 자신보다 윗세대이거나 나이 많은 부녀자를 높여 부를 때도 사용된다.

姑娘[gūniang] 아가씨, 처녀 19c   亲娘[qīnniáng] 친어머니 103a

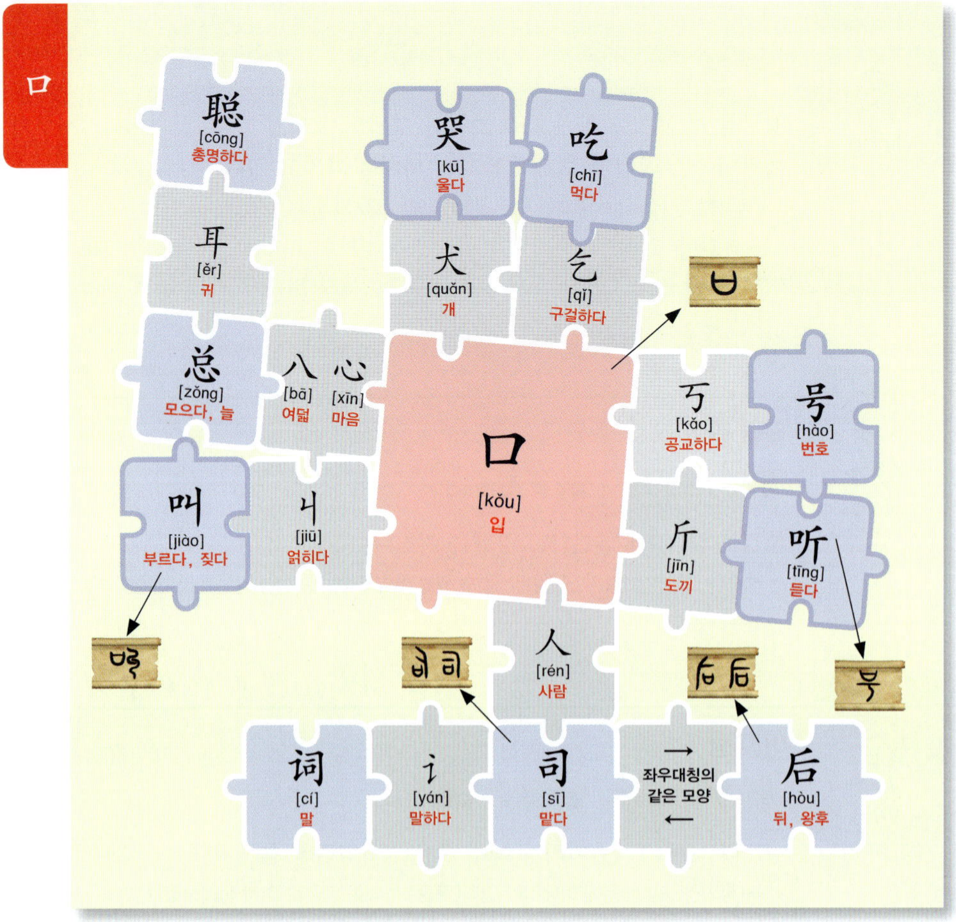

口

聪 [cōng] 총명하다
哭 [kū] 울다
吃 [chī] 먹다
耳 [ěr] 귀
犬 [quǎn] 개
乞 [qǐ] 구걸하다
ㅂ
总 [zǒng] 모으다, 늘
八 [bā] 여덟
心 [xīn] 마음
丂 [kǎo] 공교하다
号 [hào] 번호
口 [kǒu] 입
叫 [jiào] 부르다, 짖다
丩 [jiū] 얽히다
斤 [jīn] 도끼
听 [tīng] 듣다

뽁
ㅂ司
人 [rén] 사람
后后
부
词 [cí] 말
讠 [yán] 말하다
司 [sī] 맡다
→ 좌우대칭의 같은 모양 ←
后 [hòu] 뒤, 왕후

口口口

口 입 구

口
kǒu

입 모양을 본뜬 글자이다.

* 다른 글자와 합해질 때는 '먹다, 말하다, 울다'처럼 입이 하는 모든 일에 관련되어 있다. 그러나 "口"와 모양은 같지만 '입'과는 전혀 상관없는 글자들도 있다는 점에 유의하자.

口语 [kǒuyǔ] 구어, 구두어 226c

口号 [kǒuhào] 구호, 슬로건 16c

门口 [ménkǒu] 입구, 현관 145

16a

哭哭哭哭哭哭哭哭哭哭

哭 kū — 울 곡

부르짖을 훤 叩 [xuān] + 개 견 犬 [172] [quǎn]

개(犬)가 짖는(叩) 모습에서 '울다'는 뜻을 갖게 되었다.

* "叩"은 자신의 주장, 의견 또는 감정을 열렬히 말하는 모습을 입(口) 두 개로 표현하였다.

16b

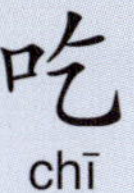

吃吃吃吃吃吃

吃 chī — 먹을 흘

입 구 口 [kǒu] + 구걸할 걸 乞 [83a] [qǐ]

직역하면 입(口)이 먹을 것을 간청(乞)한다는 의미를 가지고 있다.

* "乞"은 사람(亻→人[63])이 몸을 구부리고(乙[83]) 간청하는 모습이다.

好吃[hǎochī] 맛있다, 먹기 좋다 96c　　　小吃[xiǎochī] 간단한 음식, 간식, 전채 235

16c

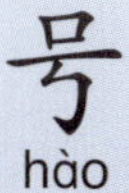

号号号号号

号 hào — [號] 부를 호

입 구 口 [kǒu] + 공교할 교 丂 [kǎo]

많은 군중 속에서 한 사람을 부를(口) 때는 그의 이름을 외치는 것이 솜씨(丂) 있는 행동일 것이다. 또한 많은 사람의 이름을 부르기 쉽게 일련번호를 부여한 데서 번호의 뜻과, 사람 수를 세는 단위로도 쓰이게 되었다.

* "丂"는 장인이 정교하게 물건을 만드는 모습으로, 솜씨나 꾀 따위가 재치 있는 것을 뜻한다.

信号[xìnhào] 신호, 사인 23a　　　一百多号人 백여 명 223 134a 222d 16c 63

16d

听听听听听听听

听 tīng — [聽] 들을 청

입 구 口 [kǒu] + 도끼 근 斤 [119] [jīn]

도끼(斤)로 입(口)을 찍는 모습으로, 입을 닫고 잘 들어야 함을 강조하였다.

听见[tīng//jiàn] 듣다, 들리다 13　　　听说[tīngshuō] 들건대, 듣고 말하다 70d

16e

后 hòu

[後] 뒤 **후**

사람인 尸→人[63] [rén] + 입구口 [kǒu]

명령을 내리는 사람(尸→人)과 명령을 내리는 입(口)의 모습으로, 누구에게나 명령을 내릴 수 있는 왕을 의미하는 글자였다. 지금은 왕의 처인 "왕후 王后[wánghòu]"를 의미하게 되었고, 왕후는 왕 다음으로 명령을 내릴 수 있는 위치이므로 '뒤, 나중'의 뜻도 갖게 되었다.

后面[hòumiàn] 뒤, 뒤쪽, 뒷면 10
然后[ránhòu] 그런 후에, 연후에 158e
以后[yǐhòu] 이후, 금후 63j
皇后[huánghòu] 황후 108a

后来[hòulái] 그후, 그뒤, 그 다음 210k
最后[zuìhòu] 최후의, 맨 마지막의 10c
后边[hòubian] 뒤, 뒤쪽, 이후 61a

16f

司 sī

맡을 **사**

사람인 ㄱ→人[63] [rén] + 입구口 [kǒu]

"뒤 후 后[16e][hòu]"와 좌우대칭의 모습으로, 명령을 내리는 입(口)과 그 앞에서 명령을 맡아 처리하는 신하(ㄱ→人)의 모습이다.

公司[gōngsī] 회사, 직장 93b

司机[sījī] (기차·자동차 등의) 기사, 운전사 213a

16g

词 词 词 词 词 词 词

词 cí

[詞] 말 **사**

말할언 讠=言[23] [yán] + 맡을사 司[16f] [sī]

임금님의 말씀(讠)을 신하들이 맡아서(司) 기록하는 모습에서 '말, 단어'라는 글자가 만들어졌다.

词典[cídiǎn] 사전 217a
词语[cíyǔ] 단어, 어구, 어휘 226c

生词[shēngcí] 새 단어, 새 낱말 208

16h

叫 叫 叫 叫 叫

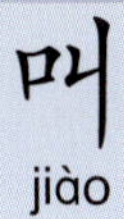

叫
jiào

부르짖을 규

입구 口 [kǒu] + 얽힐 구 니 [50e] [jiū]

누군가를 부를 때 입(口)에서 소리가 얽혀(니) 나오는 모습이다. 동물이 '부르짖다'는 뜻도 가지고 있다.

* 목소리는 폐에서 공기가 나오면서 성대에서 얽혀(니) 입(口)으로 나오기 때문에 적절한 묘사 라고 할 수 있다.

* "니"는 마구 얽혀 나무를 휘감고 올라가는 넝쿨의 모습이다.

叫做[jiàozuò] ~이다, ~라고 부르다, 라고 불리다 19b

16i

总 总 总 总 总 总 总 总 总

16

总
zǒng

[總] 모을 총

여덟 팔 ㅅ → 八 [229] [bā] + 입구 口 [kǒu] + 마음 심 心 [28] [xīn]

모두 모여서 한마음(心)으로 신의 축복(八)을 구하는(口) 모습이다. 축복 은 언제든지, 어떻게 해서든지 받고 싶은 것이라는 의미에서 '늘, 줄곧, 언 제나'의 뜻을 갖게 되었다.

* 이 글자에서 "八"처럼 생긴 글자 "ㅅ"는 신의 축복이 하늘에서 내려오는 모습이다.

总是[zǒngshì] 늘, 줄곧, 언제나 54b   总结[zǒngjié] 총결산, 총결산하다 104b

16j

聪 聪 聪 聪 聪 聪 聪 聪 聪 聪 聪 聪 聪 聪 聪

聪
cōng

[聰] 귀 밝을 총

귀 이 耳 [10a] [ěr] + 모을 총 总 [16i] [zǒng]

신의 축복을 받기 위해 모두 함께 모여서(总) 귀중한 가르침을 귀(耳) 기울 여 잘 듣는 모습에서 '총명하다'는 뜻을 갖게 되었다.

聪明[cōngming] 똑똑하다, 총명하다 218h

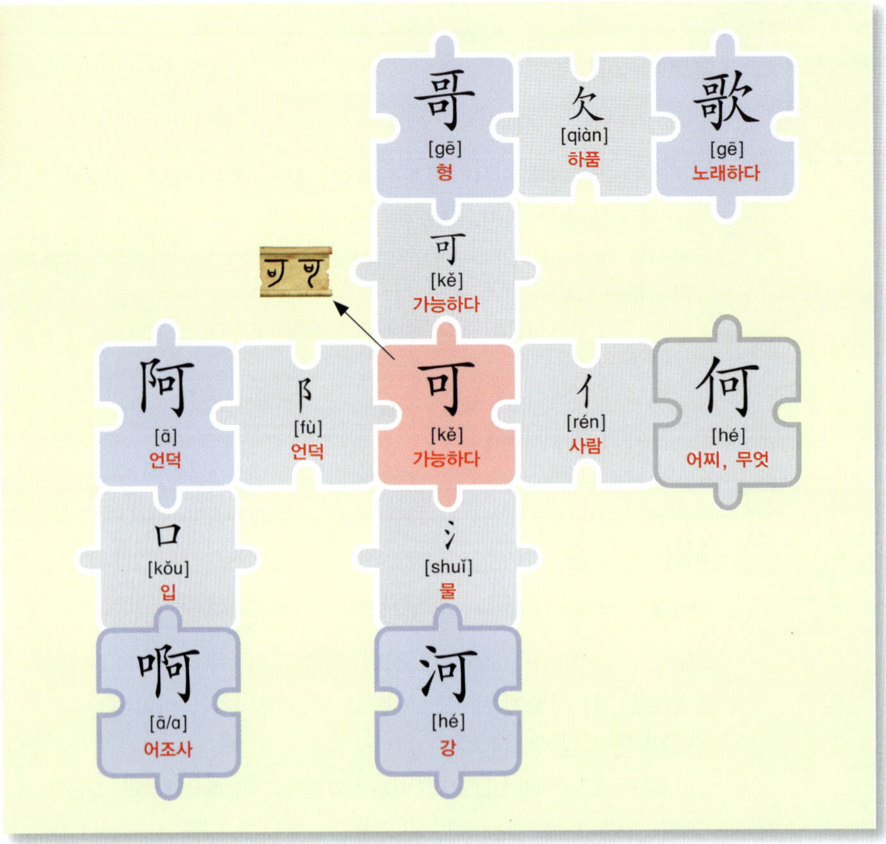

可 可 可 可 可

17

可 kě

가능할 가

입구 口[16] [kǒu] + 입을 크게 벌림 丁 [상형]

입(口)을 크게 벌리고(丁) 자신만만하게 큰소리치는 모습에서 '가능하다'는 뜻이 파생되었다.

可能[kěnéng] 가능, 가능하다, 아마도 89b
可爱[kě'ài] 사랑스럽다, 귀엽다 34e
可怕[kěpà] 두렵다, 무섭다, 겁나다 134c

可以[kěyǐ] ~할 수 있다(가능), ~해도 된다(허가) 63j
可是[kěshì] 그러나, 하지만 54b

17a

哥 gē

형 가

가능할 가 可 [kě] + 가능할 가 可 [kě]

입(口)을 크게 벌리고(丁) 소리치는 모습을 두 개(可, 可) 겹친 글자로 본래는 '노래하다'는 뜻이었다. 지금은 그렇게 집안을 대표하여 소리치는 사람이 '형'이라는 의미를 가지고 있다.

哥哥[gēge] 형, 오빠

17b

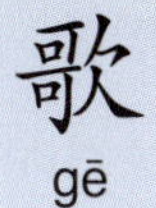

歌 gē

노래 가

노래/형 가 哥[17a] [gē] + 하품 흠 欠[21] [qiàn]

노래(哥)할 때 하품(欠)하듯 입을 크게 벌려야 함을 강조했다. "哥"의 뜻이 '노래하다'에서 '형'으로 바뀌자, "欠"을 더해 노래하다는 본래 의미를 되살렸다.

唱歌[chànggē] 노래 부르다 218d

17c

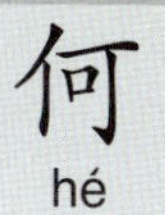

何 hé

어찌 하

사람 인 亻[68] [rén] + 가능할 가 可 [kě]

자신만만하게 무엇이든지 할 수 있다(可)며 큰소리치는 사람(亻)의 모습이다.

任何[rènhé] 어떠한, 무슨 105a   如何[rúhé] 어떠하냐, 어떻게, 어째서 96g

17d

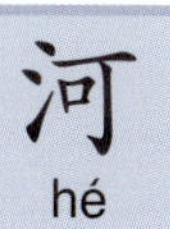

河 hé

강 하

물 수 氵[201] [shuǐ] + 가능할 가 可 [kě]

적은 물(氵)이 모여 시내를 이루고, 시내가 모여 강을 만들(可) 수 있다.

黃河[Huánghé] 황허 강 136   一条河 한줄기의 강 223 56c 17d

17e

阿
ā

언덕 아

언덕부 阝 [146] [fù] + 가능할 가 可 [kě]

할 수 있다(可)고 큰소리치던 사람이 언덕(阝)과 같은 장애물이 나타나자 '아!'하며 놀라는 모습이다.

阿姨[āyí] 아주머니, 이모 109e

17f

18

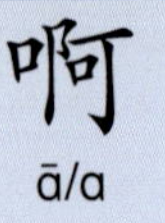

啊
ā/a

어조사 아

입구 口 [16] [kǒu] + 언덕 아 阿 [17e] [ā]

언덕을 보고 '아'하고 놀라는 모습의 "阿"에 소리를 나타내는 "口"를 더하였다. 놀라거나 감탄할 때 감탄사로 쓰인다. 또 성조 없이 문장 끝에 쓰여 감탄 또는 의문의 어기를 나타내는 조사로도 쓰인다.

啊, 又下了大雪。 와, 또 함박눈이 내린다. 17f, 34 223g 170a 74 205a
你看, 外面天气多好啊。 봐, 바깥 날씨가 정말 좋아. 73a 11a, 222a 10 74b 204 222d 96c 17f
你去不去啊? 너 갈 거야? 73a 94 223a 94 17f

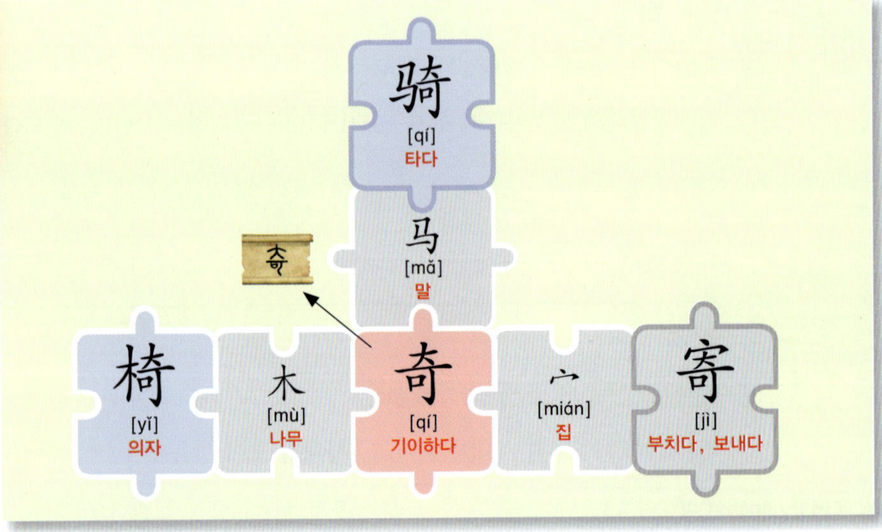

18

奇 奇 奇 奇 奇 奇 奇 奇

奇 qí

기이할 기

사람/큰 대 大[74] [dà] + 가능할 가 可[17] [kě]

보통 사람은 할 수 없는 기이한 일을 할 수 있는(可) 사람(大)이라는 의미를 가지고 있다.

奇怪[qíguài] 기이하다, 진기하다 155f   好奇[hàoqí] 호기심을 갖다, 궁금하게 생각하다 96c

18a

骑 马 马 马 骑 骑 骑 骑 骑 骑 骑

骑 qí

[騎] 말탈 기

말 마 马[176] [mǎ] + 기이할 기 奇 [qí]

기이한(奇) 일들을 경험하기 위해 말(马)을 타고 여행을 떠나는 모습이다.

我每天骑自行车上班。 나는 매일 자전거를 타고 출근한다. 113b 97a 74b 18a 26 60b 124 223f 120f

18b

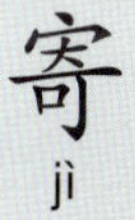

寄 寄 寄 寄 寄 寄 寄 寄 寄 寄 寄

寄 jì

부칠 기

집 면 宀[141] [mián] + 기이할 기 奇 [qí]

보통 사람은 할 수 없는 기이한(奇) 일을 할 수 있는 사람을 그의 재능을 발휘할 수 있도록 특수한 학교(宀)로 보내는 모습이다.

寄信 (우편으로) 편지를 부치다 18b 23a

18c

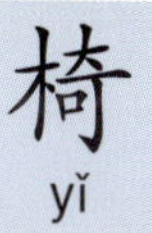

椅 椅 椅 椅 椅 椅 椅 椅 椅 椅 椅 椅

椅 yǐ

의자 의

나무 목 木[210] [mù] + 기이할 기 奇 [qí]

동물들 가운데 유일하게(奇) 서서 생활하는 인류에게 나무(木)로 만든 의자는 생활 문화를 바꾼 유용한 도구였다.

椅子[yǐzi] 의자 95

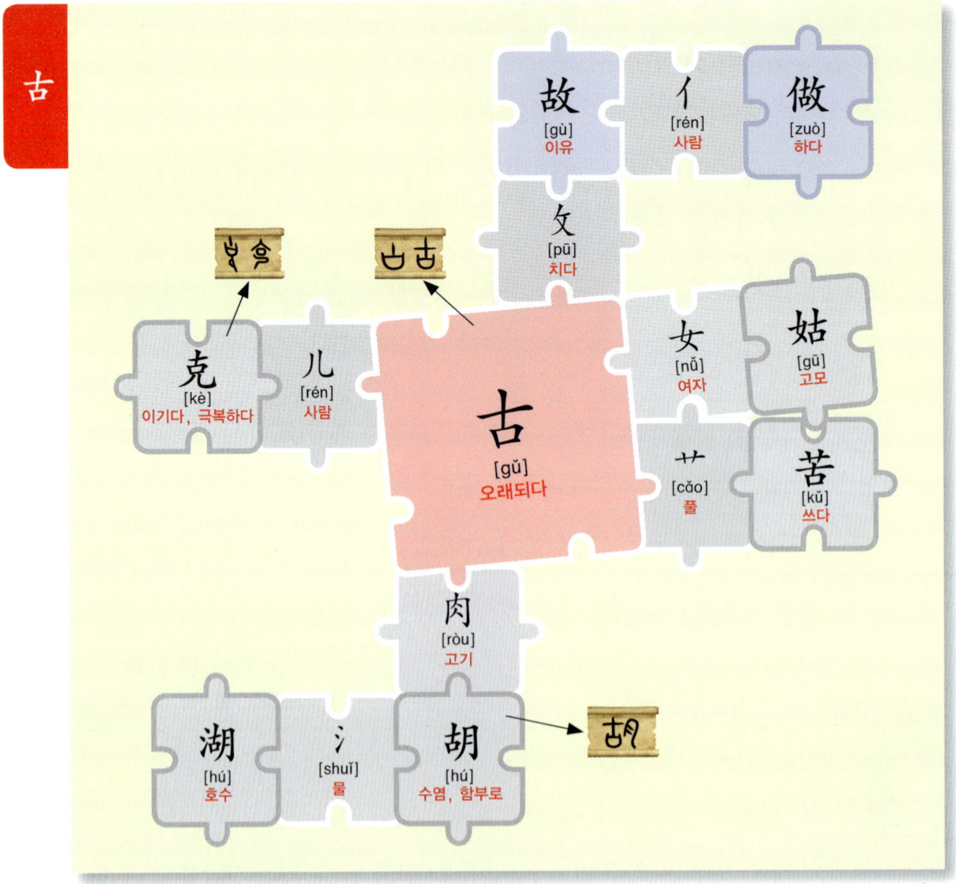

古

古 古 古 古 古

古
gǔ

옛 고

음식을 항아리(口)에 넣고 돌(十)로 눌러서 오랫동안 숙성시키는 모습이다.

* 이 글자에서 "입 구 口16[kǒu]"는 입과는 전혀 무관한 항아리나 그릇의 모양이다.

古代[gǔdài] 고대 110c

19a

연고 고
故 gù

옛고 古 [gǔ] + 칠복 攵[50] [pū]

오랫동안(古) 숙성시켜 보관하던 음식 항아리를 쳐서(攵) 깨뜨리는 모습이다. 숙성시킨 음식 항아리를 깨뜨린 것은 큰 사고이며 이유가 있음을 의미한다.

故事[gùshi] 이야기, 옛날이야기 36d   故意[gùyì] 고의, 고의로, 일부러 24b

19b

만들 주
做 zuò

사람인 亻[68] [rén] + 사고/연고 고 故[19a] [gù]

오래된 숙성 항아리를 깨뜨린 사람(亻)이 사고(故)의 뒤처리를 하는 모습이다.

19c

시어미 고
姑 gū

여자녀 女[96] [nǚ] + 옛고 古 [gǔ]

오래된(古) 여자(女)란 신체가 오래되었다는 의미로, 시집갈 신체적인 준비가 된 여자를 가리킨다. 그렇게 시집과 관련해서 아버지의 여자 형제들 중 시집간 '고모'나, 시집가서 가족이 된 '시누이, 시어머니'를 가리키는 데도 사용된다.

姑娘[gūniang] 아가씨, 처녀 15c   姑姑[gūgu] 고모

19d

쓸 고
苦 kǔ

풀초 艹[207] [cǎo] + 옛고 古 [gǔ]

오래된(古) 풀(艹)이란 한약재를 말하며, 한약은 입에 쓰다는 것을 알려 준다.

＊ 한의학에서는 오랫동안(古) 보관할 수 있도록 약초(艹)를 말려서 한약재로 사용한다.

辛苦[xīnkǔ] 고생스럽다, 고되다 103   痛苦[tòngkǔ] 고통, 고통스럽다 81c

胡 胡 胡 胡 胡 胡 胡 胡 胡

胡
hú

수염 호

옛고 古 [gǔ] + 고기육 月[221] → 肉[192] [ròu]

나이 먹었음(古)을 알려 주는 신체 부위인 턱밑살(月)을 의미한다. 턱 밑에 난 수염을 함부로 잡으면 안 된다는 의미에서 '함부로, 멋대로'의 뜻을 갖게 되었다.

* "달 월 月[yuè]"가 다른 글자와 합해질 경우 대부분 "肉"의 의미를 갖는다.

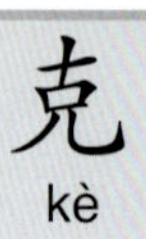

胡说[húshuō] 허튼소리, 헛소리하다 70d   胡乱[húluàn] 함부로, 멋대로 22e

湖 湖 湖 湖 湖 湖 湖 湖 湖 湖 湖 湖

湖
hú

호수 호

물수 氵[201] [shuǐ] + 턱밑살/수염 호 胡[19e] [hú]

오래된 턱밑살(胡)처럼 오래된 물(氵)이란 호수를 가리킨다. 호수의 물은 흐르지 않고 오랫동안 갇혀 있기 때문이다.

克 克 克 克 克 克 克

克
kè

이길 극

옛고 古 [gǔ] + 사람 인 儿[69] [rén]

오랫동안(古) 어려움을 이겨 낸 강인한 사람(儿)은 무엇이든 이겨 낼 수 있다. 발음이 비슷하여 무게를 재는 단위인 '그램(g)'으로도 사용된다.

克服[kèfú] 극복하다, 이기다, 인내하다 34b

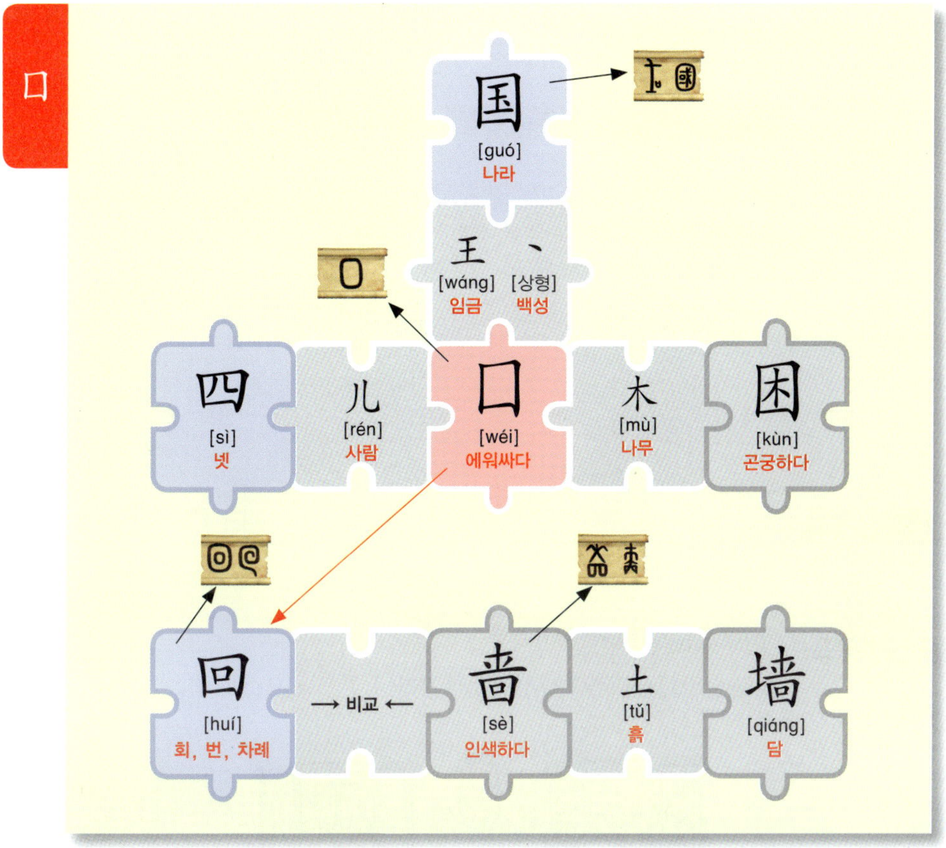

囗

国
[guó]
나라

王 丶
[wáng] [상형]
임금 백성

四 儿 口 木 困
[sì] [rén] [wéi] [mù] [kùn]
넷 사람 에워싸다 나무 곤궁하다

回 → 비교 ← 嗇 土 墙
[huí] [sè] [tǔ] [qiáng]
회, 번, 차례 인색하다 흙 담

口 口 口

에워쌀 위

성벽처럼 사방을 한 바퀴 둘러싼 모양이다.

＊ "입 구 口16[kǒu]"와 모양은 같지만 글자의 큰 테두리로 명확히 구분이 된다.

20a

国国国同用国国国

国
guó

[國] **나라** 국

에워쌀 위 囗 [wéi] + 임금 왕 王 [108] [wáng] + 백성 丶 [상형]

왕(王)과 백성(丶), 나라의 경계(囗)를 합해 나라를 뜻하는 글자를 만들었다.

＊ 나라를 형성하기 위해서는 주권, 국민, 영토의 3요소가 필요함을 잘 알려 준다.
＊ 번체자(國)는 영토(一)와 백성(口[16])과 창(戈[113])과 경계(囗)를 더한 글자이다.

中国[Zhōngguó] 중국 231a
祖国[zǔguó] 조국 126j
国王[guówáng] 국왕 108

国家[guójiā] 국가, 나라 174a
外国[wàiguó] 외국 222a

20b

困困困用困困困

困
kùn

곤궁할 곤

에워쌀 위 囗 [wéi] + 나무 목 木 [210] [mù]

에워싸인(囗) 곳에서 나무(木)가 자라니 곤궁한 모습이다.

困难[kùnnan] 곤란, 곤란하다, 어렵다 34h

20c

四四四四四

四
sì

넷 사

에워쌀 위 囗 [wéi] + 사람 인 儿 [69] [rén]

사람(儿)을 네 방향에서 에워싼(囗) 모습이다.

四分之一 4분의 1 20c 120a 83d 223

20d

回回回回回回

돌아올 회
回 huí

물이 소용돌이치며 같은 자리를 빙빙 도는 모습이다. 또한 물이 온전히 한 바퀴를 도는 모습에서 일이나 동작의 횟수를 세는 양사로도 쓰이게 되었다.

＊ "에워쌀 위 口[wéi]"나 "입 구 口16[kǒu]"와는 관계없는 글자이다.

回答[huídá] 대답하다, 회답하다 65b
回去[huíqù] 되돌아가다 94
回来[huílái] 되돌아오다 210k
看一回 한 번 보다 11a 223 20d

20e

[啬] 아낄 색
啬 sè

이중 덮개 十, 亠 [상형] ＋ 창고 回 [상형]

인색한 주인이 곡물을 저장해 둔 창고(回) 위에 이중으로 덮개(十, 亠)를 씌워 아무도 훔쳐 가지 못하게 한 모습이다.

＊ 이 글자에서 창고(回)는 "돌아올 회 回20d[huí]"처럼 생겼으나 전혀 관계없는 글자로, 곡식을 차곡차곡 쌓아 둔 모습이다.

20f

墙墙墙墙墙墙墙墙墙墙墙墙墙墙

[墙] 담 장
墙 qiáng

흙 토 土155 [tǔ] ＋ 아낄 색 啬20e [sè]

인색한(啬) 주인이 외부 약탈로부터 창고를 보호하기 위해 흙(土)벽돌로 담장을 둘러치는 모습이다.

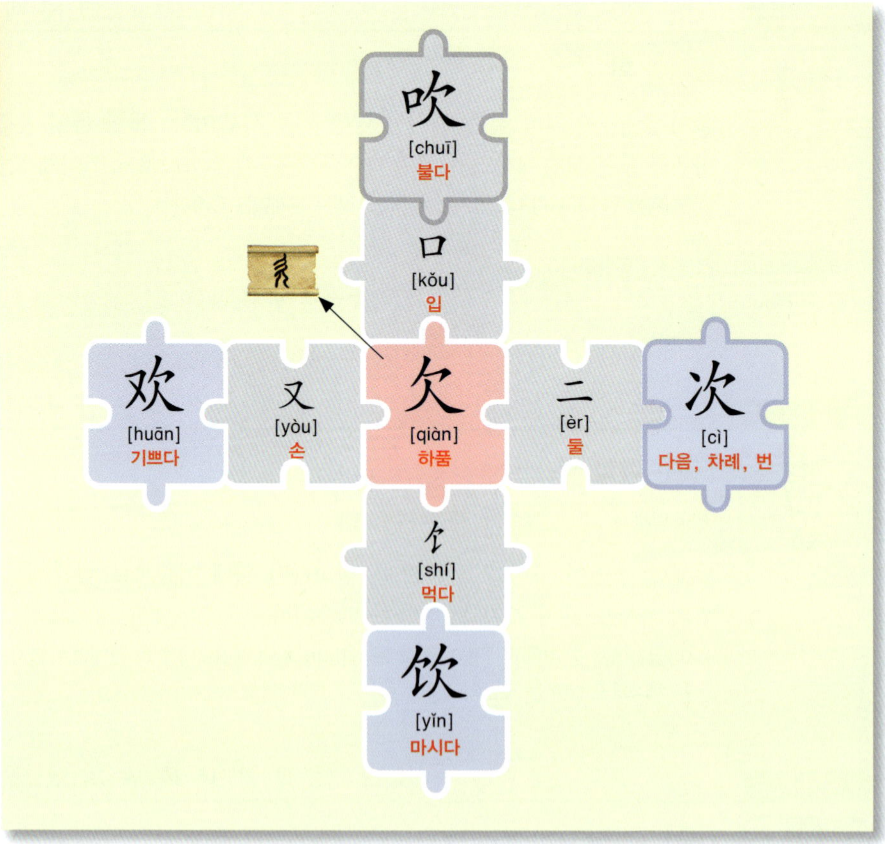

欠 [chuī] 불다
口 [kǒu] 입
欢 [huān] 기쁘다
又 [yòu] 손
欠 [qiàn] 하품
二 [èr] 둘
次 [cì] 다음, 차례, 번
𠄌 [shí] 먹다
饮 [yǐn] 마시다

21

欠 欠 欠 欠

欠
qiàn

하품 흠

사람(人[63])이 입을 크게 벌리고 하품하는 모양이다.

21a

吹 吹 吹 吹 吹 吹 吹

吹
chuī

불 취

입구 口[16] [kǒu] + 하품 흠 欠 [qiàn]

하품(欠)하듯이 숨을 크게 들이마신 후 길게 내쉬면서 입(口)으로 악기를 부는 모습이다.

他把火给吹着了。 그는 불을 입으로 불어서 껐다. 84b 92b 158 65d 21a 11b 170a

21b

次次次次次次

다음 차

次
cì

둘이 二[226] [èr] + 하품 흠 欠 [qiàn]

하품을 하는 동물 중 사람과 몇몇 유인원류 동물에서 하품 전염 현상을 찾아볼 수 있다. 이 글자는 그렇게 하품(欠)이 그 다음 즉 두 번째(二) 사람에게 전염된다는 의미를 가지고 있다. 또한 동작의 횟수를 나타내는 단위로도 쓰인다.

其次[qícì] 다음, 그 다음 44

第二次 두 번째 109b 226 21b

8次列车 8번 열차 21b 30b 124

21

21c

次 欢 欢 欢 欢 欢

[歡] 기쁠 환

欢
huān

손/또 우 又[34] [yòu] + 하품 흠 欠 [qiàn]

하품(欠)하듯이 입과 손(又)을 크게 벌리고 손님을 기쁘게 맞이하는 모습이다.

喜欢[xǐhuan] 좋아하다, 기뻐하다 140a

欢迎[huānyíng] 환영하다 87a

欢送[huānsòng] 환송하다 45a

21d

饮饮饮饮饮饮饮

[飲] 마실 음

饮
yǐn

먹을 식 饣=食[137] [shí] + 하품 흠 欠 [qiàn]

하품(欠)하듯이 입을 크게 벌리고 물을 마시는(饣) 모습이다.

饮料[yǐnliào] 음료 164b

饮食[yǐnshí] 음식, 음식을 먹고 마시다 137

舌舌舌舌舌舌

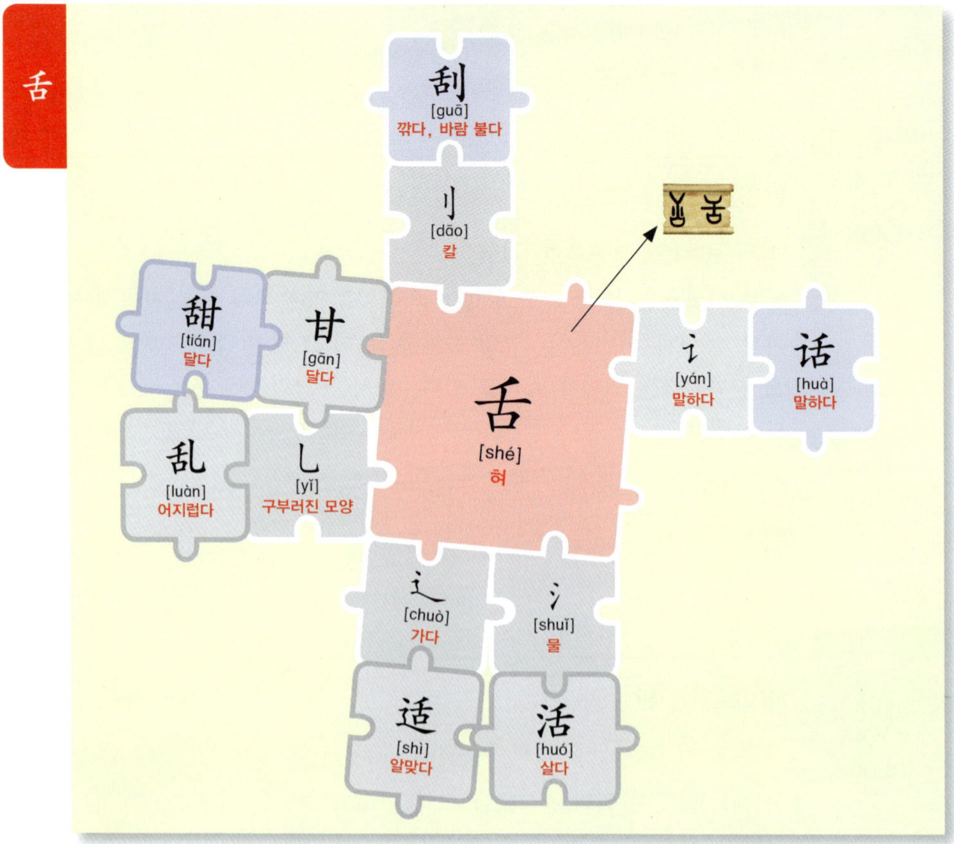

舌
shé

혀 설

혀(千)를 입(口 [16][kǒu]) 밖으로 내밀고 있는 모습이다.

22a

[刮, 颳] 깎을 괄, 바람 불 괄

혀설 舌 [shé] + 칼도 刂 = 刀[120] [dāo]

칼(刂)로 깎는 것을 묘사하기 위해 발음기호인 "혀 설 舌"자와 의미 요소인 "칼 도 刂"자를 더하였다. 번체자의 모양과 의미는 전혀 다르지만 발음이 같아서 '바람이 불다'라는 뜻으로도 사용된다.

* 기억하기 쉽게 "舌"은 입(口) 밖으로 혀를 내밀고 있는 모습이므로, 입 주위의 수염을 칼(刂)로 깎는 모습이라고 생각하자.

刮风[guā fēng] 바람이 불다 213c
我每天早上刮脸。 나는 매일 아침 면도한다. 113b 97a 74b 218e 223f 22a 67d
首尔的夏天常刮东南风。 서울은 여름에 자주 남동풍이 분다. 7 73 46b 56e 74b 150c 22a 212 232b 213c

22b

[話] 말할 화

말할언 讠 = 言[23] [yán] + 혀설 舌 [shé]

말(讠)하기 위해 혀(舌)를 사용하는 모습에서 '말하다'라는 글자가 만들어졌다.

打电话 전화를 하다 31c 157a 22b
电话[diànhuà] 전화, 전화기 157a
笑话[xiàohua] 농담, 우스갯소리, 웃음거리 77a
谈话[tánhuà] 담화, 담화하다 158c

说话[shuō//huà] 말하다, 이야기하다 70d
会话[huìhuà] (주로 외국어로 하는) 대화, 회화 66c
讲话[jiǎng//huà] 발언, 연설, 말하다, 발언하다 228a

22c

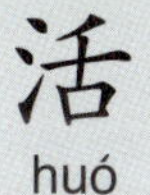

살 활

물수 氵[201] [shuǐ] + 혀설 舌 [shé]

혀(舌)에 물(氵)이, 즉 침이 고인다는 것은 건강하게 살아 있는 것을 의미한다. 또한 살아서 움직인다는 의미에서 '일'의 뜻도 갖게 되었다.

* 혓(舌)바닥의 작은 돌기에는 액체(氵)를 분비하는 샘이 있어 건강하고 활기찬 사람의 혀는 항상 촉촉하게 유지된다.

活动[huódòng] 활동하다, 움직이다 159d

生活[shēnghuó] 생활, 살다, 생존하다 208

22d

适 shì

[適] **맞을** 적

혀설舌 [shé] + 갈착辶 [61] [chuò]

다른 사람들을 자신이 가는(辶) 길로 따라오게 하려면 혀(舌)를 잘 사용해야 한다. 즉 상황에 알맞은 말(舌)은 다른 사람들을 따라오게(辶) 할 수 있다.

合适[héshì] 적합하다, 알맞다 65a   舒适[shūshì] 편안하다, 쾌적하다 170d

22e

乱 luàn

[亂] **어지러울** 란

혀설舌 [shé] + 구부러진 모습/숨을 은 乚 [83e] [yǐ]

혀(舌)가 구부러졌다(乚)는 것은 혀를 잘못 놀려 혼란을 초래하게 되었음을 알려 준다.

＊ "乚"은 의미가 없는 글자로 다양한 해석이 가능하다.

胡乱[húluàn] 함부로, 멋대로 19e
家里很乱。 집 안이 무척 어지럽다. 174a 151 14a 22e
现在的社会很乱。 지금의 사회는 매우 혼란하다. 13d 32a 46b 126h 66c 14a 22e

22f

甘 gān

달 감

입(甘→口 [16]) 안에 단것(一)을 물고 있는 모습이다.

22g

甜 tián

달 첨

혀설舌 [shé] + 달감 甘 [22f] [gān]

입 안에서 단(甘)맛을 느끼는 기관이 바로 혀(舌)라는 것을 묘사하고 있다.

甜瓜[tiánguā] 참외, 멜론 33f

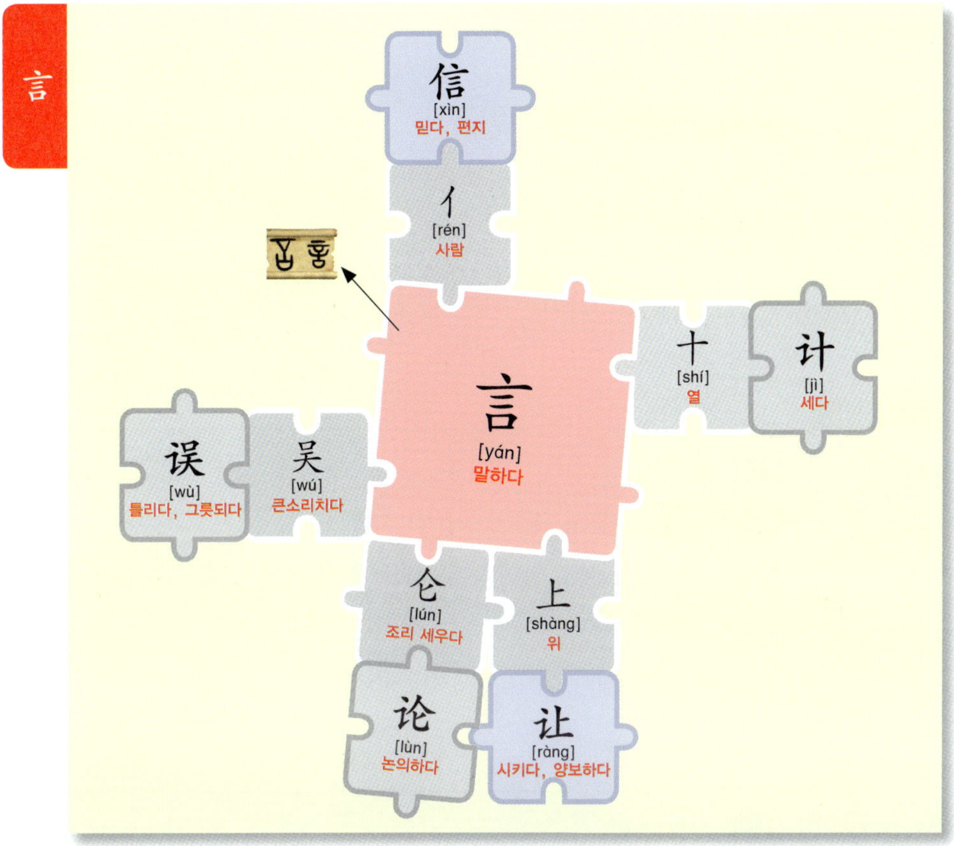

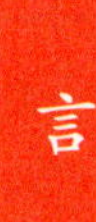

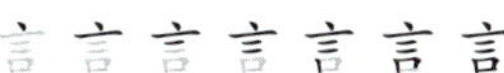

23

言言言言言言言

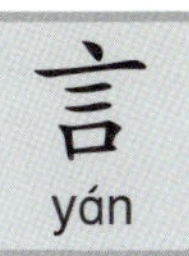

言 yán

말할 언

혀를 입(口[16]) 밖으로 내밀고 열심히 말하는 모습이다.

* 다른 글자와 합해질 때는 모양이 "讠"으로 줄어든다.

语言[yǔyán] 언어 226c　　发言[fā//yán] 발언, 발언하다 34f

23a

信 信 信 信 信 信 信 信 信

信
xìn

믿을 신

사람인 亻[68] [rén] + 말할언 言 [yán]

사람(亻)이 하는 말(言)은 서로 믿을 수 있어야 함을 묘사하고 있다. 또한 서신(书信)을 한 글자로 줄여 쓰면서 '편지'라는 의미도 갖게 되었다.

相信[xiāngxìn] 믿다, 신임하다, 신뢰하다 11c 信用卡[xìnyòngkǎ] 신용카드 166 128c
信封[xìnfēng] 편지봉투, 봉투 40e 信号[xìnhào] 신호, 사인 16c

23b

计 计 计 计

计
jì

[計] 셀 계

말할언 讠＝言 [yán] + 열십 十[232] [shí]

십진법은 0에서 9까지 열(十) 개의 숫자를 사용하여 모든 수를 나타내고 말(讠)로 셀 수 있다.

计划[jìhuà] 계획, 계획하다 120g 计算[jìsuàn] 계산하다 43b

23c

让 让 让 让 让

让
ràng

[讓] 사양할 양

말할언 讠＝言 [yán] + 위상 上[223f] [shàng]

위(上)에서 아래를 향해 말(讠)하는 모습에서 '시키다'의 뜻을, 윗(上)사람에게 상석이나 음식을 먼저 권(讠)하는 모습에서 '양보하다'는 뜻을 갖게 되었다.

23d

论 论 论 论 论 论

论
lùn

[論] 논할 론

말할언 讠＝言 [yán] + 조리 세울 륜 仑 [lún]

말(讠)을 조리(仑) 있게 하는 모습에서 '논의하다'는 뜻을 갖게 되었다.

* "仑"의 번체자(侖)는 순서에 맞게 책(冊[217])을 모아(亼[65]) 놓은 모습이다.

讨论[tǎolùn] 토론하다 40g 争论[zhēnglùn] 변론하다, 논쟁하다 36a

23e

误误误误误误误误误

误
wù

[误] **틀릴** 오

말할언 讠=言 [yán] + 큰소리칠오 吳 [wú]

불완전한 인간이 하늘을 향해, 즉 완전한 신에게 큰소리(吳)로 말(讠)을 하는 것은 그릇된 행동이다.

* "吳"는 사람이 하늘(天 74b)을 향해 입(口 16)을 벌리고 큰소리치는 모습이다.

错误[cuòwù] 착오, 잘못되다 199b   误会[wùhuì] 오해, 오해하다 66c

24

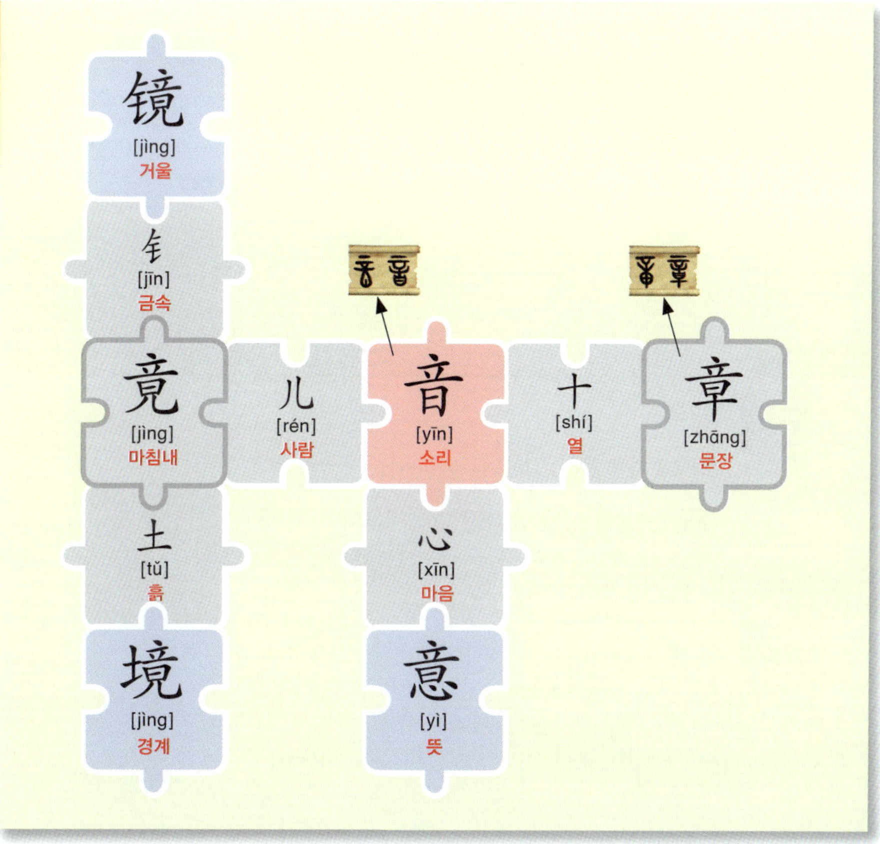

24

소리 음

갑골문을 보면 "말할 언 言[23][yán]"과 "音"은 모두 입으로 악기를 부는 모습으로 보인다. 처음엔 구별 없이 사용되다 후에 "音"은 소리를, "言"은 내용을 강조하는 것으로 틀이 잡혀졌다.

* "音"의 윗부분이 "설 립 立[79][lì]" 모양을 하고 있지만 아무 관련이 없다.

声音[shēngyīn] 소리, 목소리, 논조 104d　　音乐[yīnyuè] 음악 210l
录音[lù//yīn] 녹음, 녹음하다 202a

24a

章
zhāng

문장 장

소리음 音 [yīn] ＋ 열십 十[232] [shí]

소리(音)가 여럿이(十) 모여 문장이 되고 문장이 모여 장과 절을 이루게 된다.

* 옛 글자를 보면 문신용 송곳(辛[103])으로 몸에 문신을 새기는 모습에서 '글'이라는 의미가 나왔고, 글이 여럿이(十) 모여 문장을 이루게 되었음을 알려 준다.

文章[wénzhāng] 문장, 저작 133

24b

뜻 의

소리음 音 [yīn] ＋ 마음심 心[28] [xīn]

내뱉는 말이 아닌 숨겨진 마음(心)의 소리(音)가 진정한 뜻이다.

意思[yìsi] 의미, 뜻, 의견 28a　　　　　　满意[mǎnyì] 만족하다, 만족스럽다 64e
同意[tóngyì] 동의하다, 찬성하다 148b　　愿意[yuànyì] 바라다, 희망하다, 동의하다 200e
注意[zhùyì] 주의하다, 조심하다 233e　　　意见[yìjiàn] 견해, 의견 13
主意[zhǔyi] 방법, 생각, 아이디어 233c　　意义[yìyì] 의의, 의미, 뜻 233a
没意思[méi yìsi] 재미없다, 단조롭다, 지루하다 117f 28a
有意思[yǒu yìsi] 재미있다, 흥미 있다 39c 28a　　故意[gùyì] 고의, 고의로, 일부러 19a

24c

竟
jìng

마침내 경

악기/소리 음 音 [yīn] + 사람 인 儿[69] [rén]

악기(音)를 연주하는 사람(儿)의 모습이다. 연주자로서 어느 정도 경지에 이른 사람이라는 의미에서 '마침내'라는 뜻을 갖게 되었다.

竟然[jìngrán] 뜻밖에, 의외로 158e

24d

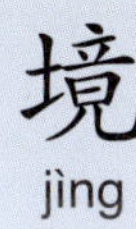

境
jìng

경계 경

흙 토 土[155] [tǔ] + 마침내 경 竟[24c] [jìng]

땅(土)이 끝나는(竟) 곳이니 '경계'를 가리킨다. 경계가 있다는 의미에서 공간 범위가 비교적 큰 어떤 '장소'를 가리키기도 하고, 그 분리된 곳의 '상황'을 나타내는 데에도 사용된다.

环境[huánjìng] 환경, 주위 상황 108c

24e

镜
jìng

[鏡] 거울 경

쇠 금 钅=金[199] [jīn] + 마침내 경 竟[24c] [jìng]

거울을 만들기 위해 금속(钅) 표면에 마침내(竟) 얼굴이 보일 정도로 깨끗하게 광을 낸 모습이다. 12~13세기 무렵 유리로 만든 거울이 등장하면서 유리로 만든 '렌즈'의 의미도 파생되었다.

* 옛날에는 은이나 청동을 사용하여 거울을 만들었다.

眼镜[yǎnjìng] 안경 11g

镜子[jìngzi] 거울 95

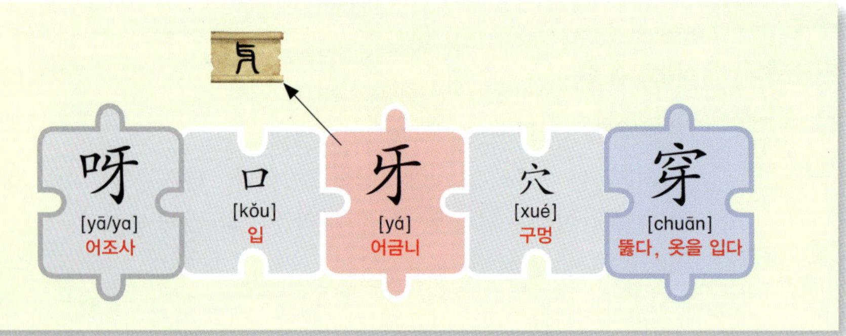

牙牙牙牙

25

牙 yá

어금니 아

잇몸을 뚫고 나오는 어금니의 모양을 본뜬 글자이다.

刷牙[shuā yá] 이를 닦다, 양치질하다 90i

穿穿穿穿穿穿穿穿穿

25a

穿 chuān

뚫을 천

구멍혈 穴 [142] [xué] + 어금니아 牙 [yá]

어금니(牙)가 잇몸을 뚫고 나오듯이, 굴(穴)을 만들기 위해 언덕을 뚫는 모습이다. 옷을 입는 것도 손이나 발이 옷을 뚫고 나오는 것과 비슷하므로 '(옷을) 입다, (양말·신을) 신다'의 뜻으로도 의미가 확대되었다.

她从不穿绿色的衣服。 그녀는 여태껏 녹색 옷을 입은 적이 없다. 84c 63g 223a 25a 131j 72f 46b 130 34b

呀呀呀呀呀呀呀

25b

呀 yā/ya

어조사 아

입구 口 [16] [kǒu] + 어금니아 牙 [yá]

입(口)이 어금니(牙)까지 보일 정도로 크게 벌어진 모습에서 '아!, 야!'라는 감탄사가 만들어졌다.

어기조사로 앞 음절의 모음이 'a, e, i, o, ü'로 끝난 경우 그 영향을 받아 '啊[17f]' 대신 쓰인다. 아래 예문에서 "他[tā]"의 모음이 'a'로 끝났음을 볼 수 있다.

呀, 下雪了! 야, 눈 온다! 25b, 223g 205a 170a
原来是他呀! 알고 보니 그였구나! 200d 210k 54b 84b 25b

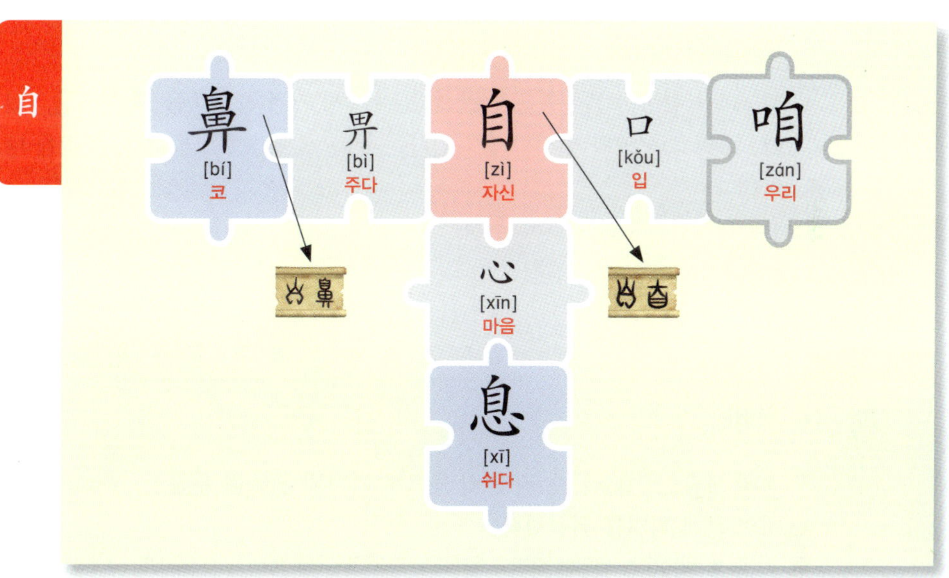

26	自自自自自自

自
zì

스스로 자

코를 본뜬 글자이다. 사람들은 자기 자신을 말할 때 흔히 코를 가리킨다.

* 코는 자존심이나 자만심과 연관된 비유에도 쓰이는데, '코가 높다', '코를 납작하게 만들다'가 그 예이다. 이러한 코의 상징성에서도 코가 자신을 가리키는 데 사용되었음을 알 수 있다.

自己[zìjǐ] 자기, 자신, 스스로 82
自动[zìdòng] 자동으로, 자발적으로 159d
自行车[zìxíngchē] 자전거 60b 124
自由[zìyóu] 자유, 자유롭다 154

26a

咱 咱 咱 咱 咱 咱 咱 咱 咱

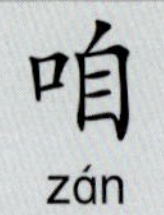

咱
zán

우리 찰

입구 口[16][kǒu] **+** 스스로 자 自 [zì]

자기(自)의 복수형인 우리를 나타내기 위해 입(口)을 더한 글자이다.

咱们[zánmen] 우리(들) 145a

26b

息 息 息 息 息 息 息 息 息 息

息
xī

쉴 식

코/스스로 자 自 [zì] **+** 마음 심 心[28][xīn]

코(自)와 심장(心)은 호흡과 관련 있는 신체 기관으로 죽을 때까지 움직인다. 그러므로 코와 심장만 움직인다는 것은 신체가 휴식을 취하는 것을 나타낸다.

休息[xiūxi] 휴식하다, 쉬다 68c   消息[xiāoxi] 소식, 뉴스 235d

26c

鼻 鼻 鼻 鼻 鼻 鼻 鼻 鼻 鼻 鼻 鼻 鼻 鼻 鼻

鼻
bí

코 비

코의 모습인 "自[zì]"가 '자신'의 뜻으로 가차되자 소리 부분인 "畀[bì]"를 더하여 본래 의미를 되살렸다.

* "줄 비 畀[bì]"는 바닥에 증기가 올라오는 구멍 뚫린 찜기(田)가 받침대(丌[12c]) 위에 올려져 있는 모습이다. 증기처럼 보이지 않는 냄새를 맡는 코의 기능을 강조한 것으로 보인다.

* 옛 글자를 보면 구멍 뚫린 찜기(田)의 모양이 "밭 전 田[152][tián]"과 다른 글자임을 알 수 있다.

鼻子[bízi] 코 95

身身身身身身身

27

身
shēn

몸 신

배가 부른 임신한 여자의 신체를 옆에서 본 모습이다.

身体[shēntǐ] 신체, 건강 29b   身边[shēnbiān] 신변, 곁 61a

27a

躺躺躺躺躺躺躺躺躺躺躺躺躺躺躺

躺
tǎng

누울 당

임신한 여자/몸 신 身 [shēn] + 숭상할 상 尚 150b [shàng]

배가 부른 임신한 여자(身)는 존중(尚)받아야 함을 드러누운 모습으로 나타냈다.

地上躺着四个人。 바닥에 네 사람이 누워 있다. 84a 223f 27a 11b 20c 63b 63

27b

射 shè

쏠 사

임신한 여자/몸 신 身 [shēn] + 손/마디 촌 寸[40] [cùn]

활을 쏘기 위해 손(寸)으로 활줄을 최대한 잡아당긴 모습이다. 활이 둥그렇게 휘어진 모습을 배가 부른 임신한 여자(身)의 모습에 비유하였다.

注射[zhùshè] 주사하다, 주사를 놓다 233e

27c

谢 xiè

[謝] 사례할 사

말할 언 讠 = 言[23] [yán] + 쏠 사 射[27b] [shè]

감사, 사과, 사양의 말(讠)은 활을 쏘듯(射) 적중시켜야 효과가 있는 법이다.

谢谢[xièxie] 감사합니다, 고맙습니다　　　　感谢[gǎnxiè] 감사하다, 고맙다 114d

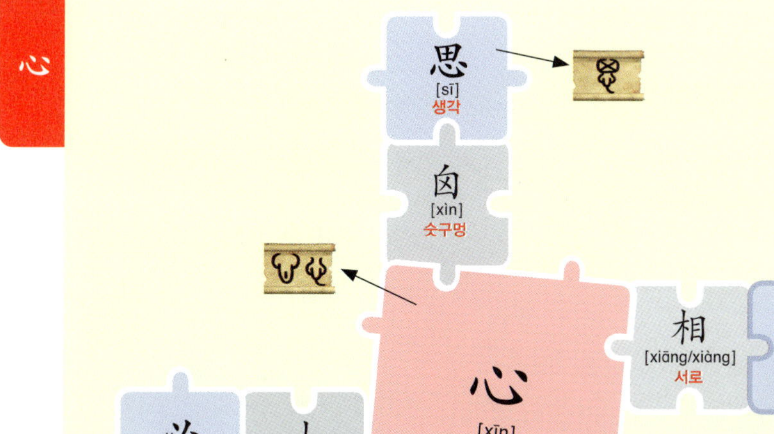

28

心 心 心 心

心 마음 심

心
xīn

심장 모양을 본뜬 글자이다.

* 사람의 감정이나 특성과 관련된 글자에는 상징적인 의미로 "心"이 대부분 들어간다.

担心[dān//xīn] 염려하다, 걱정하다 31g

放心[fàng//xīn] 방심하다, 마음을 놓다 50a

关心[guān//xīn] 관심을 갖다 45

小心[xiǎoxīn] 조심하다, 조심스럽다 235

心情[xīnqíng] 심정, 감정 135d

细心[xìxīn] 세심하다, 면밀하다 131h

思
sī

생각 사

머리/숫구멍 신 田 [152] → 囟 [131h] [xìn] ＋ 마음 심 心 [xīn]

생각이란 머리(囟)와 심장(心)의 협동 작용이다.

＊ 옛 글자를 보면 "밭 전 田[tián]"이 "囟"의 변형임을 알 수 있다.

＊ 숫구멍: 갓난아이의 정수리뼈가 채 굳지 않아서 숨 쉴 때마다 뛰는 연한 곳.

意思[yìsi] 의미, 뜻, 의견 24b
思想[sīxiǎng] 사상, 생각, 견해 11d
没意思[méi yìsi] 재미없다, 단조롭다, 지루하다 117f 24b
有意思[yǒu yìsi] 재미있다, 흥미 있다 39c 24b

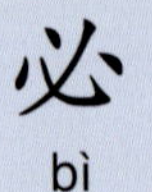

必
bì

반드시 필

마음 심 心 [xīn] ＋ 삐침 별 丿 [234] [piě]

마음(心) 깊숙이 묻어 둔(丿) 비밀은 반드시 지켜야 한다.

＊ "丿"은 의미가 없는 글자로 다양한 해석이 가능하다.

必须[bìxū] 반드시, 꼭, 기필코 8a

28

忄 忄 忄

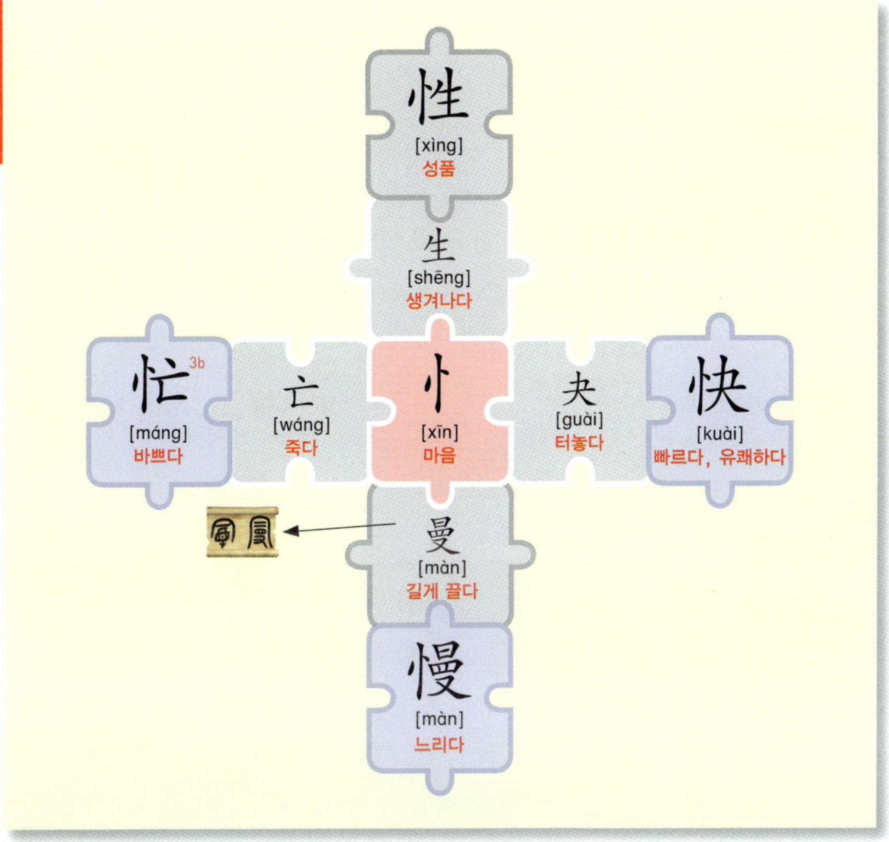

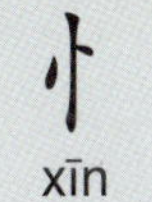

마음 심

忄
xīn

"마음 심 心[xīn]"과 같은 글자이다.

＊ 단독 사용은 하지 않고 항상 다른 글자와 합하여 사용되며, 위치는 늘 글자의 왼편에 온다.

28c

忄 忄 忄 忄 忄 忄 忄 忄

성품 성

性
xìng

마음심 忄 = 心 [xīn] ＋ 날생 生[208] [shēng]

마음(忄)에서 나오는(生) 것이 그 사람의 본바탕인 성품이다.

28d

快 快 快 快 快 快 快

快 kuài

빠를 쾌

마음 심 忄 = 心 [xīn] + 터놓을 쾌 夬[76] [guài]

오래 끌던 문제가 해결되면 마음(忄)의 응어리가 확 트이며(夬) 빠르게 사라진다. 마음의 응어리가 사라졌다는 의미에서 '유쾌하다'는 뜻도 파생되었다.

快乐[kuàilè] 즐겁다, 행복하다 210l   凉快[liángkuai] 시원하다, 서늘하다 2a
愉快[yúkuài] 유쾌하다, 기분이 상쾌하다 221c   痛快[tòngkuài] 통쾌하다, 유쾌하다 81c

28e

曼 曼 曼 曼 曼 曼 曼 曼 曼 曼 曼

曼 màn

길 만

쓰개모 曰 → 冃[11e] [mào] + 눈목 罒 → 目[11] [mù] + 손/또 우 又[34] [yòu]

눈(目)을 가린 두건(冃)을 손(又)으로 천천히 벗기는 모습이다. 그처럼 아침에 눈을 떠서 밝은 빛에 적응하는 데 시간이 걸리는 모습에서 '길게 끌다'는 뜻을 갖게 되었다.

28f

慢 慢 慢 慢 慢 慢 慢 慢 慢 慢 慢 慢

慢 màn

느릴 만

마음 심 忄 = 心 [xīn] + 길 만 曼[28e] [màn]

매사에 느린 게으른(忄) 사람이 시간을 길게 끄는(曼) 모습이다.

* "心"은 감정이나 특성과 관련되어 게으른 특성을 나타낸다.

我的表慢五分钟。 내 시계는 5분 느리다. 113b 46b 130b 28f 226a 120a 231b

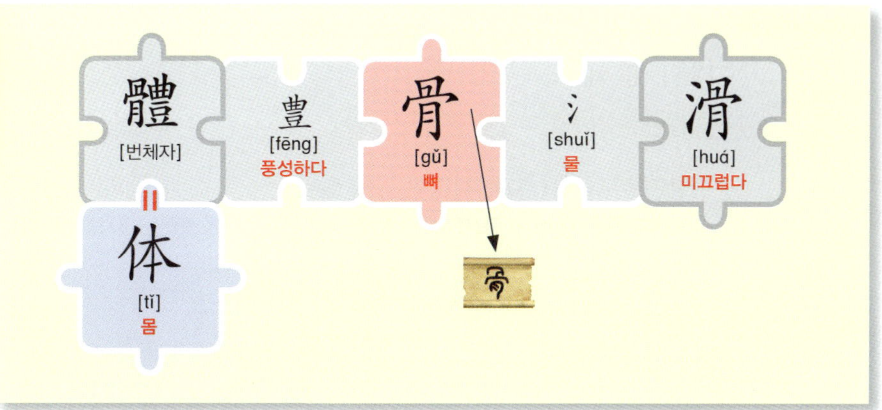

骨骨骨骨骨骨骨骨骨

骨
gǔ

[骨] 뼈 **골**

고기(月)가 붙어 있는 뼈(冎)를 그린 글자로 '뼈'라는 뜻을 가지고 있다.

* "冎[guǎ]"는 살점이 없는 앙상한 뼈를 가리키는 글자이다.
* "달 월 月221[yuè]"가 다른 글자와 합해질 경우 대부분 "고기 육 肉192[ròu]"의 의미를 갖는다.

骨头[gǔtou] 뼈 75

滑滑滑滑滑滑滑滑滑滑滑滑

29a

滑
huá

[滑] 미끄러울 **활**

물수 氵201[shuǐ] + 뼈골 骨[gǔ]

뼈(骨)에 묻어 있는 물(氵)이란, 고기의 기름기가 묻어 있음을 의미한다.
그러한 기름기가 묻은 뼈의 모습에서 '미끄럽다'는 뜻을 갖게 되었다.

滑冰[huá//bīng] 스케이팅, 얼음을 지치다 206a

29b

体 tǐ

[體] **몸 체**

사람인 亻[68] [rén] + 근본본 本[210a] [běn]

사람(亻)의 근본(本)은 건강한 몸에 있다.

* 번체자(體)는 뼈(骨)와 풍성한(豊→丰[209]) 살을 합쳐서 몸을 뜻하는 글자를 만들었다.

身体[shēntǐ] 신체, 건강 27

全体[quántǐ] 전체 63f

半导体[bàndǎotǐ] 반도체 175b 7b

体育[tǐyù] 체육, 운동 192b

尸体[shītǐ] 시체 90

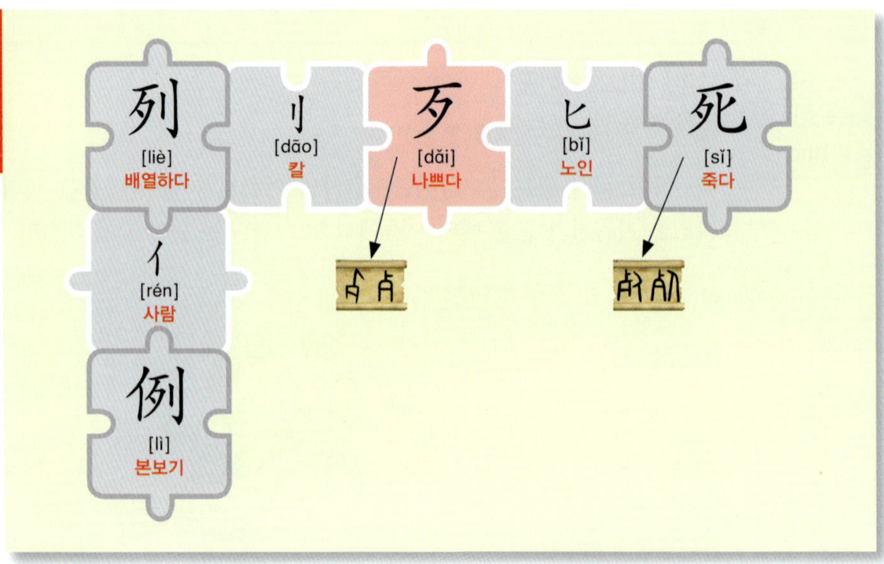

30

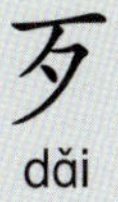

나쁠 대
dǎi

살을 발라낸 후 뼈만 남은 모양으로 부서진 뼈를 의미한다. 단독으로 사용될 때는 '나쁘다'는 뜻으로 쓰이고, 다른 글자와 합해질 때는 '죽음과 재난'이라는 의미 요소로 사용된다.

30a

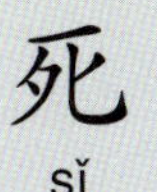

죽을 사
sǐ

부서진 뼈/나쁠 대 歹 [dǎi] + 노인/숟가락 비 匕 [bǐ]

부서진 뼈(歹)와 노인(匕)을 합쳐 '죽다'라는 뜻을 파생시켰다.

* "匕"의 갑골문은 좌우가 바뀐 사람(人)의 모습으로, 노약자나 힘없는 '노인'을 가리키는 글자로도 이해할 수 있다.

死亡[sǐwáng] 죽다, 사망하다 3
他什么时候死了? 그는 언제 죽었나요? 84b 232a 93a 42d 111b 30a 170a

30b

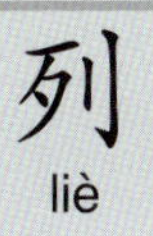

줄 렬
liè

죽음/나쁠 대 歹 [dǎi] + 칼도 刂 = 刀 [dāo]

죽은(歹) 동물을 칼(刂)로 분리하여 부위별로 배열하는 모습이다.

排列[páiliè] 배열하다 181a   列车[lièchē] 열차 124

30c

보기 례
lì

사람인 亻 [rén] + 줄 렬 列 [liè]

죽은 동물을 분리해 부위별로 배열하는(列) 것도 방법과 규칙이 있다. 선임자(亻)가 직접 그러한 방법과 규칙대로 본보기를 보여 주는 모습이다.

例如[lìrú] 예를 들다, 예를 들면 96g

83

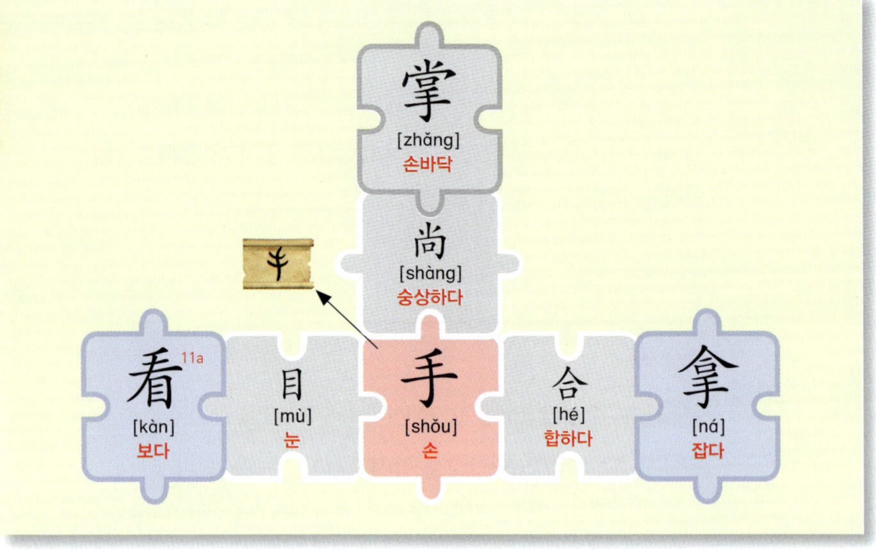

31

手 手 手 手

手 손 수
shǒu

다섯 손가락과 손바닥을 쫙 펼친 손을 본뜬 글자이다.

手表[shǒubiǎo] 손목시계 130b
洗手间[xǐshǒujiān] 화장실 69e 145c
手续[shǒuxù] 수속, 절차 75e
手段[shǒuduàn] 수단, 방법, 수법 117a

手机[shǒujī] 핸드폰, 휴대폰, 휴대전화 213a
握手[wò//shǒu] 악수하다 90f
手指[shǒuzhǐ] 손가락 89a

31a

掌 掌 掌 掌 掌 掌 掌 掌 掌 掌 掌 掌

掌 손바닥 장
zhǎng

숭상할상 尚 150b [shàng] + 손수 手 [shǒu]

흔히 숭상하고(尚) 있음을 나타낼 때 손바닥(手)을 붙이는 행위를 한다. 예를 들어 신을 숭배할 때 두 손바닥을 붙이고 기도나 절을 하는 것을 볼 수 있다.

掌握[zhǎngwò] 장악하다, 숙달하다 90f

鼓掌[gǔ//zhǎng] 손뼉을 치다, 박수를 치다 51b

31b

잡을 나

합할 합 合[65a] [hé] + **손수 手** [shǒu]

손(手)을 합친다(合)는 것은 손으로 무언가를 잡는다는 표현이다.

他手里拿的是什么? 그가 손에 들고 있는 것은 무엇인가요? 84b 31 151 31b 46b 54b 232a 93a

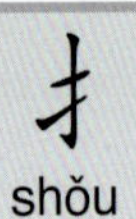

扌 扌 扌

손 **수**

扌
shǒu

"손 수 手[shǒu]"와 같은 글자이다.

* "手"가 단독으로 사용되거나 주로 중앙에 위치할 때 사용되는 반면에, "扌"는 다른 글자와 합해질 때 주로 왼편에 위치하게 된다.

打 打 打 打 打

칠 **타**

打
dǎ

손수 扌＝手 [shǒu] ＋ 못/장정 정 丁[225] [dīng]

손(扌)으로 망치를 잡고 못(丁)을 두들겨 박는 모습이다.

打电话 전화를 걸다 31c 157a 22b	打篮球 농구를 하다 31c 107c 198b
打扫[dǎsǎo] 청소하다 31h	打算[dǎsuàn] 타산, 계획, ~할 생각이다 43b
打倒[dǎ//dǎo] 타도하다, 때려눕히다 112c	打败[dǎ//bài] 이기다, 패하다 186g

拍 拍 拍 拍 拍 拍 拍 拍

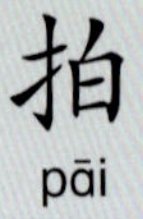

칠 **박**

拍
pāi

손수 扌＝手 [shǒu] ＋ 흰백 白[134] [bái]

손뼉(扌)을 쳐서 소리를 내는 모습으로 이때 나는 소리가 "白[bái]"와 비슷하여 만들어진 글자이다.

* 기억하기 쉽게 '사진을 찍다'의 의미는 손(扌)으로 카메라를 조작해 사진이나 영상을 찍을 때 흰(白)색의 밝은 조명이 있어야 함을 연상하자.

拍手[pāi//shǒu] 손뼉을 치다 31	拍电影 영화를 찍다 31d 157a 2d

拾 拾 拾 拾 拾 拾 拾 拾 拾

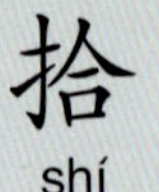

주울 **습**

拾
shí

손수 扌＝手 [shǒu] ＋ 합할 합 合[65a] [hé]

"잡을 나 拿[31b][ná]"가 위쪽에 있는 무언가를 잡아 손(手[31])에 합치는(合) 모습이라면, "拾"는 아래쪽에 있는 무언가를 주워 손(扌)에 합치는(合) 모습이다.

收拾[shōushi] 거두다, 정리하다 50e

31f

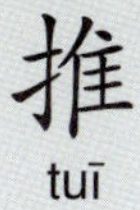

밀 추
tuī

손수 扌=手 [shǒu] + 새추 隹 [178] [zhuī]

새끼가 둥지를 떠나 스스로 날아오를 때가 되었는지 알아보기 위해 어미가 손(扌)으로 새끼 새(隹)를 살짝 밀어 보는 모습이다.

推动[tuīdòng] 추진하다, 나아가게 하다 159d   推车 차를 밀다 31f 124

31g

[擔] 멜 담
dān

손수 扌=手 [shǒu] + 아침단 旦 [218a] [dàn]

수평선 위로 해가 막 떠오른 새벽(旦)부터 부지런히 손(扌)을 움직여야 할 정도로 막중한 책임을 맡은 사람의 모습에서 '짐, 책임'의 뜻이 파생되었다.

担心[dān//xīn] 염려하다, 걱정하다 28   担任[dānrèn] 맡다, 담당하다 105a

31h

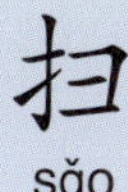

[掃] 쓸 소
sǎo

손수 扌=手 [shǒu] + 손계 彐 [36] [jì]

두 손(扌, 彐)으로 빗자루를 들고 열심히 바닥을 쓸고 있는 모습이다.

* 번체자(掃)의 오른쪽은 천(巾[132])으로 만든 빗자루나 걸레를 손(彐)에 들고 있는 모습이다.

打扫[dǎsǎo] 청소하다 31c

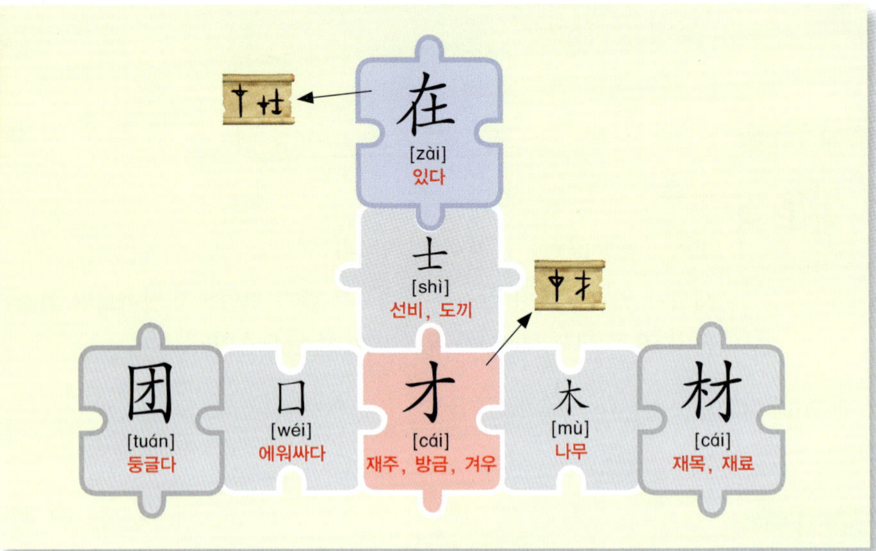

32

才 オ オ

才
cái

재주 재

신성한 곳을 성별하기 위해 막대기(十)에 표시(丿)를 한 모양으로, 그 막대기를 꽂아 둔 신성한 곳에서는 특별한 재능을 받을 수 있었다. 그러한 곳을 어렵게 차지했다는 뜻에서 '방금, 겨우' 또는 시점이 늦었음을 표시하는 부사로 사용된다.

刚才[gāngcái] 지금 막, 방금, 막 165b   人才[réncái] 인재 63

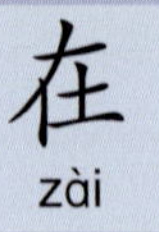

32a

在 在 在 在 在 在

在
zài

있을 재

재주 재 才 [cái] + 도끼/선비 사 士155 → 士104 [shì]

신성한 곳을 도끼(士)를 들고 지킨다는 것은 그곳에 재능(才)을 줄 수 있는 신이 계시다는 것이었다.

＊ 금문을 보면 "在"의 왼편은 "才"와 어원이 같고, 오른편은 "흙 토 土[tǔ]"가 아니라 도끼를 본뜬 "士"의 모양임을 알 수 있다.

现在[xiànzài] 현재, 지금 13d
正在[zhèngzài] 지금 ~하고 있다(동작이나 행위가 진행 중임을 나타냄) 54

32b

材材材材材材材

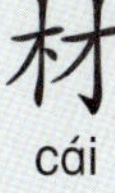

材
cái

재목 재

나무목 木[210][mù] + 재주 재 才 [cái]

재능(才) 있는 나무(木)란 건축용 재료로 사용하기 좋은 재목을 가리킨다.

材料[cáiliào] 재료, 자료 164b

32c

团团团团团团

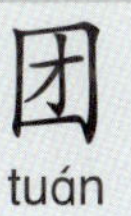

团
tuán

[團] 둥글 단

에워쌀 위 口[20][wéi] + 재주 재 才 [cái]

재능(才) 있는 사람들이 단결할 수 있도록 둥글게 에워싼(口) 모습이다.

* 번체자(團)의 가운데 부분은 손(寸[40])으로 돌리는 '가운데가 볼록한 둥근 실감개(專 [zhuān])'의 모양으로 둥글다는 뜻을 강조하였다.

团结[tuánjié] 단결하다, 단합하다 104b

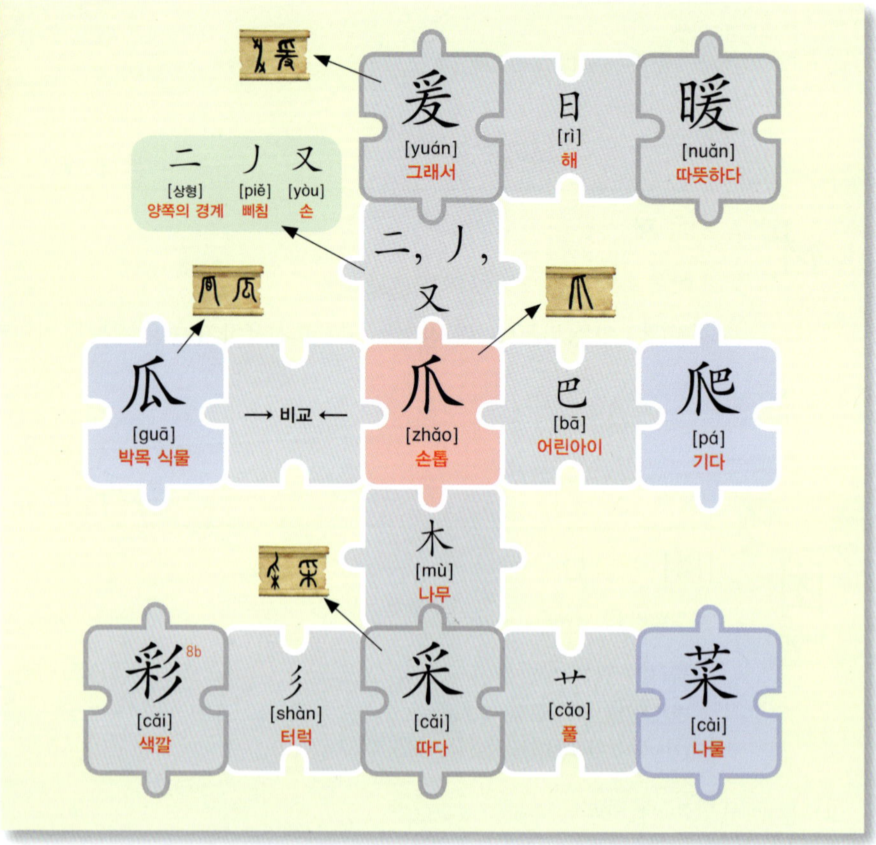

33

爪　爪　爪　爪

爪
zhǎo

손톱 조

손톱을 세우고 무언가를 잡으려는 모습이다. 다른 글자와 합해질 때는 대부분 '손'을 의미하며, 모양이 "爫"로 줄어들기도 한다.

33a

爰
yuán

이에 원

손/손톱 조 爫 = 爪 [zhǎo] ＋ 양쪽의 경계 二 [상형] ＋ 삐침 별 丿 [234] [piě] ＋ 손/또 우 又 [34] [yòu]

물 밖(一)에 있는 사람의 손(爫)과 물 안(一)에 빠진 사람의 손(又)을 밧줄(丿)로 연결하여 당기는 모습이다. 점차 '그래서, 그리하여'의 뜻으로 전이되었다. * "丿"은 의미가 없는 글자로 다양한 해석이 가능하다.

33b

暖 暖 暖 暖 暖 暖 暖 暖 暖 暖 暖 暖 暖

暖 nuǎn

따뜻할 난

해 일 日[218] [rì] + 당기다/이에 원 爰[33a] [yuán]

해(日)를 잡아당겼으니(爰) 얼마나 따뜻하겠는가!

暖和[nuǎnhuo] 따뜻하다, 따뜻하게 하다 139a   暖气[nuǎnqì] 방열기, 온기 204

33

33c

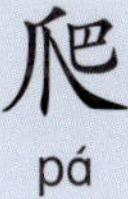

爬 爬 爬 爬 爬 爬 爬 爬

爬 pá

길 파

손/손톱 조 爪 [zhǎo] + 아이/바랄 파 巴[92a] [bā]

어린아이(巴)가 아장아장 손(爪)으로 기어서 오르는 모습이다.

* "巴"는 태아가 커서 토실토실 살이 찐 모습이다.

爬山[páshān] 등산하다, 산을 오르다 195

33d

采 采 采 采 采 采 采 采

采 cǎi

딸 채

손/손톱 조 爫 = 爪 [zhǎo] + 나무 목 木[210] [mù]

손(爫)으로 나무(木)의 새싹, 찻잎 또는 열매를 따는 모습이다.

采取[cǎiqǔ] 채취하다, 취하다 10b

33e

菜 菜 菜 菜 菜 菜 菜 菜 菜 菜 菜

菜 cài

나물 채

풀 초 艹[207] [cǎo] + 딸 채 采[33d] [cǎi]

손으로 뜯어서(采) 먹는 풀(艹)이란 채소를 가리킨다.

瓜
guā

오이 **과**

덩굴 아래 열매가 매달려 있는 모습으로, 박목 식물의 통칭으로 사용된다.

* 모양이 "손톱 조 爪[zhǎo]"와 비슷하지만 아무 관련이 없다.

34

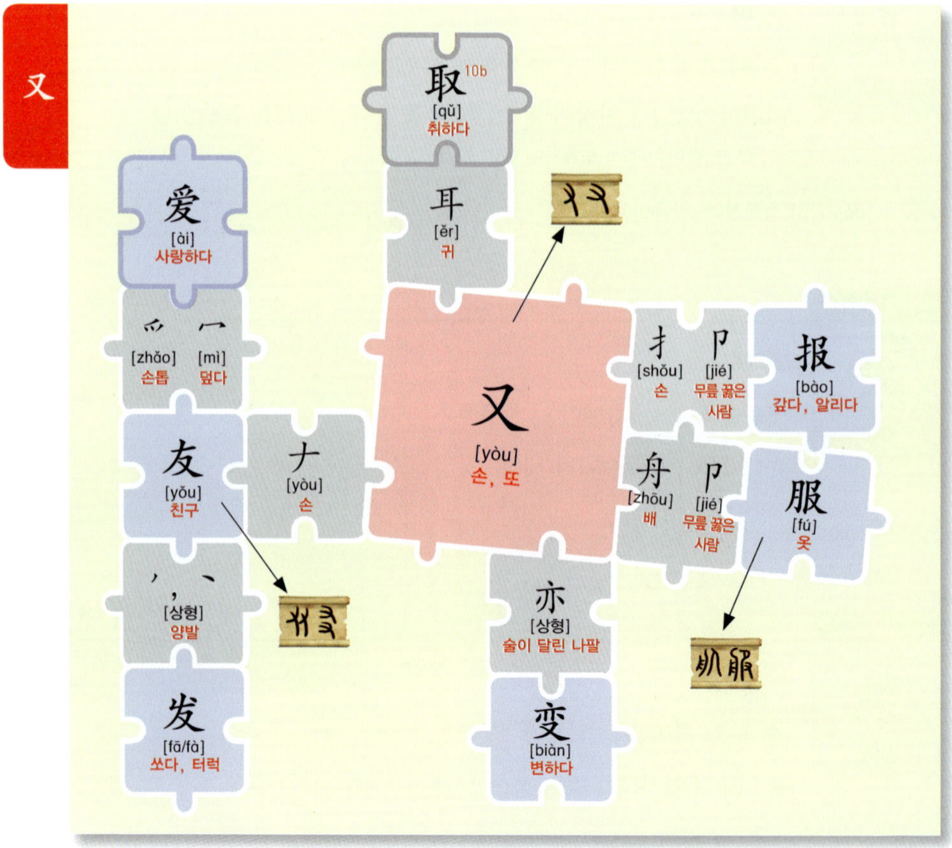

34　　　又 又

又 yòu

또 우

'오른손'을 본뜬 글자이다. 오른손이 대부분 모든 일을 주도하므로 '또'라는
의미도 가지고 있다.

＊ 다른 글자와 합해질 때는 오른손에만 국한하지 말고 '손'이라고 기억하자.

34a　　　报 报 报 报 报 报 报

报 bào

[報] 갚을 보

손 수 扌=手[31] [shǒu]　＋　무릎 꿇은 사람/병부 절 卩[85] [jié]　＋　손/또 우 又 [yòu]

포로를 손(又)으로 무릎 꿇게(卩)하고 굴복시켰음을 손(扌)을 들어 알리는
모습이다. 적에게 보복한 소식을 알린다는 의미에서 신문의 뜻도 가지고
있다.

＊ "卩"은 무릎을 꿇고 앉아 있는 사람의 모습이다.

报纸[bàozhǐ] 신문 99a	报名[bào//míng] 신청하다, 등록하다 222c
报告[bàogào] 보고, 리포트, 보고하다 175d	画报[huàbào] 화보, 그림 잡지 169c

34b　　　服 服 服 服 服 服 服 服

服 fú

옷 복

배 주 月[221] → 舟[125] [zhōu]　＋　무릎 꿇은 사람/병부 절 卩[85] [jié]　＋　손/또 우 又 [yòu]

손(又)으로 무릎(卩)을 꿇린 상대를 배(舟)에 태우는 모습이다. 배에 태운
다는 것은 소속시켜 섬기게 한다는 뜻이고, 그렇게 소속된 사람들을 식별
하기 위해 입히는 옷의 의미도 갖게 되었다.

＊ 옛 글자를 보면 "服"에 쓰인 "달 월 月[yuè]"은 "舟"의 모습을 하고 있다.

衣服[yīfu] 의복, 옷 130	服务员[fúwùyuán] 종업원, 안내원 159f 186h
舒服[shūfu] (몸·마음이) 편안하다 170d	服务[fúwù] 복무하다, 근무하다 159f
克服[kèfú] 극복하다, 이기다, 인내하다 19g	

34c

变
bián

[變] **변할 변**

술이 달린 나팔 亦 [상형] + 손/또 우 又 [yòu]

새로운 임금의 즉위식처럼 변화의 바람이 부는 큰일이 있을 때, 술이 달린
나팔(亦)을 불고 북을 손(又)으로 두드리는 모습이다.

＊ 번체자(變)를 보면 술(絲131a)을 달아 장식한 관악기(言23/24)를 불고, 북을 치는(攵50) 모습
임을 알 수 있다.

变化[biànhuà] 변화, 변화하다 68a

改变[gǎibiàn] 변하다, 바뀌다 50b

34d

友
yǒu

벗 우

손우 ナ[39] [yòu] + 손/또 우 又 [yòu]

친구란 어려울 때 도움의 손길(ナ, 又)을 내밀어 주는 사람이다.

朋友[péngyou] 친구, 벗 192a
友谊[yǒuyì] 우의, 우정 224e

友好[yǒuhǎo] 우호적이다 96c
小朋友[xiǎopéngyǒu] 어린이, 아동 235 192a

34e

爱
ài

[愛] **사랑 애**

손/손톱 조 爫 = 爪[33] [zhǎo] + 덮을 멱 冖[167] [mì] + 벗우 友[34d] [yǒu]

사랑이란 이성 친구(友)의 은밀한(冖) 부위도 손(爫)으로 쓰다듬고 싶은 감
정이다.

爱好[àihào] 취미, 애호, ~하기를 좋아하다 96c
爱人[àiren] 애인, 배우자 63

可爱[kě'ài] 사랑스럽다, 귀엽다 17
爱情[àiqíng] 애정, 남녀 간의 사랑 135d

34f

发
fā/fà

[發, 髮] **쏠 발, 터럭 발**

양발 ㄱ, 丶 [상형] + 손우 ナ[39] [yòu] + 손/또 우 又 [yòu]

양발(丿, 丶)을 벌린 채, 활을 쏘는 손(ナ)과 창을 던지는 손(又)을 묘사한 글자이다. 그렇게 활을 쏘고 창을 던지는 모습에서 '보내다'의 뜻이 파생되었다. 성조는 다르지만 발음이 같아서 '머리카락'의 뜻으로도 사용된다.

* 번체자(發)를 보면 활(弓109)을 쏘고 창(殳117)을 던지기 위해 양발(癶59)을 벌리고 있는 모습임을 분명히 알 수 있다.

发烧[fā//shāo] 열이 나다 158b

发展[fāzhǎn] 발전하다 90a

头发[tóufa] 두발, 머리카락 75

发现[fāxiàn] 발견하다 13d

发生[fāshēng] 발생하다, 생기다 208

发言[fā//yán] 발언, 발언하다 23

理发[lǐ//fà] 이발하다, 머리를 깎다 108b

34

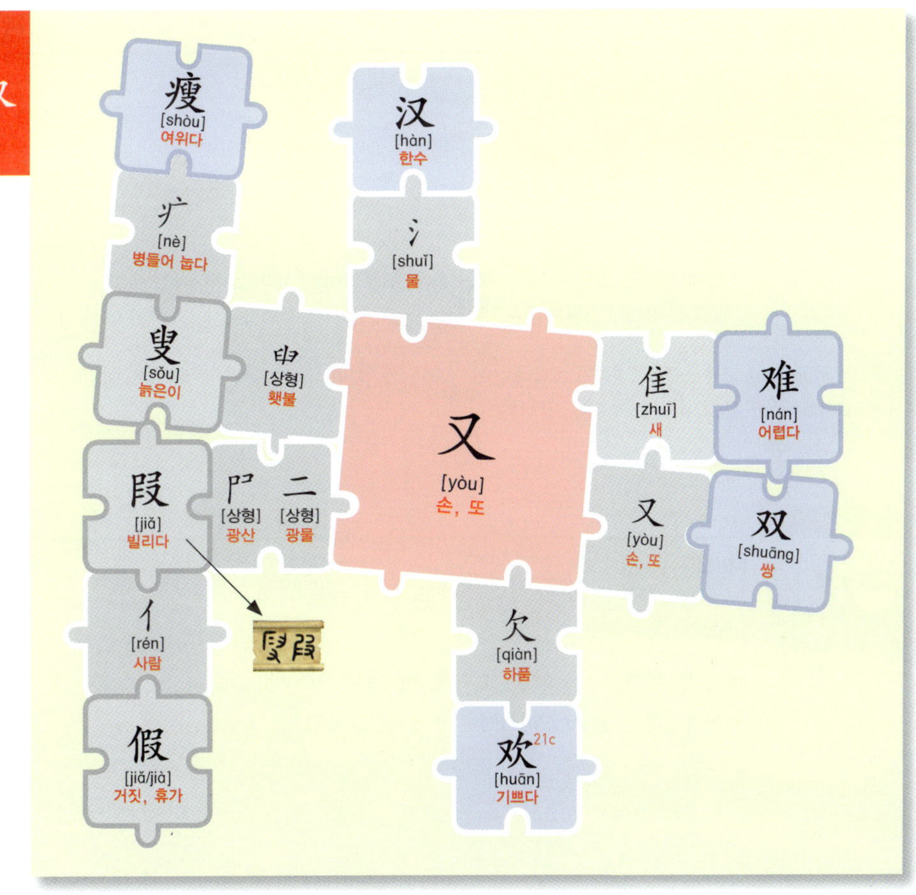

34g

汉
hàn

[漢] **한수** 한

물수 氵²⁰¹ [shuǐ] + 손/또우 又 [yòu]

장강(长¹⁰²江²⁰³ᵃ)의 최대 지류인 한강(汉江)을 의미하는 글자이다. 이 한강 유역에서 일어난 "汉" 제국은 후세 중국인들이 중국의 문화라고 생각하는 것들을 철저하게 완성했다.

＊ 기억하기 쉽게 한강(氵) 유역에서 "汉" 제국 사람들의 손(又)에 의해 중국의 문화가 완성되었 다고 생각하자.

汉语[Hànyǔ] 중국어, 한어 226c 　汉字[Hànzì] 한자 95b
汉族[Hànzú] 한족 161a

34h

难
nán

[難] **어려울** 난

손/또우 又 [yòu] + 새추 隹¹⁷⁸ [zhuī]

작은 새(隹)조차도 먹을 게 없어 손(又)을 벌리고 구걸할 정도의 어려운 가 뭄을 묘사하고 있다.

＊ 번체자(難)는 풀이 다 죽고 누런 흙(진흙 堇[jǐn])만 남아 날아다니는 새(隹)조차도 먹을 게 없게 된 극심한 가뭄을 묘사하였다.

难过[nánguò] 고통스럽다, 견디기 어렵다 40f 　困难[kùnnan] 곤란, 곤란하다, 어렵다 20b
难看[nánkàn] 못생기다, 보기 싫다, 흉하다 11a

34i

双
shuāng

[雙] **쌍** 쌍

손/또우 又 [yòu] + 손/또우 又 [yòu]

새의 암수 한 쌍을 양손(又, 又)에 들고 있는 모습이다.

＊ 번체자(雙)는 한 손(又)에 새(隹178) 두 마리를 들고 있는 모습이다.

双方[shuāngfāng] 쌍방, 양쪽, 양측 160

34j

빌릴 가

광산 广 [상형] + 광물 二 [상형] + 손/또 우 又 [yòu]

금문은 광산(广)에서 귀금속(二)을 손(又)으로 캐내는 모습이다. 그러한 귀금속은 자연에서 잠시 빌린 것이라는 철학적인 뜻을 가지고 있다.

34k

거짓 가, 빌릴 가

사람 인 亻[68] [rén] + 빌릴 가 叚[34j] [jiǎ]

자연에서 빌린(叚) 귀금속으로 아름답게 치장한 사람(亻)의 모습이다. 그렇게 빌린 것으로 치장한 아름다움은 거짓된 것이라는 의미를 가지고 있다. 또한 휴가란 직장이 있는 사람(亻)이 영원히 쉬는 것이 아니라, 잠시 빌려서(叚) 쉬는 것임을 알려 준다.

假裝[jiǎzhuāng] 가장하다, (짐짓) ~체하다 214c
寒假[hánjià] 겨울 방학 206b

请假[qǐng//jià] 휴가를 신청하다 135c
放假[fàng//jià] 방학하다, (학교 등을) 쉬다 50a

34l

늙은이 수

횃불 甶 [상형] + 손/또 우 又 [yòu]

눈이 어두운 노인이 무엇인가를 찾기 위해 횃불(甶)을 손(又)에 들고 집 안을 구석구석 뒤지고 있는 모습이다.

34m

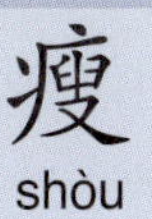

여윌 수

병들어 누울 녁 疒[81] [nè] + 늙은이 수 叟[34l] [sǒu]

병(疒)을 얻은 노인(叟)이 뼈만 앙상하게 남아 여윈 모습이다.

역사 **사**

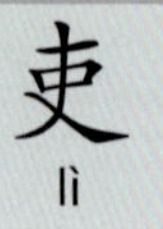
shǐ

붓을 손(ㄨ→ㄡ³⁴[yòu])에 쥐고 무언가를 기록하는 모습이다. 그렇게 전문적으로 기록하는 사람이란 정부에서 일하는 사람으로, 이 글자를 통해 정부에서 기록하는 일 중 중요한 부분이 역사를 기록하는 것이었음을 알 수 있다.

历史[lìshǐ] 역사 159j

벼슬아치 **리**

吏
lì

장식 一 [상형] + 붓을 손에 쥔 모습/역사 사 史 [shǐ]

장식(一)된 붓을 손에 쥐고 있는 모습(史)이다. "史[shǐ]"가 역사를 기록하는 서기라면, "吏"는 장식이 되어 있는 붓을 쥐고 있는 것으로 보아 더 높은 정부의 관리라는 것을 알 수 있다.

35b

使 *使 使 使 使 使 使 使*

시킬 사

사람인 亻 [68] [rén] + **벼슬아치 리 吏** [35a] [lì]

정부의 관리(吏)가 아랫사람(亻)을 마음대로 **부리는** 모습이다.

使用[shǐyòng] 사용하다, 쓰다 166   大使馆[dàshǐguǎn] 대사관 74 193c

35c

更 *更 更 更 更 更 更 更*

다시 갱

칠복 又→攵 [50] [pū] + **말할 왈 曰** [yuē]

시간이 바뀔 때마다 관청에서 종을 쳐서(又→攵) 알려 주는(曰) 모습이다.
그렇게 종을 쳐서 시간이 바뀔 때마다 상황이 **더욱** 좋아지기를 바란다는
의미를 가지고 있다.

＊ 옛 글자를 보면 "曰"처럼 보이는 부분은 종(曰→丙)을 매달아 놓은 모습임을 알 수 있다.

更加[gèngjiā] 더욱, 훨씬, 한층 더 159g

35d

便 *便 便 便 便 便 便 便 便*

편할 편

사람인 亻 [68] [rén] + **종소리/다시 갱 更** [35c] [gèng]

시간이 바뀔 때마다 울리는 종소리(更)로 사람(亻)들의 생활은 규칙적이 되
고 그만큼 **편리해**졌다. 또한 시장에 있는 사람(亻)들에게 폐장 시간을 알리
는 종소리(更)는 **저렴하게** 장을 볼 수 있는 기회였다.

方便[fāngbiàn] 편리하다, 편리하게 하다 160   便宜[piányi] 값이 싸다, 헐값이다 224d

净 [jìng] 깨끗하다　丶 [bīng] 얼음　争 [zhēng] 다투다　青 [qīng] 푸르다　静 [jìng] 고요하다

ㅌ [rén] 사람　亅 [jué] 갈고리

急 [jí] 급하다　ㅌ [rén] 사람　心 [xīn] 마음　ㅋ [jì] 손　中 [상형] 농기구　事 [shì] 일

ㅋ=彐 같은 글자

极 [jí] 아주, 극히　木 [mù] 나무　及=乌 [jí] 이르다, ～와　ㅌ [rén] 사람　幺 [sī] 실　级 [jí] 등급

ㅋ ㅋ ㅋ

36

ㅋ
jì

손 계

"손 우 又³⁴[yòu]"와 갑골문이 같은 '손'을 의미하는 글자이다.

* 단독 사용도 없고 부수자도 아니지만 쓰임새가 많아 단독으로 다루고 있다. 단독 음가가 없
   어서 임의로 '손 계'라 칭하였다.

争 争 争 争 争 争

36a

争
zhēng

[争] **다툴** 쟁

사람 인 ㅌ⁷²[rén]　＋　손 계 ㅋ [jì]　＋　갈고리 궐 亅¹⁷⁰[jué]

어떤 사람(⺈)이 가지고 있는 무엇인가(丿)를 다른 사람이 손(⺕)으로 빼앗으려 다투는 모습이다.

* 번체자(爭)는 두 손(爫33, ⺕)이 무엇인가(丿)를 서로 빼앗으려는 모습이다.
* "丿"은 끝이 휘어져 있어 '갈고리'라는 이름을 갖고 있을 뿐 다양한 해석이 가능하다.

争论[zhēnglùn] 변론하다, 논쟁하다 23d   争取[zhēngqǔ] 쟁취하다, 얻어 내다, 따내다 10b
斗争[dòuzhēng] 투쟁하다, 싸우다 164

36b

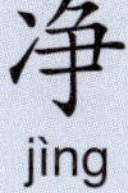

净 jìng

[淨] **깨끗할** 정

얼음 빙 冫206 [bīng] + 다툴 쟁 争36a [zhēng]

하늘의 다툼(争)이라고 할 수 있는 폭풍우가 지나간 뒤에 호수가 마치 투명한 얼음(冫)처럼 맑고 깨끗한 모습이다.

* 번체자(淨)를 보면 폭풍우(争)가 지나간 뒤의 깨끗한 호수(氵)의 모습임을 알 수 있다.

干净[gānjìng] 깨끗하다, 청결하다 118

36c

静 jìng

[靜] **고요할** 정

푸를 청 青135 [qīng] + 다툴 쟁 争36a [zhēng]

폭풍우(争)가 지나간 뒤에 하늘은 맑고 물결은 잔잔한 파란(青) 호수의 고요한 모습이다.

安静[ānjìng] 안정되다, 조용하다 96a   平静[píngjìng] 조용하다, 고요하다, 차분하다 123

36d

事 shì

일 사

농기구 ⺕ [상형] + 손 계 ⺕ [jì]

삽이나 삼지창과 같은 농기구(⺕)를 손(⺕)에 들고 일하는 모습이다.

事情[shìqíng] 일, 사건, 사고 135d   故事[gùshi] 이야기, 옛날이야기 19a
同事[tóng//shì] 동료, 함께 일하다 148b   事件[shìjiàn] 사건 175a

36e

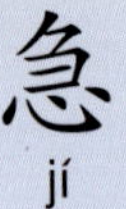

及 jí

及 及 及

미칠 급

사람 인 𠂉 [72] [rén] + 손/또 우 又 [34] [yòu]

도망가는 사람(𠂉)의 뒷덜미에 손(又)이 막 **다다른** 모습이다. 시간이 지나면서 접속사인 '~와[과]'의 뜻으로도 발전하였다.

及时[jíshí] 시기 적절하다, 때가 맞다, 즉시, 곧바로 42d

36f

急 jí

急 急 急 急 急 急 急 急 急

급할 급

사람 인 𠂉 [72] [rén] + 손 계 彐 [jì] + 마음 심 心 [28] [xīn]

잡히지(𠂉+彐=及) 않으려고 죽어라 도망가는 사람(𠂉)의 **조급한** 마음(心)을 표현한 글자이다.

着急[zháo//jí] 조급해하다, 안달하다, 초조해하다 11b   急忙[jímáng] 급히, 황급히, 바삐 3b

36g

级 jí

级 级 级 级 级 级

[級] **등급** 급

실 사 纟 [131] [sī] + 미칠급 及 [36e] [jí]

실(纟)의 품질이 어느 **등급**에 다다랐는지(及) 표시하기 위해 만든 글자이다.

年级[niánjí] 학년 118a   初级[chūjí] 초급의, 초등의 120c

36h

极 jí

极 极 极 极 极 极 极

[極] **다할** 극

나무 목 木 [210] [mù] + 미칠급 及 [36e] [jí]

나무(木) 꼭대기에 이르렀다(及)는 것은 **정점**에 다다른 것이므로 '**아주, 극히**'의 뜻을 갖게 되었다.

极其[jíqí] 아주, 극히, 극도로 44   消极[xiāojí] 부정적이다, 소극적이다 235d

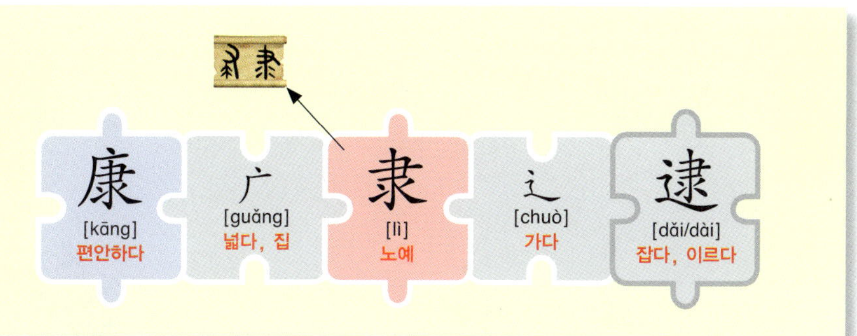

37

[隸] **노예 례**

도망가는 적군의 뒤꽁무니(氺)를 손(⺕)으로 붙잡아 **노예**로 삼는 모습이다.

＊ 금문은 손(⺕)으로 짐승의 꼬리(氺)를 잡고 있는 모습이다.

奴隶[núlì] 노예 96e

37a

잡을 체

노예 례 隶 [lì] ＋ 갈착 辶 [61] [chuò]

도망가는 적군을 노예(隶)로 삼기 위해 따라가서(辶) 붙잡는 모습에서 '이르다, 미치다'는 뜻이 파생되었다.

37b

편안할 강

집/넓을 광 广 [143] [guǎng] ＋ 노예 례 隶 [lì]

힘들게 일하던 노예(隶)가 집(广)에서 **편안**하고 **건강**하게 쉬고 있는 모습이다. ＊ "广"은 한쪽 벽이 트인 넓은 **집**의 모양이다.

健康[jiànkāng] 건강하다 38c

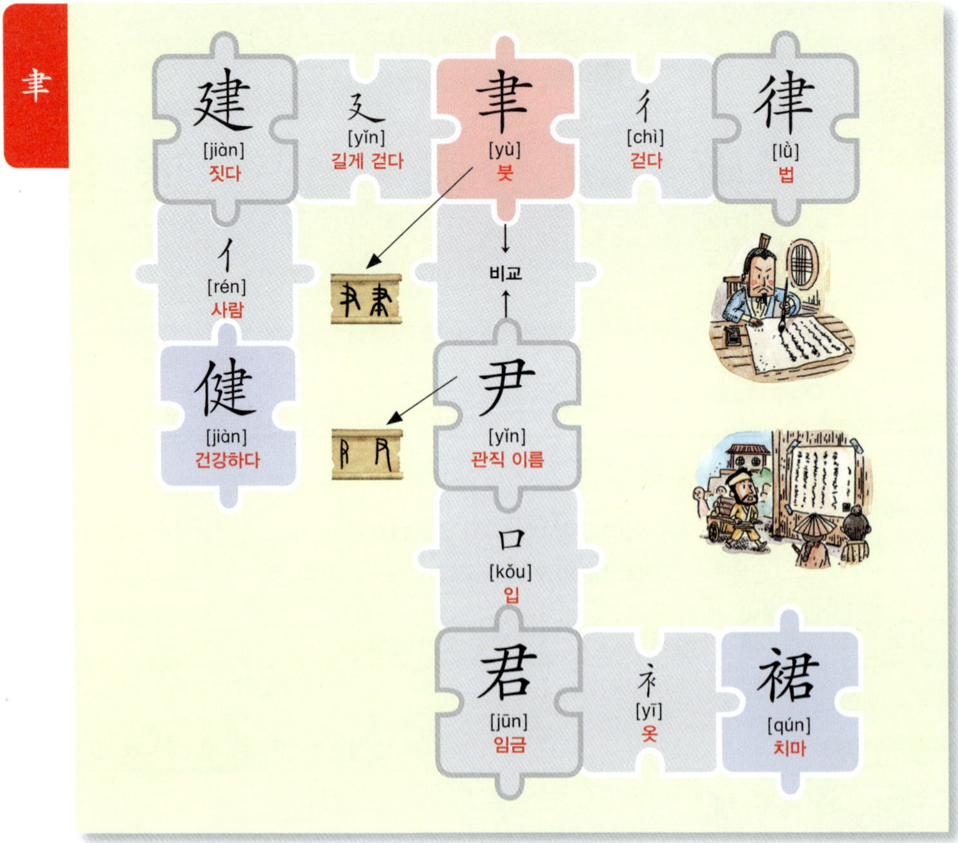

38

38

聿
yù

붓 율

필기구인 붓을 손(彐[36][jì])으로 잡고 있는 모양이다.

38a

律
lǜ

법률 률

걸을 척 彳[60] [chì] + 붓율 聿 [yù]

새로운 법을 붓(聿)으로 써서 걸어가는(彳) 사람들이 볼 수 있도록 길가에 붙여 공표하는 모습이다.

38b

세울 건 / jiàn

붓율 聿 [yù] + 길게 걸을 인 廴 [yǐn]

도로(廴)나 건물을 짓기 위해 붓(聿)으로 설계하는 모습이다.

建设[jiànshè] 건설하다, 세우다 117e

建立[jiànlì] 건립하다, 세우다 79

38c

튼튼할 건 / jiàn

사람 인 亻 [rén] + 세울 건 建 [jiàn]

사람(亻)을 세웠다(建)는 것은 사람이 튼튼하고 건강해졌다는 의미이다.

健康[jiànkāng] 건강하다 37b

健壮[jiànzhuàng] 건장하다 214b

38d

벼슬아치 윤 / yǐn

"聿[yù]"와 같이 붓을 손(⺕ [jì])으로 잡고 있는 모양이다. 고대 지배 계층에서 주로 글을 사용했으므로 이 글자는 관직 이름을 나타내는 데 쓰였다.

38e

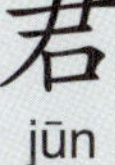

임금 군 / jūn

벼슬아치 윤 尹 [yǐn] + 입 구 口 [kǒu]

말(口)로 백성을 다스리는(尹) 사람이라는 뜻에서 '임금, 군주'를 의미한다.

38f

치마 군 / qún

옷 의 衤=衣 [yī] + 임금 군 君 [jūn]

근대까지 중국의 지배 계층(君)은 치마와 같은 옷(衤)을 덧입었다.

裙子[qúnzi] 치마, 스커트 95

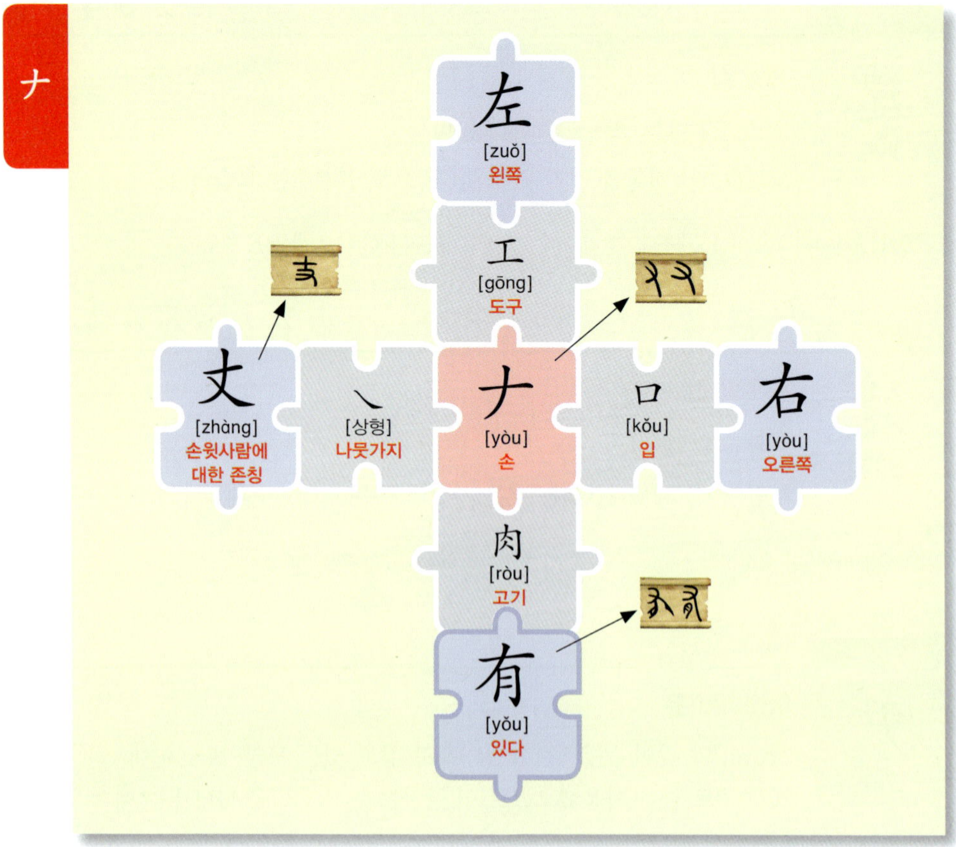

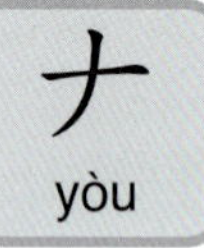

39

𠂇 𠂇

𠂇
yòu

손 우

"𠂇", "又[34][yòu]", "彐[36][jì]"의 현재 모양은 다 다르지만, 갑골문은 모두 같은 모양으로 '손'을 뜻하는 글자임을 알려 준다.

* 단독 사용도 없고 단독 음가도 없는 글자지만 편의상 '손 우'라 칭하였다.

39a

左 左 左 左 左

左
zuǒ

왼쪽 좌

손 우 𠂇 [yòu] + 도구/장인 공 工[203] [gōng]

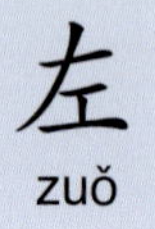

도구(工)를 들고 있는 손(ナ)의 모습으로, 주된 역할을 하는 오른손이 아니라 돕는 역할을 하는 왼손이라는 의미에서 '왼쪽'의 뜻을 갖게 되었다.

左边[zuǒbian] 좌측, 왼편 61a

左右[zuǒyòu] 좌와 우, 주위, 곁, 가량, 쯤 39b

39b

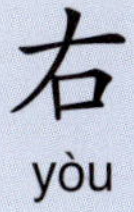

右 右 右 右 右

오른쪽 우

右
yòu

손우 ナ [yòu] + 입구 口[16] [kǒu]

입(口)을 도와주는, 즉 밥을 먹는 손(ナ)이라는 뜻에서 '오른쪽'을 의미한다.

右边[yòubian] 우측, 오른편 61a

左右[zuǒyòu] 좌와 우, 주위, 곁, 가량, 쯤 39a

39

39c

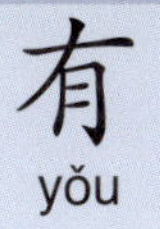

有 有 有 有 有 有

있을 유

有
yǒu

손우 ナ [yòu] + 고기육 月[221] → 肉[192] [ròu]

손(ナ)에 고기(肉)를 들고 있는 모습에서 '가지다, 있다'의 뜻이 파생되었다.

＊ "달 월 月[yuè]"가 다른 글자와 합해질 경우 대부분 "肉"의 의미를 갖는다.

没有[méiyǒu] 없다, 가지고 있지 않다 117f

有名[yǒumíng] 유명하다, 명성이 높다 222c

只有…才…[zhǐyǒu…cái…] ~해야만 ~이다 179 32

所有[suǒyǒu] 모든, 소유물, 소유하다 144a

有的[yǒude] 어떤 것, 어떤 사람 46b

有时候[yǒushíhou] 가끔씩, 종종 42d 111b

有些[yǒuxiē] 일부, 어떤, 조금, 약간 88h

有意思[yǒu yìsi] 재미있다, 흥미 있다 24b 28a

39d

丈 丈 丈

어른 장

丈
zhàng

손우 ナ [yòu] + 나뭇가지 乀 [상형]

손(ナ)에 긴 막대기(乀)를 들고 있는 모습으로, 지팡이를 짚은 사람이라는 뜻에서 손윗사람이나 노인 남자에 대한 존칭으로 사용된다.

丈夫[zhàngfu] 남편 74a

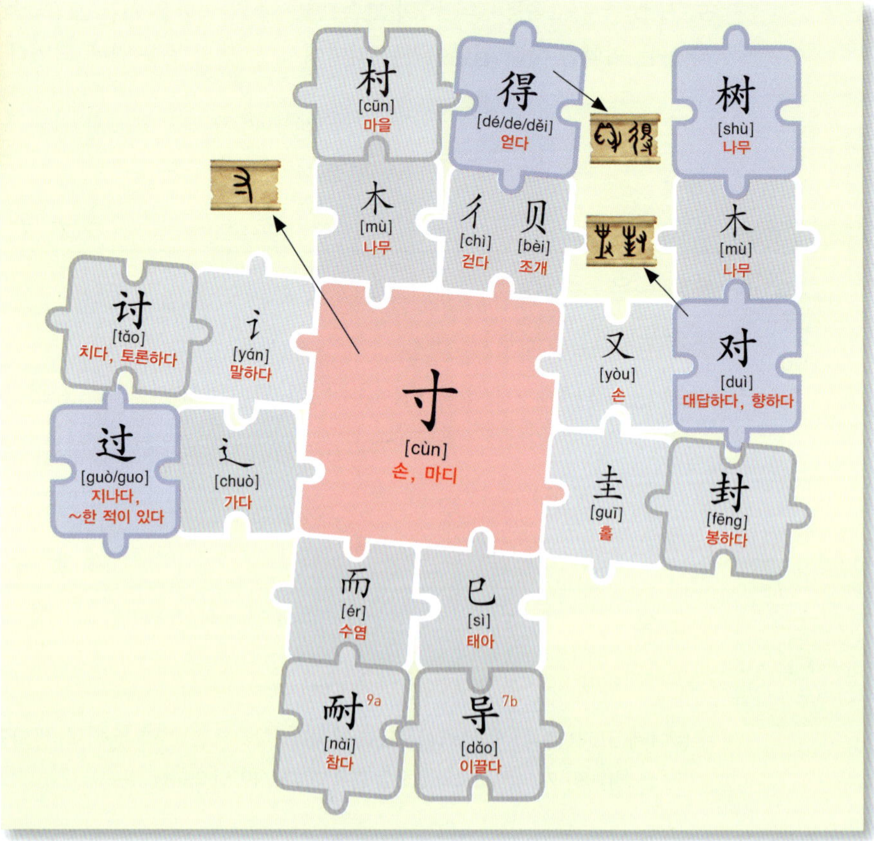

村 [cūn] 마을
得 [dé/de/děi] 얻다
树 [shù] 나무
木 [mù] 나무
彳 [chì] 걷다
贝 [bèi] 조개
木 [mù] 나무
讨 [tǎo] 치다, 토론하다
讠 [yán] 말하다
寸 [cùn] 손, 마디
又 [yòu] 손
对 [duì] 대답하다, 향하다
过 [guò/guo] 지나다, ~한 적이 있다
辶 [chuò] 가다
圭 [guī] 홀
封 [fēng] 봉하다
而 [ér] 수염
巳 [sì] 태아
耐 9a [nài] 참다
导 7b [dǎo] 이끌다

丁 寸 寸

40

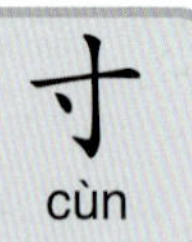

寸
cùn

마디 촌

신분이나 지위가 높은 사람에게 손으로 무엇인가를 드리는 모습에서 만들어진 글자이다. 기본적으로 '손'을 의미하며, 아래의 점이 손가락의 마디를 가리켜 길이를 재는 단위로도 사용된다.

* 동서양을 막론하고 초기에 길이를 측정할 때 신체를 사용한 측량이 가장 편리한 기준이 되었음을 알 수 있다.

* 길이의 단위로 "尺 [chǐ]"의 1/10, 즉 3.33cm에 해당한다.

尺寸 [chǐcun] 길이, 치수 91

40a

村村村村村村村

村
cūn

마을 촌

나무 목 木[210] [mù] + 손/마디 촌 寸 [cùn]

나무(木)를 주재료로 사용하여 손(寸)으로 지은 집들이 모여 있는 '마을'의 모습이다.

农村[nóngcūn] 농촌 130c   村庄[cūnzhuāng] 마을, 촌락, 부락 143d

40b

得得得得得得得得得得得

得
dé/de/děi

얻을 득, 어조사 득

걸을 척 彳[60] [chì] + 화폐/조개 패 므[218a] → 贝[186] [bèi] + 손/마디 촌 寸 [cùn]

길을 걷다(彳) 조개(므→贝)를 손(寸)으로 줍는 모습에서 '얻다'는 뜻을 갖게 되었다. 또 허락을 얻었다(得)는 의미에서 동사 뒤에 쓰여 허락을 표시하는 구조조사로도 사용된다. 이 외에 어디를 가든(彳) 손(寸)에 돈(므→贝)이 필요하다는 의미도 있다.

* 옛 글자를 보면 "아침 단 므[dàn]"은 조개(贝)가 변한 것임을 볼 수 있다.

得到[dédào] 얻다, 받다, 획득하다 112b   取得[qǔdé] 취득하다, 얻다 10b
觉得[juéde] ~라고 여기다, ~라고 느끼다 13a   记得[jìde] 기억하고 있다 82b
吃得了 먹을 수 있다 16b 40b 170a

40c

对对对对对

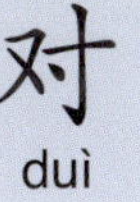
对
duì

[對] 대답할 대

손/또 우 又[34] [yòu] + 손/마디 촌 寸 [cùn]

서로를 향하여 손(又, 寸)으로 촛대를 들고 비추면서 서로 찾는 사람이 맞는지 묻고 대답하는 모습이다.

* 번체자(對)는 왼편이 촛대를 뜻하는 글자임을 알려 준다.

对不起[duìbuqǐ] 미안합니다, 죄송합니다 223a 53d   反对[fǎnduì] 반대하다 147a

40d

树 shù

[樹] **나무** 수

나무목 木 [210] [mù] + 손/또 우 又 [34] [yòu] + 손/마디촌 寸 [cùn]

나무(木)를 두 손(又, 寸)으로 심고 있는 모습이다.

树木[shùmù] 나무, 수목 210　　　　　　树林[shùlín] 수림, 수풀, 숲 211

40e

封 fēng

봉할 봉

홀규 圭 [156] [guī] + 손/마디촌 寸 [cùn]

임금님이 신하에게 봉인된 임명장과 홀(圭)을 손(寸)에 건네주며 벼슬을 내리는 모습이다. 편지 등 봉한 것을 세는 단위로도 사용된다.

＊ "圭"는 임금님을 알현할 때 신하들이 품계에 따라 손에 들고 있던 일종의 장식품이었다.

信封[xìnfēng] 편지 봉투, 봉투 23a
一封请柬 한 통의 초대장 223 40e 135c 212c

40f

过 guò/guo

[過] **지날** 과

손/마디촌 寸 [cùn] + 갈착 辶 [61] [chuò]

힘차게 손(寸)을 흔들며 지나가는(辶) 모습이다. 이미 지나간 모습에서 동사 뒤에 후치사로 쓰여 일찍이 그러한 일이 있었거나 그런 경험이 있음을 나타내는 데도 사용된다.

过去[guò//qù] 지나가다, 지나다 94　　　　经过[jīngguò] 경과하다, 경유하다 131e
难过[nánguò] 고통스럽다, 견디기 어렵다 34h　　通过[tōngguò] 통과하다, 건너가다 166b
过来[guò//lái] 오다, 다가오다 210k
我已经吃过饭了。 나는 이미 밥을 먹었다. 113b 82a 131e 16b 40f 147b 170a
去年我去过英国。 작년에 나는 영국에 간 적이 있다. 94 118a 113b 94 40f 78a 20a

40g

讨
tǎo

[討] **칠 토**

말할 언 讠=言[23] [yán] + 마디 촌 寸 [cùn]

토론이란 나오는 대로 말하는 것이 아니라, 손가락 마디(寸)로 길이를 재는 것처럼 연구해서 주장하는 말(讠)이다. 그렇게 말로 공격한다는 의미에서 '치다'는 뜻을 갖게 되었다.

讨论[tǎolùn] 토론하다 23d

41

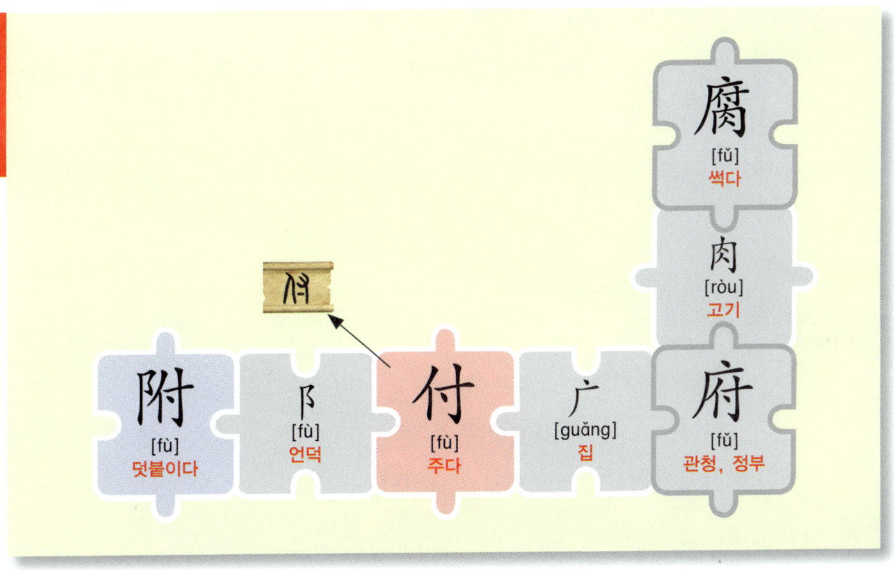

41

付
fù

줄 부

사람 인 亻[68] [rén] + 손/마디 촌 寸[40] [cùn]

무언가를 다른 사람(亻)에게 손(寸)으로 넘겨주는 모습이다.

交付[jiāofù] 교부하다, 지불하다 1a

41a

府
fǔ

관청 부

집/넓을 광 广[143] [guǎng] + 줄부 付 [fù]

백성들에게 상도 주고(付) 벌도 주는(付) 집(广)이란 정부를 의미한다.

* "广"은 한쪽 벽이 트인 '집'의 모양으로, 옛날에는 관청에 가면 그러한 벽이 트인 곳에서 관리가 앉아 정치를 하였다.

政府[zhèngfǔ] 정부 50f

41b

腐
fǔ

썩을 부

관청부 府[41a] [fǔ] + 고기육 肉[192] [ròu]

권력이 집중되어 있는 정부(府)에 고기(肉)와 같은 뇌물이 들어가면 부패하기 마련이다.

豆腐[dòufu] 두부 140   腐敗[fǔbài] 부패하다, 썩다 186g

41c

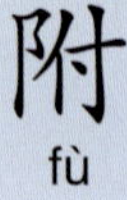

附
fù

덧붙일 부

언덕부 阝[146] [fù] + 줄부 付 [fù]

언덕(阝)과 같은 보호받을 수 있는 울타리를 만들기 위해 소수의 힘을 권력자에게 덧붙여 주는(付) 모습이다.

附近[fùjìn] 부근, 근처, 가까운 119a

持
[chí]
가지다

扌
[shǒu]
손

時
[번체자]

日
[rì]
해

寺
[sì]
절

牛
[niú]
소

特
[tè]
특별하다

时
[shí]
시간

竹
[zhú]
대나무

等
[děng]
등급, 기다리다

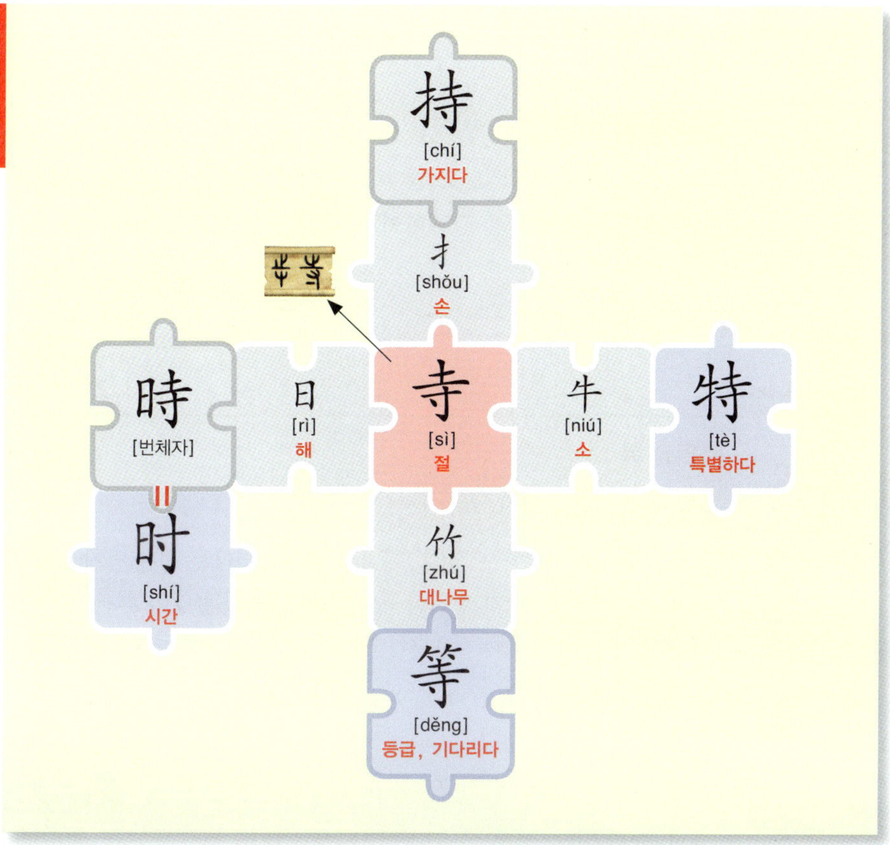

42

寺 寺 寺 寺 寺 寺

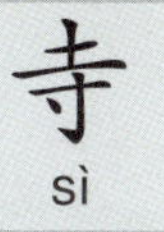

寺
sì

절 사

발/멈출 지 土 [155] → 止 [53] [zhǐ] + 손/마디 촌 寸 [40] [cùn]

절은 손(寸)과 발(土→止)이 되어 부처를 섬기는 곳이다.

* 옛 글자를 보면 "흙 토 土[tǔ]"는 발바닥의 모습인 "止"가 변한 것임을 알 수 있다.
* 발(土→止)과 손(寸)을 그린 글자로, 손과 발이 되어 '섬기다'라는 기본 의미를 가지고 있다.
  처음에는 임금을 섬기는 일을 하는 '관청'의 의미로 쓰이다가, 후한(后[16e]汉[34g]) 때 불교가
  전래된 이후 '절'이라는 의미로 굳어졌다.

42a

持
chí

가질 지

손수 扌=手[31] [shǒu] + 절사 寺 [sì]

"빈손으로 왔다가 빈손으로 간다."는 불교(寺)의 무소유 가르침과는 달리, 재물을 취하는 손(扌)을 강조하여 '가지다'는 뜻을 만들었다.

堅持[jiānchí] 견지하다, 단단히 지키다 106c   支持[zhīchí] 지지하다, 지탱하다 51

42b

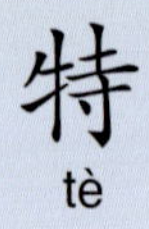
特
tè

특별할 특

소우 牛[175] [niú] + 절사 寺 [sì]

살생과 육식을 금지하는 절(寺)에 황소(牛)가 있다는 것은 먹기 위한 것이 아닌, 신에게 제물로 바치기 위한 특별한 이유가 있는 것이었다.

＊ 신에게 드리는 큰 제사에서 크고 살진 수소를 엄선하여 희생제물로 바쳤음을 알 수 있다.

特別[tèbié] 특별히, 특별하다 120e   特点[tèdiǎn] 특징, 특색 127d

42c

等
děng

등급 등

대죽 竹[216] [zhú] + 절사 寺 [sì]

절(寺)에서 대나무(竹) 조각을 엮어 만든 경전을 중요한 순서대로 또는 가르침의 등급별로 가지런히 정리해 둔 모습이다. 또한 그처럼 가지런하게 줄을 서서 기다리는 것도 의미하게 되었다.

＊ 중국에서는 종이가 발명되기 전에 글자를 기록하기 위해 대나무(竹) 조각을 엮어서 죽간을 만들었다.

平等[píngděng] 평등하다, 대등하다 123   等车 차를 기다리다 42c 124

42d

时
shí

[時] **때 시**

해일 日 [218] [rì] + 마디촌 寸 [40] [cùn]

해(日)시계의 그림자 길이를 손가락 마디(寸)로 측정하여 시간을 계산하는 모습이다.

* 번체자(時)는 관청(寺)에서 해(日)시계를 보고 종을 쳐서 백성들에게 시간을 알렸음을 보여 준다.

时候[shíhou] 때, 시각, 무렵 111b   时间[shíjiān] 시간, 시각 145c

小时[xiǎoshí] 시간(시간 단위) 235   同时[tóngshí] 동시, 동시에 148b

有时候[yǒushíhou] 가끔씩, 종종 39c 111b   及时[jíshí] 시기 적절하다, 때가 맞다 36e

43

廾

开
[kāi]
열다

一
[상형]
문빗장

兴
[xìng]
흥미

丷
[상형]
양손과 무엇

廾
[gǒng]
(두 손으로) 받들다

竹
[zhú]
대나무

目
[mù]
눈

算
[suàn]
계산하다

手
[shǒu]
손

丗
[상형]
중요한 것

举
[jǔ]
들다

共
[gòng]
함께

115

丬 丬 丬

(두 손으로) 받들 공

두 손으로 어떤 물건을 떠받들고 있는 모습이다.

* 다른 글자와 함께 사용될 경우 모양이 조금씩 바뀌기도 한다.

43a

开 开 开 开

[開] 열 개

문빗장 一 [상형] + 두 손 받들 공 丬 [gǒng]

문빗장(一)을 두 손(丬)으로 들어 올려 대문을 여는 모습이다.

开始[kāishǐ] 개시하다, 시작하다, 처음, 시작 93f　　离开[lí//kāi] 떠나다, 벗어나다, 헤어지다 194a
开玩笑[kāi wánxiào] 농담하다, 웃기다 198a 77a　　开学[kāi//xué] 개학하다 95a

43b

算 算 算 算 算 算 算 算 算 算 算 算 算 算

셀 산

대죽 竹²¹⁶ [zhú] + 눈목 目¹¹ [mù] + 두 손 받들 공 丬 [gǒng]

대나무(竹)로 만든 주판알(目)을 두 손(丬)으로 굴려 계산하는 모습이다.

* 기원전 500년경 주판이 유럽에서 중국으로 전파되자 중국인들은 대나무를 이용하여 주판을 만들고 개량하였다.

打算[dǎsuàn] 타산, 계획, ~할 생각이다 31c　　　　计算[jìsuàn] 계산하다 23b

43c

共 共 共 共 共 共

함께 공

중요한 것 丗 [상형] + 두 손 받들 공 丬 [gǒng]

중요한 것(丗)을 두 손(丬)으로 함께 들고 있는 모습이다.

* "丗"은 조형미를 위해 '하나 일 一²²³[yī] 밑에 '여덟 팔 八²²⁹[bā]'이 있는 모양으로 바뀌었다.

公共汽车[gōnggòng qìchē] 버스 93b 204a 124　　　一共[yígòng] 모두, 전부, 합계 223

43d

[興] **흥미** 흥
xìng

양손과 무엇 ˮ [상형] + 두 손 받들 공 廾 [gǒng]

무언가(丶)를 위쪽의 양손(ˮ)과 아래쪽의 두 손(廾)으로 함께 마주 들고 있는 모습으로, 두 사람이 호흡과 장단을 맞추며 흥겹게 일하는 장면이다.

* 번체자(興)는 "양손 국 臼13a[jiù]", "같을 동 同148b[tóng]" 그리고 "廾"으로 이루어져 있다. 두(臼, 廾) 사람이 함께(同) 일할 때 흥겹게 장단을 맞추는 모습임을 알 수 있다.
* "廾"이 위쪽을 향한 두 손의 모습이라면, "臼"은 아래쪽을 향한 양손의 모습이다.

高兴[gāoxìng] 기쁘다, 즐겁다, 좋아하다 5   感兴趣[gǎn xìngqù] 흥미가 있다, 좋아하다 114d 10d

43e

44

[擧] **들** 거
jǔ

흥미 흥 兴43d [xìng] + 손 수 キ → 手31 [shǒu]

"兴[xìng]"이 양쪽에서 물건을 함께 드는 모습에서 '흥미'라는 뜻으로 전이되자, 들어 올리는 역할을 하는 손(手)을 추가하여 원뜻을 되살렸다.

* 번체자(擧)를 보면 "手"의 모양이 "キ"으로 조금 바뀌었음을 알 수 있다.

举行[jǔxíng] 거행하다 60b

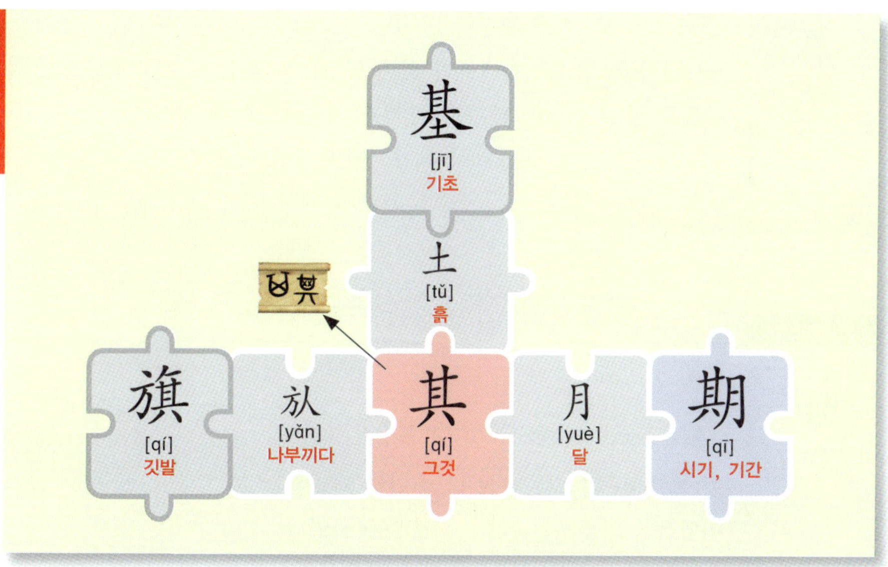

44

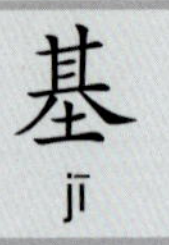

其 qí

그 기

곡식을 까불러 쭉정이나 티끌을 골라내는 도구인 키를 받침대(丌[12c]) 위에 받쳐 둔 모습이다. 키질하고 남은 알곡을 가리켜 '그것'이라 부른 데서 지시대명사로 쓰이게 되었다.

* 아랫부분의 "丌[jī]"는 물건을 얹는 받침대의 모양이다.

其实[qíshí] 사실 75a 　　　其他[qítā] 기타, 다른 사람 84b

44a

基 jī

터 기

키/그 기 其 [qí] + 흙 토 土 [155] [tǔ]

키(其)질할 곡식은 모든 식물의 기초인 흙(土)에서 나온 소출이다.

基础[jīchǔ] 기초, 토대, 바탕 169b 　　　基本[jīběn] 기본의, 기본적인 210a

44b

期 qī

시기 기

키/그 기 其 [qí] + 달 월 月 [221] [yuè]

키(其)질할 곡식을 재배하기 위해 달(月)을 보고 시기를 계산하여 씨를 뿌렸음을 알 수 있다. 태음력을 사용하는 동양에서 달(月)은 절기와 기간을 계산하여 농사를 짓는 데 중요한 기준이 되었다.

星期[xīngqī] 주(週), 요일 208b 　　　星期日[xīngqīrì] 일요일 208b 218

44c

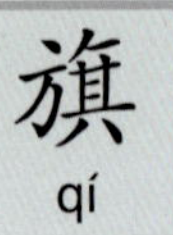

旗 qí

깃발 기

나부낄 언 㫃 [161] [yǎn] + 키/그 기 其 [qí]

키(其)질한 곡식을 같이 나눠 먹는 사람들은 한 깃발 아래 있는 같은 부족이었음을 나부끼는(㫃) 깃발로 표현하였다.

联 [lián] 연결하다 / 耳 [ěr] 귀 / 关 [guān] 닫다 / 辶 [chuò] 가다 / 送 [sòng] 보내다

45

关关关关关关

关 guān

[關] 닫을 관

"열 개 开⁴³ᵃ[kāi]"가 문빗장(一)을 두 손(丷⁴³)으로 들어 올리는 모습이라면, "关"은 문을 닫고 문빗장을 밧줄로 꽁꽁 묶어 둔 모습이다.

* 번체자(關)는 문(門¹⁴⁵[mén])의 빗장을 밧줄(실 사 絲¹³¹ᵃ[sī])로 꽁꽁 묶어 둔 모습임을 분명히 보여 준다.

没关系[méi guānxi] 괜찮다, 상관없다, 관계없다 117f 131b
关系[guānxi] 관계, 연줄 131b　　关心[guān//xīn] 관심을 갖다 28
关于[guānyú] ~에 관한, ~에 관하여 118d　　海关[hǎiguān] 세관 97b

45a

送送送送送送送送送

送 sòng

보낼 송

닫을관 关 [guān] ＋ 갈착辶⁶¹ [chuò]

밖으로 나갈(辶) 수 있도록 닫혀(关) 있는 문을 열고 손님을 보내는 모습이다.

* 옛 글자는 두 손(丷⁴³)에 횃불(火¹⁵⁸)을 높이 들고 떠나가는(辶) 사람을 전송하는 모습이다.

欢送[huānsòng] 환송하다 21c

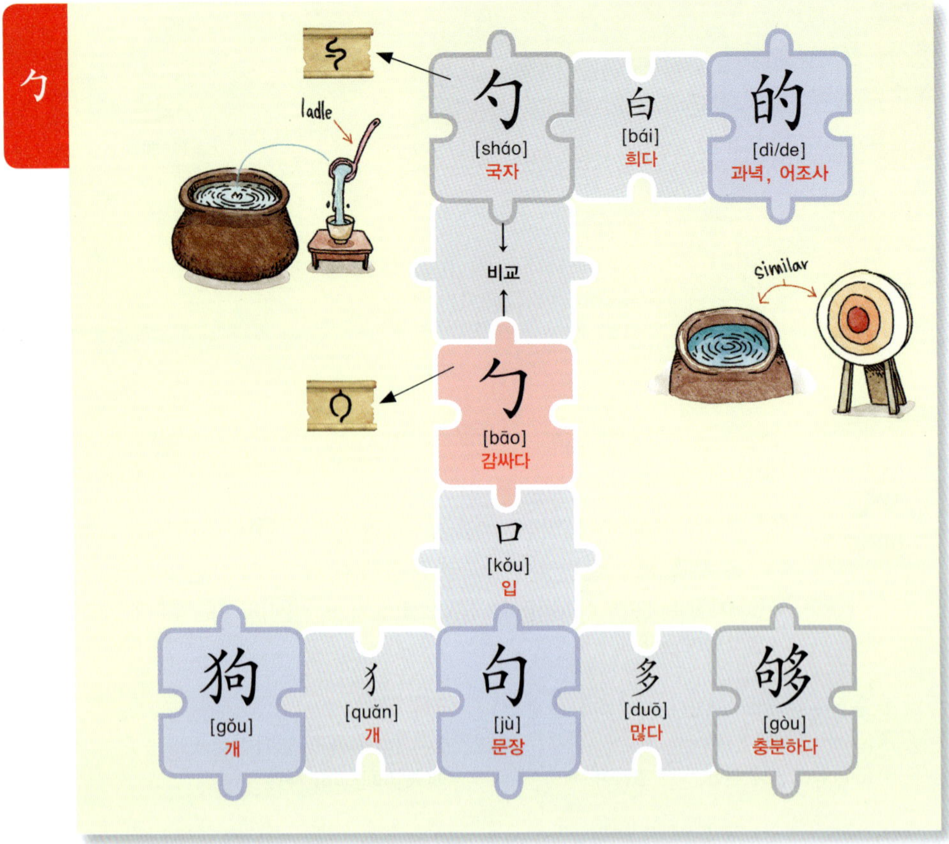

46

勹 勹

勹
bāo

쌀 포

임산부의 배가 부른 모양, 또는 두 팔로 어린아이를 감싸고 있는 모습이다.

46a

勺 勺 勺

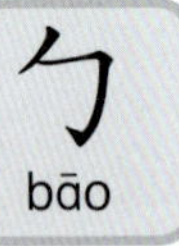

勺
sháo

국자 작

항아리에서 술을 떠서 술잔에 붓는 작은 국자의 모양이다.

* 옛 글자를 보면 "쌀 포 勹[bāo]"와는 관계없는 글자임을 알 수 있다.

46b

과녁 적, 어조사 적

흰백 白 [134] [bái] + 국자작 勺 [46a] [sháo]

과녁은 흰(白) 바탕에 원을 그려 놓은 모습으로, 이는 항아리에서 국자(勺)로 술을 뜰 때 물결이 퍼지는 모양과 비슷하다. 단독으로 사용될 때는 관형어(定语) 뒤에 붙는 구조조사로 수식과 피수식의 관계임을 나타낸다.

目的[mùdì] 목적 11
唱的歌 부르는 노래 218d 46b 17b

我的父亲 나의 아버지 113b 46b 98 103a
漂亮的小姐 아름다운 아가씨 126e 5b 46b 235 224a

的
dì/de

46c

글귀 구

쌀포 勹 [bāo] + 입구口 [16] [kǒu]

여러 단어(口)를 하나로 모아(勹) 문장을 만든다.

句子[jùzi] 문장, 문(文) 95

句
jù

46d

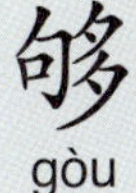

[夠] 충분할 구

글귀구 句 [46c] [jù] + 많을다 多 [222d] [duō]

좋은 문장(句)은 많은(多) 단어들이 충분히 있어 조화를 이룬다.

够
gòu

46e

개 구

개견犭 [173] [quǎn] + 글귀구 句 [46c] [jù]

집을 지키는 개(犭)가 낯선 사람을 향해 쉴 새 없이 짖어 대는(句) 모습이다.

＊ 이 글자에서 "句[jù]"는 개가 연속해서 짖는 것을 묘사하고 있다.

狗
gǒu

46

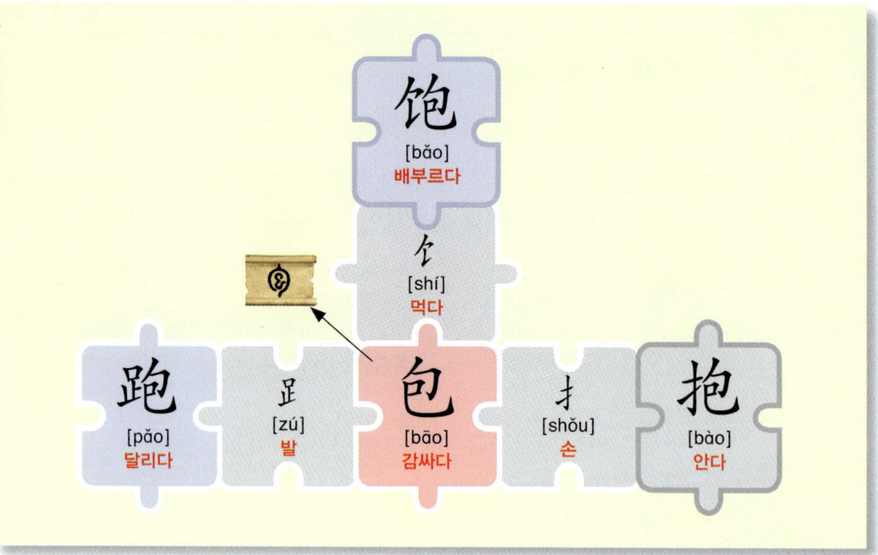

47

包包包包包

包
bāo

쌀 포

쌀포 勹 [46] [bāo] + 태아/여섯째 지지 사 巳 [92] [sì]

어린아이(巳)를 배에 감싸고(勹) 있는 임산부의 모습, 또는 두 팔로 아이
(巳)를 감싼(勹) 모습이다.

面包[miànbāo] 빵 10   包含[bāohán] 포함하다 66a
书包[shūbāo] 책가방 231d

47a

饱饱饱饱饱饱饱饱

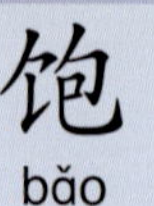

饱
bǎo

[飽] **배부를 포**

먹을 식 飠 = 食 [137] [shí] + 쌀포 包 [bāo]

음식을 많이 먹어(飠) 마치 어린아이를 배에 감싸고(包) 있는 임산부처럼
배가 부풀어 오른 모습에서 '배부르다'는 뜻이 파생되었다.

我吃饱了。 나는 배불리 먹었다. 113b 16b 47a 170a

47b

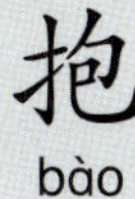

안을 포

손수 扌 = 手[31] [shǒu] + 쌀포 包 [bāo]

어린아이를 배에 감싸고(包) 있는 임산부처럼 아이를 두 팔(扌)로 꼭 껴안은 모습이다.

抱负 [bàofù] 포부, 큰 뜻, 웅지 186a
母亲抱着孩子。 어머니가 아이를 안고 있다. 97 103a 47b 11b 4c 95
一抱衣服 한 아름의 옷 223 47b 130 34b

47c

달릴 포

발족 𧾷 = 足[52] [zú] + 쌀포 包 [bāo]

흙먼지가 발(足)을 감쌀(包) 정도로 달리는 모습이다.

跑步 [pǎo//bù] 달리다, 구보하다 53a   逃跑 [táopǎo] 도망치다, 달아나다 129b

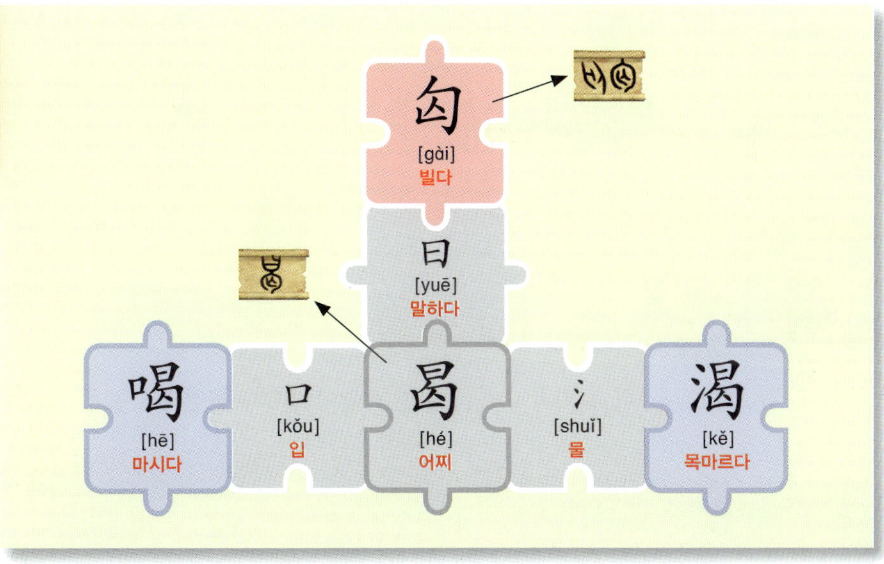

48

句 句 句 句 句

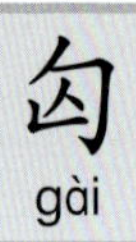

빌 개

句
gài

쌀포 勹[46] [bāo] + 죽다/망할 망 厶 → 亡[3] [wáng]

가족을 잃은 사람이 죽은(厶) 사람을 감싸(勹) 안고 신에게 살려 달라고 간청하는 모습이다.

＊ 옛 글자는 "厶"과 "亡"이 같은 글자이다.

曷 曷 曷 曷 曷 曷 曷 曷 曷

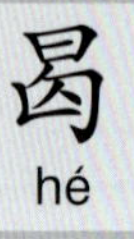

어찌 갈

曷
hé

말할 왈 曰 [yuē] + 빌 개 句 [gài]

죽은 사람을 안고 간청(句)하면서 하늘을 향해 '왜 이런 일을 허락하셨느냐'고 외치는(曰) 가족을 잃은 사람의 슬픔을 표현하였다.

＊ 옛 글자는 윗부분의 "曰"이 "해 일 日[218] [rì]"가 아니라 말하는 모습임을 보여 준다.

渴 渴 渴 渴 渴 渴 渴 渴 渴 渴 渴 渴

목마를 갈

渴
kě

물수 氵[201] [shuǐ] + 어찌 갈 曷[48a] [hé]

'왜?(曷)'하고 외치며 울다 지친 사람이 목말라 마실 물(氵)을 찾는 모습이다.

渴望 [kěwàng] 갈망하다, 간절히 바라다 3c

喝 喝 喝 喝 喝 喝 喝 喝 喝 喝 喝 喝

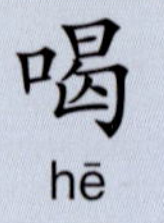

마실 갈

喝
hē

입구 口[16] [kǒu] + 어찌 갈 曷[48a] [hé]

'왜?(曷)'하고 외치며 울다 지친 사람이 입(口)을 벌리고 물을 마시는 모습이다.

请喝杯水。 물 한 잔 드세요. 135c 48c 223b 200

忽
[hū]
갑자기

心
[xīn]
마음

勿
[wù]
~해서는 안 된다

牛
[niú]
소

物
[wù]
물건

日
[rì]
해

踢
[tī]
(발로) 차다

足
[zú]
발

易
[yì]
바꾸다, 쉽다

49

勿 勿 勿 勿

금지사 물

칼도 刀 [120] [dāo] + 흐르는피 丿 [상형]

갑골문은 도살용 칼(刀)의 변형과 짐승의 피(丿)가 흐르는 모습으로 여겨진다. 동물을 칼(刀)로 잡을 때 피(丿)가 쏟아져 죽어 가는 모습에서 '~해서는 안 된다, ~하지 마라'는 뜻이 파생되었다.

* "勿"이 무생물과 관련되어 쓰일 경우 흘날리는 깃발(丿)이나 아지랑이가 피어오르는 모습을 의미하기도 한다.

忽 hū

갑자기 홀

금지사 물 勿 [wù] + 마음 심 心[28] [xīn]

생각이나 느낌은 형태가 없는 것으로 마음(心)에서 갑자기 없어지는(勿) 것이다.

忽然[hūrán] 홀연, 갑자기 158e

49b

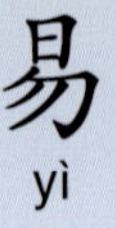

物 wù

물건 물

소우 牛[175] [niú] + 칼로 잡음/금지사 물 勿 [wù]

농경 사회에서 가장 큰 재산이었던 소(牛)를 칼로 잡으면(勿) 고기와 가죽은 물론, 다른 필요한 물건들도 살 수 있었다.

* "勿"은 동물을 칼(刀[120])로 잡을 때 피(丿)가 쏟아지는 모습이다.

动物[dòngwù] 동물 159d   礼物[lǐwù] 선물, 예물 126g

49c

易 yì

바꿀 역, 쉬울 이

해 일 日[218] [rì] + 아지랑이/금지사 물 勿 [wù]

낮과 밤이 바뀌는 순간에 지평선에 걸려 있는 해(日)가 아지랑이(勿)처럼 흔들거리는 모습이다. 그렇게 지평선을 넘어가는 해(日)가 빠르게 없어지는(勿) 모습에서 '쉽다'는 뜻도 갖게 되었다.

容易[róngyì] 용이하다, 쉽다 196a   轻易[qīngyì] 경솔하다, 함부로 하다 124b

49d

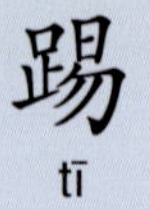

踢 tī

찰 척

발 족 ⻊=足[52] [zú] + 바꿀 역 易[49c] [yì]

발(足)을 번갈아 바꿔(易) 가며 공이나 사물을 걸어차는 모습이다.

踢足球[tī zúqiú] 축구를 하다 52 198b

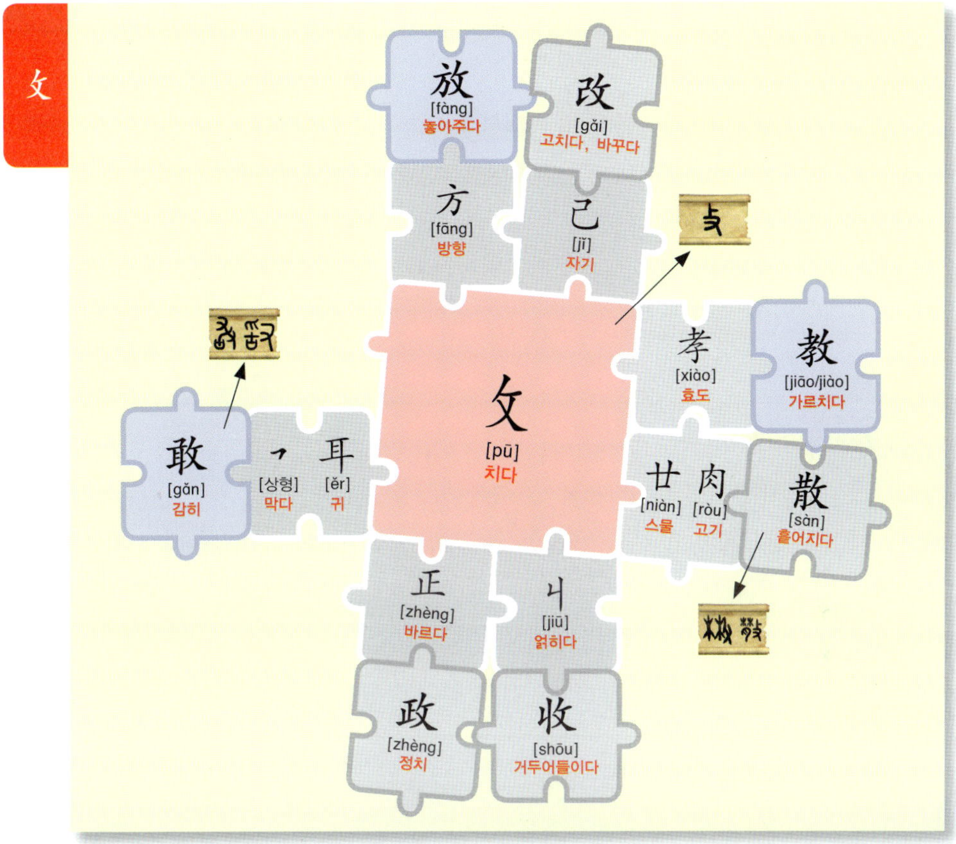

攵

放
[fàng]
놓아주다

改
[gǎi]
고치다, 바꾸다

方
[fāng]
방향

己
[jǐ]
자기

敢
[gǎn]
감히

丷
[상형]
막다

耳
[ěr]
귀

攵
[pū]
치다

孝
[xiào]
효도

教
[jiāo/jiào]
가르치다

廿
[niàn]
스물

肉
[ròu]
고기

散
[sàn]
흩어지다

正
[zhèng]
바르다

丩
[jiū]
얽히다

政
[zhèng]
정치

收
[shōu]
거두어들이다

50

攵 攵 攵 攵

칠 복

손(又[34])에 몽둥이(丨)를 들고 있는 모습에서 '치다'는 뜻을 갖게 되었다.

* 치는 것도 채찍질하는 것도 모두 '손'이 하는 일임을 기억하자.

50a

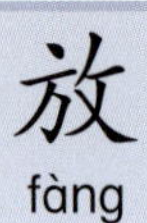

放 fàng

놓을 방

방향/네모 방 方[160] [fāng] + 칠복 攵 [pū]

죄인을 채찍으로 친(攵) 후 어느 방향(方)으로 가든 마음대로 가도록 놓아 주는 모습이다.

放心[fàng//xīn] 방심하다, 마음을 놓다 28 　　　放假[fàng//jià] 방학하다, (학교 등을) 쉬다 34k

50b

改 gǎi

고칠 개

자기 기 己[82] [jǐ] + 칠복 攵 [pū]

세상을 올바로 바꾸려면 먼저 자기(己) 자신부터 쳐서(攵) 바로잡아야 한다.

改变[gǎibiàn] 변하다, 바뀌다 34c 　　　改革[gǎigé] 개혁, 개혁하다 189b

50c

教 jiāo/jiào

가르칠 교

효도 효 孝[100b] [xiào] + 칠복 攵 [pū]

적절한 징계(攵)를 곁들여 어릴 때부터 잘 가르친다면 자녀가 부모에게 효도(孝)하게 될 것이다.

* "攵"은 손에 몽둥이를 든 모습의 글자이므로 징계로 해석하였다.

教室[jiàoshì] 교실 112a 　　　教育[jiàoyù] 교육 192b
我教她骑自行车。 나는 그녀에게 자전거 타기를 가르친다. 113b 50c 84c 18a 26 60b 124

50d

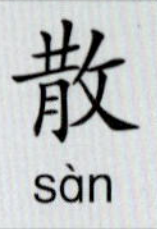

散 sàn

흩어질 산

스물입 卄→廿 [niàn] + 고기육 月[221]→肉[192] [ròu] + 칠복 攵 [pū]

농작물을 망가뜨리고 있는 스무(廿) 마리나 되는 동물(肉)을 몽둥이로 쳐서(攵) 흩어지게 하는 모습이다.

* 갑골문을 보면 숲(林211)을 몽둥이로 치는(夊) 모습이다. 열매를 따기 위해 몽둥이로 치자 열매가 떨어지면서 흩어지는 모습을 나타냈다.
* "廾"은 "열 십 十232[shí]"를 두 개 겹쳐 놓은 모습이다.
* "달 월 月[yuè]"가 다른 글자와 합해질 경우 대부분 "肉"의 의미를 갖는다.

散步[sàn//bù] 산보하다, 산책하다 53a   分散[fēnsàn] 분산하다, 흩어지다 120a

50e

거둘 수
shōu

얽힐구 니 16h [jiū] + 칠복 夊 [pū]

얽혀(니) 있는 넝쿨을 몽둥이로 쳐서(夊) 거두어들이는 모습이다.
* "니"는 마구 얽혀 나무를 휘감고 올라가는 넝쿨의 모습이다.

收入[shōurù] 수입, 소득, 받다 63e   收拾[shōushi] 거두다, 정리하다 31e

50f

정치 정
zhèng

바를정 正 54 [zhèng] + 칠복 夊 [pū]

나라와 백성이 잘되도록 권력(夊)을 올바르게(正) 사용하는 것이 정치의 본래 목적이다.
* "夊"은 손(又34)에 몽둥이(丨)를 들고 있는 모습이므로 권력을 상징하기도 한다.

政府[zhèngfǔ] 정부 41a   政治[zhèngzhì] 정치 93e

50g

감히 감
gǎn

막음 ↗ [상형] + 귀이 耳 10a [ěr] + 칠복 夊 [pū]

무력(夊)을 앞세운 명령에도 귀(耳)를 막고(↗) 위험을 무릅쓰는 모습이다.
* 옛 글자는 "차지할 점 占127a[zhàn]"의 윗부분인 점괘(卜127)를 두 손(又34, 夊)으로 잡고 강제로 휘어 신에게 도전하는 모습이다.

敢问 감히 여쭙다 50g 145b

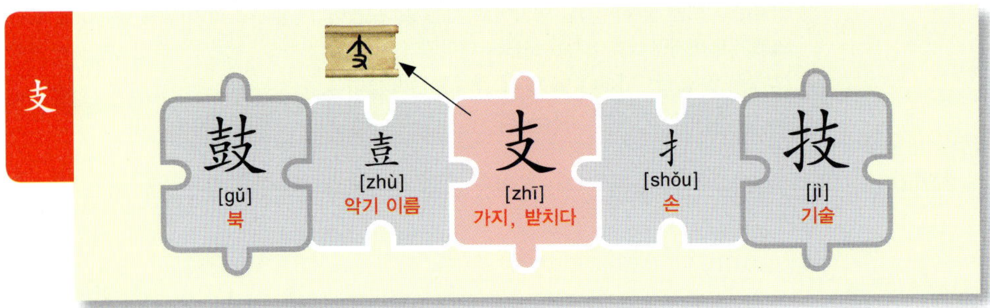

支

51

支 支 支 支

支
zhī

지탱할 지

갑골문은 갈라진 나뭇가지(十)를 손(又³⁴[yòu])에 들고 있는 모습으로 '가지'라는 의미를 가지고 있다. 또한 기둥이 쓰러지지 않도록 나뭇가지(十)를 손(又)으로 '받치다'는 뜻도 갖게 되었다. 지휘봉(十)을 손(又)에 들고 있는 모습에서 '군대나 음악을 세는 단위'로도 사용된다.

支持[zhīchí] 지지하다, 지탱하다 42a　　　　　一支歌 노래 한 곡 223 51 17b

51a

技 技 技 技 技 技 技

技
jì

기술 기

손수 扌=手³¹[shǒu]　＋　지탱할 지 支 [zhī]

수천 년의 세월 속에서도 변함없이 원형을 유지하며 꿋꿋하게 버티고(支) 있는 건축물을 보면, 그것을 만든 장인의 손길(扌)과 재주를 엿볼 수 있다.

技术[jìshù] 기술, 기교 210i　　　　　杂技[zájì] 잡기, 곡예, 서커스 230b

51b

鼓 鼓 鼓 鼓 鼓 鼓 鼓 鼓 鼓 鼓 鼓 鼓 鼓

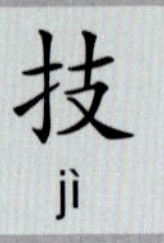
鼓
gǔ

북 고

악기 이름 주 壴¹⁴⁰ᵃ[zhù]　＋　가지/지탱할 지 支 [zhī]

윗부분에 장식(士)이 되어 있는, 다리로 들어 올려진 북(豆)을 북채(支)로 치는 모습이다.

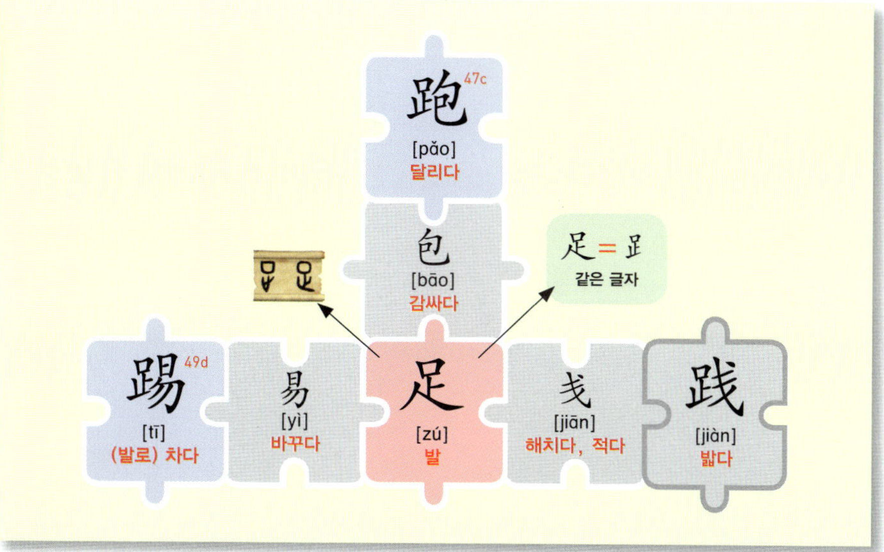

52

足足足足足足足

足
zú

발 족

정강이에서 장딴지, 발목 밑 발바닥까지의 모습을 본뜬 글자로 '발'을 뜻한다.

踢足球[tī zúqiú] 축구를 하다 49d 198b　　　　足球[zúqiú] 축구 198b
满足[mǎnzú] 만족하다, 흡족하다 64e

52a

践践践践践践践践践践践践

践
jiàn

[践] 밟을 천

발 족 𤴇 = 足 [zú] ＋ 해치다/적을 전 戋 115 [jiān]

적진을 발(足)로 짓밟고 돌아다니며 창으로 해치는(戋) 모습이다. 또한 그렇게 짓밟고 돌아다니며 임무를 '수행하다'는 의미도 갖게 되었다.

＊ "戋"은 창(戈113)을 두 개 포개어 놓은 모습에서 부피가 '적다'는 의미도 있지만, 무기인 창(戈) 두 개를 강조해서 '해치다'는 의미도 가지고 있다.

实践[shíjiàn] 실천, 실천하다 75a

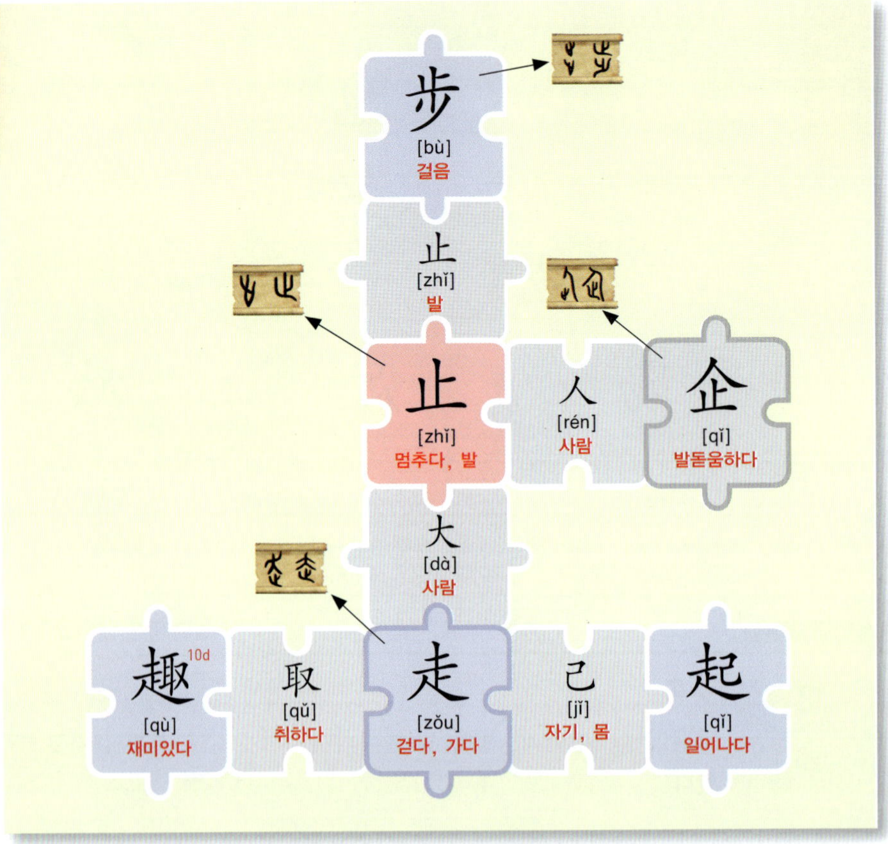

53

止 止 止 止

53

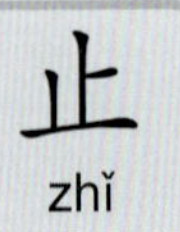

멈출 지

막 앞으로 나아가려는 '발'을 그려 놓은 글자로, 현재는 움직이지 않고 서 있다는 의미에서 '멈추다'는 뜻이 파생되었다.

停止[tíngzhǐ] 정지하다, 멈추다 225b

53a

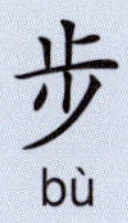

步 步 步 步 步 步 步

步 bù — 걸음 보

발/멈출 지 止 [zhǐ] + 발/멈출 지 少 → 止 [zhǐ]

왼발(止) 오른발(止)을 내딛으며 걷고 있는 두 개의 발(止, 止)의 모습이다.

跑步[pǎo//bù] 달리다, 구보하다 47c

散步[sàn//bù] 산보하다, 산책하다 50d

53b

企 企 企 企 企 企

企 qǐ — 발돋움 기

사람 인 人 [63] [rén] + 발/멈출 지 止 [zhǐ]

막 출발하기 위해 발돋움하는 사람(人)의 발(止)을 묘사한 글자이다.

53c

走 走 走 走 走 走 走

走 zǒu — 달릴 주

사람/큰 대 土 [155] → 大 [74] [dà] + 발/멈출 지 止 [zhǐ]

두 발(止)과 두 팔을 크게 휘두르며 달려가는 사람(大)의 모습에서 '걷다, 가다'의 뜻이 파생되었다.

* 옛 글자를 보면 윗부분인 "흙 토 土[tǔ]"가 사람(大)이라는 것을 알 수 있다.

走道[zǒudào] 보도, 인도 7a

53d

起 起 起 起 起 起 起 起 起 起

起 qǐ — 일어날 기

달릴 주 走 [53c] [zǒu] + 몸/자기 기 己 [82] [jǐ]

힘껏 달리기(走) 위해 몸(己)을 일으키는 모습이다.

对不起[duìbuqǐ] 미안합니다, 죄송합니다 40c 223a

一起[yìqǐ] 같이, 더불어, 함께 223

起飞[qǐfēi] 이륙하다 182c

起床[qǐ//chuáng] 일어나다 143a

起来[qǐlái] 일어나다, 일어서다 210k

53

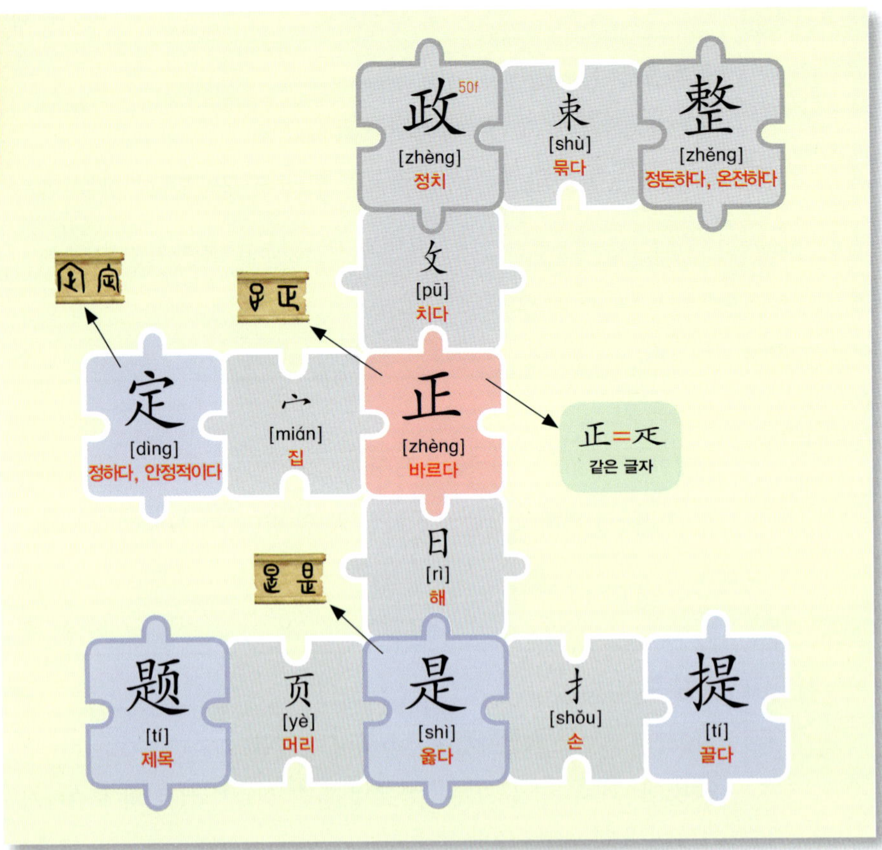

54

正 正 正 正 正

正 zhèng

바를 정

적진 一 [상형] ＋ 발/멈출 지 止[53] [zhǐ]

적진(一)을 향해 진격하는 병사들의 발(止)의 모습에서 '정벌하다'는 뜻이 파생되었다. 악의 무리를 소탕하는 것은 '올바른' 일이라는 의미를 가지고 있다.

＊ 갑골문을 보면 성(口[20])을 향해 있는 발(止)의 모습이다.

正在[zhèngzài] 지금 ~하고 있다(동작이나 행위가 진행 중임을 나타냄) 32a
正确[zhèngquè] 정확하다, 올바르다 191a
真正[zhēnzhèng] 진정한, 참된, 진정으로 12c

54a

整
zhěng

정돈할 정

묶을 속 束 [212a] [shù] + 칠복 夂 [50] [pū] + 바를 정 正 [zhèng]

옮기기 편하게 나무를 다발로 묶고(束) 튀어나온 부분을 쳐서(夂) 바르게
(正) 정돈하는 모습이다. 그렇게 잘 정리한 모습에서 '온전하다'는 뜻이 파
생되었다.

整齐[zhěngqí] 정제하다, 고르게 하다 133b   整个[zhěnggè] 전부의, 모두, 온 63b

54b

是
shì

옳을 시

해 일 日 [218] [rì] + 정벌하다/바를 정 正 [zhèng]

정벌하러(正) 돌진하는 발이 태양(日)을 향하고 있다. 그렇게 밝은 곳을 향
해 나아간다는 것은 옳다는 의미를 가지고 있다.

* 아랫부분은 "발 소 疋 [55] [shū]"와 모양이 비슷하지만 윗부분(ㄱ)이 다른 "正"의 변형이다.

但是[dànshì] 그러나, 그렇지만 218b   还是[háishi] 여전히, 아직도 61b
总是[zǒngshì] 늘, 줄곧, 언제나 16i   可是[kěshì] 그러나, 하지만 17

54c

提
tí

끌 제

손 수 扌=手 [31] [shǒu] + 옳을 시 是 [54b] [shì]

도움을 주기 위해 옳은(是) 방향, 즉 위쪽으로 끌어 올리는 손(扌)을 묘사하
였다.

提高[tí//gāo] 제고하다, 향상시키다 5

54d

题
tí

[題] **제목 제**

옳을 시 是 [54b] [shì] + 머리 혈 页 [6] [yè]

내용을 정확히(是) 파악할 수 있게 글의 머리(页) 부분에 제목을 적어 둔 모습이다.

问题[wèntí] 문제, 고장 145b   题目[tímù] 제목, 표제, 문제 11

54e

定
dìng

정할 정

집 면 宀 [141] [mián] + 정벌하다/바를 정 正 [zhèng]

정벌하러(正) 나갔던 발이 집(宀)을 향하고 있다. 그렇게 가장이 집에 돌아와 안정을 찾은 모습이다.

＊ 아랫부분은 "발 소 疋[55][shū]"와 모양이 비슷하지만 윗부분(ㄱ)이 다른 "正"의 변형이다.

决定[juédìng] 결정하다 76a   一定[yídìng] 반드시, 일정한, 규칙적인 223

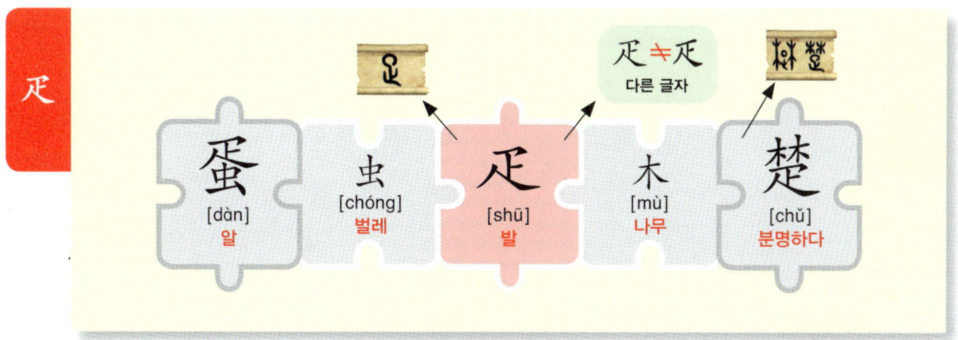

55

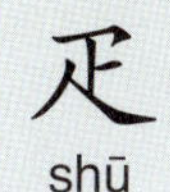

발 소

shū

무릎에서 발끝까지의 모양을 본뜬 글자로 '발'을 의미한다.

55a

楚

chǔ

뚜렷할 초

나무목 木²¹⁰[mù] + 나무목 木²¹⁰[mù] + 발소 疋[shū]

나무(木)와 나무(木) 사이를 헤치며 고통스럽게 맨발(疋)로 걸어 나오는 모습이다. 좁고 어두운 곳을 헤치고 넓은 곳으로 나오니 시야가 밝고 뚜렷해졌음을 알려 준다.

清楚[qīngchu] 분명하다, 이해하다 135a   苦楚[kǔchǔ] 고초, 고통, 괴로움 19d

55b

蛋

dàn

알 단

발소 疋[shū] + 벌레충 虫¹⁸⁴[chóng]

쇠똥구리(虫)가 쇠똥을 둥그렇게 다듬어 발(疋)로 굴려 가는 모습에서 둥근 '알'을 의미하게 되었다.

鸡蛋[jīdàn] 계란, 달걀 177a   蛋糕[dàngāo] 케이크, 카스텔라 171d

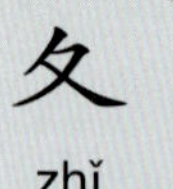

夂

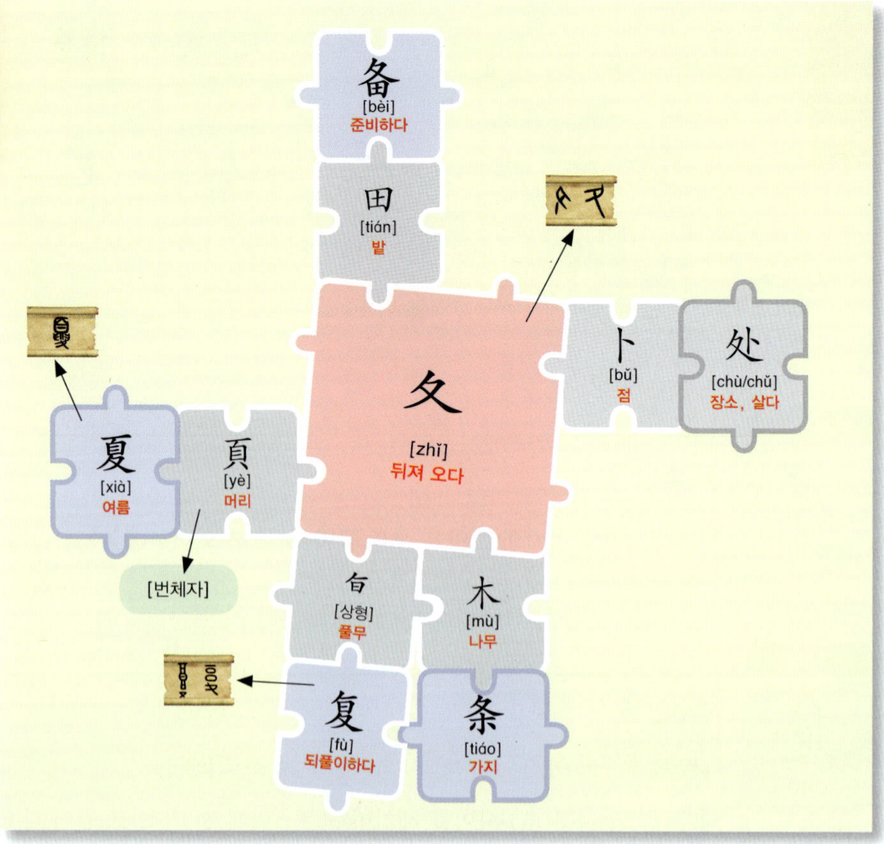

56

56 夂 夂 夂

夂 zhǐ

뒤져 올 치

뒤에서 잡아당겨 발(止[53])이 뒤집어진 모습이다. 걷는 데 방해를 받아 빨리 갈 수 없다는 의미에서 '천천히 걷다, 뒤져 오다'는 기본 뜻을 갖게 되었다.

56a

备 备 备 各 各 备 备

备
bèi

[備] **갖출 비**

뒤져올 치 夂 [zhǐ] + 밭 전 田[152] [tián]

한 해의 농사를 준비하기 위해 밭(田)을 갈아엎으며 천천히 나아가는(夂) 농부의 모습이다.

准备[zhǔnbèi] 준비하다 178c   设备[shèbèi] 설비, 시설 117e
预备[yùbèi] ~할 준비하다, 채비를 갖추다 6a

56b

处 处 处 处 处

处
chù/chǔ

[處] **곳 처, 살 처**

뒤져올 치 夂 [zhǐ] + 점 복 卜[127] [bǔ]

점쟁이가 점(卜)을 칠 목 좋은 장소를 찾아 천천히 걸어가는(夂) 모습이다. 또 천천히 걸어가면서(夂) 점(卜) 칠 장소를 찾아 그곳에서 산다는 의미도 가지고 있다.

好处[hǎochù] 이점, 장점 96c   到处[dàochù] 도처, 곳곳 112b
坏处[huàichu] 결점, 단점 155d   处分[chǔfèn] 처분하다 120a
处理[chǔlǐ] 처리하다, (문제를) 해결하다 108b

56c

条 条 条 条 条 条 条

条
tiáo

[條] **가지 조**

발/뒤져올 치 夂 [zhǐ] + 나무 목 木[210] [mù]

나무(木)를 타기 위해 가지를 밟고 올라가는 발(夂)의 모습을 그렸다. 또한 유형, 무형을 포함하여 나뭇가지처럼 가늘고 긴 물건을 세는 단위로도 쓰인다.

＊ 나무에 올라가는 것을 나타내기 위해 뒤집어진 발 모양의 "夂"가 사용되었다.

面条[miàntiáo] 국수 10   条件[tiáojiàn] 조건, (요구하는) 기준 175a
三条河 세 줄기 강 223e 56c 17d

56d

复
fù

[複] **돌아올 복**

풀무 *旨* [상형] **+** 발/뒤져 올 치 夂 [zhǐ]

갑골문을 보면 이 글자의 원형이 바람을 일으키는 풀무(旨)를 발(夂)로 밟는 것임을 알 수 있다. 풀무가 부풀었다, 빠졌다를 **되풀이하는** 모습이다.

复习[fùxí] 복습하다 182a   复杂[fùzá] 복잡하다 230b
复印[fùyìn] 복사하다, 카피하다 87b

56

56e

夏
xià

여름 하

머리 혈 頁 → 页 [6] (간체자) [yè] **+** 발/뒤져 올 치 夂 [zhǐ]

기우제를 올리는 무속인(頁)이 현란하게 발(夂)을 움직이며 춤추는 모습이다. 기우제는 비를 내려달라고 기원하는 제사로, 비는 주로 여름철과 관련이 있으므로 동주(东[212]周[152a]) 시대에 와서 '**여름**'이라는 뜻으로 쓰이게 되었다.

* "夏"의 윗부분인 "頁"은 소매가 긴 소복을 입고 춤추는 무속인의 모습으로, 금문과 전문은 양손(臼[43d])을 분명히 보여 주고 있다. 기우제를 올릴 때 무아지경에 빠진 무당의 발이 현란하게 움직이는 모습을, 마치 발이 뒤집어져 보인다는 의미에서 뒤집어진 발 모양의 "夂"가 사용되었다.

夏天[xiàtiān] 여름 74b

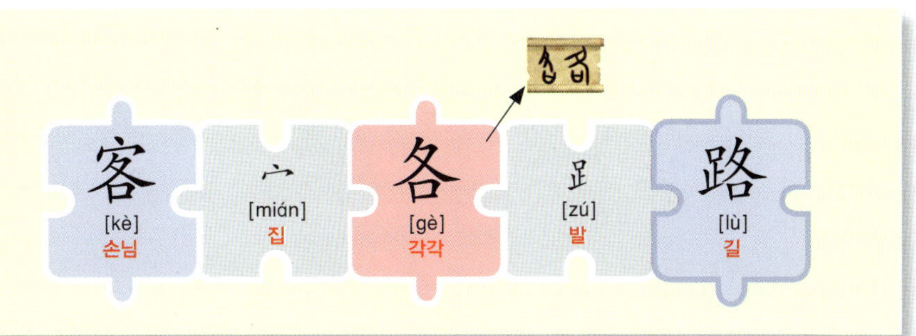

各

57

各 各 冬 冬 各 各

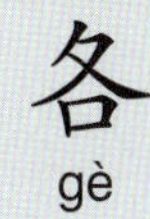

各
gè

각각 각

발/뒤져올 치 夂[56] [zhǐ] + 입구 口[16] [kǒu]

도움을 받기 위해 신에게 요청하는 입(口)과 그 입을 향한 신의 발(夂) 모양이다. 그렇게 각각 누구나 신이 자신에게 와서(夂) 함께 해 주시길 요청(口)할 수 있다.

＊ "止[53][zhǐ]"가 위를 향한 발의 모양이라면 "夂"는 아래를 향해 뒤집어진 발의 모양이다.

各种[gè zhǒng] 각종의, 갖가지의 231c

57a

路 路 路 路 路 路 路 路 路 路 路 路 路

路
lù

길 로

발족 𤴔=足[52] [zú] + 각각각 各 [gè]

각각(各)의 도시나 마을을 다닐(足) 수 있도록 연결해 놓은 길의 모습이다.

57b

客 客 客 客 客 客 客 客 客

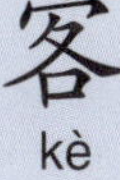

客
kè

손님 객

집면 宀[141] [mián] + 각각각 各 [gè]

집(宀) 안에 함께 있지만 각자(各) 따로 있는 사람이란 '손님'을 의미한다.

不客气[bú kèqi] 사양하지 않다, 체면 차리지 않다 223a 204
客人[kèrén] 손님, 방문객 63

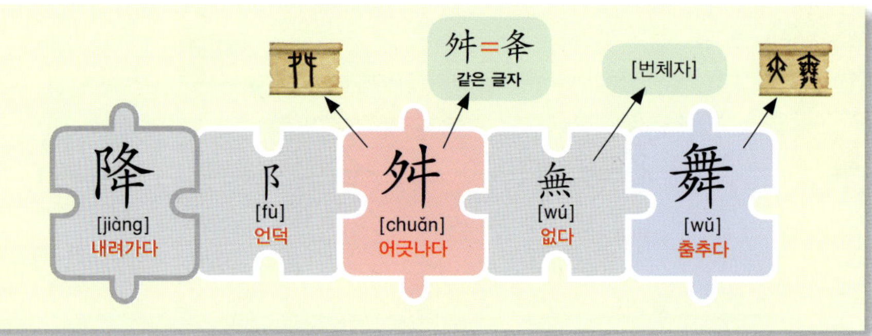

58

舛 chuǎn — 어긋날 천

왼쪽의 "저녁 석 夕 222[xī]"는 아래를 향해 있는 발 모양의 "夊 56[zhǐ]"가 줄어든 모양이고, 오른쪽의 글자도 발(龵→止 53)의 모양이다. 반대 방향으로 엇갈린 발의 모양에서 '어긋나다'는 뜻을 갖게 되었다.

58a

舞 wǔ — 춤출 무

없을 무 無 → 无 80c (간체자) [wú] + 엇갈린 발/어긋날 천 舛 [chuǎn]

"無"는 신들린 무속인이 무아지경에 빠져 발이 네 개의 점(灬)으로 보일 정도로 현란하게 춤을 추는 모습이다. 그러한 춤을 추는 모습의 글자가 발이 안 보인다는 의미에서 '없다'는 뜻으로 바뀌자, 양발이 반대 방향으로 엇갈린 모습의 "舛"을 합하여 발을 엇갈려가며 춤을 춘다는 의미의 글자를 만들었다.

跳舞[tiào//wǔ] 춤을 추다 129a   鼓舞[gǔwǔ] 고무하다, 격려하다 51b

58b

降 jiàng — 내려갈 강

언덕 부 阝 146 [fù] + 엇갈린 발/어긋날 천 舛 [chuǎn]

높은 언덕(阝) 위에서 발이 엇갈리면(舛) 넘어져 아래로 떨어질 것이다.

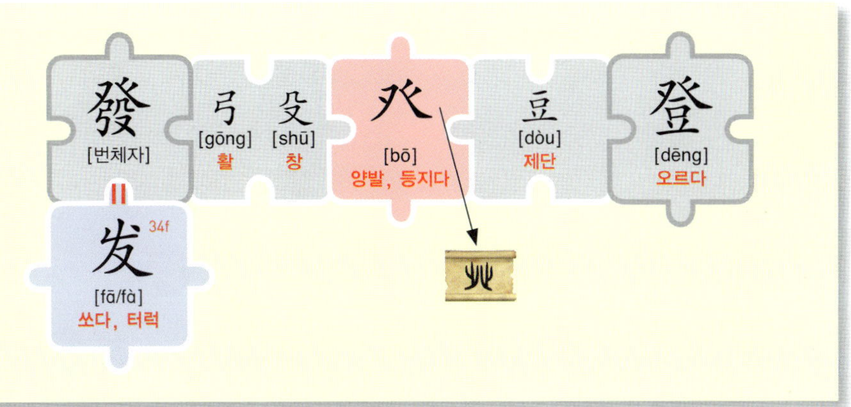

59

bō

등질 **발**

밖이나 위를 향해 벌리고 있는 양발의 모양에서 만들어진 글자로 '등지다, 벌어지다'의 뜻을 가지고 있다.

＊ 이 글자가 들어가면 '발'이 하는 일을 연상하도록 하자.

59a

dēng

오를 **등**

양발/등질 발 癶 [bō] + 제단/제기 이름 두 豆[140] [dòu]

신에게 희생제물을 바치기 위해 높은 제단(豆) 위로 올라가는 양발(癶)의 모습이다.

＊ "豆"는 높은 제단이나 제기의 모습에서 만들어진 글자이다.

登记[dēng//jì] 등기하다, 등록하다, 기재하다 82b

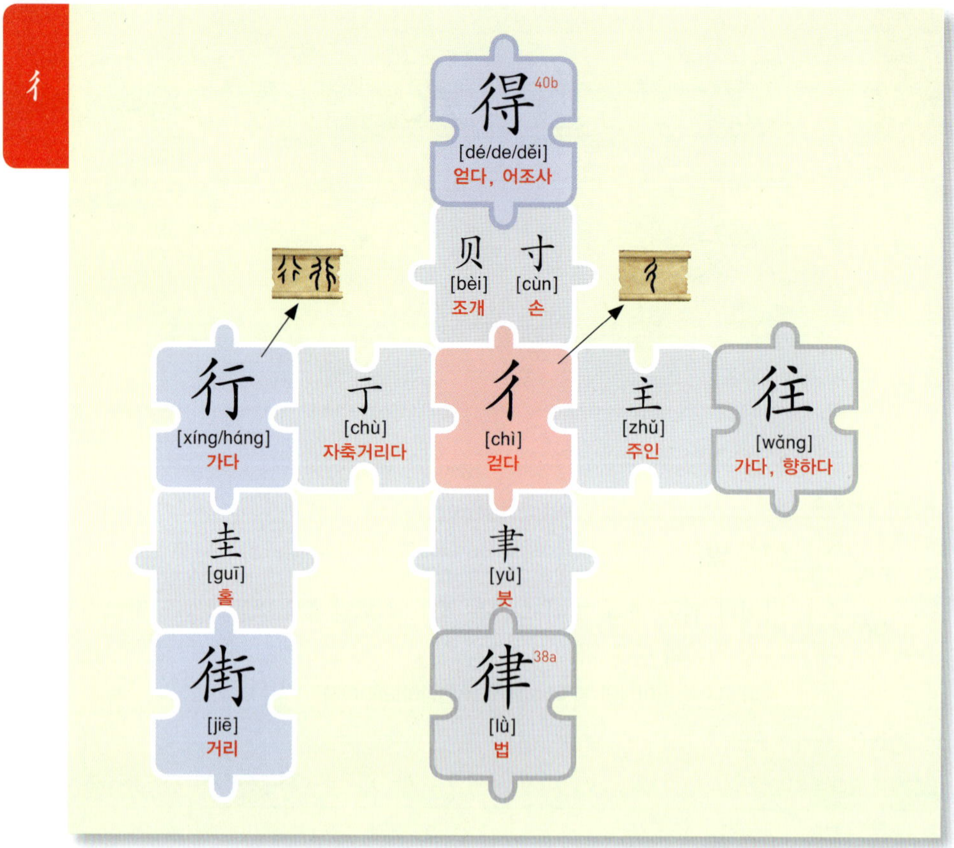

60

60

彳 彳 彳

彳
chì

조금 걸을 척

사거리 모양인 "갈 행 行[60b][xíng]"의 왼쪽 부분만 떼어 놓은 것으로 '길, 걷다'의 뜻을 가지고 있다.

* '걷다'의 뜻에서 보듯 '발'과 관련된 글자임을 알 수 있다.

60a

갈 왕

往 **wǎng**

往往往往往往往往

걸을 척 彳 [chì] + 주인주 主[233c] [zhǔ]

부름을 받고 주인(主)을 향해 걸어서(彳) **가는** 모습이다.

＊ "主"의 원글자인 "임금 왕 王[108][wáng]"이 발음을 나타낸다.

你**往**南, 我**往**北。 너는 남으로 **가고**, 나는 북으로 **간다**。 73a 60a 232b, 113b 60a 88c

60b

갈 행

行 **xíng/háng**

行行行行行行

걸을 척 彳 [chì] + 자축거릴 촉 亍 [chù]

사거리의 모양을 본뜬 글자로, 도로나 거리는 사람들이 걸어 다니는 곳이므로 '**가다**, **걷다**'의 뜻이 파생되었다.

＊ "彳"은 사거리의 왼쪽, "亍"은 사거리의 오른쪽 모양이다. 두 글자(彳, 亍) 모두 단독 사용은 없다.

行李箱[xínglǐxiāng] 트렁크, 여행용 가방 95c 216a
自行车[zìxíngchē] 자전거 26 124
旅行[lǚxíng] 여행하다 63i

银行[yínháng] 은행 14d
进行[jìnxíng] 진행하다, 전진하다 228b
举行[jǔxíng] 거행하다 43e

60c

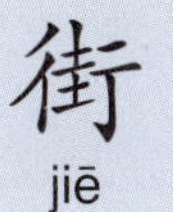

거리 가

街 **jiē**

街街街街街街街街街街街街

사거리/갈 행 行[60b] [xíng] + 홀규 圭[156] [guī]

임금님 앞에 줄지어 서 있는 홀(圭)을 든 신하들처럼, 건물이나 가로수가 늘어서 있는 사거리(行)의 모습에서 '**거리**'의 뜻을 갖게 되었다.

＊ "圭"는 임금님을 알현할 때 신하들이 품계에 따라 손에 들고 있던 일종의 장식품이다.

街道[jiēdào] 거리, 가도, 대로 7a

大街[dàjiē] 큰길, 번화가 74

60

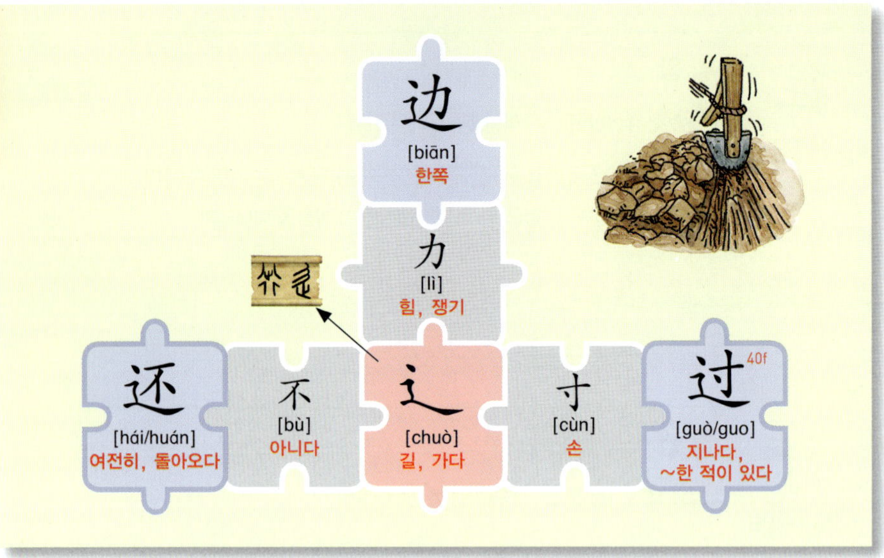

61

쉬엄쉬엄 갈 착

辶 chuò

갑골문은 "사거리/갈 행 行[60b][xíng]"과 "발/멈출 지 止[53][zhǐ]"를 합쳐 놓은 모양으로, '길'과 '가다'의 뜻으로 발전하였다.

[邊] 가장자리 변

边 biān

쟁기/힘 력 力[159][lì] + 갈 착 辶 [chuò]

쟁기(力)가 지나간(辶) 자리에 고랑이 생기고, 쟁기에 의해 뒤집힌 흙이 고랑의 한쪽으로 쌓인 모습이다.

＊ "力"은 쟁기의 모양을 본뜬 글자이다.

旁边[pángbiān] 옆, 곁, 근처, 부근 160b	右边[yòubian] 우측, 오른편 39b
左边[zuǒbian] 좌측, 왼편 39a	一边[yìbiān] 한쪽, 한 편, 한 면 223
北边[běibiān] 북쪽 88c	东边[dōngbiān] 동쪽 212
西边[xībiān] 서쪽 168	南边[nánbiān] 남쪽 232b

后边[hòubian] 뒤, 뒤쪽, 이후 16e

前边[qiánbian] 앞 221a

下边[xiàbian] 아래쪽 223g

身边[shēnbiān] 신변, 곁 27

里边[lǐbian] 안쪽, 이내, 내부 151

上边[shàngbian] 위쪽, 위 223f

外边[wàibian] 밖, 바깥 222a

61b

还
hái/huán

[還] **여전히** 환, **돌아올** 환

아닐불 不[223a][bù] + 길/갈 착 辶 [chuò]

길(辶)을 가는데 거리가 여전히 줄어들지 않음(不)을 묘사하고 있다. 또 거리가 여전히 줄어들지 않는다(不)는 것은 포기하고 돌아갈 확률이 높다는 것을 의미한다.

* "辶"이 길과 관련되어 쓰일 때는 거리가 멀고 가까움의 의미를 가지고 있다.

还是[háishi] 여전히, 그래도 54b

还东西 물건을 돌려주다 61b 212 168

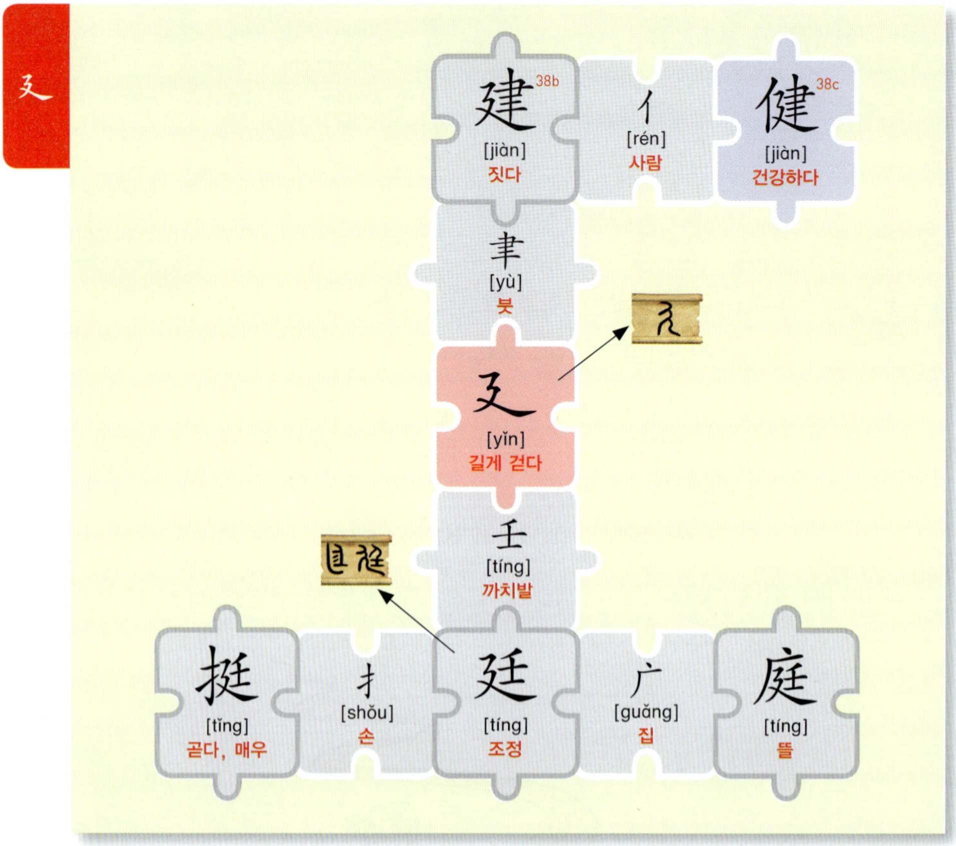

62

廴 길게 걸을 인

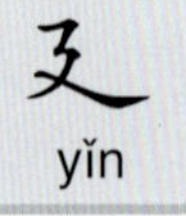

yǐn

임금님 무덤에 이르는 길고 좁은 길을 나타낸 글자로, '**길게 걷다, 좁은 길**'의 뜻을 가지고 있다.

＊ 진시황릉 같은 왕의 무덤은 귀중품을 같이 매장하기 때문에 길고 좁은 길을 통해서만 들어갈 수 있도록 설계하고 만들었다. 그런 길고 좁은 미로와 같은 길을 조심스럽게 걷는 모습을 생각하자.

62a

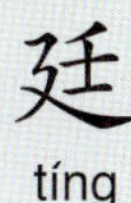

廷 廷 廷 廷 廷 廷

조정 정

까치발 정 壬[105] [tíng] + 길게 걸을 인 廴 [yǐn]

조정에 있는 신하들이 임금님을 알현하기 위해 까치발(壬)을 하고 조심스럽게 걷는(廴) 모습이다. 발(止[53])뒤꿈치를 쫑긋 세운 모양인 "壬"은 발음 기호 역할도 하고 있다.

＊ "壬"은 "아홉째 천간 임 壬[105] [rén]"과 모양은 같으나 발음에까지 영향을 주는 완전히 다른 글자이다.

62b

庭 庭 庭 庭 庭 庭 庭 庭 庭

뜰 정

집/넓을 광 广[143] [guǎng] + 조정 정 廷[62a] [tíng]

조정(廷)의 넓은 공간처럼 집(广) 안의 벽이 트여 있는 넓은 공간이라는 의미에서 '뜰, 홀(hall)'의 뜻이 파생되었다.

＊ "广"은 한쪽 벽이 트인 넓은 집의 모양이다.

＊ 과거 동양의 집들은 대부분 집 안에 뜰을 만들고 뜰 쪽으로는 벽을 만들지 않아 열린 공간으로 활용하였다.

家庭[jiātíng] 가정 174a

62c

挺 挺 挺 挺 挺 挺 挺 挺 挺

곧을 정

손 수 扌=手[31] [shǒu] + 조정 정 廷[62a] [tíng]

임금님이 계신 조정(廷)에서 두려움 없이 손(扌)을 들고 자신의 소신을 말하는 올곧은 신하의 모습이다. 또한 임금님 앞에서 그렇게 자신의 소신을 말하기가 매우 어렵다는 의미도 가지고 있다.

我们都挺喜欢他的。 우리는 모두 그를 아주 좋아한다. 113b 145a 101a 62c 140a 21c 84b 46b

사람 | 사람 | “人”

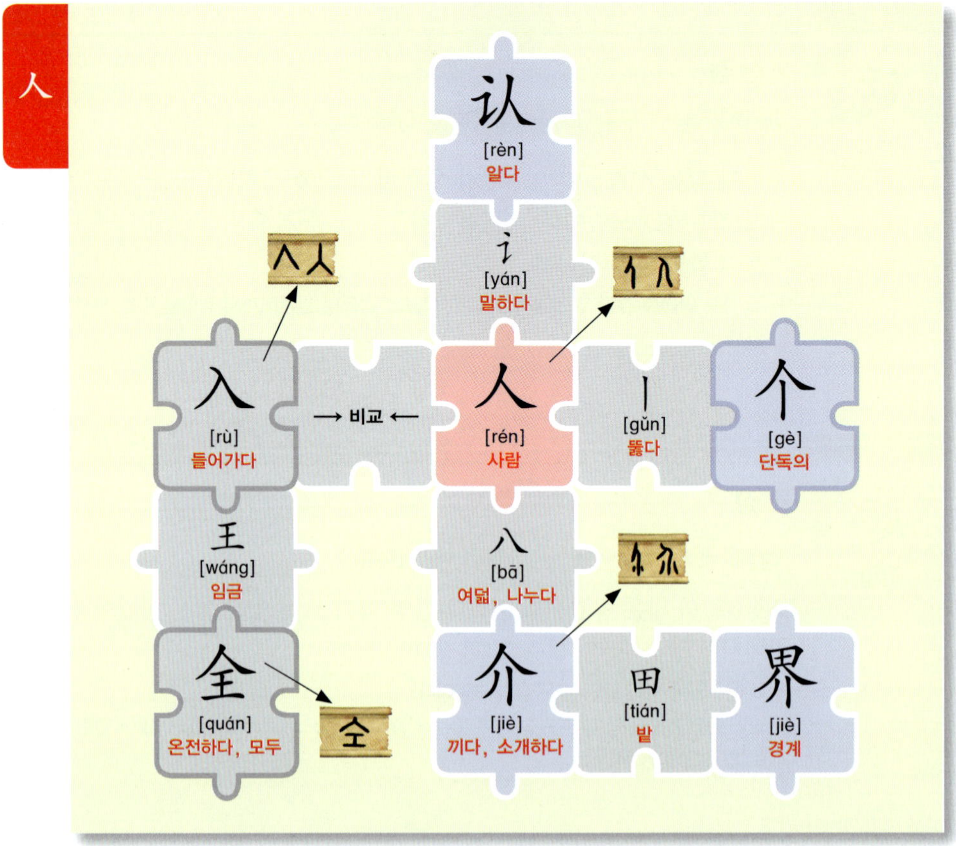

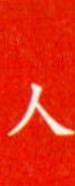

人
认
[rèn]
알다
讠
[yán]
말하다
入
[rù]
들어가다
→ 비교 ←
人
[rén]
사람
丨
[gǔn]
뚫다
个
[gè]
단독의
王
[wáng]
임금
八
[bā]
여덟, 나누다
全
[quán]
온전하다, 모두
介
[jiè]
끼다, 소개하다
田
[tián]
밭
界
[jiè]
경계

63 人 人

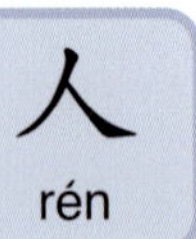

人 rén

사람 인

사람의 옆모습을 본뜬 글자이다.

别人[biéren] 남, 타인 120e
工人[gōngrén] 노동자 203
人们[rénmen] 사람들 145a
爱人[àiren] 배우자, 애인 34e
客人[kèrén] 손님, 방문객 57b
夫人[fūrén] 부인(기혼 여성에 대한 존칭) 74a
人民[rénmín] 인민, 국민 99c
人才[réncái] 인재 32

63a

认认认认

认 rèn

[認] **알** 인

말할 언 讠 = 言 23 [yán] + 사람 인 人 [rén]

어떤 사람이 내뱉는 말(讠)의 내용이나 억양을 토대로 그 사람(人)의 성향이나 출신을 **알** 수 있다.

认识[rènshi] 알다, 인식하다 179b
认真[rènzhēn] 진지하다, 진솔하다, 곧이 듣다 12c
认为[rènwéi] 여기다, 생각하다 159c

63b

个 个 个

63

个 gè

[個] **낱** 개

사람 인 人 [rén] + 뚫을 곤 丨 231 [gǔn]

다른 사람과 구별되는 자기 고유의 특성을 개성(个性28c[gèxìng])이라 한다. 개성은 그 사람의 중심을 이루는 것이므로 사람(人)의 한가운데에 직선(丨)을 그어 '단독의'라는 뜻을 갖게 되었다. 이 의미가 발전하여 특정한 양사를 갖지 않는 명사를 세는 단위로도 쓰이게 되었다.

* "丨"은 여기에서 '중심, 한가운데'를 가리킨다.

个子[gèzi] 키, 체격 95
这个[zhège] 이, 이것 133a
整个[zhěnggè] 전부의, 모두, 온 54a
那个[nàge] 그, 그것 146e
个性[gèxìng] 개성 28c
哪个[nǎge] 어느 (것), 누구, 어느 사람 146f

63c

介 介 介 介

介 jiè

끼일 개

사람 인 人 [rén] + 나누다/여덟 팔 八 229 [bā]

둘로 나누어져(八) 있는 어떤 것을 사람(人)이 중간에 **끼어들어** 문제를 해결해 주거나, 혹은 둘을 **소개하여** 엮어 주는 모습이다.

介绍[jièshào] 소개하다, 안내하다 121a

63d

界
jiè

경계 계

밭 전 田 [152] [tián] + 끼일 개 介 [63c] [jiè]

밭(田)과 밭 사이에 끼어(介) 있는 경계를 의미한다.

* 농경지의 경계인 도랑이나 둑을 묘사한 글자인 "田[tián]"이 '논밭, 경작지'의 의미로 사용되자 "介"를 추가하였다.

世界[shìjiè] 세계, 세상 207f

63e

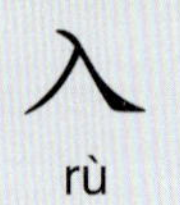

入
rù

들 입

동굴이나 움집 출입구의 모양을 본뜬 글자이다. 그러한 출입구로 사람이 드나들므로 '들어가다'의 뜻이 파생되었다.

* 자체로 부수자이기는 하지만 자원에 대한 정설은 없다.
* "사람 인 人[rén]"과 모양이 비슷하므로 주의를 요한다.

收入[shōurù] 수입, 소득, 받다 50e   深入[shēnrù] 깊다, 깊이 파고들다 201c

63f

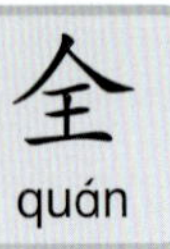

全
quán

모두 전

들입 入 [63e] [rù] + 임금 왕 王 [108] [wáng]

거푸집의 덮개(入)와 몸체(王)가 서로 완전하게 딱 들어맞는 모습이다.

* 글자 모양과는 관계없이 "入"은 거푸집의 덮개를, "王"은 거푸집의 몸체를 의미한다.
* 옛 글자(全)는 쇳물을 부어 무기나 농기구를 만드는 도구(장인 공 工 [203] [gōng])인 거푸집과 덮개(入)가 잘 들어맞는 모습이다.

全部[quánbù] 전부, 전체 79f   完全[wánquán] 완전히, 전적으로 71a
全体[quántǐ] 전체, 전신, 온몸 29b   安全[ānquán] 안전하다 96a

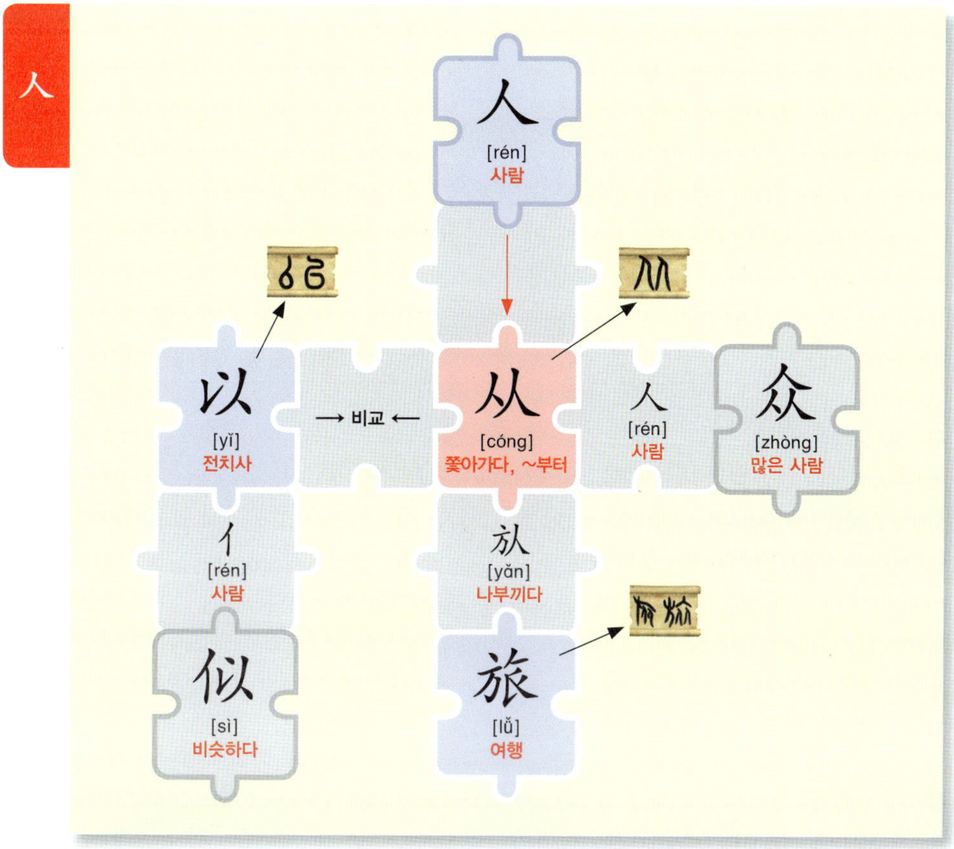

63

63g

从 从 从 从

从
cóng

[從] **따를 종**

사람인 人 [rén] + 사람인 人 [rén]

갑골문은 뒷사람(人)이 앞사람(人)을 쫓아가는 모습을 묘사한다. 그렇게 '언제부터', '어디에서부터' 쫓아왔는지를 나타내는 전치사로도 사용된다.

从前 [cóngqián] 이전, 종전, 옛날 221a   从…到… [cóng…dào…] ~에서 ~까지 112b

[眾] 무리 중
众 zhòng

사람 인 人 [rén] + 따를 종 从 [cóng]

"人"을 세 개 겹쳐서 많은 사람을 뜻하는 글자를 만들었다.

观众 [guānzhòng] 관중, 구경꾼, 시청자 13b

여행 려
旅 lǚ

나부낄 언 㫃[161] [yǎn] + 두 사람/따를 종 从 → 从 [cóng]

나부끼는(㫃) 깃발 아래 두 사람(从)을 그려 넣어 깃발을 들고 전쟁터로 향하는 군인의 모습을 묘사하였다. 전쟁을 위해 이역만리까지 돌아다니는 군인들의 모습에서 '여행'의 뜻을 갖게 되었다.

旅游 [lǚyóu] 여행하다, 관광하다 161b   旅行 [lǚxíng] 여행하다 60b

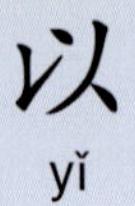

써 이
以 yǐ

갈고리 모양으로 생겨서 쟁기의 모양을 본뜬 것이라는 설과, 태아의 모습이라는 설이 있는 글자이다. 농사는 쟁기로 논밭을 갈아엎는 것으로 시작되고, 사람은 태아로부터 시작되므로 '어떤 행위나 동작의 근거, 방식, 수단, 원인' 등을 나타내는 전치사로 사용된다.

* 현 글자에 "사람 인 人[rén]"과 비슷한 글자가 들어 있으나 갑골문은 갈고리 모양의 글자 하나만 그려져 있다.

可以 [kěyǐ] ~할 수 있다(가능), ~해도 된다(허가) 17   所以 [suǒyǐ] 그래서, 그러므로 144a
以前 [yǐqián] 이전, 예전 221a   以后 [yǐhòu] 이후, 금후 16e
以为 [yǐwéi] 여기다(주로 '~라고 여겼는데 아니다'라는 부정적인 어기를 내포함) 159c
除了…以外 [chúle…yǐwài] ~을 빼고는, ~ 말고 146a 170a 222a

63k

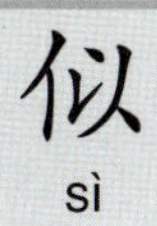

닮을 사

사람 인 亻[68] [rén] + 태아/써 이 以[63j] [yǐ]

어떤 사람(亻)의 아기든 막 태어난 아기(以)들은 서로 구별이 어려울 정도로 비슷하다.

* "以"는 쟁기의 모습으로 보기도 하지만 태아의 모습으로 보기도 한다.

相似[xiāngsì] 닮다, 비슷하다 11c

64

内

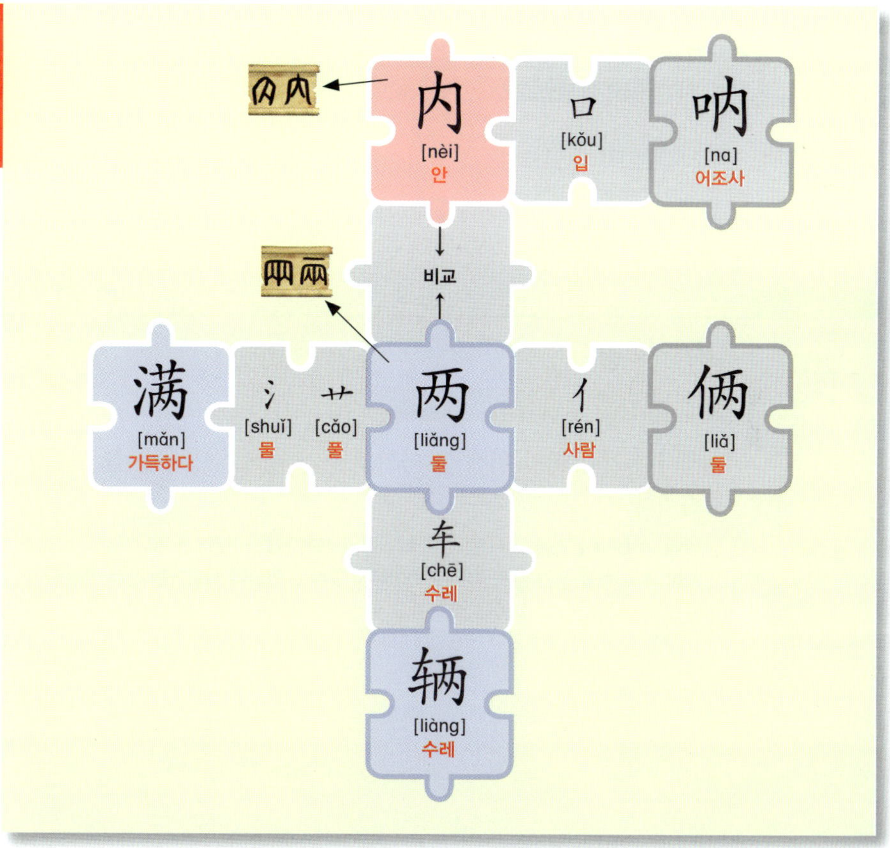

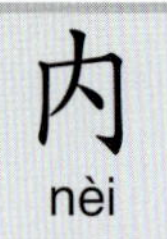

[內] 안 내

内
nèi

출입문 冂 [상형] + 사람 인 人 [63][rén]

출입문(冂)을 통해 사람(人)이 안으로 들어가는 모습이다.

内容[nèiróng] 내용 196a　　　　　　内部[nèibù] 내부 79f

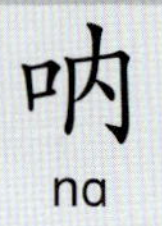

[呐] 말 더듬을 눌

呐
na

입구 口 [16][kǒu] + 안내 内 [nèi]

말이 입(口) 안(内)에 머물러 있는 모습에서 '말 더듬다'는 뜻을 갖는 글자이다. 특별한 의미 없이 구절 끝에서 말을 부드럽게 하거나 애교스럽게 만드는 어기조사로 쓰인다.

＊ "哪[146f][na]"의 용법과 같다. (天[74b]呐! = 天哪! 맙소사!)

谢谢您呐。 고맙습니다. 27c 27c 73b 64a
你们得小心呐。 너희 조심해야 해. 73a 145a 40b 235 28 64a

[兩] 두 량

两
liǎng

멍에 ㅉ [상형] + 씌운 모양 冂 [상형]

수레나 쟁기를 끌기 위해 두 마리의 소나 말에게 멍에(ㅉ)를 씌워(冂) 놓은 모습이다.

＊ 멍에: 수레나 쟁기를 끌기 위하여 소나 말의 목에 얹는 구부러진 막대.
＊ 사람(人[63])처럼 생긴 글자 때문에 여기에서 다루고 있으나 사람과는 전혀 무관하다.

他比我大两岁。 그는 나보다 두 살 위다. 84b 88a 113b 74 64b 195a

64c

[俩] 두 사람 량
俩俩俩俩佁俩俩俩俩

liǎ

사람 인 亻[68] [rén]　+　두 량 两[64b] [liǎng]

둘(两)이 함께 멍에를 멘 사람(亻)이란 **두 사람**을 뜻하는 글자이다. 사람뿐 아니라 "两"과 같이 '둘'이라는 숫자로 사용된다.

* "俩"은 둘(两)이라는 숫자의 주체가 사람(亻)이라는 사실을 이미 내포하고 있으므로 별도의 양사가 필요 없다.

你俩吃饭了吗？ 너희 두 사람은 밥 먹었니? 73a 64c 16b 147b 170a 176a

64d

[辆] 수레 량
辆辆辆辆辆辆辆辆辆辆辆

liàng

수레 차 车[124] [chē]　+　두 량 两[64b] [liǎng]

같은 멍에를 멘 두(两) 마리의 소나 말이 끄는 수레(车)의 모습에서 만들어진 글자로 **수레나 차량을 세는 양사**로 쓰인다.

三辆自行车 자전거 세 대 223e 64d 26 60b 124

64e

[满] 가득 찰 만
满满满满满满满满满满满满满

mǎn

물 수 氵[201] [shuǐ]　+　풀 초 艹[207] [cǎo]　+　두 량 两[64b] [liǎng]

한 멍에를 멘 두(两) 마리의 소나 말에게 먹일 물(氵)과 풀(艹)이 **가득하여** 만족스러운 모습이다.

满意[mǎnyì] 만족하다, 마음에 들다 24b　　满足[mǎnzú] 만족하다, 족하다, 만족시키다 52

65

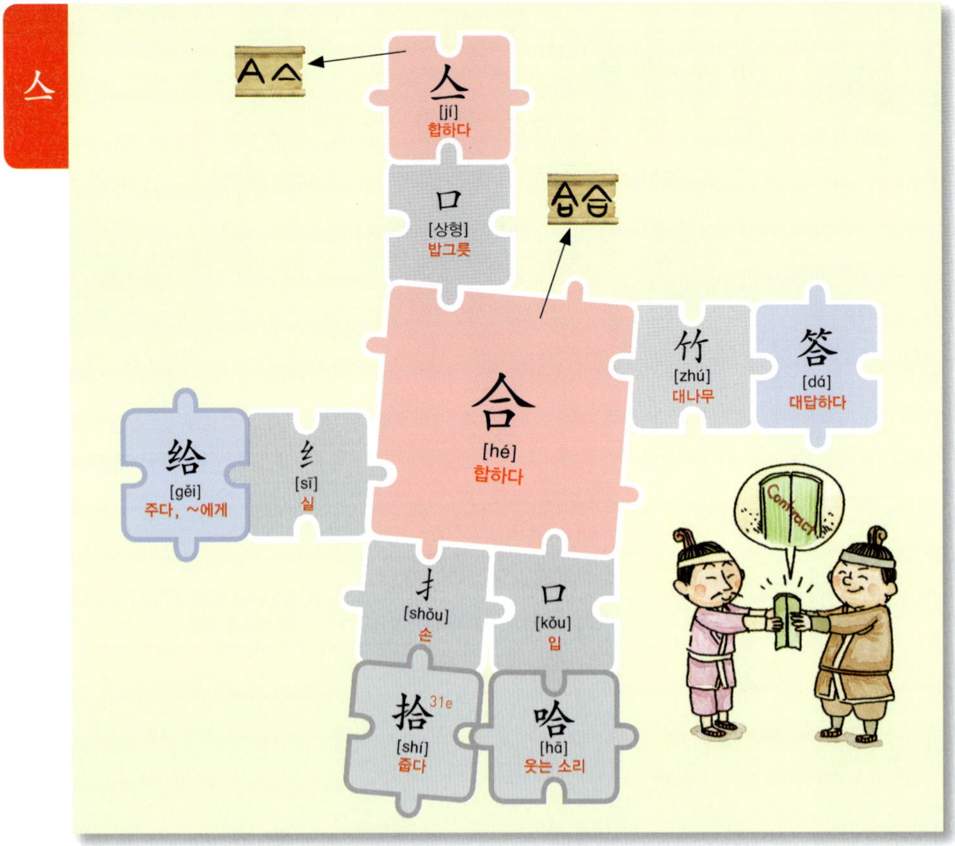

65

亼 亼 亼

亼 jí

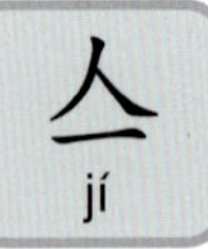

삼합 집

그릇의 뚜껑과 윗부분이 딱 들어맞는 모양으로 '합하다'는 의미를 가지고 있다.

* 모양이 "사람 인 人63[rén]"과 비슷하여 여기에서 다루고 있을 뿐, 사람과 관계없는 글자이다.

65a

合 合 合 合 合 合

合 hé

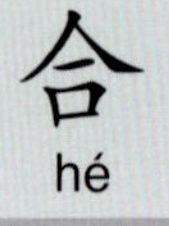

합할 합

삼합 집 亼 [jí] + 밥그릇 口 [상형]

밥뚜껑(亼)과 밥그릇(口)이 딱 맞게 합해진 모양이다.

合适[héshì] 적합하다, 알맞다 22d   集合[jíhé] 집합하다, 집합시키다, 집합(수학 용어) 178a

65b

答
dá/dā

대답할 답

대죽 竹[216] [zhú] + 합할 합 合[65a] [hé]

중국에서 종이가 발명되기 전에 중요한 내용을 대나무(竹) 판에 기록한 후, 반으로 쪼개어 쌍방이 각각 가지고 있다가 나중에 합하여(合) 그 내용을 증명하였다. 그렇게 권리에 대한 의심을 받을 때 대나무(竹) 조각을 합하여(合) 의심에 대한 대답을 해 주는 모습이다.

回答[huídá] 회답, 회답하다, 대답하다 20d   答应[dāying] 응답하다, 동의하다, 허락하다 143c

65

65c

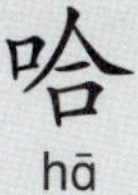

哈
hā

웃는 소리 합

입구 口[16] [kǒu] + 합할 합 合[65a] [hé]

웃는 소리를 글자로 기록하기 위해 소리를 의미하는 "口"에 발음기호인 "合"를 더한 글자이다.

* 기억하기 쉽게 웃는 소리(口)가 행복을 더해(合) 준다고 생각하자.

哈哈[hāhā] 하하(웃음소리를 나타내는 의성어)

65d

给
gěi

[給] 줄 급

실 사 糹[131] [sī] + 합할 합 合[65a] [hé]

이어주거나 연결하는 특징이 있는 실(糹)처럼 끊어지지 않게 물자를 계속 합해(合) 주는 모습이다. 또한 그러한 주는 대상을 가리키는 '~에게'와 같은 전치사의 의미도 갖게 되었다.

把这本书给她。 이 책을 그녀에게 주어라. 92b 133a 210a 231d 65d 84c
给儿子讲故事。 아들에게 이야기를 하다. 65d 69 95 228a 19a 36d

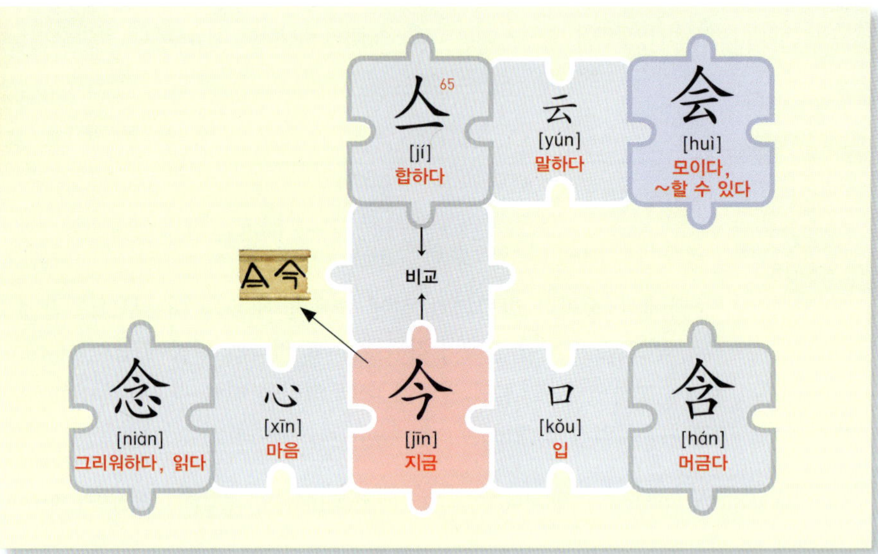

66

今 今 今 今

今
jīn

지금 금

뚜껑/삼합 집 스 65 [jí] + 물건 ㄱ [상형]

뚜껑(스) 밑에 어떤 물건(ㄱ)이 지금 놓여 있는 모습이다.

今天[jīntiān] 오늘, 현재 74b 今年[jīnnián] 올해, 금년 118a
至今[zhìjīn] 지금까지, 오늘까지 112

66a

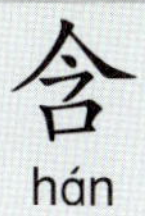

숨 숨 숨 숨 숨 숨 숨

머금을 함

지금금 今 [jīn] + 입구 口[16] [kǒu]

지금(今) 입(口) 속에 무엇이 있다 하여 '입에 머금다'는 뜻으로 쓰인다.

包含[bāohán] 포함하다 47

66b

念 念 念 念 念 念 念 念

생각할 념

지금금 今 [jīn] + 마음심 心[28] [xīn]

지금(今)까지 잊지 않고 마음(心)속으로 생각하며 그리워하는 모습이다. 또한 그리운 마음을 말로 되뇌는 모습에서 '소리 내어 읽다'는 뜻도 파생되었다.

留念[liúniàn] 기념으로 남기다, (남겨 두어) 기념으로 삼다 87d
概念[gàiniàn] 개념 80f
纪念[jìniàn] 기념하다, 기념품 82c
想念[xiǎngniàn] 그리워하다, 생각하다 11d

66c

会 会 会 会 会 会

[會] 모일 회

합하다/삼합 집 스[65] [jí] + 말하다/구름 운 云[227] [yún]

토의(云)를 하기 위해 여러 사람이 모여(스) 있는 모습에서 '모이다'는 뜻이 파생되었다. 또한 여러 사람이 모여(스) 토의(云)를 하면 좋은 아이디어나 해결책이 나오므로 불가능한 일도 '할 수 있다'는 의미도 갖게 되었다.

会议[huìyì] 회의 233b
一会儿[yíhuìr] 잠깐 동안, 잠시 223 69
宴会[yànhuì] 연회, 파티 96b
晚会[wǎnhuì] 야회, 이브닝 파티 72b
你会说英语吗？ 당신은 영어를 할 줄 아십니까? 73a 66c 70d 78a 226c 176a

机会[jīhuì] 기회, 시기 213a
社会[shèhuì] 사회 126h
会话[huìhuà] 대화(주로 외국어로 하는 대화) 22b

金

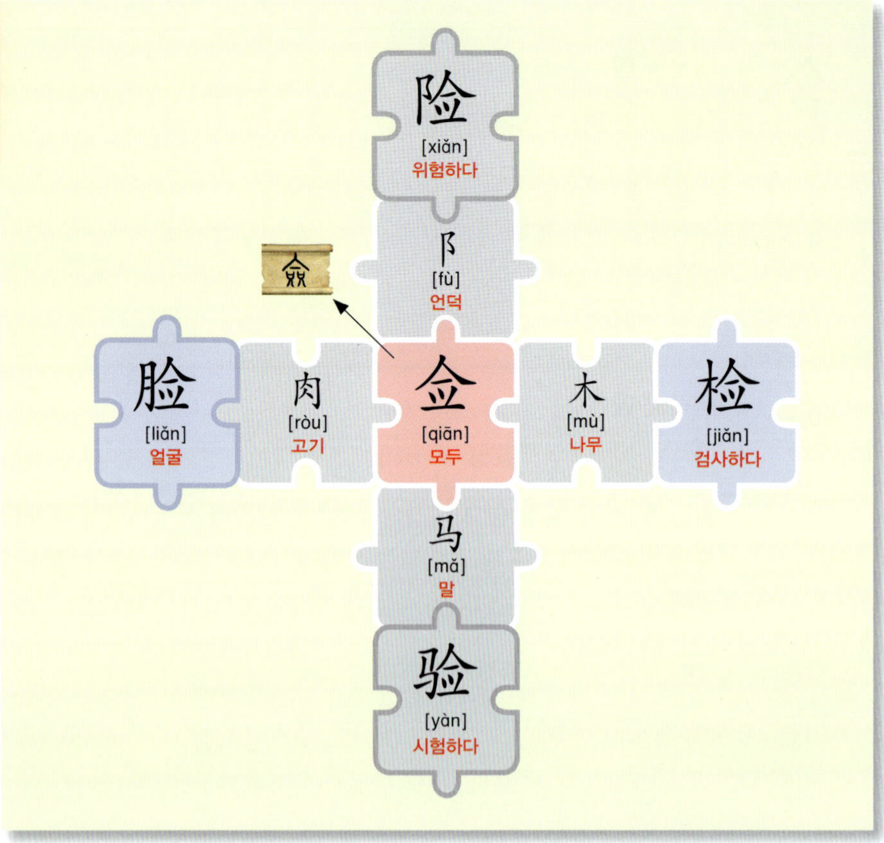

67

67 佥 qiān

佥 佥 佥 佥 佥 佥 佥

[僉] **모두 첨**

합하다/삼합 집 亼[65] [jí] + 여러 사람 㸚 [상형]

여러 사람(㸚)이 모두 한자리에 모여(亼) 있는 모습이다.

＊ 번체자(僉)는 여러 사람(人[63]人)이 모두 한자리에 모여서(亼) 각자 입(口[16]口)으로 한마디씩 말하고 있는 모습이다.

67a 险 xiǎn

险 险 险 险 险 险 险 险 险

[險] **험할 험**

언덕 부 阝[146] [fù] + 모두 첨 佥 [qiān]

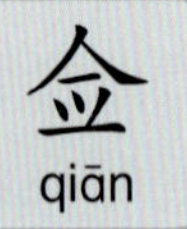

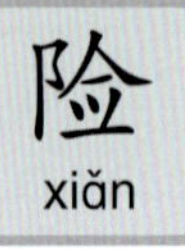

모든(亼) 사람을 가로막고 있는 언덕(阝)이란 넘기 힘든 산이나, 산 같은 장애물을 의미한다. 여기에서 '위험하다'는 뜻이 파생되었다.

危险[wēixiǎn] 위험하다 72e

67b

检检检检检检检检检检检

检
jiǎn

[檢] **검사할** 검

나무목 木²¹⁰[mù] + 모두 첨 亼 [qiān]

좋은 재목을 찾기 위해 나무(木)를 모두(亼) 검사하는 모습이다.

检查[jiǎnchá] 검사하다, 조사하다, 검토하다 224c

67c

验验验验验验验验验验

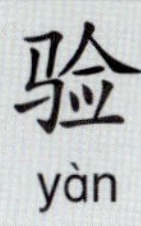

验
yàn

[驗] **시험할** 험

말마 马¹⁷⁶[mǎ] + 모두 첨 亼 [qiān]

뛰어난 종마를 선별하기 위해 말(马)을 모두(亼) 뛰어 보게도 하고, 여러 가지 면으로 시험해 보는 모습이다.

* "검사할 검 检67b[jiǎn]"의 나무(木)는 식물이기 때문에 검사만으로 판단할 수 있지만, 말은 움직이는 동물이므로 시험해 봐야 판단할 수 있을 것이다. 그렇게 분리해서 기억하자.

经验[jīngyàn] 경험, 직접 체험하다 131e   试验[shìyàn] 시험하다, 실험하다, 시험 110b

---

67d

脸脸脸脸脸脸脸脸脸脸脸

脸
liǎn

[臉] **얼굴** 검

고기육 月²²¹ → 肉¹⁹²[ròu] + 모두 첨 亼 [qiān]

사람의 신체(月)에서 다른 모든(亼) 부분을 대표할 수 있는 부분은 얼굴이다.

* "달 월 月[yuè]"가 다른 글자와 합해질 경우 대부분 "肉"의 의미를 갖는다.

你每天都要洗脸。 너는 매일 얼굴을 씻어야 한다. 73a 97a 74b 101a 168b 69e 67d
他很要脸。 그는 체면을 매우 중히 여긴다. 84b 14a 168b 67d

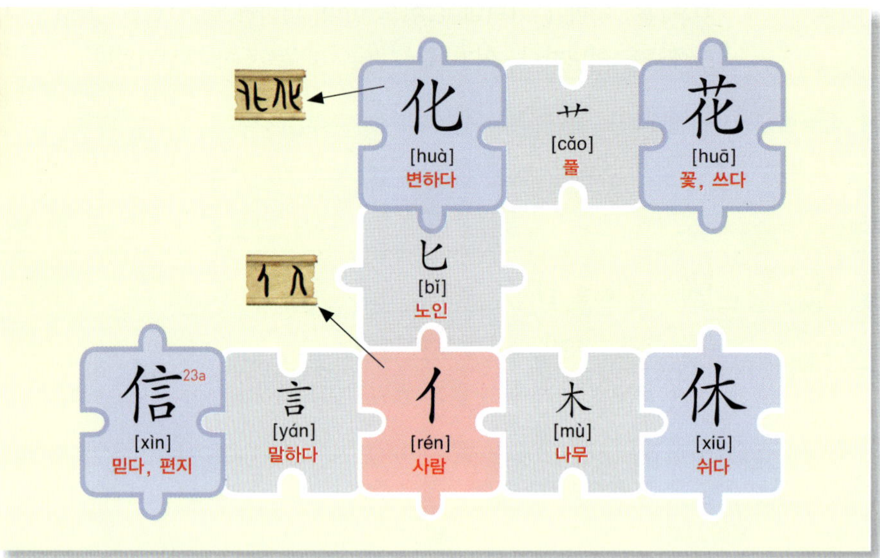

亻 亻

68

亻 rén

사람 인

모양은 다르지만 "사람 인 人63[rén]"과 같은 의미의 글자이다.

* 단독 사용은 없고 다른 글자와 합해질 때 글자의 왼편에 사용된다.

化 化 化 化

68a

化 huà

변화할 화

사람 인 亻 [rén] + 사람/숟가락 비 匕 → 匕88 [bǐ]

서 있는 사람(亻)과 거꾸로 뒤집어져 있는 사람(匕)의 모습으로, 사람(亻)이 갓난아이로 태어나 힘없는 노인(匕)으로 '변해간다'는 의미를 가지고 있다.

变化[biànhuà] 변화, 변화하다 34c　　　文化[wénhuà] 문화, 교양, 소양 133
化学[huàxué] 화학 95a　　　化石[huàshí] 화석 197

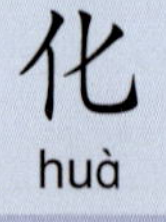

68b

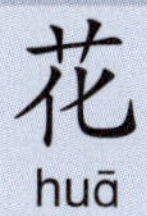

꽃 화

花
huā

풀초 艹 207 [cǎo] + 변화할 화 化 68a [huà]

사람이 갓난아이에서 노인으로 변해가듯이, 풀(艹)도 시간이 지나면서 화려한 꽃으로 변해간다(化). 또 풀이 꽃을 피우기 위해서는 시간을 들여야 한다는 의미에서 '쓰다'는 뜻도 파생되었다.

花园[huāyuán] 화원 71c

雪花[xuěhuā] 눈송이, 눈꽃 205a

花时间 시간을 들이다 68b 42d 145c

鲜花[xiānhuā] 생화, 꽃 185a

花钱 돈을 쓰다 68b 115a

68c

68

쉴 휴

休
xiū

사람 인 亻 [rén] + 나무 목 木 210 [mù]

사람(亻)이 나무(木)에 기대어 쉬고 있는 모습이다.

休息[xiūxi] 휴식하다, 쉬다 26b

退休[tuìxiū] 퇴직하다, 은퇴하다 14e

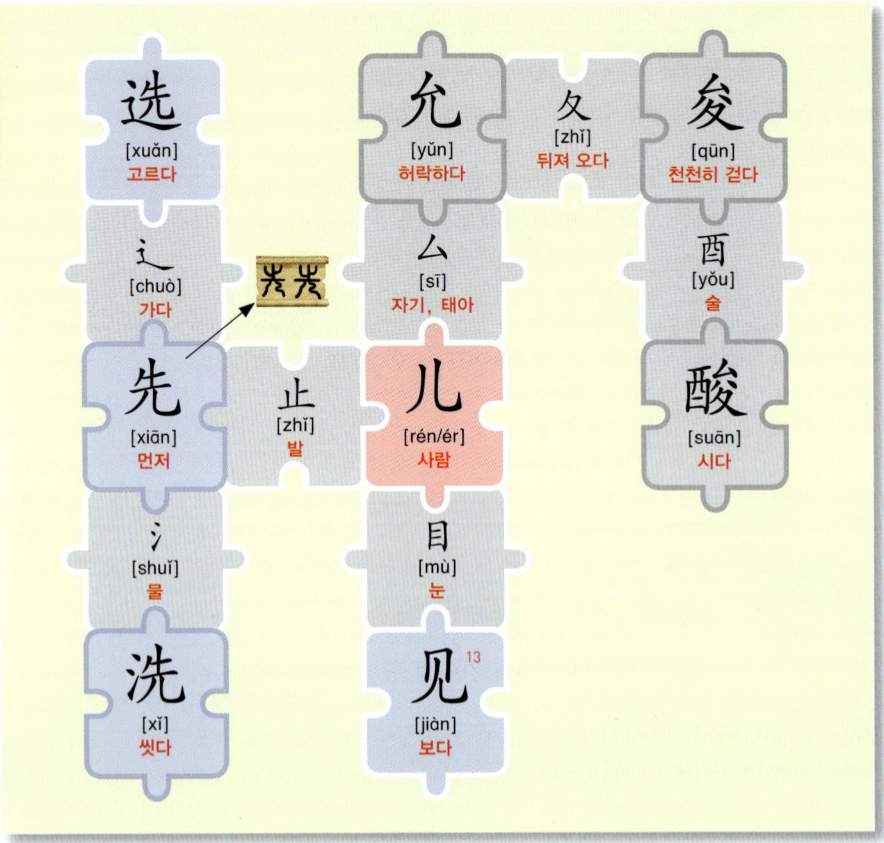

69

儿
rén/ér

[儿] 어진 사람 인, 아이 아

"사람 인 人[63][rén]"과 비슷한 모습이다. 번체자(兒)는 머리뼈(白)의 숫구멍이 아직 막히지 않은 어린 사람(儿)의 모습으로 '어린이, 아들'의 뜻을 가지고 있다. 여러 품사 뒤에서 접미사로도 사용된다.

儿子[érzi] 아들 95

哪儿[nǎr] 어디, 어느 곳 146f

一会儿[yíhuìr] 잠깐 동안, 잠시 223 66c

画儿[huàr] 그림 169c

面条儿[miàntiáor] 국수 10 56c

玩儿[wánr] 놀다, (운동·컴퓨터 등을) 하다, 놀리다 198a

女儿[nǚ'ér] 딸 96

一点儿[yìdiǎnr] 조금, 약간 223 127d

一块儿[yíkuàir] 동일한 장소, 함께 223 76b

小孩儿[xiǎoháir] 아이, 애, 꼬마 235 4c

69a

允 允 允 允

允
yǔn

승낙할 윤

태아/자기 사 厶 [93] [sī] + 사람 인 儿 [rén]

갓난아이(厶)와 같은 사람(儿), 즉 어린아이의 모습이다. 그러한 어린아이처럼 순수한 마음으로 요청하면 거절할 수 없다는 의미에서 '허락하다'는 뜻이 파생되었다.

允许[yǔnxǔ] 동의하다, 허락하다 118c

69b

夋 夋 夋 夋 夋 夋 夋

夋
qūn

천천히 걷는 모양 준

어린아이/승낙할 윤 允 [69a] [yǔn] + 뒤져 올 치 夊 [56] [zhǐ]

어린아이(允)가 아장아장 천천히 걷는(夊) 모습에서 '천천히 걷는 모양'을 묘사한 글자이다.

69c

酸 酸 酸 酸 酸 酸 酸 酸 酸 酸 酸 酸 酸 酸

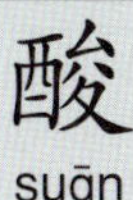

酸
suān

실 산

술병 유 酉 [162] [yǒu] + 천천히 걷는 모양 준 夋 [69b] [qūn]

술(酉)이 천천히 발효되어 점점 신맛이 나는 식초로 바뀌는 모습을 마치 어린아이가 천천히 걷는 모양(夋)에 비유하였다.

＊ 술(酉)이 발효(夋)되면 신맛이 나는 식초로 변한다.

这些苹果不熟, 是酸的。 이 사과들은 익지 않아 시다. 133a 88h 123b 210f 223a 5e, 54b 69c 46b

69d

先
xiān

먼저 선

발/멈출 지 ㅛ → 止[53] [zhǐ] + 사람 인 儿 [rén]

제단이 있는 거룩한 장소에 들어가기 위해 먼저 발(止)을 깨끗이 씻는 사람 (儿)의 모습이다.

* "止"는 발바닥을 그린 글자로 기본적으로 '발'을 의미한다.

先生[xiānsheng] 선생님(성인 남성에 대한 경칭), 남편 208   首先[shǒuxiān] 가장 먼저, 첫째(로) 7

69e

洗
xǐ

씻을 세

물 수 氵[201] [shuǐ] + 먼저 선 先[69d] [xiān]

제단이 있는 거룩한 장소에 들어가기 위해 먼저(先) 물(氵)로 깨끗하게 씻고 마음의 준비를 하는 모습이다.

洗手间[xǐshǒujiān] 화장실 31 145c   洗澡[xǐ//zǎo] 목욕하다, 샤워하다 180b

69f

选
xuǎn

[選] **고를 선**

먼저 선 先[69d] [xiān] + 갈 착 辶[61] [chuò]

가장 먼저(先) 수확한 것 중에서도 가장 좋은 재물을 선별하여 제단에 나가는(辶) 모습이다.

选择[xuǎnzé] 고르다, 선택하다 122d

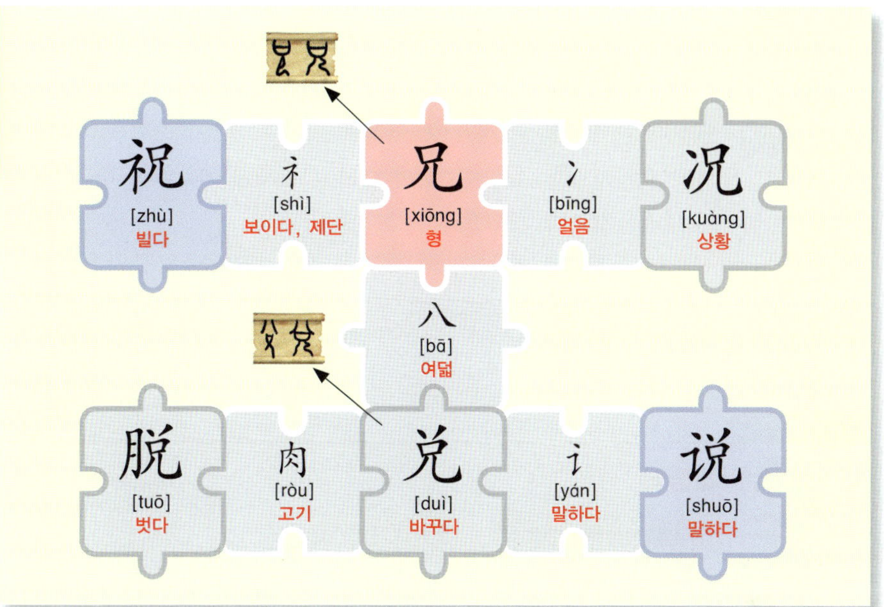

70

兄 兄 兄 兄 兄

兄 xiōng

맏 형

입구 口[16] [kǒu] + 사람 인 儿[69] [rén]

입(口)을 강조한 사람(儿)의 모습이다. 제사를 지내거나 집안 대표로 누군가와 이야기(口)할 때 늘 앞장서는 사람(儿)이라는 의미에서 '형'을 뜻하게 되었다.

兄弟[xiōngdì] 형제, 가까운 관계, 동생, 아우, 젊은이 109a   弟兄[dìxiong] 아우와 형 109a

70a

祝 祝 祝 祝 祝 祝 祝 祝 祝

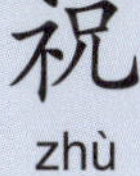

祝 zhù

[祝] **빌** 축

제단/보일 시 礻 =示[126] [shì] + 맏 형 兄 [xiōng]

신에게 복을 내려 달라고 제단(示) 앞에 꿇어앉아 빌고 있는 형(兄)의 모습이다.   *"礻"는 신에게 제사를 드리는 제단의 모습이다.

祝福[zhùfú] 축복하다, 기원하다 126i   祝你健康。당신의 건강을 기원합니다. 70a 73a 38c 37b

169

況 況 況 況 況 況 況

70b

况
kuàng

[況] **상황** 황

얼음 빙 冫 [206] [bīng] + 맏형 兄 [xiōng]

가뭄이 들자 비(冫→冫)를 내려 달라고 신에게 기도하던 형(兄)이 밖에 비가 내리는지 외부 **상황**을 묻는 모습이다.

* 번체자(況)를 보면 "물 수 氵 [201][shuǐ]"가 "冫"으로 바뀌었음을 알 수 있다.

情况[qíngkuàng] 상황, 형편, 사정 135d

兑 兑 兑 兑 兑 兑 兑

70c

兑
duì

바꿀 태

여덟 팔 丷 → 八 [229] [bā] + 맏형 兄 [xiōng]

형(兄)의 기도에 감동한 신이 축복을 내려주어(八) 가뭄에 단비가 내리며 상황이 **바뀐** 모습이다.

* 이 글자에서 "丷"는 하늘에서 신의 축복이 내려오는 모습이다.

说 说 说 说 说 说 说 说 说

70d

说
shuō

[說] **말할** 설

말할언 讠 = 言 [23] [yán] + 바꿀 태 兑 [70c] [duì]

신의 축복으로 상황을 바꾼(兑) 형이 기도 내용을 말(讠)로 **설명**하는 모습이다.

说话[shuō//huà] 말하다, 이야기하다 22b   说明[shuōmíng] 설명하다, 해설하다, 설명 218h

---

脱 脱 脱 脱 脱 脱 脱 脱 脱 脱 脱

70e

脱
tuō

벗을 탈

고기육 月 [221] → 肉 [192] [ròu] + 바꿀 태 兑 [70c] [duì]

신의 축복으로 육체(月)의 고통에서 **벗어나** 상황을 완전히 바꾼(兑) 모습이다.

* "달 월 月[yuè]"가 다른 글자와 합해질 경우 대부분 "肉"의 의미를 갖는다.
* 고뇌에서 벗어나 편안함을 얻기 위해 육신(月=肉)을 **벗어던지는**(兑) 것을 해탈(解[175c]脱[jiětuō])이라 하며 불교의 대표적 가르침 중 하나이다.

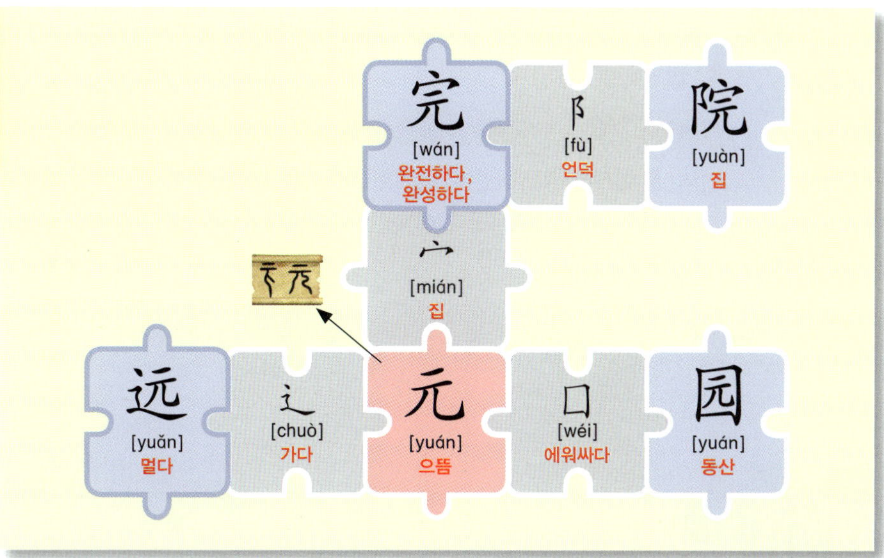

71

71

元 元 元 元

으뜸 원

yuán

둘 이 二²²⁶ [èr] + 사람 인 儿⁶⁹ [rén]

머리(二)를 강조한 사람(儿)의 모습을 본뜬 글자이다. 사람의 몸에서 머리가 가장 위에 있다는 데서 '시작의, 으뜸의, 주요한'의 의미가 파생되었다. 또한 '중국의 화폐 단위'로도 사용된다.

公元[gōngyuán] 서기(西紀), A.D. 93b   元旦[Yuándàn] 양력 1월 1일 218a

71a

完 完 完 完 完 完 完

완전할 완

wán

집 면 宀¹⁴¹ [mián] + 으뜸 원 元 [yuán]

집(宀)을 으뜸(元)으로 잘 지으면 모든 것이 갖추어져 완전하다.

完成[wánchéng] 완성하다, 끝내다, 완수하다 114a   完全[wánquán] 완전히, 전부, 온전하다 63f

171

71b

집 원
yuàn

언덕 부 阝[146] [fù] + 완전할 완 完 [71a] [wán]

언덕(阝)이 둘러싸고 있는 완전한(完) 집이라는 뜻에서, 담장으로 둘러싸인 뜰이 있는 집 또는 병원이나 법원 같은 기관이나 공공장소의 이름으로 사용된다.

医院[yīyuàn] 병원 111a   学院[xuéyuàn] 단과대학 95a
院子[yuànzi] 저택, 정원 95   住院[zhù//yuàn] 입원하다 233d

71

71c

[園] **동산** 원
yuán

에워쌀 위 囗 [20] [wéi] + 으뜸 원 元 [yuán]

울타리로 둘러싸고(囗) 으뜸(元)으로 잘 가꾼 동산이라는 뜻에서 채소나 나무를 재배하는 밭, 유람하고 오락하는 장소의 뜻으로 쓰인다.

公园[gōngyuán] 공원 93b   花园[huāyuán] 화원 68b

71d

[遠] **멀** 원
yuǎn

으뜸 원 元 [yuán] + 갈 착 辶 [61] [chuò]

으뜸(元)이 되기 위해 가는(辶) 길은 멀다.

永远[yǒngyuǎn] 영원히, 항상 200a   离这儿很远。 여기서 매우 멀다. 194a 133a 69 14a 71d

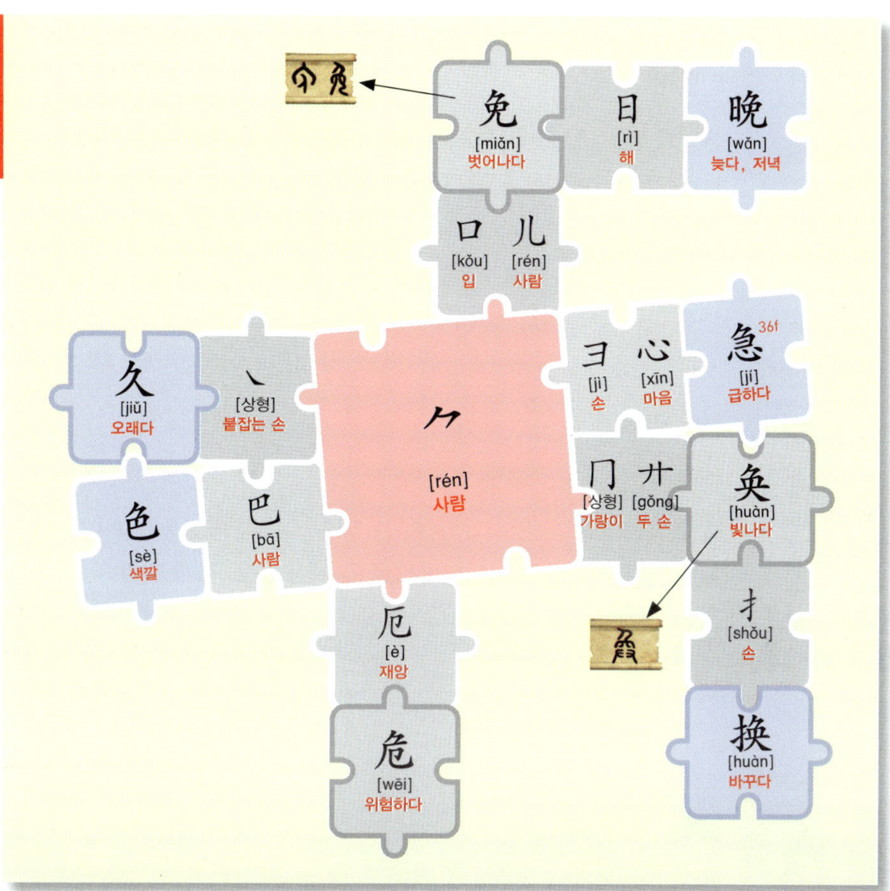

72

72

亻 rén

사람 인

모양만 다를 뿐 "사람 인 人[63] [rén]"과 같은 의미의 글자이다.

* 때때로 사람의 의미와는 전혀 다른 뜻으로 사용되기도 한다. 모양이 같다고 항상 같은 뜻은 아니라는 사실에 유의하자.

* 이 글자는 단독 사용도 없고 부수자도 아니지만, 쓰임새가 많아 단독으로 다루고 있다. 단독 음가가 없어서 임의로 '사람 인'이라 칭하였다.

72a

免
miǎn

면할 면

사람인 亻 [rén] + 입구 口 [16][kǒu] + 사람인 儿 [69][rén]

산모(亻)가 엉덩이(口)를 벌려 아이(儿)를 낳는 모습이다. 산모가 해산의 고통이나 아이를 낳지 못하는 죄책감에서 '벗어났다'는 의미를 가지고 있다.

＊ 유교에서 아내를 내쫓을 수 있는 일곱 가지 죄 중 하나가 바로 아이를 낳지 못하는 죄였다.

72b

晚
wǎn

늦을 만

해일 日 [218][rì] + 면할 면 免 [72a] [miǎn]

태양(日)으로부터 벗어났다(免)는 말은 저녁이 되었음을 의미한다. 저녁은 하루가 다 지나갔음을 의미하므로 '늦다'는 뜻도 갖게 되었다.

晚上[wǎnshang] 저녁, 밤 223f	夜晚[yèwǎn] 밤, 야간 222b
晚饭[wǎnfàn] 저녁 식사, 저녁밥 147b	晚会[wǎnhuì] 야회, 이브닝 파티 66c

72c

奂
huàn

[奐] **빛날 환**

사람인 亻 [rén] + 가랑이 冂 [상형] + 두손받들공 大 → 廾 [43][gǒng]

산파가 산모(亻)의 가랑이(冂)에서 태아를 두 손(廾)으로 받아 내는 모습이다. 여자로서 아이를 낳는 것이 가장 빛나는 행동이라는 의미를 가지고 있다.

72d

换
huàn

[換] **바꿀 환**

손수 扌＝手 [31][shǒu] + 빛날 환 奂 [72c] [huàn]

산파가 행복감에 빛나는(奂) 산모에게 아이를 손(扌)으로 넘겨주는 모습이다. 아이를 낳아 여자의 의무를 다했으니 상황이 '바뀌었다'는 의미를 가지고 있다.

交换[jiāohuàn] 교환하다, 서로 바꾸다 1a	兑换[duìhuàn] 환전하다 70c

72e

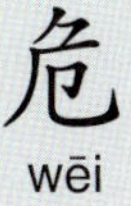

위태할 위

危 wēi

사람 인 ⺅ [rén] + 재앙 액 厄 [85a] [è]

떨어지면 재앙(厄)을 당할 수 있는 높은 벼랑 끝에 위험하게 서 있는 사람(⺅)의 모습이다.

* "厄"은 벼랑(厂 [147])에서 떨어져 엎드려 있는 사람(㔾 [85])의 모습이다.

危险[wēixiǎn] 위험하다 67a   危机[wēijī] 위기 213a

72f

빛 색

色 sè

사람 인 ⺅ [rén] + 사람/바랄 파 巴 [92a] [bā]

사람(⺅)이 사람(巴) 위에 올라타 성관계를 맺는 장면으로, 흥분하여 얼굴 빛이 붉게 변한 모습에서 '색깔'의 뜻을 갖게 되었다.

* "巴"는 태아가 커서 토실토실 살이 찐 모습으로 '사람'이라는 기본 의미를 가지고 있다.

颜色[yánsè] 색, 색깔, 안색, 용모 8f   彩色[cǎisè] 채색, 여러 가지 빛깔, 컬러 8b

72g

오랠 구

久 jiǔ

사람 인 ⺅ [rén] + 붙잡는 손 ﹨ [상형]

사람(⺅)을 뒤에서 손으로 붙잡는(﹨) 모습이다. 뒤에서 붙잡으면 앞으로 나가기 힘들어 시간이 걸린다는 의미에서 '(시간이) 길다, 오래다'의 뜻이 파생되었다.

不久[bùjiǔ] 머지않아, 곧, 오래되지 않다 223a   好久[hǎojiǔ] (시간이) 오래다 96c

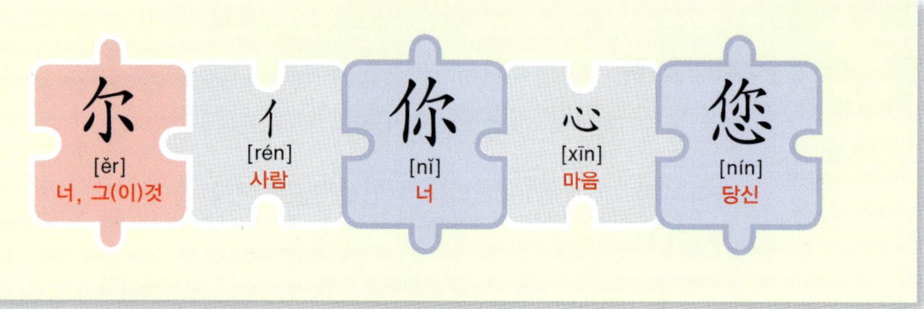

73

尔 尔 尔 尔 尔

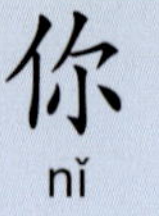

[爾] 너 이

| 사람 인 ㅅ [72] [rén] | + | 작을 소 小 [235] [xiǎo] |

사람은 누구나 남보다 우월하고자 하는 욕망을 가지고 있다. 그러한 우월 감에서 '너'를 자신보다 작은(小) 사람(ㅅ)이라고 표현했다. 또한 '그것, 이 것'이라는 지시대명사로도 사용된다.

73a

你 你 你 你 你 你 你

你 nǐ

너 니

| 사람 인 亻 [68] [rén] | + | 너 이 尔 [ěr] |

'너'를 뜻하는 "尔"가 지시대명사로도 쓰이자 '너'라는 의미를 보다 분명히 하기 위해 "亻"을 추가하였다.

你们 [nǐmen] 너희들, 당신들, 자네들 145a

73b

您 您 您 您 您 您 您 您 您 您

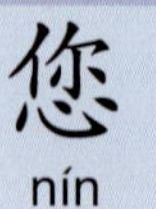

您 nín

당신 님

| 너 니 你 [73a] [nǐ] | + | 마음 심 心 [28] [xīn] |

너(你)를 뜻하는 단어에 존중하는 마음(心)을 더해 정중한 높임말을 만들 었다.

谢谢您, 先生。 당신께 감사드립니다. 27c 27c 73b, 69d 208

夫
[fū]
남편

天
[tiān]
하늘

一
[yī]
하나

一
[yī]
하나

大
[dà/dài]
크다, 사람

嗯
[ńg]
감탄사

口
[kǒu]
입

恩
[ēn]
은혜

心
[xīn]
마음

口
[wéi]
에워싸다

因
[yīn]
원인

、
[zhǔ]
점

太
[tài]
크다

心
[xīn]
마음

态
[tài]
태도

74

大 大 大

大　큰 대

두 다리와 두 팔을 크게 벌리고(一) 서 있는 사람(人[63][rén])의 모습이다. 이 글자가 기본적으로는 사람의 모습이므로 다른 글자와 합해질 때 '사람'의 의미로도 사용된다. '크다'는 뜻에는 변함이 없으나, 발음이 바뀌면서 '의사'를 의미하기도 한다.

大家[dàjiā] 모두(일정 범위 내의 모든 사람들), 여러분, 권위자, 대가 174a
大概[dàgài] 아마(도), 대충, 개략 80f　　　伟大[wěidà] 위대하다 190a
大学[dàxué] 대학 95a　　　大声[dàshēng] 큰 소리 104d
大夫[dàifu] 의사 74a

74a

夫
fū

지아비 부

하나 일 一 [223] [yī] + 사람/큰 대 大 [dà]

상투(一)를 튼 남자(大)라는 의미에서 '남편'을 뜻하게 되었다.

* 옛날 중국에서 결혼한 남자들은 머리에 상투를 하였다.
* 이 글자에서 "一"은 단지 상투를 의미하는 부호이다.

丈夫[zhàngfu] 남편 39d   大夫[dàifu] 의사 74

74b

天
tiān

하늘 천

하나 일 一 [223] [yī] + 사람/큰 대 大 [dà]

사람 머리보다 더 높은 곳에 있는 하늘을 가리키기 위해 사람(大) 위에 "一"을 더하였다.

* 이 글자에서 "一"은 단지 하늘을 가리키는 부호이다.

天气[tiānqì] 날씨, 일기 204   今天[jīntiān] 오늘, 현재 66
明天[míngtiān] 내일 218h   昨天[zuótiān] 어제 234c
春天[chūntiān] 봄 218i   冬天[dōngtiān] 겨울 206e
秋天[qiūtiān] 가을 139b   夏天[xiàtiān] 여름 56e

74c

太
tài

클 태

큰 대 大 [dà] + 점 주 、 [233] [zhǔ]

"大"에 점(、)을 찍어 더 크다는 것을 강조하여 '최고의, 대단히, 지나치게'의 뜻을 갖게 되었다.

太阳[tàiyáng] 태양 146b   太太[tàitai] 아내, 마님(옛말)

74d

态
tài

[態] **모양** 태

클 태 太 [74c] [tài] + **마음 심 心** [28] [xīn]

큰(太) 어려움도 극복할 수 있는 마음(心)가짐을 가진 사람의 태도를 묘사하고 있다.

* 번체자(態)는 무엇이든 자기 능력(能89b)으로 할 수 있는 마음(心)가짐이 된 사람의 모습이다.

态度[tàidu] 태도 143b

74e

因
yīn

원인 인

에워쌀 위 口 [20] [wéi] + **사람/큰 대 大** [dà]

사람(大)을 감옥에 가두는(口) 데는 다 원인이 있다.

* "大"가 사람의 모습이므로 '사람'의 의미로도 사용된다.

因为…所以…[yīnwèi…suǒyǐ…] 왜냐하면 ~ 그래서 ~ 159c 144a 63j   原因[yuányīn] 원인 200d

74f

恩
ēn

은혜 은

원인 인 因 [74e] [yīn] + **마음 심 心** [28] [xīn]

죄를 지어 원인(因)을 제공하고 감옥에 갇힌 사람의 후회하는 마음(心)을 묘사하였다. 뒤늦게 후회하며 자신에게 은혜를 베풀어 풀어 주길 바라는 모습이다.

74g

嗯
ńg

대답할 은

입 구 口 [16] [kǒu] + **은혜 은 恩** [74f] [ēn]

은혜(恩)를 베풀어야 하는 이유를 입(口)으로 되묻는 모습에서 의문을 나타내는 감탄사로 쓰이게 되었다고 생각하자.

嗯? 你刚才说什么? 응? 너 방금 뭐라고 했어? 74g 73a 165b 32 70d 232a 93a

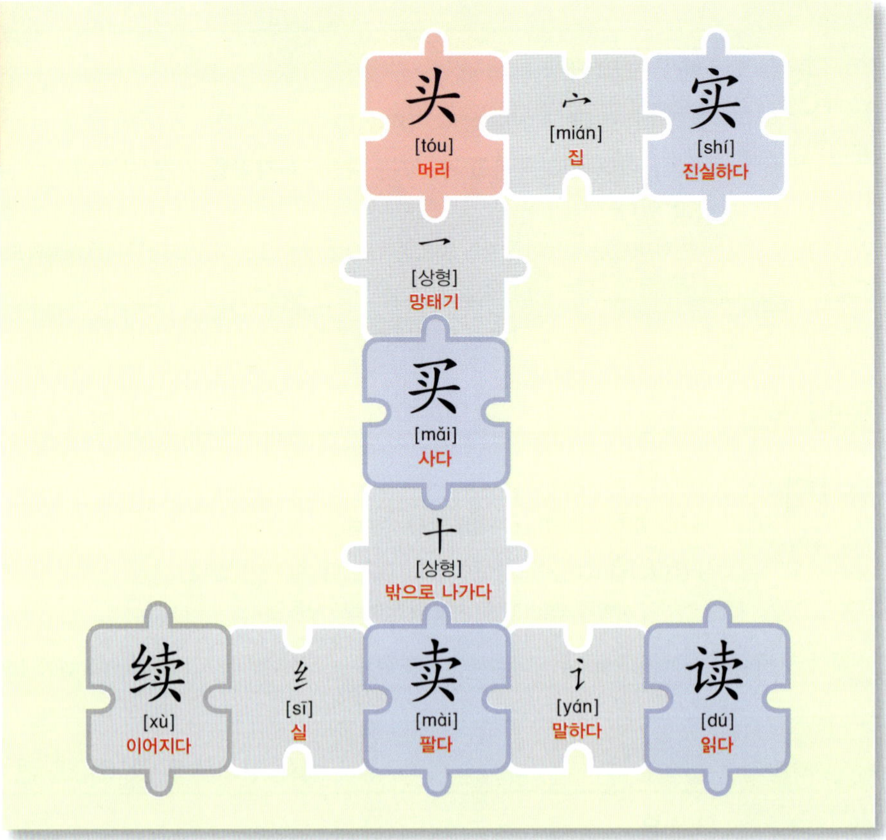

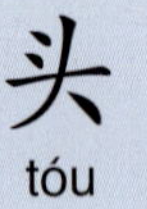

头 头 头 头 头

75

头 tóu

[頭] 머리 두

점주 丶233 [zhǔ] + 점주 丶233 [zhǔ] + 사람/큰 대 大74 [dà]

사람(大)의 머리 부분에 점(丶) 두 개를 찍어 얼굴을 포함한 머리를 강조한 글자로, '머리, 머리카락'의 뜻을 가지고 있다.

头发[tóufa] 두발, 머리카락 34f 　　　钟头[zhōngtóu] 시간 231b
骨头[gǔtou] 뼈 29

75a

实实实实实实实实

实 shí

[實] **열매 실**

집 면 宀 141 [mián] **+** 머리 두 头 [tóu]

집(宀) 안에 머리(头)까지, 즉 꼭대기까지 재물이 꽉 차 있는 모습이다. 그러한 모습에서 속이 꽉 차 있는 **열매**를 의미하게 되었고, 한 종류의 나무는 거짓 없이 같은 열매만 맺으므로 '**진실하다**'는 뜻도 파생되었다.

其实[qíshí] 기실, 사실 44
实现[shíxiàn] 실현하다, 달성하다 13d
结实[jiēshi] 견고하다, 튼튼하다 104b

确实[quèshí] 확실하다, 틀림없이 191a
实践[shíjiàn] 실천, 실천하다 52a

75

75b

买买买买买买

买 mǎi

[買] **살 매**

망태기 ㄱ [상형] **+** 머리 두 头 [tóu]

망태기(ㄱ)를 머리(头)에 이고 물건을 **사서** 담는 모습이다.

＊ 번체자(買)는 돈(貝→贝 186)을 내고 물건을 망태기(罒 165)에 담는 모습이다.

买卖[mǎimai] 매매, 장사, 상점 75c

75c

卖卖卖卖卖卖卖卖

卖 mài

[賣] **팔 매**

밖으로 나가는 모습 十 [상형] **+** 살 매 买 75b [mǎi]

망태기에 담긴 물건을 꺼내어(十) 산(买) 가격보다 비싸게 **파는** 모습이다.

＊ 번체자(賣)는 망태기(罒 165)에 담긴 물건을 돈(貝→贝 186)을 받고 내주는(土→㞢 169a) 모습이다.

买卖[mǎimai] 매매, 장사, 상점 75b

75d

读
dú

[讀] **읽을 독**

말할 언 讠 = 言 23 [yán] + 팔 매 卖 75c [mài]

물건을 팔기(卖) 위해 목록이 적힌 장부를 읽으면서 말(讠)로 떠들어대는 모습이다.

读书[dú//shū] 독서하다, 공부하다, 학교를 다니다 231d   读者[dúzhě] 독자 101

75e

续
xù

[續] **이을 속**

실 사 纟 131 [sī] + 팔 매 卖 75c [mài]

좋은 물건을 좋은 가격에 팔아야(卖) 상거래가 계속 이어질(纟) 수 있다.
* 실(纟)은 이어주거나 연결하는 특징을 가지고 있다.

继续[jìxù] 계속하다 131d   连续[liánxù] 연속하다, 계속하다 124c
手续[shǒuxù] 수속, 절차 31

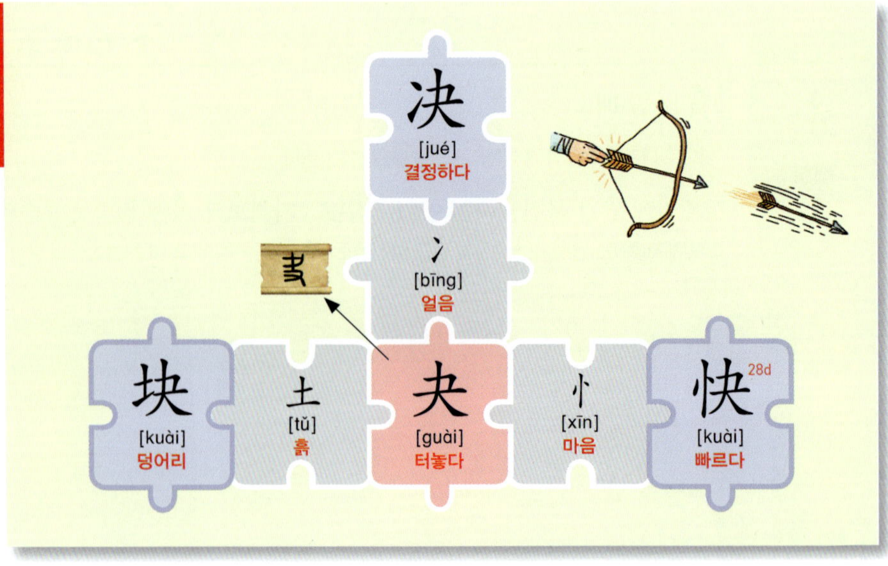

76

夬
guài

터놓을 쾌

화살 시 矢 [111] [shǐ]　+　손 계 ⺕ [36] [jì]

활시위를 당겨 화살(矢)의 오늬를 손(⺕)으로 잡고 있는 모습으로, 손에서 놓인 화살이 날아가는 모습에서 '터놓다, 트이다'의 뜻이 파생되었다.

＊ 오늬: 화살의 머리를 활시위에 끼도록 에어 낸 부분.

76a

決
jué

[決] 결정할 결

얼음 빙 冫 [201] [bīng]　+　터놓을 쾌 夬 [guài]

좋은 결정으로 오랫동안 끌어오던 문제가 해결되자, 마치 화살이 날아가듯 꽉 막혔던 물(冫→氵 [201])길이 시원하게 터지는(夬) 모습이다.

＊ 번체자(決)를 보면 "물 수 氵[shuǐ]"가 "冫"으로 바뀌었음을 알 수 있다.

決定 [juédìng] 결정하다 54e　　　　　　解決 [jiějué] 해결하다, 제거하다 175c

76b

块
kuài

[塊] 덩어리 괴

흙 토 土 [155] [tǔ]　+　터놓을 쾌 夬 [guài]

손에서 놓인(夬) 불화살은 마치 불덩어리가 날아가는 모습과 같다. 그렇게 덩어리져 날아가는 불화살의 모습에 뭉칠 수 있는 흙(土)을 추가하여 '덩어리'의 뜻을 파생시켰다.

一块儿 [yíkuàir] 동일한 장소, 함께 223 69

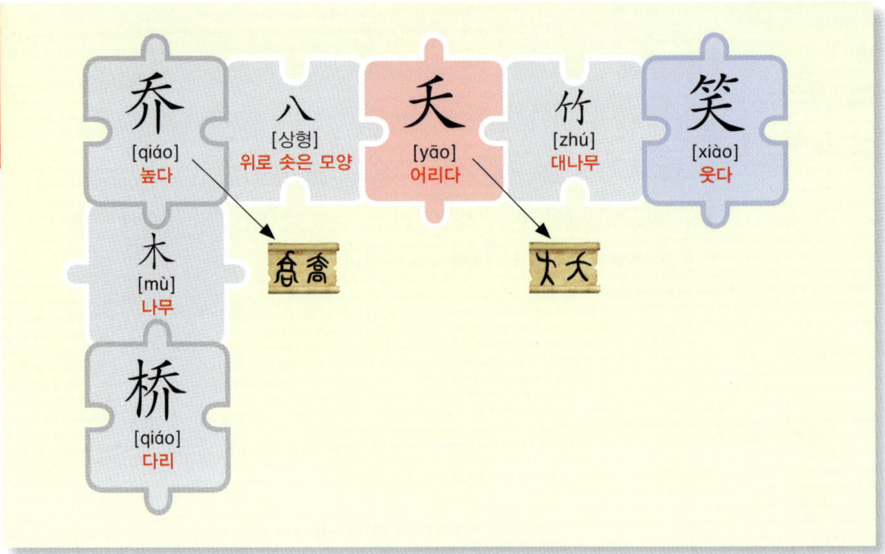

77

夭 夭 夭 夭

어릴 요

夭
yāo

삐침 별 丿234 [piě] + 사람/큰 대 大74 [dà]

머리를 뒤로 젖히고(丿) 힘차게 달려가는 사람(大)의 모습에서 '어리다'는 뜻이 파생되었다.

＊ "丿"은 의미가 없는 글자로 다양한 해석이 가능하다.

77a

笑 笑 笑 笑 笑 笑 笑 笑 笑 笑

웃을 소

笑
xiào

대 죽 竹216 [zhú] + 어릴 요 夭 [yāo]

중국 격언 중에 "한 번 웃으면 한 번 젊어지고, 한 번 화내면 한 번 늙어진다."는 교훈이 있다. 그러한 격언에서 알 수 있듯이 웃으면 젊어져서(夭) 장수(竹)할 수 있다.

＊ 대나무(竹)는 사철 푸르며 수명이 길 뿐 아니라, "빌 축 祝70a [zhù]"와 발음이 비슷해 장수를 기원하는 나무로 사용된다.

开玩笑 [kāi wánxiào] 농담하다, 웃기다 43a 198a   笑话 [xiàohua] 농담, 우스갯소리, 웃음거리 22b

77b

[喬] **높을** 교

어릴요 夭 [yāo] + 위로 솟은 모양 八 [상형]

이 글자에서 "夭"는 건물의 가장 높은 부분인 지붕에 장식을 해 놓은 모습
이다. 그러한 지붕이 높이 솟아 있음을 "八"의 모양으로 나타냈다.

＊ 번체자(喬)는 높은(高5) 건물의 지붕 위에 장식한 모습을 "夭"로 묘사하고 있다.

77c

[橋] **다리** 교

나무목 木210 [mù] + 높을교 乔77b [qiáo]

강을 건널 수 있도록 나무(木)를 엮어서 물보다 높게(乔) 다리를 놓은 모습
이다.

立交桥[lìjiāoqiáo] 입체교차로, 나들목 79 1a

77

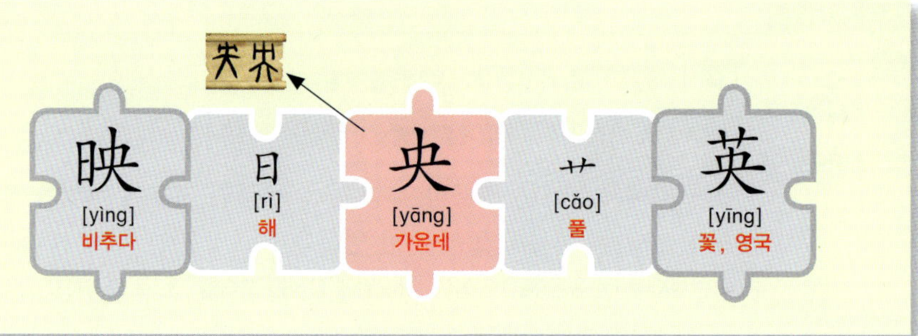

央

78

央 央 央 央 央

央
yāng

가운데 앙

지게 冂 [상형] + 사람/큰 대 大 [74] [dà]

사람(大)이 등 한가운데에 지게(冂)를 지거나 물건을 둘러메고 있는 모습이다.

中央[zhōngyāng] 중앙 231a

78a

英 英 英 英 英 英 英 英

英
yīng

꽃부리 영

풀초 艹 [207] [cǎo] + 가운데 앙 央 [yāng]

번식하기 위해서나 아름다운 면에서나 꽃이 식물(艹)의 중심(央)을 이룬다는 의미에서 '꽃, 빼어나다'는 뜻을 가지고 있다. 또한 그렇게 빼어난 나라로서 '해가 지지 않는 나라'로 불린 '영국'을 의미하는 데도 사용된다.

英语[Yīngyǔ] 영어 226c

78b

映 映 映 映 映 映 映 映 映

映
yìng

비출 영

해일 日 [218] [rì] + 가운데 앙 央 [yāng]

햇빛(日)을 거울로 반사시켜 가운데(央)를 비추는 모습이다.

反映[fǎnyìng] 반사하다, 반영하다 147a

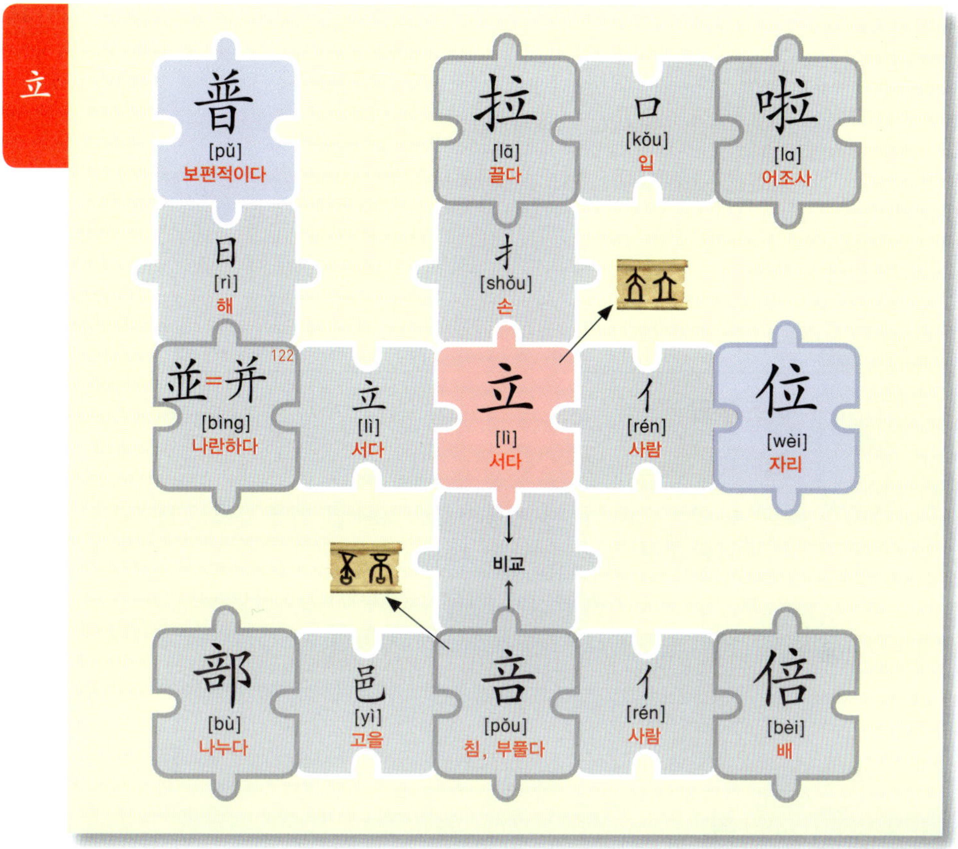

79

普 [pǔ] 보편적이다
拉 [lā] 끌다
口 [kǒu] 입
啦 [la] 어조사
日 [rì] 해
扌 [shǒu] 손
並=并 [bìng] 나란하다 122
立 [lì] 서다
立 [lì] 서다
亻 [rén] 사람
位 [wèi] 자리
部 [bù] 나누다
邑 [yì] 고을
音 [pǒu] 침, 부풀다
亻 [rén] 사람
倍 [bèi] 배

비교

79

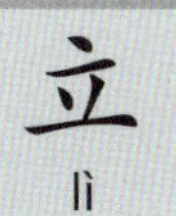

立
lì

설 립

사람(大[74][dà])이 두 발로 땅(一)을 암팡지게 밟고 서 있는 모습이다.

立刻[lìkè] 곧, 즉시, 바로 4a

建立[jiànlì] 건립하다, 세우다 38b

独立[dúlì] 독립하다, 홀로 서다 173a

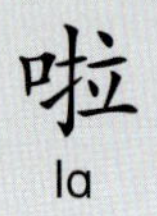

끌 **랍**

拉

lā

손수 扌=手 [31][shǒu] + 설립 효 [lì]

물건을 세우기(효) 위해 손(扌)으로 바싹 끌어당기는 모습이다.

拉车 수레를 끌다 79a 124

어조사 **랍**

啦

la

입구 口 [16][kǒu] + 끌랍 拉 [79a][lā]

특별한 의미 없이 "拉"을 발음기호로 하여 말 뒤에 가볍게 붙여서 어감(口) 을 부드럽게 하는 어기조사로 쓰인다.

＊ "啦"은 "了[170a][le]"와 "啊[17f][a]"의 합음으로 양쪽의 뜻을 지닌 어기조사이다.

该来的都来啦。 와야 할 사람들은 다 왔어. 4b 210k 46b 101a 210k 79b

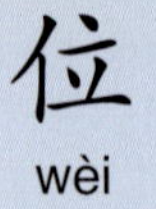

자리 **위**

位

wèi

사람인 亻 [68][rén] + 설립 효 [lì]

사람(亻)이 서(효) 있는 자리를 보면 그 사람의 신분과 지위를 알 수 있다. 또한 사람을 세는 단위로도 사용된다.

座位[zuòwèi] 좌석 155c
地位[dìwèi] 지위, 자리 84a

单位[dānwèi] 직장, 기관, 회사, 부서 232c
三位客人 손님 세 분 223e 79c 57b 63

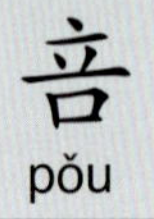

침 **부**

咅

pǒu

식물이 땅에서 솟아(효) 나오면서 땅이 불룩하게(口) 부풀어 오른 모습이다.

＊ "설 립 효[79][lì]"이나 "입 구 口[16][kǒu]"와는 의미상의 관련이 없는 글자이다.

79e

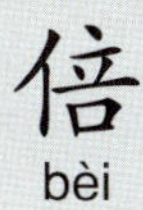

倍
bèi

곱 배

사람 인 亻[68] [rén] + 부푼 모습/침 부 咅[79d] [pǒu]

사람(亻)들의 숫자가 불어(咅)나는 모습에서 '배'의 뜻이 파생되었다.

这条街道比那条长四倍。 이 도로는 저 도로보다 4배 길다. 133a 56c 60c 7a 88a 146e 56c 102 20c 79e

79f

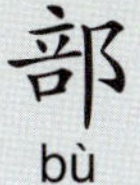

部
bù

나눌 부

부푼 모습/침 부 咅[79d] [pǒu] + 고을 읍 阝[146] → 邑[92d] [yì]

부풀어(咅) 오른, 즉 커진 고을(阝)을 관리하기 쉽게 부분별로 나누어 조직
하는 모습이다.

＊ "언덕 부 阝[fù]"가 글자의 오른편에 오면 "邑"의 뜻을 갖는다.

部分[bùfen] 부분, 일부 120a   全部[quánbù] 전부, 전체 63f
干部[gànbù] 간부, 관리자 118   内部[nèibù] 내부 64
北部[běibù] 북부 88c

79g

普
pǔ

널리 보

나란히 병 並=并[122] [bìng] + 해 일 日[218] [rì]

나란히(並) 서 있는 사람 위로 해(日)가 비치는 모습이다. 해는 누구에게나
비친다는 뜻에서 '보편적인, 일반적인'이라는 의미가 파생되었다.

＊ "並"은 나란히 서(立) 있는 두 사람(竝)의 모습을 간략하게 줄여 놓은 모습이다.

普通话[pǔtōnghuà] 현대 중국 표준어 166b 22b

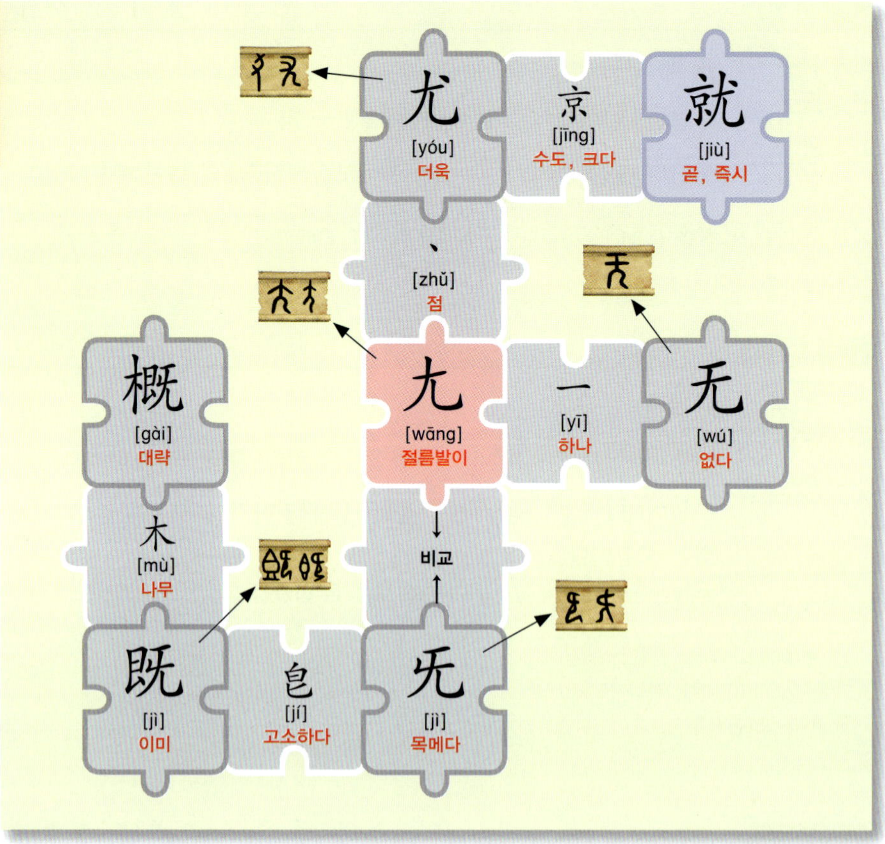

尢 尢 尢

80

尢
wāng

절름발이 왕

양팔을 벌리고 서 있는 어른의 모습인 "큰 대 大[74][dà]"자에 다리 한쪽이 짧아 다리를 저는 표시(乚)를 하였다.

＊ "尢"은 번체자에서는 단독 부수자이나, 간체자에서는 단독 글자로 사용되지 않는다.

80a

尢 尢 尢 尢

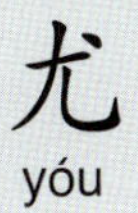

尤
yóu

더욱 우

절름발이 왕 尢 [wāng] + 점주 、[233] [zhǔ]

보통 사람과 달라서 눈에 띄는 절름발이(尢)가 지팡이(、)에 의지하여 걷는 모습에서 '더욱, 두드러지다'는 뜻이 파생되었다.

尤其[yóuqí] 더욱이, 특히 44

80b

就 就 就 就 就 就 就 就 就 就 就 就

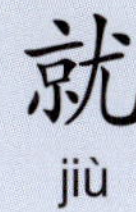

就
jiù

이룰 취

크다/수도 경 京[2] [jīng] + 더욱 우 尤[80a] [yóu]

장애인이 특별한(尤) 노력을 기울여 큰(京) 목표를 향해 가까이 다가가는 모습이다. 그러한 목표를 이루기 위해 즉시 계획을 실천에 옮긴다는 의미도 갖게 되었다.

* "京"은 큰 건물의 모양으로 '크다'는 기본 의미를 가지고 있다.

一…就…[yī…jiù…] 전후의 두 가지 상황이 곧바로 이어짐을 나타냄 223
成就[chéngjiù] 성취, 성과, 완성하다 114a
我很快就回来。 나는 곧 돌아올 것이다. 113b 14a 28d 80b 20d 210k

80c

无 无 无 无

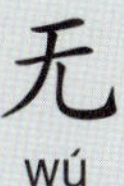

无
wú

[無] 없을 무

하나 일 一[223] [yī] + 절름발이 왕 尢 [wāng]

하늘(一)에는 절름발이(尢)와 같은 장애인이 없다.

* 번체자(無)는 신들린 무속인이 발이 네 개의 점(灬)으로 보일 정도로 현란하게 춤을 추는 모습으로, 발이 보이지 않는다는 의미에서 '없다'는 뜻을 갖게 되었다. "無"의 갑골문을 간략하게 줄여 놓은 글자가 "无"이다.

毫无[háowú] 조금도〔전혀〕 ~이 없다 188b

80d

无 无 无 无

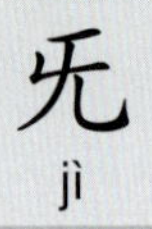

목멜 기

싫어하는 음식이나 사람을 보고 얼굴을 뒤로 돌린 모습으로 '목이 메다(음식물이 목에 막히다)'는 기본 의미를 가지고 있다.

＊ 갑골문은 앉아 있는 사람이 얼굴을 돌려 외면한 모양이다.

80e

旡 旡 旡 旡 旡 旡 旡 旡 旡

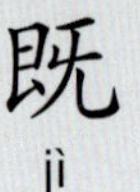

[旣] 이미 기

고소할 급 皀 → 皀 [jí] ＋ 얼굴을 뒤로 돌림/목멜 기 无 80d [jì]

잔치에서 이미 배불리 먹고 온 사람이 집에서 아내가 밥상(皀)을 내오자 얼굴을 돌려(无) 외면하는 모습이다.

＊ 번체자(旣)에 들어 있는 "皀"은 갑골문을 보면 밥그릇에 밥이 담겨 있는 모습이다.

旣然[jìrán] ~된 바에야, ~인(된) 이상 158e

80f

概 概 概 概 概 概 概 概 概 概 概 概 概

대략 개

나무 목 木 210 [mù] ＋ 이미 기 旣 80e [jì]

나무(木)로 만든 평미레를 뜻하는 글자를 만들기 위해 "旣"를 발음으로 이용하였다. 곡식을 그릇으로 재어 팔 때, 그릇 위로 수북히 올라온 곡식을 평미레로 끝까지 평평하게 밀지 않고, 끝 부분에 조금 남겨 놓던 풍습에서 '대략, 대개'의 뜻이 파생되었다.

＊ 평(平123)미레: 양을 재는 그릇에 곡식을 담고 그 위를 평평하게 밀어 고르게 하는 데 쓰는 방망이 모양의 기구.

＊ 기억하기 쉽게 중국에서는 나무(木)로 만든 평미레가 곡식을 평평하게 미는 도구이지만 인색하게 끝까지 다 밀어 버리는 것이 아니라 대략 밀어야 한다는 것을 사고파는 사람 모두가 이미(旣) 알고 있었던 관행이었음을 생각하자.

大概[dàgài] 아마(도), 대충, 개략 74   概念[gàiniàn] 개념 66b

사람 | 사람 | 사람 모양

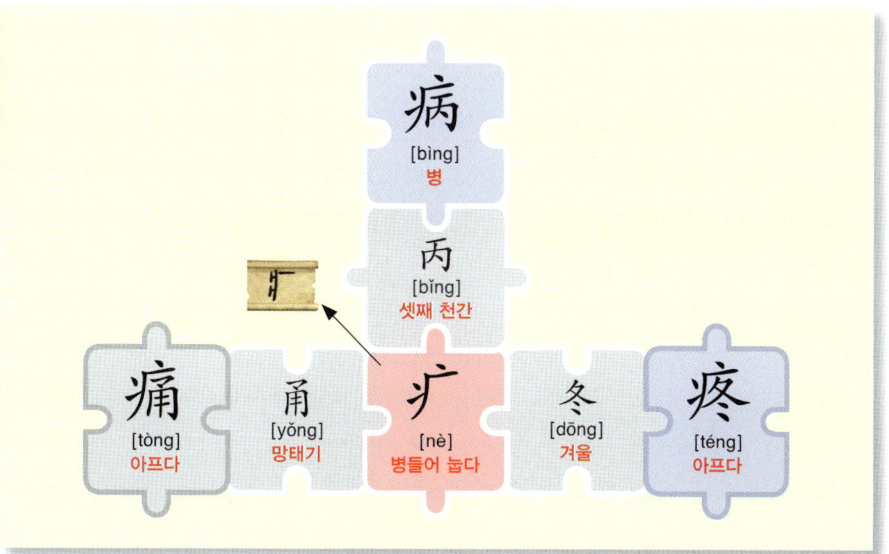

81

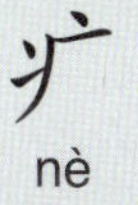

疒
nè

병들어 누울 녁

환자(머리 두 亠[tóu])가 침상(나무조각 장 爿[214][qiáng])에 누워 앓는 모습이다.

81a

病
病
bìng

병 병

병들어 누울 녁 疒 [nè] + 셋째 천간 병 丙 [bǐng]

집 안 높은 탁자(丙)에 모셔 놓은 조상신에게, 병나지(疒) 않게 비는 모습이다. * "丙"은 긴 다리로 높이 들어 올려진, 신을 모시는 탁자의 모습이다.

生病[shēng//bìng] 병나다, 발병하다 208   看病[kàn//bìng] 진찰하다, 진료하다 11a

81b

疼
téng

아플 동

병들어 누울 녁 疒 [nè] + 겨울 동 冬[206e] [dōng]

한 겨울(冬) 매서운 추위에 감기(疒)에 걸린 환자가 아파하는 모습이다.

81c

痛 tòng

아플 통

병들어 누울 녁 疒 [nè] ＋ 망태기/강 이름 용 甬 [166a] [yǒng]

병(疒)든 사람이 망태기(甬) 사이로 바람이 들어오는 것처럼 아픔을 느끼는 모습이다.

痛快[tòngkuài] 통쾌하다, 유쾌하다 28d   痛苦[tòngkǔ] 고통스럽다 19d

82

己

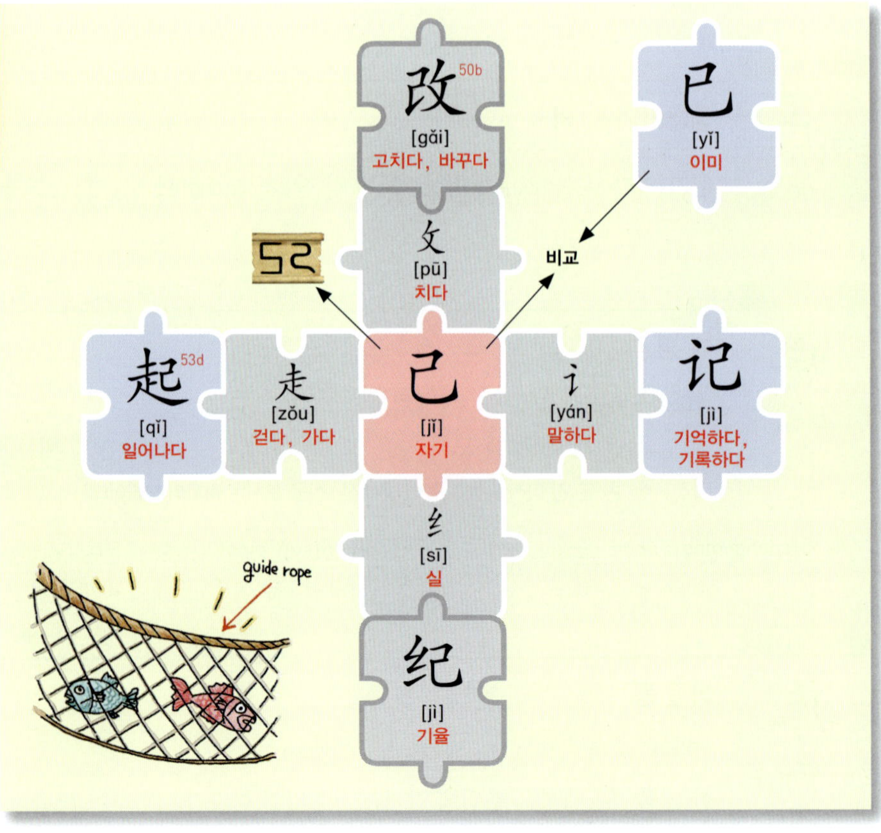

82

己 己 己

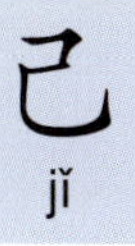

자기 기

jǐ

옛 글자가 무엇을 가리키는지 알 수 없으나, '몸, 자기'를 뜻하는 것만 알아 두자.

自己[zìjǐ] 자기, 자신, 스스로 26

82a

已 已 已

이미 이

yǐ

어머니 배 속에 있는 태아 혹은 어린아이의 모습이다. 글자꼴의 머리 부분이 열려 있으므로 태어나기 전에 이미 생명이 끝났다고 생각하자.

已经[yǐjīng] 이미, 벌써 131e

82b

记 记 记 记 记

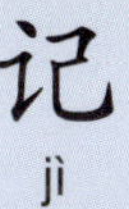

[記] 기록할 기

jì

말할언讠=言 [yán] + 자기기己 [jǐ]

자기(己)가 한 말(讠)은 기억하고, 또 잊지 않기 위해 기록해야 한다.

笔记本[bǐjìběn] 공책, 노트, 수첩 188a 210a　　　记得[jìde] 기억하고 있다 40b

82c

纪 纪 纪 纪 纪 纪

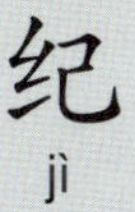

[紀] 기율 기

jì

실사纟 [sī] + 몸/자기기己 [jǐ]

몸(己)의 형태를 유지시켜 주는 뼈대와 같은 역할을 하는 그물 테두리의 굵은 밧줄(纟)인 벼리를 의미한다. 벼리가 잘 서야 그물이 펴져 역할을 할 수 있는 것처럼, 사회에서는 기율이 잘 세워져야 질서를 유지할 수 있다. 또한 그러한 벼리가 굵은 테두리인 것처럼 일정한 기간의 테두리라는 의미도 가지고 있다.

年纪[niánjì] 나이, 연령 118a　　　世纪[shìjì] 세기 207f

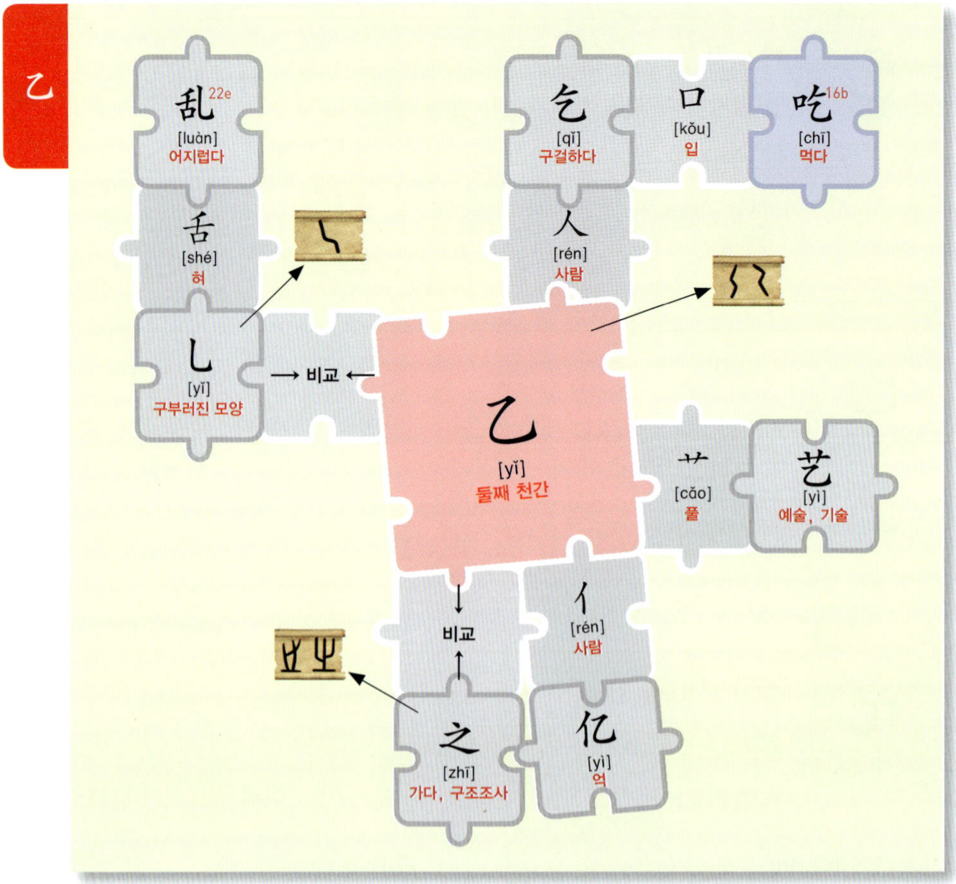

83

乙

乙
yǐ

둘째 천간 을

봄에 초목의 새싹이 구부러져 나오는 모습, 또는 사람이 비굴하게 몸을 구부리고 있는 모습 등의 설이 많은 글자로, 열 가지 천간의 두 번째를 의미한다.

83a

乞 乞 乞

乞
qǐ

구걸할 걸

사람 인 𠂉 → 人63 [rén] ＋ 구부러진 모습/둘째 천간 을 乙 [yǐ]

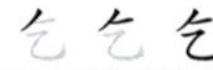

사람(人)이 몸을 구부리고(乙) 앞으로 기어가며 구걸하는 모습이다.

乞求[qǐqiú] 구걸하다, 애원하다, 간절히 바라다 202b

83b

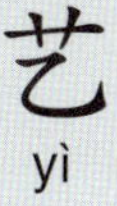

[藝] **예술 예**

풀 초 艹 207 [cǎo] + 구부러진 모습/둘째 천간 을 乙 [yǐ]

제멋대로 구부러져(乙) 자라는 화초(艹)를 아름답게 가꾸기 위해서는 특별한 기술이 필요하다.

艺术[yìshù] 예술 210i   文艺[wényì] 문예, 문학과 예술, 문학 133

83

83c

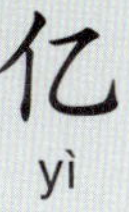

[億] **억 억**

사람 인 亻 68 [rén] + 구부러진 모습/둘째 천간 을 乙 [yǐ]

'열 길 물속은 알아도 한 길 사람 속은 모른다'는 속담처럼, 남에게 몸을 구부리고(乙) 비굴함을 보이는 사람(亻)이라도 그 속을 헤아리기는 어려울 것이다. 또한 그렇게 헤아리기 어려운 큰 수인 '억'으로도 사용된다.

＊ 번체자(億)는 사람(亻)의 생각이나 뜻(意24b)은 헤아리기 어렵다는 의미를 가지고 있다.

亿万[yìwàn] 억만, 셀 수 없이 많은 수 194d

83d

갈 지

"乙[yǐ]"와 모양이 비슷하지만, 옛 그림은 땅(一)에서 발(止53)을 때 어디론가 가는 모습이다. 수식어와 명사 사이에서 구조조사 '的46b'와 같은 역할을 한다.

之间[zhījiān] ~ 사이, 지간 145c

乚
yǐ

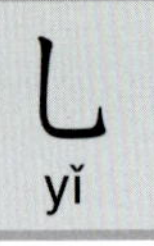

숨을 은

단독 사용은 없고, "둘째 천간 을 乙[yǐ]"와 모양이 비슷한 글자로 '숨다'는 의미를 가지고 있다. 하지만 다른 글자와 합해질 때 의미상에 기여하는 바는 거의 없고, '구부러진 모습'을 포함해 다양한 해석이 가능하다.

* 부수자인 "乙"에 속하는 글자이므로 여기에서 다루고 있다.

84

也

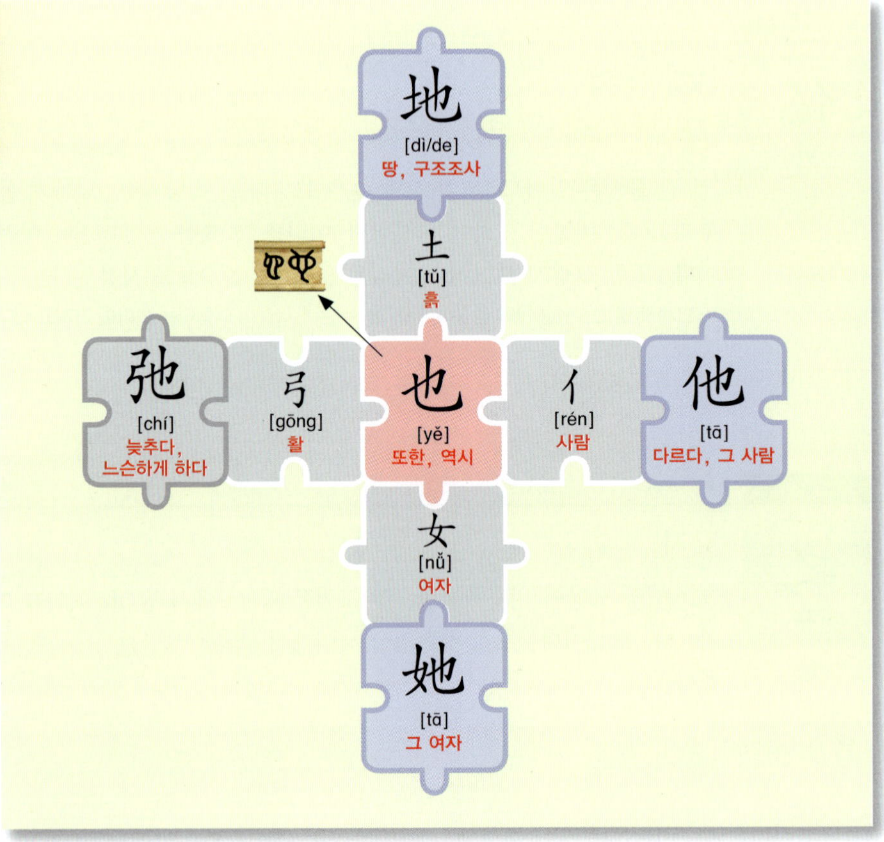

地
[dì/de]
땅, 구조조사
土
[tǔ]
흙
弛
[chí]
늦추다, 느슨하게 하다
弓
[gōng]
활
也
[yě]
또한, 역시
亻
[rén]
사람
他
[tā]
다르다, 그 사람
女
[nǚ]
여자
她
[tā]
그 여자

84

也 也 也

也
yě

어조사 야

여성의 외음부 모양을 묘사한 것으로 추정된다. 단독으로 쓰일 때는 '또한, 역시'의 부사어로 주로 사용된다.

* "也"의 부수자가 "둘째 천간 을 乙83[yǐ]"이므로 여기에서 다루고 있다.

连…也〔都〕…[lián … yě〔dōu〕…] ~마저도 ~한다(뒷구절은 대부분 不나 没有가 붙는 부정문) 124c 101a
也许[yěxǔ] 어쩌면, 아마도 118c

84a

地 地 地 地 地 地

84

地
dì/de

땅 지, 어조사 지

흙토 土 155 [tǔ] + 여성 외음부/어조사 야 也 [yě]

식물을 생산하는 땅은 생태계에서 가장 기본적인 요소이다. 그러한 땅을 나타내기 위해 땅의 주요 구성 성분인 흙(土)과 생산을 의미하는 여성의 외음부(也)를 더하였다. 또 '땅'과는 관계없이, 발음을 달리하여 앞의 단어가 뒤의 단어를 수식하는 성분임을 나타내는 구조조사로 사용된다.

地方[dìfang] 부분, 점, 장소, 곳 160
地图[dìtú] 지도 206f
地位[dìwèi] 지위, 자리 79c
他非常认真地学习。 그는 매우 열심히 공부한다. 84b 181 150c 63a 12c 84a 95a 182a

地铁[dìtiě] 지하철 199d
地球[dìqiú] 지구 198b
地带[dìdài] 지대, 지역 132b

84b

他 他 他 他 他

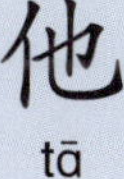

他
tā

다를 타

사람 인 亻 68 [rén] + 여성 외음부/어조사 야 也 [yě]

여자(也)와 함께 있는 사람(亻)의 모습에서 '그 사람'이라는 뜻을 갖게 되었다. 남자(亻)마다 여자(也)에 대한 기호가 다르다는 의미도 가지고 있다.

* 이 글자에서 여성의 외음부(也)는 단순하게 여자로 생각하자.

其他[qítā] 기타, 다른 사람 44

他们[tāmen] 그들, 저들 145a

她 tā

그녀 **타**

여자 녀 女[96] [nǚ] + 여성 외음부/어조사 야 也 [yě]

여자(女)와 함께 있는 여자(也)의 모습이다. "다를 타 他[tā]"와 구분하기 위
해 사람(亻) 대신에 여자(女)를 넣어 '그 여자'를 뜻하는 글자를 만들었다.

她们 [tāmen] 그녀들, 그(저) 여자들 145a

弛 chí

늦출 **이**

활궁 弓[109] [gōng] + 여성 외음부/어조사 야 也 [yě]

팽팽하게 당겨진 활(弓)이 느슨하게 되는 모습과 여자의 생식기(也)가 해산
할 때 늘어나는 모습을 더해서 '늦추다, 느슨하게 하다'는 뜻이 파생되었다.

危 [wēi] 위험하다 (72e)
⺈ [rén] 사람
厄 [è] 재앙
页 [yè] 머리
顾 [gù] 돌아보다 (6d)

厂 [ān] 언덕

卩 [jié]
(무릎 꿇은) 사람

夕 [xī] 저녁
夗 [yuàn] 누워 뒹굴다
宀 [mián] 집
宛 [wǎn] 굽다
石 [shí] 돌
碗 [wǎn] 그릇

节 [jié] 마디
竹 [zhú] 대나무

卩 = 已
같은 글자

去 [qù] 가다

脚 [jiǎo] 발
肉 [ròu] 고기
却 [què] 물러나다, 그러나

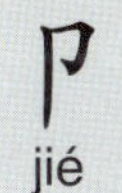

卩
jié

병부 절

머리를 조아리고 엎드리거나 무릎을 꿇고 앉아 있는 사람의 모습이다.

85a

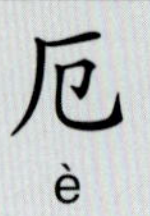

재앙 액

언덕 엄 厂¹⁴⁷ [ān] + 사람/병부 절 㔾 = 卩 [jié]

벼랑(厂)에서 떨어져 **재앙**을 당해 엎드려 있는 사람(㔾)의 모습이다.

85b

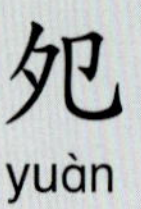

누워 뒹굴 원

저녁 석 夕²²² [xī] + 사람/병부 절 㔾 = 卩 [jié]

저녁(夕)에 웅크리고 잠을 자는 사람(㔾)의 모습을 **누워 뒹구**는 것으로 묘사하였다.

85c

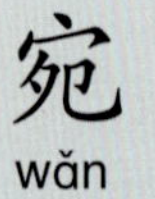

굽을 완

집 면 宀¹⁴¹ [mián] + 누워 뒹굴 원 夗^{85b} [yuàn]

집(宀)에서 누워 뒹굴면서(夗) 잠을 자는 사람의 모습에서 '**굽다, 구부러져 있다**'는 의미가 파생되었다.

85d

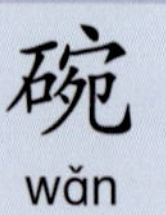

사발 완

돌 석 石¹⁹⁷ [shí] + 굽을 완 宛^{85c} [wǎn]

차진 흙을 둥그렇게 감아올려(宛) **그릇**의 모양을 만들고 돌(石)처럼 단단하게 도자기로 구워 내는 모습이다. 그렇게 만들어진 **그릇**을 **세는 단위**로도 쓰인다.

* 중국은 동아시아에서 가장 먼저 도자기를 발달시켰다.

三碗米饭 밥 세 그릇 223e 85d 138 147b

85e

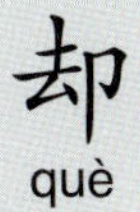

却 què — 물러날 각

갈 거 去[94] [qù] + 무릎 꿇은 사람/병부 절 卩 [jié]

싸움에 패한 적이 무릎을 꿇고(卩) 물러가는(去) 모습이다. 그렇게 패배를 아쉬워하며 물러나는 모습에서 '그러나'의 뜻도 파생되었다.

* "卩"자는 무릎을 꿇고 앉아 있는 사람의 모습이다.

冷却[lěngquè] 냉각하다, 냉각되다 86b

85f

脚 jiǎo — 다리 각

고기 육 月[221] → 肉[192] [ròu] + 무릎 꿇은 사람/병부 절 卩 [jié]

무릎을 꿇는(卩) 행위나 가는(去) 행위 모두 발과 관련이 있으므로 신체 부위를 의미하는 "肉"을 추가하여 '발'이라는 뜻을 파생시켰다.

* "달 월 月[yuè]"가 다른 글자와 합해질 경우 대부분 "肉"의 의미를 갖는다.

85g

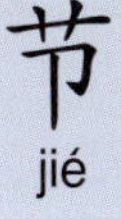

节 jié — [節] 마디 절

대 죽 ⺮[207] → 竹[216] [zhú] + 무릎 꿇은 사람/병부 절 卩 [jié]

무릎을 꿇은(卩) 사람의 무릎마디와 대나무(竹)의 마디를 대비시켜 '마디'의 의미를 만들어 냈다. 또한 대나무 마디처럼 규칙적으로 찾아오는 '축일'의 뜻도 갖게 되었다.

* 번체자(節)는 "节"의 윗글자가 "풀 초 ⾋[cǎo]"가 아니라 대나무(竹)임을 알려 준다.

节目[jiémù] 프로그램, 항목, 목록 11
季节[jìjié] 계절, 절기 139e
春节[Chūnjié] 설, 음력 정월 초하루 218i

节日[jiérì] 기념일, 경축일, 명절 218
节省[jiéshěng] 아끼다, 절약하다 235b

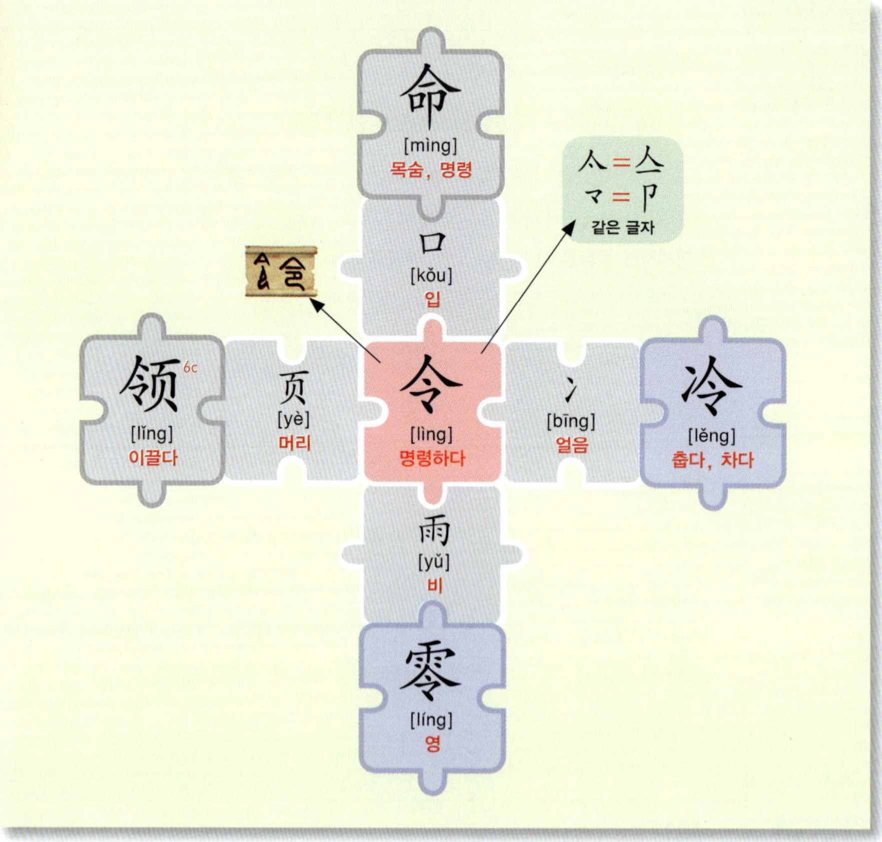

86

令 令 令 令 令

令
lìng

명령할 령

합하다/삼합 집 亼 65 [jí] + 무릎 꿇은 사람/병부 절 卩 [jié]

권력이 집중되어(亼) 있는 관청에서 명령을 받기 위해 무릎을 꿇은 사람
(卩)의 모습이다.

命令[mìnglìng] 명령하다, 명령 86a

86a

목숨 명
命 mìng

명령할 령 令 [lìng] + 입구 口[16] [kǒu]

관청에서 무릎 꿇은 사람에게 입(口)으로 명령(令)을 내리는 모습이다. 절대 권력을 가진 왕의 명령을 어기는 것은 곧 죽음을 의미하므로 '생명'의 뜻도 갖게 되었다.

生命[shēngmìng] 생명, 목숨 208

86b

찰 랭
冷 lěng

얼음 빙 冫[206] [bīng] + 명령할 령 令 [lìng]

명령(令)은 아무리 부드러워도 얼음(冫)처럼 차가운 것이다.

冷却[lěngquè] 냉각하다, 냉각되다 85e   寒冷[hánlěng] 한랭하다, 춥고 차다 206b
外面太冷了。 밖은 너무 춥다. 222a 10 74c 86b 170a

86c

영 령
零 líng

비우 雨[205] [yǔ] + 명령할 령 令 [lìng]

하늘에서 비(雨)가 내리는 것처럼 명령(令)도 위에서 아래로 내려오는 것이다. 마찬가지로 '10, 9, 8, 7, ~'처럼 높은 숫자에서 낮은 숫자로 내려오다 보면 마침내 '영, 0'이 된다.

* 인도에서 사용되기 시작한 "0"은 옛날 서민들에게는 사용되지 않는 없는 숫자였다. 그러나 큰 수를 표현할 필요가 있는 과학자와 지배 계층에게는 최고의 발명품이었다. 따라서 하늘에서 내리는 비(雨)처럼 신들의 나라인 인도에서 전해져 지배 계층의 명령(令)에 의해 사용되기 시작한 숫자가 바로 '영'이라고 생각할 수도 있다.

零钱[língqián] 잔돈, 푼돈, 용돈 115a

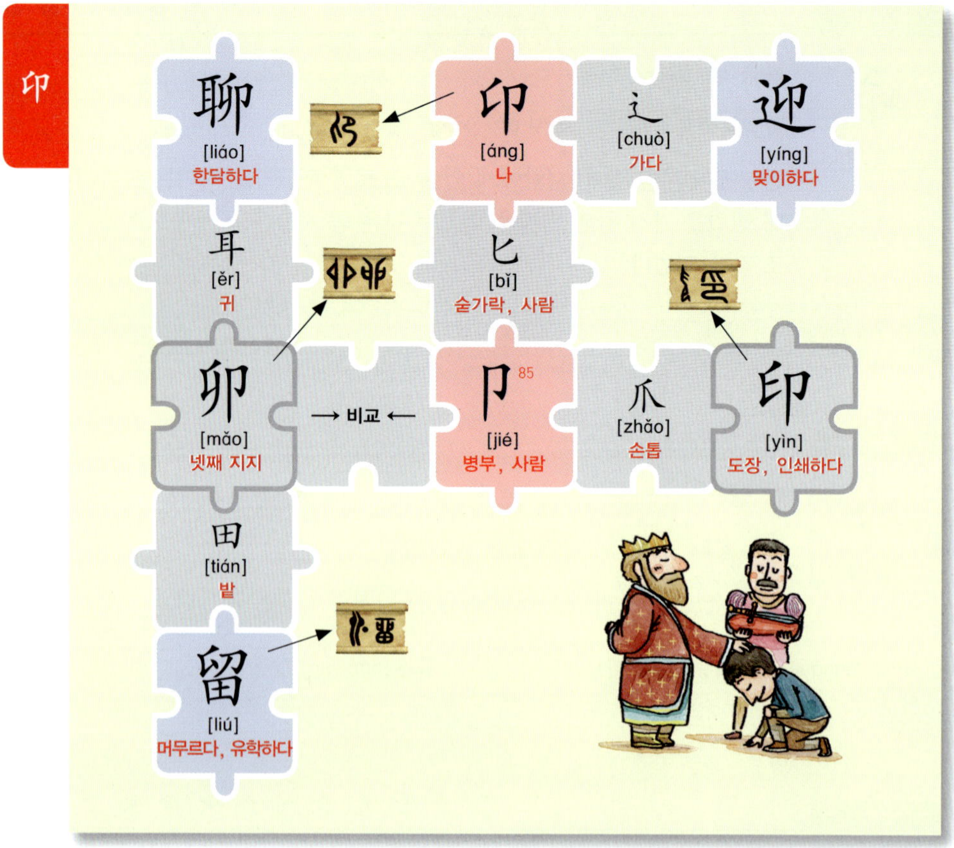

87

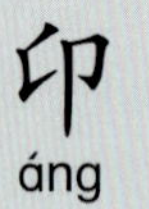

印 印 印 印

印
áng

나 앙

사람/숟가락 비 ヒ → ヒ[88][bǐ] + 무릎 꿇은 사람/병부 절 卩[85][jié]

무릎 꿇은(卩) 사람이 서 있는 사람(ヒ)을 우러러보는 모습이다. 사람은 누구나 그렇게 자신이 존경받기를 원한다는 의미에서 '나'를 뜻하게 되었다.

迎 迎 迎 迎 迎 迎 迎

迎
yíng

맞이할 영

우러러보는 모습/나 앙 印[áng] + 갈 착 辶[61][chuò]

평소에 우러러보는(印) 손님이 오자 나가서(辶) 반갑게 맞이하는 모습이다.

欢迎[huānyíng] 환영하다 21c　　　　迎接[yíngjiē] 마중하다, 영접하다, 맞이하다 96i

87b　　　　　　　　　　　　　　　　　　　印 印 印 印 印

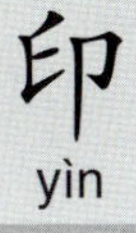

印　도장 인
yìn

손/손톱 조 ⺓ → 爪³³ [zhǎo]　+　무릎 꿇은 사람/병부 절 卩⁸⁵ [jié]

상대방을 승인한다는 표시로 무릎을 꿇은 사람(卩)의 머리에 손(爪)을 얹어 가볍게 누르는 모습에서 '도장, 인쇄'의 뜻이 파생되었다.

87c　　　　　　　　　　　　　　　　　　　卯 卯 卯 卯 卯

卯　넷째 지지 묘
mǎo

농경지 양쪽에 물이 고인 웅덩이의 모습으로, 십이지지의 네 번째를 뜻한다.

＊ 옛 글자를 보면 "사람 절 卩⁸⁵[jié]"에 해당하는 부분이 사람과 전혀 관계없음을 알 수 있다.

87d　　　　　　　　　　　　　留 留 留 留 留 留 留 留 留 留

留　머무를 류
liú

웅덩이 모습/넷째 지지 묘 卯⁸⁷ᶜ [mǎo]　+　밭 전 田¹⁵² [tián]

농경지(田)에 물을 주기 위해서 웅덩이(卯)에는 항상 물이 남아 있어야 한다. 또한 외국에 남아 공부한다는 의미에서 '유학하다'는 뜻도 갖게 되었다.

＊ 옛 글자를 보면 윗부분은 웅덩이 모양(卯[mǎo])이 변한 것임을 알 수 있다.

留学[liú//xué] 유학하다 95a　　　　留念[liúniàn] 기념으로 남기다, (남겨 두어) 기념으로 삼다 66b

---

87e　　　　　　　　　　　聊 聊 聊 聊 聊 聊 聊 聊 聊 聊 聊

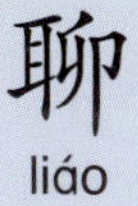

聊　한담할 료
liáo

귀 이 耳¹⁰ᵃ [ěr]　+　웅덩이 모습/넷째 지지 묘 卯⁸⁷ᶜ [mǎo]

재미있는 이야기에 흠뻑 빠져(卯) 넋을 놓고 듣고(耳) 있는 모습에서 '한담하다'는 뜻이 파생되었다.

＊ 발음에 영향을 미친 "넷째 지지 묘(卯)"는 물웅덩이의 모습이므로 '빠지다'로 해석하였다.

聊天[liáo//tiān] 잡담하다, 한담하다, 채팅을 하다 74b

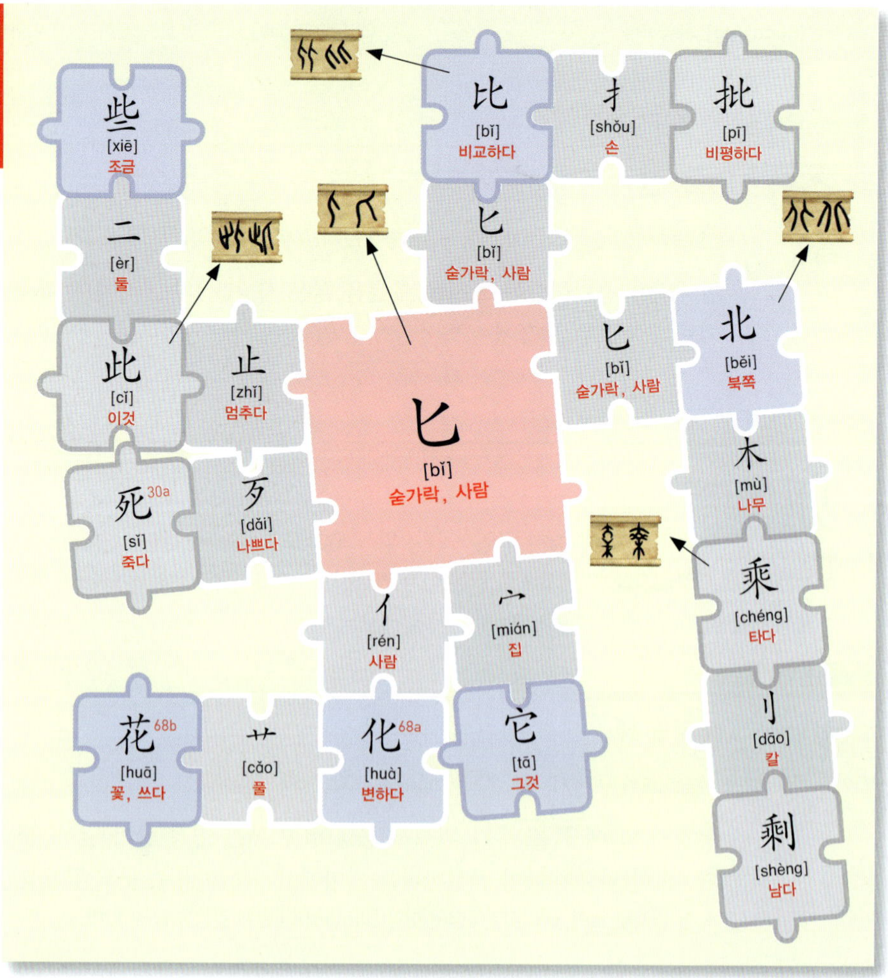

些 [xiē] 조금
二 [èr] 둘
此 [cǐ] 이것
死 30a [sǐ] 죽다
花 68b [huā] 꽃, 쓰다
止 [zhǐ] 멈추다
歹 [dǎi] 나쁘다
艹 [cǎo] 풀
匕 [bǐ] 숟가락, 사람
亻 [rén] 사람
化 68a [huà] 변하다
宀 [mián] 집
它 [tā] 그것
比 [bǐ] 비교하다
扌 [shǒu] 손
批 [pī] 비평하다
匕 [bǐ] 숟가락, 사람
匕 [bǐ] 숟가락, 사람
北 [běi] 북쪽
木 [mù] 나무
乘 [chéng] 타다
刂 [dāo] 칼
剩 [shèng] 남다

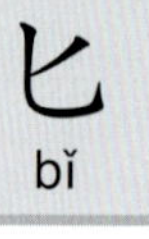

匕
bǐ

숟가락 비

명칭은 '숟가락'이지만 '사람'으로 더 많이 쓰인다. 갑골문은 좌우가 바뀐 "사람 인 人63[rén]" 모양으로 힘없는 '노인'을 가리키는 글자로도 이해할 수 있다.

88a

比 比 比 比

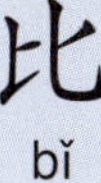

比
bǐ

견줄 비

사람/숟가락 비 匕 [bǐ] + 사람/숟가락 비 匕 [bǐ]

같은 방향을 바라보며 나란히 서 있는 두 사람(匕, 匕)의 생김새나 키 혹은 몸집을 비교하는 모습이다.

比较[bǐjiào] 비교하다, 비교적 1c

比赛[bǐsài] 경기, 시합, 겨루다 206d

88b

批 批 批 批 批 批 批

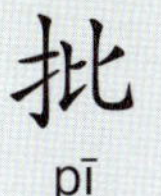

批
pī

비평할 비

손수 扌=手[31] [shǒu] + 견줄 비 比[88a] [bǐ]

두 사람을 비교해서(比) 기준에 미달되거나 마음에 들지 않는 사람을 손 (扌)으로 때리는 모습에서 '비평하다'는 뜻이 파생되었다.

批评[pīpíng] 비평하다, 비판하다 123a

88c

北 北 北 北 北

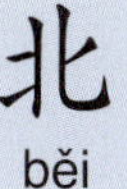

北
běi

북녘 북

사람/숟가락 비 匕 [bǐ] + 사람/숟가락 비 匕 [bǐ]

두 사람(匕, 匕)이 서로 등지고 있는 모습에서 '등지다'를 의미하는 글자였으나, 사람은 밝은 쪽을 향하며 집도 남향으로 세우므로 등 뒤쪽이라는 의미에서 '북쪽'의 뜻을 갖게 되었다.

北京[Běijīng] 북경, 베이징 2

北方[běifāng] 북방, 북쪽 160

北边[běibiān] 북쪽 61a

北部[běibù] 북부 79f

88

88d

乘 chéng

탈 승

나무 목 禾[139] → 木[210] [mù] + 사람/숟가락 비 匕 [bǐ] + 사람/숟가락 비 匕 [bǐ]

나무(木)로 만든 수레에 두 사람(匕, 匕)이 올라탄 모습이다.

* 옛날에 수레나 가마와 같은 탈것들이 대부분 나무로 만든 것이었음을 알 수 있다.
* 옛 글자를 보면 현재의 "벼 화 禾[hé]"는 나무(木)가 바뀐 모양임을 알 수 있다.

乘客[chéngkè] 승객 57b

88e

剩 shèng

남을 잉

탈승 乘[88d] [chéng] + 칼도 刂 = 刀[120] [dāo]

수레나 가마와 같은 탈(乘)것을 만들기 위해 나무의 필요한 가지만 남기고 나머지는 칼(刂)로 잘라 내는 모습에서 '남다, 남기다'의 뜻이 파생되었다.

剩饭[shèngfàn] 먹다 남은 밥 147b

88f

它 tā

그것 타

집 면 宀[141] [mián] + 노인/숟가락 비 匕 [bǐ]

약하고 힘이 없어 집(宀)에만 있는 늙은 노인(匕)을 마치 물건 다루듯 취급하는 모습에서 '그것'이라는 사람 이외의 사물을 가리키는 대명사가 만들어졌다.

* "匕"의 갑골문은 좌우가 바뀐 사람(人)의 모습으로, 노약자나 힘없는 '노인'을 가리키는 글자로도 이해할 수 있다.

它们[tāmen] 그것들, 저것들 145a   其它[qítā] (사물에 쓰여) 기타, 그 밖에 44

88g

此 此 此 此 此 此

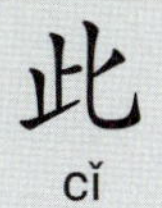

此
cǐ

이 차

멈출 지 止[53] [zhǐ]　+　노인/숟가락 비 匕 [bǐ]

힘없고 약한 노인(匕)이 발걸음을 멈추고(止) 손이 닿는 근처에서만 움직이는 모습에서 가까운 것을 지칭하는 대명사인 '이것'의 뜻이 파생되었다.

因此[yīncǐ] 그래서 74e

88h

些 些 些 些 些 些 些 些

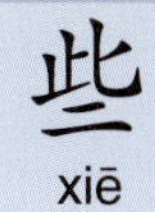

些
xiē

적을 사

이 차 此[88g] [cǐ]　+　둘 이 二[226] [èr]

힘없고 약한 노인의 손이 닿는 가까운(此) 곳에 있는 물건이 단 두(二)개뿐이라는 의미에서 '조금, 약간, 몇'의 뜻이 파생되었다.

这些[zhèxiē] 이들, 이런 것들, 이러한 133a　　那些[nàxiē] 그들, 그것들 146e
一些[yìxiē] 약간, 몇, 얼마간 223　　有些[yǒuxiē] 조금 있다, 조금, 약간 39c

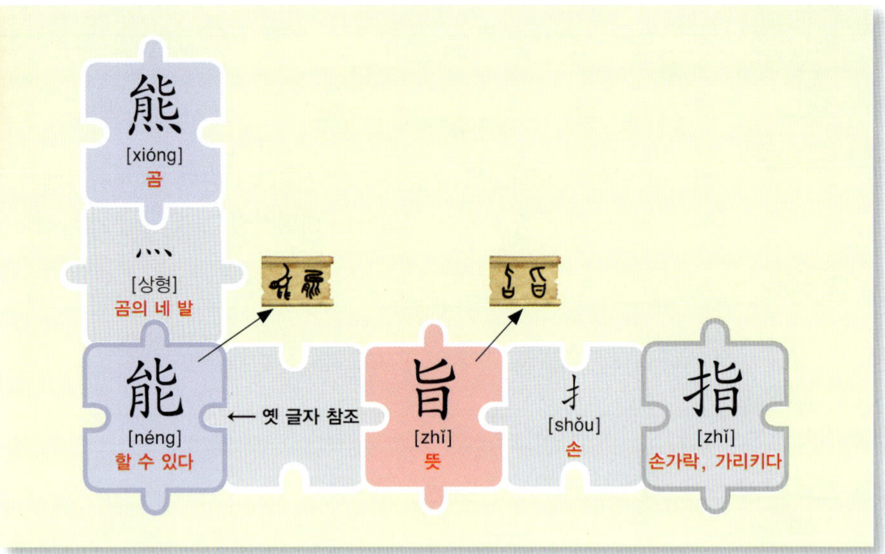

89

旨 旨 旨 旨 旨 旨

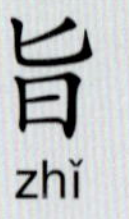

旨 zhǐ

뜻 지

숟가락 비 匕[88] [bǐ] + 그릇 日 [상형]

수저(匕)로 그릇(日)에 담겨 있는 음식의 맛을 보는 모습이다. 후에 손가락으로 찍어 맛을 보는 데서 '손가락'이라는 의미도 갖게 되었으며, 그러한 손가락으로 자신의 의지를 나타내기 위해 무엇인가를 가리키는 모습에서 '뜻, 의도, 취지'의 뜻도 파생되었다.

* 갑골문은 "旨"를 숟가락(匕)과 음식 그릇(日)의 상형으로 본다.

89a

指 指 指 指 指 指 指 指 指

指 zhǐ

손가락 지

손수 扌=手[31] [shǒu] + 뜻지 旨 [zhǐ]

"旨"가 손가락에서 '뜻'이라는 의미로 바뀌자 손(扌)을 추가하여 '손가락'이라는 원의미를 되살렸다. 또한 그러한 손가락으로 무엇인가를 가리키는 것을 의미하기도 한다.

手指[shǒuzhǐ] 손가락 31　　　　　　　指示[zhǐshì] 가리키다, 지시하다, 지시 126

能能能能能能能能能能

能
néng

능할 능

곰 肻 [상형] **+** 곰의발 匕 [상형] **+** 곰의발 匕 [상형]

곰(肻)이 직립하여 앞발(匕, 匕)을 들고 있는 모습이다. 곰의 강한 앞다리는 엄청난 힘을 강조하는 것으로, 곰처럼 힘이 있는 사람은 무엇이든 '**할 수 있다**'는 의미를 가지고 있다.

* 옛 글자는 곰(肻)이 먹잇감을 잡아채기 위해 앞발(匕, 匕)을 쳐든 모습이다.

可能[kěnéng] 가능, 가능하다, 아마도 17
能够[nénggòu] ~할 수 있다, ~해도 된다 46d
能力[nénglì] 능력, 역량 159
能干[nénggàn] 유능하다, 재능 있다, 일을 잘하다 118

熊熊熊熊熊熊熊熊熊熊熊熊熊

熊
xióng

곰 웅

능할능 能 89b [néng] **+** 곰의 네 발 灬 [상형]

곰을 보고 만든 글자가 "능할 능 能[néng]"으로 쓰이자 곰의 네 발(灬)을 추가하여 원래 의미를 되살렸다.

熊猫[xióngmāo] 판다 152d

89

213

90

尸 尸 尸

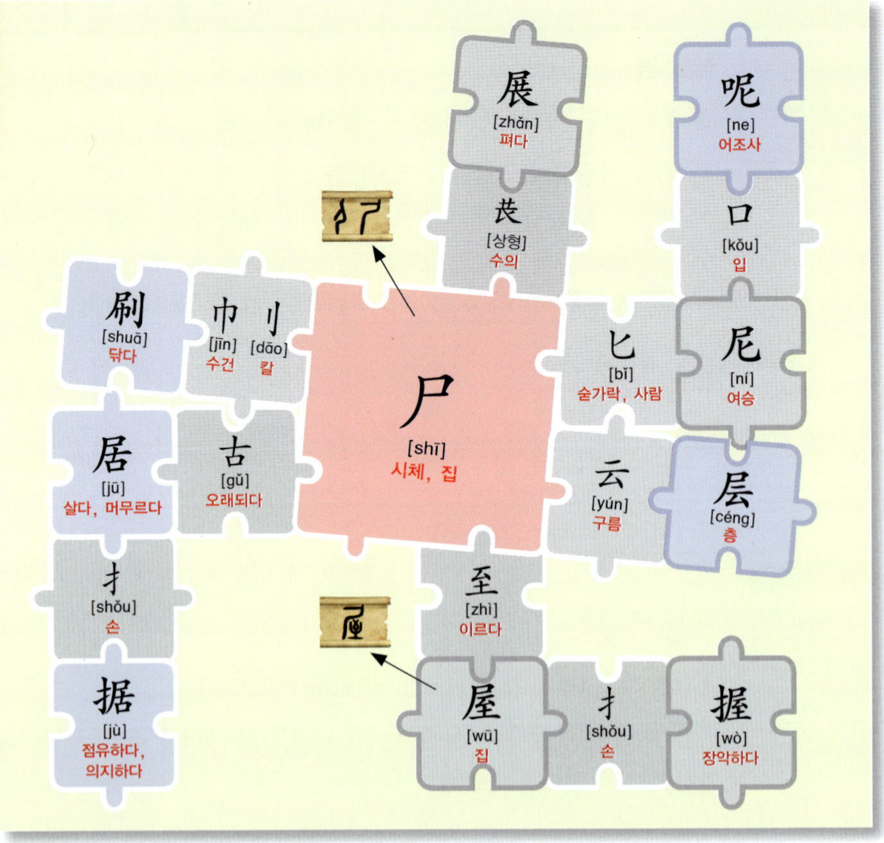

尸 shī

주검 시

엉덩이를 땅바닥에 대지 않은 채 쪼그리고 앉아 있는 사람의 모습이다. 죽은 사람을 그렇게 쪼그린 형태로 매장하던 모습에서 '시체'의 뜻을 갖게 되었다. 또한 죽음이 끝이 아니라 생각하던 고대인들이 시체를 옮기는 데 사용하는 상여를 집 모양으로 만들고, 집에서 사용하던 물건들을 무덤에 함께 매장하던 풍습에서 다른 글자와 합해질 때 '집'을 의미하기도 한다.

* 진시황릉의 유물들을 보면 죽음을 끝이 아니라 생각하고, 시체를 보면서 내세를 위한 집을 연상했던 고대인들의 생각을 읽을 수 있다.

尸体[shītǐ] 시체 29b

90a

펼 전

展 zhǎn

주검 시 尸 [shī] + 수의 𧘇 [상형]

시체(尸)를 싸기 위해 수의(𧘇)를 가지런히 **펼쳐** 놓은 모습이다.

发展[fāzhǎn] 발전하다 34f   展览[zhǎnlǎn] 전람하다 13e

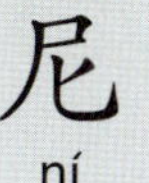

90b

여승 니

尼 ní

주검 시 尸 [shī] + 사람/숟가락 비 匕[88] [bǐ]

미동도 없이 도를 닦는 사람(匕)의 모습이 마치 시체(尸)처럼 보인다는 뜻에서 만들어진 글자로 '**여승**'을 가리킨다.

* 인도에서 불교가 전래되자 여자 수행자를 뜻하는 산스크리트 어 'Bhiksuni(비구니)'의 한자 "比丘尼[bǐqiūní]"를 여자 중을 가리키는 말로 사용하였다.

90c

어조사 니

呢 ne

입 구 口[16] [kǒu] + 스님 니 尼[90b] [ní]

여승(尼)이 입(口)으로 중얼거리며 불경을 외는 모습에서 '소곤거리다'는 뜻을 가지고 있다. 지금은 의문문 끝에 쓰여 **의문의 어기**를 나타내는 데 사용된다.

你为什么不去呢? 너 왜 가지 않는 거니? 73a 159c 232a 93a 223a 94 90c

层 *层 *层 *层 *层 *层 *层

层
céng

[層] **층**층

집/주검 시 尸 [shī] + 구름 운 云[227] [yún]

고도에 따라 층이 나뉘어 겹쳐 있는 구름(云)처럼 집(尸)이 여러 **층**으로 되어 있는 모습이다.

我的新家在第十六**层**。 내 새 집은 16**층**이야. 113b 46b 103b 174a 32a 109b 232 229a 90d

屋 *屋 *屋 *屋 *屋 *屋 *屋 *屋 *屋

屋
wū

집옥

주검 시 尸 [shī] + 이를 지 至[112] [zhì]

옛날 중국에서는 집(尸)을 지을 장소를 정할 때 신성시 여겨지는 장식이 달린 화살을 쏴서 그 화살이 이른(至) 장소에 **집**을 지었다.
＊ "至"는 장식이 달린 신성시 여겨지는 화살(矢[111])이 땅(一)에 거꾸로 꽂힌 모습이다.

屋子[wūzi] 방 95   同屋[tóngwū] 룸메이트 148b

握 *握 *握 *握 *握 *握 *握 *握 *握 *握 *握 *握

握
wò

쥘악

손수 扌=手[31] [shǒu] + 집옥 屋[90e] [wū]

누구나 자기 집에서는 밖에서 보다 더 강한 모습을 보인다. 그렇게 자기 집(屋)에서 더 쉽게 상황을 **장악**하는 모습을 손(扌)을 더하여 표현하였다.

握手[wò//shǒu] 악수하다 31   掌握[zhǎngwò] 장악하다, 숙달하다 31a

90g

居
jū

살 거

집/주검 시 尸 [shī] + 옛고 古 [gǔ]

사람이 태어나 가장 오랫동안(古) 머무는 곳이 바로 집(尸)이다.

邻居[línjū] 이웃, 이웃집 146g

90h

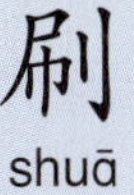

据
jù

[據] **의거할** 거

손수 扌＝手 [shǒu] + 살거 居 [jū]

머물(居) 수 있는 집이 있다는 것은 안정적인 배경이 된다. 그러한 집을 손(扌)으로 의지하고 있는 모습에서 '점유하다, 의지하다'는 뜻이 파생되었다.

根据[gēnjù] 근거, ~에 근거하여, 근거하다 14b

90i

刷
shuā

닦을 쇄

주검 시 尸 [shī] + 수건 건 巾 [jīn] + 칼도 刂＝刀 [dāo]

시체(尸)를 매장하기 전에 헝겊(巾)으로 깨끗이 닦는 모습이다. 이후 칼(刂)이 더해지면서 칼로 글을 새긴 자리처럼 홈이 깊은 곳을 '솔로 닦다'는 의미가 파생되었다.

* 초기의 인쇄 방법은 먹솔(刷)로 목판의 문자 면에 먹물을 고르게 칠한 다음, 종이를 놓고 찍어 내는 방식이었다.

刷牙[shuā yá] 이를 닦다, 양치질하다 25   印刷[yìnshuā] 인쇄하다 87b

尺

| 迟 [chí] 느리다 | 辶 [chuò] 가다 | 尺 [chǐ] 자, 길이 | 口 [kǒu] 입 | 局 [jú] 판, 형세 |

91

尺 尺 尺 尺

尺 chǐ

자 척

사람(尸 [90])의 다리에 한 획(丿 [234])을 그어 두 발 사이의 길이를 재는 모습이다.

* "주검 시 尸 [90][shī]"는 쪼그리고 앉아 있는 사람의 모습으로, 본질적으로 '사람'을 의미한다.

91a

局 局 局 局 局 局 局

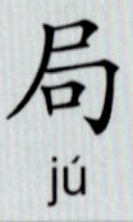

局 jú

판국 국

자척 尺 [chǐ] + 입구 口 [16] [kǒu]

형세나 상황을 자(尺)로 재듯 분석해서 설명(口)하는 모습이다. 장기나 바둑이 구획을 나누어 상황을 보기 쉽게 만들어 놓은 것에서 '판'의 뜻도 생겨났다.

邮局 [yóujú] 우체국 146d   局长 [júzhǎng] 국장 102

91b

迟 迟 迟 迟 迟 迟 迟

迟 chí

[遲] 늦을 지

자척 尺 [chǐ] + 갈착 辶 [61] [chuò]

거리를 재기(尺) 위해 걸음을 세면서 더디게 가는(辶) 모습이다.

* 번체자(遲)는 덩치가 큰 코뿔소(犀[xī])가 더디게 걸어가는(辶) 모습이다.

迟到 [chídào] 지각하다 112b

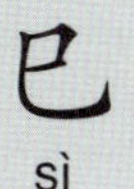

92

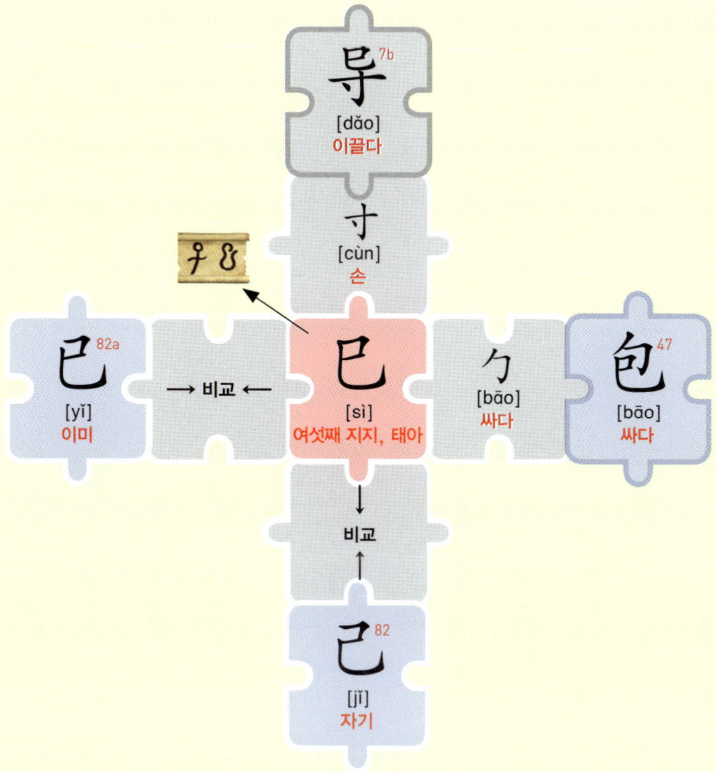

導 [dǎo] 이끌다 (7b)

寸 [cùn] 손

已 [yǐ] 이미 (82a) → 비교 ←

巳 [sì] 여섯째 지지, 태아

勹 [bāo] 싸다

包 [bāo] 싸다 (47)

비교

己 [jǐ] 자기 (82)

92

巳 巳 巳

巳 sì

여섯째 지지 사

산모의 배 속에 있는 태아 혹은 갓난아이의 모습이다. 지금은 주로 '십이지 지의 여섯 번째'의 의미로 사용된다.

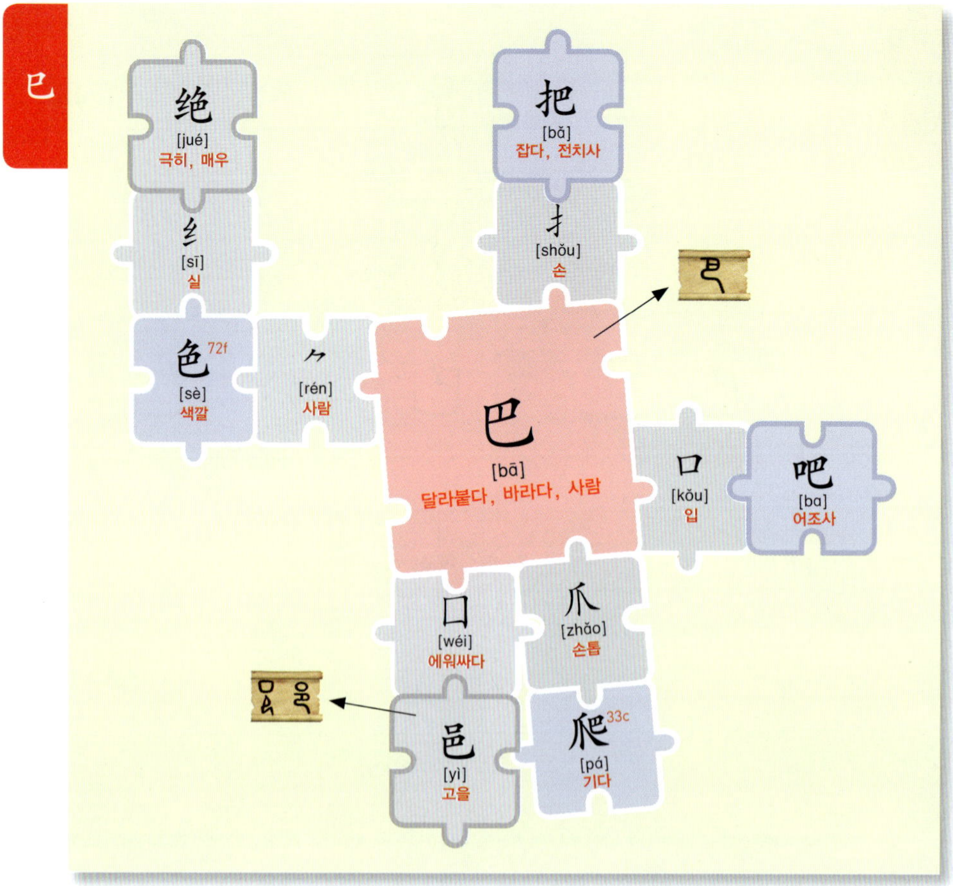

巴 巴 巴 巴

巴
bā

바랄 파

"巴[sǐ]"가 갓난아이나 복중의 태아라면 "巴"는 태아가 커서 토실토실 살이 찐 모습으로 '사람'이라는 기본 의미를 가지고 있다. 그렇게 태아가 잘 자라기를 '바란다'는 의미와, 아이(巴)가 살이 올라붙은(巴) 모습에서 '달라붙다'는 뜻도 갖게 되었다.

嘴巴[zuǐba] 입, 주둥이, 볼 191b

92b

把 把 把 把 把 把 把

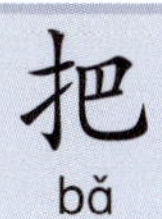

把 bǎ — 잡을 **파**

손수扌=手[31] [shǒu] + 아이/바랄 파 巴 [bā]

토실토실한 아이(巴)를 손(扌)으로 잡는 모습이다. 그렇게 손으로 잡을 수 있는 물건이나, 한 주먹으로 쥘 만한 분량을 세는 단위로도 쓰인다. 또한 목적어를 동사 앞에 두어 동작의 처리를 강하게 표시하는 전치사로 사용된다.

把门开着! 문을 열어 두어라! 92b 145 43a 11b

92c

吧 吧 吧 吧 吧 吧 吧

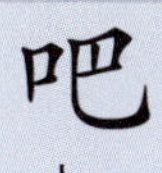

吧 ba — 어조사 **파**

입구 口[16] [kǒu] + 아이/바랄 파 巴 [bā]

아이(巴)가 다투는(口) 장면에서 만들어진 글자이나, 지금은 문장 끝에 놓여 명령, 독촉, 의문, 추측의 어기를 나타내는 조사로 사용된다.

* "口"가 앞부분에 오면서 '말하다, 먹다'와 같이 입(口)과 관련된 뜻으로 쓰이지 않을 경우 주로 의미가 없는 어기조사나 의성어로 사용된다.

92d

邑 邑 邑 邑 邑 邑 邑

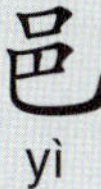

邑 yì — 고을 **읍**

에워쌀 위 口[20] [wéi] + 사람/바랄 파 巴 [bā]

사람(巴)들이 모여 사는 고을을 둘러싸고 있는 경계(口)를 묘사하고 있다.

* 다른 글자와 합해질 때 오른쪽에 위치하면서 모양이 "언덕 부 阝[146] [fù]"로 바뀐다.
* "阝[fù]"가 글자의 왼편에 올 때는 '언덕', 오른편에 올 때는 '마을(邑)'의 뜻을 갖는다.

92e

绝 绝 绝 绝 绝 绝 绝 绝 绝

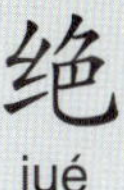

绝 jué — [絶] 끊을 **절**

실사纟[131] [sī] + 사람 인 ⺈[72] [rén] + 사람/바랄 파 巴 [bā]

사람(⺈)이 사람(巴) 위에 올라타 성관계할(色[68f]) 때 흥분이 절정에 달해 마치 실(糸)이 끊어질듯 숨이 막히는 모습에서 '극히, 절대'의 뜻이 파생되었다.

绝对 [juéduì] 절대적인, 무조건적인 40e

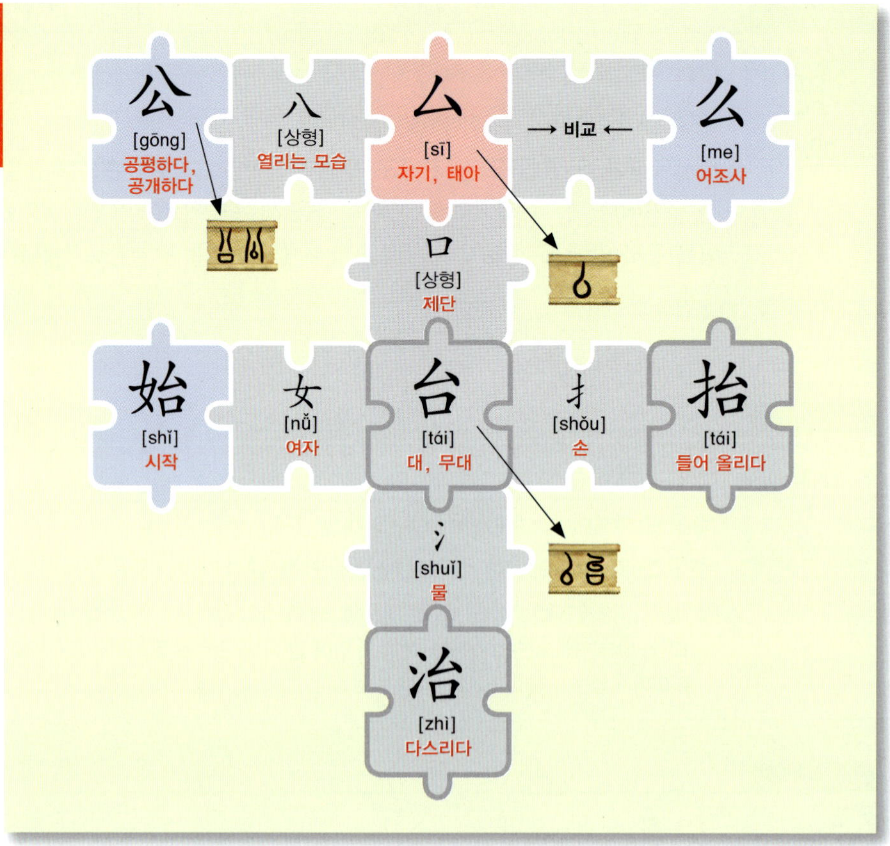

93

厶 厶

厶

sī

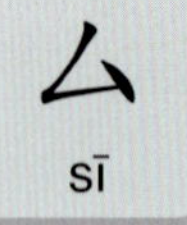

자기 사

옛 글자가 정확히 무엇을 가리키는지 알 수 없으나 여러 다른 글자에 포함된 "厶"를 종합해 보면 막 태어난 '태아'의 모습으로 보여진다. 그러한 갓난아이 때의 자신의 모습은 사적인 것이라는 의미로 생각하자.

93a

么 㐅 㐅

么 / me

[麼] **어조사 마**

삼 줄기의 섬유를 이용하여 만든 가는 실(么→幺→糸[131])의 모습이다. 삼에서 추출한 실은 가늘고 약해 보이지만, 실제로는 질기고 물에 젖으면 더 강해져 굵은 밧줄을 만드는 데 쓰인다. 그처럼 보기와 달리 의문을 불러일으킬 정도로 강하다는 뜻에서 의문이나 의사를 나타내는 접미사로 사용된다.

＊ 번체자(麼)를 보면 삼(麻[211b])의 섬유를 이용해 만든 가는 실(么→幺→糸)을 의미하는 글자임을 알 수 있다.

什么[shénme] 무엇 232a

怎么[zěnme] 어떻게, 어째서, 왜 234d

怎么样[zěnmeyàng] 어떻다, 어떠하다(주로 의문문으로 쓰임) 234d 171a

为什么[wèishénme] 왜, 무엇 때문에 159c 232a

多么[duōme] 얼마나, 어느 정도, 아무리 222d

这么[zhème] 이런, 이렇게 133a

那么[nàme] 그러면, 그렇게, 저렇게 146e

93

93b

公 公 公 公

公 / gōng

함께할 공

열리는 모습 八 [상형] ＋ 태아/자기 사 厶 [sī]

자궁이 열리면서(八) 태아(厶)가 세상으로 나오는 모습을 묘사하였다. 어머니 배 속에서 보호받으며 홀로 지내던 태아가 세상 밖으로 나와 대중의 일원이 되었다는 의미에서 '공유의, 공평하다, 공개하다'는 뜻을 갖게 되었다.

＊ "公"의 옛 그림을 보면 "여덟 팔 八[229][bā]"는 닫힌 것이 열리는 모습임을 알 수 있다.

公共汽车[gōnggòng qìchē] 버스 43c 204a 124

公司[gōngsī] 회사, 직장 16f

办公室[bàngōngshì] 사무실, 오피스 159b 112a

公斤[gōngjīn] 킬로그램(kg) 119

公园[gōngyuán] 공원 71c

公里[gōnglǐ] 킬로미터(km) 151

93c

台 台 台 台 台

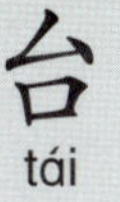

台 / tái

[臺] **단 대**

태아/자기 사 厶 [sī] ＋ 입구 口[16] [kǒu]

옹알이(口)하는 갓난아이(厶)를 안고 기뻐하는 모습이다. 갓난아이를 제단에 올려놓고 신께 감사드린 일에서 '단'의 뜻이 파생되었다.

舞台[wǔtái] 무대, 사회 활동 영역 58a

93d

抬
tái

[擡] **맞들 대**

손수扌=手[31] [shǒu] + 단 대 台[93c] [tái]

신에게 바치려고 제단(台) 위로 제물을 조심스럽게 맞들어(扌) 올리는 모습
에서 '들다'는 뜻이 파생되었다.

请抬起头来，看黑板。 고개를 들어 칠판을 봐 주십시오. 135c 93d 53d 75 210k, 11a 158d 147c

93e

治
zhì

다스릴 치

물수氵[201] [shuǐ] + 단 대 台[93c] [tái]

가뭄이 들거나 홍수가 나자 물(氵)을 다스리기 위해 제물을 제단(台)에 바
치는 모습이다.

* 옛날에 물을 다스리는 것은 하늘의 뜻이었음을 알 수 있다.

政治[zhèngzhì] 정치 50f

93f

始
shǐ

처음 시

여자 녀女[96] [nǚ] + 갓난아이/단 대 台[93c] [tái]

여자(女)가 아이(台)를 임신하여 출산하는 것으로 사람의 인생이 시작된다.

* "台"는 '옹알이(口16)하는 갓난아이(厶)'의 상형으로 보기도 한다.

开始[kāishǐ] 개시하다, 시작하다, 처음, 시작 43a   Beginning

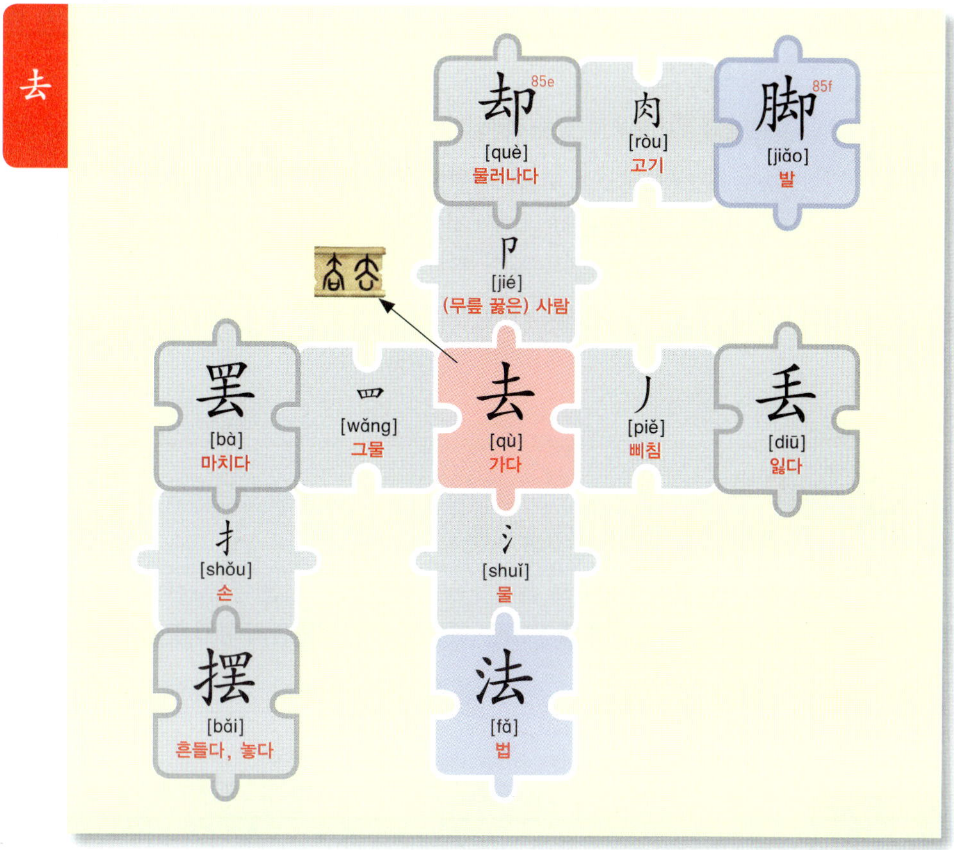

却 [què] 물러나다 (85e)
肉 [ròu] 고기
脚 [jiǎo] 발 (85f)
卩 [jié] (무릎 꿇은) 사람
罢 [bà] 마치다
罒 [wǎng] 그물
去 [qù] 가다
丿 [piě] 삐침
丢 [diū] 잃다
扌 [shǒu] 손
氵 [shuǐ] 물
摆 [bǎi] 흔들다, 놓다
法 [fǎ] 법

94

去 去 去 去 去

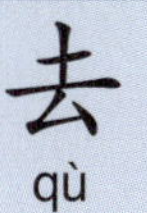

去
qù

갈 거

사람/큰 대 土 → 大⁷⁴ [상형] + 똥독 厶 → 凵 [상형]

사람(大)이 똥독(凵) 위에서 대변을 보는(厶) 모습이다. 그렇게 대변이 몸에서 빠져나간다는 의미에서 '가다'의 뜻이 파생되었다.

＊ "去"자에 사용된 "厶⁹³[sī]"는 '사적인, 태아'의 뜻과는 전혀 관계없는 글자이다. 모양이 같다고 뜻이 항상 같은 것은 아니다.

去年[qùnián] 작년 118a
出去[chū//qù] 나가다 169a
进去[jìn//qù] 들어가다 228b
下去[xià//qù] 내려가다 223g

过去[guò//qù] 지나가다, 지나다 40f
回去[huí//qù] 되돌아가다 20d
上去[shàng//qù] 올라가다, 오르다, 가다 223f

丟
diū

잃을 주

삐침별 丿 [234] [piě] + 갈거 去 [qù]

"去→☆"가 대변보는 모습이라면 "丿"은 몸에서 빠져나가는 대변을 의미한다. 그러한 분비물은 버려지는 것이므로 '잃다, 던지다'의 뜻이 파생되었다.
* "丿"은 의미가 없는 글자로 다양한 해석이 가능하다.

上午我的自行车丟了。 오전에 나의 자전거를 잃어버렸다. 223f 118b 113b 46b 26 60b 124 94a 170a

法
fǎ

법 법

물수 氵 [201] [shuǐ] + 갈거 去 [qù]

물(氵)이 위에서 아래로 흘러가듯이(去) 자연스러운 것을 순리라 하며, 인간 사회가 순리에 따라 굴러갈 수 있도록 만든 최소한의 규칙을 법이라 한다.

办法[bànfǎ] (문제 해결) 방법 159b   方法[fāngfǎ] 방법, 수단, 방식 160

罢
bà

[罷] **마칠** 파

그물망 罒＝网 [165] [wǎng] + 갈거 去 [qù]

그물(罒)에 갇혀 갈(去) 수 없게 된 상황에서 '마치다'의 뜻이 파생되었다.

罢工[bà//gōng] 동맹 파업(하다) 203

摆
bǎi

[擺] **놓을** 파

손수 扌＝手 [31] [shǒu] + 그물에 갇힘/마칠 파 罢 [94c] [bà]

동물을 잡기(罢) 위해 손(扌)으로 그물을 흔들어서 펼쳐 놓은 모습이다.

把书摆在桌子上。 책을 탁자 위에 두어라. 92b 231d 94d 32a 128b 95 223f

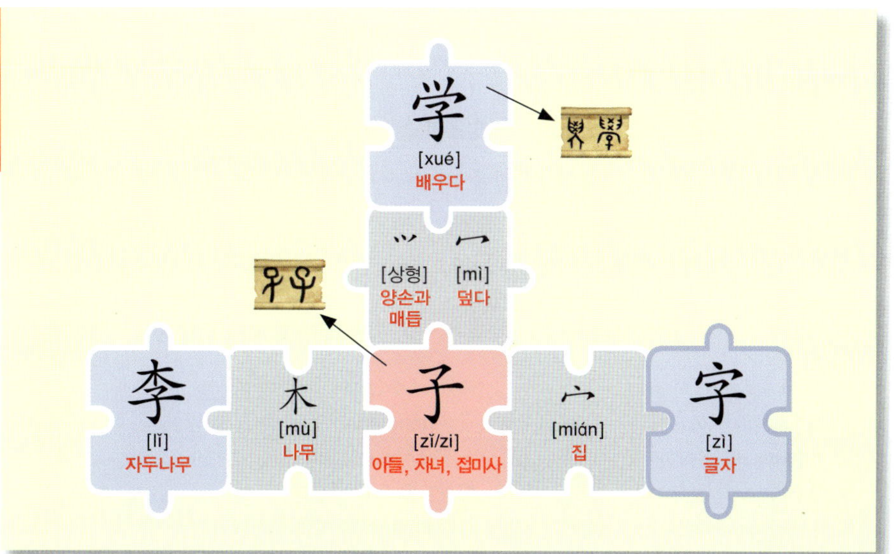

95

子 子 子

아들 자

子
zǐ/zi

포대기로 감싸 안은 어린아이의 모습에서 '자녀'라는 기본 의미를 갖게 되었다. 지금은 남아 선호 사상에 의해 '아들'의 의미로 더 많이 쓰인다. 또한 특별한 의미 없이 명사, 형용사, 동사의 성격을 가진 형태소의 뒤에 붙는 접미사로도 쓰인다.

儿子[érzi] 아들 69	杯子[bēizi] 잔, 컵 223b
椅子[yǐzi] 의자 18c	桌子[zhuōzi] 탁자, 테이블 128b
孩子[háizi] 어린이, 아동, 자녀 4c	妻子[qīzi] 아내 96l
鼻子[bízi] 코 26c	电子邮件[diànzǐ yóujiàn] 전자 우편, 이메일 157a 146d 175a
个子[gèzi] 키, 체격 63b	句子[jùzi] 문장, 문(文) 46c
帽子[màozi] 모자 11f	盘子[pánzi] 쟁반 125c
瓶子[píngzi] 병 122a	裙子[qúnzi] 치마, 스커트 38f
饺子[jiǎozi] 만두, 교자 1b	袜子[wàzi] 양말, 스타킹 210c
样子[yàngzi] 모습, 모양, 태도 171a	日子[rìzi] 날, 날짜, 시절 218
屋子[wūzi] 방 90e	橘子[júzi] 귤 116b
本子[běnzi] 책, 노트, 공책 210a	

学 学 学 学 学 学 学 学

95a

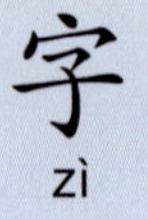

学
xué

[學] 배울 **학**

양손과 매듭 㨋 [상형] + 덮을 멱 ㄇ[167] [mì] + 아들 자 子 [zǐ]

어른들이 양손으로 짚을 엮어(㨋) 지붕을 덮는(ㄇ) 것을 사내아이(子)가 보고 **배우는** 모습이다.

* 번체자(學)를 보면 양손(臼)으로 짚을 엮어(乂) 지붕을 덮는(ㄇ) 것을 사내아이(子)가 보고 배우는 모습임을 알 수 있다.
* "学"의 윗부분에 있는 점 세 개(㨋)는 양손(臼[43d])과 매듭(乂)을 줄여 놓은 것이다.

学生[xuésheng] 학생 208	学习[xuéxí] 배우다, 본받다 182a
学校[xuéxiào] 학교 1d	同学[tóng//xué] 동창, 학생(호칭), 같은 학교를 다니다 148b
留学[liú//xué] 유학하다 87d	数学[shùxué] 수학 138c
文学[wénxué] 문학 133	大学[dàxué] 대학 74
留学生[liúxuéshēng] 유학생 87d 208	上学[shàng//xué] 등교하다, 입학하다 223f
学院[xuéyuàn] 단과대학 71b	中学[zhōngxué] 중등학교, 중·고등학교 231a

95b

字 字 字 字 字 字

字
zì

글자 **자**

집 면 ㄇ[141] [mián] + 아들 자 子 [zǐ]

집(宀)안에 자식(子)이 하나둘 계속 늘어나듯이 세월이 흐르면서 **글자**도 계속 늘어난다는 의미를 가지고 있다.

* 표의문자인 한자는 글자 자체가 단어와 같기 때문에 세월이 흐르면서 시대를 반영한 글자도 계속 늘어난다. 세월이 흘러도 글자인 알파벳은 변하지 않고 단어들만 새로 만들어지는 표음문자와는 대조적이다.

名字[míngzi] 이름 222c	汉字[Hànzì] 한자 34g

95c

李 李 李 李 李 李 李

李
lǐ

오얏 **리**

나무 목 木[210] [mù] + 아들 자 子 [zǐ]

열매(子)가 많이 열리는 나무(木)인 **자두나무**의 특징을 잘 묘사한 글자이다.

行李箱[xínglǐxiāng] 트렁크, 여행용 가방 60b 216a

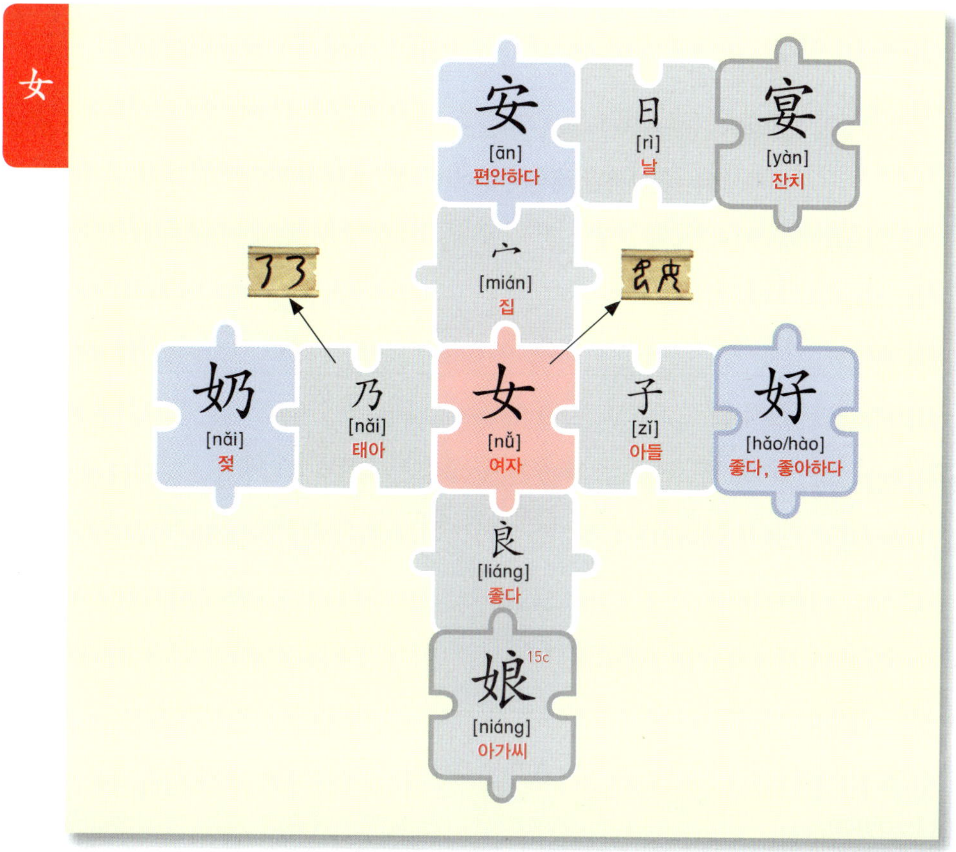

女

安 [ān] 편안하다
日 [rì] 날
宴 [yàn] 잔치

宀 [mián] 집

奶 [nǎi] 젖
乃 [nǎi] 태아
女 [nǚ] 여자
子 [zǐ] 아들
好 [hǎo/hào] 좋다, 좋아하다

良 [liáng] 좋다

娘 15c [niáng] 아가씨

96

女 女 女

女
nǚ

여자 녀

두 손을 가지런히 무릎에 올려놓고 꿇어앉아 있는 단정한 여자의 모습이다.

女儿[nǚ'ér] 딸 69

女人[nǚrén] 여자, 여인 63

96a

安 安 安 安 安 安

安
ān

편안할 안

집 면 宀 [141] [mián] + 여자녀 女 [nǚ]

여자(女)는 연약하기 때문에 밖이 아니라 집(宀)에 있을 때 편안함을 느낀다.

安静[ānjìng] 안정되다, 조용하다 36c

安全[ānquán] 안전하다 63f

96b

宴 宴 宴 宴 宴 宴 宴 宴 宴 宴

宴
yàn

잔치 연

집 면 宀 [141] [mián] + 날/해 일 日 [218] [rì] + 여자녀 女 [nǚ]

여자(女)를 집(宀)으로 데리고 와 결혼하는 날(日)에 잔치를 베푸는 모습이다.

宴会[yànhuì] 연회, 파티 66c

96c

好 好 好 好 好 好

好
hǎo/hào

좋을 호, 좋아할 호

여자녀 女 [nǚ] + 아들자 子 [95] [zǐ]

자식(子)을 품에 안고 흐뭇해하는 어머니(女)의 표정에서 '좋다, 좋아하다'는 뜻을 갖게 되었다.

好吃[hǎochī] 맛있다, 먹기 좋다 16b

爱好[àihào] 애호, 애호하다 34e

好处[hǎochù] 이점, 장점 56b

好看[hǎokàn] 보기 좋다, 아름답다, 근사하다 11a

96d

奶 奶 奶 奶 奶

奶
nǎi

젖 내

여자녀 女 [nǚ] + 태아/이에 내 乃 [nǎi]

어머니(女)가 갓난아이(乃)를 품에 안고 젖을 먹이는 모습이다.

＊ "이에 내 乃[nǎi]"의 옛 글자는 몸을 동그랗게 구부린 태아의 모습이다.

牛奶[niúnǎi] 우유 175

奶奶[nǎinai] 할머니

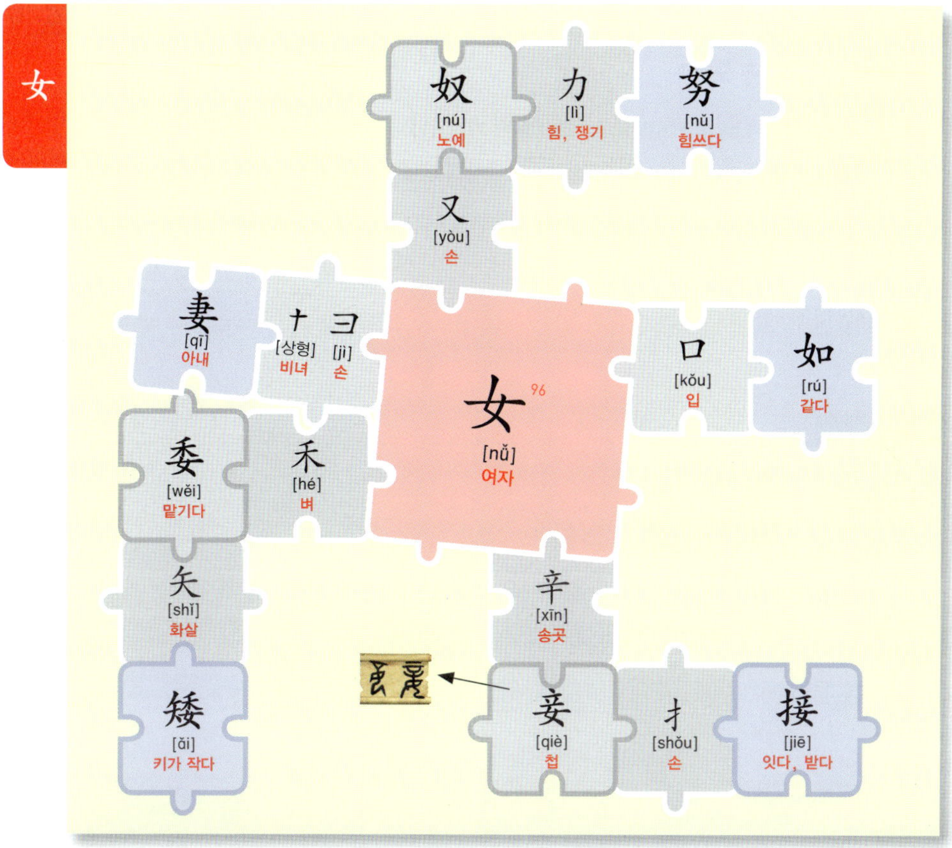

女

奴
[nú]
노예

力
[lì]
힘, 쟁기

努
[nǔ]
힘쓰다

又
[yòu]
손

妻
[qī]
아내

丿ヨ
[상형]
비녀 [jì]
손

女 96
[nǔ]
여자

口
[kǒu]
입

如
[rú]
같다

委
[wěi]
맡기다

禾
[hé]
벼

矢
[shǐ]
화살

辛
[xīn]
송곳

矮
[ǎi]
키가 작다

妾
[qiè]
첩

扌
[shǒu]
손

接
[jiē]
잇다, 받다

96

奴 奴 奴 奴 奴

96e

奴
nú

노예 노

여자녀 女 [nǔ] + 손/또 우 又 [34] [yòu]

힘없는 여자(女)의 머리채를 손(又)으로 잡고 있는 모습으로, 종을 함부로 다루고 있음을 보여 준다.

奴隶 [núlì] 노예 [37]

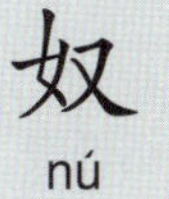

231

96f

努
nǔ

힘쓸 노

노예 노 奴 [96e] [nú] + 쟁기/힘 력 力 [159] [lì]

종(奴)이 밭에서 힘써 쟁기질(力)하는 모습이다.

* "努力[nǔlì]"란 단어의 뜻은 대충대충 하는 것이 아니라, 종(奴)처럼 힘(力)쓰는 것임을 알 수 있다.

努力[nǔ//lì] 노력하다, 힘쓰다, 열심히 하다 159

96g

如
rú

같을 여

여자 녀 女 [nǔ] + 입 구 口 [16] [kǒu]

연약한 여자(女)의 입(口)으로 하는 말이 사실에 더 가깝다는 의미에서 '~와 같다'는 뜻이 파생되었다.

如果[rúguǒ] 만약, 만일 210f   不如[bùrú] ~만 못하다, ~하는 편이 낫다 223a
例如[lìrú] 예를 들다, 예를 들면 30c   如何[rúhé] 어떠하냐, 어떻게, 어째서 17c

96h

妾
qiè

첩 첩

송곳/매울 신 효 [79] → 辛 [103] [xīn] + 여자 녀 女 [nǔ]

여자(女)를 종이나 첩으로 삼기 위해 송곳(辛)으로 이마에 문신을 새기는 모습이다. 포로로 잡은 여자(女)나, 사형당한 죄인의 처나 딸의 이마에 송곳(辛)으로 문신을 새겨 종이나 첩으로 삼던 풍습을 반영하고 있다.

* 옛 글자를 보면 "妾"의 윗부분이 "설 립 효[lì]"와 관계없는 형구(辛)라는 것을 알 수 있다.

96i

接
jiē

이을 접

손 수 扌 = 手 [31] [shǒu] + 첩 첩 妾 [96h] [qiè]

손(扌)으로 첩(妾)을 희롱하는 모습이다. 첩이 낳은 자식으로 대를 잇는다는 의미와, 첩의 시중을 받는다는 의미를 가지고 있다.

接着[jiēzhe] 이어서, 연이어 받다, (뒤)따르다 11b
直接[zhíjiē] 직접적인 12
接近[jiējìn] 접근하다, 가까이하다, 비슷하다 119a
迎接[yíngjiē] 영접하다, 맞이하다 87a

96j

맡길 위
wěi

벼 화 禾 [139] [hé] + 여자 녀 女 [nǔ]

볏단(禾)을 머리에 이고 나르는 여자(女)의 모습으로, 추수 때 여자가 일의 한 부분을 맡아서 하는 장면이다.

委员[wěiyuán] 위원 186h

96

96k

키 작을 왜
ǎi

화살 시 矢 [111] [shǐ] + 맡길 위 委 [96j] [wěi]

볏단을 나르는 일을 맡은(委) 여자가 볏단의 무게로 인해 길이가 짧은 화살(矢)만큼이나 키가 작게 줄어든 모습이다.

在我们的花园里有一棵矮苹果树。 우리 화원에는 키 작은 사과나무가 한 그루 있다.
32a 113b 145a 46b 68b 71c 151 39c 223 210g 96k 123b 210f 40d

96l

아내 처
qī

비녀 十 [상형] + 손 계 크 [36] [jì] + 여자 녀 女 [nǔ]

결혼한 아내(女)가 쪽 찐 머리가 풀리지 않도록 비녀(十)를 머리에 꼽고 (크) 있는 모습이다.

* 고대 중국에서는 오직 결혼한 여자들만 비녀로 머리를 올렸다.

妻子[qīzi] 아내 95

97

母 母 母 母 母

母 mǔ

어머니 모

"여자 녀 女[96][nǚ]"를 옆으로 약간 비튼 다음 점 두 개(ヽ , ヽ)를 찍어 '아이에게 젖을 먹이는 유방'을 강조하여 '어머니'라는 글자를 만들었다.

母亲[mǔqīn] 어머니, 모친 103a

97a

每 每 每 每 每 每 每

每 měi

늘 매

비녀 ㇒ [상형] + 어머니 모 母 [mǔ]

늘 단정하게 비녀(㇒)가 꽂혀 있는 어머니(母)의 쪽 찐 머리를 보고 '매, 각, ~마다'의 뜻이 만들어졌다.

* "㇒"는 사람을 가리키는 것이 아니라, 쪽 찐 머리에 꽂아 머리카락이 풀리지 않도록 고정시키는 비녀의 모양이다. 옛날 중국에서는 여자가 결혼을 하면 머리를 올리고 비녀를 꽂았다.

每周末 매 주말 97a 152a 210b

97b

海 海 海 海 海 海 海 海 海 海

海 hǎi

바다 해

물 수 氵[201] [shuǐ] + 늘 매 每[97a] [měi]

바다는 넘치거나 줄어들지 않고, 항상(每) 한결같은 수위(氵)를 유지한다.

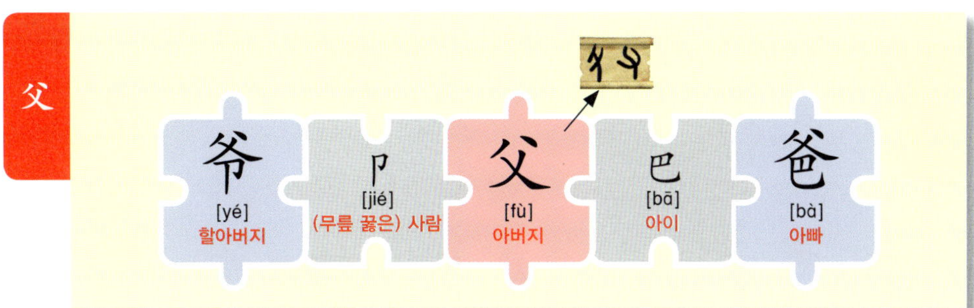

父

爷	卩	父	巴	爸
[yé]	[jié]	[fù]	[bā]	[bà]
할아버지	(무릎 꿇은) 사람	아버지	아이	아빠

98

父 父 父 父

父
fù

아버지 부

가족을 부양하기 위해 돌도끼를 손(又)에 들고 사냥하는 아버지의 모습이다.

父亲[fùqīn] 아버지, 부친 103a

98a

爸 爸 爸 爸 爸 爸 爸 爸

爸
bà

아비 파

아버지부 父 [fù] + 아이/바랄 파 巴 92a [bā]

어린아이(巴)가 격의 없이 아버지(父)를 부르는 모습에서 '아빠'의 뜻이 파생되었다. * "巴"는 태아가 커서 토실토실 살이 찐 모습이다.

爸爸[bàba] 아빠, 아버지

98b

爷 爷 爷 爷 爷 爷

爷
yé

[爺] 할아버지 야

아버지부 父 [fù] + 무릎 꿇은 사람/병부 절 卩 85 [jié]

할아버지 앞에서 아버지(父)가 무릎을 꿇고(卩) 있는 모습이다.
* "卩"은 무릎을 꿇은 사람의 모습이다.

爷爷[yéye] 할아버지

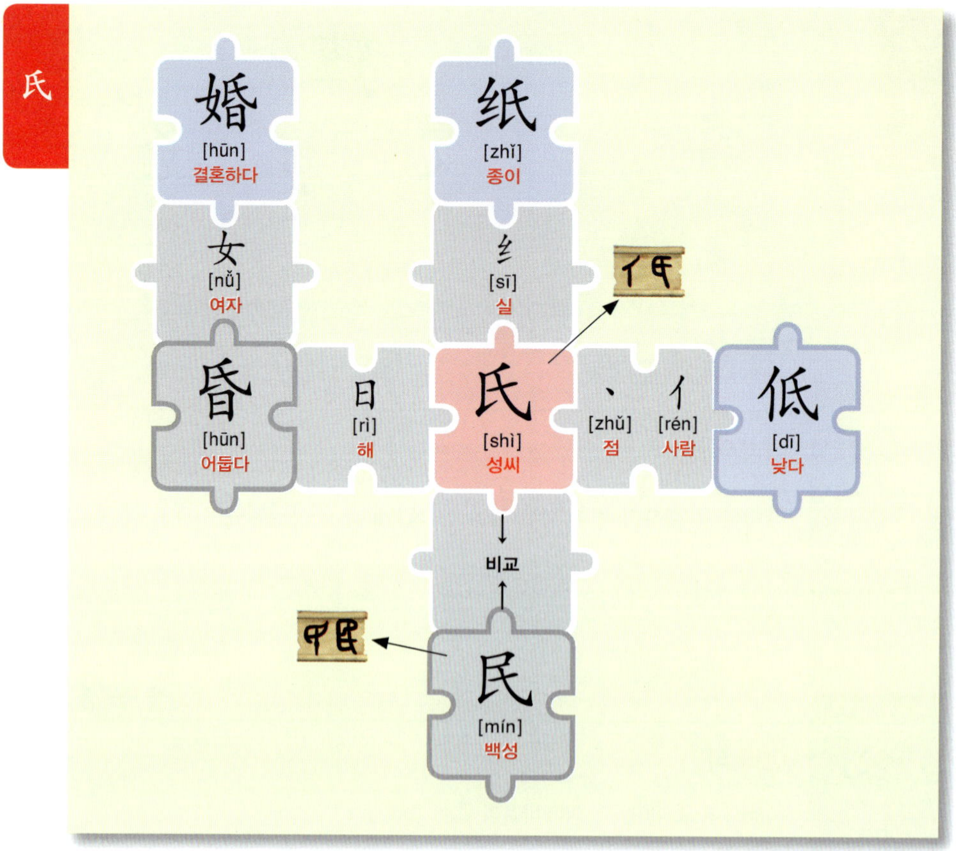

99

氏
shì

성씨 씨

갑골문을 봐서는 정확하게 알 수 없는 그림글자이나, 식물의 뿌리 혹은 남자의 생식기라는 설에서 근본을 나타내는 '성씨'의 뜻을 갖게 되었다.

99a

氏 氏 氏 氏

纸 纸 纸 纸 纸 纸 纸

纸
zhǐ

[紙] 종이 지

실 사 纟 [131] [sī] + 뿌리/성씨 씨 氏 [shì]

236

종이의 뿌리(氏) 즉 원료가 실(糸)임을 보여 주는 글자로, 식물의 섬유질을 종이의 원료(氏)로 사용했으며 그 섬유질이 실(糸)로 구성되어 있음을 알려 준다.

* 채륜(蔡伦)에 의해 종이가 중국에서 처음 발명되었을 때 삼 줄기의 섬유질을 이용하였다.

报纸[bàozhǐ] 신문 34a

99b

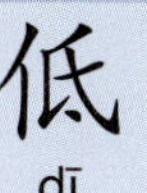

낮을 저

dī

사람 인 亻[68] [rén] + 근본 저 氐 [dǐ]

'근본(氐)'이라는 말에는 '밑바닥, 아래'라는 의미가 있으므로, 지위가 밑바닥(氐)인 사람(亻)이라는 뜻에서 '낮다'는 의미를 갖게 되었다.

* 남자의 근본인 생식기를 의미하는 "氏[shì]"가 '성씨'의 뜻으로 사용되자, 글자의 밑부분에 점(丶[233])을 더하여 남자의 근본인 '생식기'를 강조한 글자가 "氐"이다.

降低[jiàngdī] 낮추다, 줄이다, 내려가다 58b

99c

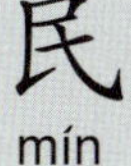

백성 민

mín

포로를 종으로 삼기 위해 창(矛[116])으로 눈(目[11])을 찔러 애꾸눈을 만드는 모습에서 '노예'라는 뜻이 만들어졌으나, 점차 '백성'의 뜻으로 의미가 변하였다.

* 옛 글자를 보면 뾰족한 창(矛)으로 눈(目)을 찌르는 모습임을 알 수 있다.

* "民"의 부수자가 "성씨 씨 氏[shì]"이기 때문에 여기에서 다루고 있을 뿐 아무 관련이 없는 글자이다.

民族[mínzú] 민족 161a   人民[rénmín] 인민, 국민 63

99d

어두울 혼

hūn

뿌리/성씨 씨 氏 [shì] + 해 일 日[218] [rì]

태양(日)이 나무 뿌리(氏)처럼 땅속으로 들어간 모습으로 어둠을 표현하였다.

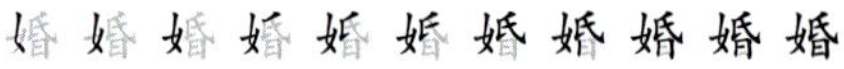

婚
hūn

혼인할 혼

여자 녀 女[96] [nǚ] + 어두울 혼 昏[99d] [hūn]

해가 지고 어두컴컴해질(昏) 무렵 여자(女)를 맞아들여 혼례를 올리던 중국의 풍습을 알려 주는 글자이다.

结婚[jié//hūn] 결혼하다 104b

100

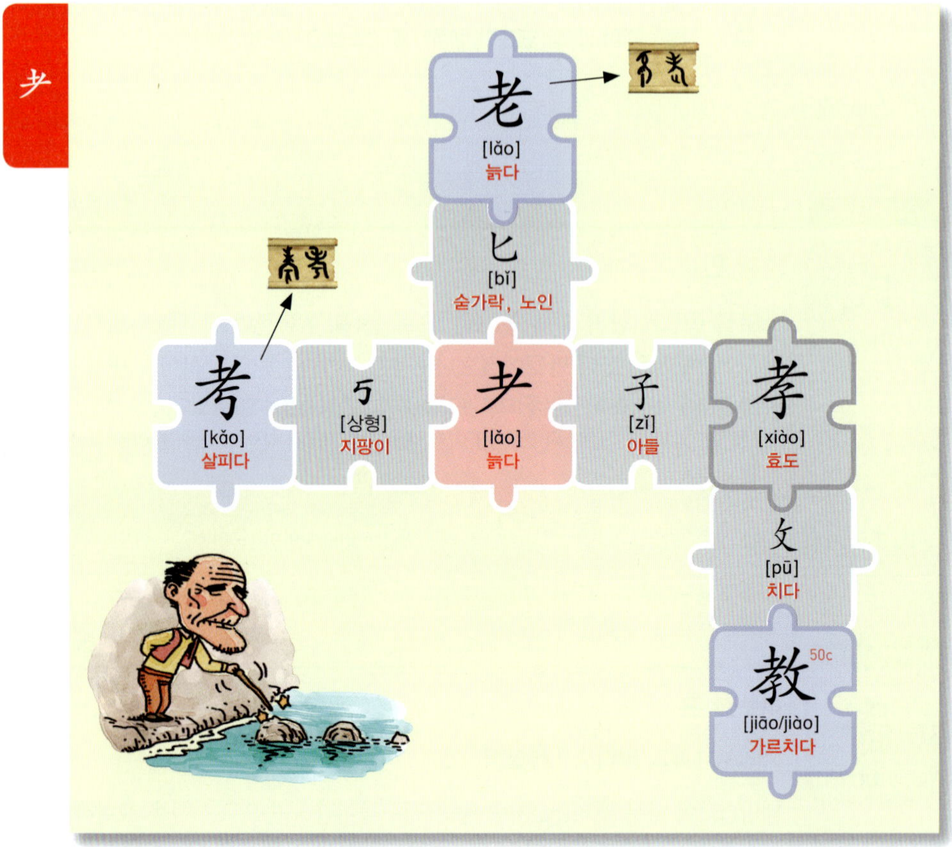

老
[lǎo]
늙다

匕
[bǐ]
숟가락, 노인

考
[kǎo]
살피다

丂
[상형]
지팡이

耂
[lǎo]
늙다

子
[zǐ]
아들

孝
[xiào]
효도

攵
[pū]
치다

教 50c
[jiāo/jiào]
가르치다

100

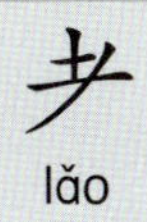

老 lǎo

늙을 로

긴 머리(丿)를 휘날리는 등이 굽은 늙은 노인이 지팡이로 땅(土[155])을 짚고 서 있는 모습이다.

100a

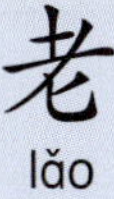

老 lǎo

늙을 로

늙을로 耂 [lǎo] + 노인/숟가락 비 匕[88] [bǐ]

"耂"가 단독으로 사용되지 못하자 늙은 노인에 해당하는 글자(匕)를 더해 원뜻을 더 분명히 하였다.

* "匕"의 갑골문은 좌우가 바뀐 사람(人)의 모습으로 노약자나 힘없는 '노인'을 가리키는 글자로도 이해할 수 있다.

老师[lǎoshī] 선생님, 스승(존칭) 132e   老人[lǎorén] 노인, 원로 63

100b

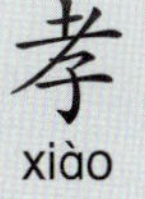

孝 xiào

효도 효

늙을로 耂 [lǎo] + 아들자 子[95] [zǐ]

거동이 불편한 늙으신(耂) 부모님을 업고 있는 자식(子)의 모습에서 '효도'의 뜻이 파생되었다.

100c

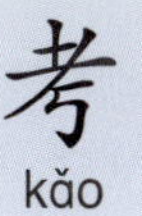

考 kǎo

살필 고

늙을로 耂 [lǎo] + 지팡이 丂 [상형]

의심이 많은 늙은(耂) 노인이 지팡이(丂)로 두드려 안전한지 미리 살피고 걸음을 내딛는 모습에서 '시험하다, 고려하다, 조사하다'는 의미가 생겨났다.

* 갑골문을 보면 이 글자의 아랫부분은 단지 지팡이의 모습임을 알 수 있다.

考试[kǎo//shì] 시험을 치다, 시험 110b   考察[kǎochá] 고찰하다, 시찰하다 126b

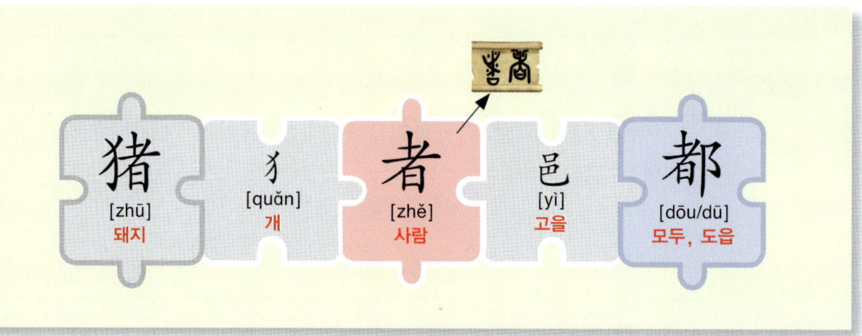

101

者者者者者者者者

者
zhě

사람 자

금문을 보면 가마솥에 음식을 익히고 있는 모습으로, 동물들 중 사람만이 그렇게 음식을 익혀 먹는다는 의미를 가지고 있다. 지금은 주로 형용사 또는 동사 뒤에 쓰여 그 형용사나 동사의 속성을 가지고 있거나, 동작을 하는 사람 또는 사물을 표시하는 데 사용된다.

* "늙을 로 耂100[lǎo]"와는 아무 관련이 없는 글자이다.

或者[huòzhě] 어쩌면, 혹시 113d	记者[jìzhě] 기자 82b
读者[dúzhě] 독자 75d	

101a

都都都都都都都都都都

都
dōu/dū

모두 도, 도읍 도

사람 자 者 [zhě] + 고을읍 阝146 → 邑92d [yì]

음식을 익혀 먹는 사람(者)들이 많이 모여 사는 고을(阝)의 모습이다. 큰 도시(阝)엔 그렇게 많은 사람(者)들이 모두 모여 산다. 고을(邑)보다 큰 규모인 대도시를 의미하기 위해 "者"를 더하여 '수도'라는 뜻도 나타낸다.

* "언덕 부 阝[fù]"가 글자의 오른편에 오면 "邑"의 뜻을 갖는다.

连…都〔也〕…[lián … dōu〔yě〕 …] ~마저도 ~한다(뒷구절은 대부분 不나 没有가 붙는 부정문) 124c 84
我们都喜欢他。 우리는 모두 그를 좋아한다. 113b 145a 101a 140a 21c 84b
首都[shǒudū] 수도 7

猪 猪 猪 猪 猪 猪 猪 猪 猪 猪 猪

猪 zhū

돼지 저

개 견 犭 [173] [quǎn] + 사람 자 者 [zhě]

음식을 익혀 먹는 사람(者)에게 고기를 제공하는 동물(犭)이라는 의미에서 '돼지'를 뜻하게 되었다.

* 돼지가 사람에게 단백질 공급원으로 얼마나 오랫동안 함께했는지를 알 수 있다.

* "犭"은 개 정도 크기의 동물을 뜻하는 글자에 의미 요소로 들어간다.

猪肉 [zhūròu] 돼지고기 192

101

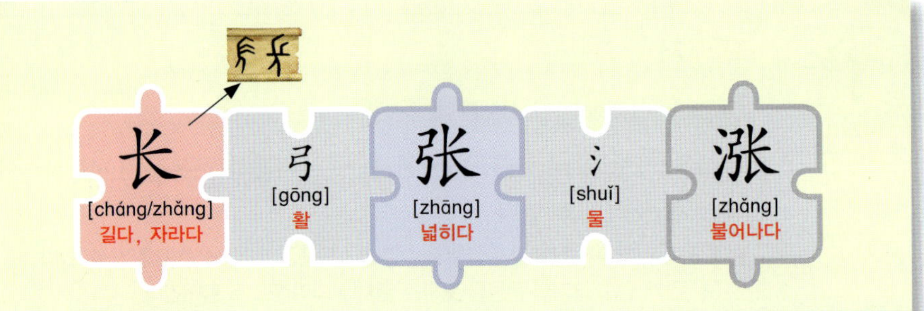

102

长 cháng/zhǎng

[長] 길 장, 어른 장

"늙을 로 老[100a][lǎo]"와 마찬가지로 긴 머리를 휘날리는 노인이 지팡이를 짚고 있는 모습이다. 긴 머리카락의 특징에서 '길다, 자라다, 연장자'의 의미로 발전하였다.

长期[chángqī] 장기간 44b

增长[zēngzhǎng] 증가하다, 늘어나다 155e

校长[xiàozhǎng] 교장, 학교장, 학장 1d

102a

张 zhāng

[張] 넓힐 장

활궁 弓[109][gōng] + 길장 长[cháng]

활(弓)과 활시위를 잡은 손을 길게(长) 벌려 팽팽히 당긴 모습에서 '넓히다'는 뜻이 생겨났다. 또한 펼쳐져 있다는 의미에서 평면이 있는 '종이, 책상, 침대 등을 세는 단위'로도 사용된다.

102b

涨 zhǎng

[漲] 불을 창

물수 氵[201][shuǐ] + 넓힐장 张[102a][zhāng]

화살을 쏘기 위해 팔을 최대한 크게 벌리는(张) 것처럼 물(氵)의 높이가 최대로 불어나는 모습이다.

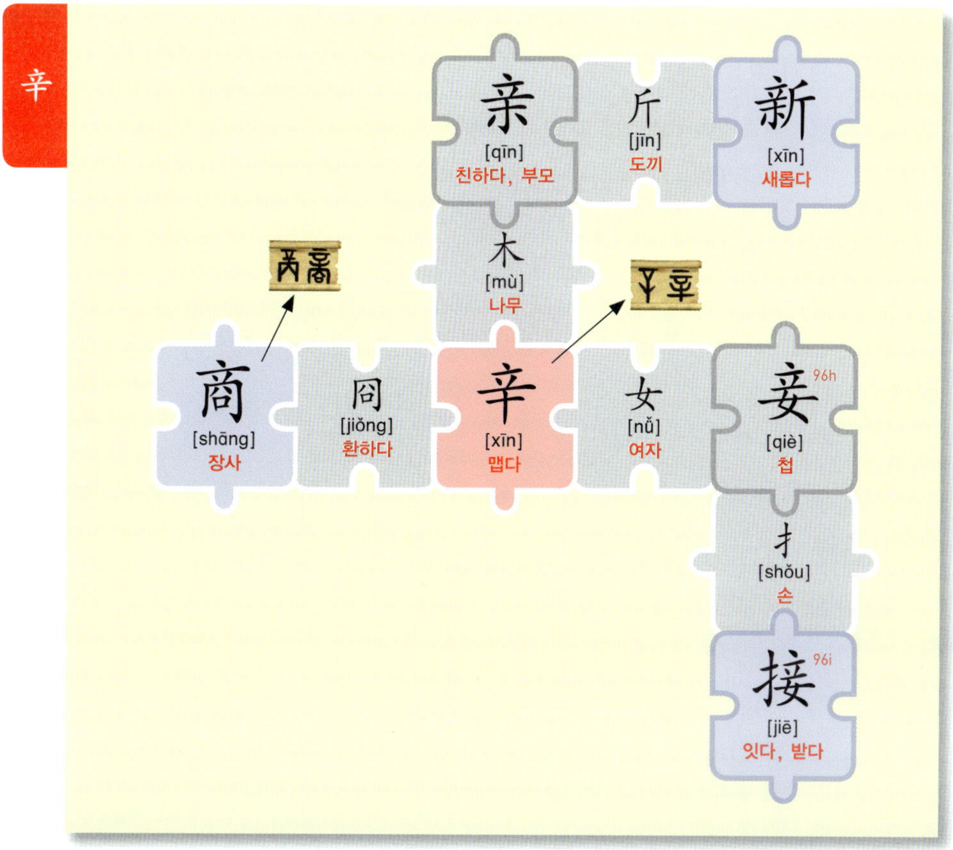

辛

亲
[qīn]
친하다, 부모

斤
[jīn]
도끼

新
[xīn]
새롭다

木
[mù]
나무

商
[shāng]
장사

冏
[jiǒng]
환하다

辛
[xīn]
맵다

女
[nǚ]
여자

妾 96h
[qiè]
첩

扌
[shǒu]
손

接 96i
[jiē]
잇다, 받다

辛 辛 辛 辛 辛 辛 辛

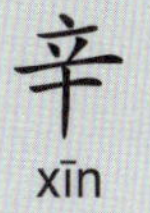

辛
xīn

매울 신

문신을 새기거나 사람을 고문할 때 사용하던 송곳 같은 날카로운 도구 또는 형구의 모습으로, 고문을 당할 때의 고통을 의미하는 글자이다. 고통스러운 맛이라는 의미에서 '맵다'는 뜻도 갖게 되었다.

＊ 실제로 매운맛은 혀가 아니라, 통증을 느끼는 통각 세포에서 감지한다.

辛苦[xīnkǔ] 고생스럽다, 고되다 19d

103a

亲 qīn

[親] **친할** 친

송곳/매울 신 효 → 辛 [xīn] + 나무 목 木²¹⁰ [mù]

자녀가 빗나갈 때는 송곳(辛)으로 찔러서라도 올바른 방향으로 인도해 주어야 훌륭한 재목(木)으로 자랄 수 있다. 그렇게 곁에서 올바른 방향으로 인도해야 하는 부모의 역할을 강조하는 글자이다.

* 번체자(親)는 부모가 자녀를 잘 살펴보고(見13) 빗나갈 때는 송곳(立→辛)으로 찔러서라도 올바른 방향으로 인도해 주어야 훌륭한 재목(木)으로 자랄 수 있다는 의미를 가지고 있다.

父亲[fùqīn] 아버지, 부친 98　　　　　母亲[mǔqīn] 어머니, 모친 97
亲切[qīnqiè] 친절하다, 친근하다, 친밀하다 120b

103b

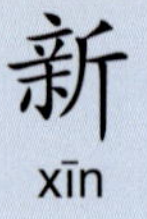

新 xīn

새 신

송곳/매울 신 효 → 辛 [xīn] + 나무 목 木²¹⁰ [mù] + 도끼 근 斤¹¹⁹ [jīn]

자녀가 훌륭한 재목(木)으로 자라도록 송곳(辛)으로 찔러서 올바른 방향으로 인도했음에도 잘못된 성품이나 습관이 드러난다면, 잘못된 부분을 과감하게 도끼(斤)로 잘라내야 새로운 사람이 될 수 있다.

新闻[xīnwén] 새 소식, 뉴스 10f　　　　新鲜[xīnxiān] 신선하다, 싱싱하다 185a
新年[xīnnián] 신년, 새해 118a　　　　更新[gēngxīn] 갱신하다, 새롭게 바뀌다 35c

103c

商 shāng

장사 상

송곳/매울 신 효 → 辛 [xīn] + 환할 경 同¹¹⁶ᵃ [jiǒng]

장사하는 사람들이 좋은 물건을 확보하기 위해, 비유적으로 '송곳(효→辛)으로 찔러' 보이지 않는 곳까지 환하게(同) 살펴보는 모습이다.

* 갑골문은 송곳 모양의 "辛"과 "안 내 内64[nèi]"가 합쳐진 글자로, 송곳(辛)으로 찔러 안(内)까지 살펴본다는 의미를 가지고 있다.

商店[shāngdiàn] 상점, 판매점 127b　　　　商业[shāngyè] 상업, 비즈니스 223c

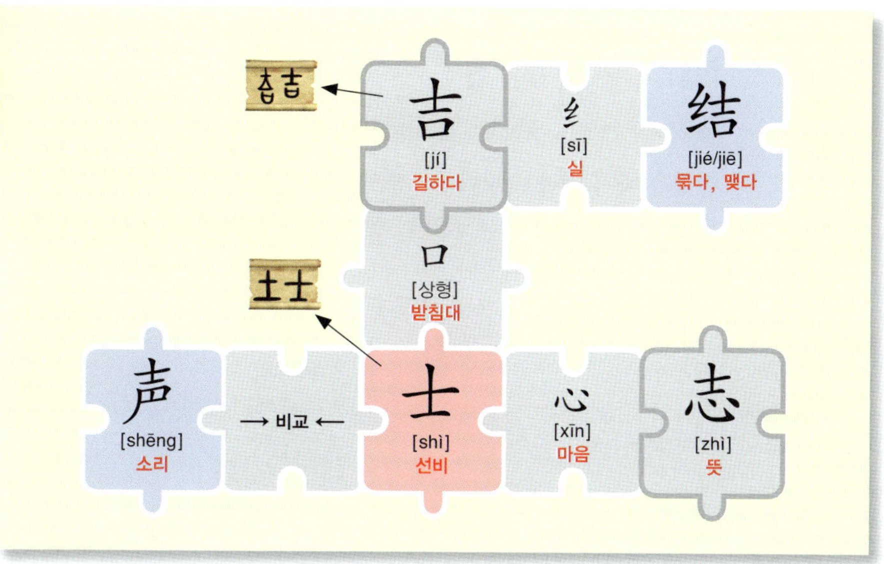

104

104

士 士 士

士 shì

선비 사

권위를 상징하는 장식용 도끼(士)의 모습이다. 그러한 권위를 가질 수 있는, 즉 관직에 오를 수 있는 학식을 가진 사람이라는 의미에서 '학자'를 뜻하게 되었다.

人士[rénshì] 인사 63

104a

吉 吉 吉 吉 吉 吉

吉 jí

길할 길

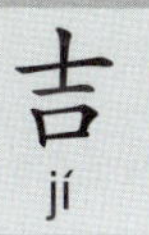

도끼/선비 사 士 [shì] + 받침대 口 [상형]

권위의 상징이자 전쟁 무기인 도끼(士)가 사용되지 않고 받침대(口)위에 놓여 있는 모습이다. 도끼가 방치되어 자루가 썩고 있다는 것은, 오랫동안 전쟁이나 싸움이 없는 평화를 의미하는 것이므로 '행운'이라는 뜻이 파생되었다.

104b

结
jié/jiē

[結] **묶을 결, 맺을 결**

실 사 纟[131] [sī] + 평화/길할 길 吉[104a] [jí]

전쟁을 하지 말자고 평화(吉) 조약을 맺는(纟) 모습에서 '묶다'는 뜻이 파생
되었다. 또한 평화(吉) 조약을 맺어(纟) 전쟁이 없으니 좋은 결실을 '맺었
다'는 의미도 갖게 되었다.

* "纟"는 묶거나 이어 주는 뜻을 나타낸다.

结婚[jié//hūn] 결혼하다 99e
结果[jiéguǒ] 결과, 결실, 결론 210f
结实[jiēshi] 견고하다, 튼튼하다 75a

结束[jiéshù] 끝나다, 마치다 212a
团结[tuánjié] 단결하다, 단합하다 32c

104c

志
zhì

뜻 지

선비 사 士 [shì] + 마음 심 心[28] [xīn]

학문을 탐구하는 선비(士)의 마음(心)은 모두가 따르고 받들어야 할 '뜻'이다.

同志[tóngzhì] 동지 148b

意志[yìzhì] 의지, 의기 24b

104d

声
shēng

[聲] **소리 성**

매다는 틀 士 [상형] + 돌판 尸 [상형]

틀(士)에 매단 얇은 돌판(尸)을 쳐서 소리를 내는 타악기의 모습이다. 소리
의 횟수를 세는 단위로도 사용된다.

* 번체자(聲)는 얇은 돌판(石[197])을 달아맨 악기(磬[qìng])를 막대기(殳[117])로 쳐서 울리는 소
리를 귀(耳[10a])로 듣고 있는 모습이다.

声音[shēngyīn] 소리, 목소리, 논조 24
大声[dàshēng] 큰 소리 74
我喊了他两声。 나는 그를 두 번 불렀다. 113b 114e 170a 84b 64b 104d

声调[shēngdiào] 성조, 어조 152b

壬

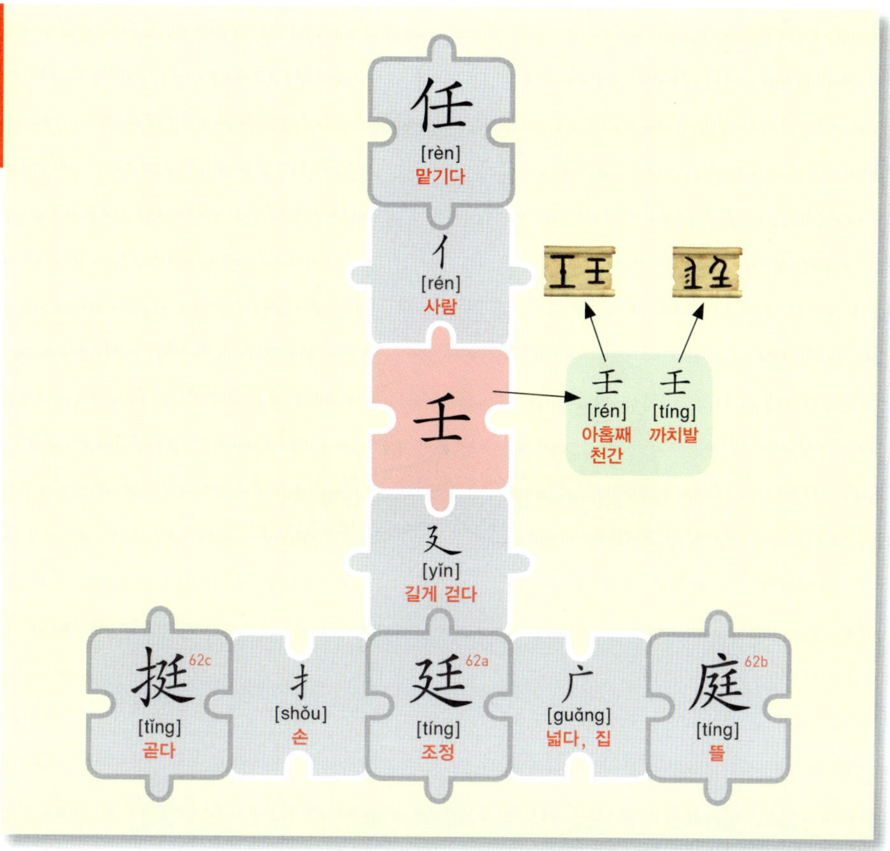

任
[rèn]
맡기다

亻
[rén]
사람

壬

工壬   壬

壬
[rén]
아홉째
천간

壬
[tíng]
까치발

夂
[yǐn]
길게 걷다

挺 62c
[tǐng]
곧다

扌
[shǒu]
손

廷 62a
[tíng]
조정

广
[guǎng]
넓다, 집

庭 62b
[tíng]
뜰

105

105

壬 壬 壬 壬

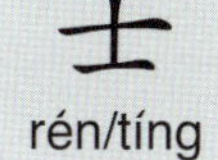

아홉째 천간 임, 까치발 정

rén/tíng

공구(장인 공 工²⁰³[gōng])의 한가운데를 잡고 있는 모습 또는 가운데가 볼록한 실감개라는 설이 있는 글자로, 열 가지 천간의 아홉 번째를 의미한다.

* "壬[rén]"과 현재 모양은 같으나 뒤꿈치를 쫑긋 세우고 발끝(止⁵³)으로 선 모습이 "壬[tíng]"이다.

* "맡길 임 任¹⁰⁵ᵃ[rèn]"에 들어 있는 "壬[rén]"과 "조정 정 廷⁶²ᵃ[tíng]"에 들어 있는 "壬[tíng]"을 보면 모양은 같으나 발음에 영향을 주는 완전히 다른 글자임을 알 수 있다.

任 任 任 任 任 任

任
rèn

맡길 임

사람 인 亻 [68] [rén] + 공구를 잡은/아홉째 천간 임 壬 [rén]

공구의 한가운데를 잡고(壬) 있는 사람(亻)의 모습으로, 그 사람이 잡고 있는 공구를 보면 어떤 일이 맡겨졌는지 알 수 있다.

任何[rènhé] 어떠한, 무슨 17c   责任[zérèn] 책임 186b

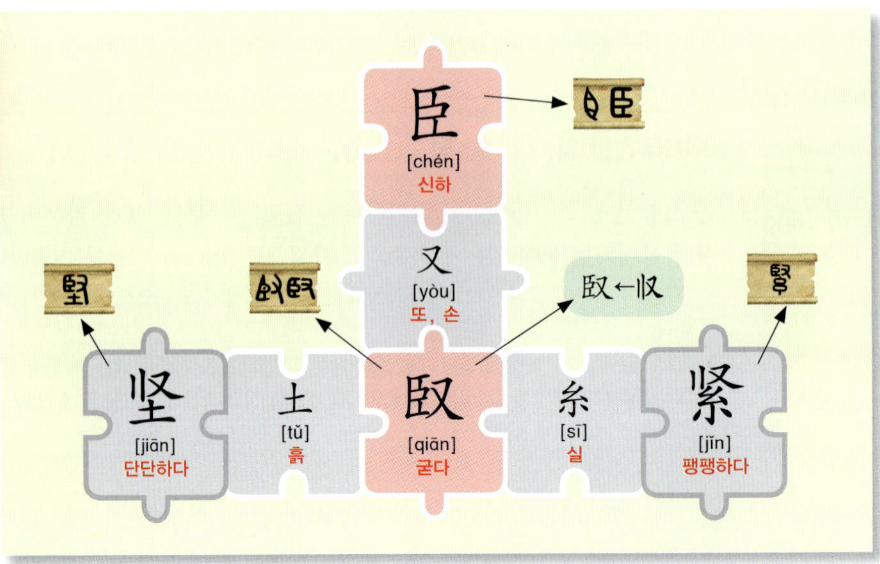

106

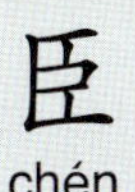

신하 신
臣 chén

임금 앞에서 긴장한 신하의 '크게 뜬 눈'을 옆에서 보고 묘사한 글자이다.

大臣[dàchén] 대신, 중신 74

106a

굳을 간
臤 qiān

신하신 臣 [chén] + 손/또 우 又 34 [yòu]

눈을 크게 뜨고 긴장한 신하(臣)의 목덜미를 손(又)으로 짓누르는 모습이다. 이때 겁에 질린 신하의 몸이 더욱 굳어지는 모습이다.

＊ 간체자에서는 신하(臣)의 모습이 칼(刂=刀120)로 바뀌었다.

106b

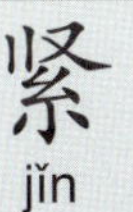

[緊] **팽팽할** 긴
紧 jǐn

굳을 간 臤 106a [qiān] + 실 사 糸→纟 131 (간체자) [sī]

긴장한 신하(刂→臣)의 목덜미를 손(又 34)으로 짓누르자 몸이 굳어지는(臤) 것처럼, 실(糸)이 굳어진다(臤)는 것은 팽팽하게 당겨져 있음을 의미한다.

＊ 번체자(緊)를 보면 신하(臣)의 모습이 칼(刂=刀120)로 바뀌었음을 알 수 있다.

紧张[jǐnzhāng] 긴장하다, 긴박하다, (물품이) 달리다 102a   要紧[yàojǐn] 중요하다, 심각하다 168b

106c

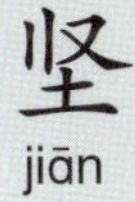

[堅] **굳을** 견
坚 jiān

굳을 간 臤 106a [qiān] + 흙 토 土 155 [tǔ]

비 온 뒤에 땅(土)이 더욱 단단히 굳어진(臤) 모습이다.

＊ 번체자(堅)를 보면 신하(臣)의 모습이 칼(刂=刀120)로 바뀌었음을 알 수 있다.

坚持[jiānchí] 견지하다, 단단히 지키다 42a   坚定[jiāndìng] 확고하다, 굳다 54e

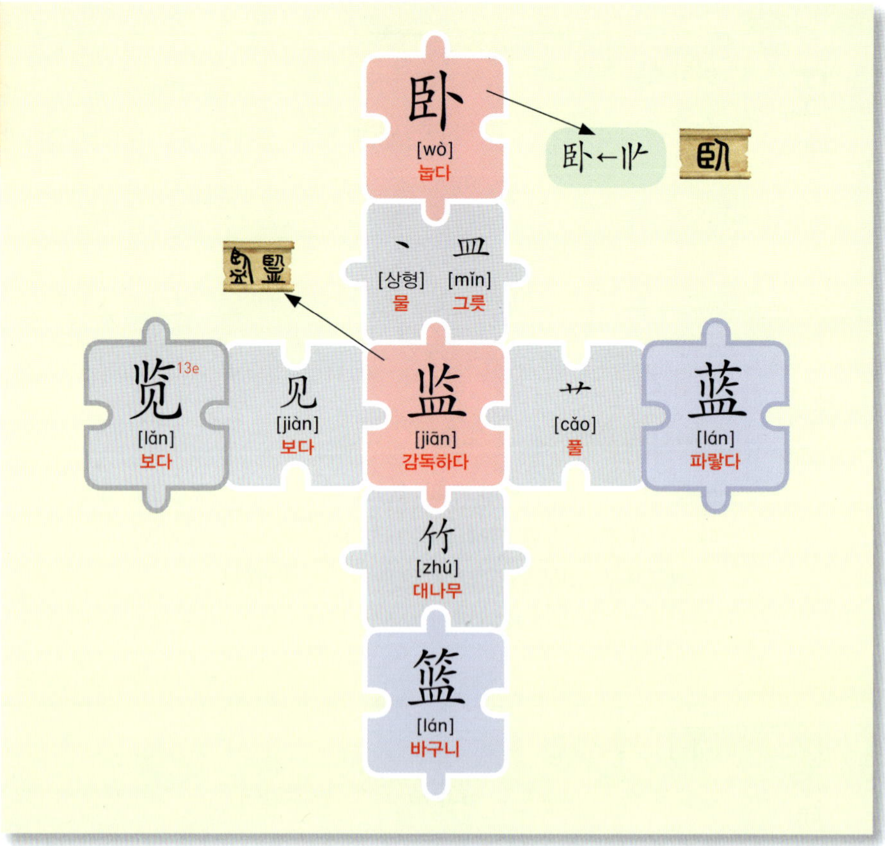

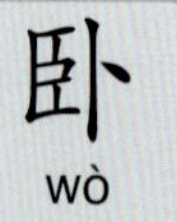

卧卧卧卧卧卧卧卧

[臥] 누울 **와**

臥
wò

신하 신 臣 [106] [chén] **+** 사람 인 卜 [127] → 人 [63] [rén]

사람(人)이 **누워서** 자는 모습을 묘사하기 위해 눈 모양인 "臣"을 더하였다.

＊ 번체자(臥)를 보면 "점 복 卜[bǔ]"가 사람(人)의 모습이 변한 것임을 알 수 있다.

臥室[wòshì] 침실 112a

107a

监 监 监 监 监 监 监 监 监 监

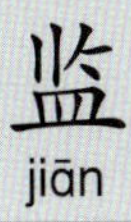

监
jiān

[監] 감독할 감

눈/신하 신 ㅣ¹²⁰ → 臣¹⁰⁶ [chén] + 사람 인 ㅅ → 人⁶³ [rén] + 물 丶 [상형] + 그릇 명 皿^{125b} [mǐn]

물(丶)이 담긴 그릇(皿)에 자기 얼굴을 자세히 비춰 보는(臣) 사람(人)의 모습에서 '감독하다'는 뜻이 파생되었다.

* 크게 뜬 눈의 모양인 "臣"이 보는 역할을 담당하고 있다.
* 번체자(監)를 보면 신하(臣)의 모습이 칼(ㅣ=刀¹²⁰)로 바뀌었음을 알 수 있다.

监视[jiānshì] 감시하다, 감시 관리하다 13c

107b

蓝 蓝 蓝 蓝 蓝 蓝 蓝 蓝 蓝 蓝 蓝 蓝 蓝

蓝
lán

[藍] 쪽 람

풀 초 艹²⁰⁷ [cǎo] + 감독할 감 监^{107a} [jiān]

식물에서 채취한 파란 색깔을 묘사하기 위해 "艹"를 의미 요소로, "监"을 발음기호로 사용하였다.

* 기억하기 쉽게 "监"에서 "ㅣ→臣¹⁰⁶"의 크게 뜬 눈이, 중국 서역 출신의 파란 눈이라고 생각하자. 실제로 당나라의 유명한 시인인 '이태백'도 수도인 장안의 부호와 서역 여성 사이에서 태어난 파란 눈의 소유자라는 설도 있다.

蓝色[lánsè] 파랑, 청색, 남색 72f

107c

篮 篮 篮 篮 篮 篮 篮 篮 篮 篮 篮 篮 篮 篮 篮 篮

篮
lán

[籃] 바구니 람

대 죽 竹²¹⁶ [zhú] + 감독할 감 监^{107a} [jiān]

대나무(竹)로 만든 바구니를 묘사하기 위해 "竹"을 의미 요소로, "监"을 발음기호로 사용하였다.

* 기억하기 쉽게 "监"의 그릇(皿^{125b})이 대나무(竹)로 만든 바구니라고 생각하자.

打篮球 농구를 하다 31c 107c 198b   篮球[lánqiú] 농구 198b

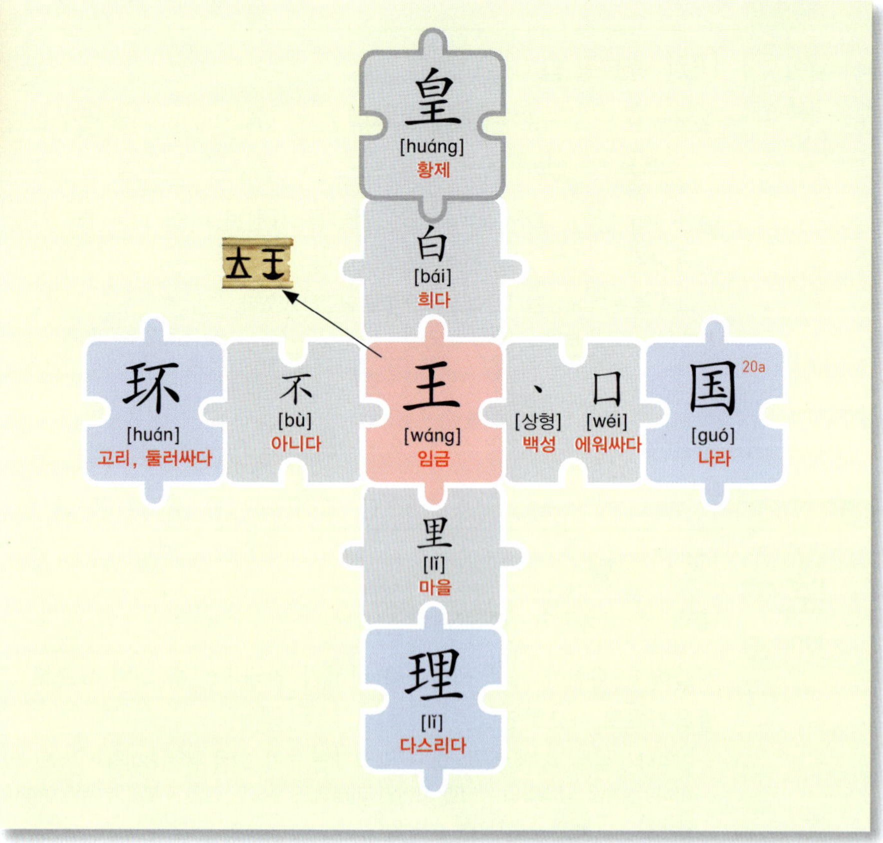

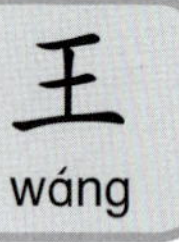

王 王 王 王

王 **임금 왕**
wáng

권위를 상징하는 작은 도끼가 "선비 사 士[104][shì]"로 발전하였다면, 이 글자는 큰 도끼의 모양으로 가장 큰 권위를 가진 '임금'을 뜻하게 되었다.

* "王"의 부수자는 "옥 옥 玉[198][yù]"로, 이 "玉"이 다른 글자와 합해질 때는 대부분 "王"의 모양으로 변한다.

国王[guówáng] 국왕 20a

皇 皇 皇 皇 皇 皇 皇 皇 皇

108a

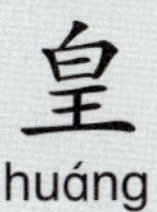

皇 huáng — **임금 황**

흰백 白[134] [bái] + 임금왕 王 [wáng]

밝게(白) 빛나는 왕관을 쓴 임금(王)의 모습에서 '황제'의 뜻이 파생되었다.

皇后[huánghòu] 황후 16e

理 理 理 理 理 理 理 理 理 理

108b

理 lǐ — **다스릴 리**

옥옥 王→玉[198] [yù] + 마을리 里[151] [lǐ]

흠이 있는 옥(玉)이라도 버리지 않고 그 흠을 잘 가공하여(다스려서) 귀한 보석으로 탈바꿈 시키는 것이 이치적이라는 의미에서 "里"를 발음으로 더한 글자이다.

* 기억하기 쉽게 아무리 옥(玉)이 많이 나는 마을(里)이라도 옥의 흠을 잘 보완해서 가공하는 것이 이치적임을 생각하자.

经理[jīnglǐ] 경영 관리 책임자, 지배인, 사장 131e	道理[dàolǐ] 도리, 이치, 법칙 7a
物理[wùlǐ] 물리(학), 사물의 이치 49b	理发[lǐ//fà] 이발하다, 머리를 깎다 34f
处理[chǔlǐ] 처리하다, 안배하다, 처벌하다 56b	总理[zǒnglǐ] 총리, 사장, 대표 16i

环 环 环 环 环 环 环 环

108c

环 huán — **[環] 고리 환**

옥옥 王→玉[198] [yù] + 아닐불 不[223a] [bù]

옥(玉)을 가공하여 끝없이(不) 계속 순환되는 둥근 링을 만든 모습이다. 그러한 둥근 모습에서 '둘러싸다'는 의미도 파생되었다.

环境[huánjìng] 환경, 주위 상황 24d　　　　耳环[ěrhuán] 귀고리 10a

전쟁

고대 사람들의 삶에서 어떤 부분이 뇌리에 강한 인상을 심어 주었을까? 단연 생존이 걸려 있는 전쟁이었을 것이다. 따라서 삶에서 전쟁과 관련된 기본글자들이 많이 생겨났다.

❶ 단연 전쟁하면 제일 먼저 **무기**가 생각날 것이다. 여기에서는 '활, 창, 도끼, 칼, 방패'가 기본글자로 어떤 의미를 나타내는지 볼 수 있다.
❷ 전쟁을 수행하기 위해서는 뒤에서 물자를 지원하는 일이 필수적이었다. **운송 수단**인 수레와 배를 의미하는 기본글자들이 어떻게 발전해 나가는지 살펴보자.
❸ 고대에 전쟁에 나가기 위해서는 반드시 신에게 제사를 드려야 했다. 여기에서는 제단에서 제사를 드리는 **의식**에서 점을 치는 행위까지의 기본글자들이 흥미를 더할 것이다.

필수품

동서고금을 막론하고 사람이 삶을 살아가는 데 가장 필수적인 세 가지 요소는 '의, 식, 주'이다.

❶ 필수품인 **옷**을 만들기 위해서는 천이 있어야 하고, 천을 만들기 위해서는 실이 필요하므로 이러한 과정이 기본글자에 나타나 있다. 옷은 염색을 해서 입었으므로 색을 나타내는 글자들도 살펴보자.

❷ **음식**과 관련하여 밥그릇에 덮개가 덮인 모습의 "食"자에서부터 중국인의 주식인 쌀, 그리고 쌀을 도정하기 전의 벼와 중국 음식에 많이 사용되는 콩에 이르는 글자들이 기본글자로 만들어졌다.

❸ 집의 형태에 따라 나타난 글자와 문의 모양에 따라 나타난 글자, 그리고 고대에 경사진 절벽에 굴을 파고 살아서 나타난 언덕과 관련된 글자 등을 통해 사람들의 **주거** 형태를 생각해 보자.

농업

농업은 생존에 가장 기본적인 식량 및 식료품을 생산하는 직업이기 때문에 인류사의 발전 과정에서 오랜 기원을 가지고 있다.

❶ 농업의 바탕이라고 할 수 있는 **농경지**와 관련된 흙과 밭, 그리고 고대에는 산림이나 초원을 불태워 농경지로 만들었으므로 불과 관련된 글자도 여기에서 다룬다.

❷ 농사를 짓기 위해서는 밭을 가는 쟁기와 같은 **농기구**가 필요하였다. 쟁기가 기본글자로 쓰이며 다양한 의미를 나타낸다는 것을 알게 될 것이다.

❸ 농사를 지은 결과로 수확을 하게 되면 그것을 담는 **용기**가 필요하다. 여기에서는 '술병, 계량기, 그물, 망태기, 덮개' 등과 관련한 다양한 기본글자들이 나온다.

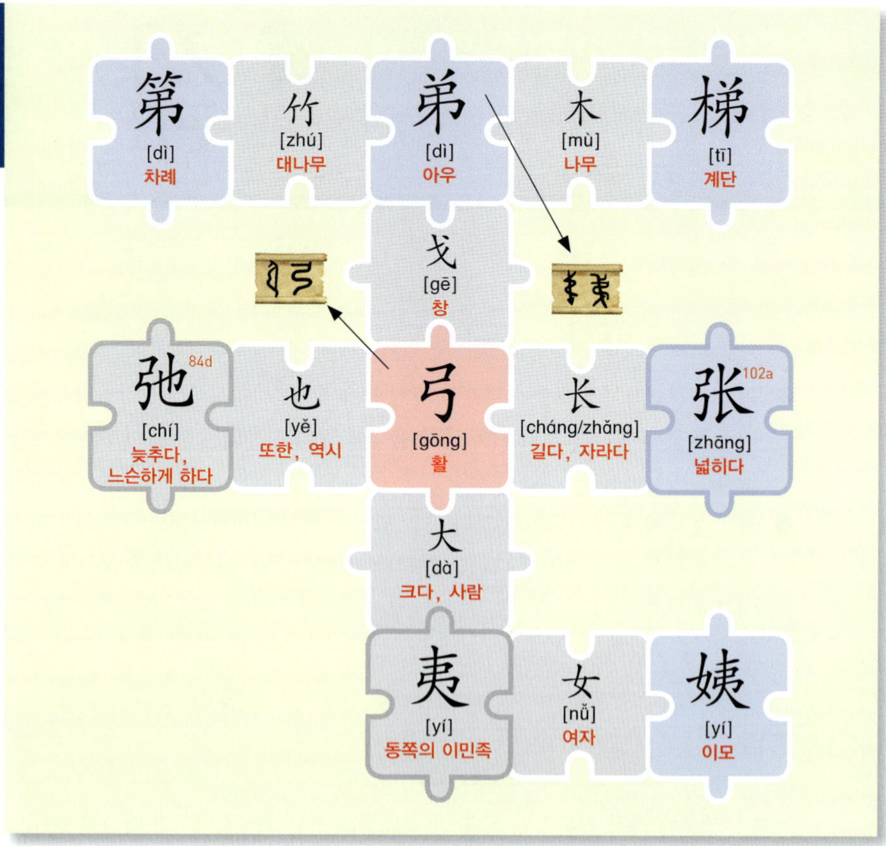

弓 弓 弓

弓 gōng

활 궁

등이 굽은 활의 모양을 본뜬 글자이다.

* 과거 최고의 공격용 무기는 활이었다.

109a

弟 弟 弟 弟 弟 弟 弟

弟 dì

아우 제

창과 丬 → 戈[113] [gē] + 나선형으로 감긴 모습/활 궁 弓 [gōng]

창(戈)에 줄이 순차적인 나선형(弓)으로 감겨 있는 모습에서 '차례'를 뜻하였으나, 지금은 출생 순서가 낮은 쪽을 나타내는 데서 '아우'의 뜻으로 쓰인다.

* 금문을 보면 창(戈)에 줄이 나선형(弓)으로 칭칭 감겨 있는 모습으로, "弟"에 들어 있는 "弓[gōng]"이 활의 모양이 아님을 알 수 있다.

弟弟[dìdi] 아우, 친남동생　　　　　　　　兄弟[xiōngdì] 형제, 가까운 관계 70

109b

第　第　第　第　第　第　第　第　笃　第　第

차례 제

dì

대죽 竹²¹⁶ [zhú]　+　아우 제 弟¹⁰⁹ᵃ [dì]

줄이 순차적인 나선형으로 감겨 있는 모습에서 만들어진 "弟"자가 '아우'의 뜻으로 쓰이자, 일정한 간격으로 마디가 있는 대나무(竹)를 더하여 '차례'라는 의미를 되살렸다. 수사 앞에서 '서수를 표시하는 접두사'로도 사용된다.

第一[dìyī] 제1, 최초, 첫째, 첫 번째 223　　　第一天 첫째 날 109b 223 74b

109c

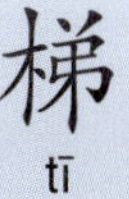

梯　梯　梯　梯　梯　梯　梯　梯　楴　梯　梯

사다리 제

tī

나무목 木²¹⁰ [mù]　+　차례/아우 제 弟¹⁰⁹ᵃ [dì]

나무(木)를 차례(弟)대로 쌓아서 계단을 만들어 놓은 모습이다.

电梯[diàntī] 엘리베이터, 승강기 157a

109d

夷　夷　夷　亮　夷　夷

동이족 이

yí

활궁 弓 [gōng]　+　사람/큰 대 大⁷⁴ [dà]

중국 동쪽의 이민족을 의미하는 글자로 활(弓)을 잘 쏘는 사람(大)이라는 뜻을 가지고 있다.

* 흥미롭게도 기원전 1세기경 중국 동쪽에 세워진 나라인 고구려는 활(弓)을 잘 쏘는 기마민족(大)으로 알려져 있으며, 고구려의 시조인 주몽의 이름은 문자적으로 '활(弓)을 잘 쏘는 사람(大)'을 의미한다.

이모 이

여자녀 女[96] [nǚ] + 동이족 이 夷[109d] [yí]

평화를 위해 주변 이민족(夷)의 여자(女)를 데려와 결혼 동맹을 맺은 데서 '이모'의 뜻이 파생되었다.

阿姨[āyí] 아주머니, 이모 17e

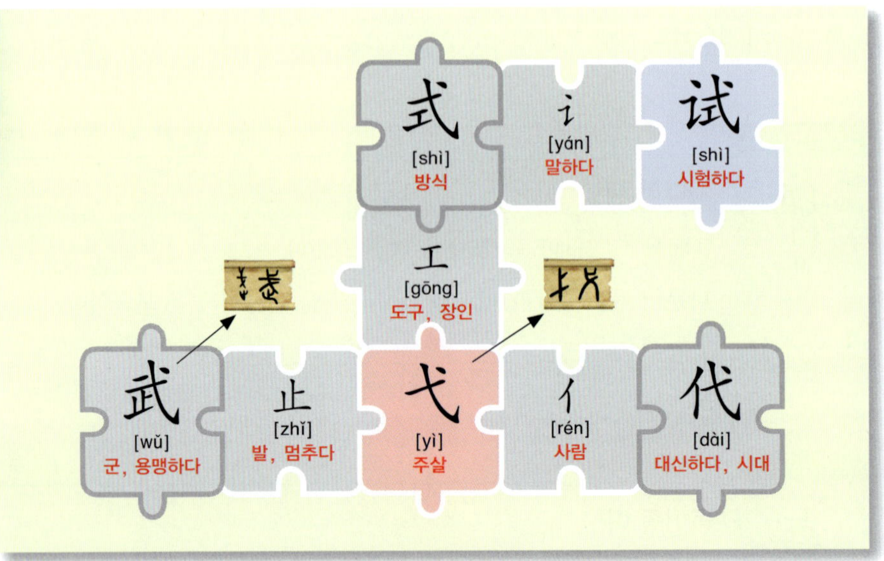

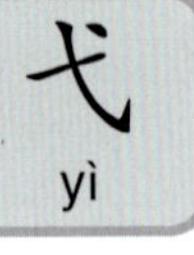

주살 익

화살의 손잡이 부분인 오늬와 활시위를 긴 줄로 연결하여 반복적으로 사용할 수 있도록 만든 연습용 화살인 '주살'의 모습이다.

110a

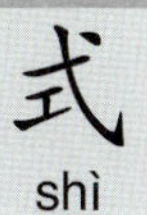

式 式 式 式 式 式

式
shì

법 식

주살 익 弋 [yì] + 도구/장인공 工 [203] [gōng]

연습용 화살인 주살(弋)을 도구(工)를 써서 만드는 모습이다. 연습용 화살도 실전용 화살처럼 정해진 방식 그대로 만들어야 한다는 의미를 가지고 있다.

正式[zhèngshì] 정식의 54　　　　　　方式[fāngshì] 방식, 방법 160

110b

試 試 試 試 試 試 試 試

试
shì

[試] 시험할 시

말할언 讠=言 [23] [yán] + 법식 式 [110a] [shì]

설명(讠)하는 것이 정해진 방식(式)에 맞는지 시험하는 모습이다.

考试[kǎo//shì] 시험을 치다, 시험 100c　　　　　　试验[shìyàn] 시험하다, 실험하다, 시험 67c

110c

代 代 代 代 代

代
dài

대신할 대

사람인 亻 [68] [rén] + 주살익 弋 [yì]

실제 화살을 대신해 연습용 화살인 주살(弋)로 활쏘기를 하는 사람(亻)의 모습이다. 이전 시대를 다음 시대가 대신한다는 뜻에서 시대를 나타내기도 한다.

代表[dàibiǎo] 대표, 대표하다, 표시하다 130b　　　　　　现代[xiàndài] 현대 13d

110d

武 武 武 武 武 武 武 武

武
wǔ

굳셀 무

창과 戈 [113] [gē] + 발/멈출 지 止 [53] [zhǐ]

창(戈) 들고 전쟁터로 향하는 발(止)의 모습으로, 군의 용맹함을 묘사하고 있다.

武器[wǔqì] 무기, 병기 172a

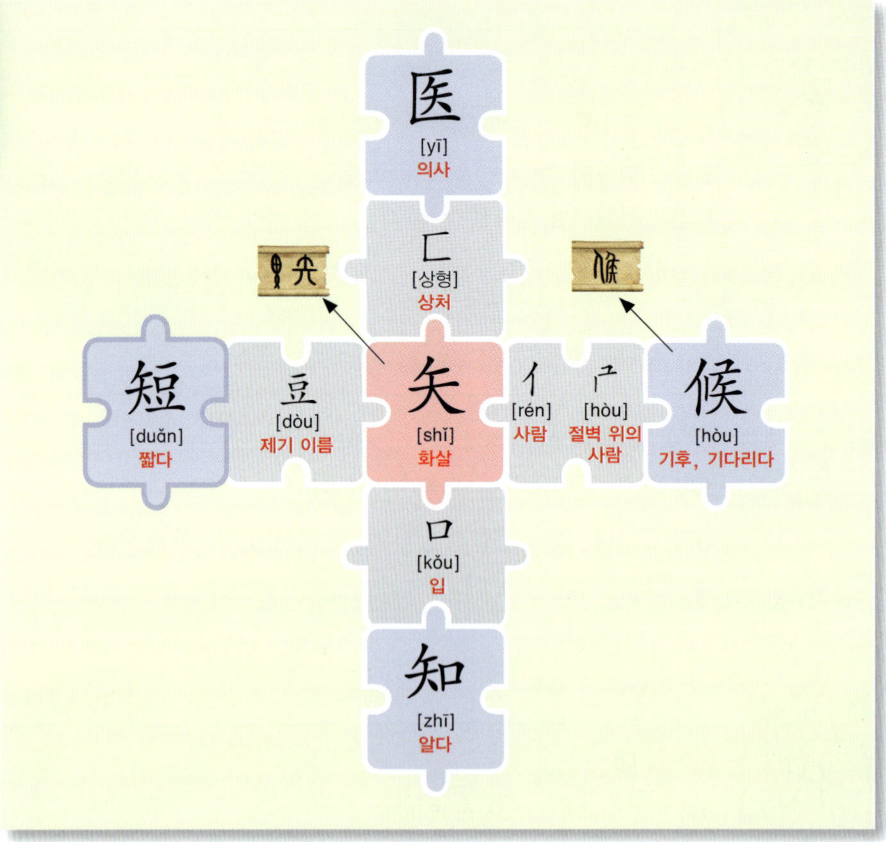

111

医
[yī]
의사

匚
[상형]
상처

短
[duǎn]
짧다

豆
[dòu]
제기 이름

矢
[shǐ]
화살

亻
[rén]
사람

广
[hòu]
절벽 위의
사람

候
[hòu]
기후, 기다리다

口
[kǒu]
입

知
[zhī]
알다

111

矢 矢 矢 矢 矢

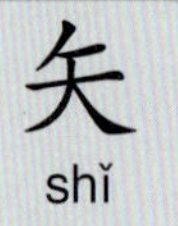

화살 시

shǐ

화살촉과 화살대 그리고 오늬를 포함한 화살의 전체 모양을 본뜬 글자이다.

111a

医 医 医 医 医 医 医

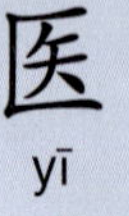

[醫] 의원 의

yī

상처 匚 [상형] + 화살 시 矢 [shǐ]

화살(矢)에 맞아 생긴 상처(匚)에 술을 부어 치료하는 모습에서 '의사'의 뜻
이 파생되었다.

* 번체자(醫)는 화살(矢)에 맞아 생긴 상처(匸)에 알코올 성분인 술(酉162)을 부어 소독하고, 아픈 자리를 고정하기 위해 부목(殳117)을 대어 치료하는 장면임을 보여 준다.

医生[yīshēng] 의사 208   医院[yīyuàn] 병원 71b

111b

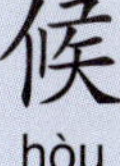

候 hòu

기후 후

사람 인 亻68 [rén] + 절벽 위의 사람 宀 [상형] + 화살 시 矢 [shǐ]

적의 움직임을 간파하기 위해 보초(亻)가 화살(矢)로 무장하고 절벽 위(宀)에 숨어 **기다리며** 적군의 상황을 살피는 모습이다. 또한 기상의 상황을 의미하는 '기후'의 뜻으로도 쓰인다.

* "宀"은 절벽(厂147) 위의 사람(⺈72)이 간략하게 줄어든 모습이다.

时候[shíhou] 때, 시각, 무렵 42d   气候[qìhòu] 기후 204

111c

知 zhī

알 지

화살 시 矢 [shǐ] + 입구 口 16 [kǒu]

화살(矢)로 과녁을 맞히듯이 어떤 사실에 관해 정확하게 입(口)으로 말하는 모습에서 '알다'는 뜻이 파생되었다.

知道[zhīdào] 알다, 이해하다 7a   知识[zhīshi] 지식 179b

111d

短 duǎn

짧을 단

화살 시 矢 [shǐ] + 제기 이름 두 豆 140 [dòu]

와인 잔처럼 발이 높이 올라와 있는 제기(豆)의 높이가 기껏해야 화살(矢)의 길이에도 미치지 못한다는 의미에서 '짧다'는 뜻을 갖게 되었다.

* "豆"는 와인 잔처럼 발이 높이 올라와 있는 제기의 모습이다.

短期[duǎnqī] 단기간 44b   短信[duǎnxìn] 문자 메시지 23a

261

至

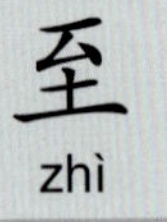

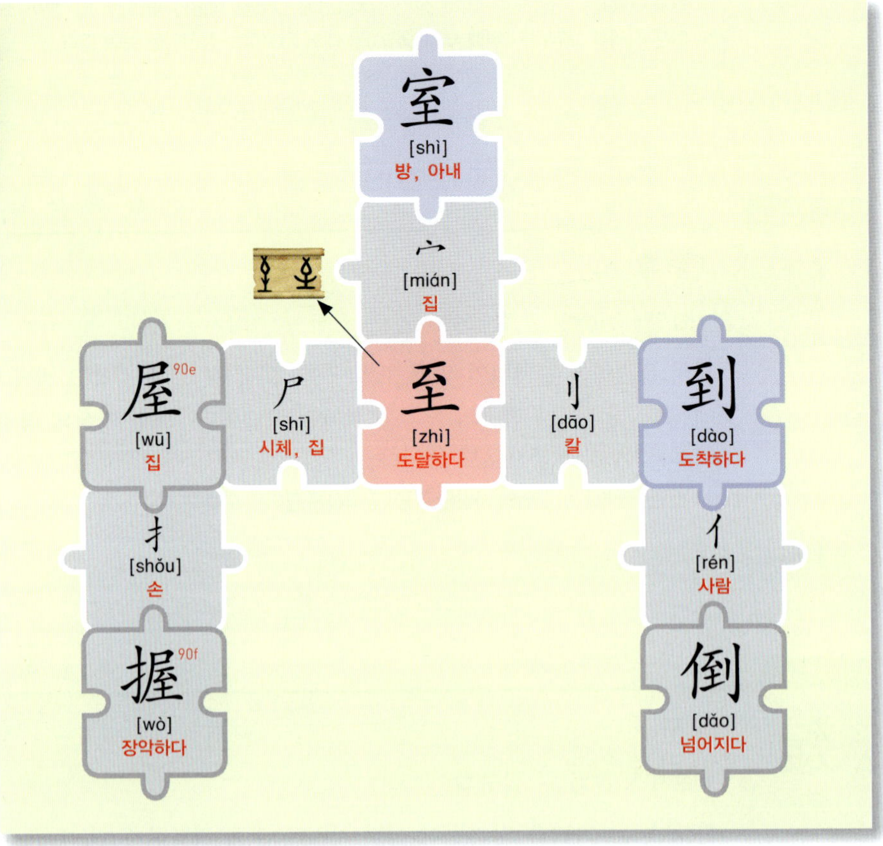

112

112

至 至 至 至 至 至

至
zhì

이를 지

화살(矢[111])이 날아와 땅(土[155])에 거꾸로 꽂힌 모습으로, 화살이 도달했다는 의미를 가지고 있다.

* 옛날에 장식이 달린 신성시 여기는 화살(矢)을 쏴서, 그 화살이 날아가 꽂힌 자리(一)에 건물이나 제단을 세우던 풍습이 반영된 글자이다. 중국의 자금성도 그러한 방식으로 자리를 잡았다는 설이 있다.

至今[zhìjīn] 지금까지, 오늘까지 66

112a

室室室室室室室室室

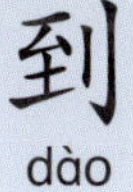

室
shì

방 실

집 면 宀 [141] [mián] + 이를지 至 [zhì]

장식이 달린 신성시 여기는 화살을 쏴, 그 화살이 도달해(至) 꽂힌 자리에 집(宀)을 짓던 풍습에서 '방'의 뜻이 만들어졌다. 또한 한방에 함께 사는 사람이라는 의미에서 '아내'의 뜻도 갖게 되었다.

＊ 중국인들이 복을 받을 수 있는 좋은 위치에 집을 짓고자 하였음을 알 수 있다.

教室[jiàoshì] 교실 50c

卧室[wòshì] 침실 107

办公室[bàngōngshì] 사무실, 오피스 159b 93b

112b

到到到到到到到到

到
dào

이를 도

이를지 至 [zhì] + 칼도 刂 = 刀 [120] [dāo]

땅 위에 날아와 꽂힌 화살(至)과 칼(刂)은 전쟁 상황을 묘사한다. 그렇게 칼(刀)로 무장하고 마침내 적진에 이르렀다(至)는 의미에서 '도달하다, 도착하다'의 뜻이 파생되었다.

迟到[chídào] 지각하다 91b

从…到…[cóng…dào…] ~에서 ~까지 63g

感到[gǎndào] 느끼다, 여기다 114d

遇到[yùdào] 만나다, 마주치다, 맞닥뜨리다 194c

得到[dédào] 얻다, 받다, 획득하다 40b

112

112c

倒倒倒倒倒倒倒倒倒倒

倒
dǎo

넘어질 도

사람 인 亻 [68] [rén] + 이를 도 到 [112b] [dào]

적진에 도착한(到) 병사들이 적군(亻)을 거꾸로 쓰러뜨리는 모습이다.

打倒[dǎdǎo] 타도하다, 때려눕히다 31c

这棵树被风刮倒了。 이 나무는 바람에 넘어졌다. 133a 210g 40d 130a 213c 22a 112c 170a

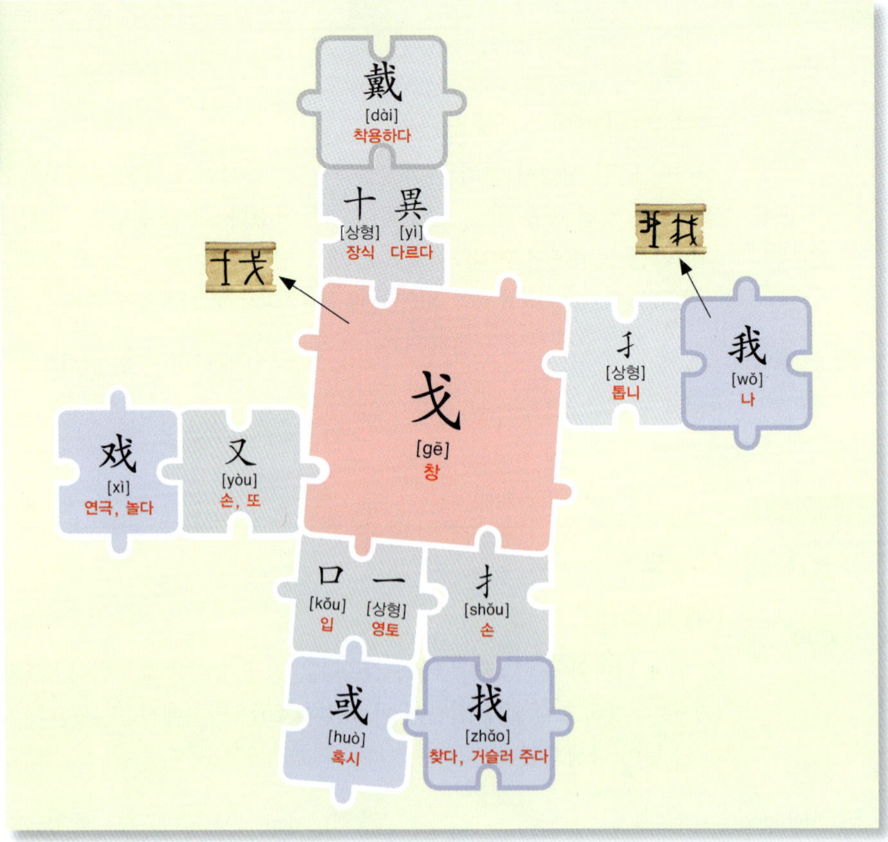

113

戈 戈 戈 戈

창 과

gē

낫처럼 생겨 자르고 벨 수 있는 날을 가진 **창**을 본뜬 글자이다.

戴 戴 戴 戴 戴 戴 戴 戴 戴 戴 戴 戴 戴 戴 戴 戴 戴

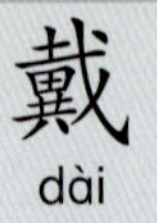

일 대

dài

장식 十 [상형] ＋ 다를 이 異 → 异(간체자) [yì] ＋ 창 과 戈 [gē]

특별한 행사가 있을 때 장식(十)이 달린 창(戈)과 같이 평소와 다른(異) 장신구를 **착용하는** 모습에서 '(머리에) 이다, 받들다'는 뜻이 파생되었다.

264

你把它戴去好了。 네가 그것을 쓰고 가도 된다. 73a 92b 88f 113a 94 96c 170a

113b

我 气 扌 我 我 我 我

나 아

我
wǒ

톱니 扌 [상형] + 창과 戈 [gē]

톱니(扌)가 달린 창(戈)의 모습에서 '톱'을 뜻하는 글자였으나, 나중에 발음이 같은 '나, 우리'의 뜻으로 쓰이게 되었다.

我们[wǒmen] 우리(들) 145a   自我[zìwǒ] 자아, 자기 자신 26

113c

一 十 扌 扌 找 找 找

찾을 조

找
zhǎo

손수 扌=手 ^{31} [shǒu] + 창과 戈 [gē]

손(扌)에 창(戈)을 든 군인이 적군을 샅샅이 찾고 있는 모습이다. 그렇게 찾는 모습에서 초과하여 받은 부분을 찾아 돌려준다는 의미의 '거슬러 주다'는 뜻도 갖게 되었다.

他找不着孩子了。 그는 아이를 찾을 수 없었다. 84b 113c 223a 11b 4c 95 170a
找他五块。 그에게 5위안을 거슬러 주다. 113c 84b 226a 76b

113d

或 或 或 或 或 或 或 或

혹시 혹

或
huò

창과 戈 [gē] + 입구口 ^{16} [kǒu] + 영토 一 [상형]

창(戈)으로 백성(口)과 영토(一)를 지킨다는 뜻에서 '나라'를 의미하였으나, 훗날 사냥이나 전쟁으로 나라를 떠났을 때, 가족이 살고 있는 나라에 혹시 무슨 일이 생기지 않았는지 염려하는 모습에서 '혹시'의 뜻으로 쓰이게 되었다.

* 입(口)은 살아 있는 사람을 나타낼 때도 사용된다.

或者[huòzhě] 어쩌면, 혹시 101

113e

戏 戏 戏 戏 戏 戏

戏 xì

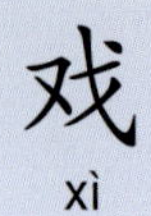

[戲] **놀 희**

손/또 우 又[34] [yòu] + 창 과 戈 [gē]

손(又)에 모형으로 만든 창(戈)을 들고 무대 위에서 싸우는 연기를 하는 모습에서 '놀다'는 뜻이 파생되었다.

* "找113c[zhǎo]"와 구분하기 위해 반복해서(又) 찔러도 죽지 않는 모형으로 만든 창(戈)을 가지고 연극하는 모습이라고 생각하자.

游戏[yóuxì] 게임, 놀이 161b

114

戊

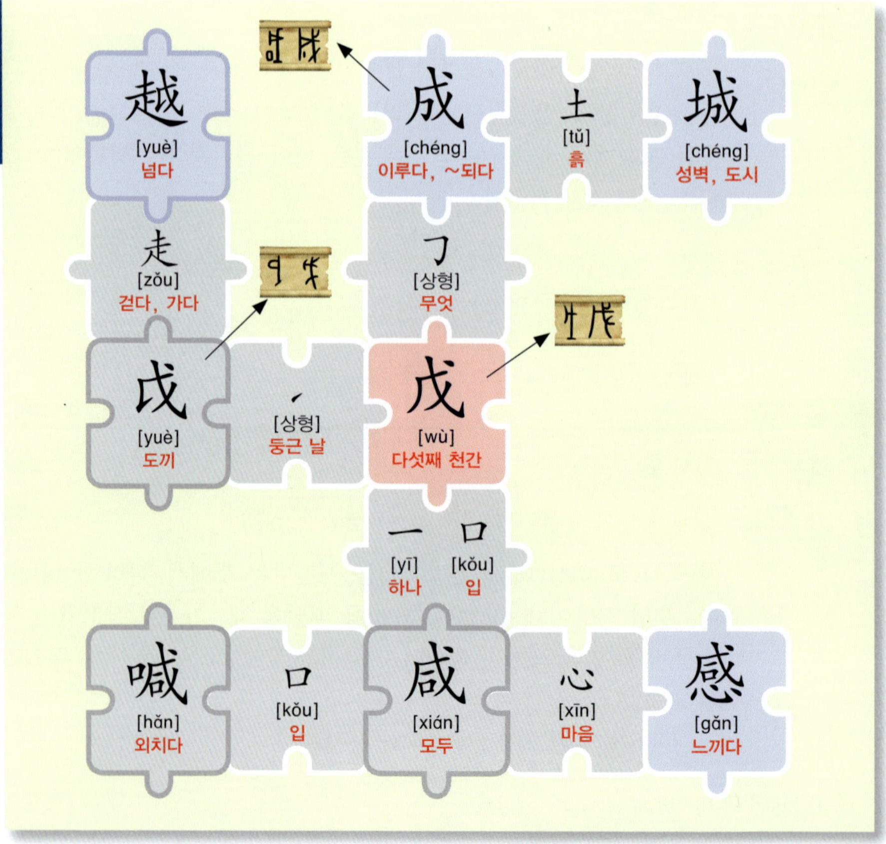

越
[yuè]
넘다
成
[chéng]
이루다, ~되다
土
[tǔ]
흙
城
[chéng]
성벽, 도시
走
[zǒu]
걷다, 가다
𠃌
[상형]
무엇
戉
[yuè]
도끼
丿
[상형]
둥근 날
戊
[wù]
다섯째 천간
一 口
[yī] [kǒu]
하나 입
喊
[hǎn]
외치다
口
[kǒu]
입
咸
[xián]
모두
心
[xīn]
마음
感
[gǎn]
느끼다

114

戊 戊 戊 戊 戊

戊 wù — 다섯째 천간 무

창과 戈[113] [gē] + 삐침 별 丿[234] [piě]

찌르는 역할을 하는 창(戈)에 내려찍거나 베는 무시무시한 날(丿)을 더한 글자로 '도끼'라는 기본 뜻을 가지고 있다. 열 가지 천간의 다섯 번째를 뜻한다.

* "丿"은 의미가 없는 글자로 다양한 해석이 가능하다.

114a

成 成 成 成 成 成

成 chéng — 이룰 성

도끼/다섯째 천간 무 戊 [wù] + 무엇 丁 [상형]

도끼(戊)의 날(丿)에 무엇(丁)인가가 잘려 나간 모습이다. 도끼(戊)로 적장의 목(丁)을 잘라 자신의 목적을 이루었다는 의미에서 '이루다, ~되다'의 뜻이 파생되었다.

成绩[chéngjì] 성적, 결과, 점수 186c   完成[wánchéng] 완성하다, 끝내다, 완수하다 71a
变成[biànchéng] ~(으)로 변하다 34c   成就[chéngjiù] 성취, 성과, 완성하다 80b

114b

城 城 城 城 城 城 城 城 城

城 chéng — 성 성

흙토 土[155] [tǔ] + 이룰 성 成[114a] [chéng]

도끼를 들고 자신들의 목적을 이루기(成) 위해 쳐들어오는 적군을 막으려고 흙(土)벽돌로 도시 둘레에 성벽을 쌓은 모습이다.

城市[chéngshì] 도시 132a   长城[Chángchéng] 만리장성 102

114c

咸 咸 咸 咸 咸 咸 咸 咸 咸

咸 xián — 모두 함

도끼/다섯째 천간 무 戊 [wù] + 하나 일 一[223] [yī] + 입구 口[16] [kǒu]

도끼(戊)를 든 병사들이 모두 한(一)목소리(口)로 함성을 지르며 적진을 향해 달려가는 모습이다.

114d

느낄 **감**
gǎn

모두 함 咸 [114c] [xián] + 마음 심 心 [28] [xīn]

도끼를 든 병사들이 모두(咸) 한목소리로 함성을 지르며 적진을 향해 달려갈 때 자신감과 두려움이 교차되는 마음(心)에서 '느끼다'는 뜻이 파생되었다.

感冒 [gǎnmào] 감기, 감기에 걸리다 11e
感到 [gǎndào] 느끼다, 여기다 112b

感兴趣 [gǎn xìngqù] 흥미가 있다, 좋아하다 43d 10d
感谢 [gǎnxiè] 감사하다, 고맙다 27c

114e

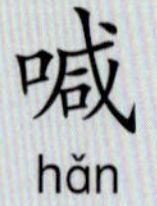

외칠 **함**
hǎn

입 구 口 [16] [kǒu] + 모두 함 咸 [114c] [xián]

함성을 지르는 모습의 "咸"이 '모두'라는 의미로 쓰이자, 함성을 지르는 입 (口)을 추가하여 '외치다'는 원래 의미를 되살렸다.

班长在前面喊口令。 반장이 앞에서 구령을 외친다. 120f 102 32a 221a 10 114e 16 86

114f

도끼 **월**
yuè

창 과 戈 [113] [gē] + 둥근 날 ╰ [상형]

"戊[wù]"가 창(戈)에 일반적인 날(丿)을 더한 글자라면, "戉[yuè]"는 창(戈) 에 둥근 도끼날(╰)을 단 모습으로 창이 더욱 공격적으로 개량되었음을 보여 준다.

✱ 옛 글자를 보면 창의 왼편에 둥근 도끼날이 달려 있음을 분명하게 알 수 있다.

114g

넘을 **월**
yuè

달릴 주 走 [53c] [zǒu] + 도끼 월 戉 [114f] [yuè]

더욱 공격적으로 개량된 도끼(戉)를 들고 성벽을 뛰어넘어 적진으로 돌진 (走)하는 군인의 모습이다.

115

戋 戋 戋 戋 戋

戋
jiān

[戔] 적을 **전**

살상 무기인 "창 과 戈[113][gē]"를 두 개 위아래로 겹쳐 놓은 모습에서 '해치다'는 기본 의미를 갖게 되었다. 또한 두께가 얇은 창은 아무리 많이 쌓아 놓아도 부피가 크지 않다는 의미에서 '적다'는 뜻도 가지고 있다.

115a

钱 钱 钱 钱 钱 钱 钱 钱 钱 钱

钱
qián

[錢] 돈 **전**

쇠금 钅=金[199] [jīn] + 적을 전 戋 [jiān]

금속(钅)으로 얇게(戋) 만든 돈이라는 의미에서 '동전, 돈'을 뜻하게 되었다.

* 중국을 최초로 통일하고 만리장성을 축조한 제국인 진나라(秦, 기원전 221년 ~ 기원전 206년) 때, 시황제는 금속(金) 재질의 가운데 구멍을 낸 얇은(戋) 동전을 제조했고 이것이 중국 화폐의 기본형이 되었다.

零钱[língqián] 잔돈, 푼돈, 용돈 86c

115b

浅 浅 浅 浅 浅 浅 浅

浅
qiǎn

[淺] 얕을 **천**

물수 氵[201] [shuǐ] + 적을 전 戋 [jiān]

물(氵)이 적으니(戋) 물의 깊이가 얕다.

这条小河水很浅。 이 작은 하천은 물이 매우 얕다. 133a 56c 235 17d 200 14a 115b

116

矛矛矛矛矛

矛
máo

창 모

송곳처럼 끝이 뾰족해 찌르는 데 사용되는 자루가 긴 창을 묘사한 글자이다.

116a

矞矞矞矞矞矞矞矞矞矞矞矞

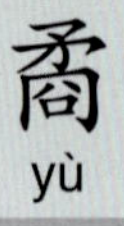

矞
yù

송곳질할 율

송곳/창모 矛 [máo] + 환할경 冋 103c [jiǒng]

진실을 밝히기(冋) 위해 송곳(矛)으로 찔러 고문하는 모습에서 '송곳질하다'는 의미가 파생되었다.

＊ "冋"은 사방에서 빛이 들어와 환해진 창문의 모습에서 만들어진 글자이다.

116b

橘橘橘橘橘橘橘橘橘橘橘橘橘橘橘

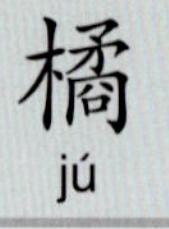

橘
jú

귤나무 귤

나무목 木 210 [mù] + 송곳질할율 矞 116a [yù]

귤의 껍질을 보면 마치 송곳질(矞)해서 상처가 난 것처럼 오돌토돌하다. 바로 그러한 귤나무(木)를 묘사한 글자이다.

＊ 귤은 발음이 "길할 길 吉 104a [jí]"자와 비슷해 상서로움의 상징으로도 여겨졌다. 그처럼 행운(吉)을 가져오는 나무(木)라는 의미에서 간단하게 "桔[jú]"로 바꾸어 쓰기도 한다.

橘子[júzi] 귤 95

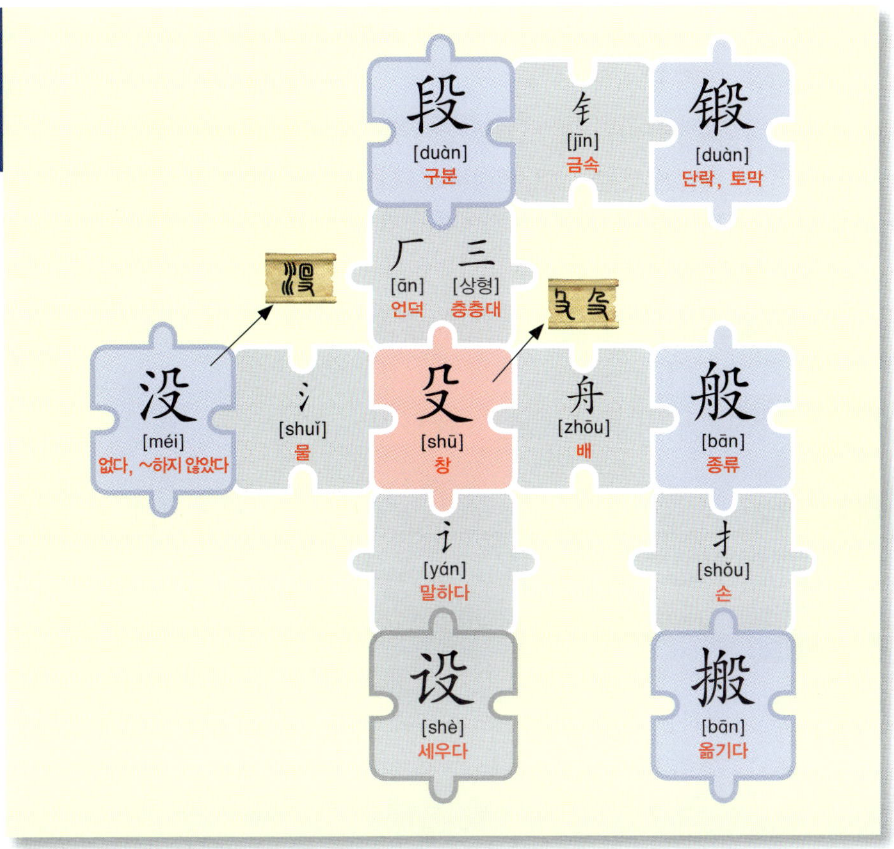

117

殳 殳 殳 殳

117

殳 shū

창 수

여러 종류의 창 가운데 찌르는 창이 아닌 날이 없는 긴 자루를 손(又[34])에 들고 있는 모습이다. 다른 글자와 합해질 때 '막대기, 치다'는 의미 요소로 사용된다.

117a

段
duàn

구분 단

언덕 엄 厂¹⁴⁷ [ān] + 층층대 三 [상형] + 치다/창 수 殳 [shū]

비탈진 언덕(厂)을 일정하게 **구분**하여 연장으로 두들겨(殳) 층층대(三)를 만드는 모습으로, 시간이나 공간의 일정한 구간을 세는 단위로 사용된다. 또한 가늘고 긴 물건이 나눠진 **토막을 세는 단위**로도 사용된다.

手段[shǒuduàn] 수단, 방법, 수법 31
一段公路 한 구간의 고속도로 223 117a 93b 57a
一段时间 얼마간의 시간 223 117a 42d 145c

117b

锻
duàn

[鍛] 벼릴 단

쇠금 钅=金¹⁹⁹ [jīn] + 구분단 段¹¹⁷ᵃ[duàn]

불에 달군 금속(钅)을 망치로 거듭 두들겨(殳) 불순물을 없애는 과정을 반복하는 대장간의 모습으로, "段"을 발음으로 더하여 '**단조하다**'의 뜻을 갖게 되었다.

＊ "段"에 들어 있는 몽둥이(殳)가 금속을 **두들기는** 모습을 강조하고 있다.

锻炼[duànliàn] 제련하다, 단련하다 212d

117c

般
bān

종류 반

배주 舟¹²⁵ [zhōu] + 막대기/창 수 殳 [shū]

배(舟)는 돛의 모양이나 노(殳)를 젓는 방식에 따라 그 **종류**가 다양하다.

＊ 초기의 배는 넓적한 노가 아닌 긴 자루(殳)로 강바닥을 짚어서 미는 방식을 사용하였다.

一般[yìbān] 보통이다, 평범하다, 엇비슷하다 223

117d

옮길 반
bān

손수 扌 =手[31] [shǒu] + 종류반 般[117c] [bān]

긴 자루로 강바닥을 짚어서 미는 종류(般)의 배에 물건을 싣고, 손(扌)으로
긴 자루를 밀어서 배로 물건을 옮기는 모습이다.

你把它搬过来吧。 네가 그것을 옮겨 와라. 73a 92b 88f 117d 40f 210k 92c

117e

[設] **세울 설**
shè

말할언 讠 =言[23] [yán] + 막대기/창 수 殳 [shū]

건물을 세우기 위해 현장감독이 지휘봉(殳)을 휘두르며 말(讠)로 작업을
지시하는 모습이다.

建设[jiànshè] 건설하다, 세우다 38b   设备[shèbèi] 설비, 시설 56a
设计[shèjì] 설계, 설계하다 23b

117f

[沒] **없을 몰**
méi

물수 氵[201] [shuǐ] + 막대기/창 수 殳 [shū]

물(氵)에 빠진 사람에게 몽둥이(殳)를 던져 주었지만, 결국 도움이 되지
못하고 가라앉아 없어지는 모습에서 '없다, ~하지 않았다'는 뜻이 파생되
었다.

＊ 옛 글자는 살려 달라 손(又[34])을 흔들지만 결국 물(氵)에 빠지고(回[20d]) 만 사람을 그려 놓
았다.

没关系[méi guānxi] 괜찮다, 상관없다, 관계없다 45 131b
没有[méiyǒu] 없다, 가지고 있지 않다 39c
没意思[méi yìsi] 재미없다, 단조롭다, 지루하다 24b 28a

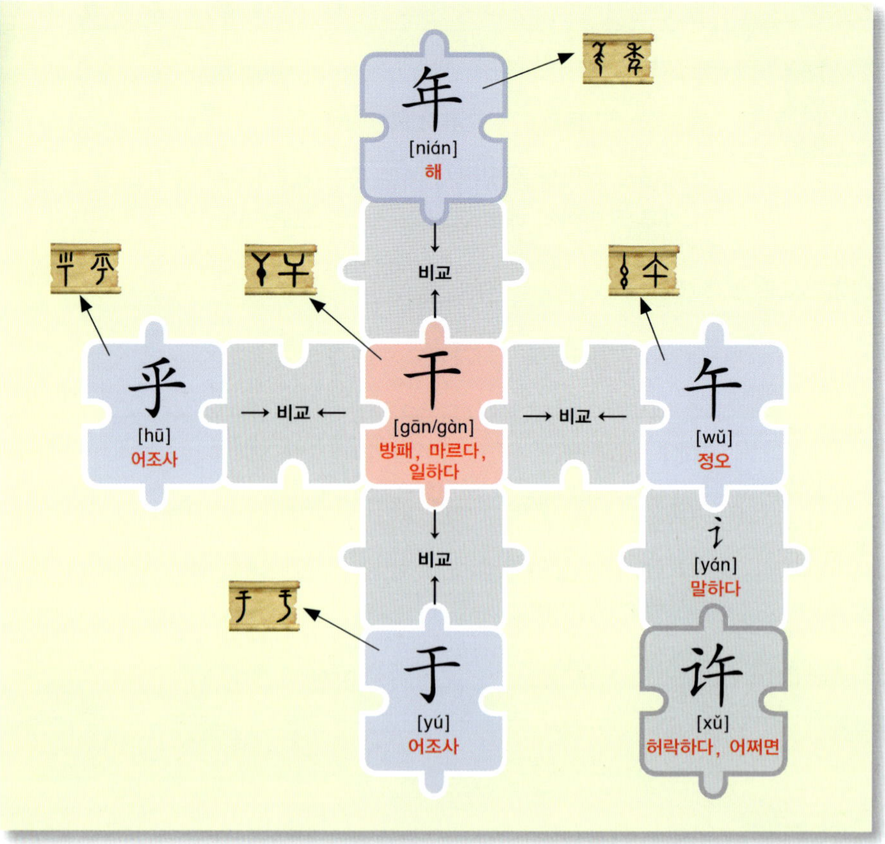

118

干 干 干

干 gān/gàn

[干, 乾, 幹] **방패** 간, **마를** 건, **일할** 간

두 갈래로 갈라진 방어 겸 공격용 무기인 방패를 묘사한 글자이다. 그러나 방패라는 의미 요소로 쓰이는 경우는 거의 없고, 현재는 발음이 같은 '마르다'의 뜻으로 의미가 바뀌었다. 또, 두 갈래로 갈라진 방패 모양처럼 식물의 줄기가 갈라져 자라는 모습이다. 줄기가 식물의 주요 부분이 되듯이 중심이 되어 어떤 일을 한다는 의미에서 '~을 하다, 일하다'의 뜻이 파생되었다.

干净[gānjìng] 깨끗하다, 청결하다 36b

干部[gànbù] 간부, 관리자 79f

干活儿[gàn//huór] 육체노동을 하다, 일하다 22c 69

干杯[gān//bēi] 건배하다, 잔을 비우다 223b

能干[nénggàn] 유능하다, 재능 있다, 일을 잘하다 89b

118a

年 年 年 年 年 年

年
nián

해 년

사람인 亻→ 人[63] [rén] + 벼화 牛 → 禾[139] [hé]

추수 때 사람(人)이 볏단(禾)을 지고 나르는 모습이다. 추수는 한 해에 한 번뿐이었으므로 '해'를 의미하는 글자로 발전하였다.

＊ 갑골문은 벼(禾)와 사람(人)을 합쳐 놓은 글자임을 보여 준다.

去年[qùnián] 작년 94	年级[niánjí] 학년 36g
年轻[niánqīng] 젊다, 어리다 124b	今年[jīnnián] 올해, 금년 66
明年[míngnián] 내년 218h	年纪[niánji] 나이, 연령 82c
青年[qīngnián] 청년, 젊은이 135	新年[xīnnián] 신년, 새해 103b

118b

午 午 午 午

午
wǔ

낮 오

곡식을 찧고 빻을 때 사용하는 도구인 절굿공이를 똑바로 세운 모양이다. 절굿공이의 위쪽이 하늘 한가운데를 가리키는 모습에서, 해가 하늘 한가운데 떠 있는 시간대인 '정오'의 뜻이 파생되었다.

＊ 옛 그림을 보면 방앗간의 지붕과 절굿공이를 그려 방아를 찧는 방앗간의 모습임을 알려 준다.

上午[shàngwǔ] 오전 223f	下午[xiàwǔ] 오후 223g
中午[zhōngwǔ] 정오 231a	午饭[wǔfàn] 점심(밥), 중식 147b

118

118c

[許] **허락할** 허

말할 언 讠 = 言[23] [yán] + 절굿공이/낮 오 午[118b] [wǔ]

'열 번 찍어 안 넘어가는 나무 없다'는 속담처럼, 절굿공이(午)가 위아래로 수없이 오르내리듯이, 끊임없이 말(讠)로 요청하여 허락을 받는 모습이다. 또한 끊임없이(午) 요청(讠)하다 보면 **허락**해 줄지도 모른다는 의미에서 '**어쩌면**'과 같은 부사어로도 의미가 확장되었다.

许多[xǔduō] 매우 많다, 허다하다 222d   　　也许[yěxǔ] 어쩌면, 아마도 84
允许[yǔnxǔ] 동의하다, 허가하다 69a

118d

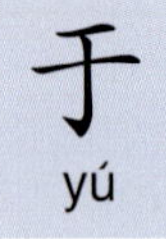

어조사 어

특별한 뜻은 없지만 말을 글로 완성하는 데 필요한 소리를 나타내기 위해 입을 크게 벌린 모습, 혹은 목구멍에서 소리가 올라오는 모습을 묘사한 것으로 보인다. 지금은 '**장소, 시간, 방향, 대상을 나타내는 전치사**'로 사용된다.

* 모양은 "방패 간 干[gān]"과 비슷하지만 아무 관련이 없는 글자이다.

关于[guānyú] ~에 관한, ~에 관하여 45   　　终于[zhōngyú] 마침내, 결국, 끝내 206g

118e

어조사 호

누군가를 **부르기** 위해 목구멍에서 소리가 올라오다 위에서 크게 퍼지는 모습을 묘사한 것으로 보인다. 문장 끝에 쓰여 **의문, 감탄의 어기**를 나타낸다.

几乎[jīhū] 거의, 거의 모두, 하마터면 213

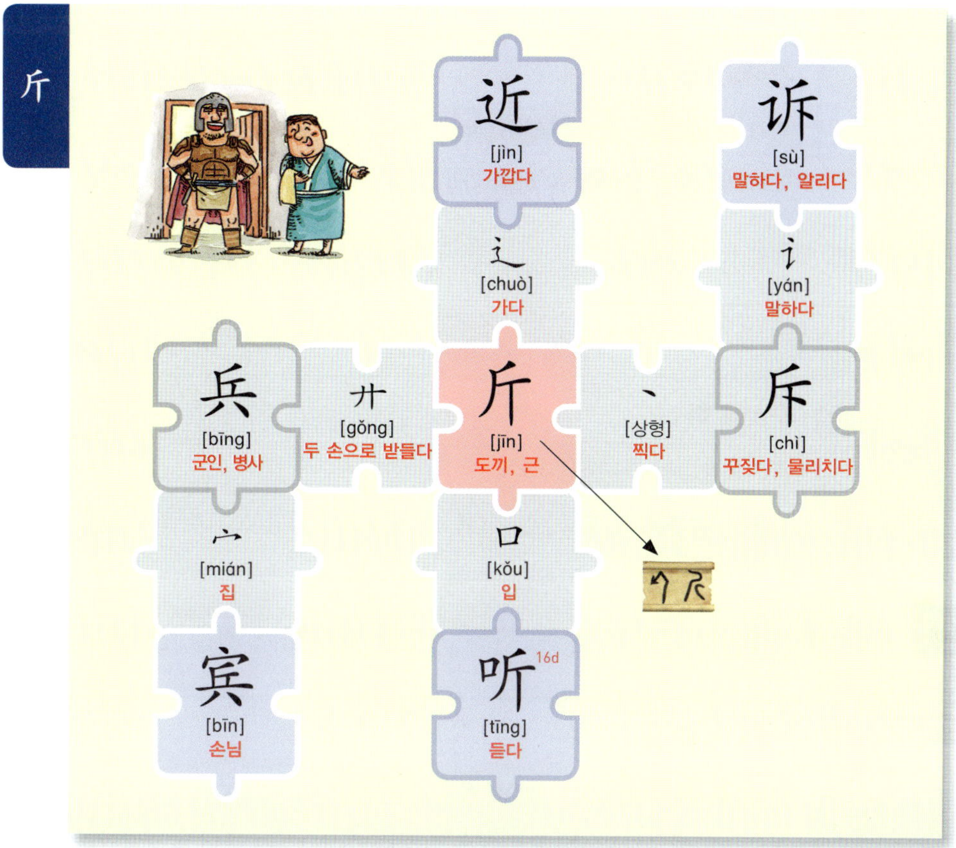

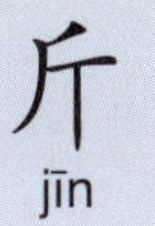

近 [jìn] 가깝다
辶 [chuò] 가다

诉 [sù] 말하다, 알리다
讠 [yán] 말하다

兵 [bīng] 군인, 병사
廾 [gǒng] 두 손으로 받들다
斤 [jīn] 도끼, 근
丶 [상형] 찍다
斥 [chì] 꾸짖다, 물리치다

宀 [mián] 집
口 [kǒu] 입

宾 [bīn] 손님
听 16d [tīng] 듣다

119

斤 斤 斤 斤

斤 jīn

도끼 근

나무를 패거나 찍는 연장 또는 전쟁에서 적과 싸울 때 사용하던 무기인 도끼의 모양을 본뜬 글자이다. 또한 발음이 같아서 중량을 재는 단위로도 사용된다.

* 중국에서 한 "斤"은 500g이다.

公斤 [gōngjīn] 킬로그램(kg) 93b

羊肉多少钱一斤? 양고기 한 근에 얼마죠? 171 192 222d 235a 115a 223 119

119a

近近近近近近近

近
jìn

가까울 근

도끼근 斤 [jīn] + 갈착 辶[61] [chuò]

도끼(斤)를 들고 땔감을 하러 가는(辶) 곳은 비교적 가까운 곳이었다.

附近[fùjìn] 부근, 근처, 가까운 41c   最近[zuìjìn] 최근, 요즈음 10c

119b

斤斤斤斤斤

斤
chì

꾸짖을 척

도끼근 斤 [jīn] + 찍음・[상형]

잘못된 것들은 도끼(斤)로 찍어(・) 쳐내듯이 책망하고 주변에서 물리쳐야
한다.

119c

诉诉诉诉诉诉诉

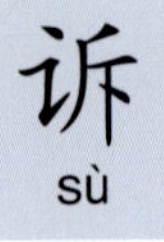

诉
sù

[訴] 말할 소

말할언 讠 =言[23] [yán] + 꾸짖을 척 斤[119b] [chì]

말(讠)로 물리치는(斤) 모습에서 '말하다, 알리다'는 뜻이 파생되었다.

告诉[gàosu] 말하다, 알리다 175d

119d

兵兵兵兵兵兵兵

兵
bīng

병사 병

도끼근 斤 [jīn] + 두손받들공 廾[43] [gǒng]

용맹스러운 군인이 도끼(斤)를 두 손(廾)으로 들고 있는 모습이다.

119e

宾
bīn

[賓] **손님** 빈

집 면 宀[141] [mián] + 병사병 兵[119d] [bīng]

원정 길에 오른 군인(兵)을 집(宀)에 초대해 귀한 손님으로 대접하는 모습이다.

* 번체자(賓)는 중국에서 자기 집(宀)에 찾아오는(🦶→止[53]) 손님을 보물(貝[186])처럼 귀히 여기는 풍습이 있었음을 알려 준다.

宾馆[bīnguǎn] 호텔 193c

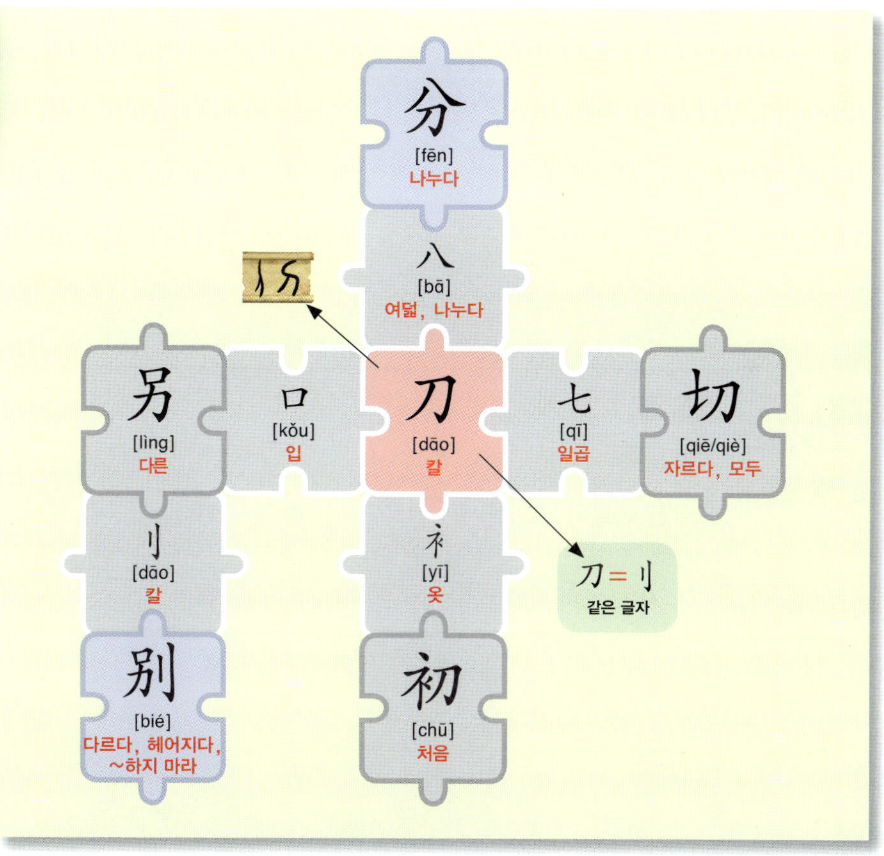

120

刀
dāo

칼 도

손잡이가 있는 칼의 모양을 본뜬 글자이다.

刀子[dāozi] 작은 칼 95

120a

分
fēn

나눌 분

나누다/여덟 팔 八[229] [bā] + 칼 도 刀 [dāo]

칼(刀)로 잘라 반으로 나누는(八) 모습이다. 그처럼 나눈다는 의미에서 시간을 나누는 '분'의 뜻과 '점수를 나누는 단위' 그리고 '화폐를 나누는 단위'로도 사용된다.

* "八"은 양쪽으로 대칭을 이루며 나누어진 모양으로 '나누다'라는 뜻을 가지고 있다.
* 1分 = 1/10角[191] = 1/100元[71]

分钟[fēnzhōng] 분 231b   部分[bùfen] 부분, 일부 79f
十分[shífēn] 매우, 대단히, 충분히 232   分散[fēnsàn] 분산하다, 흩어지다 50d
得80分 80점을 얻다 40b 120a

120b

切
qiē/qiè

끊을 절, 모두 체

일곱 칠 七[223d] [qī] + 칼 도 刀 [dāo]

도살한 동물의 고기를 칼(刀)로 자른 모양(七)이다. 발음을 달리하여 칼(刀)로 고기의 모든 부위를 딱 들어맞게 자른 모습(七)을 의미하기도 한다.

* "七"자는 단순히 고기를 가로세로로 자른 모양이라고 생각하자.

一切[yíqiè] 일체, 모든 223   亲切[qīnqiè] 친절하다, 친근하다, 친밀하다 103a

120c

初 初 初 初 初 初 初

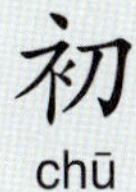

처음 초

옷의 衤=衣[130] [yī] + 칼도 刀 [dāo]

옷(衤)을 만들기 위해 처음으로 하는 일은 칼(刀)로 천을 자르고 마름질하는 일이다.

最初[zuìchū] 최초, 처음, 맨 먼저 10c
初步[chūbù] 초보적인, 처음 단계의 53a

初级[chūjí] 초급의, 초등의 36g

120d

另 另 另 另 另

따로 령

입구 口[16] [kǒu] + 힘력 力[159] [lì] → 칼도 刀 [dāo]

뼈와 먹을(口) 수 있는 고기를 칼(刀)로 분리하는 모습으로, 고기를 제외한 나머지 다른 뼈다귀를 가리키는 글자이다.

* "另"의 옛 동자(咼)를 보면 먹을(口) 수 있는 고기를 제외한 나머지 다른 뼈다귀(冎[guǎ])의 모습임을 알 수 있다.

另外[lìngwài] 다른, 따로, 이 밖에 222a

120e

別 別 別 別 別 別 別

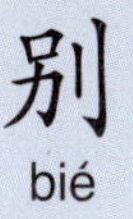

나눌 별

따로령 另[120d] [lìng] + 칼도 刂=刀 [dāo]

뼈와 먹을(口) 수 있는 고기를 칼(刀)로 분리하는 모습의 "另"이 '다른'이라는 의미로 사용되자, 뼈와 고기를 분리하는 도구인 칼(刂)을 하나 더 추가하여 '다른, 헤어지다'는 뜻을 갖게 되었다. '다른'에서 부정적인 의미가 발전하여 '~하지 마라'라는 뜻으로도 사용된다.

* "別"이 '다른'을 의미할 때 뒤에 수량사가 오지 않는다. 반면에 "另"이 대명사로 '다른'의 의미로 쓰일 때는 뒤에 수량사가 온다.

別人[biéren] 남, 타인 63
別的[biéde] 다른 것, 다른 사람 46b
別忘了。 잊지 마라. 120e 3a 170a

特別[tèbié] 특별히, 특별하다 42b
別情[biéqíng] 이별의 정 135d

120

120

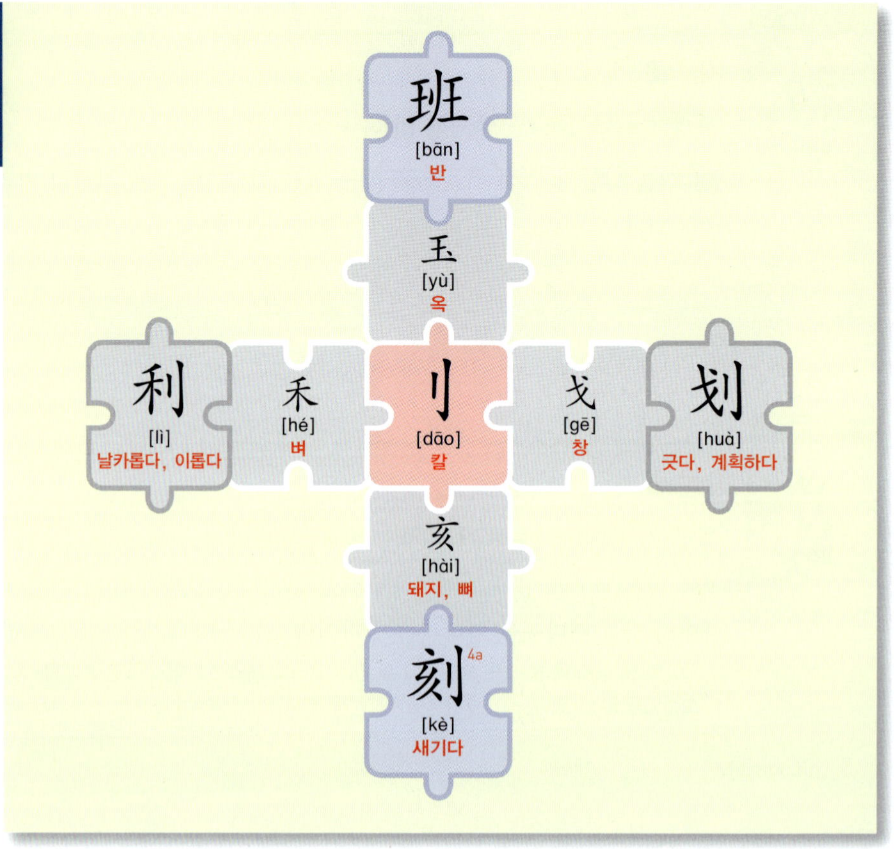

刂 刂

刂
dāo

칼 도

"칼 도 刀[dāo]"와 같은 글자이다.

* 단독 사용은 없고, 다른 글자와 합해질 때 사용된다.

120f

班 班 班 班 班 班 班 班 班 班

반 반

옥옥 玉[198] [yù] + 칼도 刂=刀 [dāo] + 옥옥 玉[198] [yù]

옥(玉)을 칼(刂)로 쪼개 속을 살펴보고 품질별로 나누어 분류하는 모습에서, 일이나 학습을 위해 조직을 나누어 편성하는 '반, 무리'의 뜻이 파생되었다.

上班[shàng//bān] 출근하다 223f 班长[bānzhǎng] 반장 102
下班[xià//bān] 퇴근하다 223g

120g

划 划 划 划 划 划

[劃] 그을 획

창과 戈[113] [gē] + 칼도 刂=刀 [dāo]

뾰족한 창(戈)과 칼(刂)로 땅바닥이나 목판에 선을 그어 지형도를 만드는 모습에서 '계획하다'는 뜻이 파생되었다.

计划[jìhuà] 계획, 계획하다 23b

120h

利 利 利 利 利 利 利

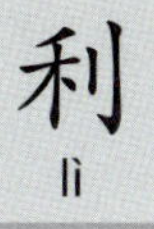

이로울 리

벼화 禾[139] [hé] + 칼도 刂=刀 [dāo]

벼(禾)를 칼(刂)로 수확하려면 칼날이 날카로워야 한다는 의미를 가지고 있다. 또한 수확은 모두에게 이롭다는 뜻도 갖게 되었다.

利用[lìyòng] 이용하다 166 胜利[shènglì] 승리, 이기다, 성공하다 208a
流利[liúlì] 막힘이 없다, 유창하다 201a 有利[yǒulì] 유리하다, 이롭다, 좋은 점이 있다 39c

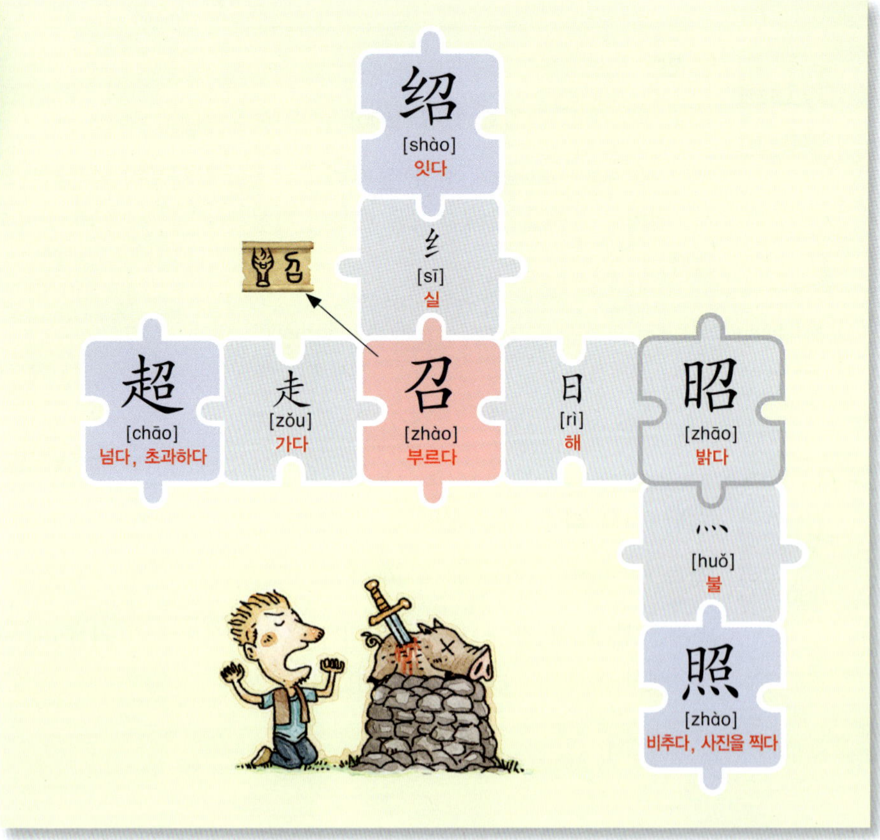

绍
[shào]
잇다

丝
[sī]
실

超
[chāo]
넘다, 초과하다

走
[zǒu]
가다

召
[zhào]
부르다

日
[rì]
해

昭
[zhāo]
밝다

灬
[huǒ]
불

照
[zhào]
비추다, 사진을 찍다

召召召召召

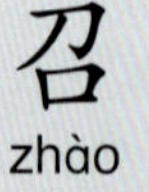

召
zhào

부를 소

칼도 刀 [120][dāo] + 입구 口 [16][kǒu]

동물을 칼(刀)로 잡아 제단 위에 올려놓고 입(口)으로 신을 부르는 모습
이다.

* 갑골문은 양손으로 제물을 바치면서 신을 부르는 모습이었으나, 금문에 와서 제물을 잡는
칼(刀)과 신을 부르는 입(口)만 남게 되었다.

召 集[zhàojí] 소집하다, 불러 모으다 178a

121a

绍
shào

[紹] 이을 소

실 사 纟 [131] [sī] + 부를 소 召 [zhào]

신을 부르는(召) 행위를 통해 신과 인간이 연결되는 것을 실(纟)을 더해 묘사했다. * 실(纟)이 묶어 주고 이어 주는 의미를 나타낸다.

介绍[jièshào] 소개하다, 안내하다 63c

121b

昭
zhāo

밝을 소

해 일 日 [121b] [rì] + 부를 소 召 [zhào]

어두운 밤에 해(日)를 불러내면(召) 주변이 밝아져 사물이 잘 보인다.

121c

121

照
zhào

비출 조

밝을 소 昭 [121b] [zhāo] + 불 화 灬=火 [158] [huǒ]

어두운 밤에 횃불(灬)을 치켜들고 주위를 밝게(昭) 비추는 모습이다. 또한 조명(灬)을 밝혀(昭) 사진을 찍거나 영상을 촬영한다는 의미도 갖게 되었다.

护照[hùzhào] 여권 144f

照片[zhàopiàn] 사진 215

照相[zhào//xiàng] 사진을 찍다, 촬영하다 11c

照顾[zhàogù] 보살피다, 돌보다, 간호하다 6d

照相机[zhàoxiàngjī] 사진기, 카메라 11c 213a

121d

超
chāo

넘을 초

달릴 주 走 [53c] [zǒu] + 부를 소 召 [zhào]

신을 부르기(召) 위해 인간의 한계를 넘어 영계와 육계를 넘나들며(走) 춤을 추는 무당의 모습에서 '초과하다, 능가하다'의 뜻이 파생되었다.

超市[chāoshì] 슈퍼, 슈퍼마켓 132a

并

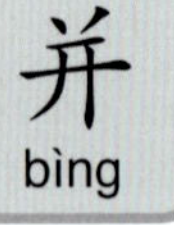

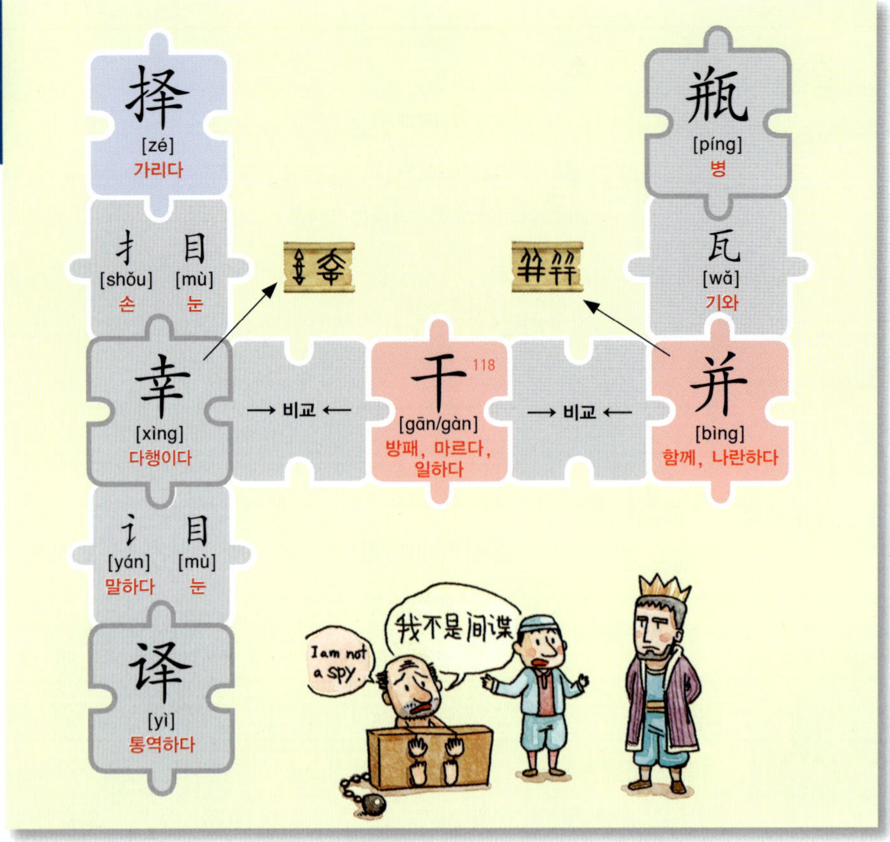

122

122

并 并 并 并 并 并

并
bìng

[並, 竝] **함께 병**

떨어지지 않도록 나란히 서 있는 두 사람(人[63], 人)을 함께 꽁꽁 묶어(二) 놓은 모습이다.

* 부수가 "방패 간 干118[gān]"자에 속하기 때문에 여기에서 다루고 있을 뿐, 두 글자 사이에 연관성은 없다.

并且[bìngqiě] 그리고, 게다가, 아울러 224

122a

병 병
瓶 píng

함께병 并 [bìng] + 기와 와 瓦 [149] [wǎ]

기와(瓦)와 병을 나란히(并) 가마에 넣고 굽는 모습이다.

瓶子[píngzi] 병 95 　　　　热水瓶[rèshuǐpíng] 보온병 158f 200

122b

다행 행
幸 xìng

양쪽 발목과 양쪽 손목을 채우는 나무로 만든 차꼬의 모양으로, 현재 차꼬에 갇히지 않은 것만도 다행이라는 의미에서 '행운이다'는 뜻을 갖게 되었다.

幸福[xìngfú] 행복하다, 행복 126i 　　　　不幸[búxìng] 불행하다, 불행히도, 불행 223a

122c

[譯] 통역할 역
译 yì

말할언 讠 =言 [23] [yán] + 엿볼 역 睪 → 睪 [yì]

외국인 포로를 살펴보고(睪) 포로의 말(讠)을 통역하여 전한다는 뜻이 있다.

* 번체자(譯)에서 "睪"은 눈(罒→目 [11])과 죄수나 포로를 채우는 도구인 차꼬(幸)의 합자로, 죄수를 눈으로 살펴보는 모습이다.

翻译[fānyì] 번역하다, 통역하다, 통역 182b

122d

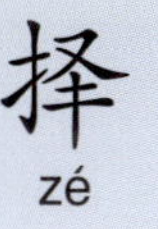

[擇] 가릴 택
择 zé

손수 扌=手 [31] [shǒu] + 엿볼 역 睪 → 睪 [yì]

포로들을 살펴보고(睪) 일 시키기 적당한 사람을 손(扌)으로 가려내는 모습이다.

选择[xuǎnzé] 고르다, 선택하다 69f

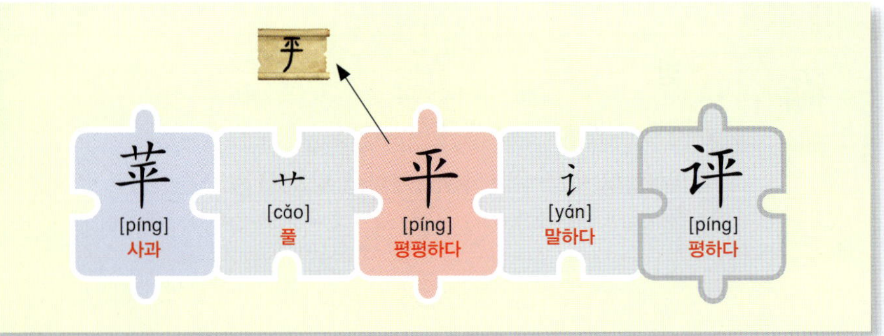

123

平
píng

평평할 평

호수의 평평한 수면 위를 뒤덮고 있는 수초의 모습이다.

水平[shuǐpíng] 수평, 수준 200   平时[píngshí] 평소, 평상시 42d

123a

评
píng

[評] **평할 평**

말할언 讠=言23 [yán] + 평평할평 平 [píng]

어느 쪽으로도 기울지 않고 공정하게(平) 말(讠)로 평하는 모습이다.

批评[pīpíng] 비평하다, 비판하다 88b

123b

苹
píng

[蘋] **사과 빈**

풀초 艹207 [cǎo] + 평평할평 平 [píng]

사과는 세계에서 고르게(平) 재배되는 식물(艹)이다.

＊ 단독으로 사용되지 않고, "사과 苹果[píngguǒ]"라는 단어를 구성하는 데만 사용된다.

苹果[píngguǒ] 사과 210f

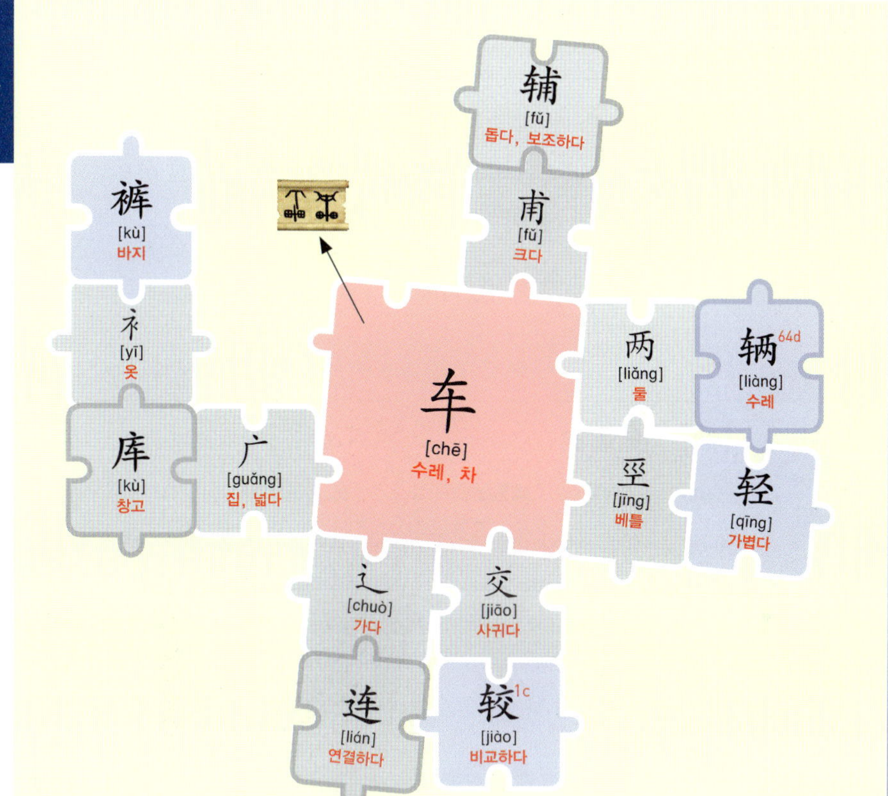

车 车 车 车

车 chē

[車] 수레 차, 거

바퀴 달린 수레의 모습을 본뜬 글자이다. 시대가 변하면서 점차 바퀴가 달린 차의 의미도 갖게 되었다.

出租车[chūzūchē] 택시 169a 139d	公共汽车[gōnggòng qìchē] 버스 93b 43c 204a
火车站[huǒchēzhàn] 기차역 158 127c	自行车[zìxíngchē] 자전거 26 60b
卡车[kǎchē] 트럭 128c	车站[chēzhàn] 정류장, 역, 터미널 127c
出租汽车[chūzū qìchē] 택시 169a 139d 204a	电车[diànchē] 전차 157a
火车[huǒchē] 기차, 열차 158	汽车[qìchē] 자동차 204a

辅 辅 辅 辅 辅 辅 辅 辅 辅 辅

辅 fǔ

[輔] **도울 보**

수레차 车 [chē] + 클보 甫 [166c] [fǔ]

크고 넓은(甫) 밭에서 바퀴 달린 수레(车)를 보조 도구로 이용하는 모습이다.

* "甫"는 작물(屮[207])을 촘촘히 심은 넓은 밭(田[152])의 모습이다.

辅导[fǔdǎo] (학습을) 도우며 지도하다 7b

轻 轻 轻 轻 轻 轻 轻 轻 轻

轻 qīng

[輕] **가벼울 경**

수레차 车 [chē] + 베틀/물줄기 경 巠 → 조 [131e] [jīng]

수레(车)의 바퀴가 가볍게 돌아가는 모습과 천을 짜는 베틀(조)의 가벼운 움직임을 더한 글자이다.

* "조"은 번체자(輕)의 우측 부분인 "巠"이 변한 것으로, "巠"은 베틀의 모양을 본뜬 글자이다.

年轻[niánqīng] 젊다, 어리다 118a　　轻易[qīngyì] 경솔하다, 함부로 하다 49c

连 连 连 连 连 连 连

连 lián

[連] **잇닿을 련**

수레차 车 [chē] + 갈착 辶 [61] [chuò]

자동차(车)의 바퀴가 끊임없이 돌아가며 나아가듯이(辶) 일이 끊임없이 계속된다는 의미에서 '연결하다'의 뜻이 파생되었다.

连…都[也]…[lián…dōu[yě]…] ~마저도 ~한다(뒷구절은 대부분 不나 没有가 붙는 부정문) 101a 84
雨连着下了五天。 비가 연속해서 닷새 동안 내렸다. 205 124c 11b 223g 170a 226a 74b

库 库 库 库 库 库 库

库 kù

[庫] **창고 고**

수레차 车 [chē] + 집/넓을 광 广 [143] [guǎng]

수레(车)를 넣어 두는 집(广)이란 창고를 의미한다.

裤 裤 裤 裤 裤 裤 裤 裤 裤 裤 裤

124e

裤 kù

[裤] **바지** 고

옷의 衤=衣[130] [yī] + 창고 고 库[124d] [kù]

바지는 창고(库)에서 일할 때 입기 편한 옷(衤)이다.

* 고대에는 대부분의 민족이 남녀 모두 치마를 입었으나, 15세기 전투복의 영향으로 활동에 편안한 현대적인 바지가 출현하였다.

裤子[kùzi] 바지 95

125

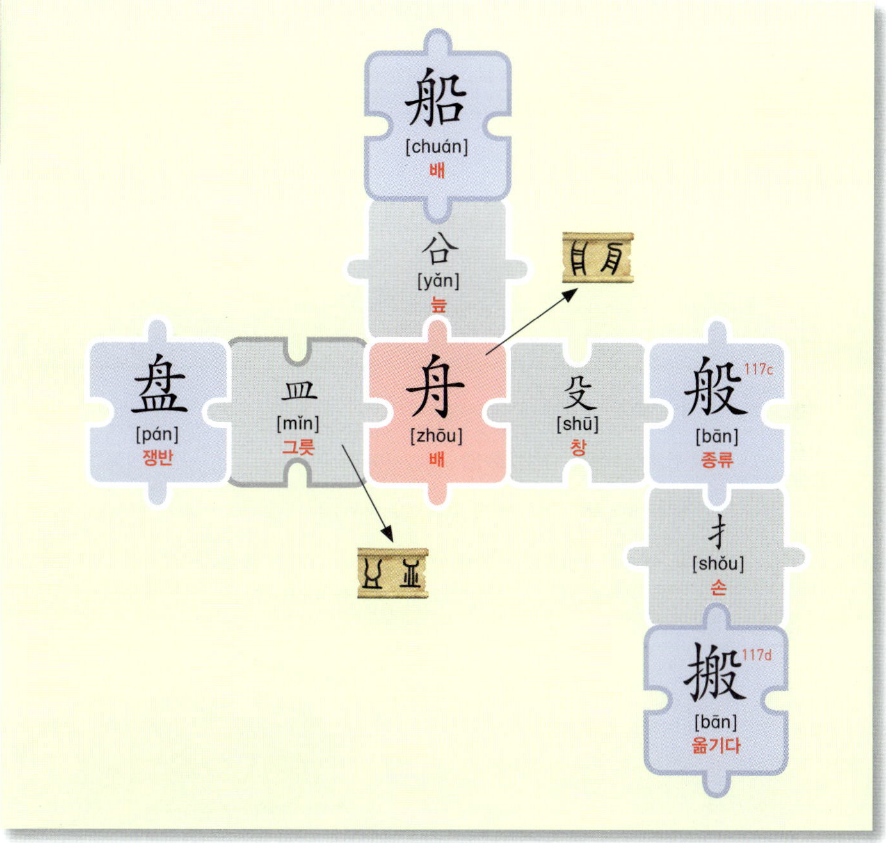

125

舟 zhōu

배 주

통나무 속을 긁어낸 통나무배 혹은 작은 쪽배의 모습이다.

125a

船 chuán

배 선

> 배주 舟 [zhōu] + 늪연 㕣 [yǎn]

언제나 물로 나갈 수 있는 물가의 늪(㕣)에 작은 쪽배(舟)가 놓여진 모습으로, 작은 보트에서 큰 배까지 모든 '배'를 뜻하는 글자이다.

乘船去大连。 배를 타고 다롄에 가다. 88d 125a 94 74 124c

125b

皿 mǐn

그릇 명

가운데가 움푹 파인 그릇의 모양을 본뜬 글자이다.

125c

盘 pán

[盤] 소반 반

> 배주 舟 [zhōu] + 그릇명 皿[125b] [mǐn]

넓찍한 배(舟)처럼 여러 종류의 음식을 담을 수 있는 그릇(皿)인 쟁반을 묘사한 글자이다.

盘子[pánzi] 쟁반 95

示

祭 [jì] 제사

宀 [mián] 집

察 [chá] 살피다

肉 [ròu] 고기

又 [yòu] 손, 또

扌 [shǒu] 손

示 [shì] 보이다

擦 [cā] 비비다

覀 [yà] 덮다

漂 [piào] 물에 뜨다, 표류하다

氵 [shuǐ] 물

票 [piào] 표

126

示 示 示 示 示

126

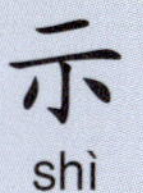

示
shì

보일 시

신에게 드리는 제물을 올려놓는 제단의 모양으로, 제물을 받은 신이 답례로 계시를 보여 주는 모습이다.

＊ 다른 글자와 합해질 때 모양이 "礻"로 간략하게 줄어들기도 한다.

表示[biǎoshì] 의미하다, 나타내다, 기색 130b   指示[zhǐshì] 가리키다, 지시하다, 지시 89a

126a

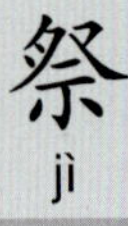

祭 ^{祭 祭 祭 祭 祭 祭 祭 祭 祭 祭 祭}

제사 제

고기육 月[221] → 肉[192] [ròu] + 손/또 우 又[34] [yòu] + 제단/보일 시 示 [shì]

제단(示) 위에 고기(肉)를 손(又)으로 올려놓고 제사를 지내는 모습이다.

* "달 월 月[yuè]"가 다른 글자와 합해질 경우 대부분 "肉"의 의미를 갖는다.

126b

察 ^{察 察 察 察 察 察 察 察 察 察 察 察 察}

살필 찰

집 면 宀[141] [mián] + 제사 제 祭[126a] [jì]

집(宀)에서 제사(祭)를 지내기 위해 상을 차려 놓고 제사상이 올바로 진설 되어 있는지 자세히 살피는 모습이다.

观察[guānchá] 관찰하다, 살피다 13b　　　　考察[kǎochá] 고찰하다, 시찰하다 100c

126c

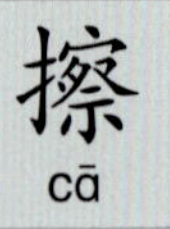

擦 ^{擦 擦 擦 擦 擦 擦 擦 擦 擦 擦 擦 擦 擦 擦 擦 擦}

비빌 찰

손수 扌=手[31] [shǒu] + 살필 찰 察[126b] [chá]

제사를 지내기 위해 차려진 상을 자세히 살펴보고(察) 준비를 마친 다음, 조상신에게 복을 내려 달라고 두 손(扌)을 비비며 기도하는 모습이다.

126d

票 ^{票 票 票 票 票 票 票 票 票 票 票}

표 표

덮을 아 覀[168a] [yà] + 제단/보일 시 示 [shì]

죄를 덮기(覀) 위해, 즉 용서받기 위해 기원하는 내용이 적힌 종이인 축문 을 제단(示) 위에서 불태우는 모습이다. 그러한 종이로 된 축문의 모습에 서 '표, 지폐'의 뜻이 파생되었다.

* 옛 글자는 불(火[158] [huǒ]) 위에 양손(臼[43d] [jiù])으로 재물(머리/숫구멍 신 囟[131h] [xìn])을 올 려 태우는 모습으로, 재물이 재가 되어 날아가는 모습에서 재처럼 가볍게 날아가는 쪽지의 의미가 생겼음을 알려 준다.

邮票[yóupiào] 우표 146d

126e

漂 漂 漂 漂 漂 漂 漂 漂 漂 漂 漂 漂 漂 漂

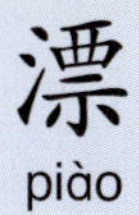

漂
piào

물에 뜰 표

물 수 氵[201] [shuǐ] + 축문/표 표 票[126d] [piào]

축문(票)을 불태우자 재가 되어 공중을 날아가는 모습을, 물(氵) 위를 둥둥 떠다니는 것에 비유하였다.

漂亮[piàoliang] 예쁘다, 아름답다, 멋지다 5b

示(礻)

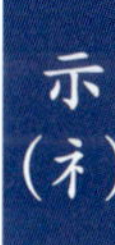

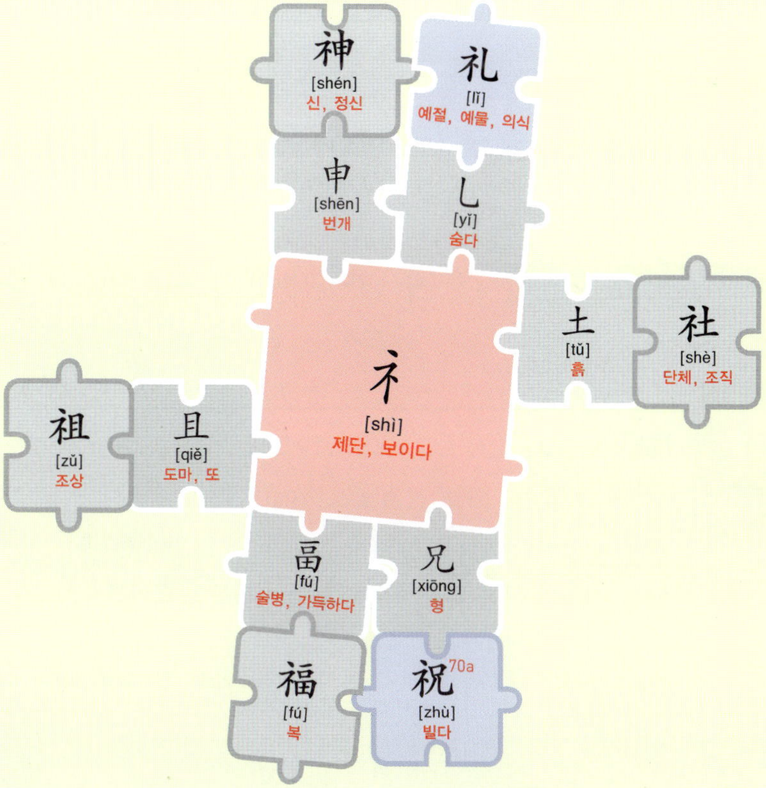

126

126f

神 shén

神 神 神 神 神 神 神 神 神

[神] **귀신** 신

보일 시 礻=示 [shì] + 번개/펼 신 申 [157] [shēn]

번개(申)를 두려워하고 신의 현시(礻)로 여기는 모습에서 '신, 영묘하다'는 뜻이 파생되었다. 또한 눈에 보이지 않는 정신세계 역시 영묘하다는 의미에서 '정신'의 뜻도 갖게 되었다.

* "申"은 사방으로 퍼지는 번개의 모습을 본뜬 글자이다.

精神[jīngshén] 정신, 주요 의미 135b   神经[shénjīng] 신경, 정신 이상 131e

126g

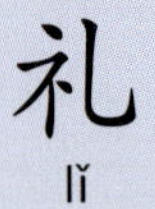

礼 lǐ

礼 礼 礼 礼 礼

[禮] **예절** 례

제단/보일 시 礻=示 [shì] + 숨을 은 乚 [83e] [yǐ]

제단(礻) 위에 예물을 풍부하게(乚) 올려놓고 신에게 의식을 드리는 모습이다.

* "乚"은 의미가 거의 없는 다양한 해석이 가능한 글자로, 여기에서는 발음기호로 사용되었다.
* 번체자(禮)는 제단(示)에 제물을 풍부하게(豊[fēng]→丰 [209] [간체자]) 올려놓은 모습임을 분명히 알려 준다.

礼物[lǐwù] 선물, 예물 49b   礼堂[lǐtáng] 강당, 식장 150d

126h

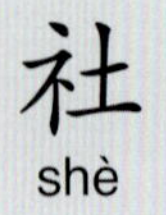

社 shè

社 社 社 社 社 社 社

[社] **모일** 사

제단/보일 시 礻=示 [shì] + 흙 토 土 [155] [tǔ]

토지(土)신을 숭배하기 위해 제단(礻) 앞에 마을 사람들이 모여 있는 모습이다. 그처럼 어떤 목적을 위해 모인 사람들을 의미하는 '단체, 조직'의 뜻으로도 사용된다.

* 농경 사회에서 흙(土)은 초목과 곡식을 자라게 하는 힘을 가진 것으로 숭배의 대상이 되었다.

社会[shèhuì] 사회 66c

126i

[福] 복 복

福
fú

제단/보일 시 礻=示 [shì] + 술병/가득할 복 畐 [163] [fú]

신(礻)에게 술(畐)을 바쳐 복을 받는 모습이다.

* "畐"은 술이 가득 들어 있는 술병(酉 [162])의 모습이다.
* 토지신을 숭배하는 농경 사회에서 술(畐)은 제단(礻)에서 신에게 바쳐야 하는 필수적인 예물 이었다. 술이 발효될 때 거품이 나는 모습을, 땅이 비옥해져 소출을 많이 내는 모습과 관련 하여 생각했기 때문이다.

幸福[xìngfú] 행복하다, 행복 122b   享福[xiǎng//fú] 복을 누리다, 행복하게 살다 5c
祝福[zhùfú] 축복하다, 기원하다 70a

126j

[祖] 조상 조

祖
zǔ

제단/보일 시 礻=示 [shì] + 도마/또 차 且 [224] [qiě]

고기가 겹겹이 쌓여 있는 도마(且)를 제단(礻) 위에 예물로 올려놓고, 조상 에게 제사를 드리는 모습이다.

* "且"는 제사상 위의 도마에 고기가 겹겹이 쌓여 있는 모습이다.

祖国[zǔguó] 조국 20a

126

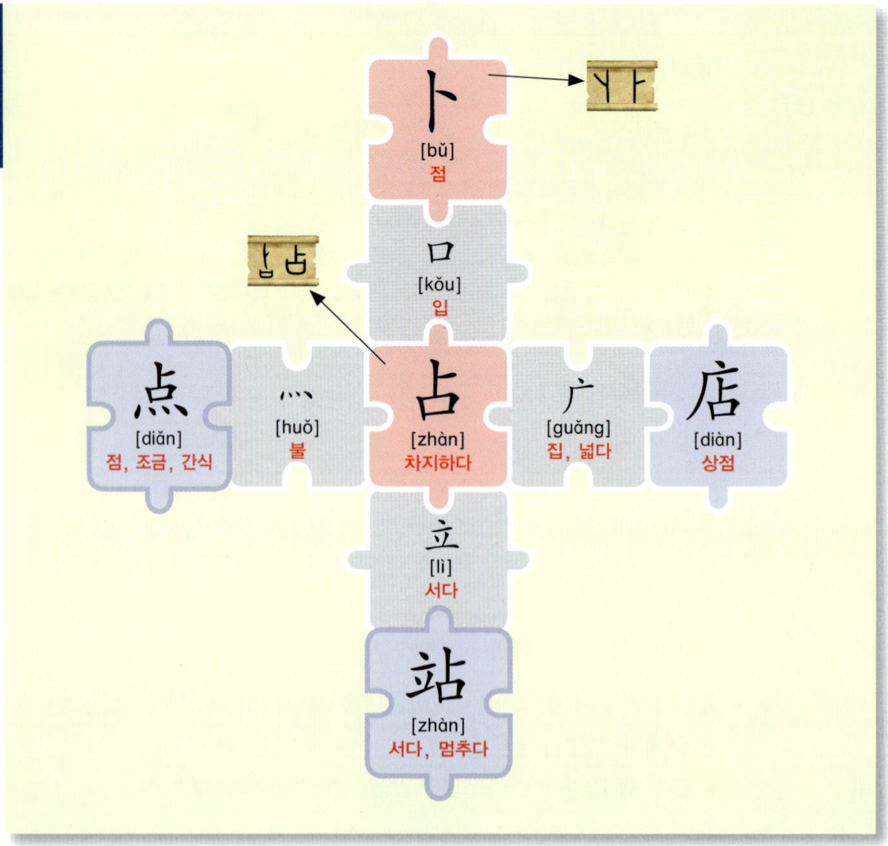

127

卜 卜

卜
bǔ

점 복

소뼈나 거북의 껍질에 구멍을 뚫어 화로에 넣으면 뜨거운 열기로 인해 갈라진다. 그렇게 갈라진 선의 모양을 보고 점을 치던 풍습에서 만들어졌다.

127a

占 占 占 占 占

占
zhàn

차지할 점

점복 卜 [bǔ] + 입구 口 16 [kǒu]

점(卜)을 쳐서 좋은 장소를 말해 주자(口), 그 장소를 차지하는 모습이다.

占 位子。 자리를 차지하다. 127a 79c 95
占 世界第一位。 세계 1위를 차지하다. 127a 207f 63d 109b 223 79c

127b

店 店 广 广 庁 庄 店 店

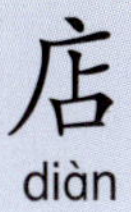

店
diàn

가게 점

집/넓을 광 广 [143] [guǎng] + 차지할 점 占 [127a] [zhàn]

점괘에 나온 좋은 장소를 차지하고(占) 그곳에 집(广)을 지어 장사를 하는
모습에서 '상점'의 뜻을 갖게 되었다.

* "广"은 한쪽 벽이 트인 집의 모양으로, 상품을 진열하기 위해 벽을 터 놓은 상점을 생각하자.

饭店[fàndiàn] 호텔 147b　　　　　　商店[shāngdiàn] 상점, 판매점 103c

127c

站 站 站 站 站 站 站 站 站 站

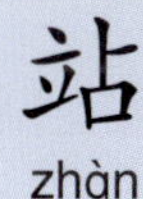

站
zhàn

설 참

설립 立 [79] [lì] + 차지할 점 占 [127a] [zhàn]

점령한(占) 지역에 관리들이 오고 갈 때 교통수단인 말이 멈춰서 쉴 수 있
는 역참을 세우는(立) 모습이다. 그러한 역참이 오늘날 정류장의 시초가
되었다.

火车站[huǒchēzhàn] 기차역 158 124　　　　车站[chēzhàn] 정류장, 역, 터미널 124

127d

点 点 点 点 点 点 点 点 点

点
diǎn

[點] 점 점

차지할 점 占 [127a] [zhàn] + 불 화 灬=火 [158] [huǒ]

작고 검은 점을 나타내기 위해 모든 것을 검게 태우는 "불 화 灬"를 의미 요
소로, "차지할 점 占"을 발음기호로 합하였다. 그러한 작은 점의 모습에서
'조금'의 뜻과, 조금 먹는 음식이라는 의미에서 '간식'의 뜻도 파생되었다.

* 번체자(點)의 "검을 흑 黑[158d][hēi]"는 불(灬)이 검은색을 의미함을 볼 수 있다. 또한 점(占)
을 치기 위해 뼈를 불에 검게 태운 모습도 의미에 기여하였다.

一点儿[yìdiǎnr] 조금, 약간 223 69　　　　点心[diǎnxin] 간식 28

127

卓

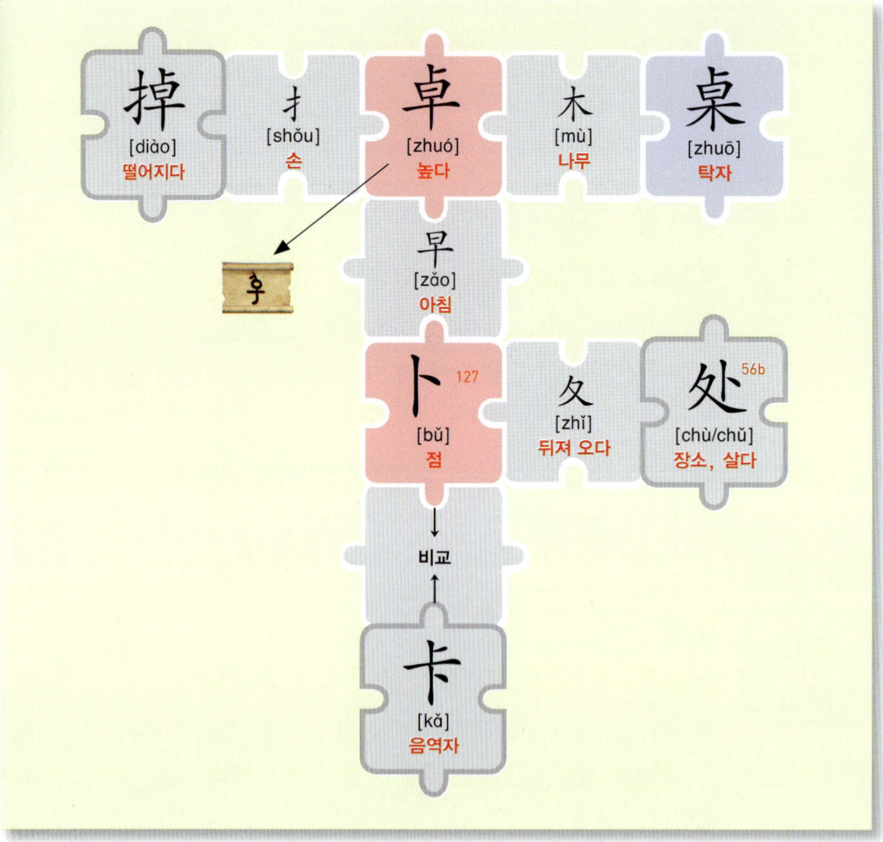

128

128

卓 卓 卓 卓 卓 卓 卓 卓

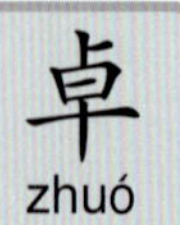

卓
zhuó

높을 탁

사람 인 卜[127] → 人[63] [rén] + 아침 조 早[218e] [zǎo]

아침(早)에 떠오르는 태양처럼 높이 솟아오른 탁월한 사람(人)의 모습이다.

* 옛 글자를 보면 윗부분은 "점 복 卜[bǔ]"가 아닌 사람의 모습으로, 사람(人)과 떠오르는 태양의 모습인 아침(早)이 합쳐진 글자임을 알 수 있다.

128a

떨어질 도

掉
diào

손 수 扌=手[31] [shǒu] + 높을 탁 卓 [zhuó]

지위가 높아진(卓) 사람을 시기하는 무리들이 손(扌)으로 끌어당겨 아래로 떨어뜨리는 모습이다.

128b

탁자 탁

桌
zhuō

높을 탁 卓 [zhuó] + 나무 목 木[210] [mù]

나무(木)로 만든 높은(卓) 탁자의 모습이다.

桌子[zhuōzi] 탁자, 테이블 95

128c

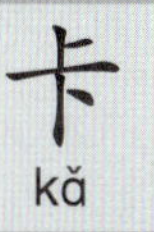

음역자 가

卡
kǎ

위 상 上[223f] [shàng] + 아래 하 下[223g] [xià]

"上"과 "下"를 겹쳐 놓은 글자로, 외래어를 표기할 때 발음기호로 사용된다.
＊ "점 복 卜[127][bǔ]"와는 아무 관련이 없다.

信用卡[xìnyòngkǎ] 신용카드 23a 166   卡车[kǎchē] 트럭 124

128

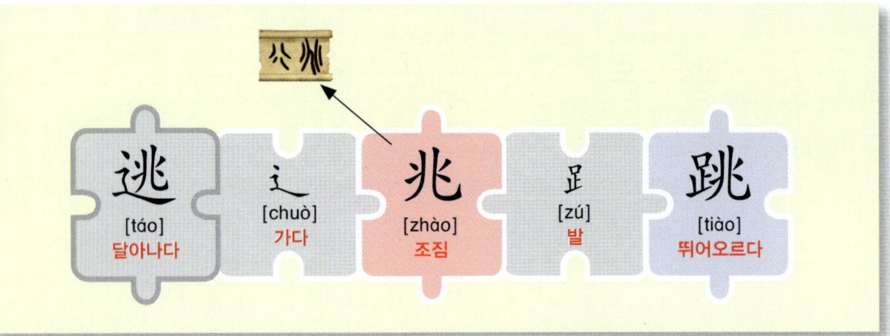

129

兆 zhào — 조짐 조

소뼈나 거북의 껍질에 구멍을 뚫어 화로에 넣으면 뜨거운 열기로 인해 갈라진다. "점 복 卜 127 [bǔ]"와 마찬가지로 그렇게 갈라진 선의 모양을 보고 어떤 일이 생길 기미를 보는 모습에서 '조짐'의 뜻이 파생되었다.

129a

跳 tiào — 뛸 도

발족 𧾷 = 足 52 [zú] + 조짐조 兆 [zhào]

점쟁이가 점을 쳐서 조짐(兆)이 좋다고 알려 주자, 발(足)로 펄쩍펄쩍 뛰어오르며 기뻐하는 모습이다.

跳舞 [tiào//wǔ] 춤을 추다 58a

129b

逃 táo — 달아날 도

조짐조 兆 [zhào] + 갈착 辶 61 [chuò]

점쟁이가 점을 쳐서 조짐(兆)이 나쁘다고 알려 주자, 위험을 피해 멀리 달아나는(辶) 모습이다.

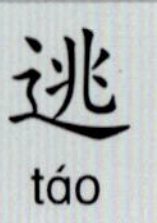

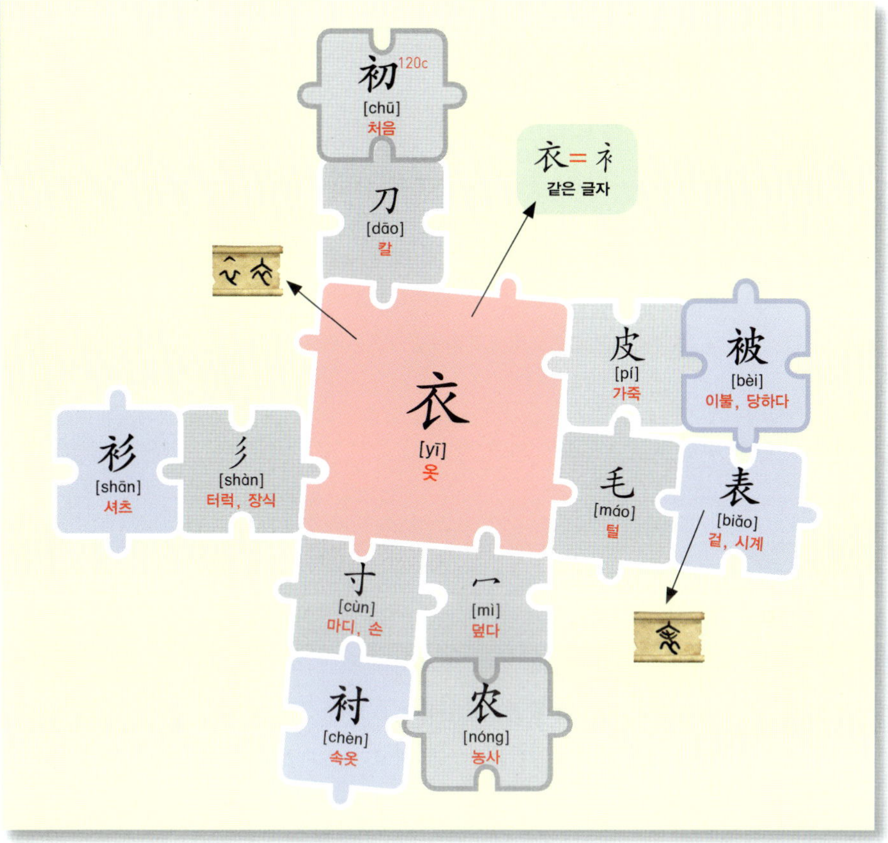

初 120c
[chū]
처음

刀
[dāo]
칼

衣 = 衤
같은 글자

皮
[pí]
가죽

被
[bèi]
이불, 당하다

衣
[yī]
옷

衫
[shān]
셔츠

彡
[shàn]
터럭, 장식

毛
[máo]
털

表
[biǎo]
겉, 시계

寸
[cùn]
마디, 손

冖
[mì]
덮다

衬
[chèn]
속옷

农
[nóng]
농사

衣 衣 衣 衣 衣 衣

130

衣
yī

옷 의

상체에 입는 옷인 저고리를 펼쳐 놓은 모습이다.

＊ 다른 글자와 합해질 때는 모양이 “衤”로 간략하게 줄어들기도 한다.

衣服[yīfu] 의복, 옷 34b 　　　毛衣[máoyī] 털옷, 스웨터 188
雨衣[yǔyī] 우의, 비옷 205

被 bèi

이불 피, 당할 피

옷의 衤=衣 [yī] + 가죽피 皮[189] [pí]

동물의 가죽(皮)을 벗겨 옷(衤)을 만들어 입은 모습이 마치 몸이 가죽에 덮여 있는 것처럼 보여 '이불'의 뜻이 파생되었다. 그러한 가죽은 인간에 의해 벗겨짐을 당한 것이므로 피동의 개념을 나타내는 전치사로도 사용된다. 이때 "被" 앞에 나오는 주어는 뒤에 나오는 동작을 당하는 대상이 된다.

* "皮"는 손(又[34])으로 동물의 가죽을 벗기는 모습이다.

被子[bèizi] 이불 [95]
那本书已经被借出了。 그 책은 이미 대출되었다. [146e] [210a] [231d] [82a] [131e] [130a] [220a] [169a] [170a]

表 biǎo

겉 표

털모 毛[188] [máo] + 옷의 衣 [yī]

가죽의 털(毛)이 있는 부분을 겉으로 드러나게 옷(衣)을 만들어 입은 모습이다. 또한 겉에 드러나게 손목에 차고 다닌다는 의미에서 '시계'의 뜻도 갖게 되었다.

手表[shǒubiǎo] 손목시계 [31]
表扬[biǎoyáng] 칭찬하다 [219a]
表现[biǎoxiàn] 태도, 표현, 표현하다 [13d]
表示[biǎoshì] 의미하다, 나타내다, 기색 [126]
表演[biǎoyǎn] 공연하다, 연기하다, 시범 동작을 하다 [136b]
代表[dàibiǎo] 대표, 대표하다, 표시하다 [110c]

农 nóng

[農] 농사 농

덮을멱 宀[167] [mì] + 옷의 衤=衣 [yī]

야외에서 일하는 농부가 햇빛을 가리기 위해, 챙이 넓은 모자를 덮어(宀) 쓰고 긴소매 옷(衣)을 입은 모습에서 '농업, 농민'의 뜻이 파생되었다.

* 번체자(農)는 낫 대신 사용하던 대합조개(辰[187]) 껍데기를 들고 곡식(曲→秝[139])을 수확하는 장면을 그려 놓았다.

农村[nóngcūn] 농촌 40a

农业[nóngyè] 농업 223c

农民[nóngmín] 농민, 농부 99c

农田[nóngtián] 농(경)지, 농토 152

130d

衬 衬 衬 衬 衬 衬 衬 衬

chèn

[襯] 속옷 촌

옷의 衤=衣 [yī] + 손/마디 촌 寸[40] [cùn]

속옷이라는 글자를 만들기 위해 "옷 의 衤[yī]"를 의미 요소로 "마디 촌 寸[cùn]"을 발음으로 더하였다.

* 기억하기 쉽게 안에 덧대 입는 속옷은 한 손(寸)에 쥘 수 있을 정도로 얇은 옷(衤)이라고 생각하자.

衬衫[chènshān] 셔츠, 블라우스 130e

130e

衫 衫 衫 衫 衫 衫 衫 衫

shān

윗도리 삼

옷의 衤=衣 [yī] + 장식/터럭 삼 彡[8] [shàn]

중국 전통 복장인 윗도리에 입는 홑옷을 뜻하는 글자로, "터럭 삼 彡[shàn]"을 발음으로 더하였다. 옷의 총칭으로도 사용된다.

* 기억하기 쉽게 윗도리에 멋있는(彡) 셔츠(衤)를 차려입은 모습이라고 생각하자.

衬衫[chènshān] 셔츠, 블라우스 130d

130

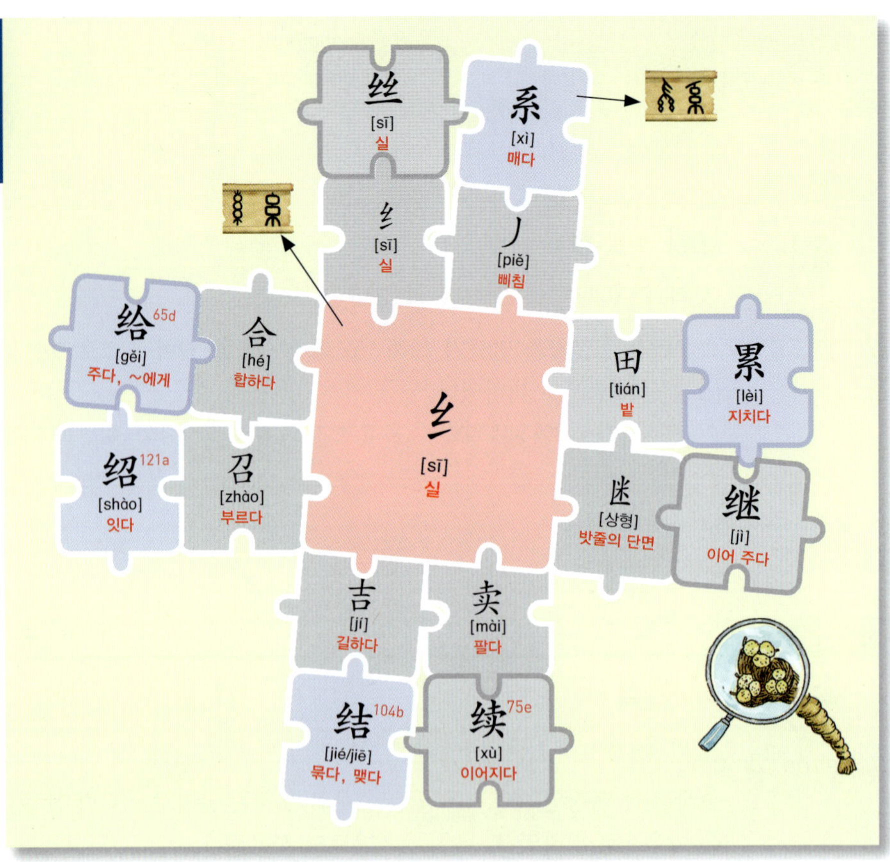

131

[糸] 실 사

단독으로 사용하지 않고, 다른 글자와 합해질 때 "실 사 丝[131a][sī]" 대신 사용된다. "纟"가 다른 글자와 합해질 경우 실의 특징인 묶어 주고, 이어 주고, 연결해 주는 의미를 나타낸다.

＊ 다른 글자와 합해질 때 중앙에 위치할 경우 번체자(糸)가 그대로 쓰인다.

131a

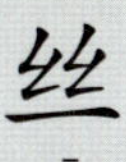

[絲] **실 사**
sī

실이 한 타래 묶인 모양 또는 나선형으로 서로 꼬인 모양이다.

131b

[繫] **맬 계**
xì

삐침별 丿 234 [piě] + 실사 糸 = 纟 [sī]

실(糸)이 다른 실에 매여(丿) 있는 모습이다. 묶여 있는 같은 계통이라는 의미에서 '학과'의 뜻도 가지고 있다.

* " 丿 "은 의미가 없는 글자로 다양한 해석이 가능하다.

没关系[méi guānxi] 괜찮다, 상관없다, 관계없다 117f 45　　　关系[guānxi] 관계, 연줄 45

131c

[纍] **지칠 루**
lèi

밭전 田 152 [tián] + 실사 糸 = 纟 [sī]

여러 개의 밭(田)을 하나로 묶어(糸) 관리하다 지친 모습이다.

* 번체자(纍)는 밭(田) 세 개를 함께 묶어(糸) 놓은 모습이다.

我累得再也走不动了。 나는 지쳐서 더 이상 움직일 수 없다. 113b 131c 40b 148a 84 53c 223a 159d 170a

131d

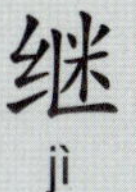

[繼] **이을 계**
jì

실사 纟 [sī] + 밧줄의 단면 㡭 [상형]

"㡭"은 실(纟)을 여러 가닥 모아 만든 굵은 밧줄의 단면을 묘사한 것이다. 그렇게 여러 가닥의 실(纟)을 모아 만든 밧줄(㡭)로 튼튼하게 이어 주는 모습이다.

* 번체자(繼)를 보면 각각 나누어져 있는 별개의 실(糸)들을 모아 만든 굵은 밧줄로 이어 주는 모습임을 알 수 있다.

继续[jìxù] 계속하다 75e

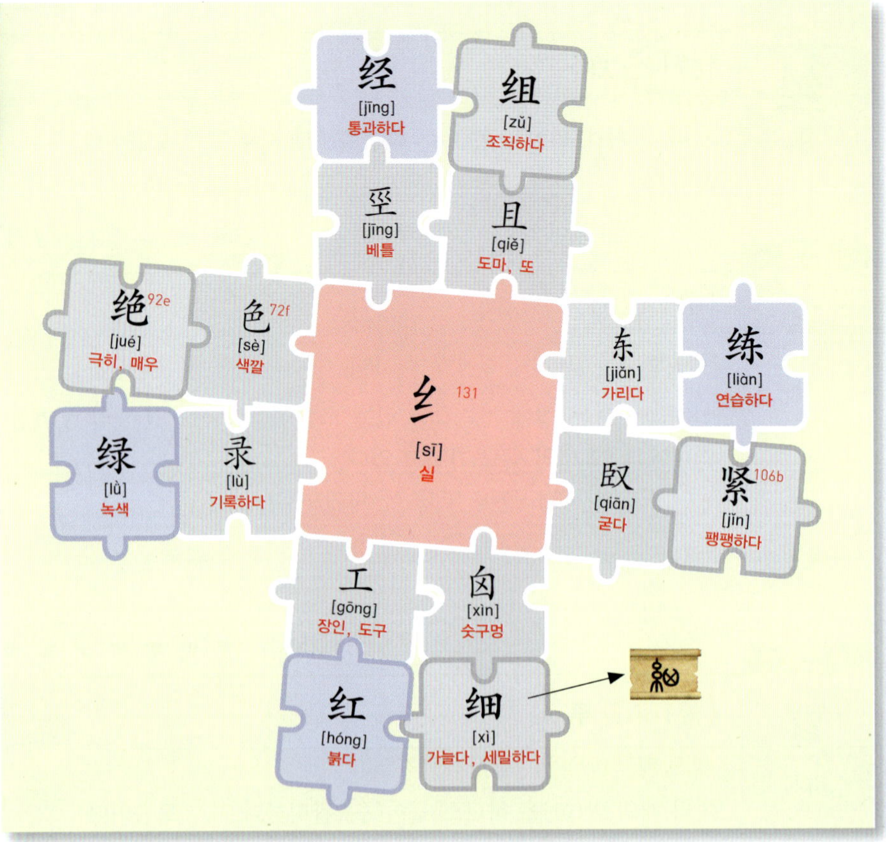

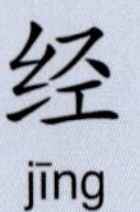

经 [jīng] 통과하다
组 [zǔ] 조직하다
巠 [jīng] 베틀
且 [qiě] 도마, 또
绝 [jué] 극히, 매우 92e
色 [sè] 색깔 72f
丝 [sī] 실 131
东 [jiǎn] 가리다
练 [liàn] 연습하다
绿 [lǜ] 녹색
录 [lù] 기록하다
臤 [qiān] 굳다
紧 [jǐn] 팽팽하다 106b
工 [gōng] 장인, 도구
囟 [xìn] 숫구멍
红 [hóng] 붉다
细 [xì] 가늘다, 세밀하다

131e

经 jīng

[經] 날실 경

실 사 纟 [sī] + 베틀/물줄기 경 조 → 巠 124b [jīng]

천을 짜는 베틀(巠)의 세로 방향으로 놓인 날실(纟)의 모습이다. 그러한 날실들 사이를 씨실이 교차하며 지나가는 장면에서 '통과하다'는 뜻도 파생되었다.

* "줄"은 번체자(經)의 우측 부분인 "巠"이 변한 것으로, "巠"은 베틀의 모양을 본뜬 글자이다.

已经 [yǐjīng] 이미, 벌써 82a

经常 [jīngcháng] 평소, 자주 150c

经过 [jīngguò] 경과하다, 경유하다 40f

经理 [jīnglǐ] 경영 관리 책임자, 지배인, 사장 108b

经济 [jīngjì] 경제, 경제적이다 133c

经验 [jīngyàn] 경험, 직접 체험하다 67c

131f

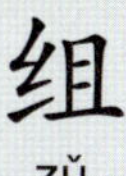

组
zǔ

[組] **조직할 조**

실 사 纟 [sī] + 도마/또 차 且 [224] [qiě]

"且"는 도마 위에 고기를 겹겹이 쌓아 놓은 모습으로 '겹쳐서 쌓음'을 나타낸다. 실(纟)을 겹쳐서 쌓는다(且)는 것은 실로 천을 짜는 것을 의미하는 것으로 여기에서 '조직하다'는 뜻을 갖게 되었다.

组织[zǔzhī] 조직하다, 조직 179a

131g

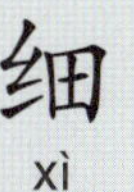

练
liàn

[練] **익힐 련**

실 사 纟 [sī] + 가려내다/편지 간 柬 = 柬 [212c] [jiǎn]

실크를 만들기 위해서는 누에고치에서 생사를 뽑아내 정련하는 과정을 거쳐야 한다. 그러한 정련 과정에서 좋은 실크를 만들기 위해서는 생사(纟)가 적당히 삶아진 시기를 가려서(柬) 건져 내야 하는데, 그렇게 하기 위해서 많은 연습이 필요함을 묘사하고 있다.

* 실제로 이 글자에는 '생사를 삶아 부드럽고 희게 만든다'는 문자적인 의미도 들어 있다.

练习[liànxí] 연습하다, 익히다, 연습 문제 182a
熟练[shúliàn] 숙련되다, 능숙하다 5e

131h

细
xì

[細] **가늘 세**

실 사 纟 [sī] + 숫구멍 신 田 [152] → 囟 [28a] [xìn]

정수리의 숫구멍(囟)이 아직 막히지 않은 갓난아이처럼, 약하고 가는 실(纟)의 모습에서 '가늘다, 세밀하다'의 뜻이 파생되었다.

* 옛 글자를 보면 "밭 전 田[tián]"자가 "囟"의 변형임을 알 수 있다.
* 숫구멍: 갓난아이의 정수리 뼈가 채 굳지 않아서 숨 쉴 때마다 뛰는 연한 곳.

细心[xìxīn] 세심하다, 면밀하다 28

131

131i

红
hóng

[紅] 붉을 홍

실 사 糸 [sī] + 도구/장인 공 工 [203] [gōng]

옷감이나 실(糸)을 물들여 색을 표현했던 옛사람들의 생활상을 알려 주는 글자로, "工"을 발음기호로 하여 '붉다'는 의미의 글자를 만들었다. 또한 붉은색이 부귀와 행운을 가져온다는 믿음 때문에 성공했다는 의미에서 '인기 있다'는 뜻도 갖게 되었다.

* 도구 모양인 "工"은 제구를 의미하기도 하였다. 따라서 희생제물의 피가 묻은 제구의 모습에서 '붉다'는 뜻이 파생되었다고 생각하자.

红茶[hóngchá] 홍차 207b
红色[hóngsè] 붉은색, 혁명의 72f

红旗[hóngqí] 붉은 깃발(혁명을 상징함), 우승기 44c

131

131j

绿
lǜ

[綠] 초록빛 록

실 사 糸 [sī] + 기록할 록 录 [202a] [lù]

옷감이나 실(糸)을 물들여 색을 표현했던 옛사람들의 생활상을 알려 주는 글자로, "录"을 발음기호로 하여 '녹색'을 의미하는 글자를 만들었다.

* "录"은 송곳 같은 연장으로 나무에 홈을 파는 모습이다. 따라서 홈이 패는 나무의 모습에서 '녹색'의 뜻이 파생되었다고 생각하자.

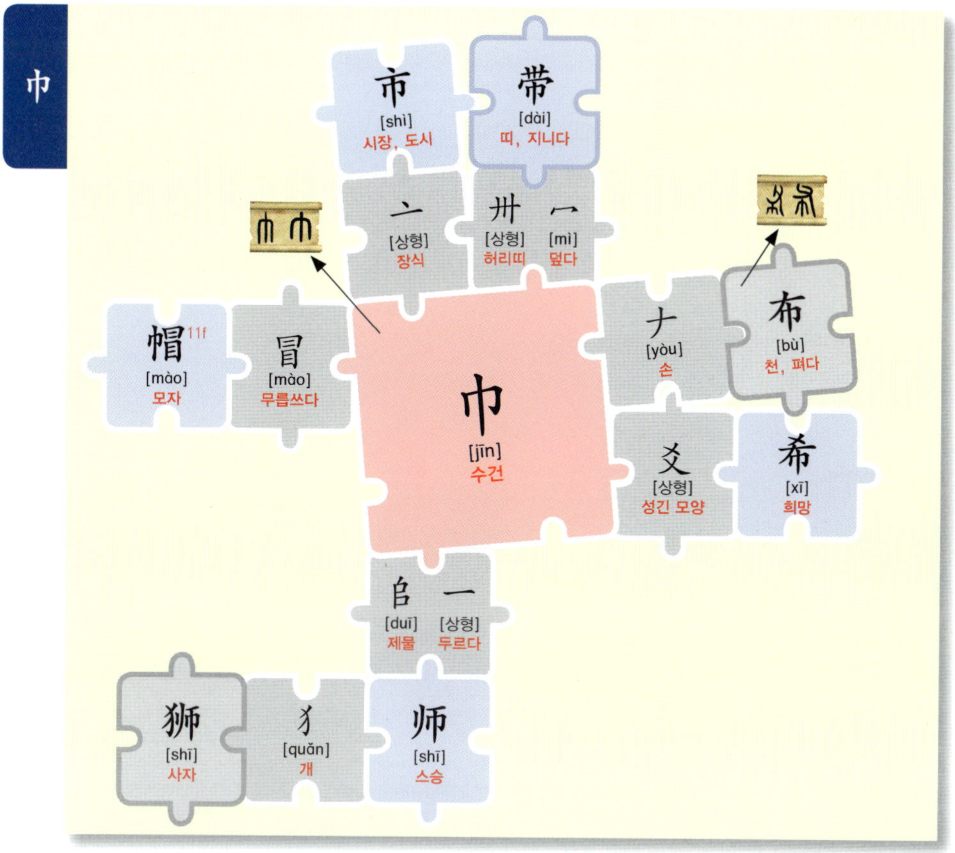

市 [shì] 시장, 도시

帶 [dài] 띠, 지니다

二 [상형] 장식

卅 [상형] 허리띠

一 [mì] 덮다

帽 11f [mào] 모자

冒 [mào] 무릅쓰다

巾 [jīn] 수건

ナ [yòu] 손

布 [bù] 천, 펴다

爻 [상형] 성긴 모양

希 [xī] 희망

㠯 [duī] 제물

一 [상형] 두르다

獅 [shī] 사자

犭 [quǎn] 개

師 [shī] 스승

巾 巾 巾

巾 jīn — 수건 건

손을 닦는 사각형의 천 조각의 모습에서 '수건'의 뜻이 파생되었다.

毛巾 [máojīn] 수건, 타월 188

132a

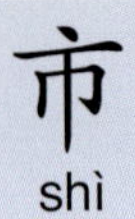

市
shì

시장 **시**

장식 亠 [상형] + 수건건 巾 [jīn]

가로로 된 장식(亠)이 달린 깃대에 품목이 적힌 천(巾)을 달고, 즉 간판을 달고 장사하는 사람들이 모여 있는 시장의 모습이다. 그러한 시장이 형성된 곳은 많은 사람이 모여 사는 '도시'라는 의미도 갖게 되었다.

超市 [chāoshì] 슈퍼마켓 121d 城市 [chéngshì] 도시 114b
市场 [shìchǎng] 시장 155a

132b

带
dài

[帶] **띠 대**

허리띠 卌 [상형] + 덮을 멱 冖 167 [mì] + 수건건 巾 [jīn]

천(巾)으로 몸을 덮고(冖) 허리띠(卌)를 두른 모습에서 '띠'의 뜻을 갖게 되었다. 그러한 허리띠에 칼이나 물통 같은 물건들을 차고 다니는 모습에서 '지니다'는 뜻도 파생되었다.

磁带 [cídài] 자기 테이프 197b 地带 [dìdài] 지대, 지역 84a

132c

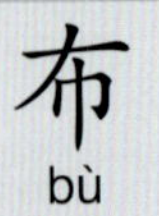

布
bù

베 **포**

손우 ナ 39 [yòu] + 수건건 巾 [jīn]

손(ナ)에 방망이를 들고 다듬잇돌 위의 천(巾)을 두들겨 다듬는 모습이다. 그렇게 반드럽게 다듬어진 천을 펼치는 모습에서 '펴다'는 뜻도 파생되었다.

＊ 금문을 보면 "ナ"가 방망이를 손에 든 모양임을 알 수 있다. 실제로 천을 방망이로 두드려 반드럽게 다듬는 전래 방식이 있다.

132d

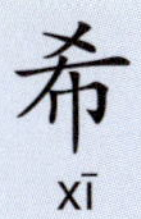

바랄 희
xī

성긴 모양 ≠ → 爻 [상형] + 수건 건 巾 [jīn]

삼베처럼 올이 굵은 실로 짠 천(巾)의 짜임새가
성긴 모양(爻)을 그려 놓았다. 성긴 천의 실과
실 사이가 벌어져 있어 그 틈새로 천 너머가 환하게
보이는 것처럼, 미래가 밝게 보인다는 의미에서 '희망'의 뜻이 파생되었다.

希望[xīwàng] 희망, 소망, 희망하다, 바라다 3c

132e

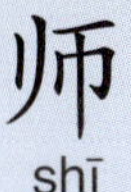

[師] **스승 사**
shī

제물 퇴 丿 → 𠂤 193 [duī] + 두를 잡 帀 [zā]

제사 의식에 맞는 의관을 몸에 두른(帀) 지도자가 제물(𠂤)인 고깃덩어리를
들고 제사를 주관하는 모습이다.
* 번체자(師)는 제물(𠂤)인 고깃덩어리가 칼(刂 120)과 비슷한 모습으로 변했음을 알려 준다.
* "帀[zā]"는 천(巾)을 몸에 빙 두른 모습이다.

老師[lǎoshī] 선생님, 스승(존칭) 100a   師傅[shīfu] 기사님, 선생님, 스승, 아저씨 166e
教師[jiàoshī] 교사, 교수, 선생 50c

132f

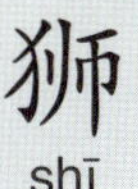

[獅] **사자 사**
shī

개 견 犭 173 [quǎn] + 스승 사 師 132e [shī]

동물(犭)의 우두머리(師)란 백수의 왕으로 알려진 사자를 가리킨다.
* "犭"은 개 정도 크기의 동물을 뜻하는 글자에 의미 요소로 들어간다.

狮子[shīzi] 사자 95

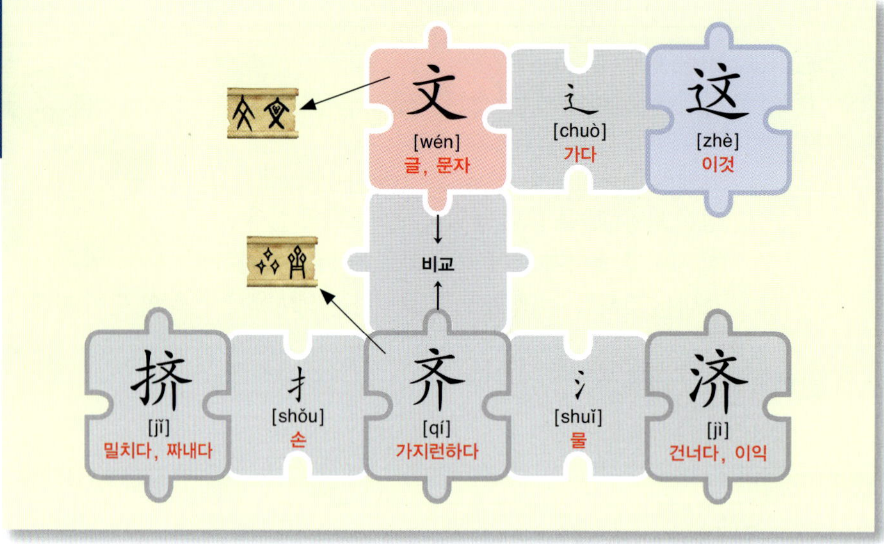

133

文 文 文 文

文 wén

글월 문

머리(宀¹[tóu]) 아래, 가슴(乂)에 문신을 새긴 사람의 모습이다. 한자가 문신과 같은 그림으로 시작되었으므로 '문자'의 뜻이 파생되었다.

文化[wénhuà] 문화, 교양, 소양 68a	中文[Zhōngwén] 중국의 언어와 문자 231a
文学[wénxué] 문학 95a	文艺[wényì] 문예, 문학과 예술, 문학 83b
文学家[wénxuéjiā] 문학가, 문학자 95a 174a	文章[wénzhāng] 문장, 저작 24a
课文[kèwén] 본문 210h	

133a

这 这 这 这 这 这 这

这 zhè

[這] 이 저

글월문 文 [wén] + 갈착 辶 ⁶¹ [chuò]

목적지를 찾아갈(辶) 수 있도록 글(文)로 적어 설명하는 모습이다. 글로 적으면 먼 곳도 가까운 곳을 보는 것처럼 설명할 수 있다는 의미에서 가까운 것을 가리키는 '이것'으로 쓰이게 되었다.

＊ 번체자(這)는 가까운 목적지를 찾아갈(辶) 수 있도록 말(言²³)로 설명해 주는 모습이다.

这个[zhège] 이, 이것 63b 这里[zhèlǐ] 이곳, 여기 151
这么[zhème] 이런, 이렇게 93a 这些[zhèxiē] 이런 것들, 이들, 이러한 88h
这样[zhèyàng] 이렇다, 이렇게, 이래서 171a

133b

齐 齐 齐 齐 齐 齐

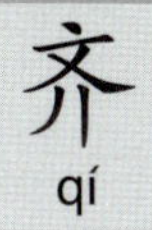

[齊] 가지런할 제

농작물의 이삭이 가지런하게 돋아난 모습이다.

* 자체가 부수 글자로, "글월 문 文[wén]"과는 아무 관련이 없다.

整齐[zhěngqí] 정제하다, 고르게 하다 54a 一齐[yìqí] 일제히, 동시에 223

133c

济 济 济 济 济 济 济 济 济

[濟] 건널 제

물 수 氵 201 [shuǐ] + 가지런할 제 齐 133b [qí]

홍수(氵)나 가뭄을 잘 견뎌 내고 가지런하게(齐) 자라는 농작물의 모습이다. 그렇게 어려움을 극복했다는 비유적인 표현으로 '건너다'는 뜻을 갖게 되었다. 또한 어려움을 극복한 것은 이로운 결과를 얻은 것이므로 '이익'의 뜻도 갖게 되었다.

经济[jīngjì] 경제, 경제적이다 131e

133d

挤 挤 挤 挤 挤 挤 挤 挤 挤

[擠] 밀 제

손 수 扌=手 31 [shǒu] + 가지런할 제 齐 133b [qí]

수확한 짚단을 높이 쌓기 위해 손(扌)으로 밀치며 가지런하게(齐) 정리하는 모습에서 '밀다, 빽빽이 들어차다, 짜내다'는 뜻이 파생되었다.

小猪挤在一起取暖。 새끼 돼지들이 서로 모여 온기를 받는다. 235 101b 133d 32a 223 53d 10b 33b
把水挤掉。 물을 짜 버려라. 92b 200 133d 128a

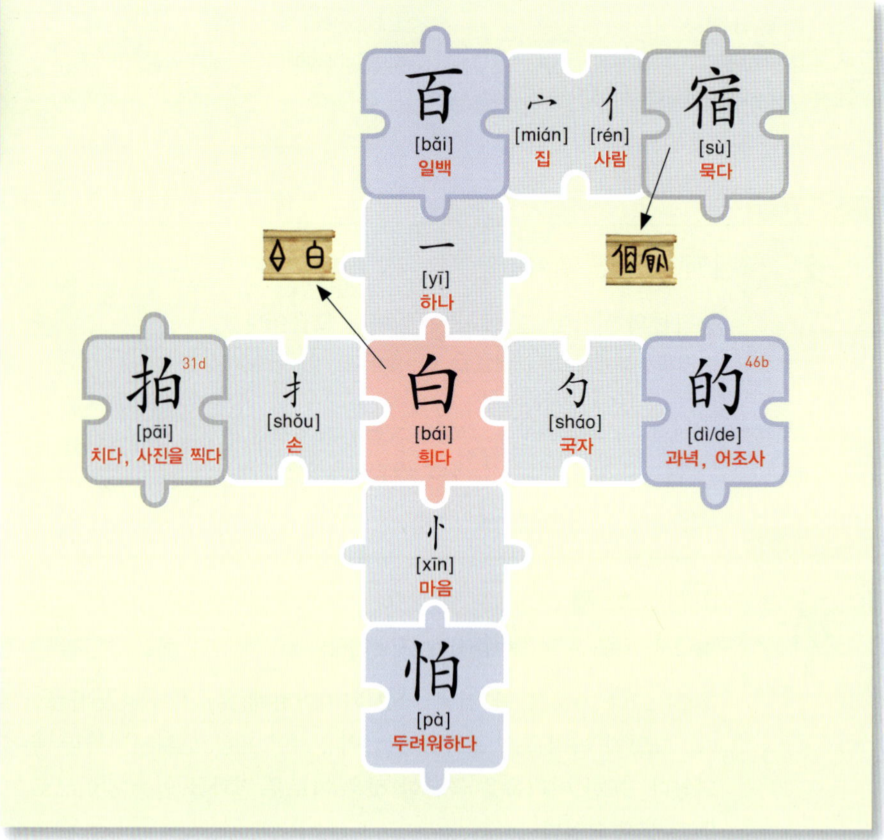

134

白 白 白 白 白

白
bái

흰 백

햇빛(日 218)을 받은 물방울이 하얗게 빛(丶)나는 모습이다.

* 갑골문이 발달하였던 은나라 때 흰색을 숭상하였기 때문에 '최고'라는 의미도 내포하고 있다.

明白[míngbai] 알다, 이해하다, 분명하다 218h　　　　白菜[báicài] 배추 33e
白天[báitiān] 낮, 대낮 74b

134a

百 百 百 百 百 百

百
bǎi

일백 백

하나 일 一[223] [yī] + 최고/흰 백 白 [bái]

일(一)이라는 기본수에 최고(白)라는 의미를 더해 많은 수인 '일백'을 표현하였다.

百分之[bǎifēnzhī] 퍼센트, 프로 120a 83d   老百姓[lǎobǎixìng] 백성, 국민 100a 208c

134b

宿 宿 宿 宿 宿 宿 宿 宿 宿 宿 宿

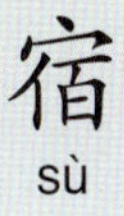

宿
sù

묵을 숙

집 면 宀[141] [mián] + 사람 인 亻[68] [rén] + 일백 백 百[134a] [bǎi]

집(宀) 안에 많은(百) 사람(亻)들이 잘 수 있도록 시설이 되어 있는 숙박업소에서 하룻밤 묵는 모습이다.

* 옛 글자는 "百"이 이부자리로 쓰는 깔개의 모양으로, 집(宀) 안에서 사람(亻)이 깔개(百)에 누워 자는 모습임을 알려 준다.

宿舍[sùshè] 기숙사 170c

134

134c

怕 怕 怕 怕 怕 怕 怕 怕

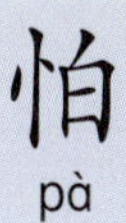

怕
pà

두려워할 파

마음 심 忄=心[28] [xīn] + 흰 백 白 [bái]

극한의 두려움(忄)을 느끼면 머릿속이 하얗게(白) 되어 아무것도 생각나지 않는다.

* "心"은 감정이나 특성과 관련되어 두려운 감정을 나타낸다.

害怕[hài//pà] 겁내다, 두려워하다 209d   可怕[kěpà] 두렵다, 무섭다, 겁나다 17

青

135

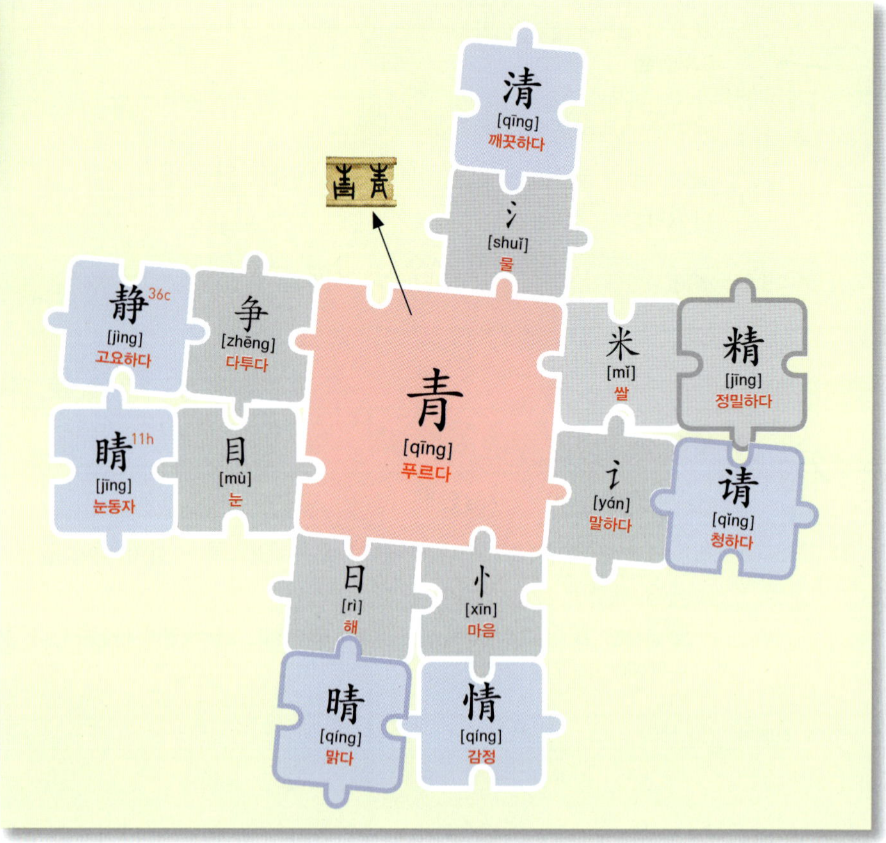

135 青 青 青 青 青 青 青 青

青
qīng

[靑] **푸를 청**

붉은(月→丹)색 계열의 구리와 같은 광물에서 푸른색 녹이 생겨나는(生 208) 모습이다.

* 옛 글자를 보면 "날 생 生[shēng]"과 "붉을 단 丹[dān]"의 합자임을 알 수 있다.
* "丹"은 우물(井228)처럼 무너지지 않도록 틀을 짜서 파 내려간 굴에서 붉은색 계열의 구리와 같은 광물(丶)을 캐내는 모습이다.

青年[qīngnián] 청년, 젊은이 118a

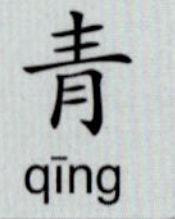

135a

清 qīng

[清] **맑을** 청

물수 氵[201] [shuǐ] + 푸를청 青 [qīng]

물(氵)은 맑고 깨끗할수록 푸른(青)빛을 띤다.

＊ 태양빛이 맑은 물에 부딪치면 적외선과 붉은 계통의 빛은 흡수되고, 파란 계통의 빛은 대부분 물분자에 부딪쳐 산란된다.

清楚[qīngchu] 분명하다, 이해하다 55a

135b

精 jīng

[精] **정할** 정

쌀미 米[138] [mǐ] + 푸를청 青 [qīng]

푸른 물이 깨끗하고 맑음을 상징하듯, 푸른(青) 쌀(米)이란 먹을 수 있는 상태로 깨끗하게 도정된 쌀을 의미한다. 그렇게 깨끗하게 겨를 제거한 모습에서 '정밀한, 정제한, 정선한'의 뜻이 파생되었다.

精彩[jīngcǎi] 뛰어나다, 훌륭하다, 근사하다 8b　　　精神[jīngshén] 정신, 주요 의미 126f

135

135c

请 qǐng

[請] **청할** 청

말할언 讠=言[23] [yán] + 푸를청 青 [qīng]

푸른 물이 깨끗하고 맑음을 상징하듯, 푸른(青) 말(讠)이란 깨끗한 말을 의미한다. 다른 사람에게 무엇을 청할 때는 그렇게 바르고 고운 말을 해야 한다.

请假[qǐng//jià] 휴가를 신청하다 34k　　　请问[qǐngwèn] 말씀 좀 여쭙겠습니다 145b
请求[qǐngqiú] 요청, 요청하다 202b　　　请柬[qǐngjiǎn] 청첩장, 초대장 212c

135d

情
qíng

[情] 감정 **정**

마음심 忄 = 心 [218][xīn] + 푸를청 青 [qīng]

푸른 물이 깨끗하고 맑음을 상징하듯, 푸른(青) 마음(忄)이란 깨끗하고 맑은 마음 상태를 나타낸다. 그렇게 마음이 깨끗한 상태에서 어떤 현상이나 일에 대해 느끼는 것을 '감정'이라고 한다.

事情[shìqing] 일, 사건, 사고 36d
情况[qíngkuàng] 상황, 형편, 사정 70b
心情[xīnqíng] 심정, 감정 28

热情[rèqíng] 열정, 친절하다 158f
爱情[àiqíng] 애정, 남녀 간의 사랑 34e

135e

晴
qíng

[晴] 맑을 **청**

해일 日 [218][rì] + 푸를청 青 [qīng]

구름이 걷혀 태양(日)이 보이고 하늘이 푸르다(青)는 것은 비 온 뒤의 하늘이 맑게 개었음을 의미한다.

今天看上去是个晴天。 보아하니 오늘은 날씨가 맑겠다. 66 74b 11a 223f 94 54b 63b 135e 74b

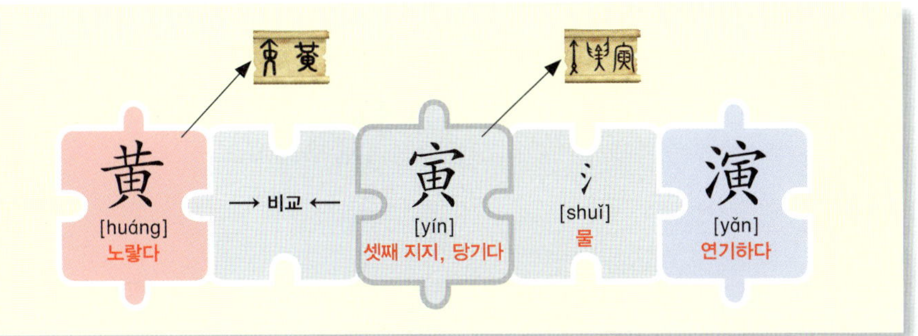

136

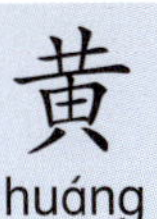

黄 黄 黃 黄 艿 艿 黄 黃 黄 黄 黃

[黄] 누를 황

문자 학자들은 "矢[111][shǐ]", "寅[136a][yín]", "黄" 이 세 글자가 모두 '화살'의 상형에서 생긴 글자라고 단정하고 있다. 현재의 글꼴로는 알 수 없으나 불화살이 날아갈 때 노랗게 보이는 모습에서 "黄"이 **노랗다**는 뜻을 갖게 되었다고 본다.

黄河[Huánghé] 황허 강 17d　　黄色[huángsè] 노란색 72f

136a

寅 寅 寅 寅 宦 宦 宦 寅 宦 寅 寅

셋째 지지 인

처음엔 화살의 모양에서 점차 양손으로 화살을 당기는 모습으로 바뀌면서 **'당기다'**는 기본 의미를 갖게 되었다. 지금은 **십이지지의 셋째**로 쓰인다.

136b

演 演 演 演 演 演 演 演 演 演 演 演 演 演

널리 펼 연

물수 氵[201][shuǐ] + 당기다/셋째 지지 인 寅[136a][yín]

물(氵)을 당긴다(寅)는 것은 물이 흘러 **널리 펼쳐지는** 것을 묘사한다. 그렇게 물이 흐르는 것처럼 자연스럽게 표현해야 하는 것이 바로 **연기**이다.

表演[biǎoyǎn] 공연하다, 연기하다, 시범 동작을 하다 130b　演出[yǎnchū] 공연(하다), 상연(하다) 169a

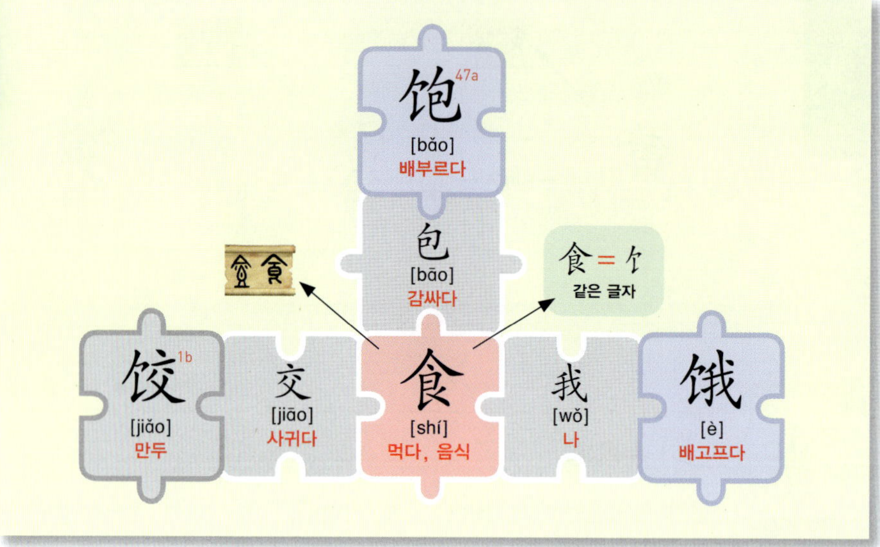

食食食食食食食食食

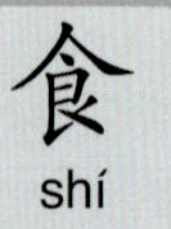

食
shí

먹을 식

음식이 담긴 밥그릇(皀)과 음식을 따뜻하게 보호하는 덮개(스[65])를 더해 '먹다, 음식'의 뜻을 갖게 되었다.

* 다른 글자와 합해질 때는 모양이 "飠"으로 간략하게 줄어든다.

* 옛 글자를 보면 "食"에 들어 있는 "皀"은 밥그릇의 모양으로, "딱딱할 간 皀14[gěn]"과는 아무 관련이 없다.

食堂[shítáng] (기관·단체 내의) 구내식당 150d   食物[shíwù] 음식물 49b

饿饿饿饿饿饿饿饿饿饿

饿
è

[餓] 배고플 아

먹을식 飠=食 [shí] + 나아 我[113b] [wǒ]

식사할(飠) 때가 되어 허기를 느끼는 자신(我)의 모습에서 '배고프다, 굶기다'의 뜻을 갖게 되었다.

他觉得非常饿。 그는 매우 시장하다고 느낀다. 84b 13a 40b 181 150c 137a

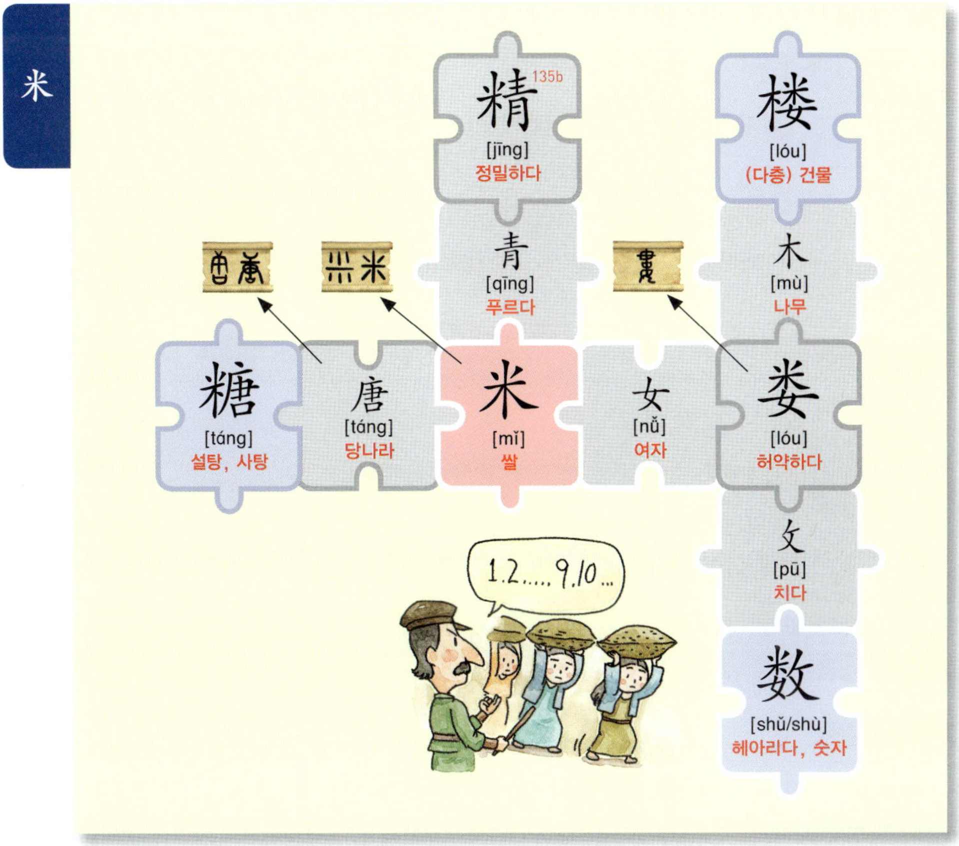
米
精 135b
[jīng]
정밀하다
楼
[lóu]
(다층) 건물
青
[qīng]
푸르다
木
[mù]
나무
糖
[táng]
설탕, 사탕
唐
[táng]
당나라
米
[mǐ]
쌀
女
[nǚ]
여자
娄
[lóu]
허약하다
攵
[pū]
치다
1.2.....9.10...
数
[shǔ/shù]
헤아리다, 숫자

138

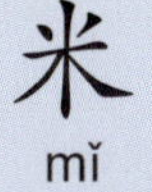

138

米 米 米 米 米 米

米
mǐ

쌀 미

벼를 정미한 쌀 알갱이들의 모습을 그대로 옮겨 놓은 글자이다. 발음이 비슷해 길이를 재는 단위인 '미터(m)'로도 사용된다.

米饭[mǐfàn] 쌀밥 147b　　玉米[yùmǐ] 옥수수 198

这座山有3500米高。 이 산의 고도는 3,500m이다. 133a 155c 195 39c 138 5

138a

娄
lóu

[婁] 끌 루

쌀미 米 [mǐ] + 여자녀 女[96] [nǚ]

쌀(米) 포대를 머리에 이고 나르는 여자(女)가 계속되는 중노동에 점점 허약해져 발을 끌면서 가는 모습이다.

＊ 번체자(婁)는 여자가 물건을 머리 위에 겹겹이 이고 있는 모습이다.

138b

楼
lóu

[樓] 다락 루

나무목 木[210] [mù] + 쌀미 米 [mǐ] + 여자녀 女[96] [nǚ]

여자(女)가 쌀(米) 포대를 머리에 인 것처럼 여러 층으로 이루어진 목조건물(木)의 모습에서 '여러 층으로 이루어진 건물, 층'의 뜻이 파생되었다.

办公楼[bàngōnglóu] 사무동 159b 93b　　　　教学楼[jiàoxuélóu] 강의동 50c 95a

138c

数
shǔ/shù

[數] 헤아릴 수, 숫자 수

쌀미 米 [mǐ] + 여자녀 女[96] [nǚ] + 칠복 攵[50] [pū]

손에 지휘봉을 든(攵) 감독관이 하나, 둘 세어 가며 여자(女)들이 머리에 이고 나르는 쌀(米) 포대의 개수를 확인하는 모습이다. 하나, 둘 숫자를 헤아리는 모습에서 '수'의 뜻도 갖게 되었다.

＊ "攵"는 손(又[34])에 몽둥이(丨)를 들고 있는 모습이다.

你去数一下有几辆车。 몇 대의 차가 있는지 세어 봐라. 73a 94 138c 223 223g 39c 213 64d 124

数学[shùxué] 수학 95a　　　　数字[shùzì] 숫자, 디지털형 95b

138d

唐
táng

당나라 당

손(ㅋ[36])으로 절굿공이를 들고(庚[gēng]) 절구(口)에 든 곡식을 찧는 절구질하는 모습에서 만들어진 글자였으나 훗날 '당나라'의 뜻으로 전이되었다.

* 옛 글자는 두 손으로 절구질하는 모습을 확실하게 보여 준다. 따라서 아랫부분의 "입 구 口[16] [kǒu]"가 절구라는 것을 알 수 있다.

138e

糖
táng

엿 당

쌀미 米 [mǐ] + 절구질/당나라 당 唐[138d] [táng]

곡식(米)을 절구질(唐)하여 빻은 가루로 달고 맛있는 과자를 만드는 모습에서 '설탕, 사탕'의 뜻이 파생되었다.

禾

和
[hé]
화목하다, ~와(과)

口
[kǒu]
입

季
[jì]
계절

子
[zǐ]
아들

火
[huǒ]
불

秋
[qiū]
가을

禾
[hé]
벼

租
[zū]
세내다, 임대료

且
[qiě]
도마, 또

日
[rì]
해

刂
[dāo]
칼

香
[xiāng]
향기롭다, 맛 좋다

利[120h]
[lì]
날카롭다, 이롭다

139

325

139

禾 禾 禾 禾 禾

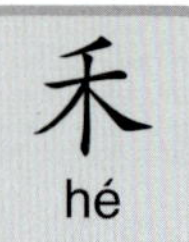

벼 화

禾
hé

익을수록 고개(丿)를 숙이는 나무(木[210])인, 벼 이삭의 모양을 본뜬 글자이다.

139a

和 和 和 和 和 和 和 和

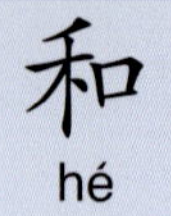

화목할 화

和
hé

벼화 禾 [hé] + 입구 口 [16] [kǒu]

수확한 벼(禾)를 여러 사람이 나누어 먹는(口) 화목한 모습에서 '조화롭다'는 뜻이 되었다. 또한 그 조화로운 모습에서 '~와[과]'의 의미로도 발전하였다.

* 옛 글자는 피리(龠→禾)를 부는(口) 모습으로, 합주할 때 화음이 조화롭게 잘 맞는 모습을 묘사하고 있다.

和平[hépíng] 평화 123   我和他一起去。 나와 그는 함께 간다. 113b 139a 84b 223 53d 94

139b

秋 秋 秋 秋 秋 秋 秋 秋 秋

가을 추

秋
qiū

벼화 禾 [hé] + 불화 火 [158] [huǒ]

가을은 벼(禾)가 불타듯이(火) 누렇게 익어 가는 계절이다.

* 가을에 벼(禾)가 익어 가는 들녘을 가리켜 '불(火)타는 황금 들녘'이라고 표현하기도 한다.

秋天[qiūtiān] 가을 74b

139c

香 香 香 香 香 香 香 香 香

향기 향

香
xiāng

벼화 禾 [hé] + 해일 日 [218] [rì]

추수 때 햇빛(日)이 내리쬐면 들판은 벼(禾)가 익는 향기로운 냄새로 가득할 것이다. 곡식이 익어 가는 냄새가 구수하다는 의미에서 '맛 좋다'는 뜻도 갖게 되었다.

香蕉[xiāngjiāo] 바나나 207c   这饭真香! 이 밥은 정말 맛있다! 133a 147b 12c 139c

139d

租
zū

세낼 조

벼 화 禾 [hé] + 도마/또 차 且[224] [qiě]

신에게 바치기 위해 도마(且)에 고기를 썰어 겹겹이 쌓아 놓듯이, 소작료로 낼 볏단(禾)을 겹쳐서 쌓아 놓은 모습이다.

＊ "且"는 제사상 위의 도마에 고기가 겹겹이 쌓여 있는 모습이다.

出租车[chūzūchē] 택시 169a 124   出租汽车[chūzū qìchē] 택시 169a 204a 124

139e

季
jì

계절 계

벼 화 禾 [hé] + 아들 자 子[95] [zǐ]

풍요로운 계절인 가을에 벼(禾) 이삭을 줍고 볏단을 나르는 어린아이(子)의 모습이다.

季节[jìjié] 계절, 절기 85g

140

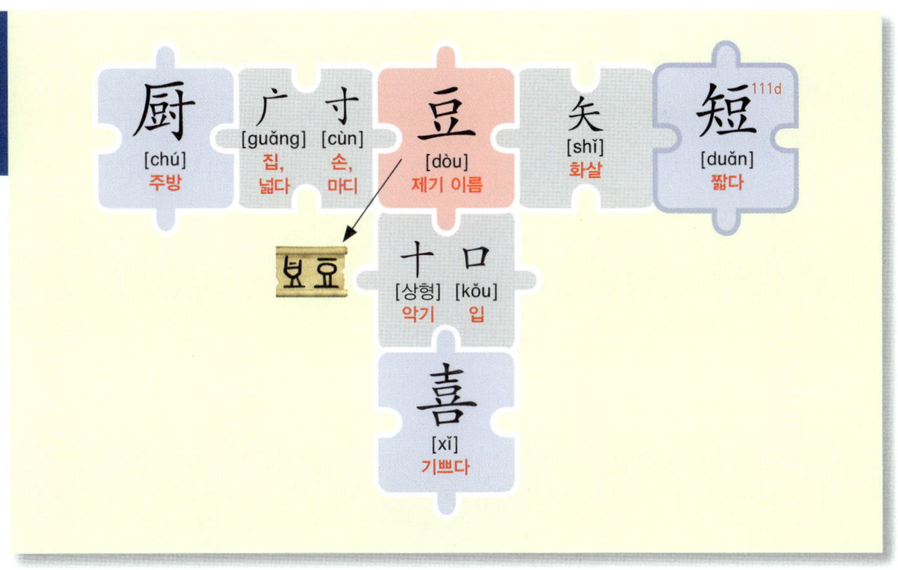

140

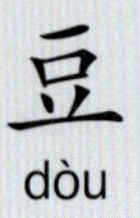

豆
dòu

제기 이름 두, 콩 두

와인 잔처럼 발이 높이 올라와 있는 제사용 그릇 또는 제단의 모습에서 만들어진 글자이다. 그러한 그릇의 높이나 모양이 줄기가 짧은 식물인 콩과 비슷해서 콩의 뜻도 갖게 되었다.

豆腐[dòufu] 두부 41b

140a

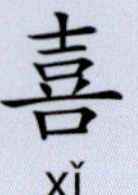

喜
xǐ

기쁠 희

악기 이름 주 효 51b [zhù] + 입 구 口 16 [kǒu]

악기(효) 연주에 맞춰 입(口)으로 노래하는 모습에서 '기쁘다'는 뜻이 파생되었다.

* "효"는 윗부분에 장식(士)이 되어 있는, 다리로 들어 올려진 북(효)의 모습이다.
* "효"자와 모양이 비슷하여 여기에서 다루고 있으나 서로 관련이 없다.

喜欢[xǐhuan] 좋아하다, 기뻐하다 21c

140b

厨
chú

부엌 주

집/넓을 광 厂 → 广 143 [guǎng] + 제단/제기 이름 두 효 [dòu] + 손/마디 촌 寸 40 [cùn]

요리사가 주방(广)에서 제단(효)에 바칠 음식을 만들기 위해 손(寸)으로 요리하는 모습이다.

厨房[chúfáng] 주방, 부엌 144b

328

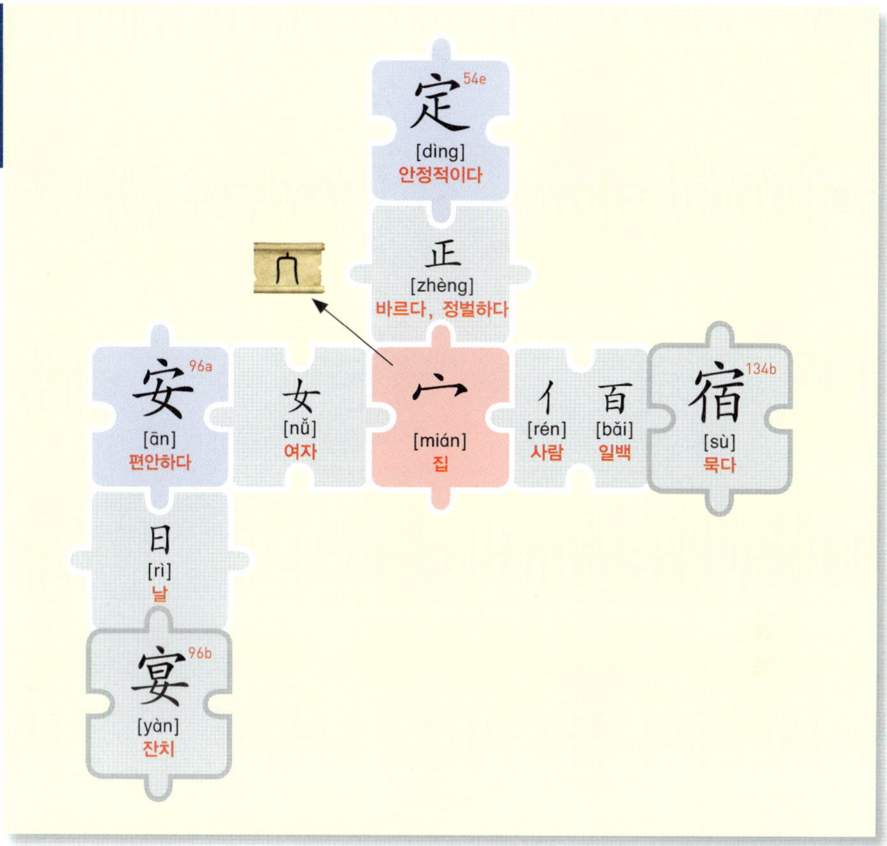

定 54e
[dìng]
안정적이다

正
[zhèng]
바르다, 정벌하다

安 96a
[ān]
편안하다

女
[nǚ]
여자

宀
[mián]
집

亻
[rén]
사람

百
[bǎi]
일백

宿 134b
[sù]
묵다

日
[rì]
날

宴 96b
[yàn]
잔치

141

141

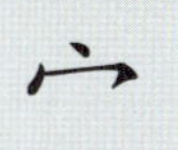

宀 mián

집 면

집을 나타내기 위해 지붕의 모습만 간단하게 정리한 글자이다.

* 다른 글자와 합해질 때 사람이 거주하는 건물인 '집'을 가리킨다는 점을 기억하도록 하자.

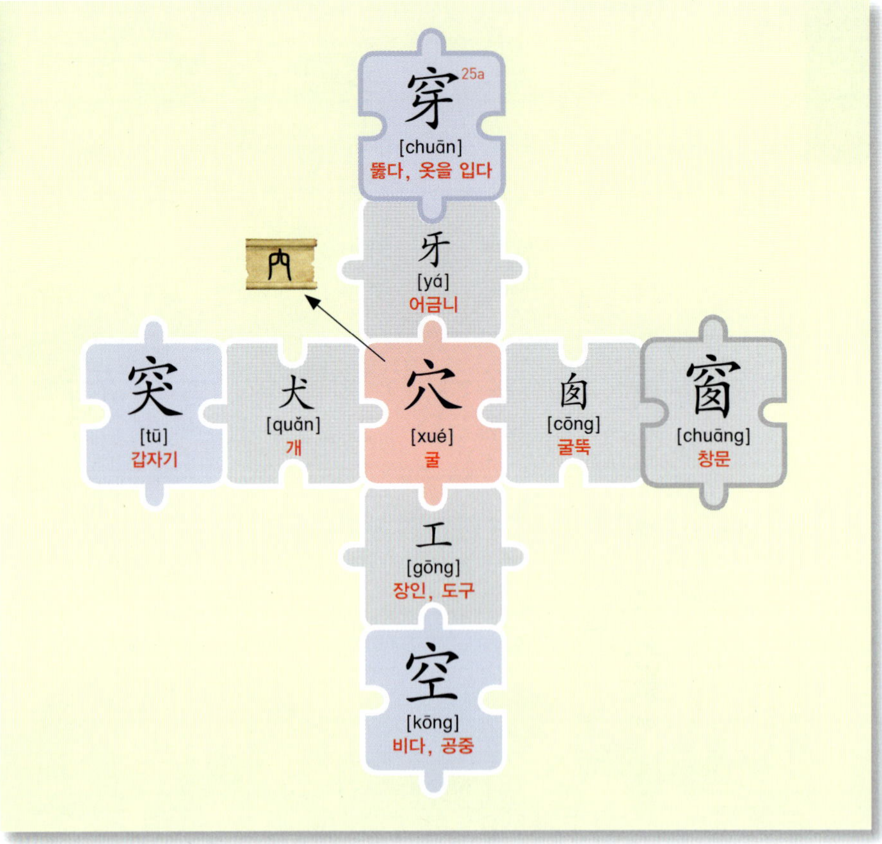

穴 穴 穴 穴 穴

142

穴
xué

구멍 혈

집 면 宀 [141] [mián] + 여덟 팔 八 [229] [bā]

옛날에는 산자락이나 언덕에 굴을 파서 집(宀)으로 삼아 기거하기도 하였다. 이처럼 사람이 들어가 살기 위해 파 놓은 굴의 입구(八) 모양을 본뜬 글자이다.

* 이 글자에서 "八"은 입구가 벌어져 있는 모양이다.

142a

窗窗窗窗窗窗窗窗窗窗窗窗

窗
chuāng

창문 창

구멍 혈 穴 [xué] + 굴뚝 창 囪 [cōng]

언덕에 동굴(穴)을 파서 만든 집에는 창문을 낼 수 없기 때문에 굴뚝(囪)을 만들어 환기를 시켰다.

* "囪"은 네모진 통로(口[상형])로 불(火158)과 그을음이 올라가는 모습이다. 기억하기 쉽게 뒤쪽에(뒤져 올 치 夂56[zhǐ]) 있는 연기나 공기를 굴뚝(口)으로 뽑아내는 모습이라고 생각하자.

窗户 [chuānghu] 창문, 창 144

142b

空空空空空空空空

空
kōng

빌 공

구멍 혈 穴 [xué] + 도구/장인 공 工203 [gōng]

도구(工)를 사용해서 파 놓은 동굴(穴)의 속이 텅 빈 모습이다. 그처럼 비어 있는 공간이라는 뜻에서 '공중'의 뜻도 파생되었다.

空调 [kōngtiáo] 에어컨 152b
空间 [kōngjiān] 공간 145c

空气 [kōngqì] 공기, 분위기 204
天空 [tiānkōng] 하늘, 공중 74b

142c

突突突突突突突突突

突
tū

갑자기 돌

구멍 혈 穴 [xué] + 개 견 犬172 [quǎn]

동굴(穴)처럼 생긴 구멍에서 개(犬)가 갑자기 튀어나오는 모습이다.

突然 [tūrán] 갑자기, 돌연히, 갑작스럽다 158e
突出 [tūchū] 튀어나오다, 돋보이다, 뚜렷하다 169a

142

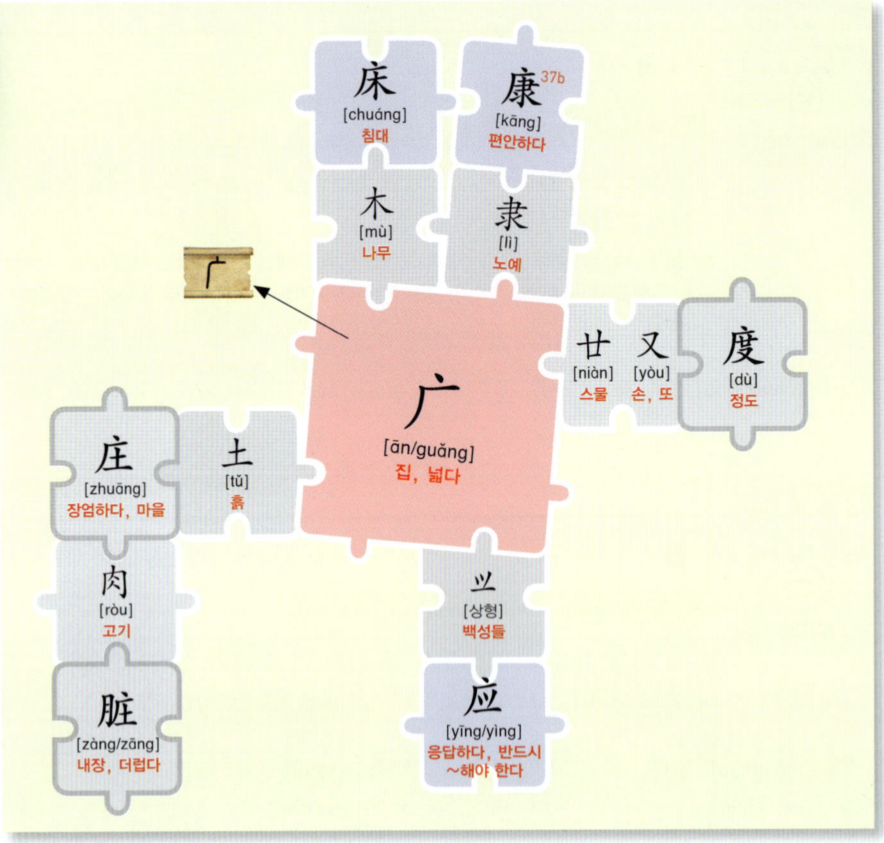

广 广 广

广

ān/guǎng

[广, 廣] **집** 엄, **넓을** 광

한쪽 벽이 트여 있는 '집'의 모양이다. 벽을 튼 집은 넓으니 '넓다'는 뜻도 갖게 되었다.

＊ 옛날의 궁궐이나 관청은 한쪽 벽이 트여 있어 그곳에서 왕이나 관리가 앉아 정치를 하였다.

广播[guǎngbō] 방송하다, 방송 프로그램 183b　　广告[guǎnggào] 광고 175d
广场[guǎngchǎng] 광장 155a

332

143a

床床床床床床床

[牀] **침대** 상

집/넓을광 广 [guǎng] + 나무 목 木[210] [mù]

집(广) 안의 나무(木)로 만든 가구란 곧 '침대'를 의미한다.

＊ 오래전부터 중국 사람들이 침대 생활을 해 왔음을 알려 주는 글자이다.

起床[qǐ//chuáng] 일어나다 53d

143b

度度度度度度度度度

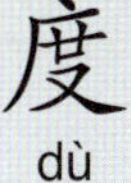

법도 도

집/넓을광 广 [guǎng] + 스물입 廿[50d] [niàn] + 손/또우 又[34] [yòu]

큰 집(广)을 지을 때 어느 정도 크기로 지을지 가늠하기 위해 손(又)으로 다양하게(廿) 치수를 재는 모습이다.

＊ "廿"은 "열 십 十[232][shí]"를 두 개 겹쳐 놓은 모습이다.

态度[tàidu] 태도 74d　　　　　　高度[gāodù] 고도, 높이 5

143

143c

应应应应应应应

[應] **응할** 응

집/넓을광 广 [guǎng] + 백성들 𫩏 [상형]

한쪽 벽이 트여 있는 관청(广)에서 백성들(𫩏)이 억울함을 호소하는 모습이다. 힘없는 백성들이 호소하면 관리는 반드시 마음을 다해 응해야 한다는 의미에서 '응답하다, 반드시 ~해야 한다'는 뜻을 갖게 되었다.

＊ 번체자(應)는 관청(广)에 있는 관리들이 새(隹[178])처럼 약한 백성(亻[68])들의 말에 마음(心[28])을 다해 응해야 함을 알려 주는 글자로, 세 글자(亻, 隹, 心)가 간체자에서는 각각 점(丶)으로 간단하게 줄었음을 볼 수 있다.

应该[yīnggāi] 반드시[마땅히] ~해야 한다, ~하는 것이 마땅하다 4b
答应[dāying] 응답하다, 동의하다, 허락하다 65b
响应[xiǎngyìng] 호응하다, 응하다 150a
应当[yīngdāng] 반드시[응당] ~해야 한다 150e

庄庄庄庄庄庄

庄 zhuāng

[莊] **장엄할** 장

집/넓을 광 广 [guǎng] + 흙토 土 [155] [tǔ]

고관들이 시골의 소유지(土)를 관리하기 위해 지어 놓은 큰 집(广)의 모습에서 '장엄하다'는 의미가 생겨났다. 그러한 고관의 별장 주변으로 소작농들이 모여 사는 모습에서 '마을'의 뜻도 갖게 되었다.

村庄[cūnzhuāng] 마을, 촌락, 부락 40a

脏脏脏脏脏脏脏脏脏脏

脏 zàng/zāng

[臟, 髒] **내장** 장, **더러울** 장

고기육 月 [221] → 肉 [192] [ròu] + 장엄할 장 庄 [143d] [zhuāng]

별장(庄)의 고관들이 동물을 잡아 고기(肉)는 가족들이 먹고, 소작농들에게는 쓸모없는 내장만 남겨 주는 모습에서 '더럽다'는 뜻이 파생되었다.

＊ "달 월 月[yuè]"가 다른 글자와 합해질 경우 대부분 "肉"의 의미를 갖는다.

心脏[xīnzàng] 심장 28

衣服很脏。 옷이 더럽다. 130 34b 14a 143e

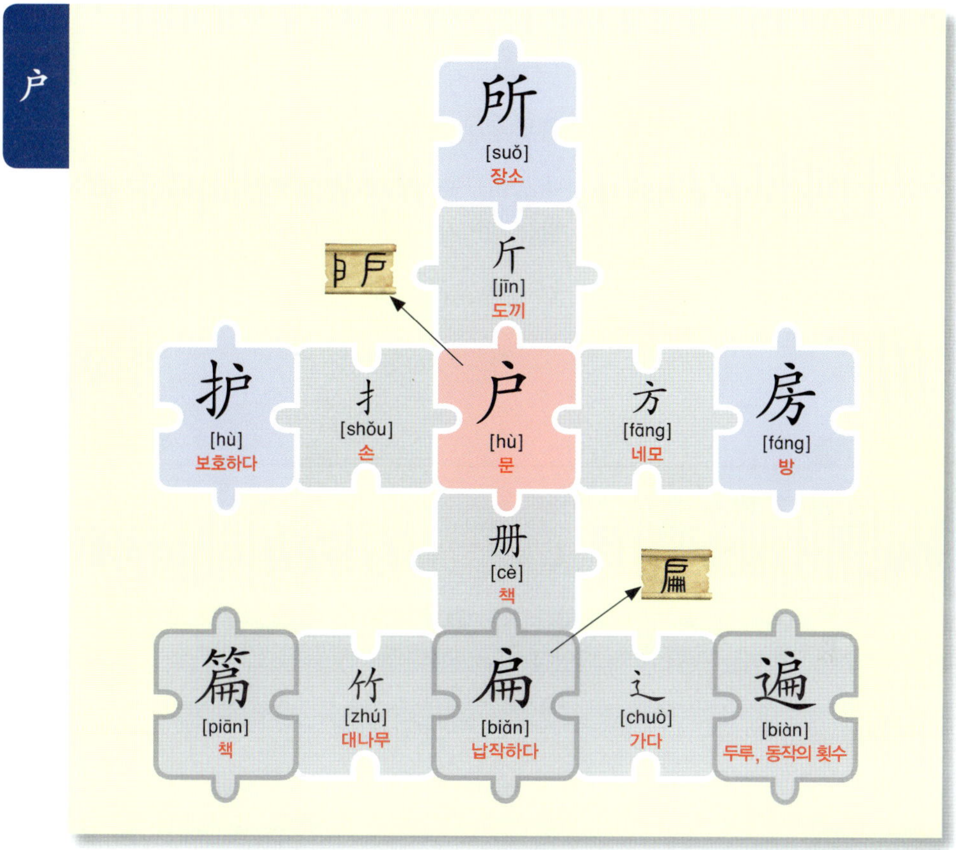

户

所 [suǒ] 장소

斤 [jīn] 도끼

护 [hù] 보호하다　　扌 [shǒu] 손　　户 [hù] 문　　方 [fāng] 네모　　房 [fáng] 방

册 [cè] 책

篇 [piān] 책　　竹 [zhú] 대나무　　扁 [biǎn] 납작하다 　　辶 [chuò] 가다　　遍 [biàn] 두루, 동작의 횟수

144

144

户　户　户　户

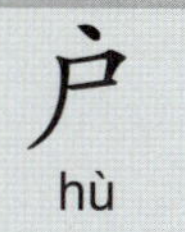

户
hù

외짝 문 호

큰 문(门)과는 대조되는 문짝이 하나만 있는 창고나 서민들의 오두막집 **문**을 본뜬 글자이다.

窗户 [chuānghu] 창문, 창 142a

144a

곳 소
suǒ

외짝문호 戶 [hù] + 도끼근 斤 [119] [jīn]

도끼(斤)와 같은 무기나 농기구를 넣어 두는 곳인 외짝 문(戶)이 달려 있는
창고의 모습에서 장소라는 의미가 파생되었다.

所以[suǒyǐ] 그래서, 그러므로 63j   所有[suǒyǒu] 소유물, 소유하다 39c
研究所[yánjiūsuǒ] 연구소 197d 230a

144b

방 방
fáng

외짝문호 戶 [hù] + 네모방 方 [160] [fāng]

외짝 문(戶)이 달려 있는 사각형(方)으로 된 서민들의 방 모양에서 '방, 집'
이라는 뜻을 갖게 되었다.

房间[fángjiān] 방 145c   房子[fángzi] 집, 건물 95

144c

납작할 편
biǎn

외짝문호 戶 [hù] + 책책 冊 → 册 [217] [cè]

대나무를 얇고 납작하게 깎아 엮어 놓은 죽간(冊)처럼, 나뭇가지를 엮어서
만든 납작한 외짝 문(戶)의 모습을 본뜬 글자이다.

＊ 죽간: 중국에서 종이가 발명되기 전에 글자를 기록하던 대나무 조각을 엮어서 만든 책(冊)

144

144d

遍 biàn

두루 편

납작할 편 扁 [144c] [biǎn] + 갈착 辶 [61] [chuò]

나뭇가지를 납작하게(扁) 엮어 집 주위를 빙 돌아가며(辶) 담장을 두른 모습에서 '두루'의 뜻이 파생되었다. 또한 그렇게 담장이 집 주위를 빙 둘러 가며 감싸고 있는 모습에서 동작의 횟수를 나타내는 데도 사용하게 되었다.

这本书我看过五遍。 이 책을 나는 다섯 번 읽었다. 133a 210a 231d 113b 11a 40f 226a 144d

144e

篇 piān

책 편

대죽 竹 [216] [zhú] + 납작할 편 扁 [144c] [biǎn]

대나무(竹)를 얇고 납작하게(扁) 깎아 엮은 책인 죽간의 모습이다. 그러한 죽간에 수미가 제대로 갖추어진 문장을 기록하는 장면에서 일정한 형식을 갖춘 문장을 세는 단위로도 사용된다.

一篇文章 한 편의 글 223 144e 133 24a

144f

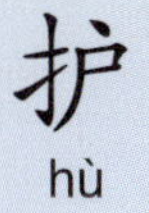

护 hù

[護] **보호할** 호

손수 扌=手 [31] [shǒu] + 외짝문호 户 [hù]

외짝 문(户)이 달려 있는 힘없는 서민의 집을 손(扌)으로 가로막고 지키고 있는 모습이다.

护照[hùzhào] 여권 121c   护士[hùshi] 간호사 104

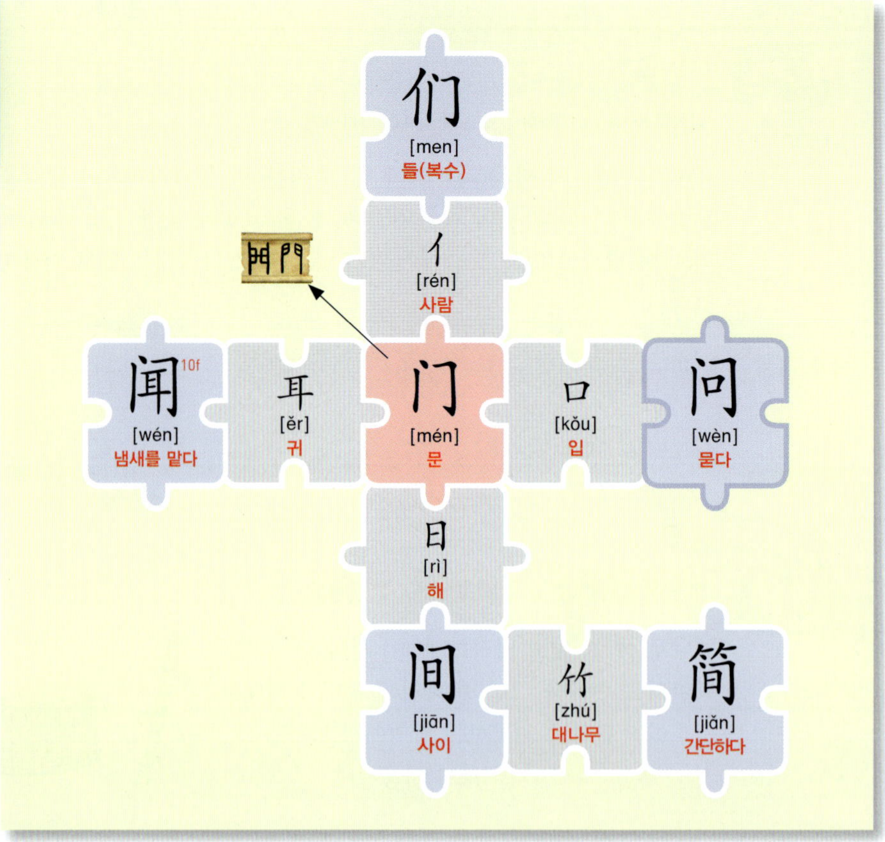

门 [men] 들(복수)

亻 [rén] 사람

门門

闻 [wén] 10f 냄새를 맡다
耳 [ěr] 귀
门 [mén] 문
口 [kǒu] 입
问 [wèn] 묻다

日 [rì] 해

间 [jiān] 사이
竹 [zhú] 대나무
简 [jiǎn] 간단하다

门 门 门

145

门 mén

[門] 문 문

문짝이 하나만 달린 "외짝 문 호 戸[144][hù]"와는 달리, 대궐이나 큰 집 대문처럼 두 개의 문이 한 짝을 이룬 모습이다.

门口 [ménkǒu] 입구, 현관 16 　　　　部门 [bùmén] 부, 부문, 부서 79f

145a

门 门 门 门 门

门 men

[們] 들 문

사람 인 亻[68][rén] ＋ 문 문 门 [mén]

338

복수인 두 개의 문이 한 짝을 이룬 "门"과 사람(亻)을 합쳐서 복수를 표시하는 접미사로 사용한다.

* 반드시 대명사나 사람을 가리키는 명사 뒤에 붙여 쓴다.

我们[wǒmen] 우리(들) 113b
咱们[zánmen] 우리(들) 26a
你们[nǐmen] 너희들, 당신들, 자네들 73a
他们[tāmen] 그들, 저들 84b
她们[tāmen] 그녀들, 그(저) 여자들 84c
它们[tāmen] 그것들, 저것들 88f

145b

问 问 问 问 问 问

问
wèn

[問] **물을** 문

문문 门 [mén] + 입구口 [16] [kǒu]

자신이 찾아온 집이 맞는지 문(门)을 열고 입(口)으로 묻는 모습이다.

问题[wèntí] 문제, 고장 54d
请问[qǐngwèn] 말씀 좀 여쭙겠습니다 135c

145c

间 间 间 间 间 间 间

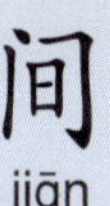

间
jiān

[間] **사이** 간

문문 门 [mén] + 해일 日 [218] [rì]

문(门)틈 사이로 햇빛(日)이 비치는 모습이다. 집의 벽과 벽 사이에 있는 공간이라는 의미에서 '방'의 뜻도 갖게 되었으며, 그러한 방을 세는 단위로도 쓰인다.

房间[fángjiān] 방 144b
时间[shíjiān] 시간, 시각 42d
洗手间[xǐshǒujiān] 화장실 69e 31
一间教室 교실 한 칸 223 145c 50c 112a

145d

简 简 简 简 简 简 简 简 简 简 简 简 简

简
jiǎn

[簡] **간단할** 간

대죽 竹 [216] [zhú] + 사이간 间 [145c] [jiān]

중국에서 종이가 발명되기 전에 대나무(竹)를 납작하게 깎아 그 얇고 좁은 사이(间)에 글을 기록하던 모습에서 '간단하다'는 뜻이 파생되었다.

简单[jiǎndān] 간단하다, 단순하다 232c

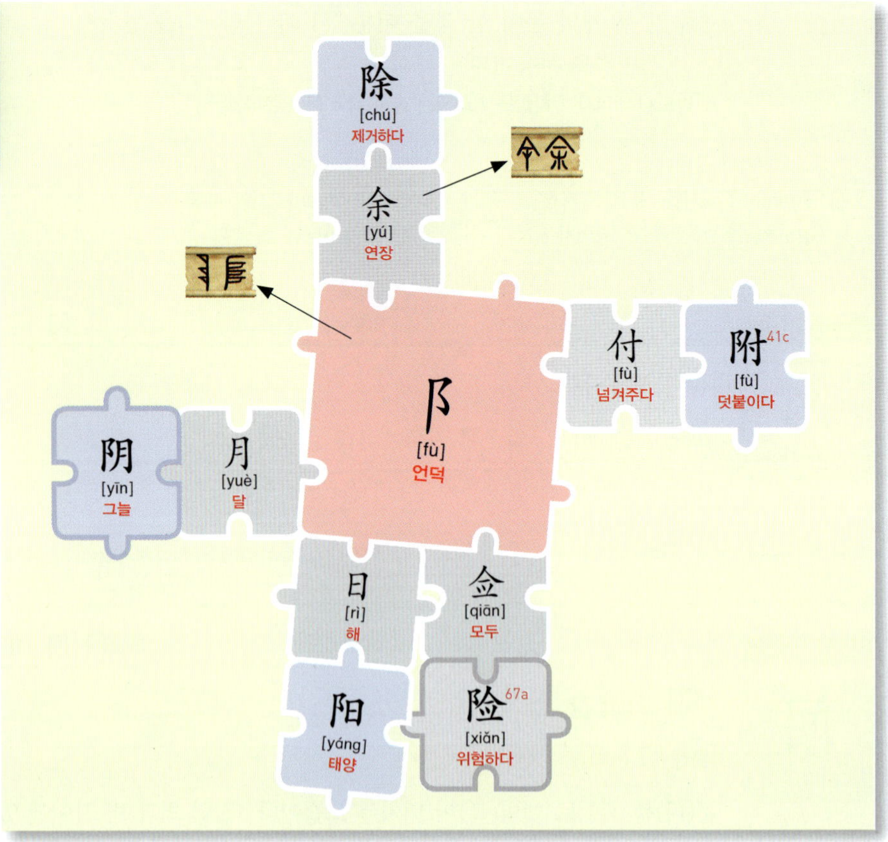

146

阝 阝

阝
fù

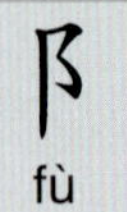

언덕 부

험한 산비탈이나 언덕의 측면 모양을 본뜬 글자이다.

* 다른 글자와 합해질 때 함께 쓰이는 글자의 왼쪽에 올 때는 '언덕'을, 오른쪽에 올 때는 '고을(邑92d[yì])'를 의미한다.

146a

除 除 除 除 除 除 除 除 除

除
chú

제거할 제

언덕부 阝 [fù] + 땅을 파는 연장/남을 여 余 [yú]

오르기 어려운 언덕(阝)을 쉽게 오르도록 땅을 파는 연장(余)을 사용해 계단을 만드는 모습으로, 어려움을 '제거하다'는 의미를 가지고 있다.

* "余"는 갑골문을 보면 풀을 뿌리째 뽑기 위해 만든, 땅을 파는 끝이 날카로운 연장의 모양이다.

除了 [chúle] ~을(를) 제외하고 170a
除了 … 以外 [chúle … yǐwài] ~을 빼고는, ~ 말고 170a 63j 222a

146b

阳 阳 阳 阳 阳 阳

阳
yáng

[陽] 볕 양

언덕부 阝 [fù] + 해일 日 218 [rì]

언덕(阝) 위로 태양(日)이 높이 떠오르는 모습이다. 동양철학에서 우주 만물의 서로 반대되는 두 가지 기운 중 하나인 태양을 상징하는 것으로 '맑음, 밝음, 여름, 남자' 등을 상징한다.

太阳 [tàiyáng] 태양 74c

146c

阴 阴 阴 阴 阴 阴

阴
yīn

[陰] 그늘 음

언덕부 阝 [fù] + 달월 月 221 [yuè]

언덕(阝) 위로 달(月)이 높이 떠오르는 모습이다. 동양철학에서 우주 만물의 서로 반대되는 두 가지 기운 중 하나인 달을 상징하는 것으로 '흐림, 어두움, 겨울, 여자' 등을 상징한다.

昨天是阴天。 어제는 흐렸다. 234c 74b 54b 146c 74b

341

阝
(邑)

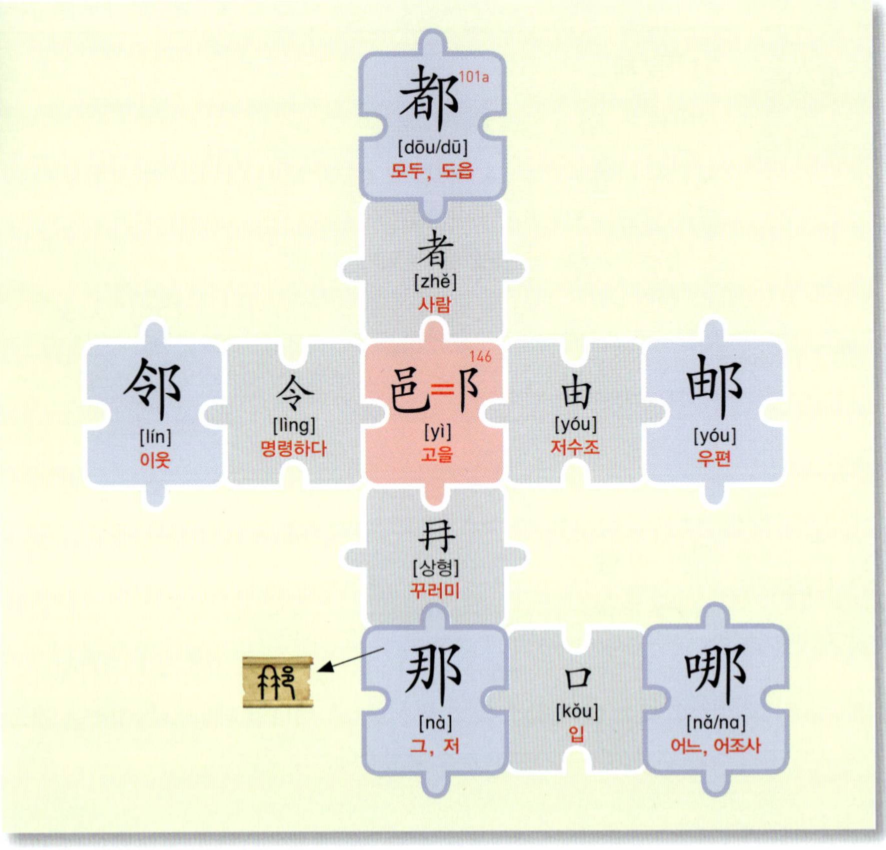

邮 邱 邱 邮 由 邮 邮

邮
yóu

[郵] **우편** 우

저수조/말미암을 유 由 154 [yóu] + 고을 읍 阝 → 邑 92d [yì]

마을(邑) 아낙네들이 서로 정보를 교환하는 장소로 공동 우물(由)만큼 좋은 곳은 없었을 것이다. 그렇게 정보를 교환하는 장소라는 의미에서 '우편'과 관련된 글자로 사용하게 되었다.

* "由"는 바닥이 깊은 지하 저수조의 모습이므로 '우물'로 해석하였다.

电子邮件[diànzǐ yóujiàn] 전자 우편, 이메일 157a 95 175a

邮局[yóujú] 우체국 91a　　　　邮票[yóupiào] 우표 126d

146e

那 那 那 那 那 那

那 nà

그 나

꾸러미 ヲ → 冄 [상형] + 고을읍 阝 → 邑 [92d] [yì]

유명한 특산품(冄)이 나는 어느 먼 지역(邑)을 가리키는 데서, 비교적 먼 곳에 있는 사람이나 사물을 지칭하는 지시대명사인 '그, 저'의 의미를 갖게 되었다.

* 이 글자의 왼편 부분(冄)은 물건을 옮기기 좋게 꾸러미로 엮어 반으로 접어 놓은 모습이다.

那个[nàge] 그, 그것 63b
那么[nàme] 그러면, 그렇게, 저렇게 93a
那样[nàyàng] 그렇게, 저렇게, 그러하다, 저러하다 171a
那里[nàli] 그곳, 저곳, 거기, 저기 151
那些[nàxiē] 그들, 그것들 88h

146f

哪 哪 哪 吓 吓 吓 哪 哪 哪

哪 nǎ/na

어느 나, 어조사 나

입구 口 [16] [kǒu] + 그나 那 [146e] [nà]

그것(那)이라고 알려 줘도 '비교적 먼 곳에 있는 사물'이기에 바로 찾지 못하고 입(口)으로 되묻는 모습에서 '어느, 어떤'의 뜻이 파생되었다. 특별한 의미 없이 구절 끝에 쓰여, '감탄 또는 의문의 어기를 나타내는 조사'인 "啊 [17f]"를 대신하는 어기조사로도 사용된다.

* 발음이 'n'으로 끝난 다음의 "啊[a]"는 'na'로 변하므로 "哪[na]"라고 쓴다.

哪儿[nǎr] 어디, 어느 곳 69
哪个[nǎge] 어느 (것), 누구 63b
哪里[nǎlǐ] 어디, 어느 곳, 뭘요, 천만에요 151
你小心哪！ 너 조심해라. 73a 235 28 146f

146g

邻 邻 邻 令 令 邻 邻

邻 lín

[鄰] 이웃 린

명령할 령 令 [86] [lìng] + 고을읍 阝 → 邑 [92d] [yì]

한 마을(邑)에 사는 이웃이 같은 지도자에게 명령(令)을 받으며 사는 모습이다.

邻居[línjū] 이웃, 이웃집 90g

| 饭 [fàn] 밥 | 亽 [shí] 먹다 | 反 [fǎn] 반대로 | 木 [mù] 나무 | 板 [bǎn] 판자 |

又 [yòu] 손, 또

厂 [ān/chǎng] 언덕, 공장

卩 [jié] 사람

| 厄 85a [è] 재앙 | 𠂊 [rén] 사람 | 危 72e [wēi] 위험하다 |

厂 ān/chǎng

[厂, 廠] 언덕 엄, 공장 창

바위가 돌출된 낭떠러지 모양을 본뜬 글자이다. 제품이나 자재가 절벽(厂)처럼 높이 쌓여 있는 모습에서 '공장'의 뜻도 파생되었다.

＊ 다른 글자와 합해질 때는 대부분 '벼랑'의 뜻으로, 단독으로 사용될 때는 '공장'의 뜻으로 사용된다.

工厂 [gōngchǎng] 공장 203

147a

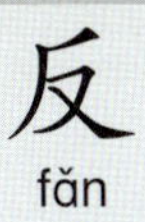

反反反反

反 fǎn — 돌이킬 반

언덕 엄 厂 [ǎn] + 손/또 우 又[34] [yòu]

벼랑(厂)과 같은 장애물을 손(又)으로 막고 버티며 저항하여 상황을 반대로 되돌리려 하는 모습이다.

反对 [fǎnduì] 반대하다 40c
违反 [wéifǎn] 위반하다, 위배하다 190c
反映 [fǎnyìng] 반사하다, 반영하다 78b

147b

饭饭饭饭饭饭饭

饭 fàn — [飯] 밥 반

먹을 식 饣 =食[137] [shí] + 돌이킬반 反[147a] [fǎn]

기력을 되찾기(反) 위해서는 밥을 먹어야(饣) 한다.

饭店 [fàndiàn] 호텔 127b
晚饭 [wǎnfàn] 저녁(밥), 석식 72b
早饭 [zǎofàn] 아침(밥), 조식 218e
米饭 [mǐfàn] 쌀밥 138
午饭 [wǔfàn] 점심(밥), 중식 118b

147

147c

板板板板板板板板

板 bǎn — 널빤지 판

나무 목 木[210] [mù] + 돌이킬반 反[147a] [fǎn]

나무(木)를 적당한 두께로 켜서 양쪽을 다듬어 어느 쪽으로 뒤집어도(反) 사용할 수 있게 만든 평평한 판자의 모습이다.

黑板 [hēibǎn] 칠판 158d

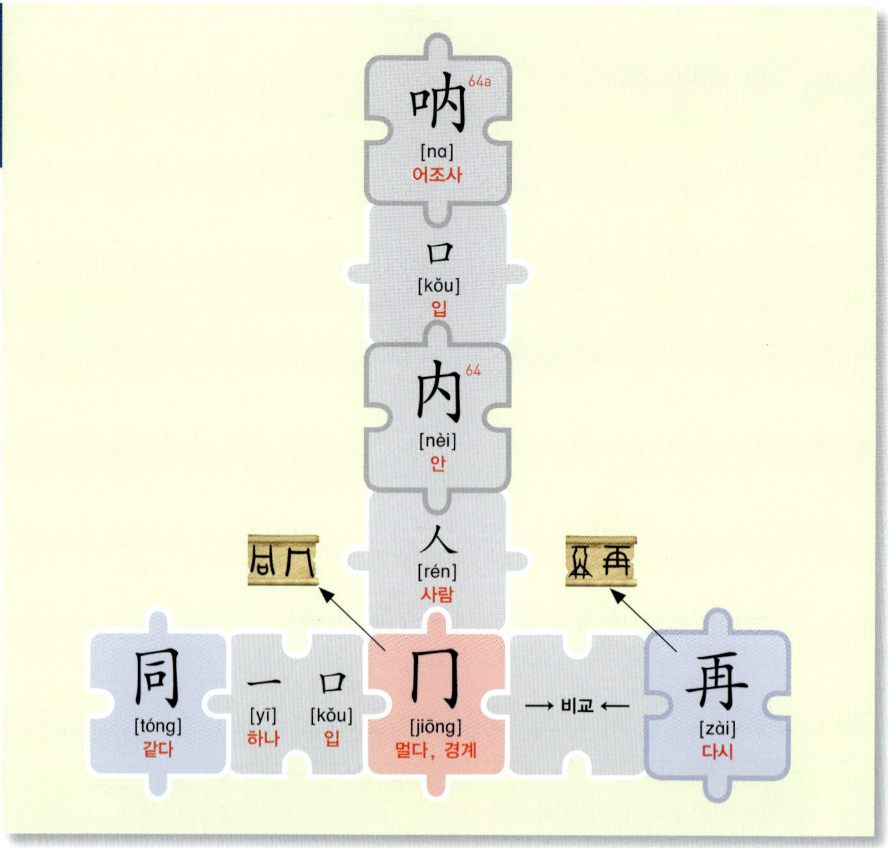
呐 64a
[na]
어조사
口
[kǒu]
입
内 64
[nèi]
안
人
[rén]
사람
同
[tóng]
같다
一
[yī]
하나
口
[kǒu]
입
冂
[jiōng]
멀다, 경계
→ 비교 ←
再
[zài]
다시

148

冂 冂

冂 jiōng

멀 경

국경의 출입문을 함부로 지나가지 못하게 가로로 막아 놓은 모습이다. 그처럼 멀리 있는 경계를 의미하는 글자이다.

* 다른 글자와 합해질 때는 '멀다'는 뜻 보다는 단순한 모양으로 더 많이 사용된다.
* "문 문 门145[mén]"과는 다른 글자이다.

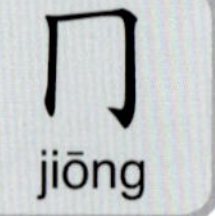

148a

再 再 丂 丙 再 再

再
zài

다시 재

손잡이 丅 [상형] + 꾸러미 丹 [상형]

무언가를 엮어 놓은 꾸러미(丹)의 가운데 손잡이(丅)를 들어 올리자 양 갈래로 갈라져 두 줄이 되는 모습에서 '다시'라는 의미가 파생되었다.

再见[zàijiàn] (인사말로) 또 뵙겠습니다 13

148b

同 同 同 同 同 同

同
tóng

같을 동

경계/멀 경 冂 [jiōng] + 하나 일 一[223] [yī] + 입 구 口[16] [kǒu]

하나(一)의 목소리(口)를 내는 같은 집단(冂)이라는 의미를 가지고 있다.

＊ "冂"은 경계를 막아 놓은 모습이므로 경계 안에 있는 집단을 의미한다고 생각하자.

同学[tóng//xué] 동창, 학생(호칭), 같은 학교를 다니다 95a

同事[tóng//shì] 동료, 함께 일하다 36d

同时[tóngshí] 동시, 동시에 42d

不同[bùtóng] 같지 않다, 다르다 223a

同意[tóngyì] 동의하다, 찬성하다 24b

同志[tóngzhì] 동지 104c

相同[xiāngtóng] 서로 같다, 똑같다, 일치하다 11c

148

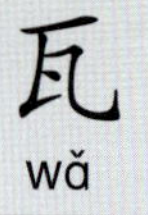

149

瓦 瓦 瓦 瓦

기와 와
wǎ

암수가 서로 맞물린 기와의 모습에서 만들어진 "互[hù]"가 '서로'의 뜻으로 쓰이자, 암수가 맞물린 것이 '기와'라는 것을 강조하기 위해 점(丶) 하나를 찍어 원래의 의미를 되살렸다.

瓦解[wǎjiě] 와해되다, 와해시키다 175c

149a

互 互 互 互

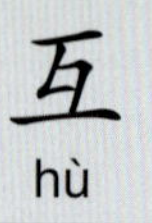

서로 호
hù

기와의 암수가 서로 맞물려 있는 모습이다.

＊ 지붕 위에 얹는 기와는 서로 맞물릴 수 있게 양쪽을 암수의 모양으로 만든다.

互相[hùxiāng] 서로, 상호 11c   相互[xiānghù] 상호, 서로 11c

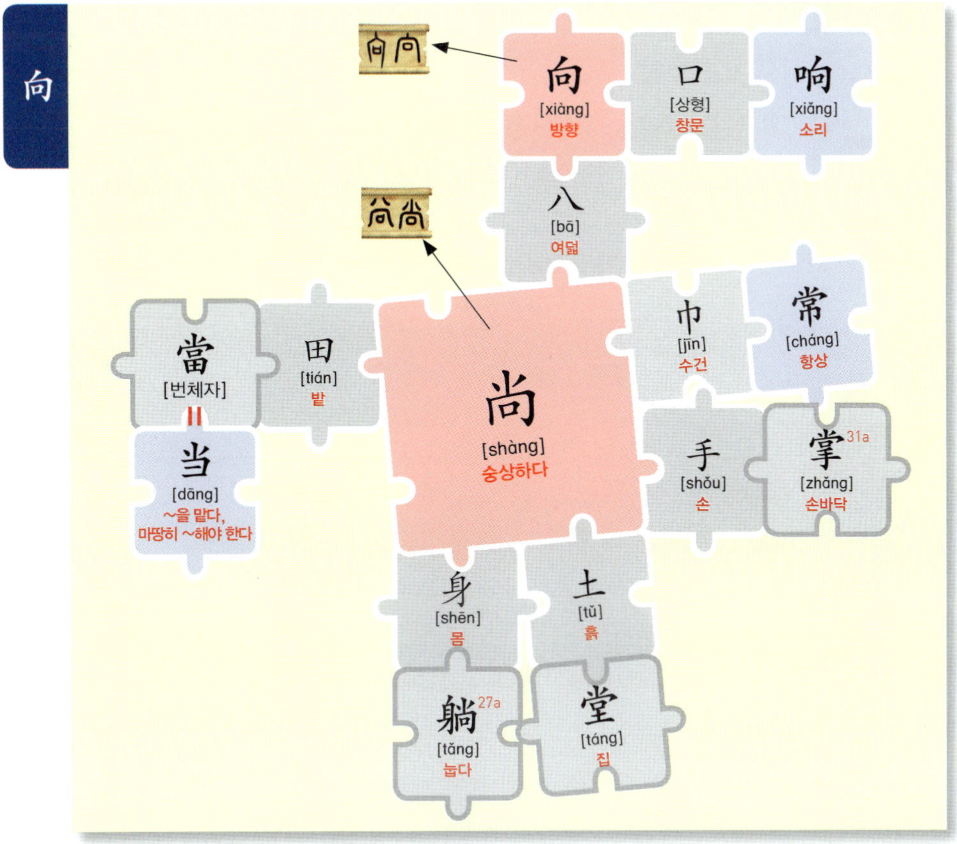

向

向 [xiàng] 방향
口 [상형] 창문
响 [xiǎng] 소리

八 [bā] 여덟

當 [번체자]
=
当 [dāng] ~을 맡다, 마땅히 ~해야 한다

田 [tián] 밭

尚 [shàng] 숭상하다

巾 [jīn] 수건
常 [cháng] 항상

手 [shǒu] 손
掌 [zhǎng] 손바닥 31a

身 [shēn] 몸
土 [tǔ] 흙

躺 [tǎng] 눕다 27a
堂 [táng] 집

150

向 向 向 向 向 向

150

향할 향

向
xiàng

집 면 宀 141 [mián] + 창문 口 [상형]

집(宀) 안에서 창문(口)이 나 있는 방향으로 밖을 바라보는 모습이다.

＊ 이 글자에서 "입 구 口 16[kǒu]"는 '창문'을 그려 놓은 부호이다.

方向 [fāngxiàng] 방향 160

150a

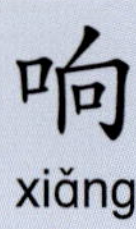

响
xiǎng

[響] 소리 **향**

입구 口 [16][kǒu] + 향할 향 向 [xiàng]

누군가 지나가는 기척을 느끼자 창문을 향해(向) 크게 **소리치는**(口) 모습이다.

＊ "口"가 소리치는 역할을 담당하였다.

影响[yǐngxiǎng] 영향을 주다, 영향 2d　　响应[xiǎngyìng] 호응하다, 응하다 143c

150b

尚
shàng

숭상할 **상**

여덟 팔 ⺍ → 八 [229][bā] + 향할 향 向 [xiàng]

신을 향하여(向) 축복을 내려 달라고(八) 기도하는 모습에서 '**숭상하다**'는 뜻을 갖게 되었다.

＊ 이 글자에서 "⺍"처럼 생긴 글자는 신의 축복이 하늘에서 내려오는 모습이다.

高尚[gāoshàng] 고상하다, 품위 있다 5

150c

常
cháng

항상 **상**

숭상할 상 尚 [150b][shàng] + 수건 건 巾 [132][jīn]

신을 숭배할(尚) 때 천(巾)으로 하체를 가리는 모습이다. 그렇게 신께 나아갈 때는 **항상** 경건한 마음으로 나아가야 한다.

＊ 하체의 생식기는 생산을 의미하는 것으로, 만물의 근원인 신께 나아갈 때 드러내서는 안 되는 부분이었다.

非常[fēicháng] 대단히, 매우, 비정상적인 181
经常[jīngcháng] 자주, 언제나, 늘, 일상적인, 평소의 131e
常常[chángcháng] 자주, 언제나, 늘, 항상

150d

堂堂堂堂堂堂堂堂堂堂堂

堂
táng

집 당

숭상할 상 尚 [150b] [shàng] + 흙토 土 [155] [tǔ]

집이나 홀(hall)과 같은 건물은 흙(土)을 돋우어 터를 높이(尚) 쌓고 그 위에 짓는다.

＊ "尚"의 '숭상하다'의 의미에는 '높이다'의 뜻도 포함되어 있다.

食堂[shítáng] (기관·단체 내의) 구내식당 137　　礼堂[lǐtáng] 강당, 식장 126g

150e

当当当当当当

当
dāng

[當] **마땅할** 당

숭상할 상 ⺌ → 尚 [150b] [shàng] + 밭전 ㅋ → 田 [152] [tián]

농작물을 생산하는 농경지(田)는 숭상(尚)받아 **마땅**하다. 또한 '마땅히'라는 의미가 다음에 나오는 사건을 강조하여 '~을 하다, ~을 맡다'는 뜻과, 그 사건이 언제 어디에서 있었는지를 강조하여 사건이 발생한 시간과 장소를 표시하는 전치사로도 사용된다.

＊ 번체자(當)는 "尚"과 "田"이 현재의 모습으로 간략하게 줄었음을 보여 준다.

当然[dāngrán] 당연하다, 당연히 158e　　应当[yīngdāng] 반드시[응당] ~해야 한다 143c

当时[dāngshí] 당시, 그때 42d　　当场[dāngchǎng] 당장, 그 자리에서 155a

当公共汽车司机。 버스 운전사가 되다. 150e 93b 43c 204a 124 16f 213a

150

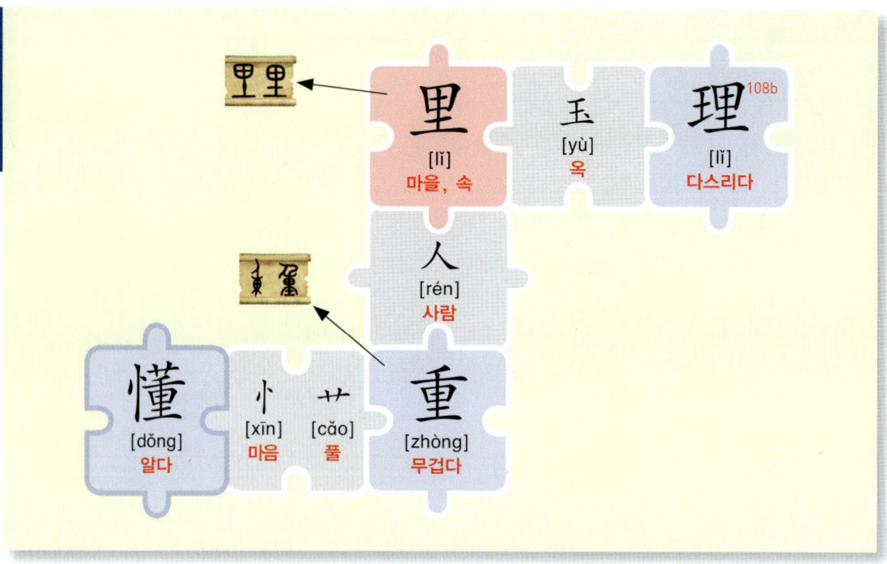

151

里里里里里里里

里 lǐ

[里, 裏] 마을 리, 속 리

농경지(田 152)와 가까운 안쪽 땅(土 155)에 마을이 자리를 잡고 있는 모습이다. 마을이 농경지(田) 안쪽 땅(土)에 자리를 잡고 있다는 의미에서 '안, 속'의 의미도 파생되었다고 생각하자. 농경지에서 마을까지의 거리를 나타내는 데서 거리를 재는 단위로도 쓰인다.

* '안'이라는 의미의 번체자(裏)는 옷(衣)의 안쪽을 나타내기 위해 "里"를 발음기호로 사용하였다.

哪里[nǎlǐ] 어디, 어느 곳, 뭘요, 천만에요 146f
这里[zhèlǐ] 이곳, 여기 133a
公里[gōnglǐ] 킬로미터(km) 93b

那里[nàli] 그곳, 저곳, 거기, 저기 146e
里边[lǐbian] 안쪽, 이내, 내부 61a

151a

重重重重重重重重重

重 zhòng

무거울 중

사람인 千 → 人[63] [rén] + 자루/동녘동 里 → 東 → 东[212] [dōng]

사람(人)이 무거운 자루(东)를 지고 있는 모습이다.

* "东"은 양쪽 주둥이를 묶어 놓은 자루의 모습으로, "重"의 갑골문을 보면 사람(人)과 자루 (东)의 모습을 합쳐 놓았음을 분명히 알 수 있다.

重要[zhòngyào] 중요하다 168b

重大[zhòngdà] 중대하다 74

重視[zhòngshì] 중시하다, 중요시하다 13c

151b

懂懂懂懂懂懂懂懂懂懂懂懂懂懂懂

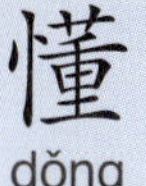

懂 dǒng

알 동

마음심 忄=心[28] [xīn] + 풀초 艹[207] [cǎo] + 무거울중 重[151a] [zhòng]

무거운(重) 마음(忄)은 누군가 알아줄 때 비로소 풀(艹)처럼 가벼워진다.

* 발음기호가 된 "감독할 동 董[dǒng]"은 무거워(重) 보이는 짐을 조직적으로 감독하여 풀(艹) 처럼 가볍게 바로잡는 모습이다.

懂得[dǒngde] 알다, 이해하다 40b

151

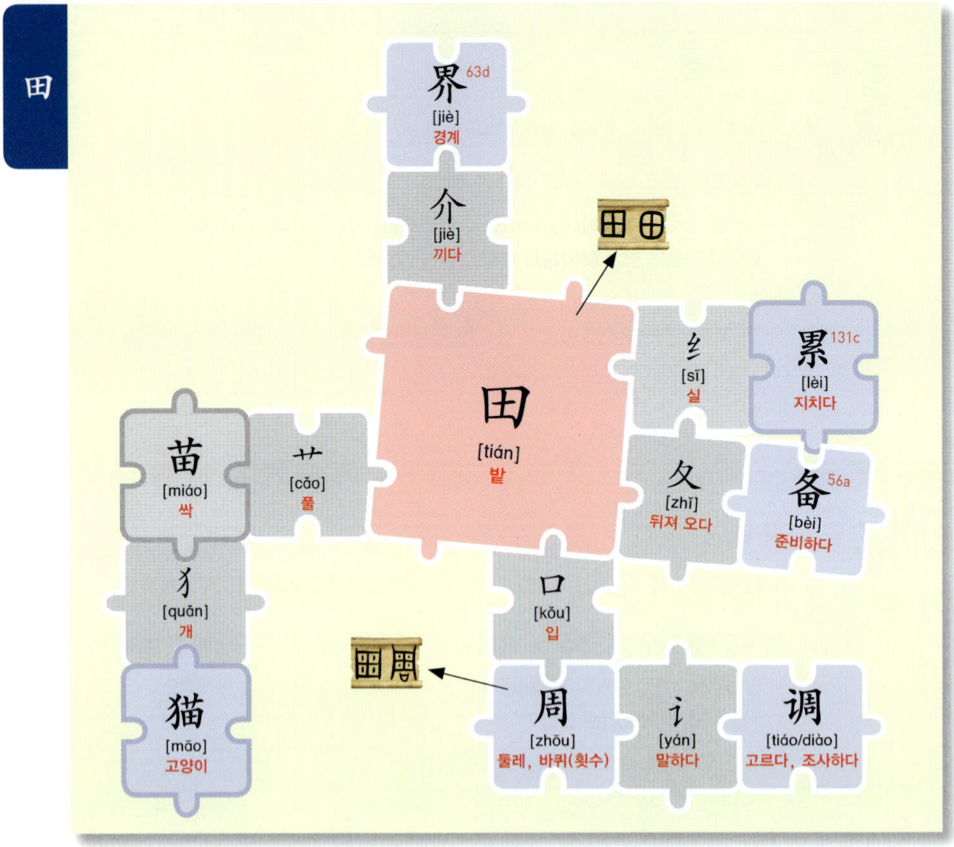

田

界 63d
[jiè]
경계

介
[jiè]
끼다

田田

纟
[sī]
실

累 131c
[lèi]
지치다

田
[tián]
밭

苗
[miáo]
싹

艹
[cǎo]
풀

夂
[zhǐ]
뒤져 오다

备 56a
[bèi]
준비하다

犭
[quǎn]
개

口
[kǒu]
입

猫
[māo]
고양이

品品

周
[zhōu]
둘레, 바퀴(횟수)

讠
[yán]
말하다

调
[tiáo/diào]
고르다, 조사하다

152

田 田 田 田 田

田 **밭** 전
tián

도랑이나 둑으로 구획된 **논밭**의 모양을 본뜬 글자이다.

农田[nóngtián] 농(경)지, 농토 130c

152a

周 周 周 周 周 周 周 周

周 **돌** 주
zhōu

밭전田 [tián] + 입구口 [16] [kǒu]

먹을(口)거리인 농작물을 잘 관리하기 위해 주기적으로 논밭(田)을 돌아보는 모습에서 '둘레, 주, 바퀴(횟수)'의 뜻이 파생되었다.

* 갑골문은 밭(田) 모양의 사각형 안에 점(丶)이 하나씩 찍혀 있는 모습으로, 밭(田)을 주기적으로 잘 관리하여 농작물(丶)이 골고루 자라고 있음을 보여 준다.

周末[zhōumò] 주말 210b   周围[zhōuwéi] 주위, 주변 190b

152b 调 调 调 调 调 调 调 调 调 调

调
tiáo/diào

[調] **고를 조, 조사할 조**

말할언 讠 = 言 23 [yán] + 돌주 周 152a [zhōu]

논밭의 농작물이 고르게 자라는지 주위(周)를 돌아보고 말(讠)로 작업을 지시하는 모습이다. 그렇게 농작물이 고르게 자라는지 '조사한다'는 의미와 목소리의 고른 정도를 나타낸다는 의미에서 '톤'의 뜻도 갖게 되었다.

空调[kōngtiáo] 에어컨 142b   声调[shēngdiào] 성조, 어조 104d
调查[diàochá] (현장에서) 조사하다 224c

152c 苗 苗 苗 苗 苗 苗 苗 苗

苗
miáo

싹 묘

풀초 艹 207 [cǎo] + 밭전 田 [tián]

밭(田)에 싹(艹)이 돋아난 모습이다.

152d 猫 猫 猫 猫 猫 猫 猫 猫 猫 猫 猫

猫
māo

고양이 묘

개견 犭 173 [quǎn] + 싹묘 苗 152c [miáo]

동물(犭) 중 콧수염이 싹(苗)처럼 돋아난 고양이의 모습이다.

* "犭"은 개 정도 크기의 동물을 뜻하는 글자에 의미 요소로 들어간다.
* 여기에서 발음으로 사용된 "苗[miáo]"는 고양이의 울음소리를 나타내고 있다.

熊猫[xióngmāo] 판다 89c

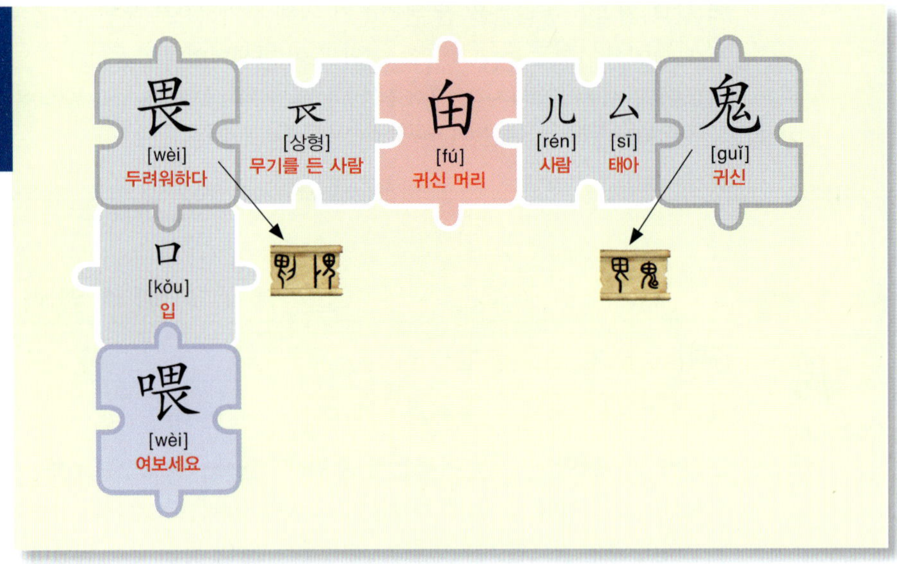

甶 fú

귀신 머리 불

머리(甶)에 뿔(丶)이 달린 괴이한 모습에서 귀신 머리라는 뜻을 갖게 되었다.

＊ "밭 전 田152[tián]"과 관련이 없으나, 글꼴이 비슷하고 부수가 "田"이어서 여기에서 다루고 있다.

153a

鬼 guǐ

귀신 귀

귀신 머리 불 甶 [fú] ＋ 사람 인 儿69 [rén] ＋ 태아/자기 사 厶93 [sī]

귀신 머리(甶)를 하고 있는 사람(儿)의 모습과, 귀신에게 바치던 제물인 갓난아이(厶)를 더하여 귀신의 뜻을 파생시켰다.

＊ 갑골문은 귀신의 가면(甶)을 쓰고 있는 사람(儿)의 모습임을 알려 준다.

搞鬼[gǎo//guǐ] 나쁜 짓을 꾸미다, 수작을 부리다 5a

153b

畏
wèi

두려워할 **외**

귀신 머리 불 田 → 甶 [fú] + 무기를 든 사람 𠂆 [상형]

귀신의 탈(甶)을 쓰고 무기를 든 사람(𠂆)의 모습이다. 한밤중에 그런 사람과 마주친다면 얼마나 **두렵고** 떨릴지 상상이 된다.

＊ 옛 글자는 귀신의 탈(甶)을 쓴 사람(儿69)이 손에 무기(刀120)를 들고 있는 **두려운** 모습임을 알려 준다.

153c

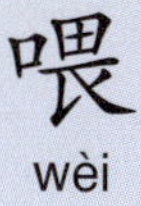

喂
wèi

부르는 소리 **외**

입 구 口 16 [kǒu] + 두려워할 외 畏 153b [wèi]

한밤중에 길을 가다 인기척을 느끼고 두려운(畏) 나머지 입(口)으로 누군가를 **부르는** 모습이다. 여기에서 '**여보세요, 누구세요**'라고 누군가를 부르거나, 전화를 받고 걸 때 쓰는 말로 사용하게 되었다.

喂, 你去哪儿? **야**, 너 어디 가니? 153c, 73a 94 146f 69
喂, 请问你是谁呀? **여보세요**, 당신은 누구십니까? 153c, 135c 145b 73a 54b 178b 25b

153

154

由
yóu

말미암을 유

물이 샘솟는 바닥이 깊은 저수조의 모습으로, 물이 나오는 진원지라는 의미에서 '원인'의 뜻이 파생되었다.

* "밭 전 田152[tián]"과 관련이 없으나, 글꼴이 비슷하고 부수가 "田"이어서 여기에서 다루고 있다.

由于[yóuyú] ~때문에, ~로 인하여 118d　　理由[lǐyóu] 이유 108b

自由[zìyóu] 자유, 자유롭다 26

154a

抽
chōu

뽑을 추

손수手扌=手31 [shǒu] ＋ 저수조/말미암을 유 由 [yóu]

손(扌)으로 두레박을 사용해 지하 저수조(由)에서 물을 뽑아 올리는 모습이다.

抽象[chōuxiàng] 추상적이다, 추상하다 174b

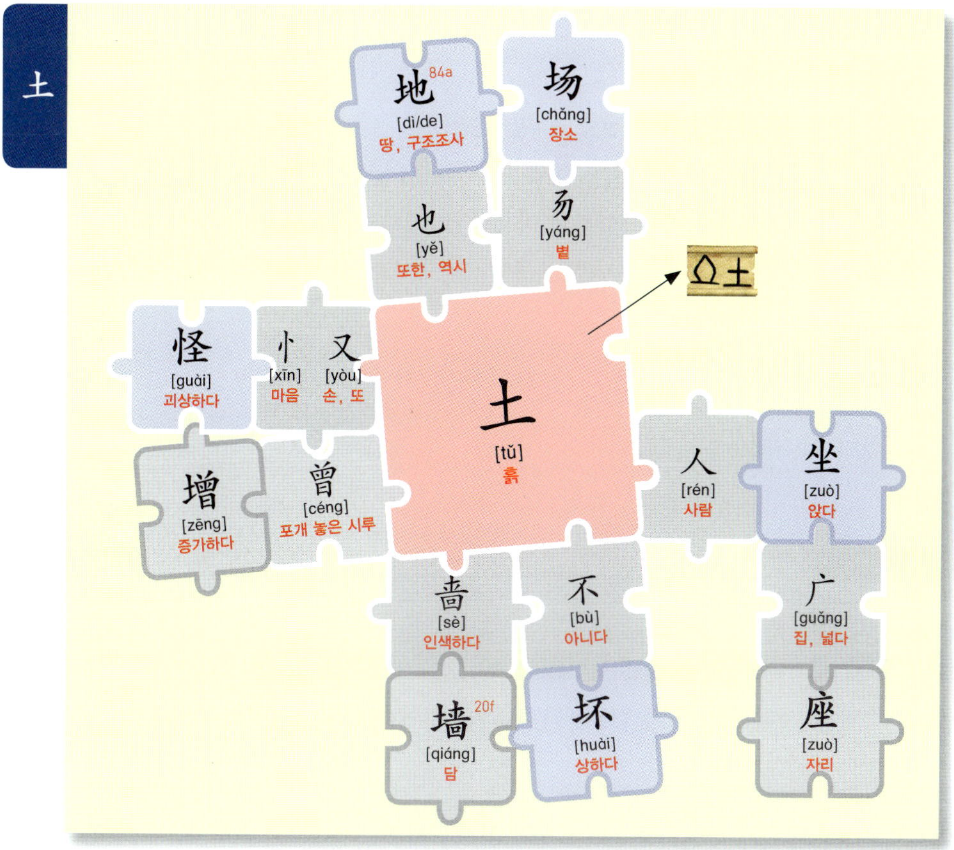

土

地 [84a]
[dì/de]
땅, 구조조사

场
[chǎng]
장소

也
[yě]
또한, 역시

勿
[yáng]
별

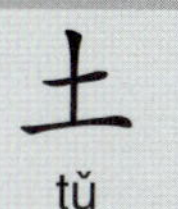

怪
[guài]
괴상하다

忄
[xīn]
마음

又
[yòu]
손, 또

土
[tǔ]
흙

增
[zēng]
증가하다

曾
[céng]
포개 놓은 시루

人
[rén]
사람

坐
[zuò]
앉다

啬
[sè]
인색하다

不
[bù]
아니다

广
[guǎng]
집, 넓다

墙 [20f]
[qiáng]
담

坏
[huài]
상하다

座
[zuò]
자리

155

土 土 土

土
tǔ

흙 토

흙무더기 또는 흙을 구워 만든 남성의 생식기 모양에서 따온 글자이다.

土地[tǔdì] 토지, 땅 [84a]

155a

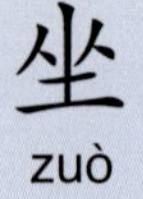

场
chǎng

[場] 장소 **장**

흙토 土 [tǔ] + 볕양 **勿**=昜²¹⁹ [yáng]

사람들이 모이거나 활동하기 적합한 넓은 땅(土)에 햇살(勿)이 쏟아지는 모습에서 '장소'의 뜻이 파생되었다. 그러한 넓은 장소에서 여러 행사들이 진행되기 때문에 문예, 오락, 체육 활동 등의 횟수를 세는 단위로도 사용된다.

机场[jīchǎng] 공항, 비행장 213a　　操场[cāochǎng] 운동장 180a
广场[guǎngchǎng] 광장 143　　市场[shìchǎng] 시장 132a
一场球赛 구기 시합 한 판 223 155a 198b 206d

155b

155

坐
zuò

앉을 **좌**

사람인 人⁶³[rén] + 사람인 人⁶³[rén] + 흙토 土 [tǔ]

두 사람(人, 人)이 땅(土)바닥에 마주 앉아 담소를 나누는 모습이다.

乘坐[chéngzuò] (자동차·배·비행기 등을) 타다 88d

155c

座
zuò

자리 **좌**

집/넓을광 广¹⁴³ [guǎng] + 앉을좌 坐^{155b} [zuò]

집(广) 안에서 편안하게 자리를 잡고 앉아(坐) 있는 모습이다. 자리를 잡고 고정되어 있다는 의미에서 비교적 크고 고정된 물체를 세는 단위로도 사용된다.

＊ "广"은 한쪽 벽이 트인 넓은 집의 모양이다.

座位[zuòwèi] 좌석 79c　　讲座[jiǎngzuò] 강좌 228a
一座桥 다리 하나 223 155c 77c

155d

[壞] **상할 괴**

흙토 土 [tǔ] + 아닐불 不²²³ᵃ [bù]

식물을 생산하는 흙은 생태계에서 가장 기본적인 요소이다. 그러한 흙(土)이 생산을 할 수 없게(不) 되었다는 의미에서 '상하다, 나쁘다'는 뜻이 파생되었다.

破坏[pòhuài] 파괴하다, 손상시키다 189a

坏处[huàichu] 결점, 단점 56b

155e

더할 증

흙토 土 [tǔ] + 포개 놓은 시루/일찍 증 曾²²⁹ᵇ [céng]

'물을 끓이는 솥'과 '증기를 통과시키는 솥'을 포개 놓은 시루(曾)의 열효율을 증가시키기 위해, 두 솥 사이를 증기가 빠져나가지 못하게 진흙(土)으로 틀어막은 모습이다.

* "曾"은 아래의 '물을 끓이는 솥(曰)'과 위의 '바닥에 증기가 올라오는 구멍이 뚫린 솥(罒)'을 포개 놓은 시루에서, 증기가 위로 빠져나가는(ˇ) 모습이다.

增加[zēngjiā] 증가하다, 더하다, 늘리다 159g

增长[zēngzhǎng] 증가하다, 늘어나다 102

155f

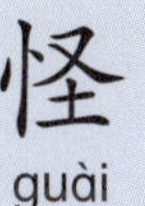

괴상할 괴

마음심 忄 =心²⁸ [xīn] + 손/또 우 又³⁴ [yòu] + 남성 생식기/흙토 土 [tǔ]

음탕한 마음(忄)을 갖고 손(又)으로 성기(土)를 만지는 모습에서 '괴상하다'는 뜻이 파생되었다.

奇怪[qíguài] 기이하다, 진기하다 18

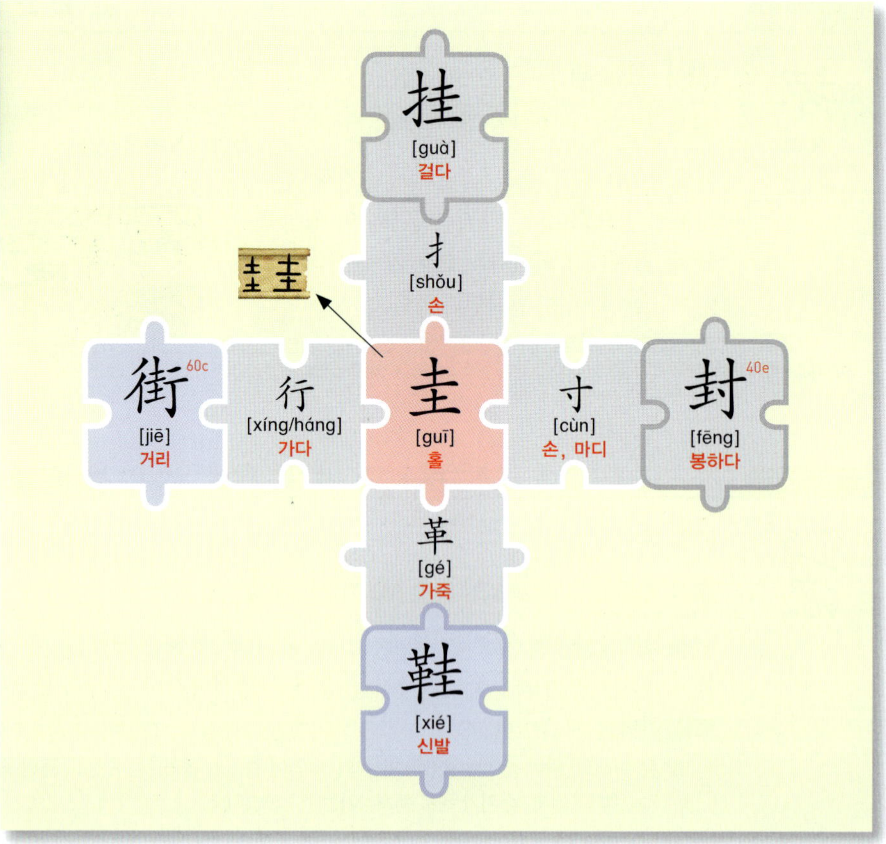

156

圭 圭 圭 圭 圭 圭

圭
guī

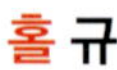

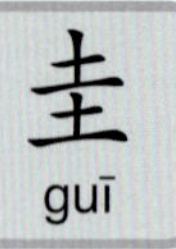

홀 규

옥이나 상아 또는 나무로 만든 위가 조금 뾰족한 사각형 장신구 홀의 모습이다.

* 홀은 신하를 중요한 관직에 임명할 때 임금이 하사하던 임명장에 해당하기도 하며, 임금을 알현할 때나 국가적 의식에 참석할 때 신하들이 늘 손에 들고 있던 품계를 나타내는 표지이기도 하였다.
* "흙 토 土155[tǔ]"와 관련이 없으나, 글꼴이 비슷하고 부수가 "土"여서 여기에서 다루고 있다.

156a

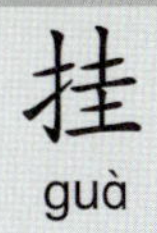

挂
guà

걸 괘

손수扌=手[31] [shǒu] + 홀규 圭 [guī]

국가적 의식에 참석할 때 신하들의 손(扌)에
언제나 홀(圭)이 들려 있는 모습이, 마치
홀(圭)이 손(扌)에 걸려 있는 것처럼 보인다는
의미를 가지고 있다.

挂号[guà//hào] 등록하다, 접수시키다 16c

156b

鞋
xié

신 혜

가죽/고칠혁 革[189b] [gé] + 홀규 圭 [guī]

임금으로부터 관직 임명을 받고 홀(圭)을 하사받은 신하가 자신의 신분을
과시하기 위해 가죽(革)으로 만든 신발을 신은 모습이다.

* 고대 중국에서 가죽으로 만든 신발은 귀족층만 신을 수 있었고, 서민들은 혼례를 올리는 날
  에만 신을 수 있어 신발은 신분을 과시하는 수단이었다.

皮鞋[píxié] 가죽 구두 189   高跟鞋[gāogēnxié] 하이힐 5 14c

156

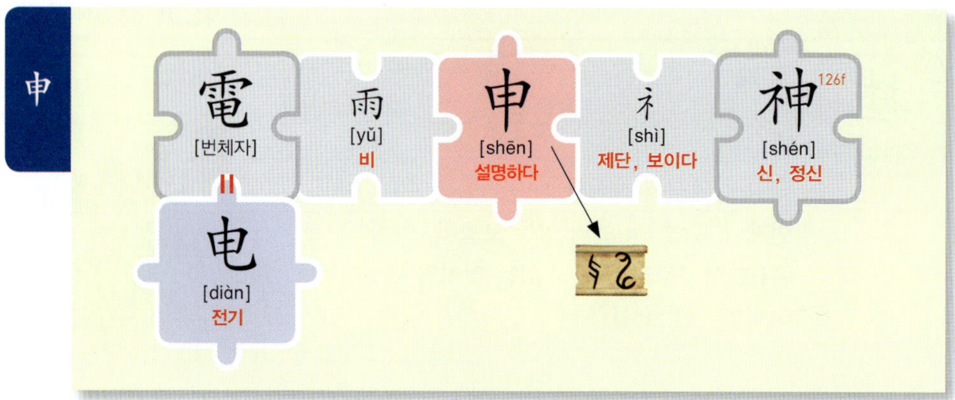

申口申田申

申 shēn

펼 신

사방으로 퍼지는 번개의 모양을 본뜬 글자이다. 번개가 퍼지듯이 자신의 의견이나 뜻을 펼친다는 의미에서 '설명하다'는 뜻을 갖게 되었다.

* "밭 전 田152[tián]"과 관련이 없으나, 글꼴이 비슷하고 부수가 "田"이어서 여기에서 다루고 있다.

电电电电电

电 diàn

[電] 번개 전

사방으로 퍼지는 번개의 모양인 "申[shēn]"이 '설명하다'의 뜻으로 쓰이자, 모양을 살짝 바꿔서 '번개'라는 원래 의미를 되살렸다. 번개가 대기의 가시적인 방전 현상이기 때문에 '전기'의 뜻도 갖게 되었다.

* 번체자(電)는 주로 비(雨205)가 올 때 번개(电)가 친다는 의미를 가지고 있다.

打电话[dǎ diànhuà] 전화하다 31c 22b　　电视[diànshì] 텔레비전, TV 13c

电影[diànyǐng] 영화 2d　　电脑[diànnǎo] 컴퓨터 192c

电梯[diàntī] 엘리베이터, 승강기 109c　　电子邮件[diànzǐ yóujiàn] 전자 우편, 이메일 95 146d 175a

电话[diànhuà] 전화, 전화기 22b　　电灯[diàndēng] 전등, 백열등 158a

电车[diànchē] 전차 124

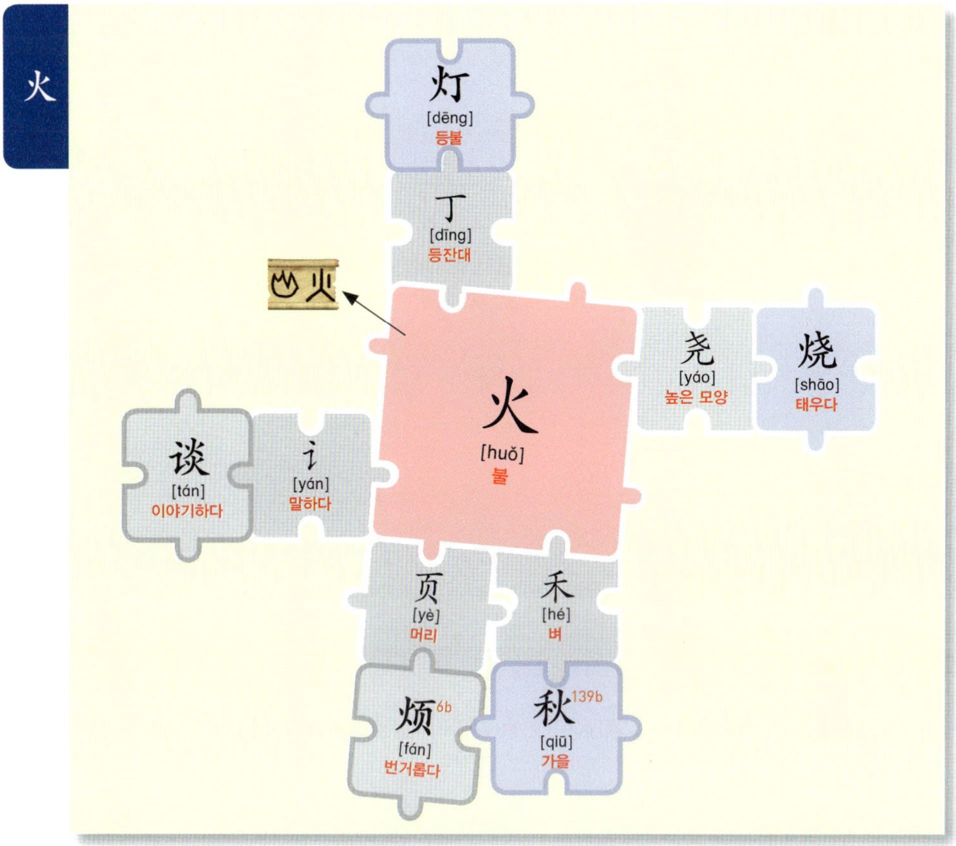

158

火 火 火 火

불 화

火
huǒ

장작불이 타오르는 모습 또는 불꽃의 모습을 간결하게 정리한 글자로 '불'을 의미한다.

* 옛날에 산과 들판을 태워 농경지를 조성하였기 때문에 농경지 편에서 "火"를 다루고 있다.

火车站[huǒchēzhàn] 기차역 124 127c　　　　火车[huǒchē] 기차, 열차 124

灯 灯 灯 灯 灯 灯

灯
dēng

[燈] 등불 등

불화 火 [huǒ] + 등잔대/장정 정 丁 [225] [dīng]

호롱불(火)을 등잔대(丁) 위에 올려놓은 모습에서 '등불'의
뜻이 파생되었다.

* 번체자(燈)가 등불(火)을 높이 올려(登 [59a])놓은 모습이므로, "장정 정 丁[dīng]"을
위가 넓은 등잔을 올려놓는 등잔대의 모양이라고 생각하자.

电灯 [diàndēng] 전등, 백열등 157a

烧 烧 烧 烧 烧 烧 烧 烧 烧 烧

烧
shāo

[燒] 불사를 소

불화 火 [huǒ] + 높은 모양/요임금 요 尧 [yáo]

진흙으로 빚은 토지신의 형상(尧)을 불(火)에 굽는 모습에서 '태우다'는 뜻
이 파생되었다.

* 번체자(燒)에서 "堯[yáo]"는 숭배(우뚝할 올 兀[wù])하기 위한 목적으로 진흙(土 [155])으로
토우(垚)를 만들어 높이 세우는 모습이다.

发烧 [fā//shāo] 열이 나다, 열광하다 34f

谈 谈 谈 谈 谈 谈 谈 谈 谈 谈

谈
tán

[談] 말할 담

말할언 讠 = 言 [23] [yán] + 불꽃 염 炎 [yán]

말(讠)에서 불꽃(炎)이 튈 정도로 서로 한 치의 양보도 없이 이야기하는 모
습이다.

* "炎"은 불(火)을 두 개 겹쳐 불꽃이 활활 타오르는 모양을 나타냈다.

会谈 [huìtán] 회담하다 66c   谈话 [tán//huà] 담화, 담화하다 22b

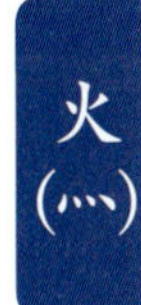

火
(灬)

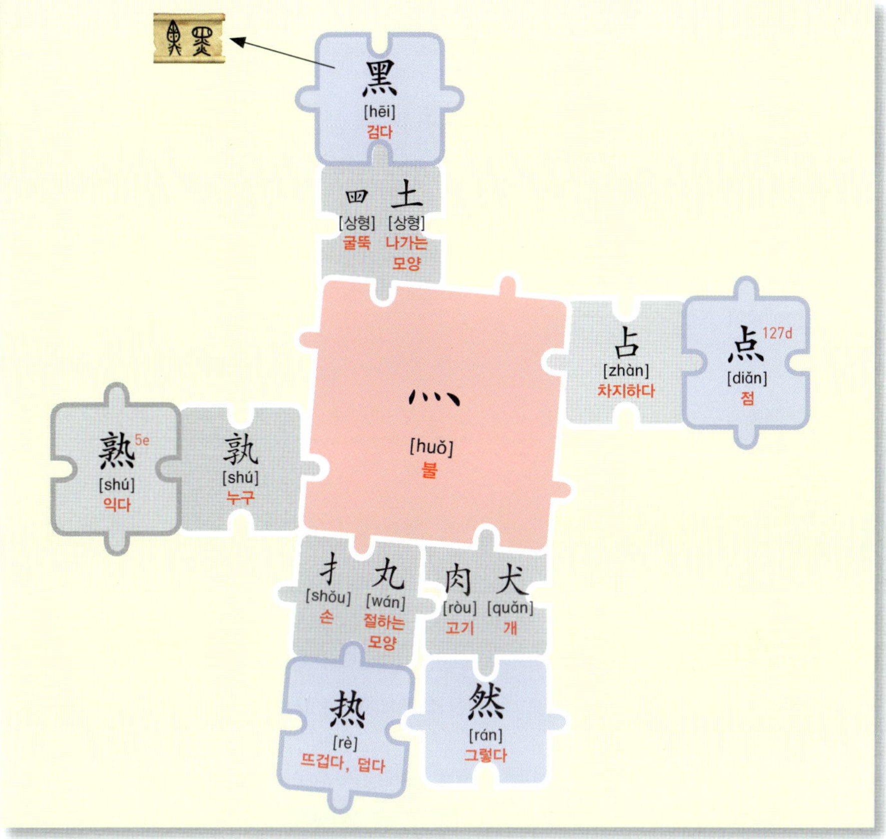

158

灬 灬 灬 灬

灬
huǒ

불 화

장작불이 타오르는 모습 또는 불꽃의 모습을 간결하게 정리한 글자인 "火[huǒ]"의 변형이다.

＊ 단독 사용은 없고 다른 글자와 합해질 때만 사용된다.

158d

黑　墨　黑　黑　墨　里　里　里　黑　黑　黑　黑

黑
hēi

검을 흑

굴뚝 囲 [상형] + 나가는 모양 土 [상형] + 불화 灬=火 [huǒ]

아궁이에 불(灬)을 때자 연기가 굴뚝(囲)으로 빠져나가며(土) 주위를 온통 검게 그을리는 모습이다.

* 금문을 보면 아래쪽에서 불(灬)을 때자 굴뚝이 검게 그을리는 모습임을 알 수 있다.

黑板[hēibǎn] 칠판 147c

158e

然　然　然　然　然　然　然　然　然　然　然　然

然
rán

그러할 연

고기육 月²²¹ → 肉¹⁹² [ròu] + 개견 犬¹⁷² [quǎn] + 불화 灬=火 [huǒ]

개(犬)고기(肉)를 요리하기 위해 털을 불(灬)에 태워 제거하는 모습이다. 개고기가 연회와 제사상에 오르는 것은 당연하다는 의미에서 '그렇다'의 뜻이 파생되었다.

* 고대 중국의 상(商¹⁰³ᶜ)나라와 주(周¹⁵²ᵃ)나라 때 개고기는 제사와 연회에서 빠지지 않는 음식이었다.

* "달 월 月[yuè]"가 다른 글자와 합해질 경우 대부분 "肉"의 의미를 갖는다.

虽然…但是…[suīrán…dànshì…] 비록 ~하지만 ~하다 184a 218b 54b

当然[dāngrán] 당연하다, 당연히 150e　　　然后[ránhòu] 그런 후에, 연후에 16e

突然[tūrán] 갑자기, 돌연히, 갑작스럽다 142c　　　忽然[hūrán] 홀연, 갑자기 49a

158f

热　热　热　扐　执　热　热　热　热　热

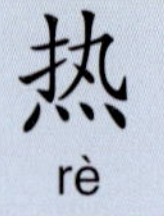
热
rè

[熱] 뜨거울 열

손수 扌=手³¹ [shǒu] + 절/알환 丸²³⁰ᶜ [wán] + 불화 灬=火 [huǒ]

용서해 달라고 두 손(扌)으로 싹싹 빌며 절(丸)을 하는 죄인에게 뜨거운 불(灬)로 벌을 주는 모습이다.

* "丸"자는 사람이 엎드려서 절을 할 때 등이 둥그렇게 말려 있는 모습이다.

热情[rèqíng] 열정, 친절하다 135d　　　热爱[rè'ài] 열애에 빠지다 34e

热水瓶[rèshuǐpíng] 보온병 200 122a

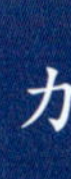

力

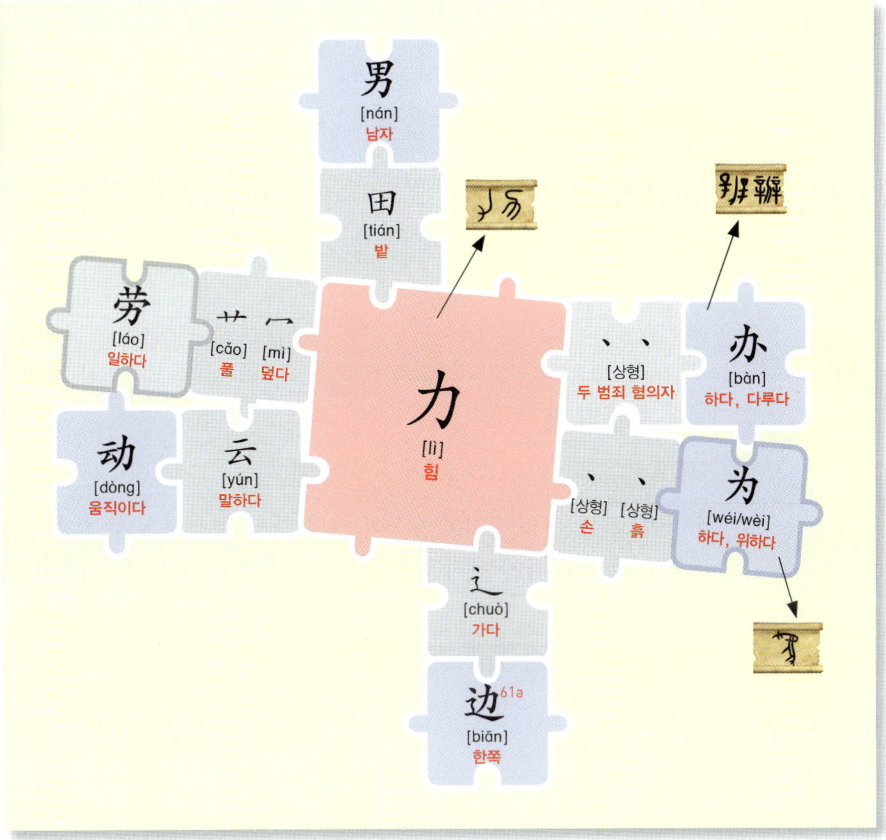

159

力 力

力
lì

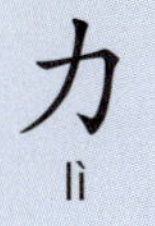

힘 력

농기구인 쟁기의 모양을 본뜬 글자로, 논밭에서 쟁기질을 하기 위해 힘을 쓰는 모습이다.

努力[nǔ//lì] 노력하다, 힘쓰다, 열심히 하다 96f
能力[nénglì] 능력, 역량 89b
风力[fēnglì] 풍력 213c

159a

男
nán

사내 남

밭 전 田 [152][tián] + 쟁기/힘 력 力 [lì]

농경 사회에서 남자들이 밭(田)에서 쟁기(力)질하며 농사짓는 모습이다.

男人[nánrén] (성인) 남자, 남성 63

159b

办
bàn

[辨] 힘들일 판

쟁기/힘 력 力 [lì] + 두 범죄 혐의자 丶丶 [상형]

쟁기(力)로 흙 속을 헤집어 놓듯이, 서로 옳다 주장하는 두 범죄 혐의자(丶丶)의 속을 드러나게 하려고 힘쓰는 모습에서 '하다, 다루다'의 뜻이 파생되었다.

＊ 번체자(辨)는 범죄 혐의자를 의미하는 두 형구(辛[103][xīn]) 사이에 쟁기(力)가 들어 있는 모습이다.

办法[bànfǎ] (문제 해결) 방법 94b　　　办公室[bàngōngshì] 사무실, 오피스 93b 112a

159c

为
wéi/wèi

[爲] 할 위, 위할 위

쟁기/힘 력 力 [lì] + 손 丶 [상형] + 흙 丶 [상형]

쟁기(力)질을 하고 있음을 묘사하기 위해, 파헤쳐진 흙(丶)과 위쪽의 손잡이를 잡은 손(丶)을 점으로 표현하였다. 쟁기(力)가 흙(丶)을 뒤집는 것은 결국 사람을 위해 돕는 것임을 손잡이를 잡은 손(丶)으로 표현하였다.

＊ 옛 글자는 힘든 일을 하기 위해 손(爫)으로 코끼리(象)를 조련하는 모습이다.

认为[rènwéi] 여기다, 생각하다 63a

以为[yǐwéi] 여기다(주로 '~라고 여겼는데 아니다'라는 부정적인 어기를 내포함) 63j

为什么[wèishénme] 왜, 무엇 때문에 232a 93a　　为了[wèile] ~을(를) 하기 위하여 170a

因为…所以…[yīnwèi…suǒyǐ…] 왜냐하면 ~ 그래서 ~ 74e 144a 63j

159d

动 动 动 动 动 动

动
dòng

[動] 움직일 동

말하다/구름 운 云 227 [yún] + 쟁기/힘 력 力 [lì]

소가 사람의 호령(云) 소리에 맞춰 쟁기(力)를 끌며 움직이는 모습이다.

＊ 번체자(動)는 무거운(重 151a) 포대에 담긴 종자를 뿌리기 위해 쟁기(力)를 움직여 밭을 일구는 모습이다.

运动[yùndòng] 운동, 스포츠, 운동하다 227a　　动物[dòngwù] 동물 49b
活动[huódòng] 활동하다, 움직이다 22c　　动作[dòngzuò] 동작, 움직이다 234b
劳动[láodòng] 일, 노동, 육체노동을 하다 159e

159e

劳 劳 劳 劳 劳 劳 劳

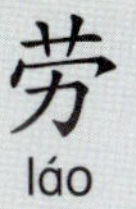
劳
láo

[勞] 일할 로

풀 초 艹 207 [cǎo] + 덮을 멱 冖 167 [mì] + 쟁기/힘 력 力 [lì]

잡초(艹)로 뒤덮인(冖) 논밭을 갈아엎기 위해 열심히 쟁기(力)질하며 일하는 모습이다.

＊ 번체자(勞)는 밤늦도록 불(火 158)을 밝히고 쟁기(力)질하는 모습에서 만들어진 글자이다.

劳动[láodòng] 일, 노동, 육체노동을 하다 159d　　劳驾[láo//jià] 실례합니다 159h

159

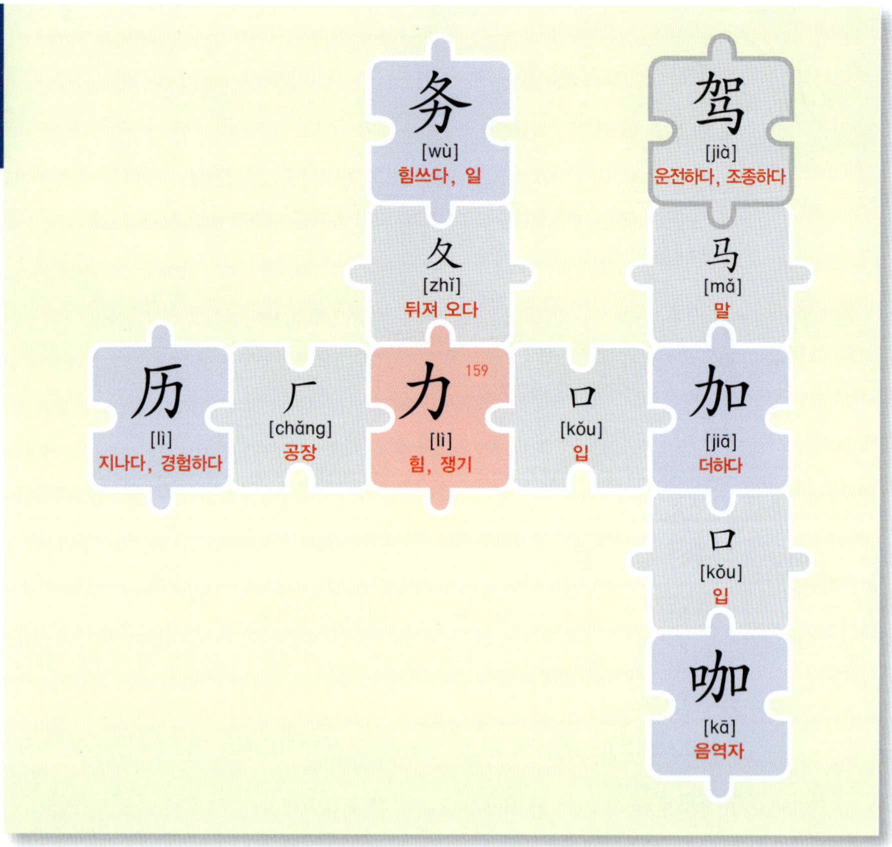

务
[wù]
힘쓰다, 일

驾
[jià]
운전하다, 조종하다

夂
[zhǐ]
뒤져 오다

马
[mǎ]
말

历
[lì]
지나다, 경험하다

厂
[chǎng]
공장

力 159
[lì]
힘, 쟁기

口
[kǒu]
입

加
[jiā]
더하다

口
[kǒu]
입

咖
[kā]
음역자

务 务 务 夅 务

159f

务
wù

[務] 힘쓸 무

뒤져올치 夂[56] [zhǐ] + 쟁기/힘 력 力 [lì]

쟁기(力)질을 하면서 앞으로 **힘쓰며** 나아가는 모습을 천천히 걷는(夂) 것
으로 묘사하였다. 또한 농부가 그처럼 자신의 일에 힘쓴다는 의미에서 '일'
의 뜻도 파생되었다.

＊ 번체자(務)는 창(矛[116])을 들고 죽을 힘(力)을 다해 싸우면서 앞으로 서서히 나아가는(夂) 모
습을 묘사하였다.

服务员 [fúwùyuán] 종업원, 안내원 34b 186h　　　服务 [fúwù] 복무하다, 근무하다 34b
业务 [yèwù] 업무 223c

159g

力 力 加 加 加

加
jiā

더할 가

쟁기/힘 력 力 [lì] + 입구 口 [16][kǒu]

힘든 쟁기(力)질을 할 때 기합을 넣거나 노래(口)를 부르면 힘(力)이 더해 진다.

参加[cānjiā] 참가하다, 가입하다, 참여하다 8c 　　增加[zēngjiā] 증가하다, 더하다, 늘리다 155e

159h

驾 驾 驾 驾 驾 驾 驾 驾

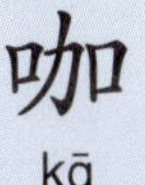

驾
jià

[駕] **탈** 가

더할 가 加 [159g][jiā] + 말 마 马 [176][mǎ]

말(马)을 타기 위해 굴레, 고삐, 안장 등의 마구를 더하는(加) 모습에서 '운 전하다, 조종하다'의 뜻이 파생되었다.

159i

咖 咖 咖 咖 咖 咖 咖 咖

咖
kā

음역자 가

입구 口 [16][kǒu] + 더할 가 加 [159g][jiā]

자신에게 무언가를 더해줄(加) 때 입(口)으로 감사를 표현하며 사양하는 말이었으나 지금은 커피(咖啡[kāfēi])처럼 외래어를 표기하기 위한 음역으 로 쓰인다.

咖啡[kāfēi] 커피 181b

159j

历 历 历 历

历
lì

[歷] **지낼** 력

공장 창 厂 [147][chǎng] + 쟁기/힘 력 力 [lì]

쟁기(力)를 헛간(厂)에 들여놓는 것으로 한 해 농사를 마치고 지나온 발자 취를 돌아보는 모습에서 '경험'의 뜻이 파생되었다.

历史[lìshǐ] 역사 35 　　经历[jīnglì] 몸소 겪다, 체험하다 131e

159

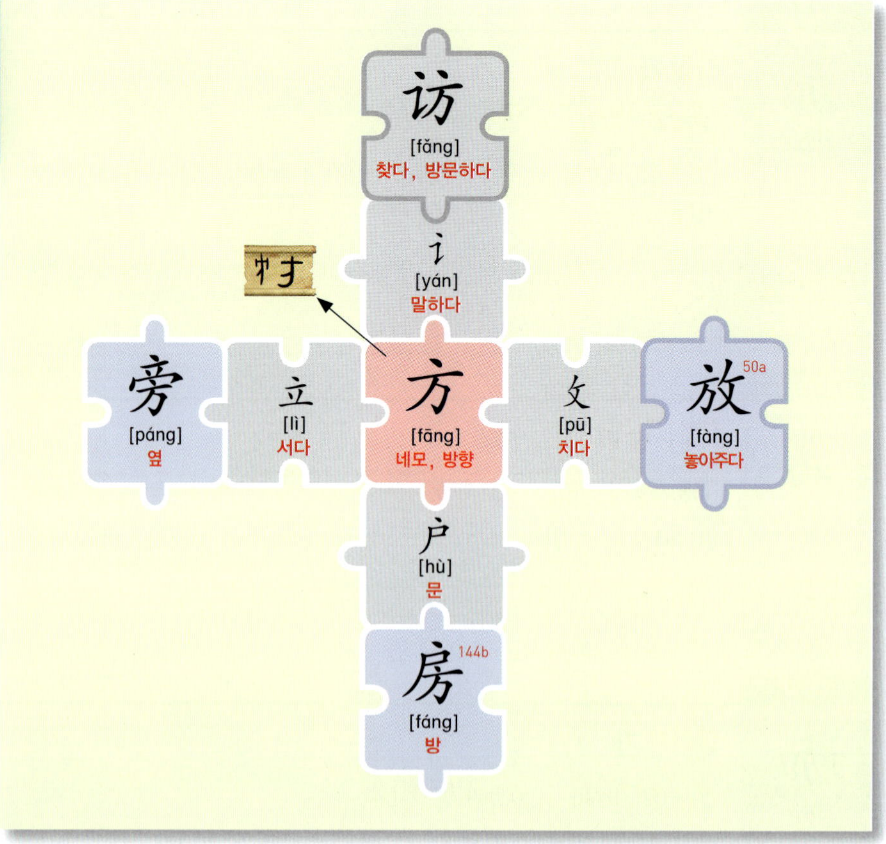

160

方 方 方 方

方 fāng

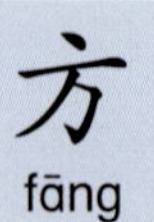

네모 방

쟁기를 본떠 만든 글자로, 쟁기(方)질하여 농경지를 반듯하게 정리해 놓은 모습에서 '사각형'의 뜻이 파생되었다. 또한 사각형의 모서리가 네 방향을 향하고 있어서 '방향'의 뜻도 갖게 되었다.

北方[běifāng] 북방, 북쪽 88c
方便[fāngbiàn] 편리하다, 편리하게 하다 35d
方面[fāngmiàn] 방면, 부분, 분야 10
双方[shuāngfāng] 쌍방, 양쪽, 양측 34i
地方[dìfang] 부분, 점, 장소, 곳 84a
方法[fāngfǎ] 방법, 수단, 방식 94b
方向[fāngxiàng] 방향 150

160a

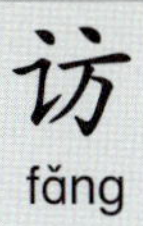

[訪] 찾을 방

말할언 讠 = 言[23] [yán] + 방향/네모 방 方 [fāng]

위대한 스승이나 명의를 찾기 위해 사방(方)으로 수소문(讠)하는 모습에서 '방문하다'의 뜻이 파생되었다.

访问 [fǎngwèn] 방문하다, 취재하다 145b

160b

옆 방

설립 호[79] [lì] + 쟁기/네모 방 方 [fāng]

쟁기(方)가 지나가자 흙이 옆으로 갈라지면서 뒤집어져 쌓이는(호) 모습이다.

旁边 [pángbiān] 옆, 곁, 근처, 부근 61a

160

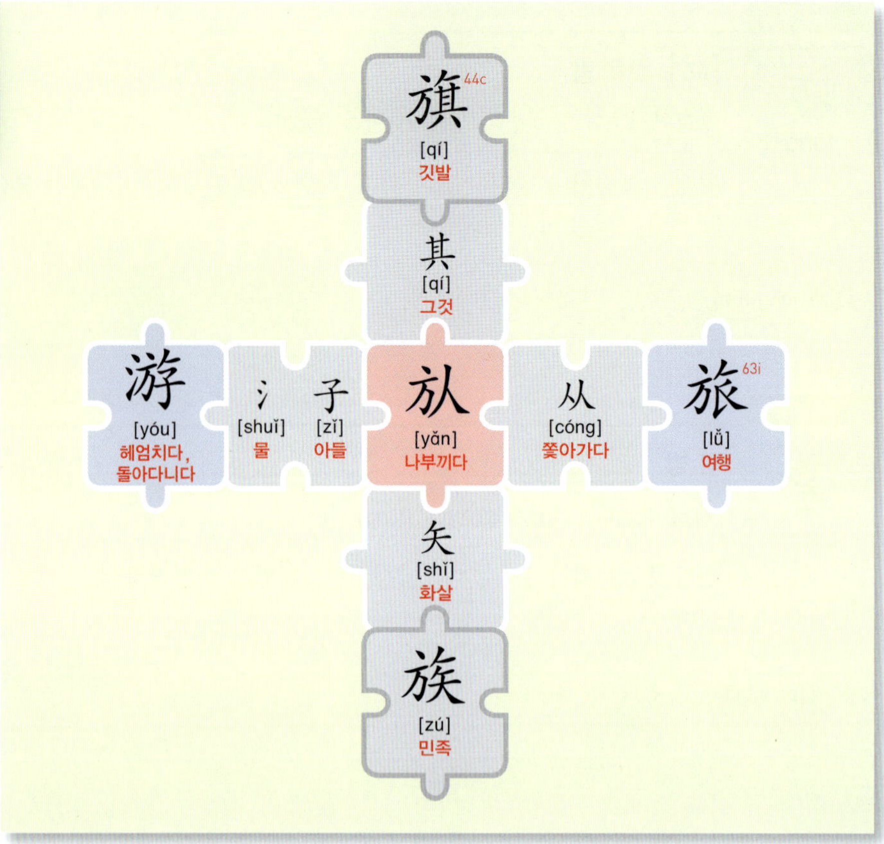

161

㫃
yǎn

나부낄 언

네모 방 方 [160] [fāng] ＋ 펄럭이는 깃발 人 [상형]

네모진(方) 깃발이 펄럭이는 모양(人)에서 '나부끼다'는 의미를 갖게 되었다.

* 오른쪽 부분은 "사람 인 人[63][rén]"과 모양이 같지만 무관한 글자로, 깃발이 나부끼는 모양을 나타낸 부호이다. 다른 글자와 합해질 때는 조형미를 위해 모양(ㅅ)이 조금 변한다.

161a

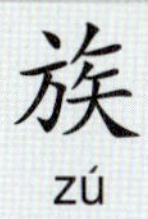

族 zú

겨레 족

나부낄언 㫃 [yǎn] + 화살 시 矢[111] [shǐ]

나부끼는 깃발(㫃)과 화살(矢)은 전쟁을 의미한다. 전시에 한 깃발(㫃) 아래 있다는 것은 같은 편으로서 오랫동안 같은 언어와 문화를 공유하며 형성된 '한 핏줄을 이어받은 같은 민족'임을 알려 준다.

民族[mínzú] 민족 99c

161b

游 yóu

헤엄칠 유

물 수 氵[201] [shuǐ] + 나부낄언 㫃 [yǎn] + 아들 자 子[95] [zǐ]

나부끼는 깃발(㫃) 아래에서, 즉 어른들의 보호를 받으며 물(氵)에서 자유롭게 헤엄치며 노는 아이들(子)의 모습에서 '헤엄치다, 돌아다니다'의 뜻이 파생되었다.

* 나부끼는(㫃) 깃발 아래에서 돌아다니며 뛰어노는 아이들(子)의 모습인 "斿[yóu]"가 발음에 영향을 미쳤다.

旅游[lǚyóu] 여행하다, 관광하다 63i
游戏[yóuxì] 게임, 놀이 113e
游览[yóulǎn] 유람하다 13e

游泳[yóuyǒng] 수영하다, 수영 200b
导游[dǎoyóu] 관광 가이드, (관광객을) 안내하다 7b

161

酉

酸 ^{69c} [suān] 시다

夋 [qūn] 천천히 걷다

酉 [yǒu] 술병

氵 [shuǐ] 물

酒 [jiǔ] 술

162

酉酉酉酉酉酉酉

酉 yǒu

술병 유

술을 담는 용기의 모양에서 '술병'의 뜻이 파생되었다.

＊ 술은 인류 역사 시초부터 등장하는 음료이다.

162a

酒酒酒酒酒酒酒酒酒酒

酒 jiǔ

술 주

물수 氵²⁰¹ [shuǐ] ＋ 술병유 酉 [yǒu]

술병(酉)에 담긴 물(氵)은 '술'을 의미한다.

啤酒[píjiǔ] 맥주 215d

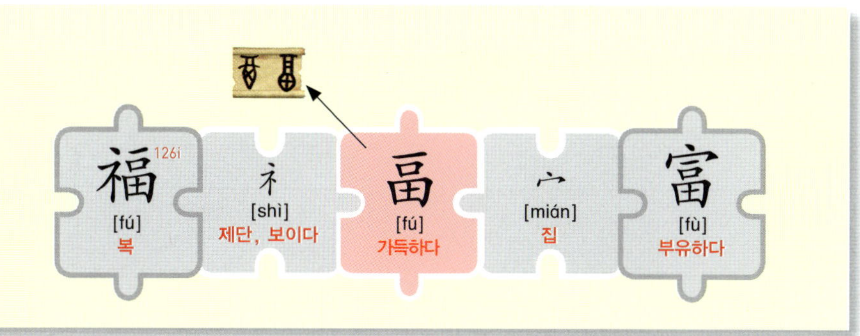

畐

163

畐 畐 畐 畐 畐 畐 高 高 畐

畐
fú

가득할 복

술이 가득 들어 있는 술병(酉[162])의 모습이다.

163a

富 富 富 富 富 富 富 富 宮 宮 富 富

富
fù

부유할 부

집 면 宀[141] [mián] + 가득할 복 畐 [fú]

신에게 바치는 재물이자 기호 식품인 술을 많이(畐) 가지고 있는 집(宀)은 당연히 부잣집이었으므로 '부유하다'는 뜻이 파생되었다.

丰富 [fēngfù] 넉넉하다, 풍족하다, 풍부하게 하다, 풍족하게 하다 [209]

164

斗 斗 斗 斗

斗
dǒu/dòu

[斗, 鬥] 말 두, 싸울 투

곡물의 용량을 재는 자루가 달린 계량기(말)의 모양이다. 그러한 계량기로 곡물의 용량을 재는 모습에서 '용량을 나타내는 단위'로 쓰이게 되었다.

＊ 100升 = 10斗 = 1石

번체자(鬥)의 모양은 전혀 다르지만 발음이 같아서 '싸우다'는 뜻으로도 쓰인다.

斗争[dòuzhēng] 투쟁하다, 싸우다 36a

164a

科 科 科 科 科 科 科 科 科

科
kē

과목 과

벼화 禾[139] [hé] ＋ 말두 斗 [dǒu]

수확한 벼(禾)를 계량기(斗)로 재서 세금, 도지, 식량, 씨앗 등 사용할 용도에 따라 과목별로 분류하는 모습이다.

＊ 과학은 자연의 법칙을 배우기(学) 쉽게 체계적으로 분류해(科) 놓은 학문이라는 의미를 가지고 있다.

科学[kēxué] 과학(적이다) 95a   内科[nèikē] 내과 64

科长[kēzhǎng] 과장 102

164b

料
liào

헤아릴 **료**

쌀미 米[138] [mǐ] + 말두 斗 [dǒu]

쌀(米)의 수량을 재서(斗) 얼마 동안 먹을 양인지 **헤아리는** 모습이다.

饮料[yǐnliào] 음료 **21d**   材料[cáiliào] 재료, 자료 **32b**

165

网

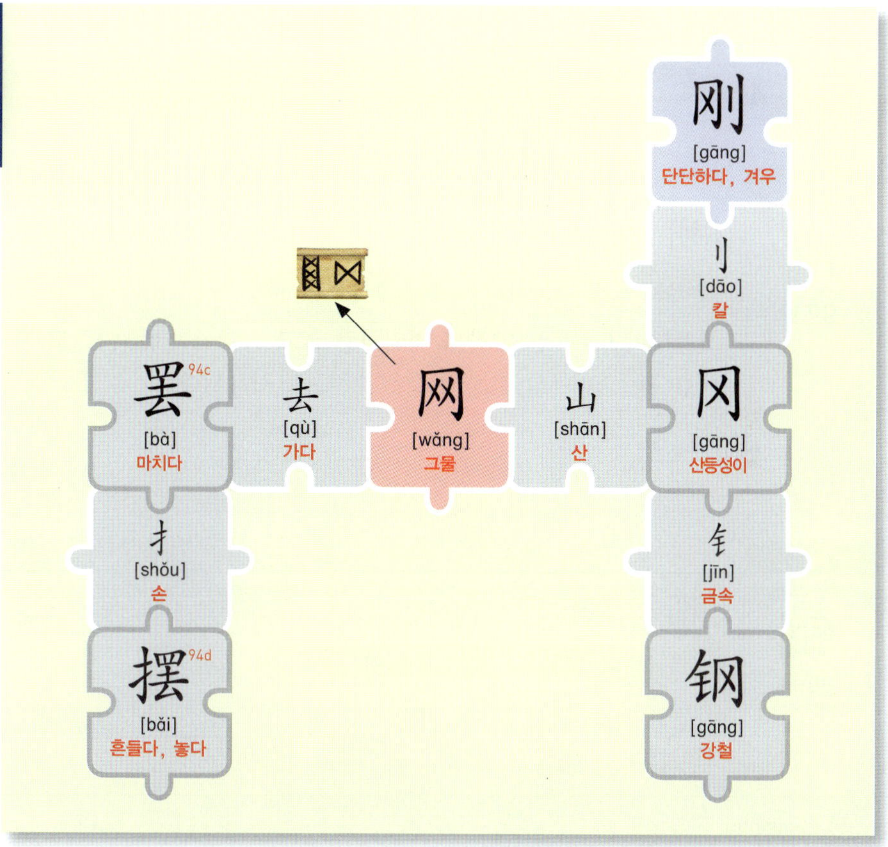

刚
[gāng]
단단하다, 겨우

刂
[dāo]
칼

罢[94c]
[bà]
마치다

去
[qù]
가다

网
[wǎng]
그물

山
[shān]
산

冈
[gāng]
산등성이

扌
[shǒu]
손

釒
[jīn]
금속

摆[94d]
[bǎi]
흔들다, 놓다

钢
[gāng]
강철

165

网
wǎng

[網] 그물 망

새나 고기를 잡는 그물의 모양을 본뜬 글자이다.

＊ 다른 글자와 합해질 때 조형미를 위해 모양이 "罒"으로 변하기도 한다.

上网 [shàng//wǎng] 인터넷을 하다, 인터넷을 연결하다 223f
网球 [wǎngqiú] 테니스, 테니스공 198b

165a

冈
gāng

[岡] 산등성이 강

그물 网 165a [wǎng] ＋ 뫼산 山 120 [shān]

그물(网)의 굵은 테두리인 벼리처럼 산(山)들이 굵은 산등성이로 연결되어 있는 모습이다.

＊ 번체자(岡)를 보면 그물(网)과 산(山)이 합해진 글자임을 알 수 있다.

165

165b

刚
gāng

[剛] 굳셀 강

산등성이 강 冈 165a [gāng] ＋ 칼도 刂=刀 120 [dāo]

산등성이(冈) 또는 그물의 벼리처럼 굵고 단단하여 칼(刂)로도 자르기가 어렵다는 의미에서 '겨우'와 같은 부사로도 사용된다.

刚才 [gāngcái] 지금 막, 방금, 막 32

165c

钢
gāng

[鋼] 강철 강

쇠금 钅=金 199 [jīn] ＋ 산등성이 강 冈 165a [gāng]

산등성이(冈) 또는 그물의 벼리처럼 단단하고 강한 금속(钅)이란 '강철'을 의미한다.

钢笔 [gāngbǐ] 펜, 만년필 188a

用

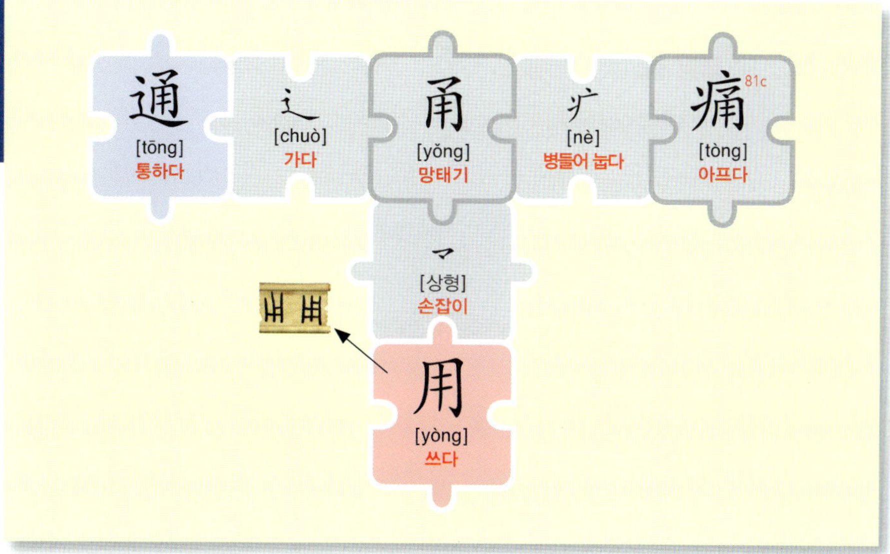

166

用 月 用 月 用

用
yòng

쓸 용

대나무나 식물의 줄기를 엮어 만든 망태기의 모습이다. 망태기는 농작물이나 물건을 담는 데 유용하게 사용되는 도구이다.

信用卡[xìnyòngkǎ] 신용카드 23a 128c 　使用[shǐyòng] 사용하다, 쓰다 35b
作用[zuòyòng] 작용(하다) 234b 　利用[lìyòng] 이용하다 120h
不用[búyòng] ~할 필요 없다, 사용하지 않다 223a 　用户[yònghù] 사용자, 아이디(ID) 144

166a

甬 甬 甬 甬 甬 甬 甬

甬
yǒng

강 이름 용

손잡이 ꞌ [상형] + 쓸용 用 [yòng]

망태기(用)에 손잡이(ꞌ)가 더해진 모습으로, 중국 저장성에 있는 강 이름으로 사용된다.

＊ 용(甬)자를 대롱 모양의 손잡이가 달린 종의 모양으로 봐서 '종의 꼭지'라는 뜻도 있다. 종은 공기에 파동을 주고, 망태기는 공기가 통과한다는 면에서 연관성이 있으므로 이해하기 쉽게 망태기라고 생각하자.

通
tōng

통할 통

망태기/강 이름 용 甬 [166a] [yǒng] + 갈 착 辶 [61] [chuò]

망태기(甬)의 틈새 사이로 바람이 통과하여 지나가는(辶) 모습이다.

通过 [tōngguò] 통과하다, 건너가다 40f   通知 [tōngzhī] 통지, 알리다 111c

166

用

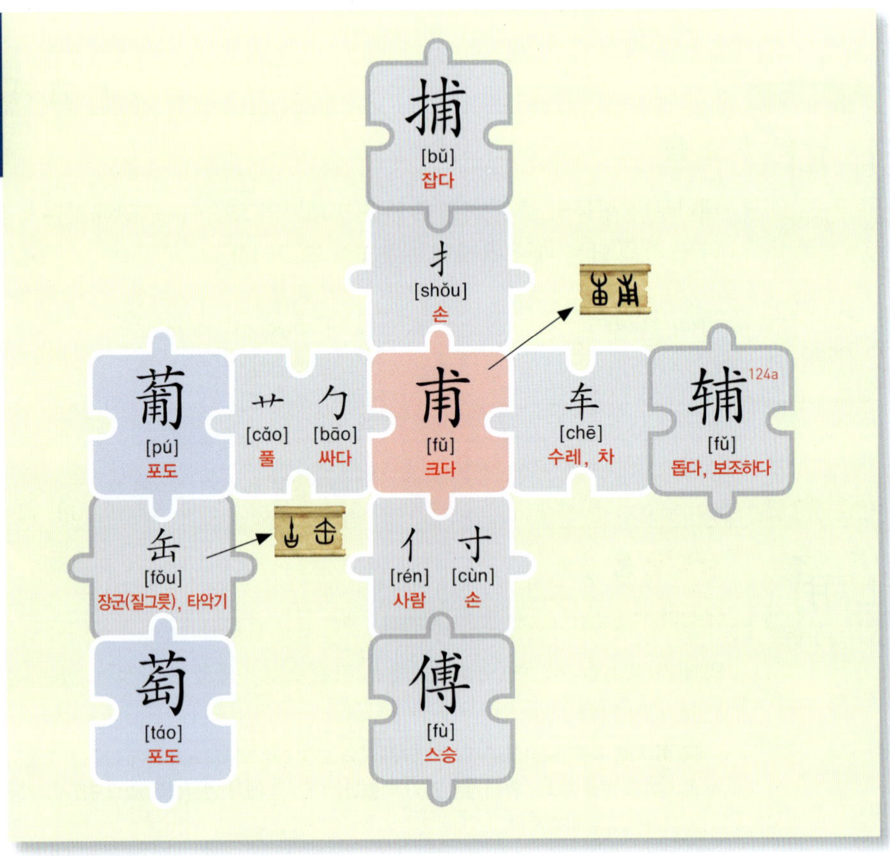

166c

甫 甫 甫 甫 甫 甫 甫

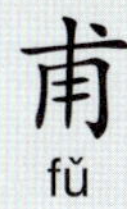

클 보
甫
fù

풀초 屮 → 艹²⁰⁷ [cǎo] + 밭전用 → 田¹⁵² [tián]

넓은 밭(田)에 채소가 이제 막 싹(屮)을 틔우며 올라오는 모습이다. 그러한 채소밭이 넓은 모습에서 '크다, 많다'는 기본 의미도 갖게 되었다.

* 이 글자가 "쓸 용 用[yòng]"자의 부수에 속하기 때문에 여기에서 다루고 있을 뿐, 두 글자 사이에 연관성은 없다.

166d

捕 捕 捕 捕 捕 捕 捕 捕 捕 捕

잡을 포
捕
bǔ

손수扌=手³¹ [shǒu] + 클보 甫¹⁶⁶ᶜ [fǔ]

채소밭을 망치는 동물을 손(扌)을 크게(甫) 벌려 사로잡는 모습이다.

逮捕[dàibǔ] 체포하다, 잡다, 붙들다 37a

166e

傅 傅 傅 傅 傅 傅 傅 傅 傅 傅 傅

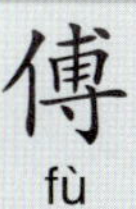

스승 부
傅
fù

사람인 亻⁶⁸ [rén] + 많다/클보 甫¹⁶⁶ᶜ [fǔ] + 손/마디 촌 寸⁴⁰ [cùn]

채소밭에서 많은(甫) 수확을 얻을 수 있도록 농사법을 가르쳐 주는(寸) 사람(亻)이라는 의미에서 '스승'의 뜻을 갖게 되었다.

* 손의 모습인 "寸"이 '주다'는 뜻을 나타낸다.

师傅[shīfu] 기사님, 선생님, 스승, 아저씨 132e

166f

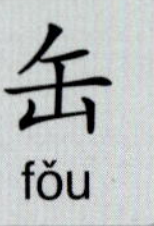

葡
pú

포도 포

풀초 艹²⁰⁷ [cǎo] + 쌀포 勹⁴⁶ [bāo] + 많다/클보 甫¹⁶⁶ᶜ [fǔ]

넝쿨(艹)이 나무를 휘감고(勹) 자라는 포도나무에 한 송이 가득 많은(甫) 열매가 매달려 있는 모습이다.

葡萄[pútao] 포도 166h

166g

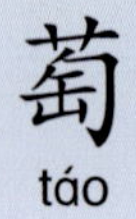

缶
fǒu

장군 부

액체를 담는 배가 불룩하고 목이 좁은 아가리가 있는 질그릇〔장군〕을 본뜬 글자이다. 이 용기는 고대에 일종의 타악기로도 사용되었다.

166h

萄
táo

포도 도

풀초 艹²⁰⁷ [cǎo] + 쌀포 勹⁴⁶ [bāo] + 장군부 缶¹⁶⁶ᵍ [fǒu]

넝쿨(艹)이 나무를 휘감고(勹) 자라는 포도나무의 열매를 질그릇(缶)에 넣고 술을 담그는 모습이다.

葡萄[pútao] 포도 166f

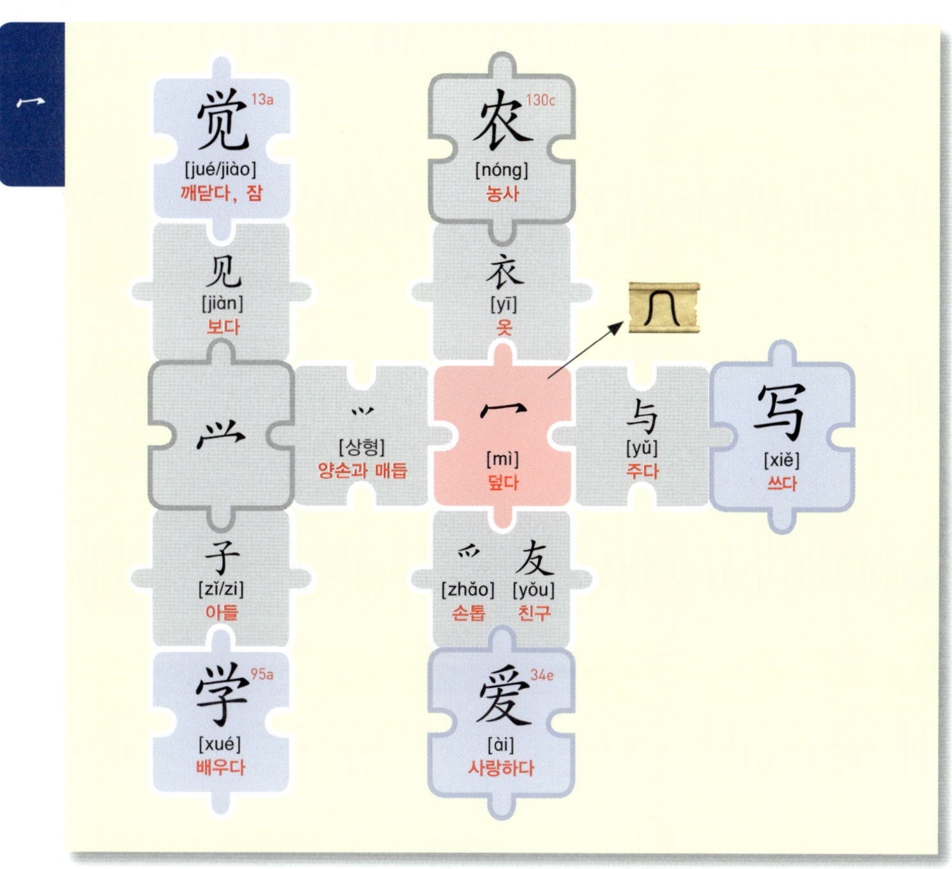

167

덮을 멱

mì

음식이나 물건을 덮어 놓은 보자기나 덮개의 모습이다.

写 写 写 写 写

写
xiě

[寫] 쓸 **사**

덮을 멱 冖 [mì] **+** 줄 여 与 [yǔ]

비유적으로 사람들을 덮어(冖) 가리고 있는 무지로부터 깨우치도록 좋은 책을 **써서** 다른 사람들에게 전해 주는(与) 모습이다.

* 번체자(寫)는 까치(舃[xì])의 둥지(冖141)가 베낀 것처럼 비슷하다는 의미에서 '베끼다→쓰다'의 뜻이 파생되었다.

听写 [tīngxiě] 받아쓰기하다 16d

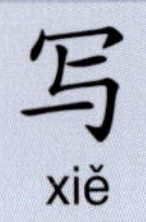

168

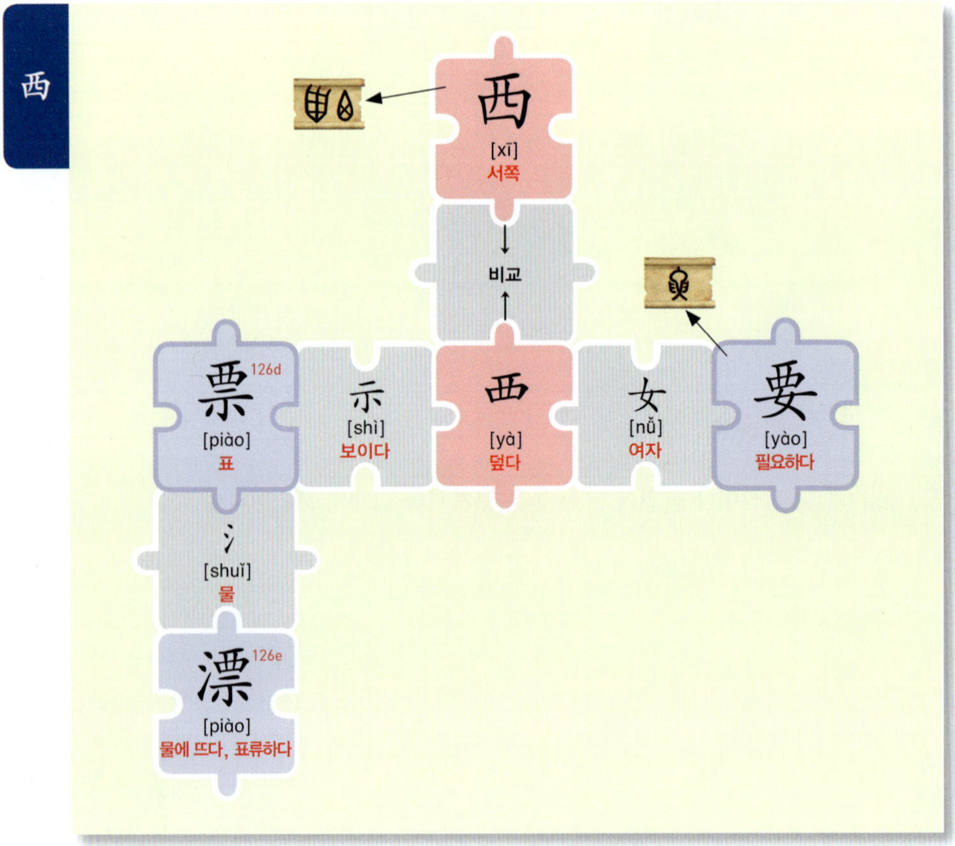

西

168

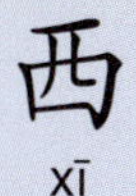

西西西西西西

서녘 서

西
xī

뚜껑(兀)이 있는 물을 담는 오지그릇(口)의 모습이다. '서쪽'이라는 추상적인 개념을 기호로 나타내기 어려워 발음이 같은 글자를 빌려 썼다. 원래 자루의 모습인 "동녘 동 东[212][dōng]"과 함께 동서 어디에서든 볼 수 있는 물건을 담아두는 필수품이라는 의미에서 '물건'의 뜻도 갖게 되었다.

* 옛 글자는 원래 오지그릇의 모습에서 나중에 뚜껑이 더해진 모습임을 분명히 보여 준다.

东西[dōngxi] 물건, 물품, 것 212　　西瓜[xīguā] 수박 33f
西边[xībiān] 서쪽 61a　　东西[dōngxī] 동서, 동쪽과 서쪽 212

168a

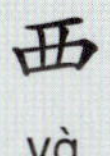

西西西西西西

덮을 아

西
yà

병이나 항아리를 덮을 때 사용하는 뚜껑의 모습을 간략하게 정리한 글자이다.

168b

要要要要要要要要要

요긴할 요

要
yào

덮을 아 西[168a] [yà]　+　여자 녀 女[96] [nǚ]

여자(女)가 양손(西→臼[43d])으로 허리를 받치고 서 있는 모습으로, 허리는 신체 가운데 가장 중요한 곳이라는 의미에서 '필요하다, 요구하다, ~해야 한다'는 뜻을 갖게 되었다.

* 옛 글자를 보면 "西"가 "양손 국 臼[126d][jiù]"의 모양임을 알 수 있다.

需要[xūyào] 필요하다, 요구되다 9b　　要求[yāoqiú] 요구하다, 요구 202b
重要[zhòngyào] 중요하다 151a　　主要[zhǔyào] 주요한, 주된 233c
要是[yàoshi] 만약, 만약 ~이라면 54b　　不要[búyào] 필요치 않다, ~하지 마라 223a

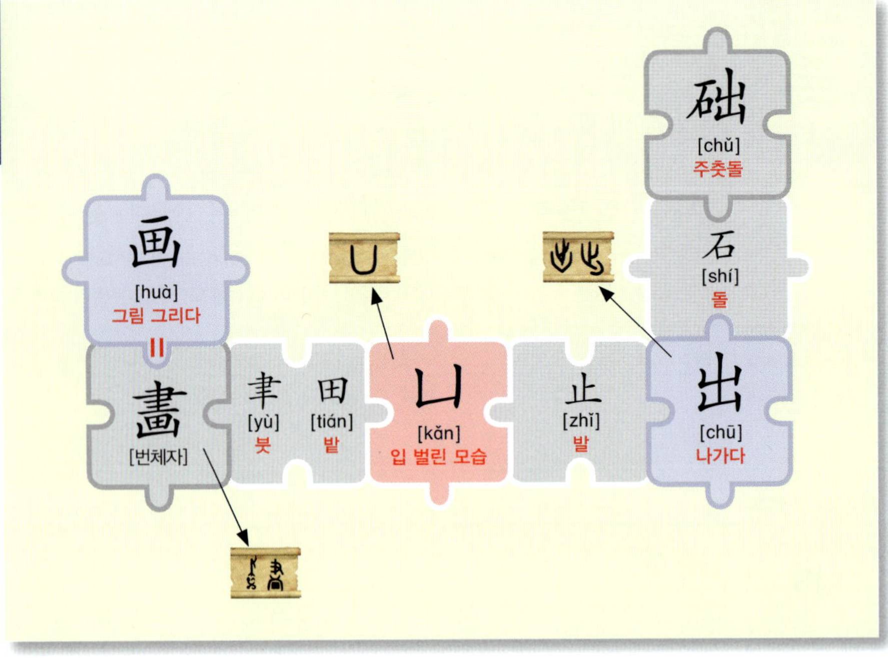

169

169

ㄴ
kǎn

입 벌릴 감

입 벌린 모습 혹은 물건을 담을 수 있도록 위가 터진 그릇의 모양으로 보기
도 하는, 상황에 따라 다양한 해석이 가능한 글자이다.

169a

出
chū

나갈 출

발/멈출 지 止[53] [zhǐ] + 입벌릴감 ㄴ [kǎn]

갑골문을 보면 움막(ㄴ)에서 밖으로 나가는 발(止)을 그려 놓은 모습이다.

出租车[chūzūchē] 택시 139d 124
出发[chūfā] 출발하다, 떠나다 34f
出来[chū//lái] (안에서 밖으로) 나오다, 발생하다 210k
出租汽车[chūzū qìchē] 택시 139d 204a 124

出现[chūxiàn] 출현하다, 나타나다 13d
演出[yǎnchū] 공연(하다), 상연(하다) 136b
出去[chū//qù] 나가다 94

169b

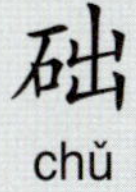

[礎] **주춧돌 초**

돌 석 石 [197] [shí] + 나갈 출 出 [169a] [chū]

집을 짓는 일은 맨 밑에 주춧돌(石)을 놓는 것으로 시작(出)된다.

* "出"은 안에서 밖으로 첫 발을 내딛는 모습이므로 어떤 일의 '시작'을 의미한다.

基础[jīchǔ] 기초, 토대, 바탕 44a

169c

[畵] **그림 화**

붓율 一 → 聿 [38] [yù] + 밭 전 田 [152] [tián] + 도화지 凵 [상형]

붓(聿)으로 도화지(凵) 위에 지형도(田)나 그림을 그리는 모습이다.

* 번체자(畵)를 보면 붓(聿)으로 종이(凵) 위에 지형도(田)를 그리는 모습임을 알 수 있다.

画儿[huàr] 그림 69   画报[huàbào] 화보, 그림 잡지 34a

169

391

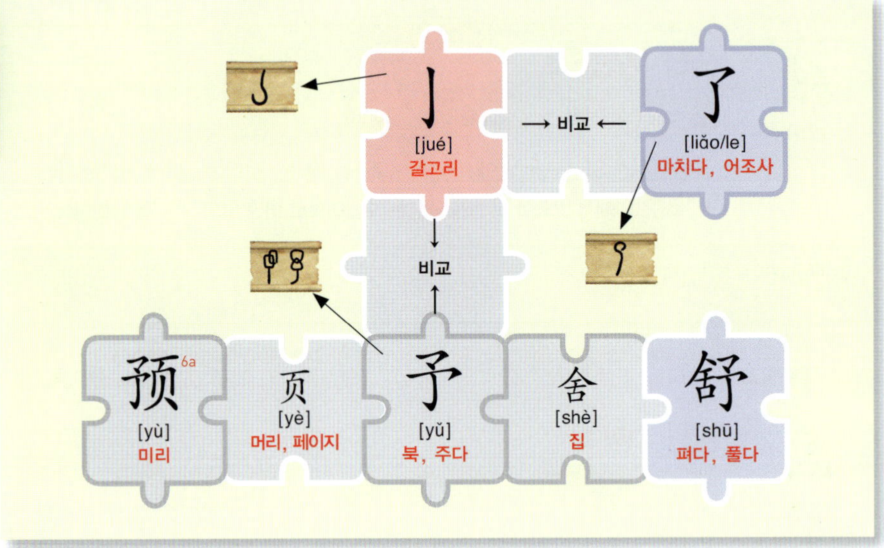

170

亅 jué

갈고리 궐

끝이 휘어지고 구부러진 갈고리를 본뜬 글자이다.

* 단독 사용은 없고 다른 글자와 합해질 때 사용된다.

* "亅"은 망태기나 그물을 만드는 도구이기에 용기 편에서 다루고 있다.

170a

了 liǎo/le

마칠 료, 어기사 료

막 태어난 아이나 짐승 새끼의 모습으로, 출산을 '완료했다'는 의미를 가지고 있다. 일을 완료했다는 것은 전체적인 파악이 끝난 것이므로 '알다'는 뜻도 갖게 되었다. 발음이 바뀌면서 동사 뒤에 쓰여 동작의 완료를 표시하거나, 구절 끝에 쓰여 상황이 완료되어 변했거나 변화할 것임을 나타내는 어기조사로도 사용된다.

* "了"의 부수자가 " 亅[jué]"이기 때문에 여기에서 다루고 있다.

了解[liǎojiě] 자세하게 알다, 알아보다 175c　　除了[chúle] ~을(를) 제외하고 146a

为了[wèile] ~을(를) 하기 위하여 159c

除了…以外[chúle…yǐwài] ~을 빼고는, ~ 말고 146a 63j 222a

今天来了一封信。 오늘 편지가 한 통 왔다. 66 74b 210k 170a 223 40e 23a

天黑了, 今天去不成了。 날이 어두워져서 오늘 갈 수 없다. 74b 158d 170a, 66 74b 94 223a 114a 170a

---

170b

予 予 予 予

予 yǔ — 줄 여

갈고리가 서로 맞물려 있는 모습, 또는 천을 짜는 베틀에서 세로로 길게 늘어뜨린 날실 사이를 가로로 오가며 씨실을 풀어 주는 씨실이 담긴 북의 모습이다. 북을 좌우로 주고받는 모습에서 '주다'라는 의미가 파생되었다.

170c

舍 舍 舍 舍 舍 舍 舍 舍

舍 shè — 집 사

지붕 人 [상형] + 기둥 千 [상형] + 주춧돌 口 [상형]

주춧돌(口) 위에 기둥(千)과 지붕(人)을 얹은 모습에서 '집'의 뜻이 파생되었다.

＊ "사람 인 人63[rén]", "방패 간 干118[gān]", "입 구 口16[kǒu]"로 나눠지지만 의미상 아무 관련이 없다.

宿舍[sùshè] 기숙사 134b

170d

舒 舒 舒 舒 舒 舒 舒 舒 舒 舒 舒 舒

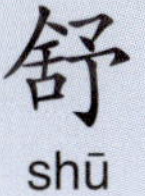

舒 shū — 펼 서

집 사 舍170c [shè] + 북/줄 여 予170b [yǔ]

베틀에서 북(予)이 감겨진 씨실을 풀어 주는 역할을 하듯이, 집(舍)에서 긴장을 풀고(予) 쉬는 모습에서 '펴다, 풀다, 느리다'는 뜻이 생겨났다.

舒服[shūfu] (몸·마음이) 편안하다 34b　　舒适[shūshì] 편안하다, 쾌적하다 22d

동물

자연 생태 피라미드의 최상위에 있는 인간에게 동물은 자연을 유지하는 데 대단히 중요한 구성 요소라 할 수 있다.

1. 사람에게 가장 친숙한 **육지 동물**은 당연히 가축이다. 따라서 가축으로 키우는 동물인 '양, 개, 돼지, 소, 말'이 기본글자에 등장한다.
2. 육지 동물 외의 **기타 동물** 중에는 하늘을 날 수 있기에 인간의 동경 대상이 된 새가 있고, 곤충과 물고기도 있다. 또한 화폐로 사용되었던 조개가 기본글자로 상당히 중요한 역할을 하고 있다.
3. 뿐만 아니라 사람의 생활에 밀접한 영향을 끼치는 동물의 **부산물**로 '털, 가죽, 뿔, 고기' 등과 관련한 다양한 기본글자들도 다룬다.

산천초목

동물 외에도 자연에는 산과 산에서 생산되는 광물이 있으며, 그러한 광물을 가공하기 위해 도구도 필요했다. 또한 생명의 원천이라고 할 수 있는 물이 있으며 생태 피라미드의 최하위에 속하는 풀과 나무도 있다. 이러한 요소들이 기본글자로서 어떤 역할을 하는지 살펴보자.

자연

천체

지구상에 존재하는 모든 생명체는 천체의 지배를 받고 있다. 따라서 자연이 제 역할을 하는 데 필수적인 천체가 기본글자로 쓰인 것은 당연한 이치이다. 여기서는 해와 달에서 비롯된 기본글자들이 다른 글자들과 조립되면서 어떻게 새로운 글자와 의미를 만들어 내는지 그 배경들을 함께 살펴보도록 한다.

기타

기본글자를 구성하는 마지막 부분으로 숫자와 부호들이 있다. 모양으로 설명하기 어려운 것을 기호로 나타낸 지사문자가 여기에 해당된다. 여기에서는 앞에서 살펴보지 못한 나머지 숫자들과 특별한 의미 없이 부호적인 개념에서 기본글자가 된 '丨, 丶, 丿'자를 보게 될 것이다. 특별한 의미가 없다고는 하나 기본글자의 한 부분을 차지하고 있으므로 다른 글자에 조립되는 배경이나 과정을 생각하면서 이해하도록 하자.

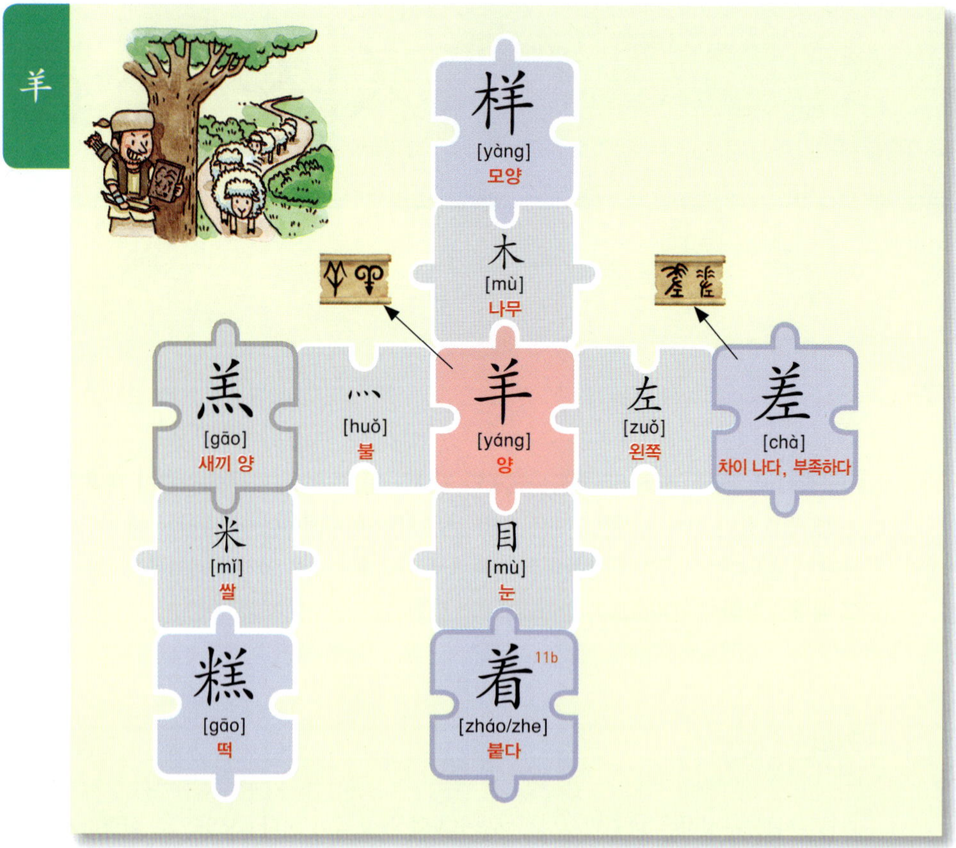

羊

样
[yàng]
모양

木
[mù]
나무

羔
[gāo]
새끼 양

灬
[huǒ]
불

羊
[yáng]
양

左
[zuǒ]
왼쪽

差
[chà]
차이 나다, 부족하다

米
[mǐ]
쌀

目
[mù]
눈

糕
[gāo]
떡

着
11b
[zháo/zhe]
붙다

171

171

羊 羊 羊 羊 羊 羊

양양

羊
yáng

둥그렇게 휜 멋진 뿔을 가진 **양**을 정면에서 바라본 모습이다.

羊肉 [yángròu] 양고기 192

171a

样 样 样 样 样 样 样 样 样 样

样
yàng

[樣] **모양**양

나무목 木 210 [mù] + 양양 羊 [yáng]

양(羊)을 사냥하기 위해 목판(木)에 양떼가 다니는 길의 모양을 새겨 놓은 모습이다.

* 양은 반드시 한 번 왔던 길을 다니는 습성이 있어서, 사람들은 돌아오는 야생의 양 떼를 기다렸다가 사냥을 하였다.
* 번체자(樣)는 목판(木)에 지형도(羊)나 수로(水200)를 새겨 놓은 모습이다.

怎么样[zěnmeyàng] 어떠하다(주로 의문문으로 쓰임) 234d 93a   一样[yíyàng] 같다 223

样子[yàngzi] 모습, 모양, 태도 95   那样[nàyàng] 그렇게, 저렇게, 그러하다, 저러하다 146e

怎样[zěnyàng] 어떠하냐, 어떻게 234d   这样[zhèyàng] 이렇다, 이렇게, 이래서 133a

171b

차이 날 차

差
chà

양양 羊 [yáng] + 왼쪽 좌 左[39a] [zuǒ]

양(羊)의 털을 왼손(左)으로 잡고 있는 모습이다. 손으로 잡았을 때 털의 길이가 일정치 않고 차이가 난다는 의미에서 '다르다, 부족하다'는 뜻이 생겼다.

* 옛 글자는 추수하기 위해 농작물(禾139)을 왼손(左)으로 잡은 모습으로, 같은 땅에서 자란 농작물(禾)의 길이가 일정치 않고 차이가 난다는 의미에서 만들어졌다.

差不多[chàbuduō] 비슷하다, 대다수의 223a 222d   差点儿[chàdiǎnr] 가까스로, 간신히, 거의 127d 69

171c

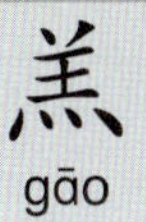

새끼 양 고

羔
gāo

양양 羊 [yáng] + 불화 灬=火[158] [huǒ]

맛 좋은 새끼 양(羊)을 제물로 바치기 위해 불(灬)에 구워 요리하는 모습이다.

171d

떡 고

糕
gāo

쌀미 米[138] [mǐ] + 새끼양고 羔[171c] [gāo]

제물인 양(羔)과 쌀(米)로 만든 떡을 올려놓고 제사를 지내는 모습이다.

蛋糕[dàngāo] 케이크, 카스텔라 55b

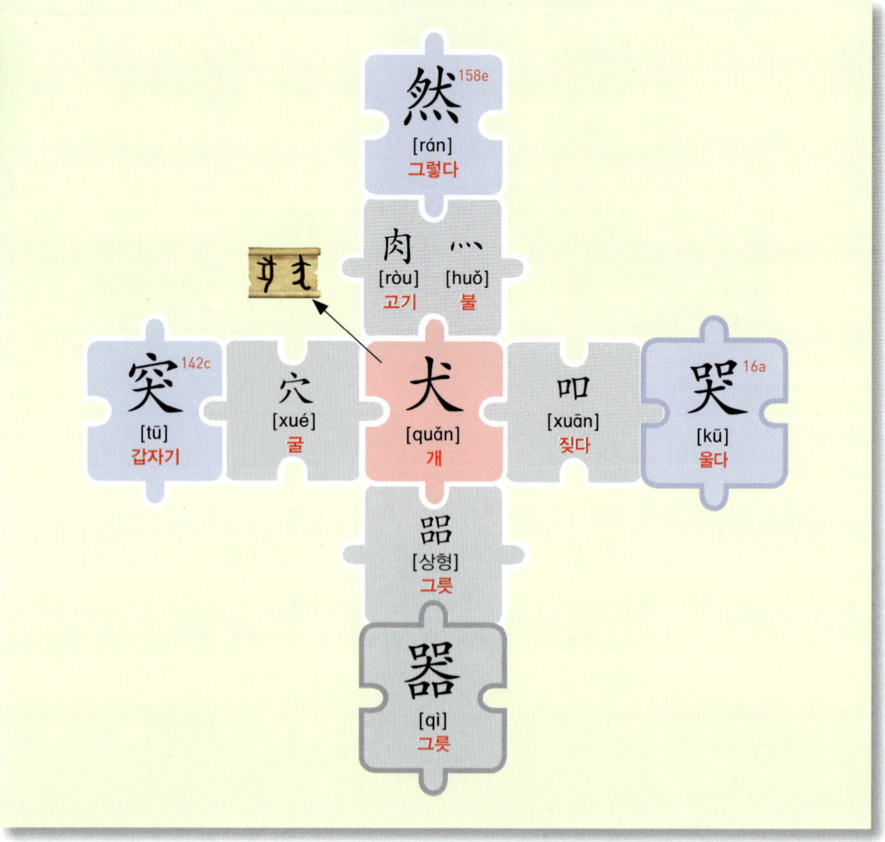

172

大 大 大 犬

犬 quǎn

개 견

귀(`)를 쫑긋 세운 개의 모습을 본뜬 글자이다.

172a

器 qì

그릇 기

그릇 品 [상형] + 개 견 犬 [quǎn]

희생물로 바친 개(犬)를 담는 그릇(品)의 모습에서 제물을 담는 '그릇, 기구'의 뜻을 갖게 되었다.

* 중국의 상(商103c)나라와 주(周152a)나라 때 개고기는 제사와 연회에서 빠지지 않는 음식이었다.

机器 [jīqì] 기계, 기기 213a　　　　武器 [wǔqì] 무기, 병기 110d

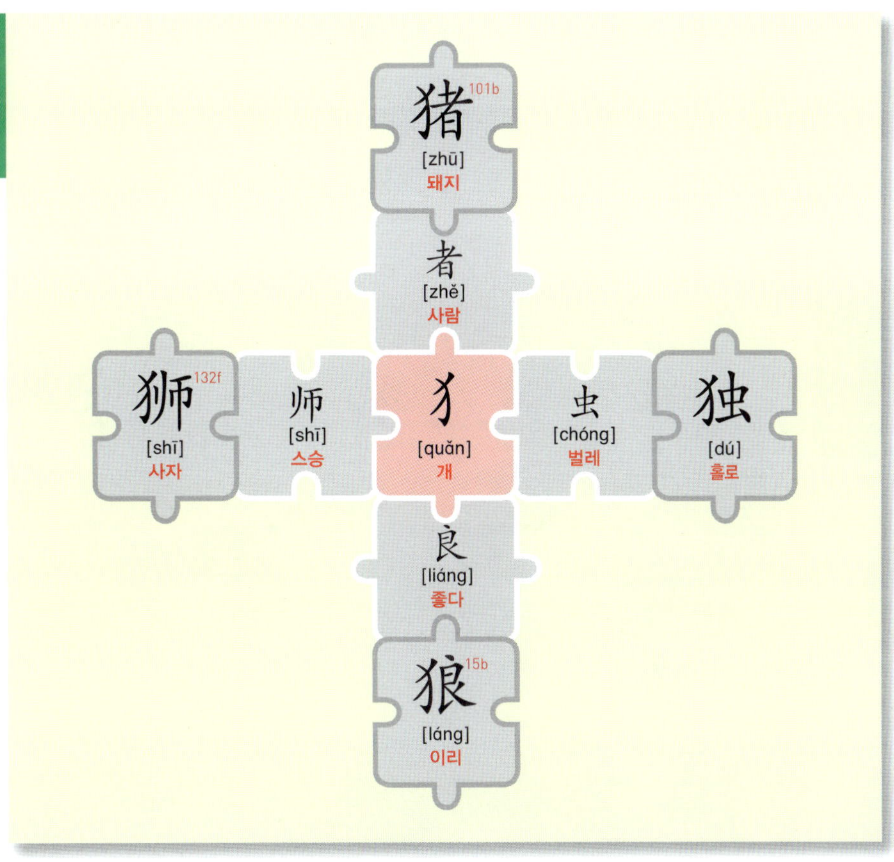

173

173

犭
quǎn

개 견

"개 견 犬 [172][quǎn]"과 같은 글자이다.

* 단독 사용은 없고, 다른 글자와 합해질 때 "犬"을 대신하거나 크기가 개 정도 되는 동물을
나타내는 데 의미 요소로 사용된다.

173a

独
dú

[獨] 홀로 독

개 견 犭 [quǎn] + 벌레 충 虫 [184][chóng]

무리 지어 생활하는 개(犭)나 벌레(虫)와 같은 동물들 가운데는 홀로 우뚝
서 있는 우두머리가 있다.

独立[dúlì] 독립하다, 홀로 서다 79   单独[dāndú] 단독으로, 혼자서 232c

174

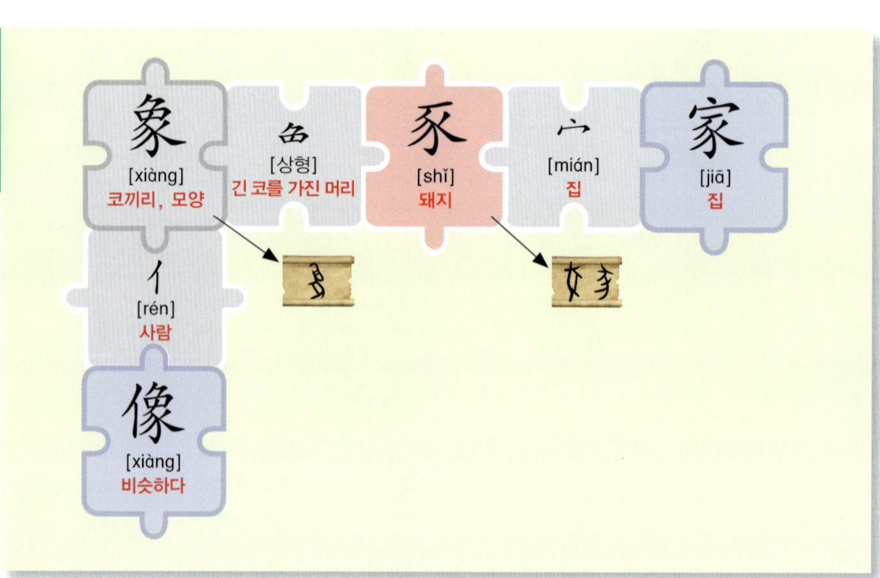

174

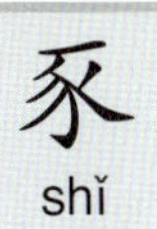

돼지 시
shǐ

새끼에게 젖을 주려고 누워 있는 통통한 어미 돼지의 모습이다.

174a

집 가
jiā

집 면 宀141 [mián] + 돼지 시 豕 [shǐ]

단란한 가정을 표현하기 위해 집(宀)과 새끼를 많이 낳는 돼지(豕)를 더하였다.

国家[guójiā] 국가, 나라 20a   家庭[jiātíng] 가정 62b

174b

코끼리 상
xiàng

긴 코를 가진 머리 ⿱ [상형] + 돼지 시 豕 [shǐ]

코끼리의 긴 코를 가진 머리(⿱)와 돼지(豕)처럼 통통한 몸을 간략하게 표현한 글자이다. 코끼리는 한자가 발원한 중국 북방 지역의 사람들에게는 상상의 동물에 가까웠으므로 '모양'의 뜻도 가지고 있다.

对象[duìxiàng] 대상, 상대 40c   大象[dàxiàng] 코끼리 74

174c

닮을 상
xiàng

사람 인 亻68 [rén] + 코끼리 상 象174b [xiàng]

코끼리(象)를 본 적이 없는 중국 북방 지역의 사람(亻)들이 들은 이야기를 근거로 형상을 만드는 모습이다. 그처럼 코끼리는 독특한 생김새 때문에 상상하여 만들어도 실물과 비슷하다는 의미에서 '~와 같다'는 뜻도 생겼다.

好像[hǎoxiàng] 마치 ~와 같다, 유사하다 96c   肖像[xiàoxiàng] (사람의) 사진, 화상 235c

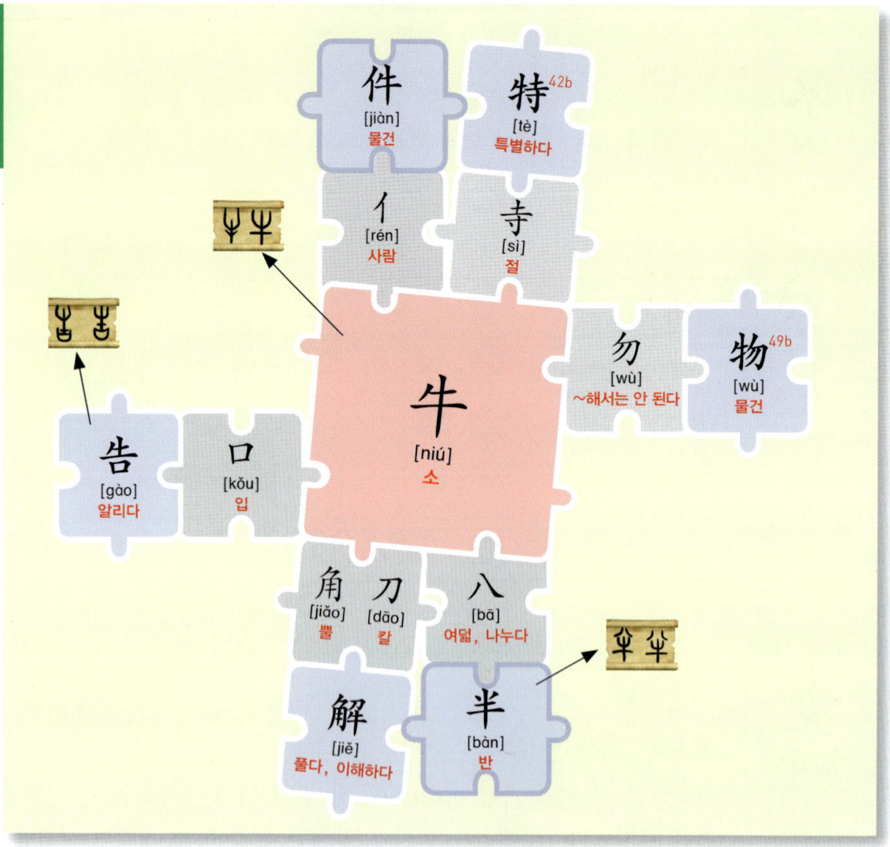

牛 牛 牛 牛

牛 소 우
niú

멋진 뿔을 가진 소를 정면에서 바라본 모습이다.

牛奶[niúnǎi] 우유 96d

件 件 件 件 件 件

件 물건 건
jiàn

사람 인 亻68 [rén] + 소우 牛 [niú]

사람(亻)에게 소(牛)는 쟁기질을 돕고 희생제물이 되어 주며, 고기와 가죽을 제공하는 원천으로 많은 것을 가능하게 하는 물건(가축)이었다.

电子邮件[diànzǐ yóujiàn] 전자 우편, 이메일 157a 95 146d
条件[tiáojiàn] 조건, (요구하는) 기준 56c　　事件[shìjiàn] 사건 36d
一件事 일한 건 223 175a 36d　　一件衣服 옷 한 벌 223 175a 130 34b

175b

半 半 半 半 半

半 **반** 반

나누다/여덟 팔 八[229][bā] + 소우 牛 [niú]

소(牛)를 절반으로 나누어(八) 도살하는 모습이다.

* "八"은 양쪽으로 대칭을 이루며 나누어진 모양으로 '나누다'라는 뜻을 가지고 있다.

半天[bàntiān] 한나절, 반나절, 한참 74b　　半夜[bànyè] 심야, 한밤중 222b

175c

解 解 解 解 解 解 解 解 解 解 解 解

解 **풀 해**

뿔각 角[191][jiǎo] + 칼도 刀[120][dāo] + 소우 牛 [niú]

소(牛)를 도축할 때 살과 뼈는 물론, 뿔(角)까지 철저하게 칼(刀)로 나누어 해체하는 모습에서 '풀다'는 뜻을 갖게 되었다. 그처럼 철저하게 분리하여 모든 것을 다 이해한다는 의미도 가지고 있다.

解决[jiějué] 해결하다, 제거하다 76a　　了解[liǎojiě] 명확하게 알다, 알아보다 170a

175

175d

告 告 告 告 告 告 告

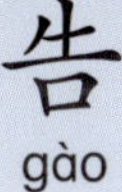

告 **알릴 고**

소우 牛 [niú] + 입구 口[16][kǒu]

소(牛)의 울음소리(口)는 불편함과 배고픔을 알리기 위함이다.

* 함정(口)과 같이 위험한 곳을 알리기 위해 표시(屮)를 하였다는 설도 있다.

告诉[gàosu] 말하다, 알리다 119c　　报告[bàogào] 보고, 리포트, 보고하다 34a

马

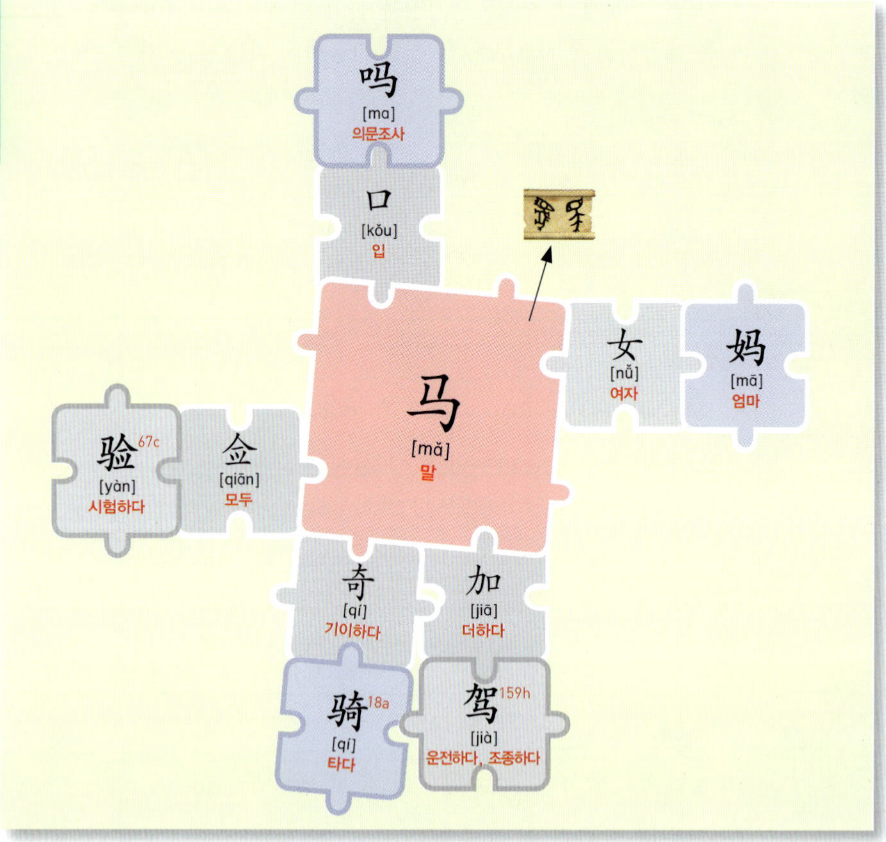

176

176 马马马

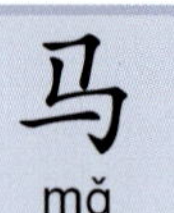

马 mǎ

[馬] 말 마

날렵한 네 다리(一)로 갈기를 휘날리며 달리는 말의 모습이다.

马上[mǎshàng] 곧, 즉시, 바로 223f　　马路[mǎlù] 자동차 도로, 찻길, 대로 57a

176a

吗 吗 吗 吗 吗 吗

吗 ma

[嗎] **의문조사** 마

입구 口 [16][kǒu] + 말마 马 [mǎ]

말할(口) 때 구절 끝에 덧붙여 의문을 나타내는 어기조사를 만들기 위해 "马"를 발음기호로 이용하였다.

＊ 기억하기 쉽게 톤이 높은 말(马)의 울음소리(口)가 의문을 나타낸다고 생각하자.

你吃饭了吗? 너 밥 먹었니? 73a 16b 147b 170a 176a
你有时间吗? 너 시간 있니? 73a 39c 42d 145c 176a

176b

妈 妈 妈 妈 妈 妈

妈 mā

[媽] **엄마** 마

여자녀 女 [96][nǚ] + 말마 马 [mǎ]

여자(女)를 의미 요소로 "马"를 발음기호로 하여 '엄마'의 뜻을 파생시켰다.

＊ 기억하기 쉽게 암컷(女) 말(马)이 사람과 마찬가지로 한 배에 한 마리의 새끼를 낳는 데서 엄마를 의미하게 되었다고 생각하자.

妈妈[māma] 엄마, 어머니

176

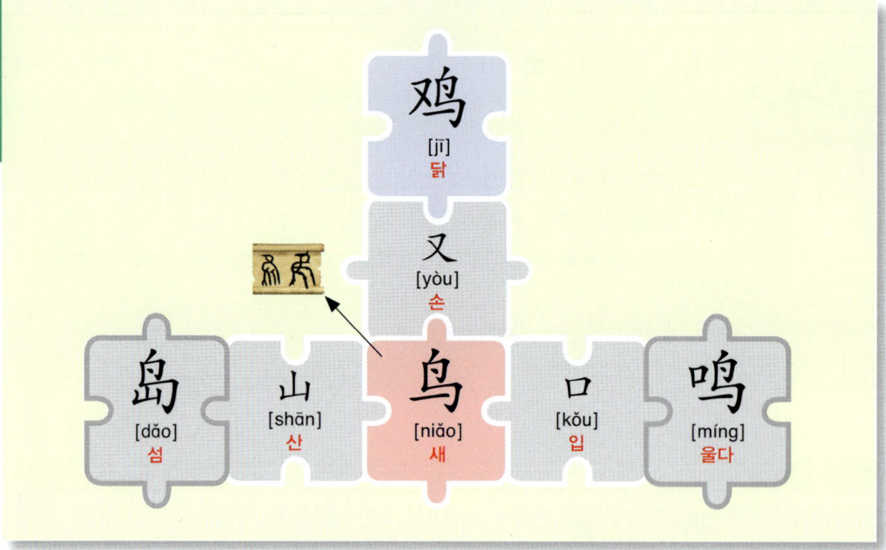

177

鸟鸟鸟鸟鸟

鸟
niǎo

[鳥] **새 조**

꽁지가 긴 새의 부리와 몸통과 다리의 모습을 본뜬 글자이다.

鸡鸡鸡鸡鸡鸡鸡

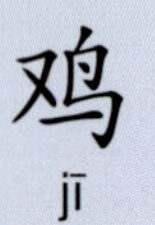

鸡
jī

[鷄] **닭 계**

손/또우 又³⁴ [yòu] + 새조 鸟 [niǎo]

날지 못하여 사람의 손(又)에 잡혀 사육되는 새(鸟)인 닭을 묘사하고 있다.

鸡蛋[jīdàn] 계란, 달걀 55b

鸣鸣鸣鸣鸣鸣鸣鸣

鸣
míng

[鳴] **울 명**

입구 口¹⁶ [kǒu] + 새조 鸟 [niǎo]

새(鸟)가 입(口)으로 우는 모습으로, 새나 짐승 또는 곤충이 우는 것을 뜻한다.

岛 岛 岛 岛 岛 岛 岛 岛

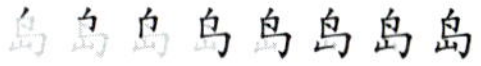

177c

[島] 섬 도

새조 鸟 [niǎo] + 뫼산 山[195] [shān]

바다 한가운데 산(山)처럼 돌출되어 있는 섬에 많은 새(鸟)들이 자유롭게
날아다니는 모습이다.

半岛 [bàndǎo] 반도 175b

佳

集 [jí] 모이다

木 [mù] 나무

推[31f] [tuī] 밀다

扌 [shǒu] 손

佳 [zhuī] 새

准 [zhǔn] 준하다

冫 [bīng] 얼음

讠 [yán] 말하다

又 [yòu] 손

谁 [shéi] 누구

难[34h] [nán] 어렵다

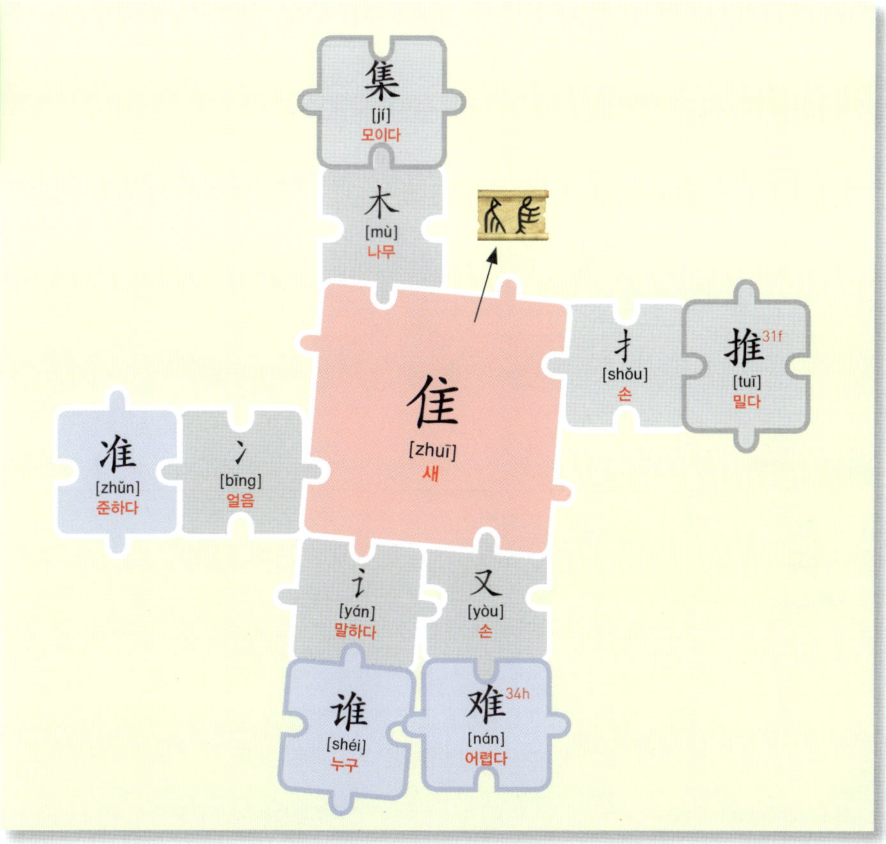

178

住 住 住 住 住 住 住 住

178

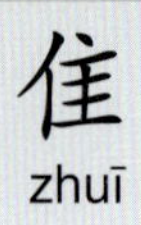

새 추
住
zhuī

작고 귀여운 새의 옆모습을 본뜬 글자이다.

* "새 조 鸟177[niǎo]"가 주로 부리나 꽁지가 길고 큰 새를 가리키는 반면, "住"는 대부분 꽁지가 짧은 새를 총칭한다.

集 集 集 集 集 集 集 集 集 集 集

178a

모일 집
集
jí

새추 住 [zhuī] + 나무목 木210[mù]

나뭇가지(木) 위에 모여 앉아 수다를 떠는 작은 새(住)들의 모습이다.

集合[jíhé] 집합하다, 집합시키다, 집합(수학 용어) 65a　　　　集中[jízhōng] 집중하다 231a

谁 谁 谁 谁 谁 谁 谁 谁 谁 谁

178b

谁
shéi

[誰] 누구 수

말할·언 讠=言23[yán] + 새추 住 [zhuī]

작은 새(住)들이 무리 지어 있는 데서는 모두가 비슷하여 누가 소리(讠)를 냈는지 알 수 없다.

您找谁? 누구를 찾으시나요? 73b 113c 178b

准 准 准 准 准 准 准 准 准 准

178c

准
zhǔn

[準] 준할 준

얼음빙 冫206[bīng] + 새추 住 [zhuī]

얼음(冫)이 어는 일정 추위를 기준으로 따뜻한 나라로 날아갈 준비를 하는 철새(住)들의 모습에서 '준하다, 의거하다, 정확하다'는 뜻이 파생되었다.

* 번체자(準)는 늘 수평을 이루는 물(氵201)과 먹잇감을 찾기 위해 일정한 높이를 유지하며 하늘에 떠 있는 매(매 준 隼[sǔn])를 합쳐서 준하다는 뜻을 갖게 되었음을 알려 준다.

准备[zhǔnbèi] 준비하다 56a　　　　准时[zhǔnshí] 정시에, 제때에 42d

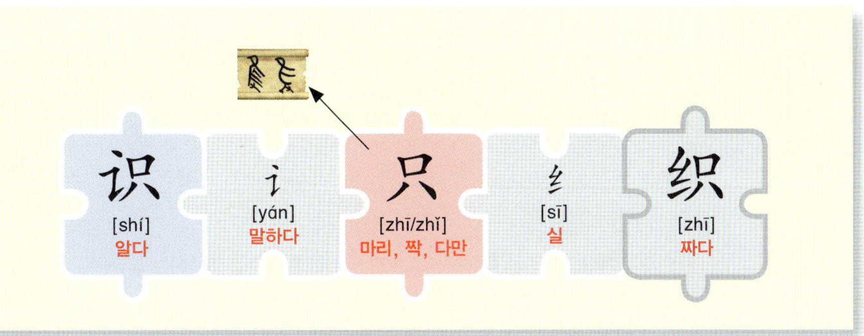

179

只只只只只

只
zhī/zhǐ

[隻, 祇] **외짝 척, 다만 지**

입구 口 [kǒu] + 손/또우 又 [yòu]

우는 것이 특징인 새(隹)를 "口"로 대치한 글자로, 새(口→隹) 한 마리만 손(又)에 들고 있는 모습에서 외짝을 뜻하게 되었다. '짝을 이룬 사물의 한 쪽을 세는 단위', '동물이나 배를 세는 단위'로도 사용된다. 외짝의 작은 새 (口→隹) 한 마리만 손(又)에 들고 있다는 의미에서 '다만'의 뜻도 갖게 되었다.

* 번체자(隻)는 새(隹) 한 마리를 손(又)에 들고 있는 모습임을 분명히 보여 준다.

一只鞋 신 한 짝 223 179 156b

一只小船 작은 배 한 척 223 179 235 125a

只有…才…[zhǐyǒu…cái…] ～해야만 ～이다 39c 32

一只鸟 새 한 마리 223 179 177

只好[zhǐhǎo] 부득이, 어쩔 수 없이 96c

179a

织织织织织织织织

织
zhī

[織] **짤 직**

실사 纟 [sī] + 새/외짝 척 只 [zhī]

새가 나뭇가지를 엮어 둥지를 만드는 것처럼, 실(纟)을 엮어 천을 짜는 방법을 한 마리(只)의 새를 보며 생각하는 모습이다.

* 번체자(織)는 점토판(戠[shì])에 적힌 지시에 따라 실(糸)로 옷감을 짜는 모습이다.

组织[zǔzhī] 조직하다, 조직 131f

179b

识
shí

[識] **알** 식

말할언 讠 = 言[23] [yán] **+** 새/외짝 척 只 [zhī]

새가 나뭇가지로 둥지를 만드는 방법을 다른 사람들이 **알** 수 있도록 한 마리(只)의 새를 들고 말(讠)로 설명하는 모습이다.

* 번체자(識)는 점토판(戠[shi])에 적힌 **지식**을 말(言)로 설명하는 모습이다.

认识[rènshi] 알다, 인식하다 63a   知识[zhīshi] 지식 111c

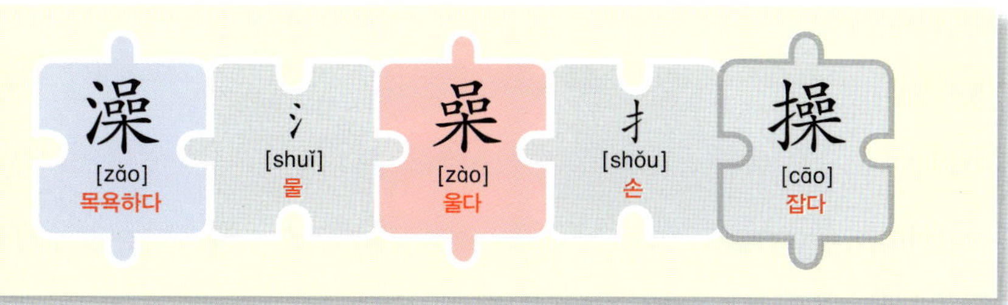

180

울 조
zào

새들 品 [상형] + 나무목 木²¹⁰ [mù]

새들(品)이 나무(木)에 앉아 시끄럽게 울어대는 모습이다.

* "品"은 우는 것이 특징인 새(隹¹⁷⁸)를 "입 구 口¹⁶[kǒu]"로 대치하여 새들을 묘사하였다.

180a

잡을 조
cāo

손수 扌=手³¹ [shǒu] + 울조 喿 [zào]

나무에 앉은 새들이 시끄럽게 울어대자(喿) 손(扌)으로 잡으려 하는 모습이다. 맨 손으로 새를 잡으려면 연습이 필요하다는 의미도 가지고 있다.

操场[cāochǎng] 운동장 155a

180b

씻을 조
zǎo

물수 氵²⁰¹ [shuǐ] + 울조 喿 [zào]

나무에 앉아 울어대는(喿) 새들이 목욕하기 위해 물(氵)에 뛰어드는 모습이다.

* 새는 항상 부리를 사용해 깃털을 깨끗하게 다듬거나, 기생충을 떨어내기 위해 모래로 목욕하는 등 매우 청결한 동물이다.

洗澡[xǐ//zǎo] 목욕하다, 샤워하다 69e

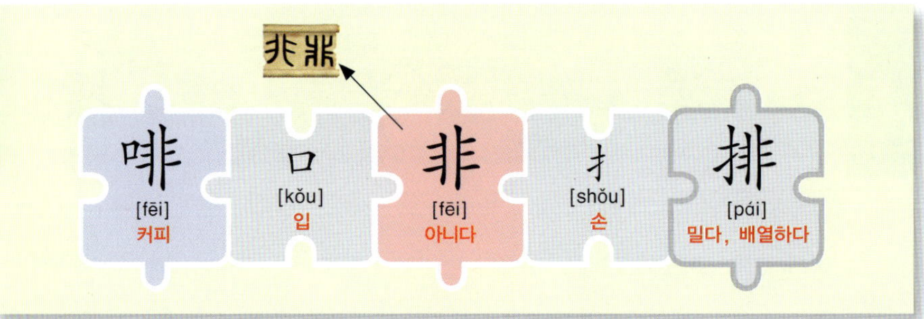

181

非
fēi

아닐 비

새가 양 날개를 펼치고 나는 모습으로, 펼친 양 날개는 서로 만날 일이 없다는 의미에서 '아니다'와 같은 부정의 뜻을 갖게 되었다.

非常[fēicháng] 대단히, 매우, 비정상적인 150c

181a

排
pái

밀칠 배

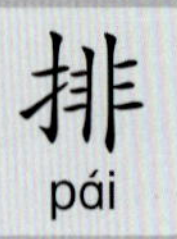 손수 扌=手[31] [shǒu] + 아닐비 非 [fēi]

바람직하지 않은(非) 것을 손(扌)으로 밀어내거나 바람직한 상태로 배열하는 모습이다.

安排[ānpái] (인원·시간 등을) 안배하다, 준비하다 96a   排球[páiqiú] 배구, 배구공 198b

181b

啡
fēi

커피 비

 입구 口[16] [kǒu] + 아닐비 非 [fēi]

잠잘 때 나는 바람직하지 않은(非) 소리(口), 즉 '코 고는 소리'를 뜻하는 글자이다. 지금은 커피(咖啡[kāfēi])처럼 외래어를 표기하기 위한 음역으로 쓰인다.

咖啡[kāfēi] 커피 159i

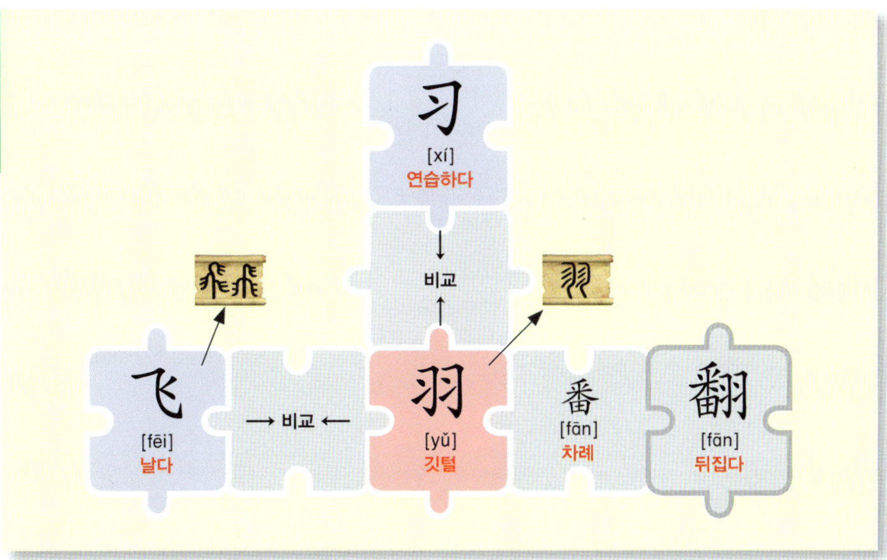

182

羽 羽 羽 羽 羽 羽

羽 yǔ

깃 우

두 날갯죽지를 위로 잔뜩 올리고 앉아 있는 새의 모습에서 '깃털'이라는 뜻을 갖게 되었다.

羽毛球[yǔmáoqiú] 배드민턴, 셔틀콕 188 198b

182a

ㄱ ㄱ ㄱ

习 xí

[習] 익힐 습

새끼가 날기 위해 두 날개(羽)가 하나(习)로 보일 정도로 날갯짓하며 연습하는 모습이다.

学习[xuéxí] 배우다, 본받다 95a 复习[fùxí] 복습하다 56d

练习[liànxí] 연습하다, 익히다, 연습 문제 131g 习惯[xíguàn] 습관(버릇)이 되다, 적응하다 186f

预习[yùxí] 예습하다 6a

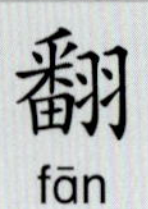

뒤집을 번

차례 번 番[183a] **[fān] + 깃 우 羽 [yǔ]**

새가 날개(羽)를 연속해서(番) 퍼덕일 때, 날개가 위아래로 뒤집히는 모습이다. 그렇게 날개를 위아래로 뒤집듯이 무엇을 찾기 위해 위와 아래를 '뒤지다'는 뜻도 갖게 되었다.

＊ "番"은 밭(田)에 짐승의 발자국(釆)이 연달아 찍혀 있는 모습이다.

翻译[fānyì] 번역하다, 통역하다, 통역 122c

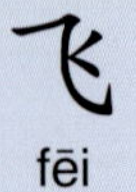

[飛] 날 비

큰 새가 날개를 활짝 펼치며 하늘 위로 날아오르는 모습이다.

飞机[fēijī] 비행기, 항공기 213a   起飞[qǐfēi] 이륙하다 53d

183

釆

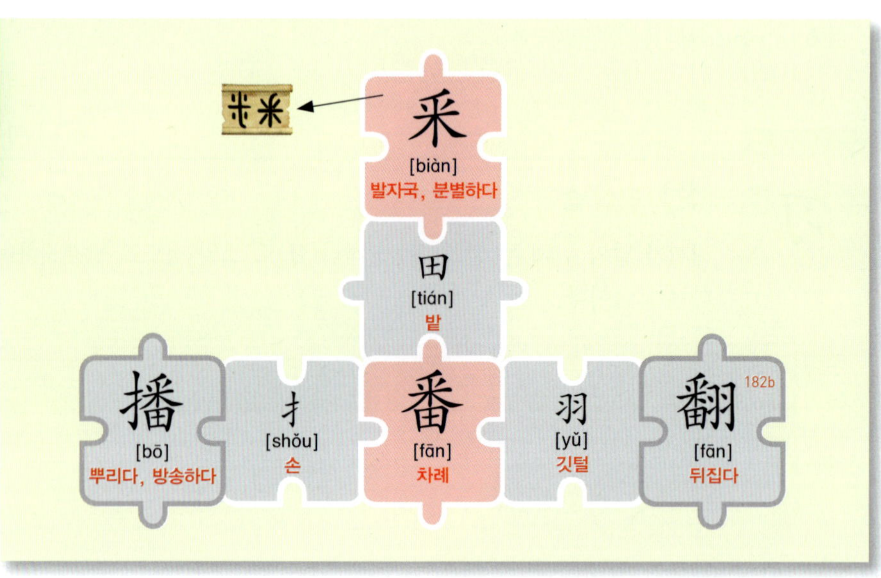

183

분별할 변

새나 짐승의 발자국을 본뜬 글자로, 발자국(釆)을 보면 어떤 짐승인지 분별할 수 있다는 의미를 가지고 있다.

✽ 단독 사용은 없고, 다른 글자와 합해질 때 의미 요소로 많이 쓰이는 중요한 글자이다.

183a

차례 번

발자국/분별할 변 釆 [biàn] + 밭 전 田[152] [tián]

농경지(田)에 짐승의 발자국(釆)이 일정한 간격으로 연달아 찍혀 있는 모습이다.

183b

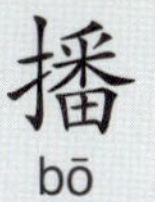

뿌릴 파

손 수 扌=手[31] [shǒu] + 차례 번 番[183a] [fān]

농경지에 일정한 간격으로 연달아(番) 씨를 뿌리는(扌) 모습이다. 씨를 뿌리듯이 전파를 뿌린다는 의미에서 '방송하다'의 뜻도 갖게 되었다.

✽ 이 글자에서 손(扌)은 씨를 뿌리는 행위를 나타낸다.

广播[guǎngbō] 방송하다, 방송 프로그램 143

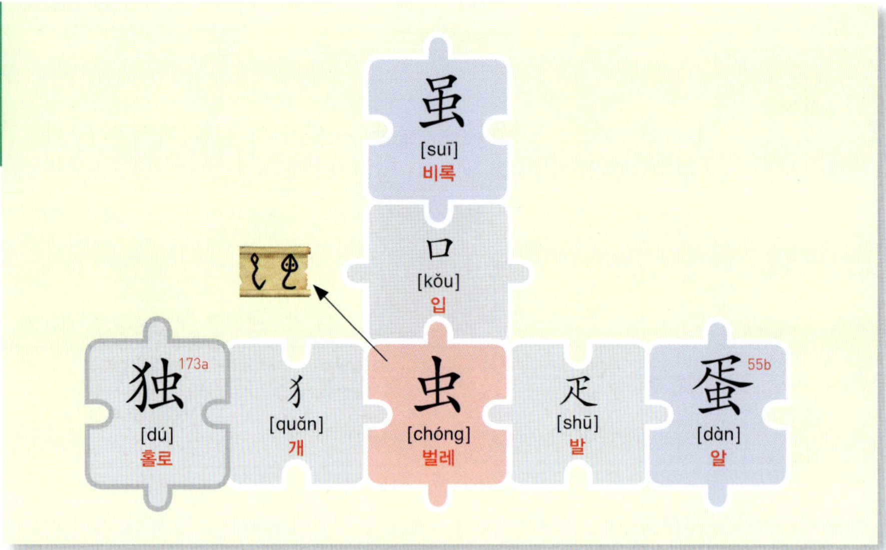

虫虫虫虫虫虫

虫
chóng

벌레 충

뱀이 따리를 틀고 있는 모양으로, 뱀처럼 몸이 긴 벌레뿐 아니라 곤충 등
모든 벌레의 총칭으로 사용된다.

虫子[chóngzi] 벌레 95

虽虽虽虽虽虽虽虽虽

虽
suī

[雖] **비록 수**

입구 口[16] [kǒu] + 벌레 충 虫 [chóng]

비록 징그럽고 비천한 벌레(虫)라도 생명(口)을 경시해서는 안 된다.

* 벌레(虫)의 생명을 입(口)을 사용해 강조하였다.

虽然…但是…[suīrán…dànshì…] 비록 ~하지만 ~하다 158e 218b 54b

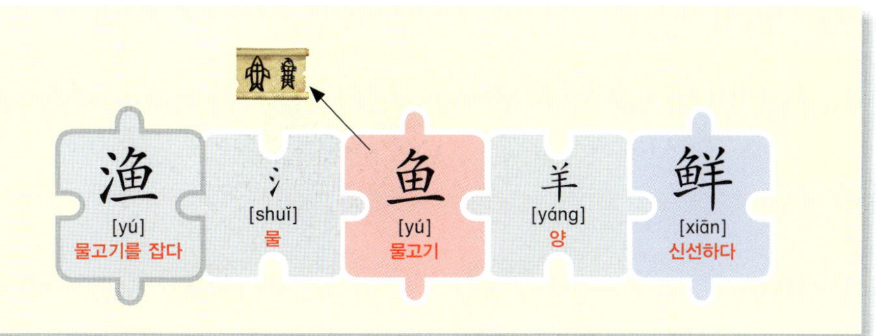

185

鱼 yú

[魚] **물고기** 어

머리(宀)와 몸체(田) 그리고 꼬리(一)를 그려 놓은 물고기의 모습이다.

我不太喜欢吃鱼。 나는 생선 먹는 것을 그다지 좋아하지 않는다. 113b 223a 74c 140a 21c 16b 185

185a

鲜 xiān

[鮮] **싱싱할** 선

물고기어 鱼 [yú] + 양양 羊[171] [yáng]

물고기(鱼)는 빛깔이 곱고 신선해야 양(羊)고기처럼 맛있게 먹을 수 있다.
* 양(羊)고기는 섬유질이 가늘고 부드러워 식감이 아주 좋은 맛있는 고기로 알려져 있다.

新鲜[xīnxiān] 신선하다, 싱싱하다 103b　　鲜花[xiānhuā] 생화, 꽃 68b

185b

渔 yú

[漁] **고기 잡을** 어

물수 氵[201] [shuǐ] + 물고기어 鱼 [yú]

강(氵)에서 물고기(鱼)를 잡는 모습에서 '물고기를 잡다'는 뜻이 파생되었다.

渔民[yúmín] 어민 99c

417

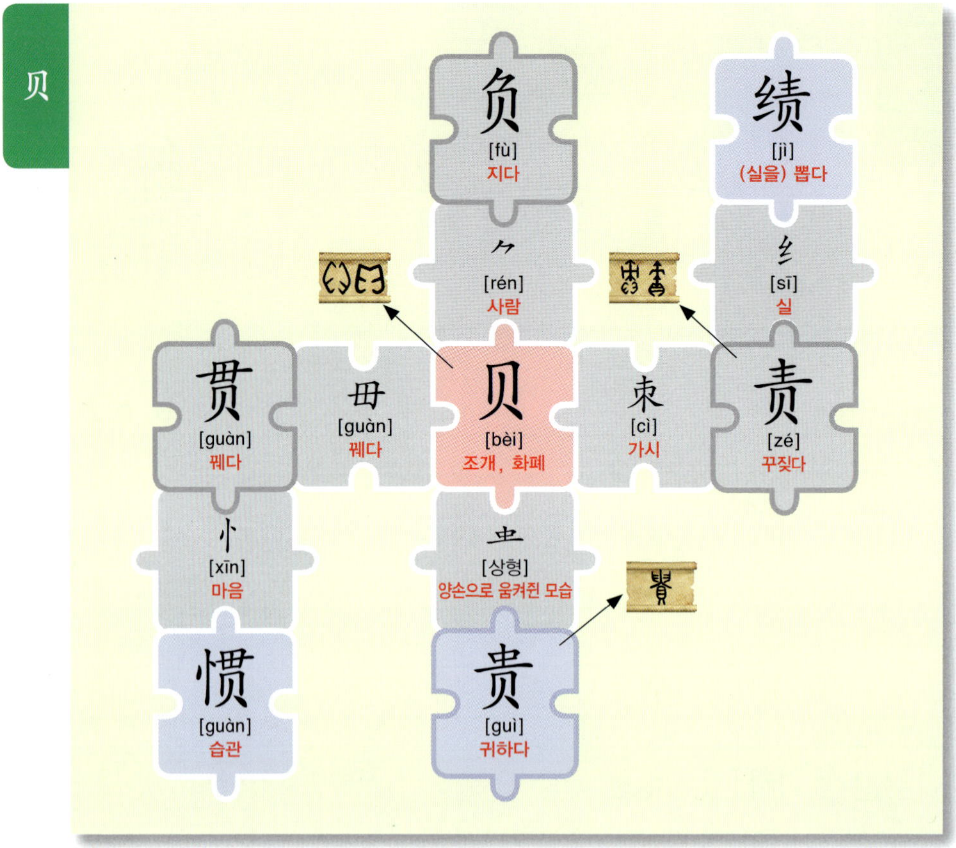

贝 贝 贝 贝

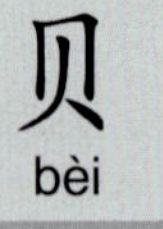

[貝] 조개 패

조갯살(人)이 껍질(冂) 밖으로 삐져나온 조개의 모습이다. 고대에 조개는 금속화폐가 보급되기 전까지 화폐로 사용되었다.

* 고대 중국에서 남쪽 바다에 서식하는 자줏빛이 감도는 조개(贝)는 내륙 지방인 은(殷)과 주(周152a) 왕조의 영역에 살던 사람들에게는 상당히 귀한 것이었다.
* 글자의 모양 때문에 가끔 발이 세 개 달린 솥의 모양인 "鼎[dǐng]"의 대용으로도 사용된다.

186

418

186a

[負] 질 **부**
fù

사람 인 ⺈ [72] [rén] + 화폐/조개 패 贝 [bèi]

돈(贝) 보따리를 등에 지고 있는 사람(⺈)의 모습이다. 짊어지고 있는 돈이란 빚을 말하며 여기에서 '빚지다'는 의미도 갖게 되었다.

负责[fùzé] 책임지다, 책임감이 강하다 186b   负担[fùdān] 부담(하다), 책임(지다) 31g

186b

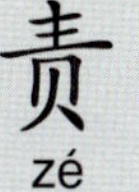

[責] 꾸짖을 **책**
zé

가시 자 ⺬ → 朿 [cì] + 화폐/조개 패 贝 [bèi]

돈(贝)을 빚진 죄인을 꾸짖고 있음을 가시(朿)로 묘사하였다.

* 옛 글자는 윗부분이 나무(木[210])에 달린 '가시'를 의미하는 "朿"의 변형임을 알려 준다.

负责[fùzé] 책임지다, 책임감이 강하다 186a   责任[zérèn] 책임 105a

186c

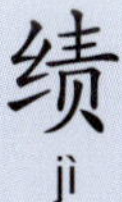

[績] 실 뽑을 **적**
jì

실 사 纟 [131] [sī] + 꾸짖을 책 责 [186b] [zé]

실(纟)을 뽑고 천을 짜는 과정을 의미하는 글자이다. 고대에 천은 화폐가치를 지닌 자금원으로, 책임(责)을 면하기 위해 세금을 내거나 빚을 갚는 데 사용되었다. 그처럼 천이 자금원으로써 목적을 달성하게 한다는 뜻도 가지고 있다.

成绩[chéngjì] 성적, 결과, 점수 114a

186d

[貴] 귀할 **귀**
guì

양손으로 움켜쥔 모습 ⺼ [상형] + 화폐/조개 패 贝 [bèi]

가격(贝)이 많이 나가는 귀중한 물건을 양손으로 움켜쥐고(⺼) 있는 모습이다.

186e

贯 guàn

[貫] 꿸 관

꿸관 毋 [guàn] + 화폐/조개 패 贝 [bèi]

가운데 구멍이 나 있는 동전(贝)들을 실로 꿰어(毋) 꾸러미로
만든 모습에서 '꿰뚫다'는 뜻이 파생되었다.

* 중국을 최초로 통일하고 만리장성을 축조한 제국인 진나라(秦, 기원전 221년 ~ 기원전 206
년) 때, 시황제는 가운데 구멍을 낸 동전을 제조했고 이것이 중국 화폐의 기본형이 되었다.
* "毋"자는 동전 가운데를 실로 꿰어 놓은 모습이다.

一贯 [yíguàn] 한결같다, 일관되다, 변함없다 223

186f

惯 guàn

[慣] 버릇 관

마음심 忄=心²⁸ [xīn] + 꿸관 贯¹⁸⁶ᵉ [guàn]

동전들을 실로 꿰듯이(贯) 어떤 행동을 오랫동안 되풀이하는 과정에서 저
절로 익숙해진 행동 방식을 습관이라 한다. 그러한 습관은 머리로 생각해
서 나오는 행동이 아니라, 마음(忄)에서 저절로 나오는 행동이다.

习惯 [xíguàn] 습관(버릇)이 되다, 적응하다 182a

186

贝

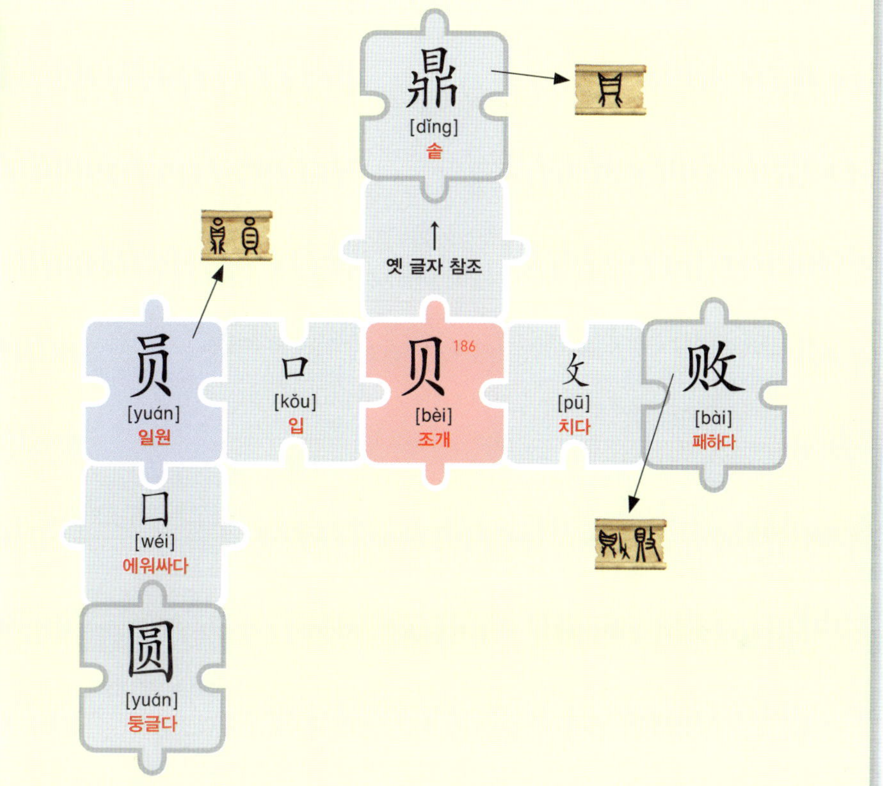

鼎
[dǐng]
솥

옛 글자 참조

员
[yuán]
일원

口
[kǒu]
입

贝 186
[bèi]
조개

攵
[pū]
치다

败
[bài]
패하다

囗
[wéi]
에워싸다

圆
[yuán]
둥글다

186

败 败 败 败 败 败 败 败

186g

败
bài

[败] 질 **패**

조개 패 贝 [bèi] → 솥 정 鼎 [dǐng] + 칠복 攵 [pū]

고대에 발이 달린 솥(鼎)은 각종 의례에 사용되는 왕조의 상징이었다. 그러한 귀한 솥(鼎)을 몽둥이로 쳐서(攵) 깨뜨리는 것은 전쟁에서 패배하였음을 의미한다.

* 옛 글자를 보면 "鼎"의 글꼴이 복잡하여 "贝"로 대체되었음을 알 수 있다.

* 유물로 발견되는 고대의 발이 달린 솥이나 종 등에 새겨 넣은 문자를 금문이라고 한다.

失败[shībài] 실패하다 199c

打败[dǎ//bài] 이기다, 패하다 31c

腐败[fǔbài] 부패하다, 썩다 41b

186h

员
yuán

[員] 인원 원

입구 口[16] [kǒu] + 조개 패 贝 [bèi] → 솥 정 鼎 [dǐng]

발이 달린 솥(鼎)의 둥근 주둥이(口)를 강조한 모습에서 '둥글다'는 기본 뜻을 갖게 되었다. 지금은 원(員) 안에 든 사람이라는 의미에서 '일원, 어떤 분야에 종사하는 사람'을 가리키는 데 사용된다.

＊ 옛 글자를 보면 "鼎"의 글꼴이 복잡하여 "贝"로 대체되었음을 알 수 있다.

服务员 [fúwùyuán] 종업원, 안내원 34b 159f
人员 [rényuán] 인원, 요원 63
技术员 [jìshùyuán] 기술자 51a 210i

演员 [yǎnyuán] 배우, 연기자 136b
委员 [wěiyuán] (위원회의) 위원 96j

186i

圆
yuán

[圓] 둥글 원

에워쌀 위 口[20] [wéi] + 인원 원 员[186h] [yuán]

'둥글다'는 의미를 가지고 있던 "员"이 '인원'의 뜻으로 쓰이자, 둘러싼 모양인 "口"를 더하여 '둥글다'는 원래 의미를 되살렸다.

圆满 [yuánmǎn] 원만하다 64e

186

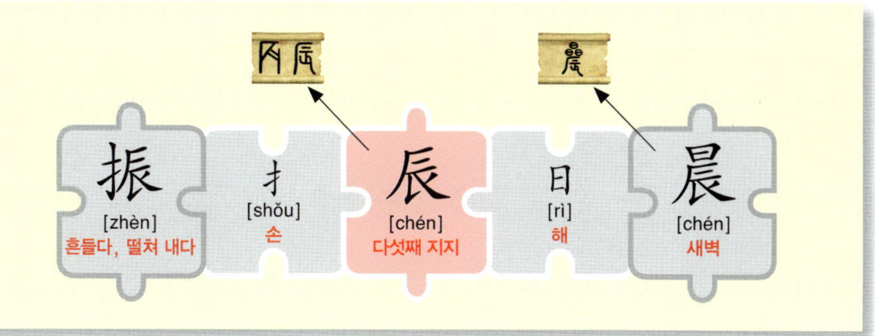

187

辰
chén

다섯째 지지 진

갑골문은 조갯살이 껍데기 밖으로 삐져나온 대합조개의 모습이다. 대합조개는 크기도 크고 껍데기가 두꺼워 고대에 농작물을 수확할 때 '낫' 대용으로도 사용되었다. 지금은 '십이지의 다섯 번째'를 의미한다.

187a

晨
chén

새벽 신

해 일 日 218 [rì] + 낫/다섯째 지지 진 辰 [chén]

농부가 가장 바쁜 추수 때 별(日→晶)이 여전히 떠 있는 새벽부터 들판에 나가 낫(辰)으로 수확을 하는 모습이다.

* 옛 글자는 밤에 빛을 내는 광명체를 나타내기 위해 윗부분에 세 개의 별(晶)을 그려 놓았다.

早晨[zǎochen] 이른 아침, 새벽 218e

187b

振
zhèn

떨칠 진

손 수 扌=手 31 [shǒu] + 조개/다섯째 지지 진 辰 [chén]

대합조개(辰)에 손(扌)을 물린 사람이 흔들어 조개를 떨쳐 내는 모습이다.

振动[zhèndòng] 진동하다 159d

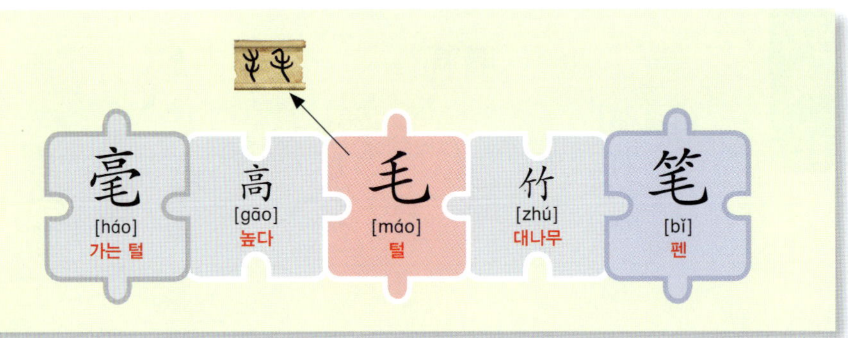

188

毛毛毛毛

毛
máo

털 모

사람이나 동물의 몸에 난 털, 또는 식물의 줄기나 열매에 달린 털 모두를 지칭하는 글자이다. 또한 중국의 화폐 단위로도 사용된다.

* 1毛 = 1/10元[71]

毛巾[máojīn] 수건, 타월 132

毛病[máobìng] 고장, 결점, 문제 81a

羽毛球[yǔmáoqiú] 배드민턴, 셔틀콕 182 198b

毛衣[máoyī] 털옷, 스웨터 130

188a

笔笔笔笔笔笔笔笔笔笔

笔
bǐ

[筆] 붓 필

대죽 竹[216] [zhú] + 털모 毛 [máo]

대나무(竹) 대롱 끝에 동물의 털(毛)을 꽂아 만든 붓의 모습으로, '연필, 펜' 등 필기구를 의미하는 데 사용된다.

* 번체자(筆)는 대나무(竹)와 붓(聿[38])의 합자이다.

铅笔[qiānbǐ] 연필 199a

钢笔[gāngbǐ] 펜, 만년필 165c

笔记本[bǐjìběn] 공책, 노트, 수첩 82b 210a

188b

毫
háo

가는 털 호

높을고 高[5] [gāo] + 털모 毛 [máo]

가늘고 긴(高) 털(毛)의 모습에서 '가는 털'의 뜻이 파생되었다. 또한 그러한 가는 털이 털끝만큼도 없음을 강조하면서 부정형으로 '조금도'라는 뜻으로도 사용된다.

* "高"의 생략형은 여기에서 '가늘다'는 특징을 강조하고 있다.

丝毫 [sīháo] 조금도, 추호도 131a　　　毫无 [háowú] 조금도〔전혀〕 ~이 없다 80c

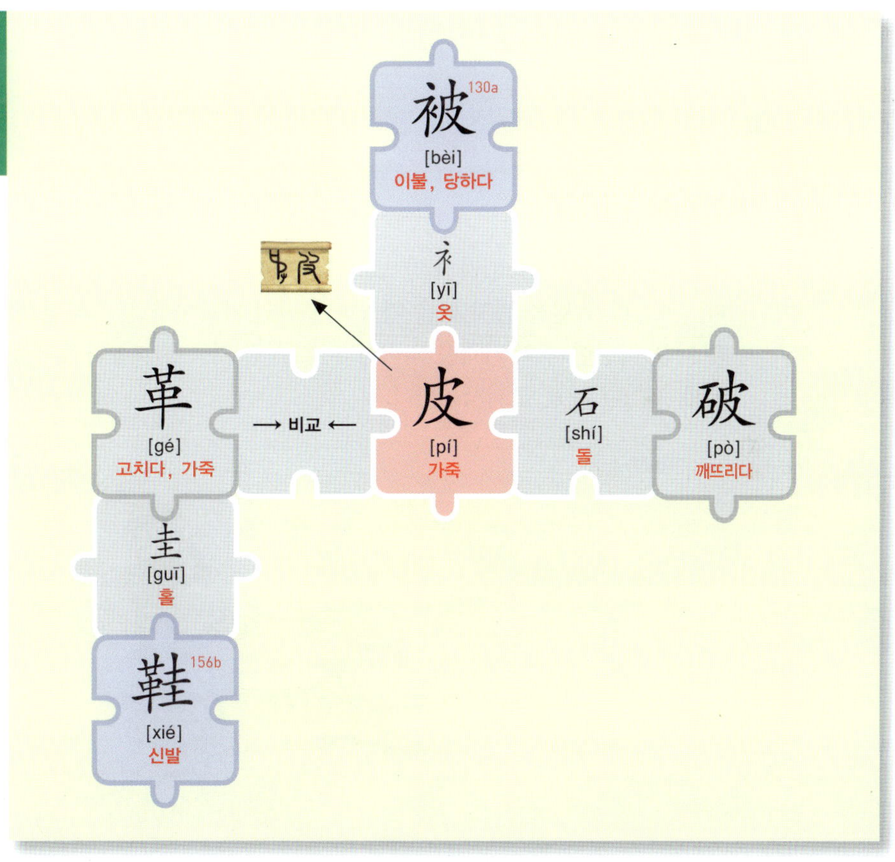

189

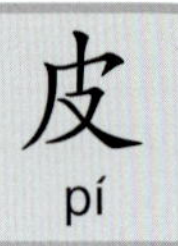

가죽 **피**
皮 **pí**

손(又)으로 도구를 사용해 짐승의 가죽을 벗겨 내는 모습으로, 털을 뽑지 않은 상태의 가공되지 않은 가죽을 의미한다.

皮鞋[píxié] 가죽 구두 156b　　　　　皮革[pígé] 피혁, 가죽 189b

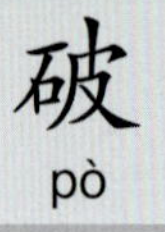

깨뜨릴 **파**
破 **pò**

돌 석 石 [197][shí]　+　가죽 피 皮 [pí]

손으로 도구를 사용해 가죽(皮)을 벗기듯이 돌(石)을 깨뜨리는 모습이다.

破坏[pòhuài] 파괴하다, 손상시키다 155d

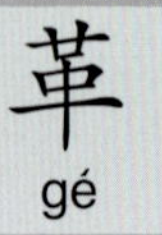

고칠 **혁**
革 **gé**

동물의 배를 "十[232][shí]"자 모양으로 갈라 가죽을 통째로 벗겨 내는 모습이다. "皮[pí]"가 털을 뽑지 않은 가공하기 전의 가죽이라면, "革"은 털을 뽑은 다음 가공한 후의 가죽을 의미한다. 그처럼 가죽을 가공하여 바꾼 모습에서 '고치다'는 뜻도 파생되었다.

改革[gǎigé] 개혁, 개혁하다 50b

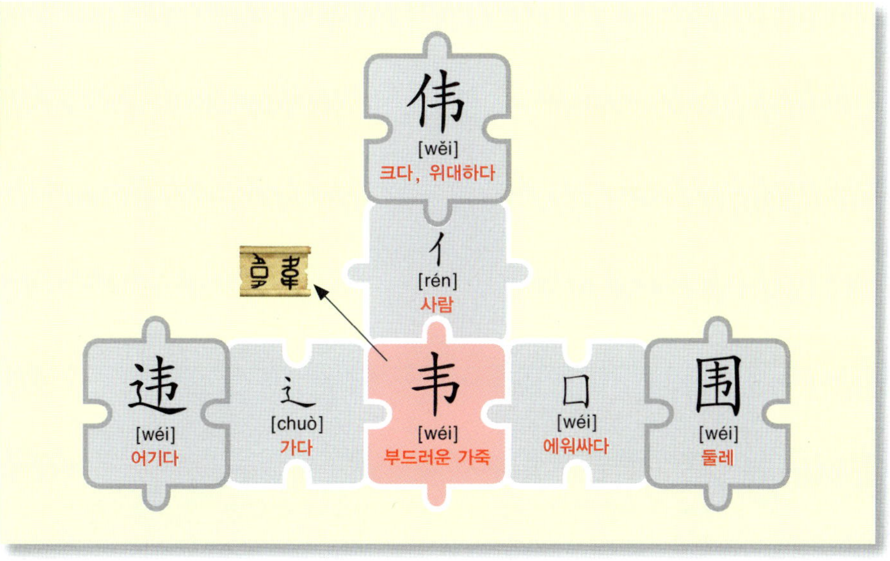

190

韦 韦 韦 韦

[韋] 가죽 위

옛 글자는 반대편으로 향한 두 발(止[53])을 그려서 초병들이 교차하며 보초 서는 모습 또는 가운데 가죽을 두고 반대편으로 향한 두 발(止)의 모습으로, 가죽을 양쪽으로 당겨 늘이면서 무두질하여 '부드러운 가죽'을 만드는 것을 묘사한 것으로도 보인다.

＊ 현재의 글꼴은 초병이 들고 있는 무기(韦), 또는 무두질할 때 가죽을 두드리는 뭉툭한 연장 (韦)의 모습이라고 생각하자.

190a

伟 伟 伟 伟 伟 伟

[偉] 클 위

사람 인 亻[68] [rén]　＋　초병/가죽 위 韦 [wéi]

보초 서는 초병(韦)을 둘 만큼 지위가 높은 사람(亻)의 모습에서 '크다, 위대하다'는 뜻이 파생되었다.

伟大 [wěidà] 위대하다 74

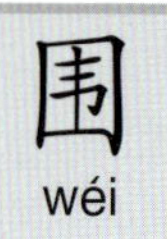

围 (wéi)

[圍] **둘레 위**

에워쌀 위 囗[20] [wéi] + 초병/가죽 위 韦 [wéi]

초병(韦)들이 철저하게 성 주위를 감시하며 **에워싸고**(囗) 지키는 모습이다.

周围[zhōuwéi] 주위, 주변 152a

违 (wéi)

[違] **어길 위**

초병/가죽 위 韦 [wéi] + 갈착 辶[61] [chuò]

경계 근무를 서는 초병(韦)이 근무지를 이탈(辶)한 것은 규칙을 **어긴** 것이다.

违反[wéifǎn] 위반하다, 위배하다 147a

191

角

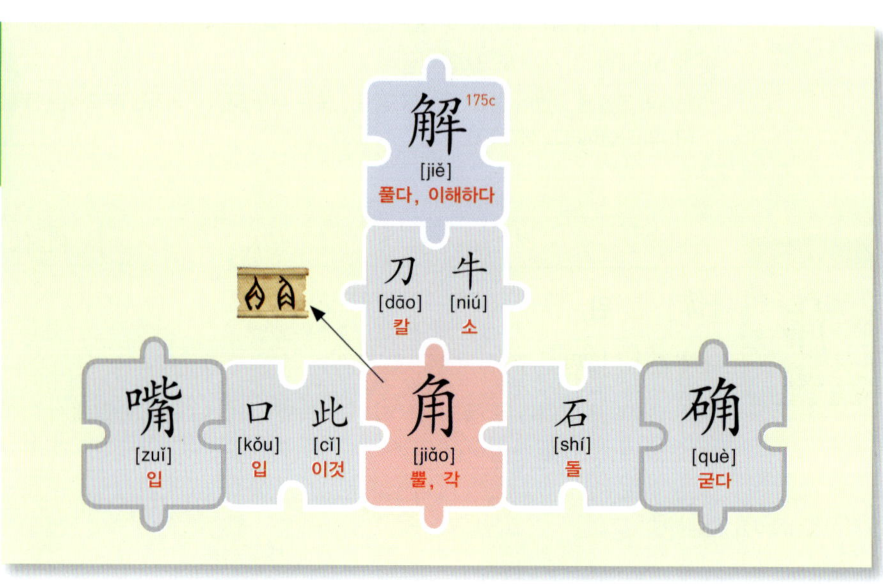

191

뿔 각

角
jiǎo

소나 양과 같은 동물의 굵은 **뿔**의 모양을 본뜬 글자이다. 그러한 뿔이 저마다 휘어진 **각도**가 다르다는 의미가 파생되었다. 또한 발음이 비슷해 **중국 화폐의 보조 단위**로도 사용된다.

* 1角〔毛188〕 = 1/10元71 = 10分120a

191a

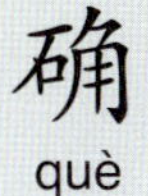

[確] **굳을** 확

确
què

돌석石 197 [shí] + 뿔각 角 [jiǎo]

사슴의 뿔(角)은 자랄 때는 물렁하지만 점점 단단한 돌(石)처럼 **굳어**진다.
* 사슴의 뿔은 매년 4~5월 무렵 돋아날 때 벨벳 모양의 짧은 털로 덮인 피부에 싸여 있으며, 속에는 수많은 혈관이 분포해 있어 물렁하다.

确实[quèshí] 확실하다, 틀림없이 75a   正确[zhèngquè] 정확하다, 올바르다 54
的确[díquè] 확실히, 분명히 46b

191b

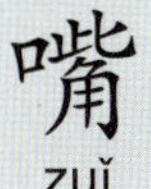

부리 취

嘴
zuǐ

입구 口16 [kǒu] + 이차 此88g [cǐ] + 뿔각 角 [jiǎo]

뿔(角)처럼 단단하고 돌출된 새의 **부리**(口)를 가리키는(此) 글자이다. 모양이나 역할 등이 **입**과 비슷한 것을 가리킬 때 사용되며, 사람이나 동물의 **입**을 가리키는 데도 사용된다.
* "此"는 지시대명사로 "嘴"가 입을 **가리킬** 때 사용됨을 강조하면서 발음기호의 역할도 하고 있다.

嘴巴[zuǐba] 입, 주둥이, 볼 92a   山嘴[shānzuǐ] 산부리 195

191

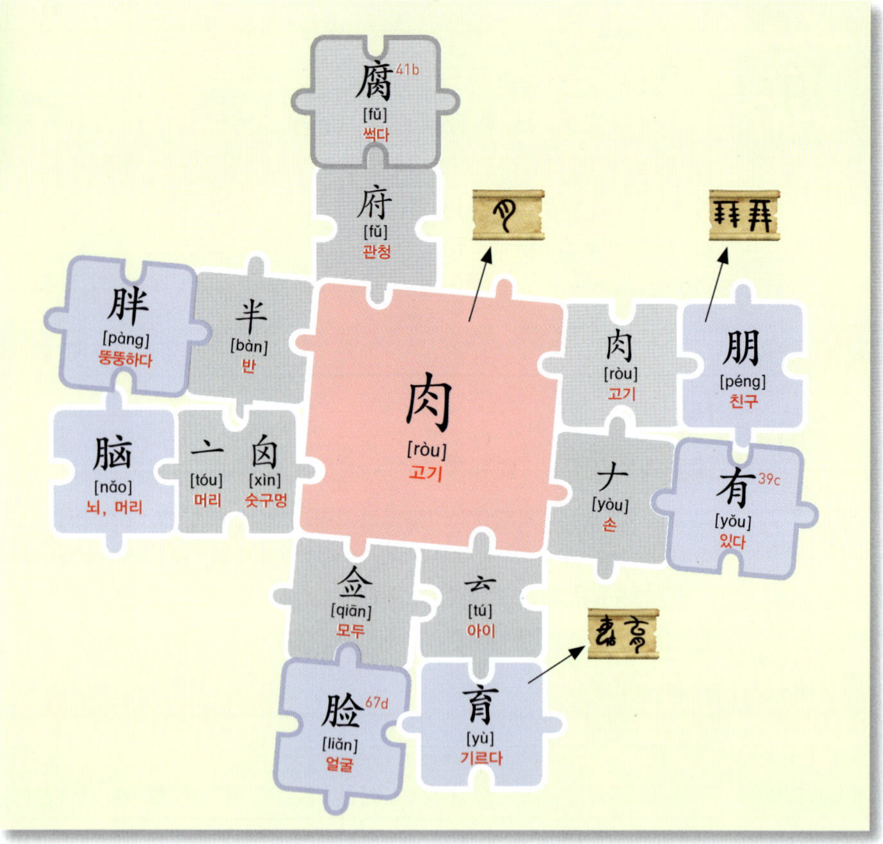

192

肉 肉 肉 肉 肉 肉

肉 ròu

고기 육

고기 단면(冂)의 근육조직(仌)의 모양에서 '고기, 살'의 뜻이 파생되었다.

* 다른 글자와 합해질 때 대부분 "달 월 月221[yuè]"로 모양이 바뀐다.

羊肉[yángròu] 양고기 171	牛肉[niúròu] 소고기 175

192a

朋朋朋朋朋朋朋朋

朋 péng

벗 붕

고기육 月²²¹ → 肉 [ròu] + 고기육 月²²¹ → 肉 [ròu]

크기가 비슷한 생선(肉)을 엮어서 두 줄로 만든 생선 꾸러미의 모습으로, 서로 공감대가 비슷한 사람들끼리 어울려 친구가 된다는 의미를 가지고 있다.

朋友[péngyou] 친구, 벗 34d 　　　小朋友[xiǎopéngyǒu] 어린이, 아동 235 34d

192b

育育育育育育育育

育 yù

기를 육

아이돌 ㄊ²⁰¹ᵃ [tú] + 고기육 月²²¹ → 肉 [ròu]

어린아이(ㄊ)가 점점 살(肉)이 오르는 모습에서 '기르다'는 뜻이 파생되었다.

* "ㄊ"은 "아들 자 子⁹⁵[zǐ]"를 뒤집어 놓은 모양으로, 두 글자 모두 어린아이의 모습이다.

体育[tǐyù] 체육, 운동 29b 　　　教育[jiàoyù] 교육 50c

192c

脑脑脑脑脑脑脑脑脑脑

脑 nǎo

[腦] **뇌** 뇌

고기육 月²²¹ → 肉 [ròu] + 머리두 ㅗ¹ [tóu] + 숫구멍 신 凶 → 囟¹³¹ʰ [xìn]

신체(肉) 중 가장 중요한 부분으로, 머리(ㅗ)에 뼈로 둘러싸인(凶) 뇌의 모습이다.

* 번체자(腦)를 보면 "凶"이 "囟[xìn]"의 변형임을 알 수 있다.

电脑[diànnǎo] 컴퓨터 157a

192d

胖胖胖胖胖胖胖胖胖

胖 pàng

살찔 반

고기육 月²²¹ → 肉 [ròu] + 반반 半¹⁷⁵ᵇ [bàn]

살(肉)의 절반(半)은 필요 없을 정도로 살찐 모습이다.

192

431

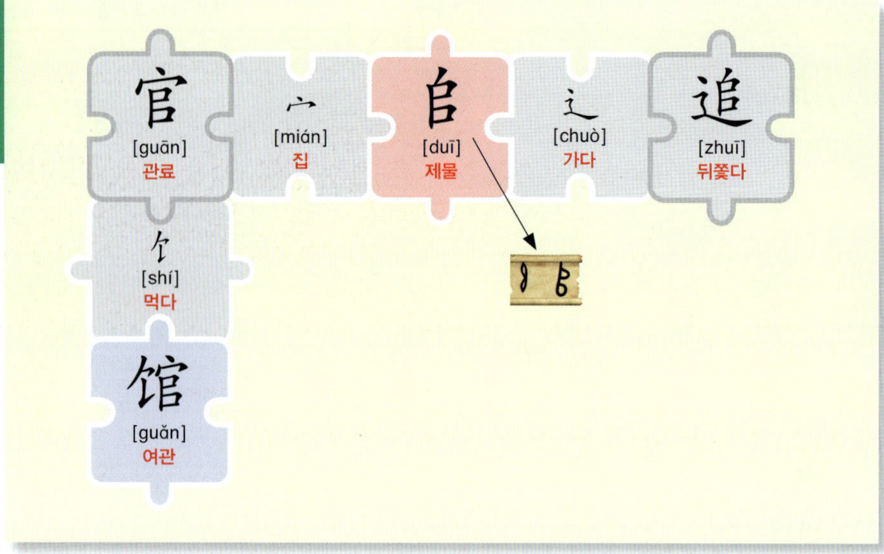

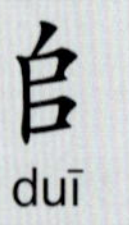

제물 퇴

自
duī

제단 위에 올려놓는 제물로 사용되는 고깃덩어리의 모습을 그려 놓은 글자이다.

* 갑골문은 고깃덩어리의 모습을 보여 준다.

* 부수자로 분류되지는 않지만 음가에 영향을 주는 글자이므로 임의로 '제물 퇴'라 정하였다.

쫓을 추

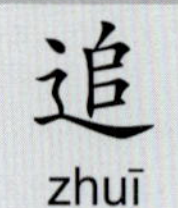

追
zhuī

제물 퇴 自 [duī] + 갈착 辶 [61] [chuò]

신에게 제물(自)을 바치러 가는 우두머리를 뒤쫓아 가는(辶) 무리의 모습이다.

追求 [zhuīqiú] 추구하다, 탐구하다 202b

432

193b

官官官官官官官

官
guān

벼슬 관

집면 宀 141 [mián] + 제물 퇴 㠯 → 𠂤 [duī]

고대에 신에게 제사를 드리는 일은 나라의 큰 행사로, 관청(宀)에서 일하는 관료들이 제물(𠂤)을 관리하였음을 알 수 있다.

法官[fǎguān] 법관, 사법관 94b

193c

馆馆馆馆馆馆馆馆馆馆馆

馆
guǎn

[館] **집** 관

먹을식 饣 =食 137 [shí] + 벼슬관 官 193b [guān]

출장 나온 관료(官)들을 먹여 주고(饣) 재워 주는 '공공의 목적을 위해 사용되는 집'이라는 의미를 가지고 있다. 또한 여행자를 먹여 주고 재워 주는 기능적인 면이 비슷하여 점차 '여관'의 뜻도 파생되었다.

宾馆[bīnguǎn] 호텔 119e

大使馆[dàshǐguǎn] 대사관 74 35b

图书馆[túshūguǎn] 도서관 206f 231d

旅馆[lǚguǎn] 여관 63i

193

194

内 內 內 內

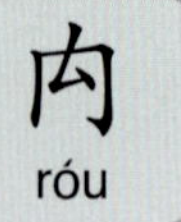

内
róu

발자국 유

꼬리를 말고 웅크리고 앉아 있는 짐승의 뒷모습, 또는 짐승의 발자국 모양
이다.

194a

离 离 离 离 离 离 离 离 离 离

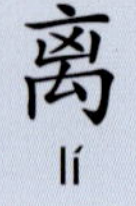

离
lí

[離] 떠날 리

머리두 亠[tóu] + 흉할흉 凶 [xiōng] + 발자국유 内 [róu]

윗부분(亠)이 덮여 위장되어 있는 함정을 보고 불길함(凶)을 느낀 짐승(内)
이 그 자리를 떠나는 모습이다. 떠난다는 의미에서 '어떤 특정한 시간이나
장소로부터 떨어지다'는 뜻도 갖게 되었다.

* "凶"은 함정(凵)의 갈라진(X) 부분으로 빠진 모습이다.

离 开[lí//kāi] 떠나다, 벗어나다, 헤어지다 43a   离 婚[lí//hūn] 이혼하다 99e

194b

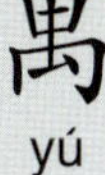

긴꼬리원숭이 우
yú

머리 田 [상형] + 발자국유 内 [róu]

웅크리고 앉아 있는 원숭이(内)의 꼬리가 머리(田)까지 닿을 정도로 길게 뻗어 있는 모습에서 '긴꼬리원숭이'를 의미하게 되었다.

194c

만날 우
yù

긴꼬리원숭이 우 禺 194b [yú] + 갈착 辶 61 [chuò]

산길을 가다(辶) 원숭이(禺)를 만난 모습이다.

* 서유기에 나오는 원숭이 손오공을 보면 알 수 있듯이 중국인에게 원숭이가 얼마나 친숙한 존재인지 알 수 있다.
* 서유기: 원숭이 손오공이 주인공으로, 7세기에 불교 승려 현장(玄 197a 奘: 602~664)이 인도에 가서 불경을 가져온 역사적 사실에 근거한 중국 명(明 218h) 대의 장편소설.

遇到 [yùdào] 만나다, 마주치다, 맞닥뜨리다 112b   遇见 [yùjiàn] 마주치다, 조우하다 13

194d

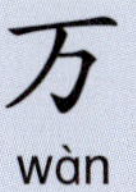

[萬] **일만** 만
wàn

물 위에 떠 있는 부평초의 모양을 본뜬 것으로, 부평초의 작은 잎이 셀 수 없이 많이 퍼지는 데서 '일만'의 뜻을 갖게 되었다.

* 번체자(萬)는 앞쪽에 두 개의 집게(艹)가 있고 긴꼬리원숭이(禺)처럼 긴 꼬리의 침으로 앞쪽에 있는 먹이를 찌르는 전갈의 모습이다. 전갈과 같은 절지동물은 발이 많기 때문에 '일만'의 뜻을 갖게 되었다.

千万 [qiānwàn] 제발, 부디 232d   亿万 [yìwàn] 억만, 셀 수 없이 많은 수 83c

194

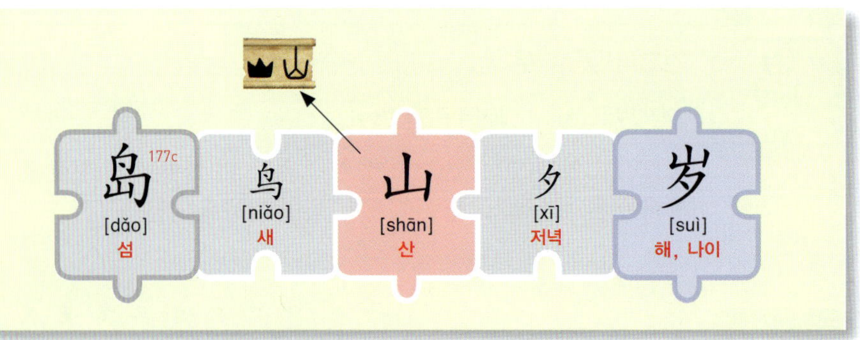

山

195

山 山 山

山
shān

뫼 산

높고 낮은 봉우리가 연이어 있는 산의 모습이다.

爬山[páshān] 등산하다, 산을 오르다 33c

195a

岁 岁 岁 岁 岁 岁

岁
suì

[歲] **해** 세

뫼산 山 [shān] + 저녁 석 夕 222 [xī]

저녁(夕)은 하루의 마감을 의미하므로, 인생길에서 높은 산(山)을 넘고 한 해를 마감(夕)지었음을 묘사하고 있다.

他今年十三岁了。 그는 올해 13세다. 84b 66 118a 232 223e 195a 170a

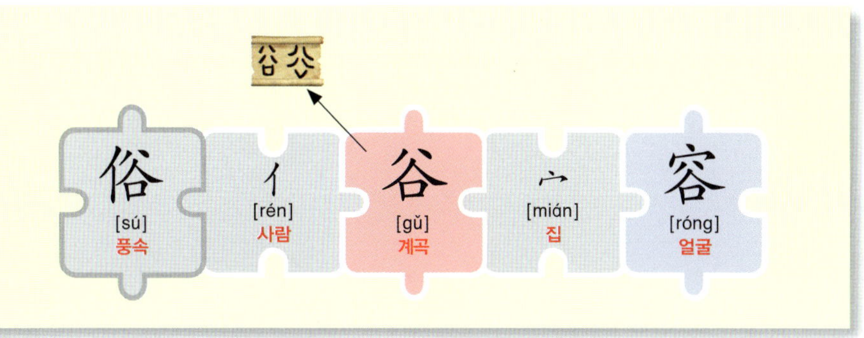

谷 谷 谷 谷 谷 谷 谷

196

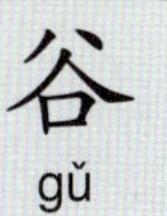

谷
gǔ

골짜기 곡

계곡 仌 [상형] + 입구 口[16] [kǒu]

모든 물을 받아들여 아래로 갈수록 넓어지는 계곡(仌) 입구(口)의 모습이다.

196a

容 容 容 容 容 容 容 容 容 容

容
róng

얼굴 용

집면 宀[141] [mián] + 골짜기곡 谷 [gǔ]

모든 물을 받아들여 흐르는 계곡(谷)처럼, 모든 것을 수용할 수 있는 큰 집
(宀)을 묘사한 글자이다. 또한 다양한 표정으로 모든 상황을 받아들일 수 있
다는 의미에서 '얼굴'의 뜻도 갖게 되었다.

容易[róngyì] 용이하다, 쉽다 49c   内容[nèiróng] 내용 64

196b

俗 俗 俗 俗 俗 俗 俗 俗 俗

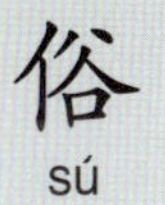

俗
sú

풍속 속

사람인 亻[68] [rén] + 골짜기곡 谷 [gǔ]

모든 물을 받아들여 흐르는 계곡(谷)처럼, 풍속이란 사람(亻)들에게 통속
적으로 받아들여져(谷) 전해지는 습관을 의미한다.

风俗[fēngsú] 풍속 213c

437

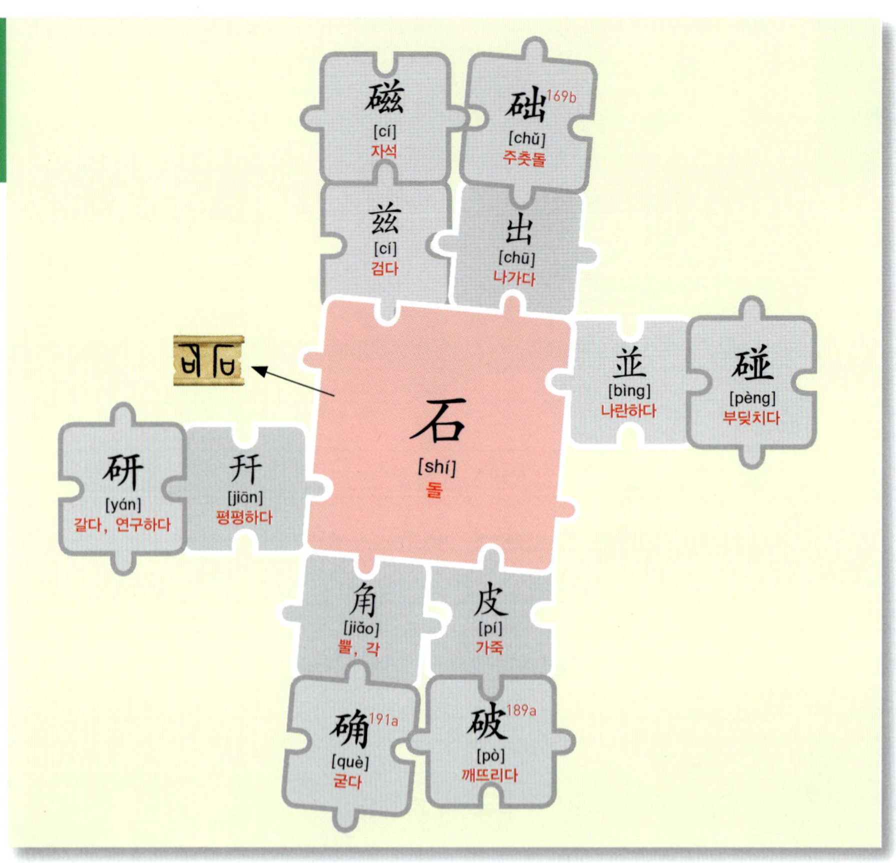

石 石 石 石 石

197

石
shí

돌 석

큰 바위(口)로 이루어진 낭떠러지(丁→厂[147])의 모습에서 '돌'의 뜻이 파생
되었다.

石头[shítou] 돌 75　　　　　　　　　　化石[huàshí] 화석 68a

197a

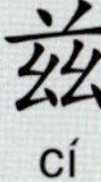

검을 **자**

검을현 玄 [xuán] + 검을현 玄 [xuán]

검은(玄) 실 두 가닥을 그려 놓은 글자로 '검다'는 뜻을 가지고 있다.

* "玄"은 "실 사 幺 131[sī]"를 거꾸로 뒤집어 놓은 모습으로, 실이 가늘어 보이지 않는다는 의미에서 '검다'는 뜻을 갖게 되었다.

197b

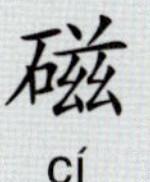

자석 **자**

돌석 石 [shí] + 검을현 玄 [xuán]

자석의 원료인 자철석(石)은 검은색(玆) 광물이다.

磁帶 [cídài] 자기 테이프 132b

197c

부딪칠 **팽**

돌석 石 [shí] + 나란히병 並 [bìng]

낭떠러지에서 굴러떨어진 돌(石)들은 크기에 따라 무거울수록 멀리 굴러가기 때문에, 결국 비슷한 크기의 돌(石)끼리 나란히(並) 부딪치게 된다.

* "並"은 두 사람이 나란히 서(立) 있는 모습으로 "并122[bìng]"과 같은 글자이다.

197d

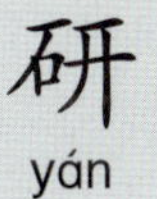

갈 **연**

돌석 石 [shí] + 평평할견 幵 [jiān]

글을 쓰기 위해 검은 돌(石)로 만든 벼루에 물을 붓고 평평하게(幵) 갈아서 먹물을 만드는 모습이다. 그처럼 글을 쓰기 위해 벼루를 간다는 의미에서 '연구하다'는 뜻도 갖게 되었다.

* "幵"은 방패(干118) 두 개를 나란히 붙여 앞을 평평하게 만든 모습이다.

研究 [yánjiū] 연구하다, 논의하다 230a   研究所 [yánjiūsuǒ] 연구소 230a 144a

玉 玉 玊 王 玉

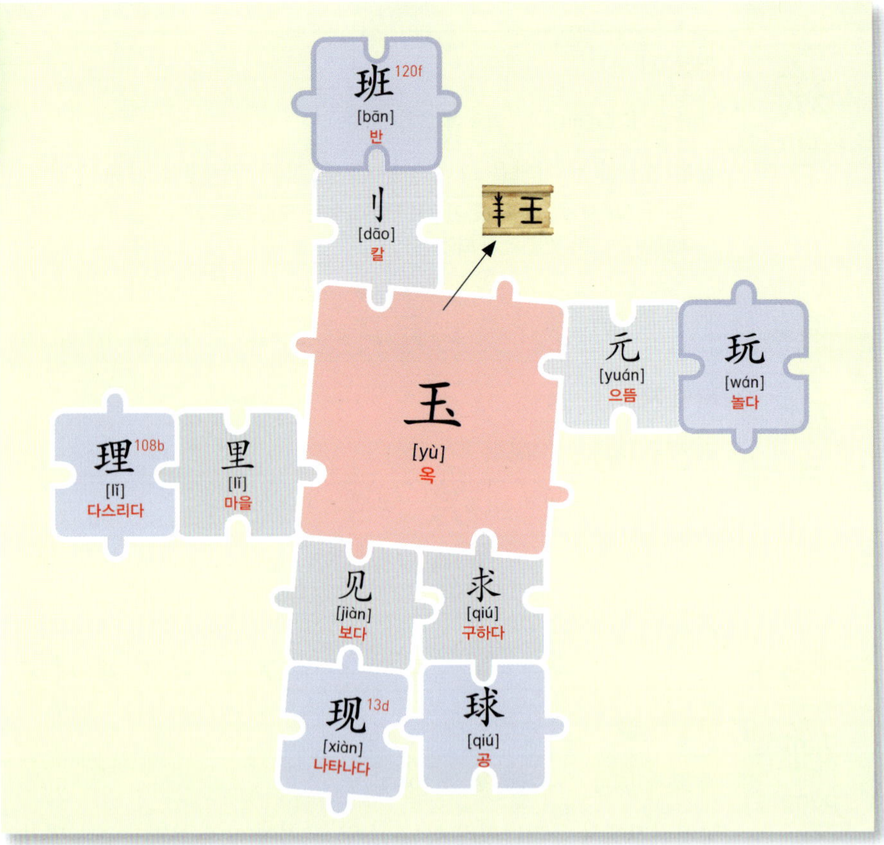

198

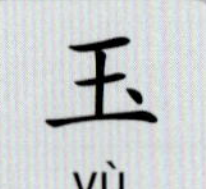

玉
yù

옥 옥

옥으로 만든 구슬 몇 개를 끈으로 꿰어(丶) 놓은 모습이다.

* 다른 글자와 합해질 때 대부분 점(丶)이 없는 "임금 왕 王108[wáng]"의 형태로 바뀐다.

玉米[yùmǐ] 옥수수 138

440

198a

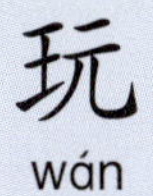

玩
wán

놀 완

옥옥 王[108] → 玉 [yù] + 기원/으뜸 원 元[71] [yuán]

고대에 옥(玉)은 여자들이 즐기는 장신구를 만드는 재료들 중 으뜸(元)이
었다.

* 신석기 시대부터 중국인들은 옥을 가공하기 시작하였으며, BC 500년경부터 장신구를 만
드는 재료로 사용하였다.

开玩笑[kāi wánxiào] 농담하다, 웃기다 43a 77a
玩儿[wánr] 놀다, (운동·컴퓨터 등을) 하다, 놀리다 69

198b

球
qiú

공 구

옥옥 王[108] → 玉 [yù] + 구할 구 求[202b] [qiú]

고대에 옥(玉)으로 만든 장신구 중에 인기 있고 구하기(求) 쉬운 것이 옥으
로 만든 구슬이었다.

打篮球 농구를 하다 31c 107c 198b
篮球[lánqiú] 농구, 농구공 107c
排球[páiqiú] 배구, 배구공 181a
地球[dìqiú] 지구 84a

踢足球 축구를 하다 49d 52 198b
足球[zúqiú] 축구, 축구공 52
月球[yuèqiú] 달(학술 용어) 221

198

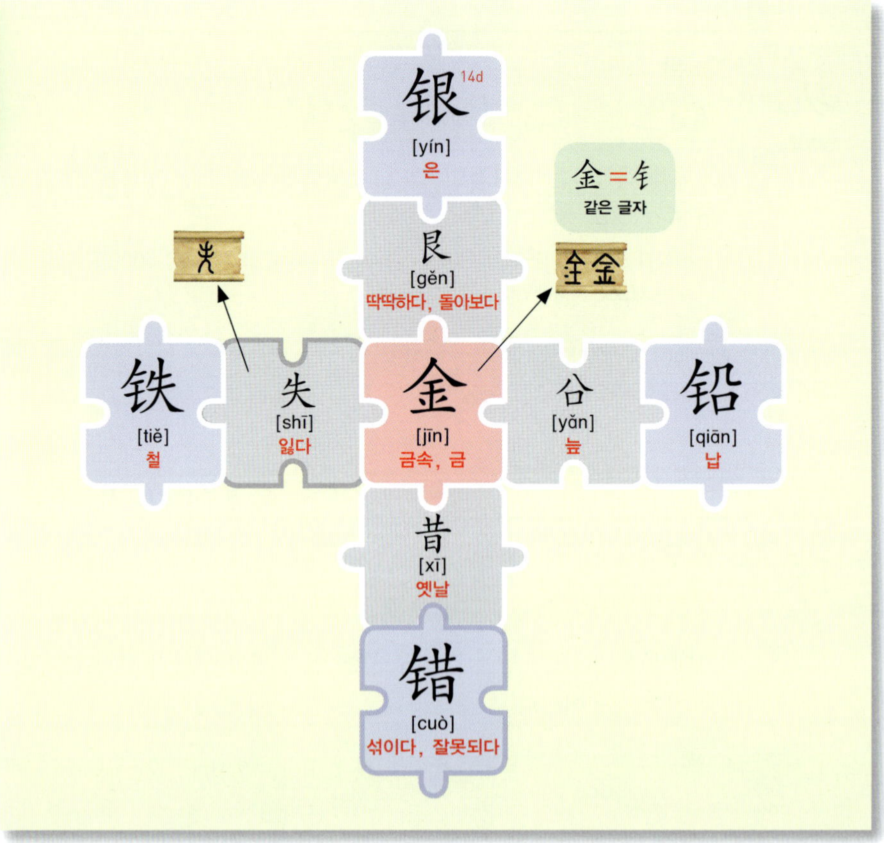

199

金 金 金 金 金 金 金 金

金
jīn

쇠 금

흙(土 155)에서 채취한 광물(丶)을 녹인 쇳물을 거푸집(스 63f)에 붓는 모습에서 '금속'의 뜻이 파생되었다. 또한 아름답고, 가공하기 쉽고, 변색되거나 부식되지 않기 때문에 인간의 관심을 끈 최초의 금속이라 할 수 있는 '금'의 뜻도 갖게 되었다.

* 금은 구리 다음으로 인간이 가장 먼저 사용한 금속으로, 6000년 전쯤 메소포타미아에서 처음으로 사용되었다.

现金[xiànjīn] 현금 13d   黄金[huángjīn] 황금 136

199a

铅 铅 铅 铅 铅 铅 铅 铅 铅 铅

铅
qiān

[鉛] 납 연

쇠금 钅=金 [jīn] + 늪연 㕣 [yǎn]

늪(㕣)처럼 푸르스름한 잿빛의 금속(钅)인 납을 묘사한 글자이다.

* "㕣"은 진흙이 열리면서(八) 무엇이든지 입(口)처럼 빨아들이는 늪의 모습이다. ("公93b" 참조)

铅笔[qiānbǐ] 연필 188a

199b

错 错 错 错 错 错 错 错 错 错 错 错 错

错
cuò

[錯] 섞일 착

쇠금 钅=金 [jīn] + 옛석 昔220 [xī]

금(钅)과 은을 오랫동안(昔) 함께 두면, 서로 성분이 섞이게 된다. 그처럼 순수한 금에 다른 성분이 섞인 것은 잘못된 것이라는 의미도 갖게 되었다.

错误[cuòwù] 착오, 잘못되다 23e   不错[búcuò] 좋다, 괜찮다, 맞다 223a

199c

失 失 失 失 失

失
shī

잃을 실

어떤 물건(丶)이 손(龵→手31) 아래쪽으로 빠져나가는 모습에서 '잃다'는 뜻이 파생되었다.

失望[shīwàng] 실망하다, 낙담하다 3c   失去[shīqù] 잃다, 잃어버리다 94

199d

铁 铁 铁 铁 铁 铁 铁 铁 铁 铁

铁
tiě

[鐵] 쇠 철

쇠금 钅=金 [jīn] + 잃을실 失199c [shī]

철은 인류가 많이 사용하는 가장 흔(失)하고 값싼(失) 금속(钅)이다.

* "잃을 실 失[shī]"가 부정적인 의미로 더해졌다고 생각하자.

地铁[dìtiě] 지하철 84a

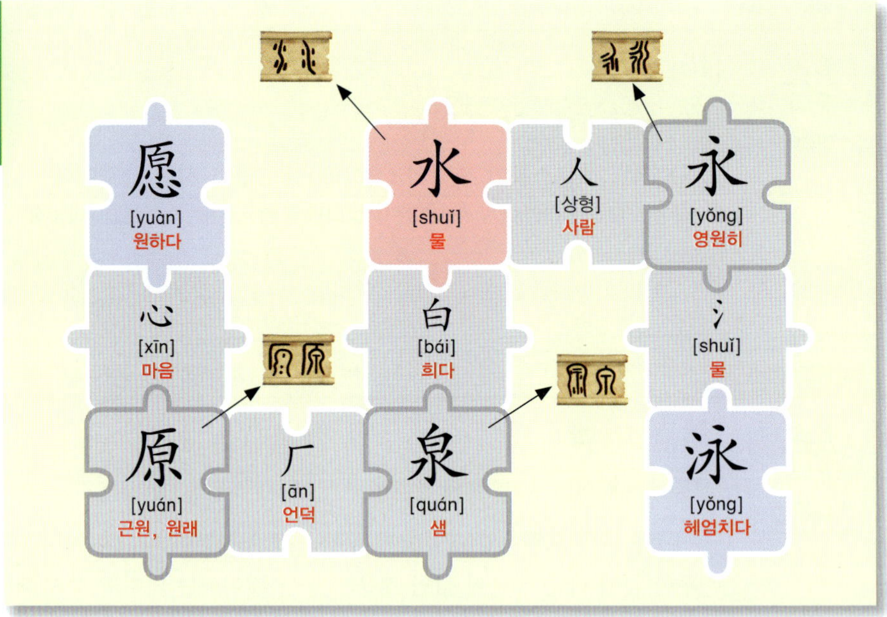

200

水 水 水 水

水 shuǐ — 물 수

흐르는 강물(水)의 모습을 본뜬 글자로 '물'을 의미한다.

水果[shuǐguǒ] 과일 210f　　　　水平[shuǐpíng] 수평, 수준 123

200a

永 永 永 永 永

永 yǒng — 길 영

사람인 丶→人[63][rén]　+　물수 水 [shuǐ]

강물(水)을 따라 한없이 떠내려가는 사람(丶→人)의 모습에서 '영원히'의 뜻이 파생되었다.

永远[yǒngyuǎn] 영원히, 항상 71d

200b

泳 yǒng

헤엄칠 영

물수 氵 201 [shuǐ] + 길영 永 200a [yǒng]

물(氵)에 오래(永) 있으려고 **헤엄치는** 모습이다.

游泳[yóuyǒng] 수영하다, 수영 161b

200c

泉 quán

샘 천

흰백 白 134 [bái] + 물수 水 [shuǐ]

바위틈의 **샘**에서 솟아나는 물(水)이 햇빛을 받아 빛나는(白) 모습이다.

200d

原 yuán

원래 원

언덕엄 厂 147 [ān] + 샘천 泉 200c [quán]

모든 강의 **근원**은 언덕(厂) 바위틈의 작은 샘(泉)에서 발원한다.

* "泉" 아랫부분의 "물 수 水[shuǐ]"가 "작을 소 小 235 [xiǎo]"로 간략하게 바뀌었다.

原来[yuánlái] 본래, 고유의, 알고보니 210k

原谅[yuánliàng] 양해하다, 용서하다 2b

200

200e

愿 yuàn

[願] **원할 원**

원래 원 原 200d [yuán] + 마음심 心 28 [xīn]

무엇을 **원하는** 모든 욕망의 근원(原)은 마음(心)에서 시작된다.

愿意[yuànyì] 바라다, 희망하다, 동의하다 24b

愿望[yuànwàng] 희망, 소망, 바람 3c

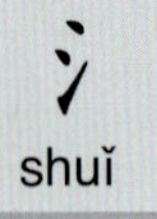

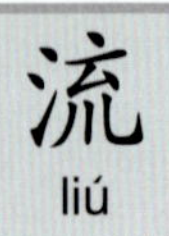

氵

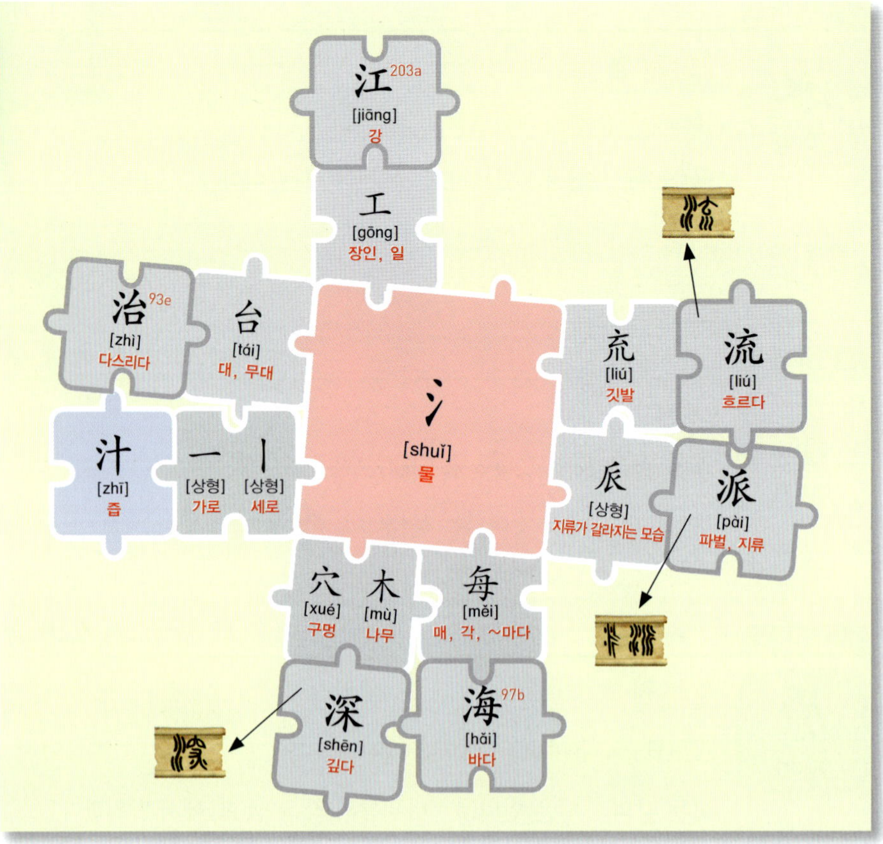

201

201

氵 氵 氵

氵
shuǐ

물 수

모양은 다르지만 "물 수 水[200][shuǐ]"와 같은 의미의 글자이다.

* 단독 사용은 없고, 다른 글자와 합해질 때 글자의 왼편에 위치한다.

201a

流 流 流 流 流 流 流 流 流 流

流
liú

흐를 류

물 수 氵 [shuǐ] + 깃발 류 㐬 [liú]

아이가 흐르는 물에서 헤엄치는 모습의 "㐬[liú]"는 단독으로 사용되지 않는다. 따라서 물(氵)을 추가하여 '흐르다'라는 본뜻을 되살렸다.

* "㐬"는 어린아이(㐬192b[tú])가 흐르는 물(내 천 川[chuān])에서 헤엄치는 모습이다.

交流[jiāoliú] 교류하다, 소통하다 1a   流利[liúlì] 막힘이 없다, 유창하다 120h

갈래 파

派 pài

물수 氵 [shuǐ] + 지류가 갈라지는 모습 𣲥 [상형]

강물(氵)의 본류에서 지류가 갈라져 나가는 모습(𣲥)으로, 전체에서 일부분이 갈라진다는 의미에서 '파벌, 파견'의 뜻이 파생되었다.

教派[jiàopài] 종파, 교파 50c
你是谁派来的？ 당신은 누가 파견해서 왔습니까? 73a 54b 178b 201b 210k 46b

깊을 심

深 shēn

물수 氵 [shuǐ] + 구멍혈 ⼧ → 穴 142 [xué] + 나무 목 木 210 [mù]

바닥에 물(氵)이 흐르는 깊고 어두운 동굴(穴)에서 사람(大 74)이 횃불(火 158)을 들고 있는 모습이다.

* 이 글자에서 "木"은 횃불(火)을 들고 있는 사람(大)의 모습이 변한 것이다.

深刻[shēnkè] (인상이) 깊다, 깊이가 있다 4a   深入[shēnrù] 깊다, 깊이 파고들다 63e

즙 즙

汁 zhī

물수 氵 [shuǐ] + 가로 一 [상형] + 세로 丨 [상형]

과일에서 즙(氵)을 짜내기 위해 가로(一)세로(丨)로 압력을 가하는 모습이다.

果汁[guǒzhī] 과일즙, 과일 주스 210f

水 shuǐ

물 수

모양은 다르지만 "물 수 水²⁰⁰[shuǐ]"와 같은 의미의 글자이다.

＊ 단독 사용은 없고, 다른 글자와 합해질 때 아랫부분에 위치하면서 드물게 사용된다.

录 lù

[錄] 기록할 록

손계 크 → 크³⁶ [상형] ＋ 물수 水 [shuǐ]

갑골문을 보면 송곳 같은 연장을 손(크)으로 잡고 나무에 무언가를 새겨 기록하는 모습이다.

＊ "米"는 물이 아니라 홈을 팔 때 나무의 부스러기가 튀는 모습으로 보인다.

录音[lù//yīn] 녹음, 녹음하다 24   记录[jìlù] 기록하다, 기록 82b
录像[lù//xiàng] 녹화하다, 녹화 영상 174c

202b

求
qiú

구할 구

손/마디 촌 寸[40] [cùn] + 물수 水 [shuǐ]

생명을 유지하는 데 필수적인 물(氺)을 구하기 위해
손(寸)을 내미는 모습에서 '묻다, 찾다'의 뜻이 파생되었다.

* 옛 글자는 약재와 같은 귀한 것을 구하기 위해 손(寸)을 내미는 모습이다.

要求[yāoqiú] 요구하다, 요구 168b
追求[zhuīqiú] 추구하다, 탐구하다 193a

请求[qǐngqiú] 요청, 요청하다 135c
乞求[qǐqiú] 구걸하다, 애원하다, 간절히 바라다 83a

工

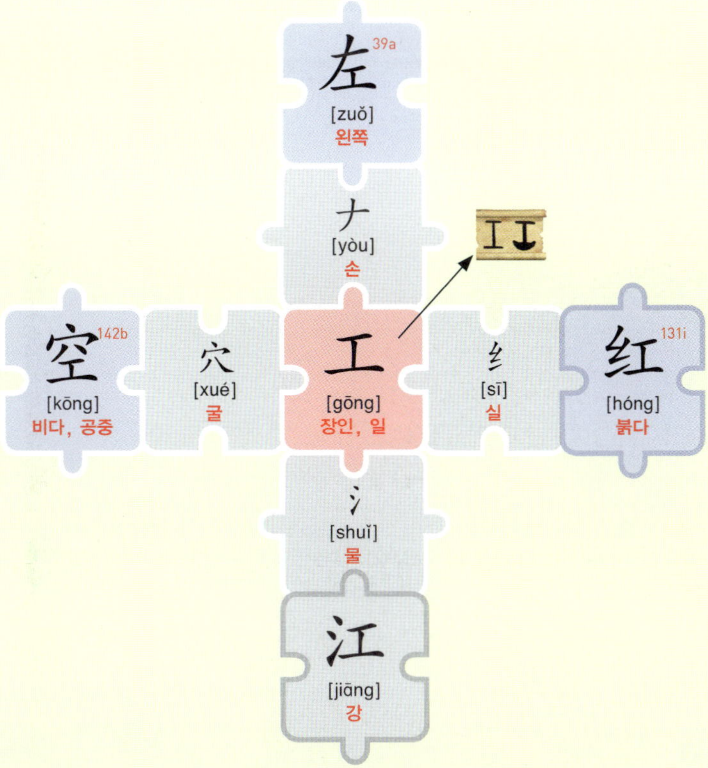

左 39a
[zuǒ]
왼쪽

ナ
[yòu]
손

ㅛㄴ

空 142b
[kōng]
비다, 공중

穴
[xué]
굴

工
[gōng]
장인, 일

纟
[sī]
실

红 131i
[hóng]
붉다

氵
[shuǐ]
물

江
[jiāng]
강

203

203

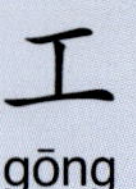

工
gōng

장인 공

물건을 만들 때 혹은 제사를 드릴 때 사용하는 도구의 모양으로, 장인이 도구를 사용해 일하는 것을 묘사한 글자이다.

工作[gōngzuò] 직업, 근무, 일하다 234b

工人[gōngrén] 노동자 63

罢工[bà//gōng] 동맹 파업(하다) 94c

工厂[gōngchǎng] 공장 147

工业[gōngyè] 공업 223c

做工[zuò//gōng] 노동을 하다, 일을 하다 19b

203a

江
jiāng

강 강

물수 氵 [201] [shuǐ] + 장인공 工 [gōng]

작은 시냇물(氵)이 모여 큰 강을 만든다(工).

长江[Chángjiāng] 양쯔 강 102

世界上最长的江是哪条江? 세계에서 가장 긴 강은 어느 강입니까?

207f 63d 223f 10c 102 46b 203a 54b 146f 56c 203a

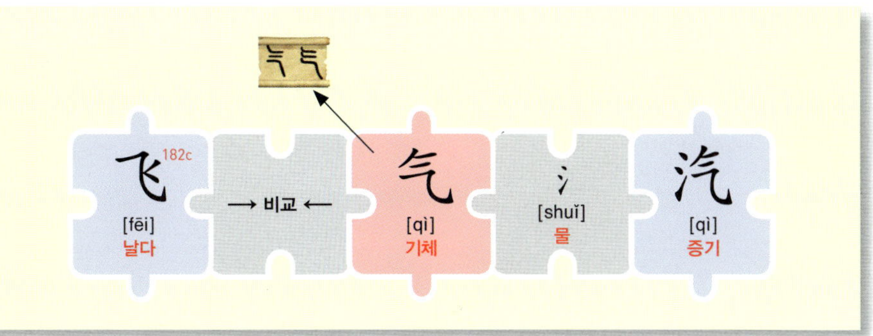

204

气气气气

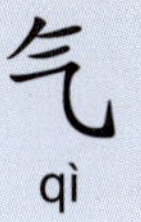

气
qì

[氣] **기운 기**

하늘에 구름이 피어오르는 모습, 또는 수증기가 하늘로 올라가는 모습에서
'기체, 공기, 힘'의 뜻을 갖게 되었다.

不客气[bú kèqi] 사양하지 않다, 체면 차리지 않다 223a 57b
天气[tiānqì] 날씨, 일기 74b
空气[kōngqì] 공기, 분위기 142b
气候[qìhòu] 기후 111b
生气[shēng//qì] 화내다, 성나다 208
客气[kèqi] 예의 바르다, 겸손하다, 사양하다 57b
暖气[nuǎnqì] 방열기, 온기 33b

204

204a

汽汽汽汽汽汽汽

汽
qì

김 기

물수 氵 201 [shuǐ] + 기운기 气 [qì]

액체인 물(氵)이 기체(气)로 변하면 '증기'가 된다.

公共汽车[gōnggòng qìchē] 버스 93b 43c 124
汽车[qìchē] 자동차 124
出租汽车[chūzū qìchē] 택시 169a 139d 124
汽水[qìshuǐ] 사이다 200

451

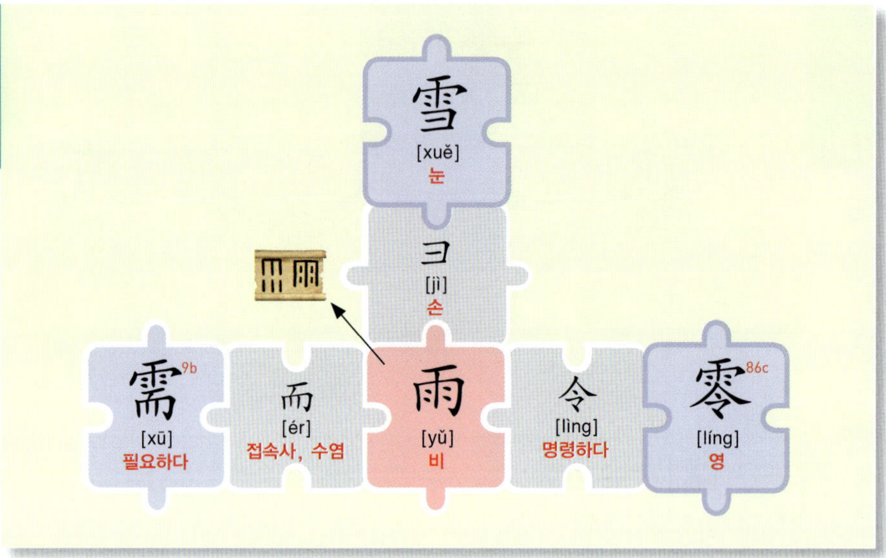

205

雨雨而而雨雨雨雨

雨 yǔ

비 우

'비'는 하늘(一)에서 떨어지는(巾) 빗방울(、)의 모습을 본뜬 글자이다.

下雨[xià//yǔ] 비가 오다[내리다] 223g　　　雨衣[yǔyī] 우의, 비옷 130

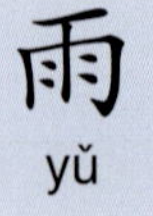

205a

雪雪雪雪雪雪雪雪雪雪雪

雪 xuě

눈 설

비우 雨 [yǔ] + 손계 ヨ[36] [jì]

눈을 손(ヨ)으로 만질 수 있는 비(雨)라고 운치 있게 표현했다.

雪花[xuěhuā] 눈송이, 눈꽃 68b
雪白[xuěbái] 눈처럼 희다, 새하얗다 134
下雪 눈이 오다[내리다] 223g 205a

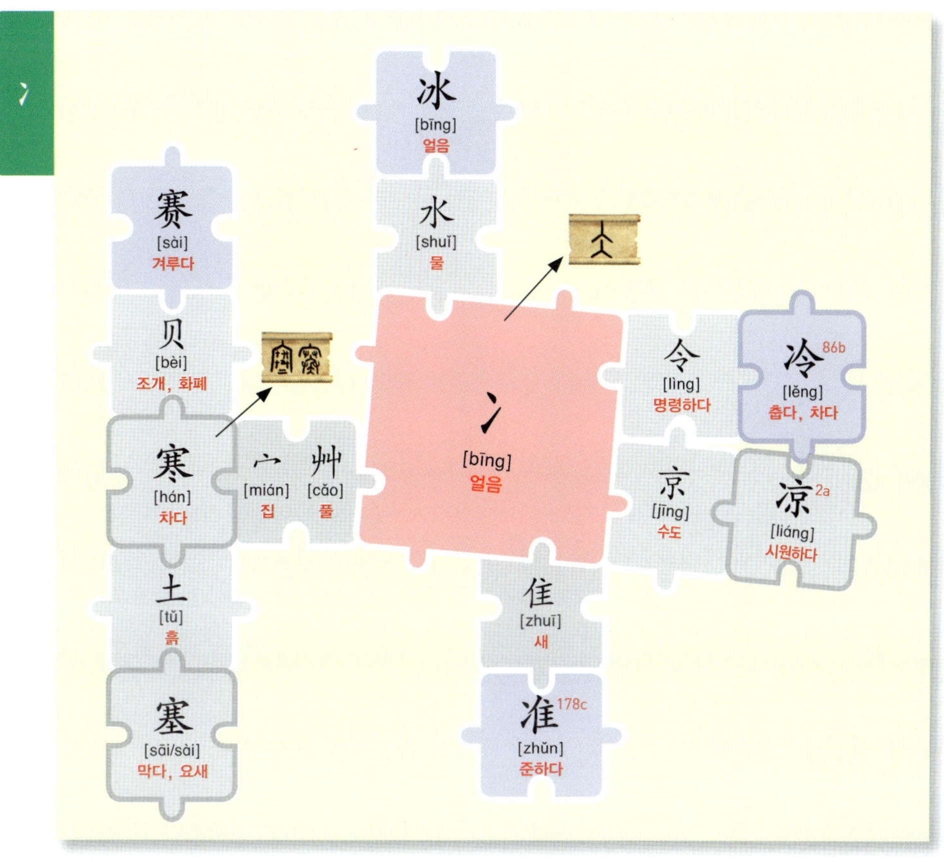

206

얼음 빙

冫 bīng

눈의 결정을 간략하게 점(丶)으로 표현하여 얼음을 묘사하였다.

* 옛 글자는 눈의 결정 두 개를 붙여 놓은 모양이다.

* 단독 사용은 없고, 다른 글자와 합해질 경우 '춥다'는 뜻도 나타낸다.

206a

얼음 빙

얼음빙 冫 [bīng] + 물수 水 [shuǐ]²⁰⁰

기온이 영하로 내려가면 물(水)은 얼음(冫)이 된다.

冰箱[bīngxiāng] 냉장고, 아이스박스 216a   滑冰[huá//bīng] 스케이팅, 얼음을 지치다 29a

---

206b

찰 한

집면 宀¹⁴¹ [mián] + 풀초 艹²⁰⁷ → 艸 [cǎo] + 얼음빙 冫 [bīng]

집(宀) 안에 보온재로 건초 더미(艹→艸)를 들여놓았지만 여전히 얼음(冫)
처럼 차가운 바람이 들어오는 모습이다.

* 옛 글자는 집(宀) 안 건초더미(艸) 가운데서 사람(人⁶³)이 차가운(冫) 바람에 떠는 모습이다.

寒假[hánjià] 겨울 방학 34k   寒冷[hánlěng] 한랭하다, 춥고 차다 86b

206c

막을 색, 요새 새

집면 宀¹⁴¹ [mián] + 풀초 艹²⁰⁷ → 艸 [cǎo] + 흙토 土¹⁵⁵ [tǔ]

진흙(土)에 건초(艹→艸)를 섞어 집(宀)의 트인 부분을 막는 모습이다. 그처럼
벽을 막듯이 국경을 막고 세워 놓은 튼튼한 요새라는 의미도 가지고 있다.

206d

[賽] 겨룰 새

요새/막을 색 塞²⁰⁶ᶜ [sāi] + 화폐/조개 패 贝¹⁸⁶ [bèi]

국경의 요새(塞)에는 양쪽 나라의 물건을 교환하는 시장이 생기게 된다. 큰
돈(贝)이 관련된 그러한 교역 시장에서 우위를 차지하기 위해 경쟁하는 모
습이다.   * "塞" 아랫부분의 "흙 토 土¹⁵⁵[tǔ]" 대신에 돈을 뜻하는 "贝"가 들어가 있다.

比赛[bǐsài] 경기, 시합, 겨루다 88a

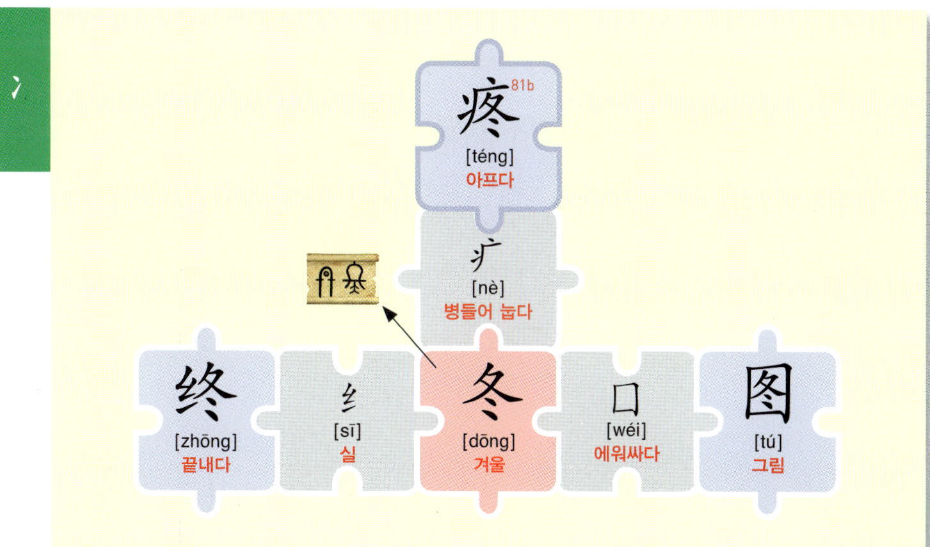

206e

冬 冬 冬 冬 冬

冬 dōng

겨울 동

뒤져올 치 夂[56] [zhǐ] + 얼음 빙 冫 [bīng]

추위(冫)에 몸을 움츠리고 천천히 걷는(夂) 모습에서 '겨울'의 뜻이 파생되었다.

* 옛 글자를 보면 실의 양 끝에 매듭을 지어 놓은 모습이다. 식물의 성장 등 모든 것이 다 끝나는 겨울을 매듭지은 실로 묘사하였다.

冬天[dōngtiān] 겨울 74b

206

206f

图 图 图 图 图 图 图 图

图 tú

[圖] 그림 도

에워쌀 위 囗[20] [wéi] + 겨울 동 冬 [dōng]

사물이 도화지에 갇혀(囗) 멈춰(冬) 있는 모습으로 '그림'을 묘사하고 있다.

* "冬"은 겨울에 만물이 얼어붙은 것으로 사물이 멈춰 있음을 묘사하고 있다.

地图[dìtú] 지도 84a　　　　图书馆[túshūguǎn] 도서관 231d 193c

[終] 마칠 종

终 zhōng

실사 纟[131] [sī] + 겨울동 冬 [dōng]

"冬[dōng]"이 실의 끝 부분에 매듭을 지어 '끝내다'는 뜻을 갖고 있었으나 겨울이라는 뜻으로 전이되자 실(纟)을 더하여 원래 의미를 되살렸다.

终于[zhōngyú] 마침내, 결국, 끝내 118d

草 [cǎo] 풀

早 [zǎo] 아침

苦[19d] [kǔ] 쓰다

古 [gǔ] 오래되다

艹 [cǎo] 풀

采 [cǎi] 따다

菜[33e] [cài] 나물

化 [huà] 변하다

人 [상형] 덮은 모양

木 [mù] 나무

花[68b] [huā] 꽃, 쓰다

茶 [chá] 차

207

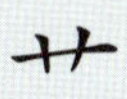

一 十 艹

풀 초
cǎo

땅을 뚫고 올라온 새싹(屮) 두 개를 겹쳐 놓은 풀(艸)의 모습을 간략하게 줄여 놓은 글자이다.

* 단독 사용은 없고, 다른 글자와 합해질 때 대부분 윗부분에 위치한다.

207a

草 草 艸 艸 艹 苩 苩 茟 草

풀 초
cǎo

풀 초 艹 [cǎo] + 아침 조 早[218a] [zǎo]

이슬을 머금은 초원의 풀(艹)이 아침(早) 햇살을 받아 반짝이는 모습이다.

草地[cǎodì] 초원, 풀밭 84a   草原[cǎoyuán] 초원, 풀밭 200d

207b

茶 茶 荼 茶 荼 荼 荼 茶 茶

차 차
chá

풀 초 艹 [cǎo] + 덮은 모양 人 [상형] + 나무 목 木[210] [mù]

차나무(木)를 덮고(人) 있는 잎(艹)을 가공하여 차를 만드는 모습이다.

* 차를 음용하는 풍습은 중국의 쓰촨(四[20c]川) 내륙 지방에서 기원하여 동서로 전파되었다.

* "艹"를 제외한 부분은 "余[146a]"의 변형으로 "木"자 부분의 좌우 획이 떨어진 모습이므로 유의하자.

红茶[hóngchá] 홍차 131i

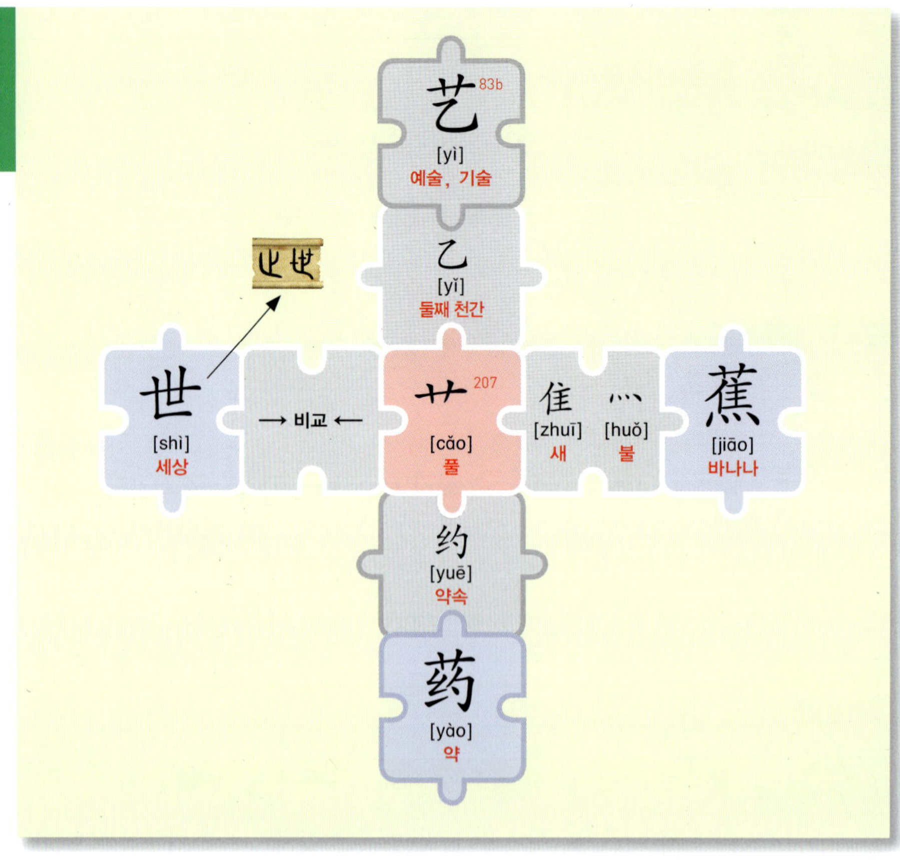

207c

蕉蕉蕉蕉蕉蕉蕉蕉蕉蕉蕉蕉蕉蕉蕉

蕉
jiāo

파초 초

풀초 艹 [cǎo] + 새추 隹 178 [zhuī] + 불화 灬 =火 158 [huǒ]

파초는 새(隹)의 펼쳐진 날개처럼 잎이 크고 줄기가 목질이 아닌 초질(艹)로 이루어진 다년생 식물이다. 이 글자는 파초가 해가 지나면서 지상부는 죽어도(灬) 땅속줄기가 살아 있음을 묘사하고 있다. 파초과에 속하는 바나나를 가리키는 데도 사용된다.

* "灬"는 태워 멸한다는 뜻이 있으므로 파초의 지상부가 죽는다는 의미를 나타낸다.

香蕉[xiāngjiāo] 바나나 139c

207d

约 yuē

[約] 약속 약

실 사 纟[131] [sī] + 국자 작 勺[46a] [sháo]

결혼식에서 평생 함께하기를 약속하며 술을 떠서(勺) 신랑 신부가 나눠 마시며 부부의 연을 맺는(纟) 모습이다.

* 중국 전통 혼례에서 약속의 의미로 신랑 신부가 나눠 마시는 술은 다산을 기원하는 의식에서 나온 것이다.

约会[yuēhuì] 만날 약속을 하다, 약속 66c

207e

药 yào

[藥] 약 약

풀 초 艹 [cǎo] + 약속 약 约[207d] [yuē]

한의사가 병을 낮게 해준다는 약속(约)을 하면서 건네주는 한약재(艹)의 모습에서 '약'의 뜻이 파생되었다.

* 한의학에서는 웅담이나 녹용 같은 동물성 약재 외에 대부분 식물성(艹) 약재를 사용한다.

中药[zhōngyào] 중국 의약, 한약 231a

207f

 **世** shì

세상 세

만물이 소생하는 봄에 메마른 나뭇가지에 움(艹)이 돋아난 모습으로, 새로운 생명이 세상으로 나와 일생이 시작되었음을 묘사하고 있다.

世界[shìjiè] 세계, 세상 63d   世纪[shìjì] 세기 82c

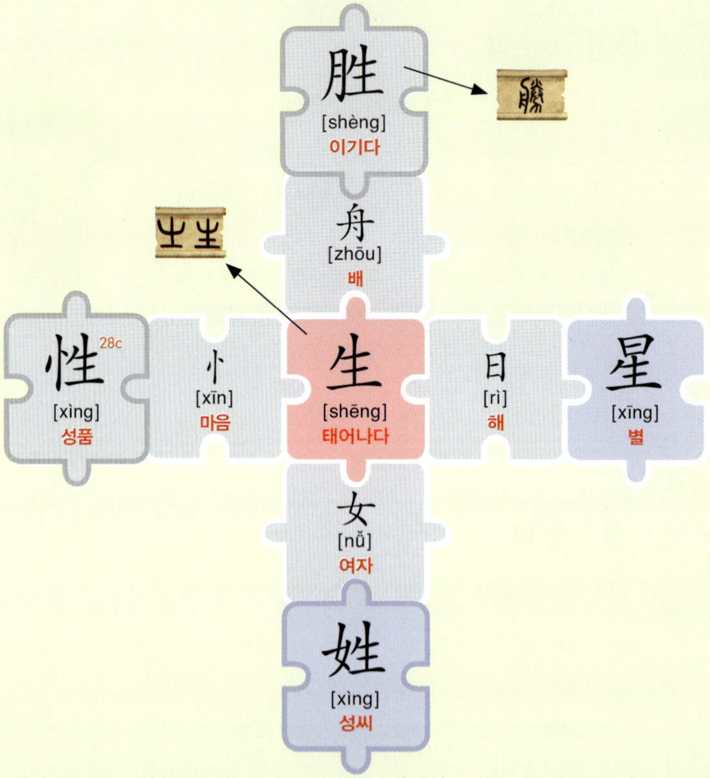

208

生 生 生 生 生

生
shēng

날 생

만물이 소생하는 봄에 대지(土 155)를 뚫고 나온 새싹(屮 207)의 모양에서 '태어나다, 생명'의 뜻이 파생되었다.

先生[xiānsheng] 선생님(성인 남성에 대한 경칭), 남편 69d

学生[xuésheng] 학생 95a

生病[shēng//bìng] 병나다, 발병하다 81a

生气[shēng//qì] 화내다, 성나다 204

生活[shēnghuó] 생활, 살다, 생존하다 22c

留学生[liúxuésheng] 유학생 87d 95a

医生[yīshēng] 의사 111a

生日[shēngrì] 생일 218

发生[fāshēng] 발생하다, 생기다 34f

生产[shēngchǎn] 생산하다, 출산하다 8d

生词[shēngcí] 새 단어, 새 낱말 16g

208a

胜
shèng

[勝] **이길 승**

배주 月²²¹ → 舟¹²⁵ [zhōu] + 생명/날 생 生 [shēng]

물로 둘러싸여 도망갈 곳이 없는 배(舟)에서 죽지 않고 살아(生) 있다는 것은 전쟁에서 승리하였음을 의미한다.

＊ 옛 글자는 배(舟)에서 두 손으로 횃불(火¹⁵⁸)을 들고 힘(力¹⁵⁹)을 다해 싸우는 모습으로 악전 고투해서 승리하였음을 강조한다.

胜利[shènglì] 승리, 이기다, 성공하다 120h

名胜[míngshèng] 명승지 222c

208b

星
xīng

별 성

해일 日²¹⁸ [rì] + 날생 生 [shēng]

태양처럼 밝지는 않지만 빛을 반짝이는 '별'을 해(日)가 막 태어난(生) 모습으로 묘사하고 있다.

星期[xīngqī] 주(週), 요일 44b

星期日 [xīngqīrì] 일요일 44b 218

208

208c

姓
xìng

성씨 성

여자녀女⁹⁶ [nǚ] + 날생 生 [shēng]

고대 모계 중심 사회에서 어느 여자(女)에게서 태어났는지(生) 이름에 나타낸 데서 '성'의 뜻이 파생되었다.

貴姓[guìxìng] (경어) 성, 씨 186d

老百姓[lǎobǎixìng] 백성, 국민 100a 134a

姓名[xìngmíng] 성명 222c

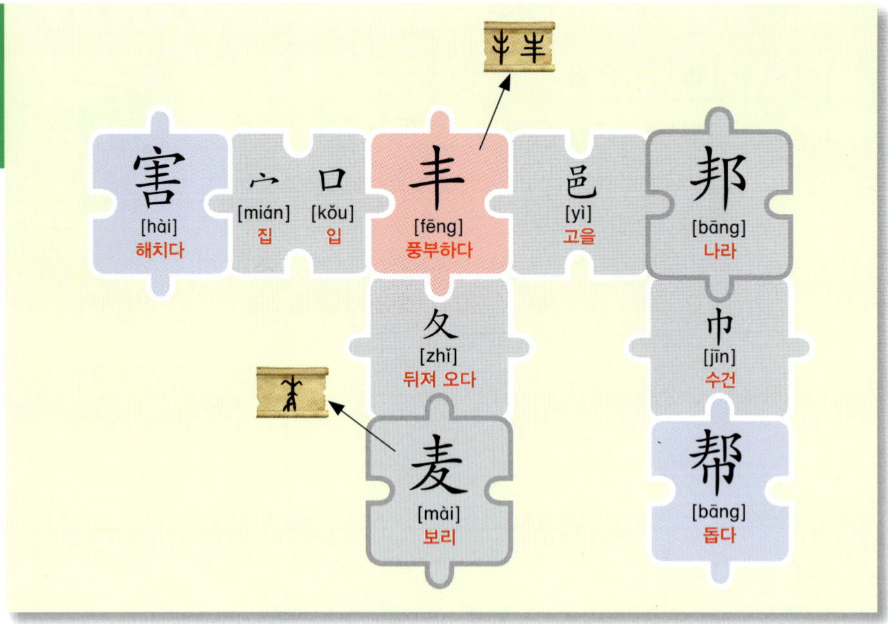

209

丰 丰 丰 丰

丰
fēng

[豊] **풍성할** 풍

초목의 가지와 이파리가 잘 우거진 모양에서 '풍부하다'는 뜻이 파생되었다.

丰富[fēngfù] 넉넉하다, 풍족하다, 풍부하게 하다, 풍족하게 하다 163a

209a

邦 邦 邦 邦 邦 邦

邦
bāng

나라 방

풍성할풍 丰 [fēng] + 고을읍 阝 146 → 邑 92d [yì]

풍성한(丰) 마을(邑)이란 마을이 많음을 의미하는 것으로, 많은(丰) 마을(邑)이 모여 나라를 형성하게 됨을 알려 준다.

＊ "언덕 부 阝 [fù]"가 글자의 오른편에 오면 "邑"의 뜻을 갖는다.

联邦[liánbāng] 연방(국) 10e

209b

帮
bāng

[幫] **도울 방**

나라방 邦 [209a] [bāng] + 수건건 巾 [132] [jīn]

큰 재난이 닥쳤을 때 같은 나라(邦) 사람들끼리 머리에 수건(巾)을 두르고 서로 돕는 모습이다.

帮助[bāngzhù] 돕다, 도움 224b　　　　帮忙[bāng//máng] 일(손)을 돕다, 도움을 주다 3b

209c

麦
mài

[麥] **보리 맥**

풍성할풍 丰 [fēng] + 뒤져올치 夂 [56] [zhǐ]

풍부한(丰) 보리의 소출을 위해 천천히 걸으며(夂) 밭을 꼼꼼히 밟는 모습이다.

* 보리는 겨울철에 이삭이 웃자라서 추위에 얼어 죽지 않도록 보리가 심겨진 밭을 미리 밟아 주어야 한다.

小麦[xiǎomài] 밀 235

209d

害
hài

해칠 해

집면 宀 [141] [mián] + 풍성할풍 丰 [fēng] + 입구 口 [16] [kǒu]

적의 집(宀)에 잡초가 무성(丰)하게 자라기를 입(口)으로 저주하는 모습이다. 집에 사람의 손길이 미치지 않아 풀이 무성하다는 것은 적이 해를 입었음을 알려 준다.

害怕[hài//pà] 겁내다, 두려워하다 134c

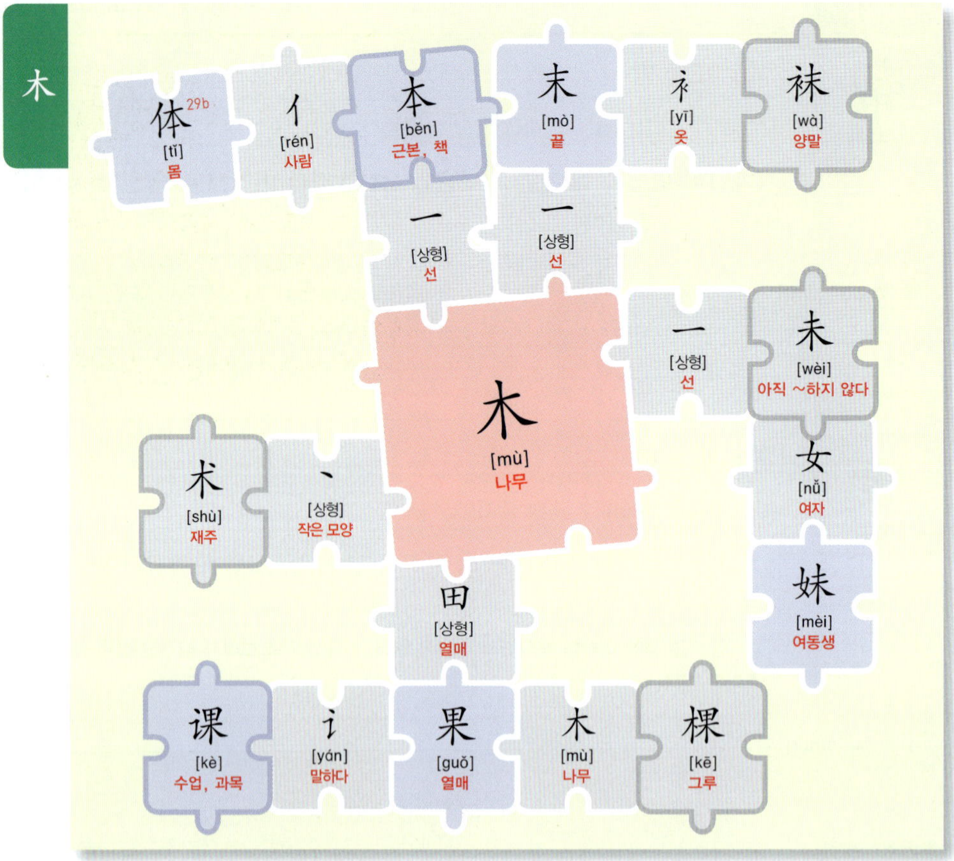

210

木 木 木 木

木
mù

나무 목

나무의 가지(一)와 줄기(丨)와 뿌리(八)를 본뜬 글자이다.

树木[shùmù] 나무, 수목 40d

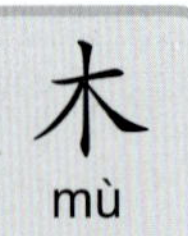

210a

本 十 オ 木 本

근본 본

本
běn

나무목 木[210] [mù] + 선 一 [상형]

"木"의 아랫부분에 가로로 선(一)을 그어 나무의 뿌리를 강조한 모습이다. 나무의 뿌리처럼 책이 지식의 근원이라는 의미도 가지고 있다.

笔记本[bǐjìběn] 공책, 노트, 수첩 188a 82b
本子[běnzi] 책, 노트, 공책 95
本来[běnlái] 본래, 원래 210k

基本[jīběn] 기본의, 기본적인 44a
课本[kèběn] 교과서, 교재 210h
根本[gēnběn] 근본, 근원, 기초 14b

210b

末 末 才 末 末

끝 말

末
mò

긴선 一 [상형] + 나무목 木[210] [mù]

나무(木)의 꼭대기에 긴 선(一)을 그어 그곳이 끝임을 강조하였다.

周末[zhōumò] 주말 152a

210c

袜 袜 袜 袜 袜 袜 袜 袜 袜 袜

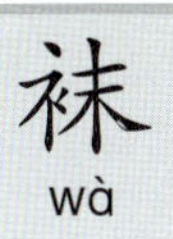

[襪] 양말 말

袜
wà

옷의 衤=衣[130] [yī] + 끝말 末[210b] [mò]

몸의 끝(末)인 발에 입는 옷(衤)이라는 의미에서 '양말'의 뜻을 갖게 되었다.

袜子[wàzi] 양말, 스타킹 95

210

210d

未
wèi

아닐 미

짧은 선 一 [상형] + 나무목 木 [mù]

나무(木)의 꼭대기에 짧은 선(一)을 그어 성장이 끝나지 않았음을 표현했다. 다 자란 어른이나 거목이 아니라 여전히 자라야 할 미숙아나 묘목임을 강조한 글자이다.

未来[wèilái] 미래, 곧 다가오는 210k

210e

妹
mèi

누이 매

여자녀 女[96] [nǚ] + 아닐 미 未[210d] [wèi]

여자(女) 형제 가운데 언니가 아닌(未) 여동생을 의미하는 글자이다.

妹妹[mèimei] 여동생

210f

果
guǒ

열매 과

열매 田 [상형] + 나무목 木 [mù]

나무(木) 위에 열매(田)가 달린 모양을 본뜬 글자이다.

苹果[píngguǒ] 사과 123b

水果[shuǐguǒ] 과일 200

如果[rúguǒ] 만약, 만일 96g

结果[jiéguǒ] 결과, 결실, 결론 104b

210g

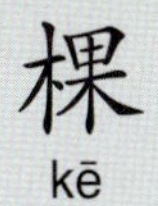

棵 棵 棵 棵 棵 棵 棵 棵 棵 棵 棵 棵

棵 kē

그루 과

나무 목 木 [mù] + 열매 과 果 [210f] [guǒ]

나무(木)에 맺힌 과일(果)을 보고 나무 이름을 짓는 모습이다. 지금은 나무나 식물을 세는 단위로 사용된다.

我种下了五棵树。 나는 나무 다섯 그루를 심었다. 113b 231c 223g 170a 226a 210g 40d

210h

课 课 课 课 课 课 课 课 课 课

课 kè

[課] 수업 과

말할언 讠=言 [23] [yán] + 열매 과 果 [210f] [guǒ]

강의(讠)에서 다뤄지는 내용(果)에 따라 수업이나 과목을 나누는 모습이다.

＊ "果"는 맺은 결과를 의미하므로 강의(讠)에서 다뤄지는 내용을 강조하고 있다.

课本[kèběn] 교과서, 교재 210a 课文[kèwén] 본문 133
上课[shàng//kè] 수업을 듣다, 강의하다 223f 下课[xià//kè] 수업을 마치다 223g

210i

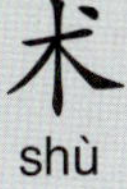

术 术 术 术 术

术 shù

[術] 꾀 술

나무 목 木 [mù] + 작은 모양 丶 [상형]

원래는 벼 보다 알갱이가 작은(丶) 작물(木)인 '조'를 묘사한 글자이다. 넓은 땅에서 조를 재배하기 위해서는 재주가 필요하다는 의미를 가지고 있다.

＊ 번체자(術)는 드넓은 조(术)밭에 사거리(行60b)가 나 있는 모습으로, 길을 만들어 농사짓기 편리하게 재주를 부렸음을 알려 준다.

技术[jìshù] 기술, 기교 51a 艺术[yìshù] 예술 83b
技术员[jìshùyuán] 기술자 51a 186h

210j

朵
duǒ

늘어질 타

좌우로 늘어진 가지 几 [상형] ＋ 나무 목 木 [mù]

나무(木)의 가지가 휘휘 늘어져(几) 바람에 흔들리는 모습에서 '늘어지다'
는 뜻이 파생되었다. 귓불이 아래쪽으로 늘어진 모습에서 귀를 의미하기도
한다. 또한 늘어져 바람에 흔들리는 모습에서 '꽃, 구름이나 그와 비슷한
물건을 세는 단위'로도 사용된다.

＊ 윗부분의 "几"가 "책상 궤 几²¹³[jī]"와 모양이 같지만 아무런 관련이 없다.

耳朵[ěrduo] 귀 10a

210k

来
lái

[來] 올 래

쌀미 米[138] [mǐ] + 나무목 木 [mù]

쌀(米)과 비슷한 작물(木)인 보리의 모양을 본뜬 글자이다. 보리는 겨울을 나고 봄에 이삭이 피기 때문에 사람들이 가장 고대하는 계절인 봄이 '온다'는 의미를 갖게 되었다.

＊ 고대 사람들이 먹을 것이 없는 겨울에 보리 이삭이 피는 봄이 오기를 얼마나 고대했는지 알 수 있다.

后来[hòulái] 그후, 그 뒤, 그 다음 16e

原来[yuánlái] 본래, 고유의, 알고보니 200d

出来[chū//lái] (안에서 밖으로) 나오다, 발생하다 169a

回来[huí//lái] 되돌아오다 20d

上来[shàng//lái] 올라오다 223f

起来[qǐ//lái] 일어나다, 일어서다 53d

将来[jiānglái] 장래, 미래 214a

过来[guò//lái] 오다, 다가오다 40f

进来[jìn//lái] 들어오다 228b

下来[xià//lái] 내려오다 223g

210l

乐
yuè/lè

[樂] 음악 악, 즐거울 락

술이 달린 북 ⌐ [상형] + 받침대 朩 [상형]

받침대(朩) 위에 실로 장식을 달아맨 북(ɾ)의 모습에서 '음악'의 뜻이 파생되었다. 받침대(朩) 위의 술이 달린 북(ɾ)을 두드리며 신나게 노는 모습에서 '즐거움'의 뜻도 파생되었다.

＊ 번체자(樂)는 받침대(朩) 위에 실(絲[131a])로 장식을 달아맨 북(白)의 모습을 분명히 보여 준다.

音乐[yīnyuè] 음악 24

乐观[lèguān] 낙관적이다, 희망차다 13b

快乐[kuàilè] 즐겁다, 행복하다 28d

210

森
[sēn]
(나무가) 무성하다

木
[mù]
나무

麻
[má]
저리다

广
[guǎng]
집

林
[lín]
숲

疋
[shū]
발

楚 55a
[chǔ]
분명하다

口
[kǒu]
입

嘛
[ma]
어조사

211

林 林 林 林 林 林 林 林

211

林
lín

수풀 림

나무목 木 210 [mù] + 나무목 木 210 [mù]

두 그루의 나무(木, 木)로 숲을 묘사했다.

树林 [shùlín] 수림, 수풀, 숲 40d

211a

森 森 森 森 森 森 森 森 森 森 森 森

나무 빽빽할 삼

森
sēn

| 나무목 木[210] [mù] | + | 수풀림 林 [lín] |

열대 우림처럼 나무(木)가 무성하게 잘 가꾸어진 숲(林)의 모습이다.

森林[sēnlín] 삼림, 숲 211

211b

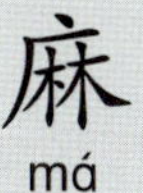

麻 麻 麻 麻 麻 麻 麻 麻 麻 麻 麻

삼 마

麻
má

| 집/넓을 광 广[143] [guǎng] | + | 삼줄기 껍질 빈 朩 [děng] |

여인네들이 집(广)에서 삼줄기 껍질(朩)을 가공하여 삼실을 만드는 모습에서 '삼'의 뜻이 파생되었다. 삼의 잎과 꽃에는 마취 물질이 들어 있어 '저리다'는 의미도 가지고 있다.

* 삼은 BC 2800년 무렵부터 중국에서 섬유를 얻기 위해 재배했다고 한다.
* 옛 글자는 "林"의 나무(木[210])가 삼줄기 껍질(朩)이 벗겨지는 모습임을 보여 준다.

麻烦[máfan] 귀찮다, 성가시다, 번거롭다 6b

211c

嘛 嘛 嘛 嘛 嘛 嘛 嘛 嘛 嘛 嘛 嘛 嘛 嘛 嘛

어기사 마

嘛
ma

| 입구 口[16] [kǒu] | + | 저리다/삼 마 麻[211b] [má] |

입(口)으로 마비시키는(麻) 말을 하는 모습으로, 문장 끝에 쓰여 이치, 도리, 사실 등이 명백함(麻)을 표시하는 어기조사(口)로 사용된다.

不会就学嘛。할 줄 모르면 배워야지. 223a 66c 80b 95a 211c

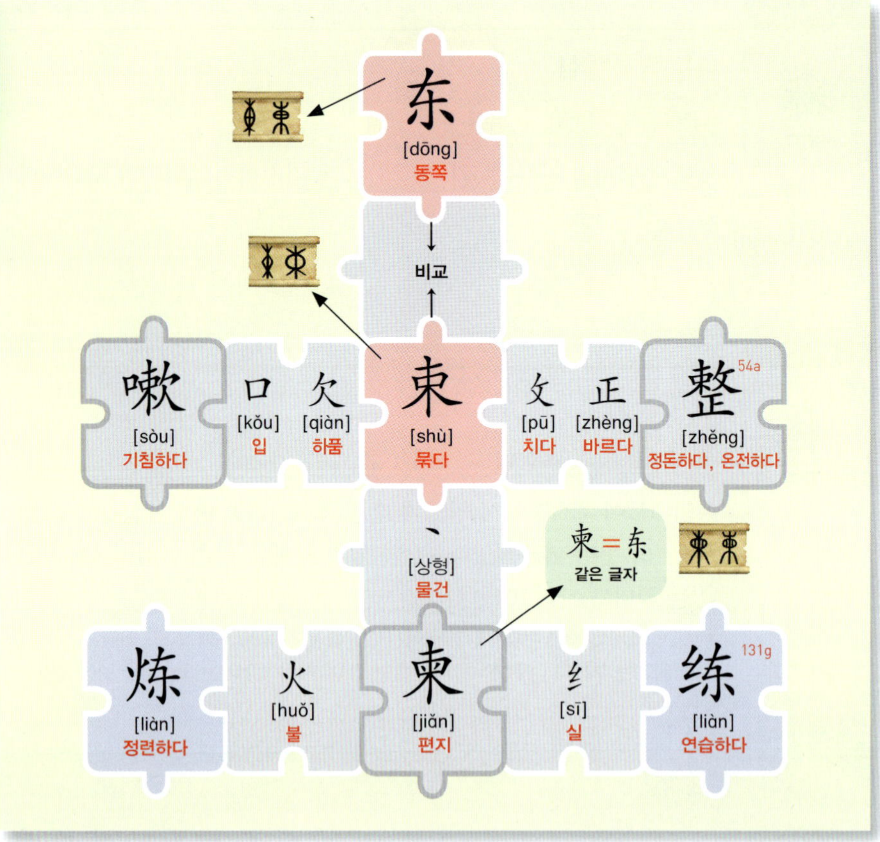

东 东 东 东 东

212

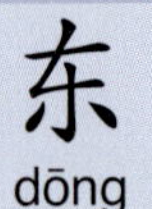

东
dōng

[東] 동녘 동

입구를 묶어(乚) 놓은 자루(小)의 모습이다. '동'이라는 추상적인 개념을 기호로 나타내기 어려워 발음이 같은 글자를 빌려 썼다. 원래 오지그릇의 모양인 "서녘 서 西[168][xī]"와 함께 동서 어디에서든 볼 수 있는 물건을 담아 두는 필수품이라는 의미에서 '물건'의 뜻도 갖게 되었다.

* 갑골문은 자루의 양쪽을 묶어 놓은 모습을 분명히 보여 준다.

东西[dōngxi] 물건, 물품, 것 168 　　　　东边[dōngbiān] 동쪽 61a
东西[dōngxī] 동쪽과 서쪽 168

212a

묶을 속

나무 목 木 [210] [mù] + 묶음 口 [상형]

나뭇가지(木)를 운반하기 편하게 끈으로 묶어(口) 다발로 만든 모습이다.

结束[jiéshù] 끝나다, 마치다 104b

212b

기침할 수

입구 口 [16] [kǒu] + 묶을 속 束 [212a] [shù] + 하품 흠 欠 [21] [qiàn]

짐승의 목을 끈으로 묶자(束) 입(口)을 크게(欠) 벌리고 기침하는 모습이다.
* "欠"은 입을 크게 벌리고 있는 모양이다.

咳嗽[késou] 기침하다 4d

212c

편지 간

묶을 속 束 [212a] [shù] + 물건 丶 [상형]

짐을 싸고 자루를 묶을(束) 때는 필요한 물건(丶)만 가려 담는다는 기본 의미를 가지고 있다. 마찬가지로 편지를 쓸 때도 필요한 말만 가려 적는다는 의미에서 '편지'의 뜻이 파생되었다.
* "柬"이 다른 글자와 합해질 때는 단순하게 "东"으로 줄어든다.

212d

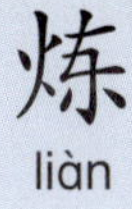

[煉] 정련할 련

불화 火 [158] [huǒ] + 가려내다/편지 간 东 =柬 [212c] [jiǎn]

순도가 높은 금속을 얻기 위해 불(火)로 녹여 불순물을 가려내는(柬) 모습에서 '정련하다'는 뜻을 갖게 되었다.

锻炼[duànliàn] 제련하다, 단련하다 117b

212

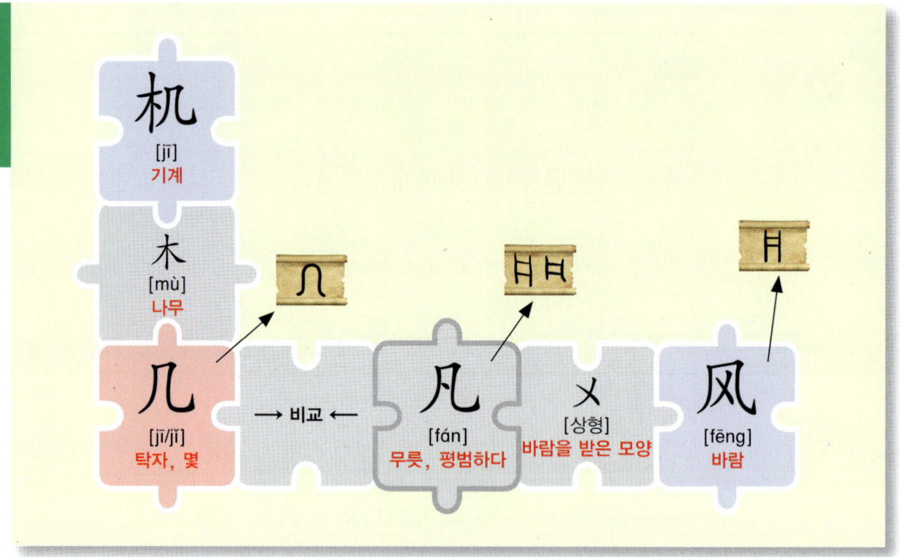

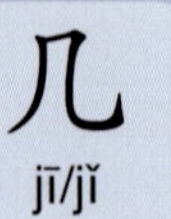

几
jī/jǐ

[几, 幾] 안석 궤, 몇 기

다리가 뻗어 있고 안정되어 있는 작은 탁자의 모양이다. 가차되어 수가 크지 않음을 표시하는 '몇'의 뜻과, 수를 묻는 데 사용되는 '얼마'의 뜻도 가지고 있다.

＊ 의미가 나무와 관련이 있어서 여기에서 다루고 있다.

几乎[jīhū] 거의, 거의 모두, 하마터면 118e
今天几号？ 오늘은 며칠입니까? 66 74b 213 16c

213a

机 机 机 机 机 机

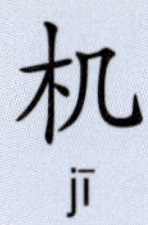

机
jī

[機] **기계** 기

나무목 木[210] [mù] + 안석궤 几 [jī]

작업대(几) 옆에 나무(木)로 베틀과 같은 **기계** 장치를 해 놓은 모습이다.

飞机[fēijī] 비행기, 항공기 182c
手机[shǒujī] 핸드폰, 휴대 전화 31
机会[jīhuì] 기회, 시기 66c
机器[jīqì] 기계, 기기 172a
危机[wēijī] 위기 72e

机场[jīchǎng] 공항, 비행장 155a
照相机[zhàoxiàngjī] 사진기, 카메라 121c 11c
司机[sījī] (기차·자동차 등의) 기사, 운전사 16f
收音机[shōuyīnjī] 라디오 50e 24

213b

几 几 几

凡
fán

무릇 범

바람으로 배에 추진력을 얻는 장치인 **돛**의 모양으로, 주위에 흔하게 있는 바람을 사용한다는 의미에서 '**무릇, 평범하다**'는 뜻을 갖게 되었다.

凡是[fánshì] 무릇, 모든, 다 54b

平凡[píngfán] 평범하다, 보통이다 123

213c

风 风 风 风

风
fēng

[風] **바람** 풍

돛/무릇 범 几[213b] [fán] + 바람을 받은 모양 乂 [상형]

돛(凡)이 **바람**을 받아 한껏 부풀어 오른 모습을 간결한 부호(乂)로 나타냈다.

刮风[guā fēng] 바람이 불다 22a
风力[fēnglì] 풍력 159
风浪[fēnglàng] 풍랑, 풍파, 고난 15a

风景[fēngjǐng] 풍경, 경치 2c
风俗[fēngsú] 풍속 196b

213

214

丬
qiáng

[丬] **나무조각** 장

반으로 쪼개진 통나무의 왼쪽 부분의 모습에서 '나무조각'의 뜻이 파생되었다.

214a

将
jiāng

[將] **장차** 장

나무조각 장 丬 [qiáng] + 고기육 夕²²² → 月²²¹ → 肉¹⁹²[ròu] + 손/마디 촌 寸⁴⁰[cùn]

전시에 장군이 나무조각(丬)의 평평한 면을 제단으로 사용해 승리를 기원하는 제물인 고기(肉)를 손(寸)으로 올려놓는 모습이다. 승리를 기원하는 것은 미래를 축복해 달라는 뜻이므로 '장차'의 뜻이 파생되었다.

* 번체자(將)는 "저녁 석 夕[xī]"가 고기를 의미하는 달(月)의 모습에서 간략하게 줄었음을 보여 준다.

* 성조가 "jiàng"으로 바뀌면 전시에 그러한 제사를 주관하는 사람인 '장군'을 뜻하게 된다.

将来[jiānglái] 장래, 미래 210k   将要[jiāngyào] 장차(곧) ~하려 하다 168b

214b

[壯] 힘셀 장
zhuàng

나무조각 장 爿 [qiáng] + 선비 사 士[104] [shì]

전시에 나무조각(爿)의 평평한 면을 제단으로 사용해 제사를 올리는 장군 (士)의 건장한 모습이다.

* "士"는 권위를 상징하는 장식용 '도끼'의 모습으로, 장군의 권위를 나타낸다.

健壯[jiànzhuàng] 건장하다 38c

214c

[裝] 꾸밀 장
zhuāng

힘셀 장 壯[214b] [zhuàng] + 옷 의 衣[130] [yī]

전시에 제사를 주관하는 건장한(壯) 장군이 장식으로 꾸며진 갑옷(衣)을 입고 있는 모습이다. 그러한 장식을 다는 모습에서 '장치하다'는 뜻도 파생 되었다.

安裝[ānzhuāng] (기계·기자재 등을) 설치하다 96a

215

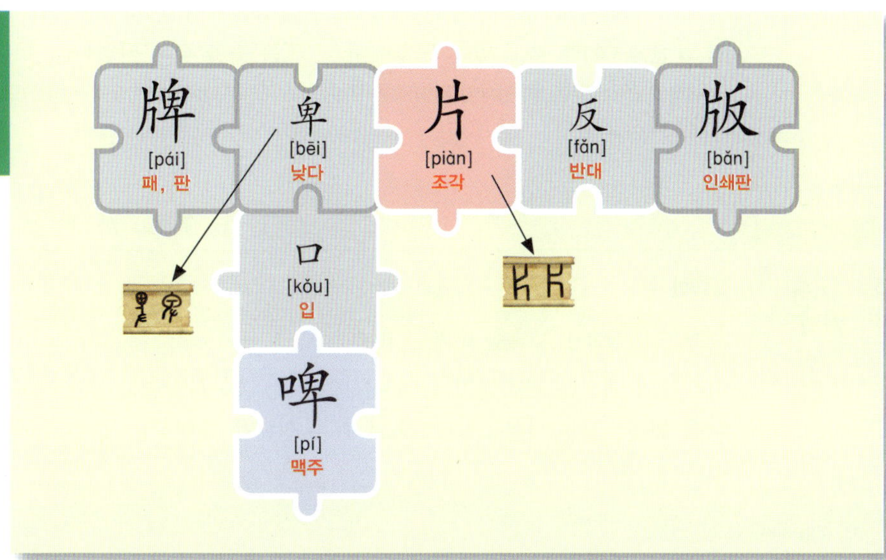

215

조각 편

“爿 [214][qiáng]”이 반으로 쪼개진 통나무의 왼쪽 부분이라면, 이 글자는 오른쪽 부분의 모습으로 '얇은 조각'이라는 의미로 사용된다. 또한 그처럼 '평평하고 얇은 물건을 세는 단위'로도 쓰인다.

照片 [zhàopiàn] 사진 121c   一片儿面包 빵 한 조각 223 215 69 10 47

215a

版版版版版版版版

널빤지 판

조각 편 片 [piàn] + 돌이킬 반 反 [147a][fǎn]

인쇄하기 위해 글자의 좌우를 반대(反)로 새겨 놓은 목판(片)의 모습에서 '인쇄판'의 뜻이 파생되었다.

215b

卑卑卑卑卑卑卑卑

낮을 비

손잡이가 달린 통 甶 [상형] + 왼손 十 [상형]

중국에서 천하게 여기는 왼손(十)으로 일상생활에서 흔히 사용하는 손잡이가 달린 통(甶)을 들고 있는 모습에서 '낮다'는 뜻을 갖게 되었다.
＊ 아랫부분의 "열 십 十[232][shí]"와 비슷한 부분은 "손 우 ナ[39][yòu]"의 좌우가 바뀐 모양으로 왼손의 모습이다.

215c

牌牌牌牌牌牌牌牌牌牌牌牌

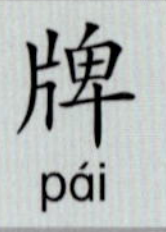

패 패

조각 편 片 [piàn] + 낮을 비 卑 [215b][bēi]

나라에서 백성을 관리하기 위해 신분이 낮은(卑) 사람들도 모두 가지고 다니게 했던, 얇은 나무조각(片)으로 만든 신분을 증명하는 '작은 패'의 모습이다.

牌子[páizi] 상표, 팻말 95

215d

啤啤啤啤啤啤啤啤啤啤啤

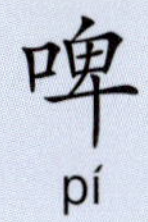

맥주 비

입구 口[16] [kǒu] + 낮을 비 卑[215b] [bēi]

맥주라는 외래어(口)를 표기하기 위해 만든 글자로 "卑"를 발음기호로 더하였다.

* 맥주의 한 종류인 'porter(짐꾼)'라는 이름에서 알 수 있듯이 노동자(卑)들이 즐겨 마시는 (口) 술이 바로 맥주라고 생각하자.

啤酒[píjiǔ] 맥주 162a

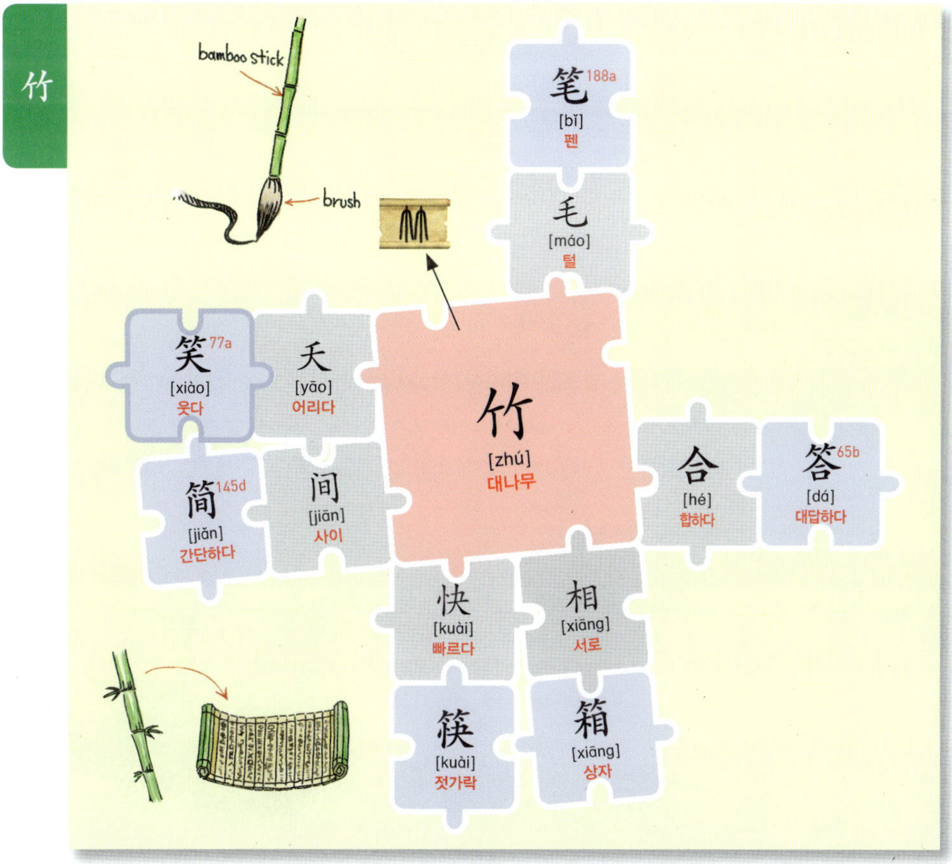

竹

216

216

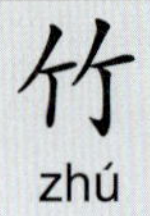

竹
zhú

대 죽

대나무의 잎과 마디를 단순 간결하게 본뜬 글자이다.

＊ 중국에서 대나무는 사철 푸르며 수명이 길 뿐 아니라, "빌 축 祝70a[zhù]"와 발음이 비슷해 장수를 기원하는 나무로 사용된다.

竹子[zhúzi] 대나무 95

216a

箱
xiāng

상자 상

대죽 竹 [zhú] ＋ 서로상 相11c [xiāng]

대나무(竹)를 가공하여 서로(相) 엇갈리게 엮어서 상자를 만든 모습이다.

＊ 대나무는 가볍고 잘 휘면서도 쉽게 부러지지 않는 특징이 있다.

冰箱[bīngxiāng] 냉장고, 아이스박스 206a　　　行李箱[xínglǐxiāng] 트렁크, 화물칸 60b 95c

---

216b

216

筷
kuài

젓가락 쾌

대죽 竹 [zhú] ＋ 빠를 쾌 快28d [kuài]

젓가락을 만드는 재료인 대나무(竹)와 소리 부분으로 "快[kuài]"를 더한 글자이다.

＊ 기억하기 쉽게 대나무(竹)로 만든 젓가락의 사용법은 빨리(快) 배우기 어렵다는 점을 생각하자.

筷子[kuàizi] 젓가락 95

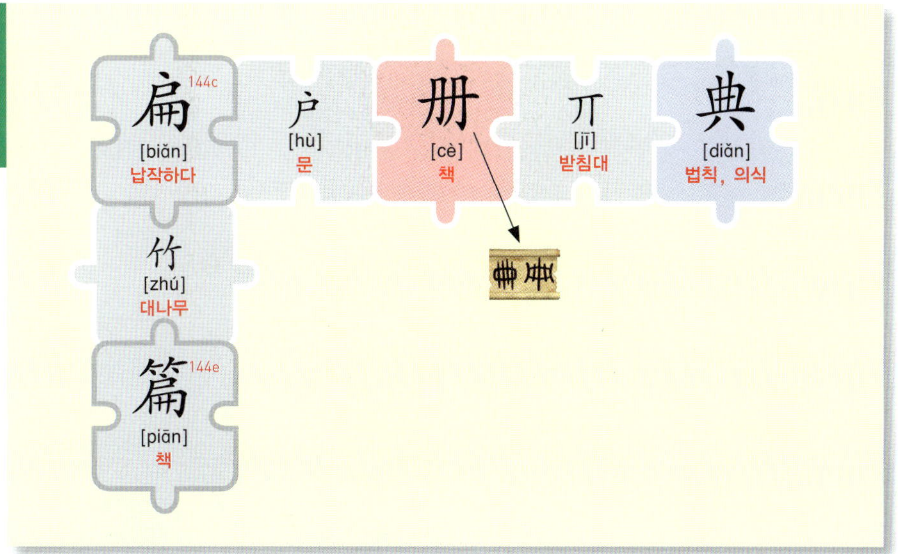

217

册 册 册 册 册

책 책

대나무(竹[216])를 얇고 납작하게 깎아서 엮은 죽간(册)의 모습에서 '책'의 뜻이 파생되었다.

* 죽간: 중국에서 종이가 발명되기 전에 글자를 기록하던 대나무 조각을 엮어서 만든 책(册)

217a

典 典 典 典 典 典 典 典

법 전

책책 曲 → 册 [cè]　+　받침대 기 丌[12c] [jī]

제사 의식이나 국가의 법 등 중요한 기록이 적힌 책(册)을 받침대(丌) 위에 받쳐 둔 모습이다. 그러한 중요한 기록을 모아 두었다는 의미에서 '사전'의 뜻도 갖게 되었다.

* 아랫부분의 "丌"는 물건을 얹는 받침대의 모양이다.
* "册, 冊, 曲"은 현재 모양은 다르지만 다 같은 글자이다.

词典[cídiǎn] 사전 16g

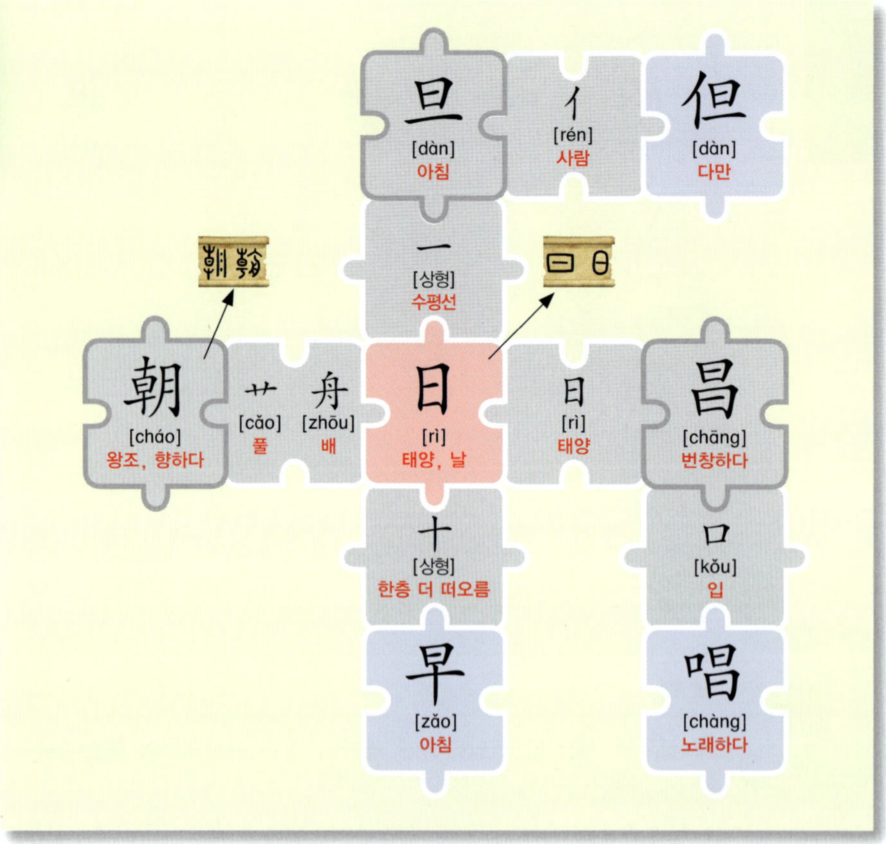

日

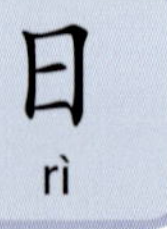

(puzzle diagram)

旦 [dàn] 아침

亻 [rén] 사람

但 [dàn] 다만

一 [상형] 수평선

朝 [cháo] 왕조, 향하다

艹 [cǎo] 풀

舟 [zhōu] 배

日 [rì] 태양, 날

日 [rì] 태양

昌 [chāng] 번창하다

十 [상형] 한층 더 떠오름

口 [kǒu] 입

早 [zǎo] 아침

唱 [chàng] 노래하다

218

日 日 日 日

日
rì

해 일

둥근 해의 모양을 본뜬 글자로, 태양이 뜨고 지는 주기인 '날'을 뜻하기도 한다.

生日 [shēngrì] 생일 208　　　节日 [jiérì] 기념일, 경축일, 명절 85g

218a

旦 旦 旦 旦 旦

旦
dàn

아침 단

해일 日 [rì] ＋ 수평선 一 [상형]

수평선(一) 위로 해(日)가 막 떠오르며 아침이 밝아 오는 모습이다.

218b

但 但 但 但 但 但 但

但 dàn

다만 단

사람인 イ [68][rén] + 아침단 旦 [218a][dàn]

아침(旦)이 오기를 기다리는 사람(イ)이 할 수 있는 유일한 일은 해가 뜨기를 바라보는 것뿐이라는 의미에서 '다만, 그러나'의 뜻이 파생되었다.

但是[dànshì] 그러나, 그렇지만 54b
不但…而且…[búdàn…érqiě…] ~뿐만 아니라, 게다가 223a 9 224

218c

昌 昌 昌 昌 昌 昌 昌 昌

昌 chāng

창성할 창

해일 日 [rì] + 해일 日 [rì]

수평선 위로 솟은 태양(日)과 수면에 비친 태양(日)의 모습이다. 수평선 위로 떠오른 태양(日)이 점점 강해지는 모습에서 '번창하다'는 뜻이 파생되었다.

218d

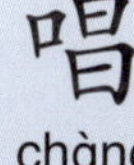

唱 唱 唱 唱 唱 唱 唱 唱 唱 唱 唱

唱 chàng

노래할 창

입구 口 [16][kǒu] + 창성할 창 昌 [218c][chāng]

사업이 번창(昌)하여 콧노래를 흥얼대는(口) 모습에서 '노래하다'의 뜻이 파생되었다.

唱歌[chànggē] 노래 부르다 17b

218e

早 早 早 早 早 早

早 zǎo

아침 조

해일 日 [rì] + 한층 더 떠오름 十 [상형]

수평선(一) 위로 해(日)가 막 떠오른 모습이 "아침 단 旦 [218a][dàn]"이라면, 수평선 위로 해(日)가 한층 더 떠오른(十) 모습에서 또 다른 '아침'이라는 글자가 만들어졌다.

早上[zǎoshang] 아침 223f   早晨[zǎochen] 이른아침, 새벽 187a

218

朝
cháo

알현할 조

풀초 艹²⁰⁷ [cǎo] + 해일 日 [rì] + 배주 月²²¹ → 舟¹²⁵ [zhōu]

원래 아침에 해(日)가 초원(艹) 위로 떠오르는 모습이었으나, 금문에서 배 (舟)가 더해지면서 배가 물에서 부드럽게 나아가듯이, 막 시작한 아침(卓)의 왕조가 오랫동안 부드럽게(舟) 지속되기를 바라는 의미에서 '왕조'의 뜻을 갖 게 되었다. 또한 백성들은 언제나 왕조를 향해 있다는 의미도 파생되었다.

* "朝"에 쓰인 "달 월 月[yuè]"는 옛 글자를 보면 "舟"의 모습을 하고 있다.

那个窗户朝东。 그 창문은 동쪽을 향해 있다. 146e 63b 142a 144 218f 212

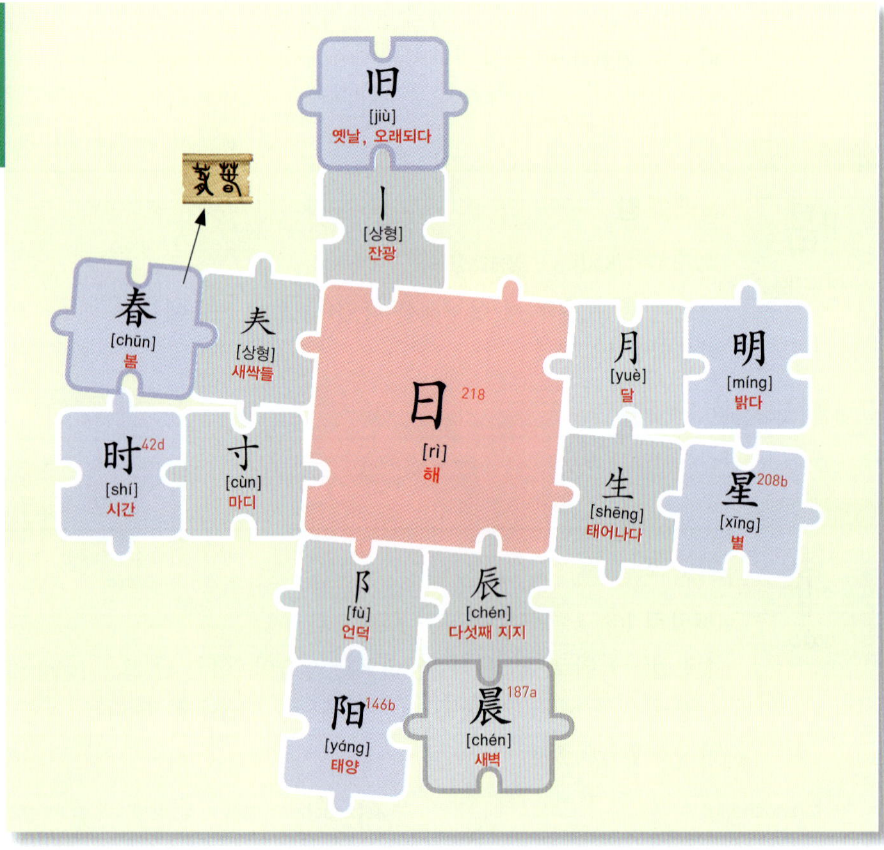

218g

旧
jiù

[舊] **옛 구**

해의 잔광 丨 [상형] + 해일 日 [rì]

해(日)가 약간 겹쳐 있는 모습으로 지나간 해의
잔광(丨)을 묘사하였다.

旧衣服 헌 옷 218g 130 34b

218h

明
míng

밝을 명

해일 日 [rì] + 달월 月 221 [yuè]

해(日)와 달(月)을 합쳐 '밝다'는 뜻을 만들었다. 그렇게 밝은 미래를 기대
하는 의미에서 '다음'의 뜻도 갖게 되었다.

明天[míngtiān] 내일 74b

明白[míngbai] 알다, 이해하다, 분명하다 134

明年[míngnián] 내년 118a

聪明[cōngming] 똑똑하다, 총명하다 16j

说明[shuōmíng] 설명하다, 해설하다, 설명 70d

218

218i

春
chūn

봄 춘

새싹들 夫 [상형] + 해일 日 [rì]

추운 겨울이 끝나고 햇살(日)이 강해지는 봄이 되자 새싹들(夫)이 돋아나
는 모습이다.

* 옛 글자는 "夫"이 새싹(屮 207)이 무리 지어 올라오는 모습임을 보여 준다.

春天[chūntiān] 봄 74b

春节[Chūnjié] 설, 음력 정월 초하루 85g

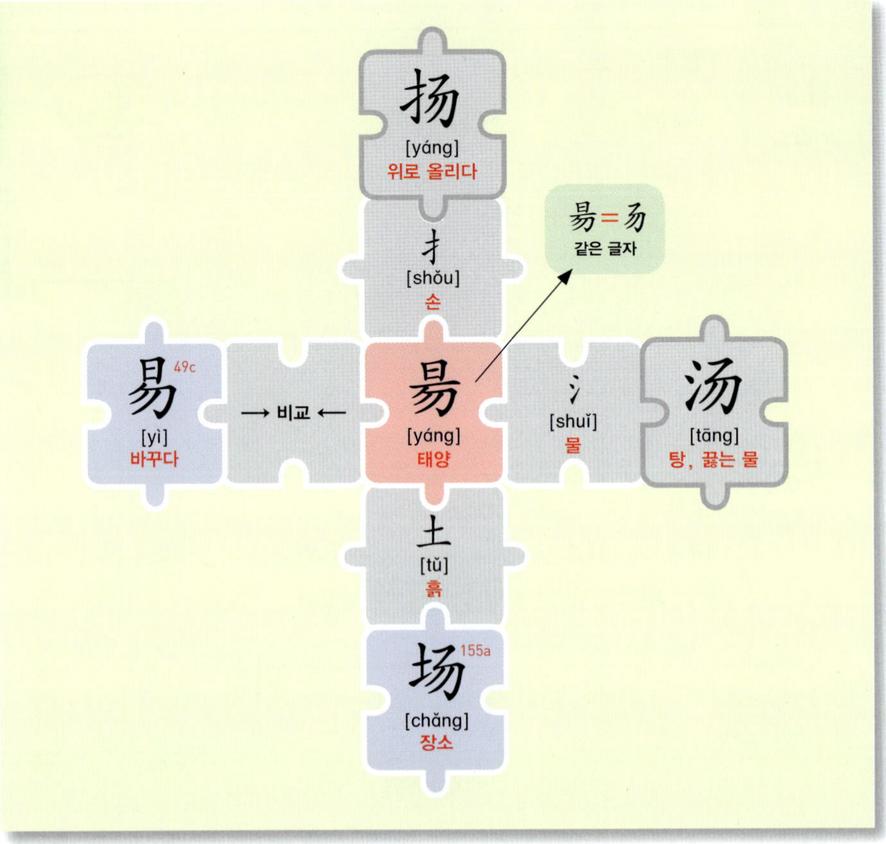

219

昜 昜 昜 昜 昜 昜 昜 昜 昜

昜 yáng

볕 양

아침 단 旦 218a [dàn] + 아지랑이/금지사 물 勿 49 [wù]

아침(旦)에 수평선 위로 막 떠오른 태양의 주변이 이글거리는(勿) 모습이다.

* "볕 양 阳 146b [yáng]"의 옛 글자로, 다른 글자와 합해질 때는 모양이 "昜"으로 바뀐다.
* "勿"은 무생물과 관련되어 쓰일 경우, 아지랑이가 피어오르는 모습을 의미하기도 한다.
* 모양이 비슷한 "바꿀 역 易 49c [yì]"자와 혼돈하지 않도록 하자.

486

219a

扬 扬 扬 扬 扬 扬

扬
yáng

[揚] **드날릴 양**

손수 扌=手[31] [shǒu] + 볕양 昜=易 [yáng]

아침에 수평선 위로 태양(昜)이 떠오르듯이 손(扌)을 사용해 위로 들어 올리는 모습이다.

表扬[biǎoyáng] 칭찬하다 130b   发扬[fāyáng] 발전시키다, 발휘하다 34f

219b

汤 汤 汤 汤 汤 汤

汤
tāng

[湯] **끓일 탕**

물수 氵[201] [shuǐ] + 볕양 昜=易 [yáng]

이글거리는 태양(昜)처럼 물(氵)이 끓는 모습에서 '끓는 물'의 뜻이 파생되었다. 또한 끓여 놓은 '국물이 많은 음식'을 가리킬 때도 사용된다.

我们喝了一些鸡汤。 우리는 약간의 닭고기 수프를 마셨다. 113b 145a 48c 170a 223 88h 177a 219b

219

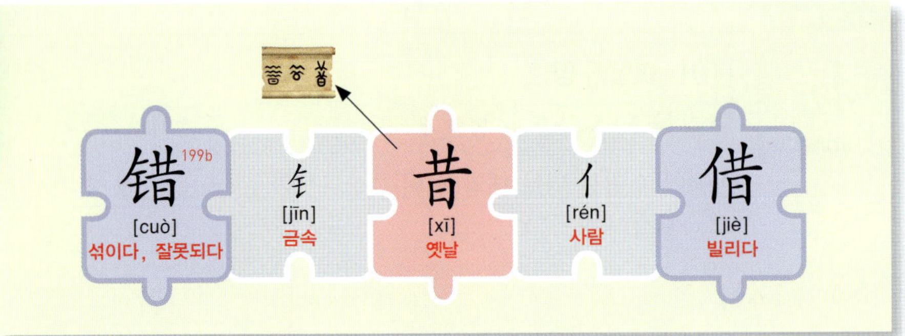

昔 昔 昔 昔 昔 昔 昔 昔

昔
xī

옛 석

말린 고기의 주름 𠀉 [상형] + 날/해 일 日 218 [rì]

말린 고기의 주름(𠀉)과 날 일(日)의 합자이다.
말린 고기를 포개어 쌓아 놓은 모습에서 날이
포개어 쌓인 지난날, '옛날'을 뜻하게 되었다.

借 借 借 借 借 借 借 借 借

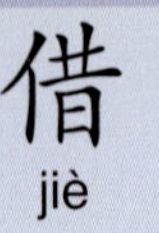

借
jiè

빌릴 차

사람인 亻 68 [rén] + 옛 석 昔 [xī]

옛날(昔) 백성(亻)들은 나라에서 농토를 빌려 농사를 지었다.

我要借书。 나는 책을 빌리고 싶다. 113b 168b 220a 231d

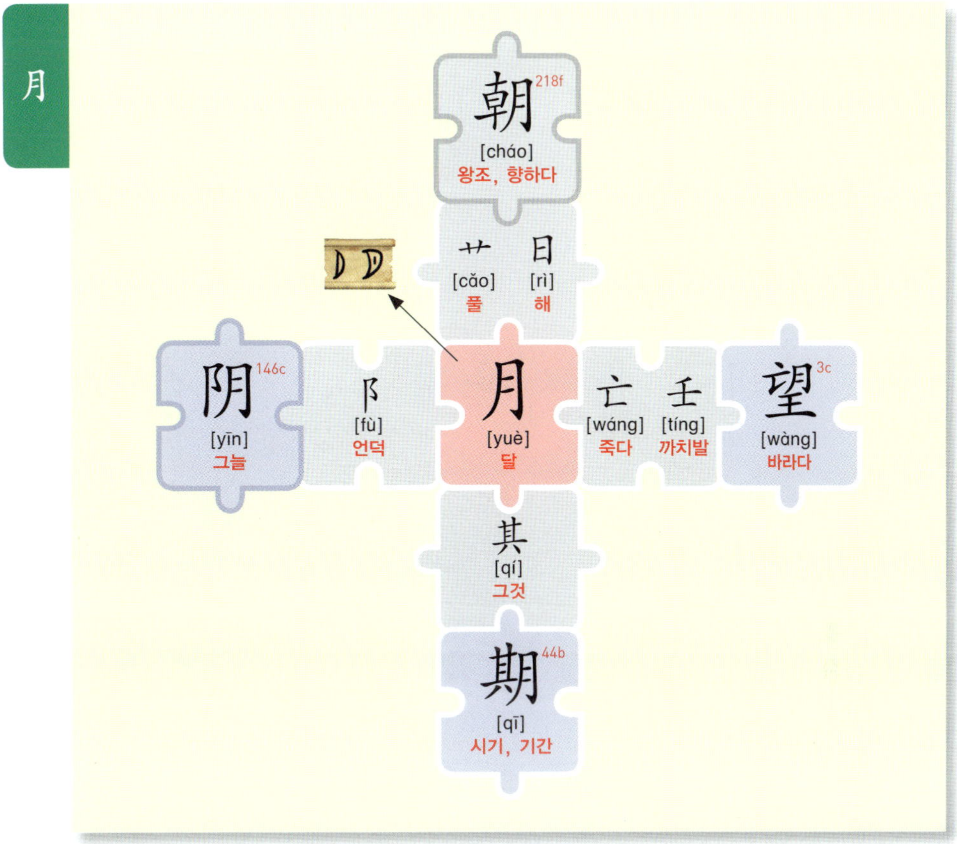

221

月 月 月 月

221

月
yuè

달 월

초승달 또는 일그러진 반원형 '달'의 모습이다.

＊ 다른 글자와 합해질 때 '달'의 의미도 있지만 대부분은 "고기 육 肉192[ròu]"의 의미, 가끔은 "배 주 舟125[zhōu]"의 의미로 사용된다.

月亮[yuèliang] 달 5b　　　　　　　月球[yuèqiú] 달(학술 용어) 198b
三月 3월 223e 221

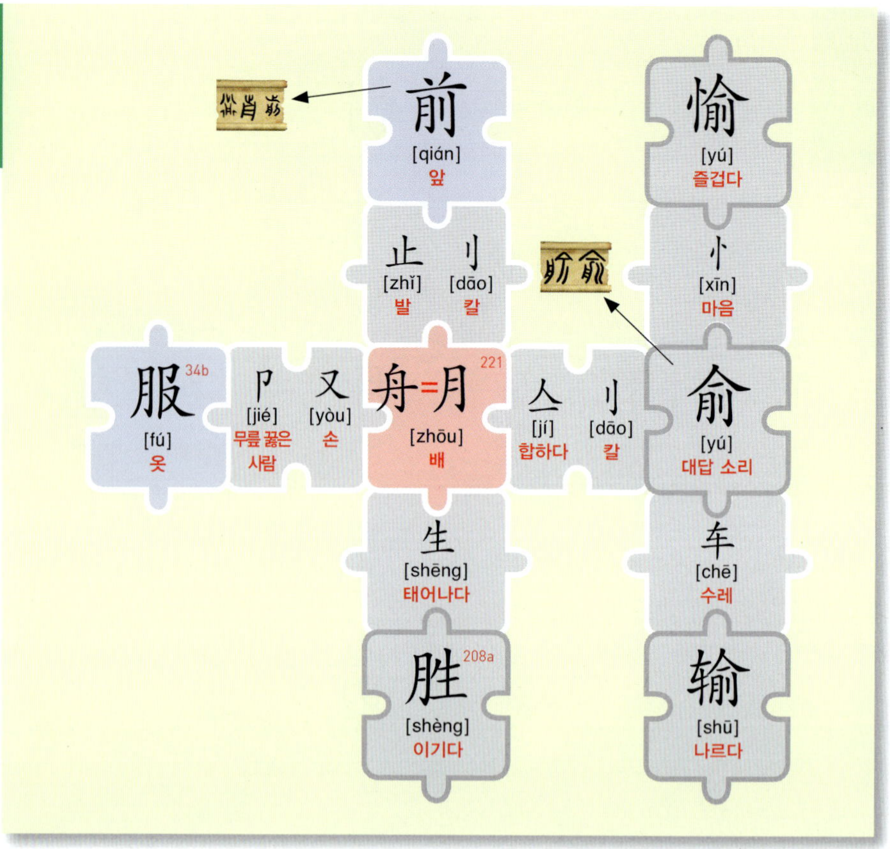

221

前
[qián]
앞

止
[zhǐ]
발

刂
[dāo]
칼

愉
[yú]
즐겁다

忄
[xīn]
마음

服 34b
[fú]
옷

卩
[jié]
무릎 꿇은 사람

又
[yòu]
손

舟=月 221
[zhōu]
배

亼
[jí]
합하다

刂
[dāo]
칼

俞
[yú]
대답 소리

生
[shēng]
태어나다

车
[chē]
수레

胜 208a
[shèng]
이기다

输
[shū]
나르다

前 前 前 前 前 前 前 前 前

221a

前
qián

앞 전

발/멈출 지 ⺀ → 止 53 [zhǐ] + 배주 月 → 舟 125 [zhōu] + 칼도 刂 = 刀 120 [dāo]

물살을 가르고(刂) 나아가는 배(舟)의 맨 앞에 서 있는 사람의 발(止)의 모습에서 시간과 공간과 순서에 있어서 '앞'이라는 뜻이 파생되었다.

* 칼(刂)은 자르는 도구로, 배가 나아갈 때 물을 양쪽으로 가르는 모습을 묘사하고 있다.

* 갑골문은 물살을 가르고 나아가는(行 60b) 배(舟)의 맨 앞에 서 있는 사람의 발(止)을 그려 놓았다.

前面[qiánmiàn] 앞, 앞쪽, 앞면 10
从前[cóngqián] 이전, 종전, 옛날 63g
前边[qiánbian] 앞 61a
面前[miànqián] 앞, 현재, 목전 10

以前[yǐqián] 이전, 예전 63j
目前[mùqián] 지금, 현재 11
眼前[yǎnqián] 눈앞, 현재, 가까운 곳, 부근 11g

221b

俞 俞 俞 俞 俞 俞 俞 俞 俞

俞
yú

대답 소리 유

합하다/삼합 집 亼 65 [jí] + 배 주 月→舟 125 [zhōu] + 칼 도 刂=刀 120 [dāo]

바람, 물결 등이 모아지는(亼) 상황이 배(舟)가 물살을 가르고(刂) 나아가기에 더욱 좋아지는 모습이다. 그러한 긍정적인 모습에서 허가나 승낙을 나타내는 대답 소리를 의미하게 되었다.

221c

愉 愉 愉 愉 愉 愉 愉 愉 愉 愉 愉

愉
yú

즐거울 유

마음 심 忄=心 28 [xīn] + 더욱/대답 소리 유 俞 221b [yù]

배가 나아가는 데 바람, 물결 등 모든 상황이 더욱(俞) 좋아지자 마음(忄)으로 즐거워하는 모습이다.

愉快[yúkuài] 유쾌하다, 기분이 상쾌하다 28d

221d

输 输 输 输 输 输 输 输 输 输 输 输 输

输
shū

[輸] 나를 수

수레 차 车 124 [chē] + 더욱/대답 소리 유 俞 221b [yù]

바람과 물결 등 모든 상황이 더욱(俞) 좋아져 배로 물건을 나르고 있음을 표현하기 위해 지상의 운송 수단인 수레(车)를 더하여 '나르다'는 뜻을 강조하였다.

运输[yùnshū] 운송하다 227a

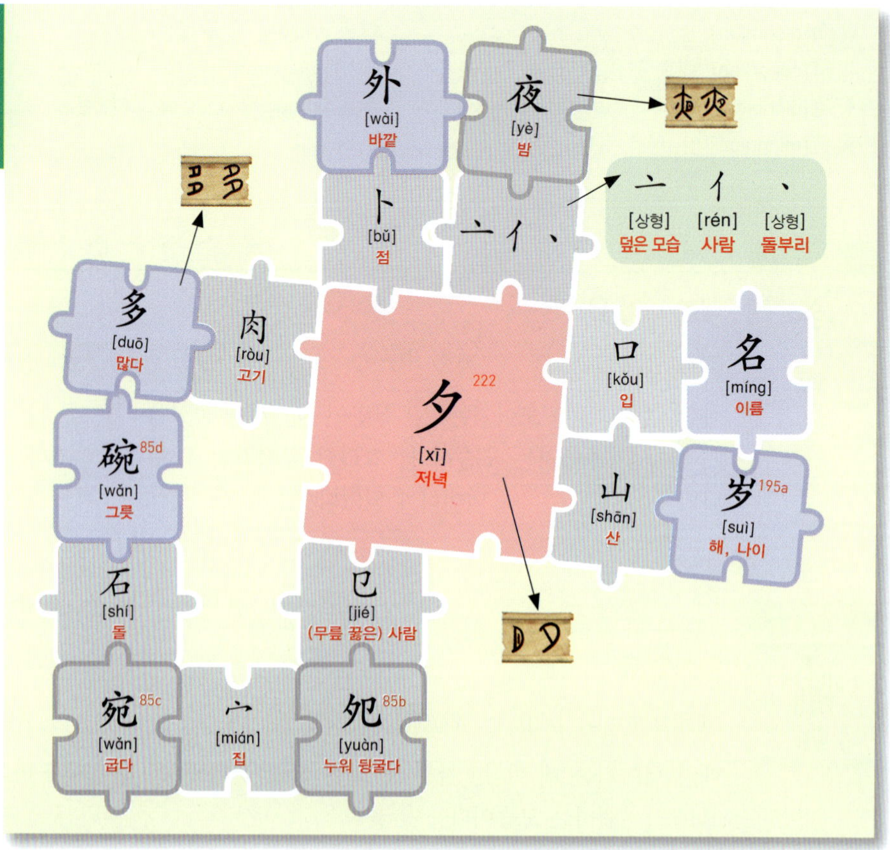

222 夕 夕 夕

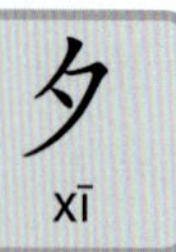

夕
xī

저녁 석

초승달을 본뜬 글자로 '저녁'을 의미한다.

222a 外 外 外 外 外

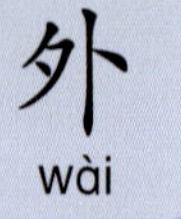

外
wài

바깥 외

저녁 석 夕 [xī] + 점 복 卜 127 [bǔ]

밤(夕)에 점(卜)을 치면 점쟁이와 귀신이 다 피곤해서 점이 바깥으로 빗나간다.

外边[wàibian] 밖, 바깥 61a

外国[wàiguó] 외국 20a

外语[wàiyǔ] 외국어 226c

除了…以外[chúle…yǐwài] ~을 빼고는, ~ 말고 146a 170a 63j

夜 夜 夜 夜 夜 夜 夜 夜

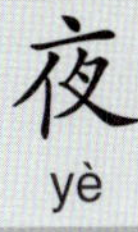

밤 야

夜 yè

덮은 모습 ⼇ [상형] + 사람 인 亻[68] [rén] + 뒤져올 치 夊[56] [zhǐ] + 돌부리 丶[상형]

어둠으로 뒤덮인(⼇) 밤에 사람(亻)이 돌부리(丶)에 걸릴까봐 천천히 걷는 (夊) 모습이다.

* 금문은 사람(大[74])의 몸에서 가장 음침하고 어두운 곳인 겨드랑이(丶)에 달(夕)이 들어 있는 모습으로 밤을 묘사했음을 알려 준다.

半夜[bànyè] 심야, 한밤중 175b

夜晚[yèwǎn] 밤, 야간 72b

名 名 名 名 名 名

이름 명

名 míng

저녁 석 夕 [xī] + 입구 口[16] [kǒu]

어두운 밤(夕)에는 이름을 불러야(口) 서로를 분간할 수 있다.

名字[míngzi] 이름 95b

有名[yǒumíng] 유명하다, 명성이 높다 39c

报名[bào//míng] 신청하다, 등록하다 34a

姓名[xìngmíng] 성명 208c

222

多 多 多 多 多 多

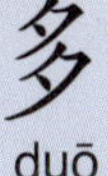

많을 다

多 duō

고기육 夕 → 月[221] → 肉[192] [ròu] + 고기육 夕 → 月[221] → 肉[192] [ròu]

고기(肉)를 잔뜩 포개 놓은 모습에서 '많다'는 뜻이 파생되었다. 또한 '수량 사 뒤에 붙여 확실치 않은 나머지'를 나타내는 접미사로도 사용된다.

* 옛 글자는 "夕"이 초승달이 아니라 고기의 모습임을 보여 준다.

多少[duōshao] 얼마, 몇 235a

多么[duōme] 얼마나, 어느 정도, 아무리 93a

许多[xǔduō] 매우 많다, 허다하다 118c

差不多[chàbuduō] 비슷하다, 대다수의, 거의 171b 223a

50多岁 쉰 살 남짓 222d 195a

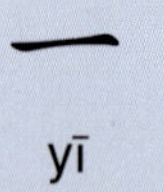

223

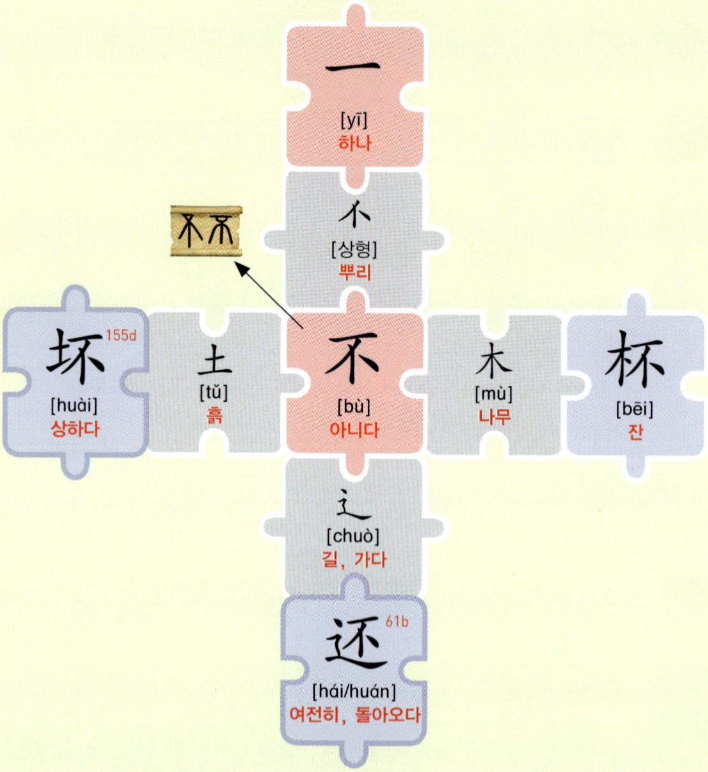

223

一

一 하나 일

yī

숫자를 나타내기 위해 선 하나를 그어 '하나, 1'의 뜻을 파생시켰다.

一点儿[yìdiǎnr] 조금, 약간 127d 69

一下[yíxià] 단시간에, (동사 뒤에 쓰여) 좀 ~하다, 시험삼아 해 보다 223g

一起[yìqǐ] 같이, 더불어, 함께 53d

一边[yìbiān] 한쪽, 한 편, 한 면 61a

一共[yígòng] 모두, 전부, 합계 43c

一样[yíyàng] 같다 171a

一切[yíqiè] 일체, 모든 120b

第一[dìyī] 제1, 최초, 첫째, 첫 번째 109b

一般[yìbān] 보통이다, 평범하다, 엇비슷하다 117c

一定[yídìng] 반드시, 일정한, 규칙적인 54e

一会儿[yíhuìr] 잠깐 동안, 잠시 66c 69

一直[yìzhí] 계속, 줄곧, 곧장 12

一些[yìxiē] 약간, 몇, 얼마간 88h

494

一…就…[yī…jiù…] 전후의 두 가지 상황이 곧바로 이어짐을 나타냄 80b
一块儿[yíkuàir] 동일한 장소, 함께 76b 69

223a

不 不 不 不

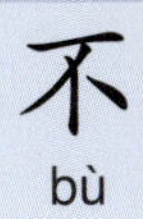

不 bù **아닐** 불

땅 一 [상형] + 뿌리 亅 [상형]

대지(一)를 뚫고 나오지 못한 식물 뿌리(亅)의 모습에서 '아니다'라는 부정의 의미가 파생되었다.

＊ "不"을 여기에서 다루는 이유는 "하나 일 一[yī]"가 부수이기 때문이다.

不客气[bú kèqi] 사양하지 않다, 체면 차리지 않다 57b 204
对不起[duìbuqǐ] 미안합니다, 죄송합니다 40c 53d
不但…而且…[búdàn…érqiě…] ~뿐만 아니라 게다가 218b 9 224
不如[bùrú] ~만 못하다, ~하는 편이 낫다 96g 不错[búcuò] 좋다, 괜찮다, 맞다 199b
不久[bùjiǔ] 머지않아, 곧, 오래되지 않다 72g 不同[bùtóng] 같지 않다, 다르다 148b
不用[búyòng] ~할 필요 없다, 사용하지 않다 166 不要[búyào] 필요치 않다, ~하지 마라 168b

223b

杯 杯 杯 杯 杯 杯 杯 杯

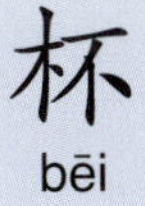

杯 bēi **잔** 배

나무 목 木²¹⁰ [mù] + 아닐 불 不²²³ᵃ [bù]

고대에 서민들이 사용하던 나무(木)로 만든 술잔을 나타내기 위해 "不"을 발음기호로 더하여 '잔'의 뜻을 파생시켰다.

杯子[bēizi] 잔, 컵 95 干杯[gān//bēi] 건배하다, 잔을 비우다 118

223

495

一

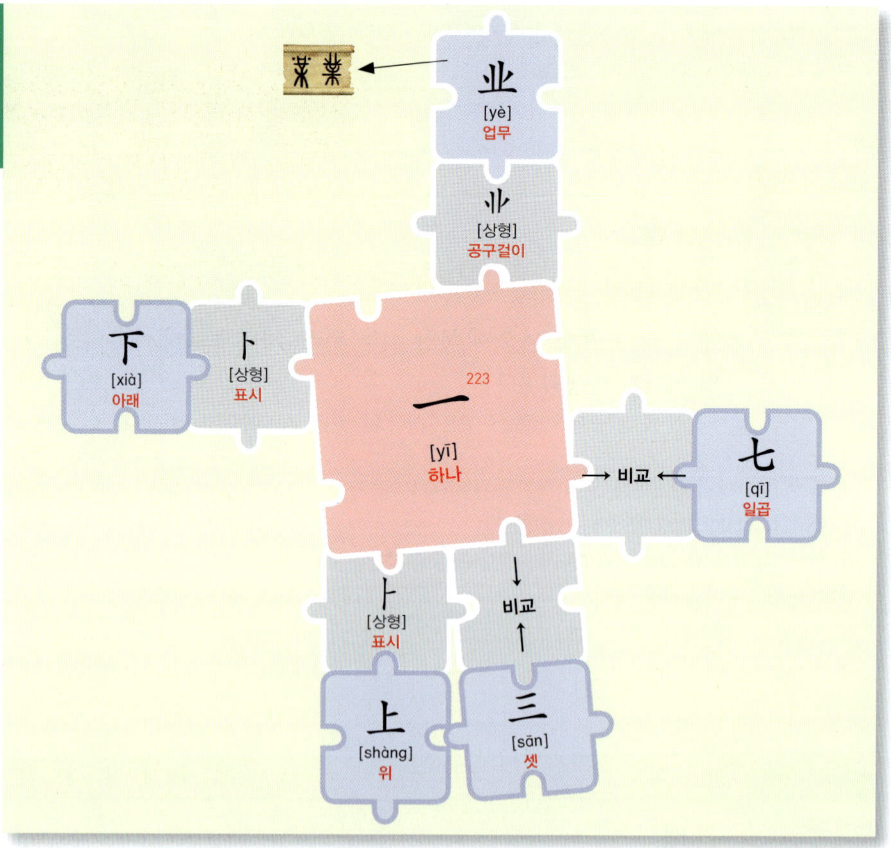

223

223c

业 业 业 业 业

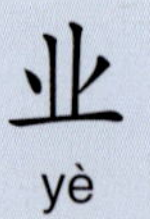

业 yè

[業] **직업 업**

공구걸이 业 [상형] + 지지 판 一 [상형]

지지 판(一) 위의 공구걸이(业)에 공구를 걸어 놓은 모습에서 '업무'의 뜻이 파생되었다.

* 옛 글자는 걸이(业) 아래 악기가 걸려 있는 모습으로, 습득이 필요한 업무를 묘사하고 있다.

作业[zuòyè] 숙제, 과제 234b
农业[nóngyè] 농업 130c
业务[yèwù] 업무 159f
工业[gōngyè] 공업 203
商业[shāngyè] 상업, 비즈니스 103c

223d

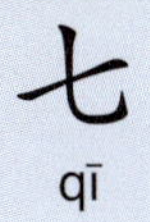

七 七

七 qī

일곱 칠

"열 십 十[232][shí]"의 아랫부분을 구부려 십(十)에서 조금 모자라는 '일곱, 7' 을 표현하였다.

223e

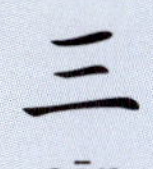

三 三 三

三 sān

셋 삼

숫자를 나타내기 위해 선 세 개를 그어 '셋, 3'의 뜻을 파생시켰다.

223f

上 上 上

上 shàng

위 상

표시 丨 [상형] + 기준선 一 [상형]

기준이 되는 선(一) 위에 표시(丨)를 한 모습이다.

上午[shàngwǔ] 오전 118b
晚上[wǎnshang] 저녁, 밤 72b
马上[mǎshàng] 곧, 즉시, 바로 176
上边[shàngbian] 위쪽, 위 61a
上来[shàng//lái] 올라오다 210k

上班[shàng//bān] 출근하다 120f
早上[zǎoshang] 아침 218e
上网[shàng//wǎng] 인터넷을 하다, 인터넷을 연결하다 165
上课[shàng//kè] 수업을 듣다, 강의하다 210h
上去[shàng//qù] 올라가다, 오르다, 가다 94

223

223g

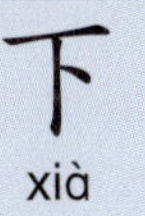

下 下 下

下 xià

아래 하

기준선 一 [상형] + 표시 丨 [상형]

기준이 되는 선(一) 아래에 표시(丨)를 한 모습이다.

下午[xiàwǔ] 오후 118b
一下[yíxià] 단시간에, (동사 뒤에 쓰여) 좀 ~하다, 시험삼아 해 보다 223
下边[xiàbian] 아래쪽 61a
下来[xià//lái] 내려오다 210k

下雨[xià yǔ] 비가 오다(내리다) 205
下课[xià//kè] 수업을 마치다 210h
下去[xià//qù] 내려가다 94

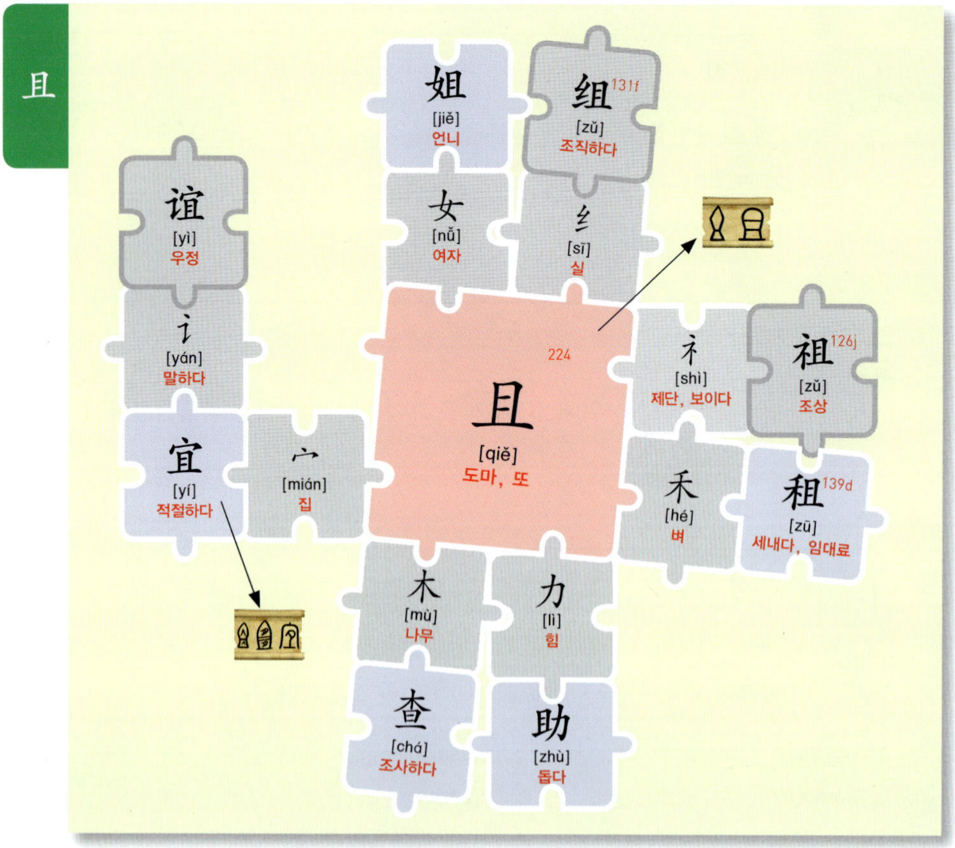

姐 [jiě] 언니

组 131f [zǔ] 조직하다

谊 [yì] 우정

女 [nǚ] 여자

纟 [sī] 실

讠 [yán] 말하다

礻 [shì] 제단, 보이다

祖 126j [zǔ] 조상

224

且 [qiě] 도마, 또

宜 [yí] 적절하다

宀 [mián] 집

禾 [hé] 벼

租 139d [zū] 세내다, 임대료

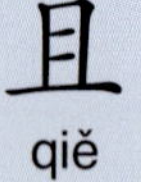

木 [mù] 나무

力 [lì] 힘

查 [chá] 조사하다

助 [zhù] 돕다

且 丆 且 且 且

且
qiě

또 차

제사상에 올릴 고기를 썰어 도마(一)에 겹겹이 쌓아 놓은 모습으로, 도마에 고기가 겹겹이 쌓인다는 의미에서 '또'의 뜻이 파생되었다.

* "且"를 여기에서 다루는 이유는 "하나 일 一223[yī]"가 부수이기 때문이다.

而且[érqiě] 게다가, 뿐만 아니라, 또한 9   并且[bìngqiě] 그리고, 게다가, 아울러 122

224a

姐
jiě

누이 저

여자 녀 女[96] [nǚ] + 도마/또 차 且 [qiě]

도마(且)에 고기가 겹겹이 쌓여 있는 것처럼, 나이가 쌓인 여자(女)란 형제 가운데 나이가 많은 '언니'를 의미한다.

小姐[xiǎojiě] 아가씨, 젊은 여자 235 　　　　姐姐[jiějie] 누나, 언니

224b

助
zhù

도울 조

도마/또 차 且 [qiě] + 힘 력 力[159] [lì]

도마(且)에 고기가 겹겹이 쌓여 있는 것처럼, 여러 사람이 합쳐 힘(力)을 보태는 모습에서 '돕다'는 뜻이 파생되었다.

帮助[bāngzhù] 돕다, 도움 209b

224c

查
chá

조사할 사

나무 목 木[210] [mù] + 도마/또 차 且 [qiě]

도마(且)에 고기가 겹겹이 쌓여 있는 것처럼, 겹쳐서 뗏목을 만들 수 있는 곧은 재목인지 나무(木)를 조사하는 모습이다.

＊ 아랫부분의 "아침 단 旦[218a][dàn]"은 옛 글자를 보면 도마(且)의 모습임을 알 수 있다.

检查[jiǎnchá] 검사하다, 조사하다, 검토하다 67b 　　调查[diàochá] (현장에서) 조사하다 152b

224

224d

宜
yí

마땅할 의

집 면 宀[141] [mián] + 도마/또 차 且 [qiě]

집(宀)에서 도마(且)에 고기를 겹겹이 쌓아 놓고 제사를 지내는 모습으로, 그처럼 조상신을 섬기는 것은 적절한 행동이라는 의미를 가지고 있다.

便宜[piányi] 값이 싸다, 헐값이다 35d

224e

谊 谊 谊 谊 谊 谊 谊 谊 谊 谊

谊
yì

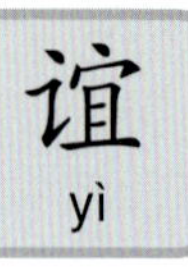

[誼] 우의 의

말할 언 讠=言[23] [yán] + 마땅할 의 宜[224d] [yí]

가까운 친구일수록 적절한(宜) 말(讠)로 예의를 지켜야 우정이 더욱 돈독해진다.

友谊[yǒuyì] 우의, 우정 34d

丁

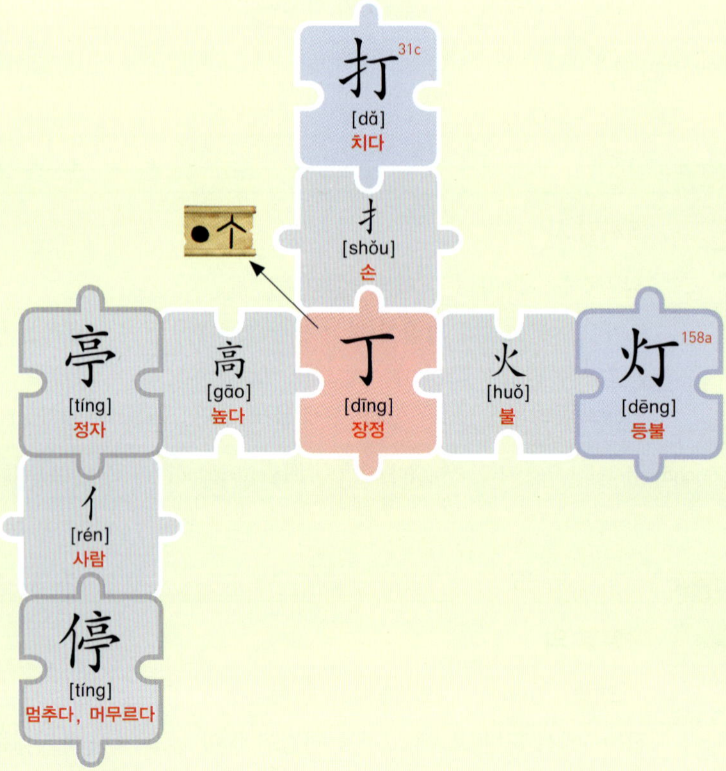

打 31c [dǎ] 치다
扌 [shǒu] 손
●个
亭 [tíng] 정자
高 [gāo] 높다
丁 [dīng] 장정
火 [huǒ] 불
灯 158a [dēng] 등불
亻 [rén] 사람
停 [tíng] 멈추다, 머무르다

225

225　丁 丁

丁 dīng

장정 정

못(丨)의 대가리(一)를 강조한 모습이다. 대가리가 크다는 것은 못으로써 힘을 쓰기가 쉽다는 것이므로, 머리(一)가 다 자라 힘을 쓸(丨) 수 있는 '성인 남자'를 가리키게 되었다.

* "丁"을 여기에서 다루는 이유는 "하나 일 一[223][yī]"가 부수이기 때문이다.

225a　亭 亭 亭 亭 亭 亭 亭 亭 亭

亭 tíng

정자 정

높을고 高[5][gāo]　+　못/장정 정 丁 [dīng]

전망 좋은 곳에 자리 잡은(丁), 기둥을 높이(高) 올려 지은 정자의 모습이다.

* 발음기호인 "丁"은 못을 박아 '안정'시킨다는 의미가 있으므로, '자리 잡고 앉아 있음'을 묘사하고 있다.

* "高"가 다른 글자와 합해지면서 조형미를 위해 아랫부분이 생략되었다.

亭子[tíngzi] 정자 95

225b　停 停 停 停 停 停 停 停 停 停

停 tíng

멈출 정

사람 인 亻[68][rén]　+　정자 정 亭 [225a][tíng]

사람(亻)이 정자(亭)에 머물러 쉬고 있는 모습에서 '멈추다, 머무르다'의 뜻이 파생되었다.

停止[tíngzhǐ] 정지하다, 멈추다 53

501

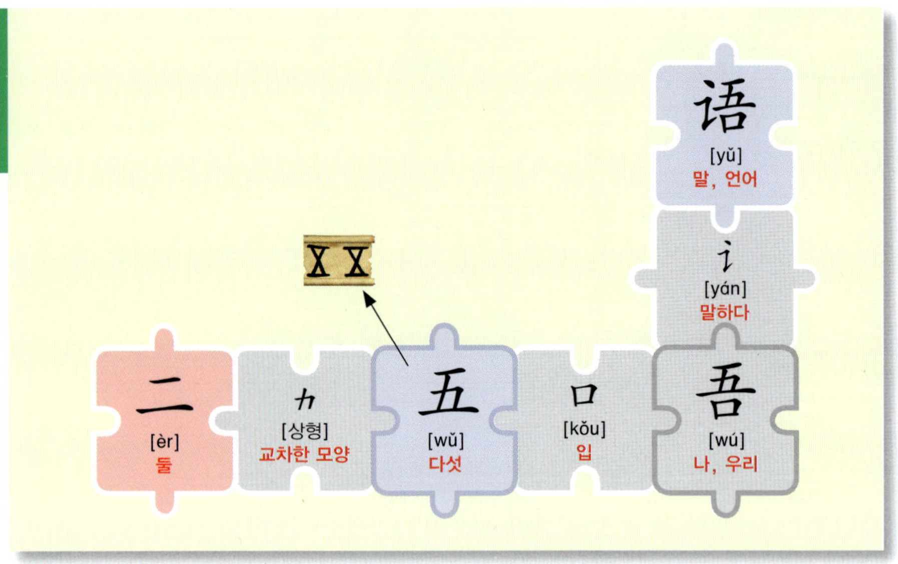

226

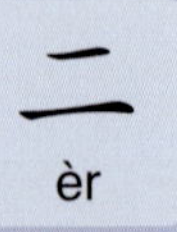

二 二

二 [èr]

둘 이

숫자를 나타내기 위해 선 두 개를 그어 '둘, 2'의 뜻을 파생시켰다.

226a

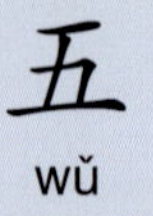

五 五 五 五

五 [wǔ]

다섯 오

하늘과 땅 二 [상형] + 교차한 모양 ㄏ [상형]

하늘과 땅을 상징하는 두 개의 선(二) 사이를 교차(ㄏ)하며 연결한 모양으로 천지간의 자연을 묘사하였다. 그러한 자연에는 다섯 가지 기본 물질이 있다는 사상에서 '다섯, 5'의 뜻이 파생되었다.

* 옛 글자는 천지를 상징하는 두 개의 선(二)을 "X"자로 연결한 모습이다.
* 동양 철학인 음양오행 사상에서는 자연을 유지시키는 다섯 가지 기본 물질로 물(水200), 불(火158), 나무(木210), 금속(金199), 흙(土155)이 있다고 말한다.

226b

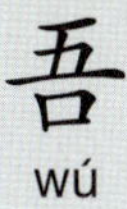

吾 吾 吾 吾 吾 吾 吾

吾
wú

나 오

다섯오 五²²⁶ᵃ [wǔ] + 입구 口¹⁶ [kǒu]

천지간의 다섯(五) 가지 기본 물질을 다스리는 신에게 자신의 행복을 비는 (口) 모습에서 '나, 우리'의 뜻이 파생되었다.

* "口"는 복을 비는 입을 묘사하고 있다.

226c

语 语 语 语 语 语 语 语

语
yǔ

[語] 말 어

말할언 讠 = 言²³ [yán] + 나오 吾²²⁶ᵇ [wú]

자연을 다스리는 신에게 각자 자신(吾)의 언어로 기도(讠)하는 모습이다.

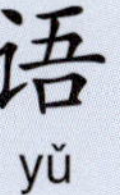

汉语[Hànyǔ] 중국어, 한어 34g	语法[yǔfǎ] 어법 94b
语言[yǔyán] 언어 23	法语[Fǎyǔ] 프랑스 어 94b
口语[kǒuyǔ] 구어, 구두어 16	日语[Rìyǔ] 일본어 218
外语[wàiyǔ] 외국어 222a	英语[Yīngyǔ] 영어 78a
词语[cíyǔ] 단어, 어구, 어휘 16g	

226

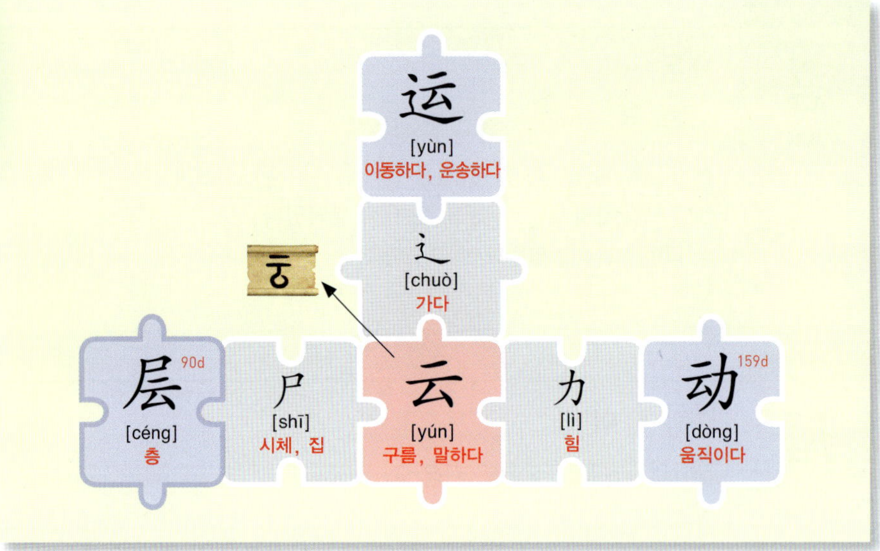

227

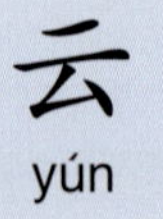

云云云云

云
yún

[雲, 云] **구름**운, **말할**운

하늘에 **구름**이 둥둥 떠 있는 모습으로, 떠다니는 구름은 비를 예고하는 것
이므로 '**말하다**'는 뜻도 갖게 되었다.

* "云"을 여기에서 다루는 이유는 "둘 이 二226[èr]"이 부수이기 때문이다.

227a

运运运运运运运

运
yùn

[運] **옮길**운

구름운 云 [yún] ＋ 갈착辶 61 [chuò]

구름(云)이 바람 부는 데로 이리저리 떠다니는(辶)
모습에서 '**이동하다, 운송하다**'는 뜻이 파생되었다.

运动[yùndòng] 운동, 스포츠, 운동하다 159d   运输[yùnshū] 운송하다 221d

228

井 jǐng

井 亍 井 井

우물 정

각목이나 돌을 짜 맞춰서 수직으로 파 내려간 우물의 틀을 묘사한 글자이다.

* "井"을 여기에서 다루는 이유는 "둘 이 二226[èr]"이 부수이기 때문이다.

228a

讲 jiǎng

讲 讲 讲 讲 讲 讲

[講] 논할 강

말할언 讠 = 言23[yán] + 우물정 井 [jǐng]

각목이나 돌을 짜 맞춰서 우물(井)을 파 내려가듯이, 말(讠)을 짜 맞추며 (井) 앞뒤가 맞게 설명하는 모습이다.

讲座[jiǎngzuò] 강좌 155c   讲话[jiǎng//huà] 발언, 연설, 말하다, 발언하다 22b

228b

进 jìn

进 进 进 井 进 进 进

[進] 나아갈 진

우물정 井 [jǐng] + 갈착 辶61[chuò]

갈증에 지친 사람이 우물(井)을 향해 앞으로 달려가는(辶) 모습에서 '나아가다'의 뜻이 파생되었다.

进行[jìnxíng] 진행하다, 전진하다 60b   进来[jìn//lái] 들어오다 210k
进去[jìn//qù] 들어가다 94

505

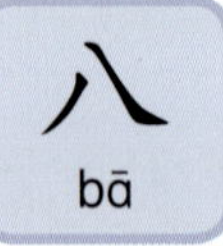

八

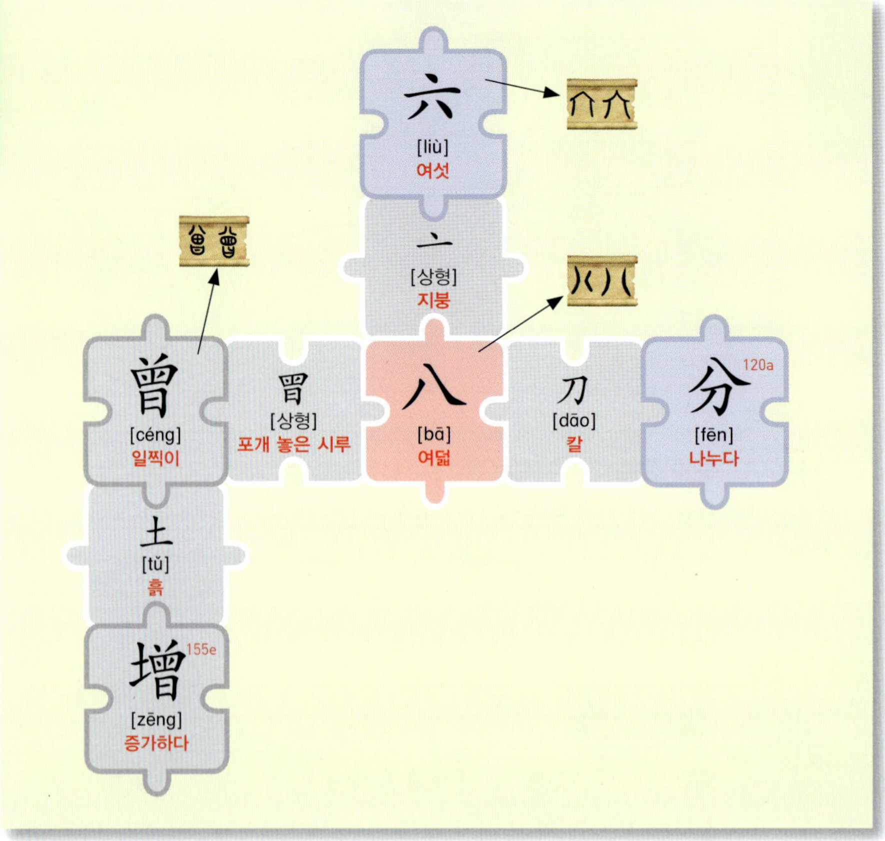

229

229　　八 八

八
bā

여덟 팔

대칭을 이루며 양쪽으로 나눠진 모양으로 '나누다'는 기본 의미를 가지고 있다. 또한 계속해서 나누어(八)지는 수라는 의미에서 '팔, 8'의 뜻도 파생되었다.

* 글자의 모양을 뒤집어서(丷) '신의 축복이 하늘에서 내려오는 모습'을 의미하기도 한다.

229a

六 六 六 六

여섯 **륙**

六
liù

지붕(亠¹)과 기둥(八)을 묘사한 집의 모양을 나타내는 글자였으나, 점차 숫자 '여섯, 6'을 뜻하게 되었다.

＊ 옛 글자는 지붕(宀141)의 모양이 머리(亠)로 바뀌었음을 보여 준다.

229b

曾 曾 曾 曾 曾 曾 曾 曾 曾 曾 曾 曾 曾

일찍 **증**

曾
céng

여덟 팔 ⌣ → 八 [bā]　＋　포개 놓은 시루 胃　[상형]

아래의 '물을 끓이는 솥(曰)'과 위의 '바닥에 증기가 올라오는 구멍이 뚫린 솥(罒)'을 포개 놓은 시루(胃)에서, 증기가 위로 빠져나가는(八) 모습이다. 그러한 시루에서 뜨거운 증기로 음식을 익힌다는 것은 이미 물이 끓고 있다는 것이므로 '일찍이'라는 뜻도 파생되었다.

＊ 이 글자에서 "⌣" 처럼 생긴 글자는 증기가 빠져나가는 모습이다.

不曾 [bùcéng] 일찍이 ~한 적이 없다 223a

229

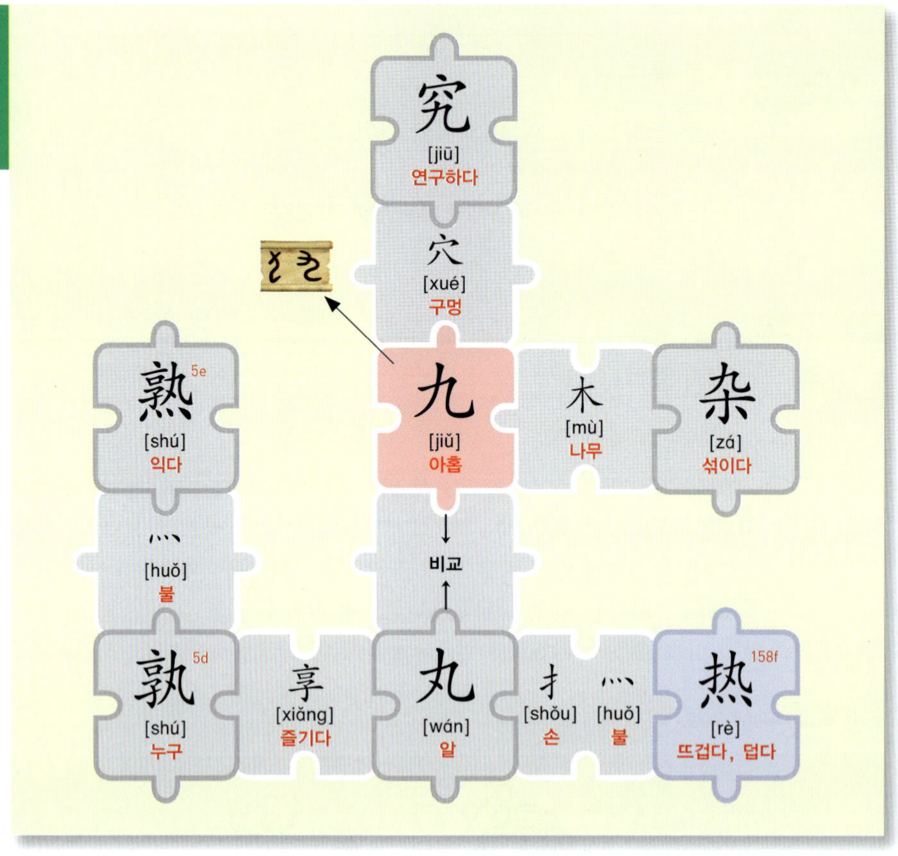

九 jiǔ

아홉 구

손(ナ³⁹)의 마지막 부분을 굴곡진(乚) 모양으로 묘사하여, 손(ナ)으로 셀
수 있는 십진수의 마지막(乚) 숫자인 '아홉, 9'를 나타냈다.

230a

연구할 구
究
jiū

구멍 혈 穴[142] [xué] + 아홉 구 九 [jiǔ]

굴(穴)을 파듯이 한 분야를 깊이(九) 연구하는 모습이다.

* "九"는 십진수의 마지막 숫자로, 끝까지 깊이 들어갔음을 강조하고 있다.

研究[yánjiū] 연구하다, 논의하다 197d   研究所[yánjiūsuǒ] 연구소 197d 144a

230b

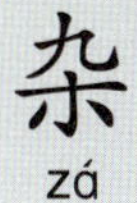

[雜] **섞일** 잡
杂
zá

아홉 구 九 [jiǔ] + 나무 목 木[210] [mù]

다양한(九) 색깔이 섞여 있는 아름다운 깃털을 가진 새가 나무(木) 위에 앉아 있는 모습이다.

* 번체자(雜)는 나무(木) 위의 새(隹[178])가 다양한 색깔이 섞여 있는 옷(衣[130])으로 치장하고 있는 모습이다.

复杂[fùzá] 복잡하다 56d   杂志[zázhì] 잡지 104c
杂技[zájì] 잡기, 곡예, 서커스 51a

230

230c

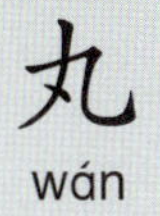

알 환
丸
wán

사람이 엎드려 절을 할 때 등이 둥그렇게 말려 있는 모습에서 '알'의 뜻이 파생되었다.

* "아홉 구 九[jiǔ]"와는 관계없는 글자이다.

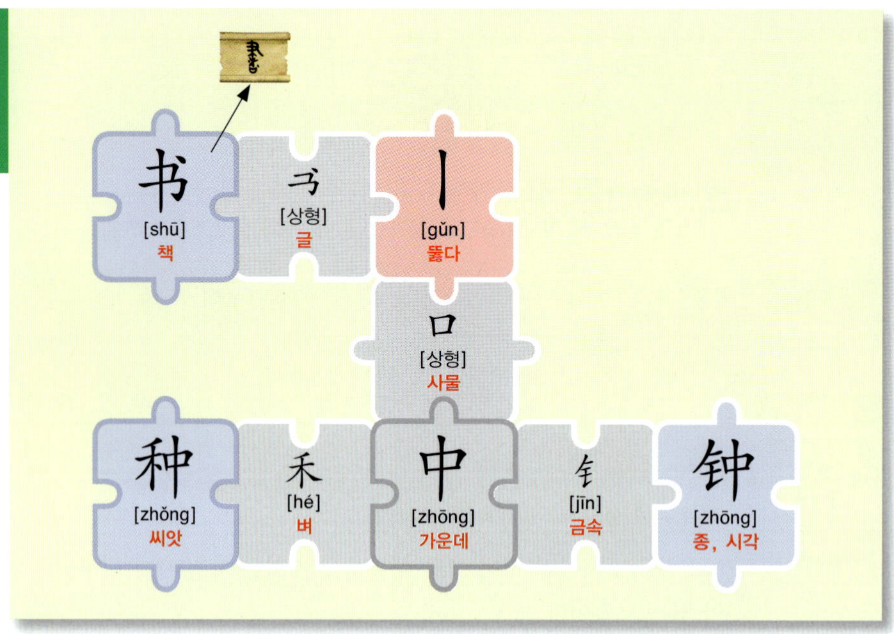

231

丨
gǔn

뚫을 곤

수직선 모양으로 위와 아래를 관통시킨 모습이다.

中
zhōng

가운데 중

사물 口 [상형] + 뚫을곤 丨 [gǔn]

사물(口)의 가운데를 관통(丨)시킨 모습이다. 중국이 세계의 중심이라는 의미에서 '중국'의 뜻도 갖게 되었다. 또한, 동작의 가운데에 있다는 의미에서 동사 뒤에 쓰여 동작이 진행 중임을 나타내는 데도 사용되며, 이때 주로 동사 앞에는 "있을 재 在[32a][zài]"가 놓인다.

中国[Zhōngguó] 중국 20a   中午[zhōngwǔ] 정오 118b
中间[zhōngjiān] 중간, 중심, 가운데 145c   中文[Zhōngwén] 중국의 언어와 문자 133

中学[zhōngxué] 중등학교, 중·고등학교 95a

其中[qízhōng] 그중 44

中心[zhōngxīn] 한가운데, 중심, 센터 28

集中[jízhōng] 집중하다 178a

第二号大桥在建设中。 제2대교를 짓는 중이다. 109b 226 16c 74 77c 32a 38b 117e 231a

---

231b

钟钟钟钟钟钟钟钟钟

钟
zhōng

[鐘] 종 종

쇠금 钅=金[199] [jīn] + 가운데 중 中[231a] [zhōng]

금속(钅)으로 만든 종을 종탑의 한가운데(中)에 걸어 놓은 모습이다. 옛날에 관청에서 종소리로 시간을 알리는 모습에서 '시계, 시간'의 뜻도 파생되었다.

分钟[fēnzhōng] 분 120a

钟头[zhōngtóu] 시간 75

231c

种种种种种种种种种

种
zhǒng

[種] 씨앗 종

벼화 禾[139] [hé] + 가운데 중 中[231a] [zhōng]

씨앗은 농작물(禾)의 중심(中)이라고 할 수 있다. 또한 같은 씨앗에서 나오는 작물은 항상 같은 종류이므로 생물의 기본 분류 단위인 '종'이라는 뜻도 파생되었다.

各种[gè zhǒng] 각종의, 갖가지의 57

种子[zhǒngzi] 종자, 열매, 씨 95

231

231d

书书书书

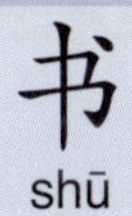

书
shū

[書] 책 서

글 彐 [상형] + 붓 丨 [상형]

붓(丨)으로 글(彐)을 쓰는 모습으로, 그러한 글이 모여 책이 된다는 의미를 가지고 있다.

* 번체자(書)는 벼루(曰[상형])에 담긴 먹물에 붓(聿[38])을 적시어 글을 쓰는 모습이다.

图书馆[túshūguǎn] 도서관 206f 193c

书包[shūbāo] 책가방 47

读书[dú//shū] 독서하다, 공부하다, 학교를 다니다 75d

书店[shūdiàn] 서점 127b

十

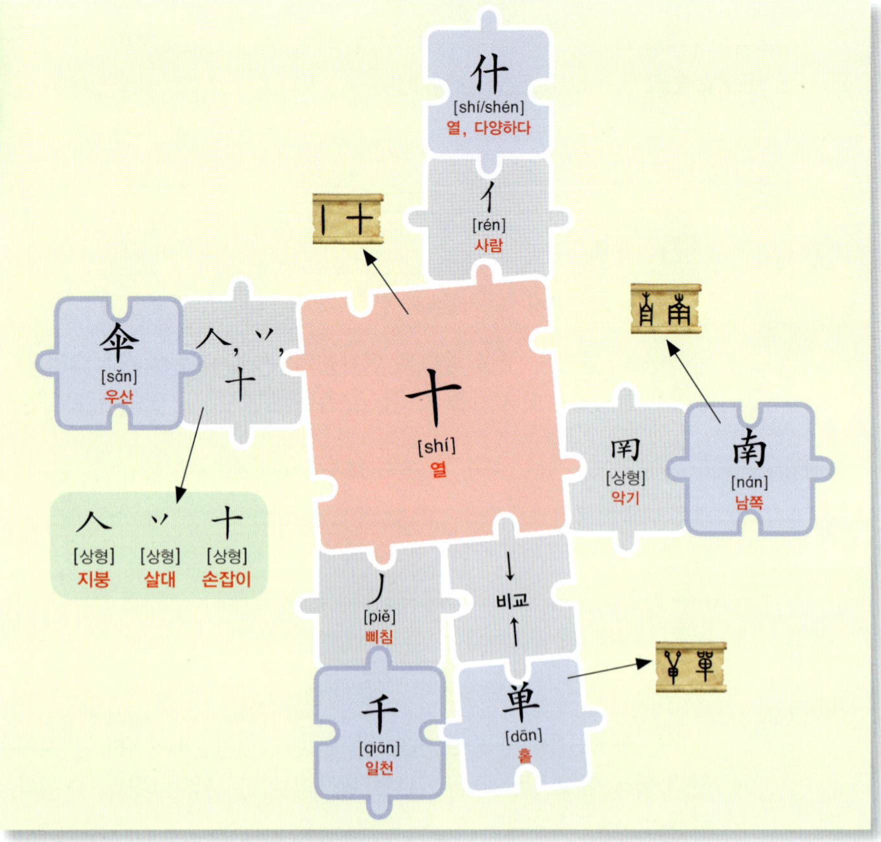

232 十十

十
shí

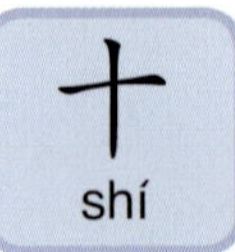

열 십

숫자 '열, 10'을 표기하기 위해 처음엔 세로로 그은 선(丨)을 사용했으나, 점차 혼동을 피하기 위해 중간에 가로로 그은 선(一)을 더하였다.

十分[shífēn] 매우, 대단히, 충분히 120a

232a

什 什 什 什

什
shí/shén

[什, 甚] **열 사람** 십, **무엇** 심

사람인 亻[68] [rén] + 열십 十 [shí]

열(十) 명의 **다양한** 사람(亻)이 한 조를 이루었다는 의미를 가지고 있다. 또한 분수 또는 배수를 나타낼 때 '열'의 뜻으로도 사용된다. 발음이 바뀌면서 단어를 구성하는 '의미상으로 더 이상 분석할 수 없는 언어의 단위'인 형태소로도 사용된다.

什九[shíjiǔ] 십 분의 구 230

什么[shénme] 무엇 93a

什百[shíbǎi] 10배, 100배 134a

为什么[wèi shénme] 왜, 무엇 때문에 159c 93a

232b

南 南 南 南 南 南 南 南 南

南
nán

남녘 남

거는 장식 十 [상형] + 악기 凷 [상형]

중국 남방에서 쓰이던 걸어 놓을 수 있도록 장식(十)이 되어 있고 두드리면 맑은 소리가 나는 악기(凷)의 모습에서 '남쪽'의 뜻을 갖게 되었다.

南边[nánbiān] 남쪽 61a

南方[nánfāng] 남쪽 지방 160

232

232c

单 单 单 单 单 单 单 单

单
dān

[單] **홑** 단

끝이 두 갈래로 갈라진 방어 겸 공격용 무기인 방패(방패 간 干[118] [gān])에 칼을 달아 놓은 모습으로, 이것 하나만 있으면 사냥이 가능하다는 의미를 가지고 있다.

菜单[càidān] 식단, 차림표 33e

简单[jiǎndān] 간단하다, 단순하다 145d

232d

일천 천

빼침별 丿 [234] [piě] + 열십 十 [shí]

숫자 '천'을 표시하기 위해 "十" 위에 한 획(丿)을 그어 십의 백 배에 해당하는 큰 숫자를 만들었다.

* "丿"은 의미가 없는 글자로 다양한 해석이 가능하다.

232e

[傘] **우산** 산

지붕 人 [상형] + 살대 丷 [상형] + 손잡이 十 [상형]

펼친 우산의 지붕(人)과 뼈대(丷) 그리고 손잡이(十)의 모양을 본뜬 글자이다.

雨傘[yǔsǎn] 우산 205

232

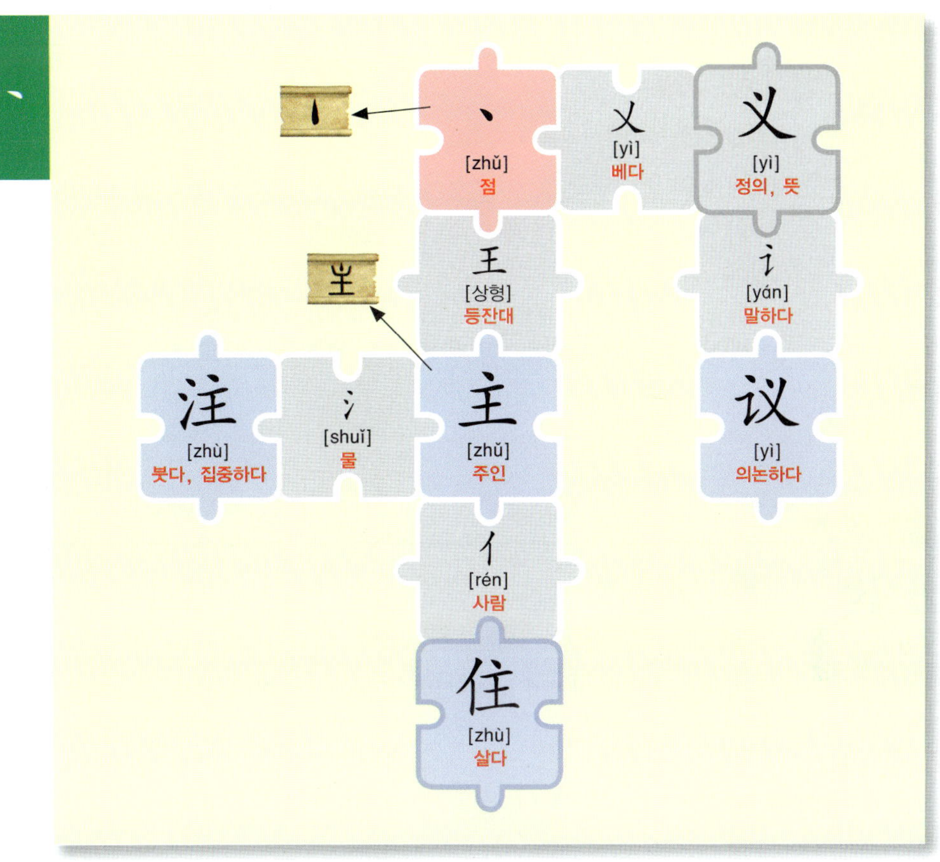

233

점 주

`丶` zhǔ

단순하게 '점'을 찍은 모양이다.

* 번체자를 간체화 하는 과정에서 복잡한 글자를 줄일 때 기본 글자를 대신하는 부호로 많이 사용된다.

233a

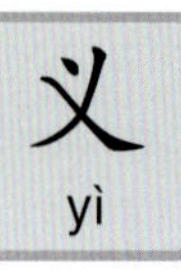

义
yì

[義] 옳을 의

희생제물 丶 [상형] + 벨 예 乂 [yì]

신에게 바칠 희생제물(丶)을 도구로 잡는 것(乂)을 부호로 묘사하였다. 그 처럼 제물을 바쳐 신의 뜻을 묻는 모습에서 '올바른, 의미'의 뜻이 파생되었다.

* 이 글자에서 "乂[yì]"는 풀을 베거나 살아 있는 동물을 죽였음을 "X"로 표시한 것이다.
* 번체자(義)는 희생제물인 양(羊[171])을 톱니 달린 창(我[113b])으로 잡는 모양이다.

意义[yìyì] 의의, 의미, 뜻 24b

233b

议
yì

[議] 의논할 의

말할 언 讠=言[23] [yán] + 옳을 의 义[233a] [yì]

신의 뜻(义)이 무엇인지 어떤 길이 옳은(义) 것인지 함께 모여 의논(讠)하는 모습이다.

会议[huìyì] 회의 66c

233

233c

主
zhǔ

주인 주

불꽃 丶 [상형] + 등잔대 王 [상형]

등잔대(王) 위에서 타고 있는 등불(丶)의 모양으로, 캄캄한 밤중에 등불은 모든 사물의 중심이 된다는 의미에서 '주인'의 뜻이 파생되었다.

* "임금 왕 王[108][wáng]"처럼 생긴 글자는 등잔대의 모습으로, 모양만 같을 뿐 임금과는 관련이 없다.

主要[zhǔyào] 주요한, 주된 168b   主意[zhǔyì] 방법, 생각, 아이디어 24b
主人[zhǔrén] 주인 63   主张[zhǔzhāng] 주장하다, 주장, 견해 102a

233d

住住住住住住住

살 주

住
zhù

사람 인 亻 [68] [rén] + 등불/주인 주 主 [233c] [zhǔ]

저녁이 되면 집 안에 등불(主)을 밝히고 사는 사람(亻)들의 모습에서 '살다'
는 뜻이 파생되었다.

住院[zhù//yuàn] 입원하다 71b
我住在首尔。 나는 서울에 산다. 113b 233d 32a 7 73

233e

注注注注注注注注

부을 주

注
zhù

물 수 氵 [201] [shuǐ] + 등불/주인 주 主 [233c] [zhǔ]

등불(主)이 꺼지지 않도록 등잔에 기름(氵)을 붓는 모습이다. 등불(主)이
꺼지지 않도록 기름(氵)을 계속 공급하듯 한 가지 일에 정신을 계속 쏟는다
는 의미에서 '집중하다'의 뜻도 가지고 있다.

注意[zhùyì] 주의하다, 조심하다 24b
注册[zhùcè] (기관·학교 등에) 등록하다, 등기하다 217
注射[zhùshè] 주사하다, 주사를 놓다 27b

233

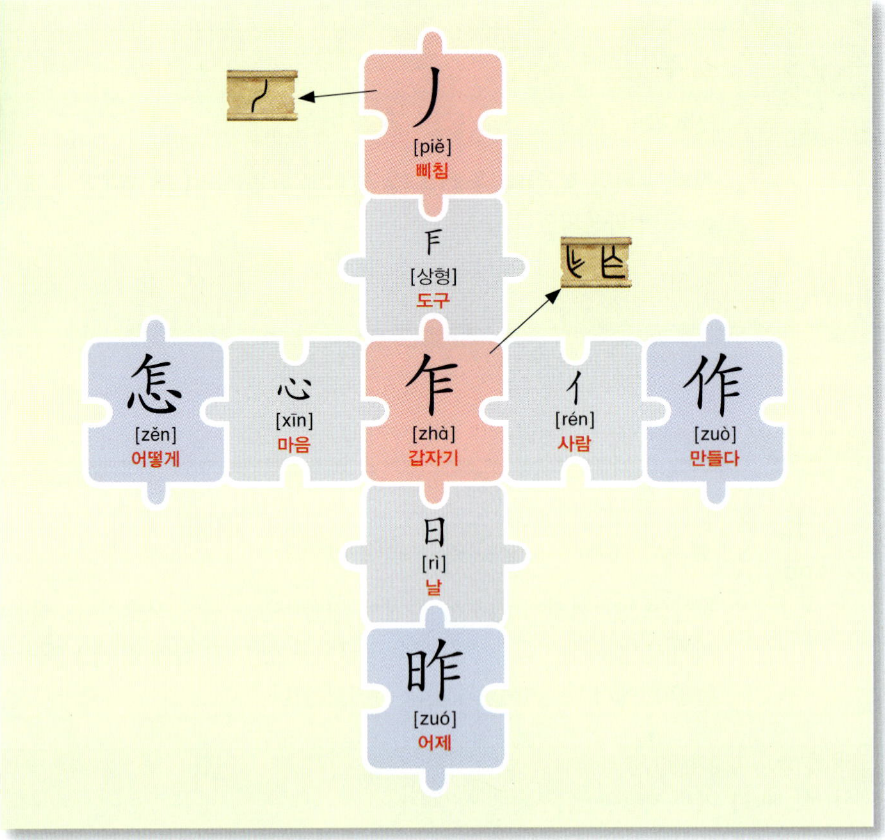

234

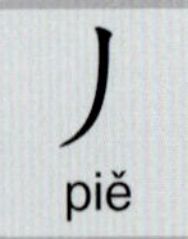

삐침 별

ノ piě

단순하게 오른쪽 위에서 왼쪽 아래로 삐쳐 내린 모양이다.

234a

갑자기 사

乍 zhà

도구(乍)로 농작물을 베는 사람(ノ→人[63])의 모습으로, 한 해 동안 자란 작물을 갑자기 자른다는 의미를 가지고 있다.

＊ "乍"를 여기에서 다루는 이유는 "삐침 별 ノ [piě]"가 부수이기 때문이다.

518

作 作 作 作 作 作 作

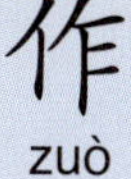

作
zuò

지을 작

사람 인 亻[68] [rén] + 잠깐 사 乍[234a] [zhà]

도구로 농작물을 베는 사람의 모습인 "乍"가 '갑자기'란 뜻으로 쓰이자, 일을 하는 주체인 사람(亻)을 더하여 '짓다, 만들다, 일하다'는 뜻을 강조하였다.

工作[gōngzuò] 직업, 근무, 일하다 203   作业[zuòyè] 숙제, 과제 223c

昨 昨 昨 昨 昨 昨 昨 昨 昨

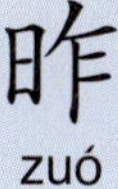

昨
zuó

어제 작

날/해 일 日[218] [rì] + 잠깐 사 乍[234a] [zhà]

'세월이 화살 같다'는 말처럼, 지나간 시간은 빠르게 느껴진다. 그렇게 갑자기(乍) 지나간 날(日)이라는 의미에서 '어제'의 뜻이 파생되었다.

昨天[zuótiān] 어제 74b

怎 怎 怎 怎 怎 怎 怎 怎 怎

234

怎
zěn

어찌 즘

잠깐 사 乍[234a] [zhà] + 마음 심 心[28] [xīn]

갑자기(乍) 지나간 세월을 회상(心)하며 자신에게 되묻는 모습에서 '어떻게'의 뜻이 파생되었다.

* "心"은 감정이나 특성을 나타내므로 회상하는 마음의 상태를 표현했다.

怎么[zěnme] 어떻게, 어째서, 왜 93a
怎么样[zěnmeyàng] 어떻다, 어떠하다(주로 의문문으로 쓰임) 93a 171a
怎样[zěnyàng] 어떠하냐, 어떻게 171a

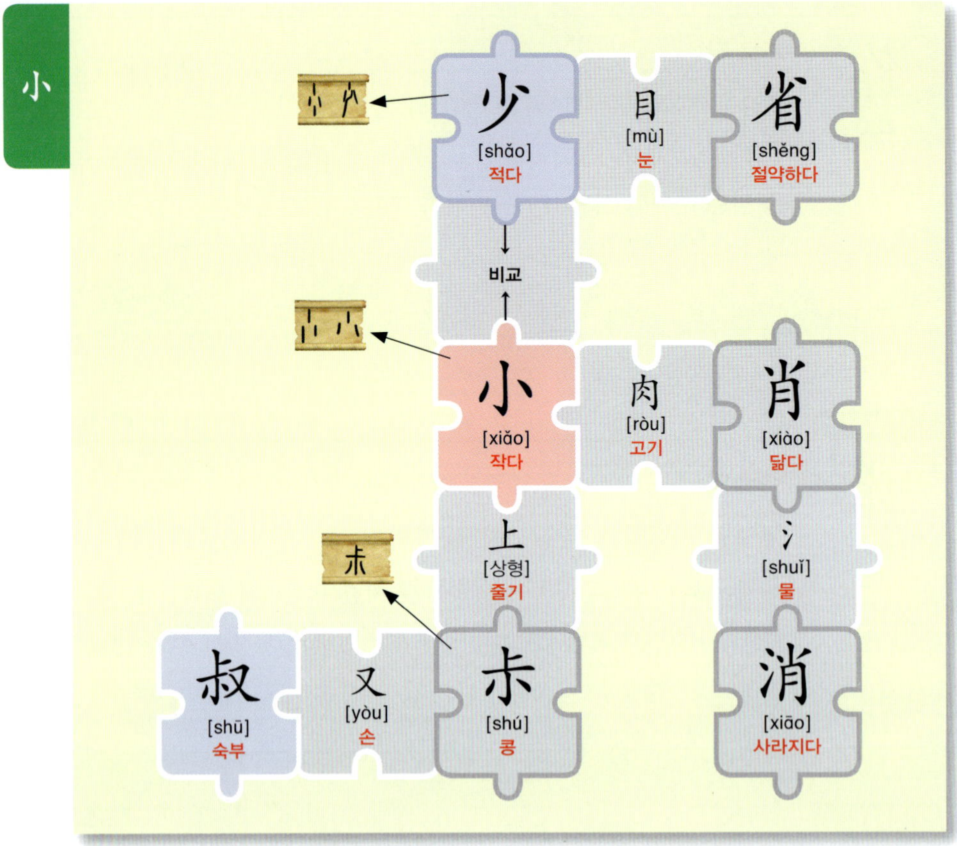

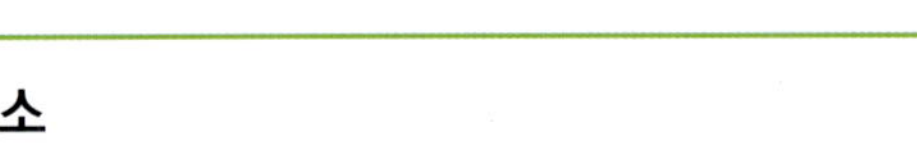

235 小 小 小

小
xiǎo

작을 소

작은 점(丶) 세 개로 '작다'는 뜻을 나타냈다.

小姐[xiǎojiě] 아가씨, 젊은 여자 224a
小心[xiǎoxīn] 조심하다, 조심스럽다 28
小吃[xiǎochī] 간단한 음식, 간식, 전채 16b
小时[xiǎoshí] 시간(시간 단위) 42d
小孩儿[xiǎoháir] 아이, 애, 꼬마 4c 69
小朋友[xiǎopéngyǒu] 어린이, 아동 192a 34d

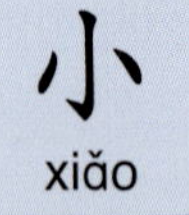

235a

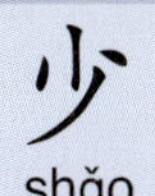

少 shǎo

적을 소

작은 점(ﬞ、) 네 개로 '적다'는 뜻을 나타냈다.

多少[duōshao] 얼마, 몇 222d

不少[bùshǎo] 적지 않다 223a

235b

省 shěng

줄일 생

적을소 少 235a [shǎo] + 눈목 目 11 [mù]

자세히 살펴보기 위해 눈(目)을 가늘게(少) 뜨면서 초점을 맞추는 모습이다. 그처럼 자세히 살펴 '절약한다'는 의미와, 백성들을 자세히 살피기 위해 큰 나라를 적절한 크기로 나눈 행정단위인 '성'의 뜻으로도 사용된다.

* 사물이 흐릿하게 보일 때 눈(目)을 가늘게(少) 뜨면서 초점을 맞추면 눈꺼풀이 수정체를 누르면서 수정체의 모양을 변화시키는 근육에 도움을 주어 일시적으로 잘 보이게 된다.

节省[jiéshěng] 아끼다, 절약하다 85g

广东省[Guǎngdōng shěng] 광둥성 143 212

235c

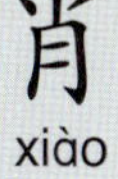

肖 xiào

닮을 초

작을소 小 [xiǎo] + 고기육 月 221 → 肉 192 [ròu]

자녀를 작은(小) 몸(肉)이라고 표현하여 부모와 닮았음을 묘사하고 있다.

肖像[xiàoxiàng] (사람의) 사진, 초상, 화상 174c

235

235d

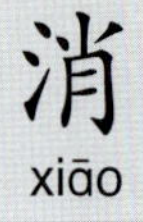

사라질 소
xiāo

물수 氵[201] [shuǐ] + 닮을초 肖 [235c] [xiào]

산모가 출산할 때 부모를 닮은(肖) 태아를 감싸고 보호하던 양수(氵)가 터지며 사라지는 모습이다. 아이가 태어나면서 양수가 사라지듯이, 뉴스가 끊임없이 생기고 사라진다는 의미에서 '뉴스'의 뜻도 파생되었다.

消息[xiāoxi] 소식, 뉴스 26b   取消[qǔxiāo] 취소하다 10b
消失[xiāoshī] 소실되다, 사라지다, 없어지다 199c

235e

콩 숙
shú

줄기 上 [상형] + 콩 小 [상형]

옛 글자를 보면 줄기(上)에 작은 콩(小)이 달려 있는 모습이다.

235f

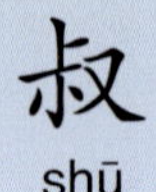

숙부 숙
shū

콩숙 尗 [235e] [shú] + 손/또우 又 [34] [yòu]

옛날 수렵 사회나 농경 사회에서 남자는 사냥을 하거나 쟁기를 가는 등 힘든 일을 했다. 그러나 아직은 어려서 그런 힘든 일을 하지 못하는 아버지 동생의 모습을 손(又)으로 콩(尗)을 수확하는 것으로 묘사하였다.

叔叔[shūshu] 숙부, 삼촌, 작은아버지, 아저씨

지금 이 맺음말을 읽고 있는 당신은 한자에 대한 흥미는 물론이고 준학자 수준의 이해력을 가지게 되었다고 해도 과언이 아니다. 이제 한자가 어떻게 만들어졌으며 이 책은 어떤 의도로 집필되었는지 논하고자 한다. 그렇게 하는 것은 앞으로 만나게 될 수많은 한자들을 객관적이면서도 쉽고 흥미로운 관점에서 바라보도록 도와줄 것이다.

한자는 어떻게 만들어졌는가?

· 상형문자(象形文字)

고대 중국에서 사람들은 물건의 모양을 본뜬 간단한 그림으로 의사표시를 하게 되었으며, 이것이 한자의 시작이 되었다. 예를 들어 나무의 가지(一)와 줄기(丨)와 뿌리(八)를 본떠서 만든 글자가 바로 "나무 목 木 [mù]"자이다. 이와 같은 300여 개의 상형문자는 사물의 모양을 떠올린다면 그리 어렵지 않게 기억할 수 있다.

· 지사문자(指事文字)

모양으로 설명하기 어려운 것은 부호를 사용하였다. 예를 들어 나무(木) 위의 꼭대기에 긴 선(一)을 그어 그곳이 끝임을 강조하여 만든 글자가 바로 "끝 말 末 [mò]"자이다. 이와 같은 지사문자는 130여 개 정도로, 이 글자들도 상형문자에 기호를 덧붙여 만들었기 때문에 만들어진 과정을 생각한다면 비교적 쉽게 기억할 수 있다.

· 회의문자(會意文字)

시간이 흐르면서 상형문자와 지사문자를 더하여 새로운 글자들이 만들어졌다. 예를 들어 사람(亻)이 나무(木)에 기대어 쉬고 있는 모습에서 "쉴 휴 休 [xiū]"자가 만들어졌다. 이러한 회의문자는 1,000여 개 정도로, 이 글자들 역시 기본이 되는 상형문자와 지사문자를 알고 있다면 더해진 글자들의 의미를 연관시켜 흥미 있는 방법으로 기억할 수 있다.

· 형성문자(形聲文字)

회의문자는 더해진 글자들의 의미를 연관 짓다 보면 뜻은 쉽게 이해할 수 있지만, 새로운 소릿값은 외워야 하는 단점이 있다. 그래서 고대 중국인들은 뜻을 나타내는 글자와 소리를 나타내는 글자를 합하여 새로운 글자를 만들었다. 예를 들어 '양말'이라는 글자를 만들기 위해 뜻을 나타내는 "옷 의 衤 [yī]"자와 소리를 나타내는 "끝 말 末 [mò]"자를 더하여 "버선 말 袜 [wà]"자를 만들었는데, 이러한 형성문자는 전체 한자의 97%를 차지한다.

이 외에 전주문자(轉注文字)와 가차문자(假借文字)가 있으나 이러한 글자들은 원래 있던 글자들에서 뜻이 발전하거나 단지 소리를 빌린 것이기 때문에 읽고 쓰는 법을 따로 배울 필요는 없을 것이다.

한자의 근간을 이루는 기본글자

위와 같이 한자가 만들어진 배경을 통해 '회의문자, 형성문자, 전주문자, 가차문자'는 모두 상형문자와 지사문자에서 파생되었다는 것을 알 수 있다. 따라서 기본글자의 역할을 하는 상형문자와 지사문자를 알면 글자를 보고 뜻을 알 수 있는 한자의 장점을 최대한 활용하여 흥미 있는 방법으로 많은 한자를 이해할 수 있다.

실제로 중국 한(漢)나라의 한자 학자였던 허신(許愼, 30~124)은 역사상 최초로 한자의 뜻과 소리를 체계적으로 정리한 설문해자(說文解字)에서 기본글자로 540개를 분류하였다. 현재 한자를 사용하는 '한국, 중국, 일본'의 학자들은 그러한 기본글자로 200여 개를 분류하여 이를 '부수자'로 정하였다. 그러나 부수자로 포함되지는 않지만 기본글자의 역할을 하는 글자들을 모두 더하면 한자에는 300여 개의 기본글자가 있다고 볼 수 있다.

모든 문자에 기본글자가 있듯이 한자에도 기본글자가 있다. 영어에는 26개의 알파벳이 있고, 한글에는 24개의 자음과 모음이 있고, 일본어에는 50개의 음도가 있다. 그러한 기본글자들만 익히면 모든 문장을 읽고 쓸 수 있는 것이다. 그러나 한자에 기본글자가 300여 개나 있다고 해서 어렵게 생각할 필요는 없다. 한국어, 영어, 일본어와 같은 표음문자들은 소릿값만 가지고 있기 때문에 읽고 쓸 수 있다고 해서 뜻을 알 수 있는 것은 아니지만, 한자와 같은 표의문자는 글자를 보면 의미까지 파악할 수 있는 장점이 있기 때문이다.

한자의 대부분을 차지하는 형성문자

전체 한자의 대부분을 차지하는 형성문자는 뜻과 소리를 쉽게 알 수 있는 장점이 있을 뿐 아니라, 자세히 살펴보면 소리글자가 뜻도 함께 나타내고 있는 것을 볼 수 있다.

때문에 중국 당(唐)나라와 송(宋)나라의 뛰어난 문장가 여덟 명 중 한 사람인 왕안석(王安石, 1021~1086)은 형성문자의 소리글자가 뜻도 함께 나타내고 있다고 주장하였다. 물론 고대에 한자를 만든 사람들이 소리글자를 택할 때 당연히 같은 소릿값을 가진 글자들 중에서 의미와 연관이 있는 소리글자를 더하였을 것이다.

예를 들어 앞서 형성문자로 언급한 "버선 말 襪 [wà]"자를 생각해 보자. 양말이라는 글자를 만들기 위해 뜻을 나타내는 "옷 의 衤 [yī]"자에 소리를 나타내는 "끝 말 末 [mò]"자를 더할 때, 발이 몸의 끝(末) 부분이고 그러한 발에 입는 옷(衤)이 양말(袜)이라고 생각하며 글자를 만들지 않았겠는가!

물론 모든 형성문자를 그러한 틀에 맞추기는 불가능하다. 많은 형성문자 중에는 단지 소리만 나타내는 글자들도 있기 때문이다. 예를 들어 "狼 [láng]"자는 늑대라는 글자를 만들기 위해 뜻을 나타내는 "개 견 犭 [quǎn]"자와 소리를 나타내는 "좋을 량 良 [liáng]"자를 더한 것이다.

그러나 한자에 대한 흥미를 더하기 위해 두 글자 사이의 연관성을 찾는다면 외우지 않고도 더 쉽게 한자를 이해할 수 있다. 예를 들어 이미 앞서 배운 것처럼 "狼 [láng]"자를 '늑대(犭)는 머리가 아주 좋은(良) 영리한 동물'이라고 이해하면 더 쉬울 것이다. 실제로 아메리카 인디언들은 그러한 늑대의 영민함 때문에 늑대를 영물로 보고 숭배하였기 때문이다.

이 책에서는 형성문자를 포함한 모든 한자를 그러한 흥미 있는 스토리와 함께 기억할 수 있도록 하였다.

분해조립 한자의 활용

이제 한자가 어떻게 만들어졌으며 어떤 의도로 이 책이 집필되었는지 이해했다면 이 책에서 배운 한자를 어떻게 활용할 수 있겠는가?

이 책에서는 독자가 한자에 쉽게 접근할 수 있도록 한자의 뜻을 대부분 한 단어로만 지정하였다. 그러나 어떤 언어나 마찬가지로 대부분의 단어들이 여러 가지 의미를 가지고 있다. 특히 상형문자인 한자는 배경을 함께 가지고 있기 때문에 의미가 파생되는 데 있어서 더욱 다양한 활용을 보인다. 예를 들어 "对 [duì]"는 해설에서 '서로를 향하여 손(又, 寸)으로 촛대를 들고 비추면서 서로 찾는 사람이 맞는지 묻고 대답하는 장면이다.'라고 되어 있다. 이러한 배경에서 "对"의 의미는 '향하다, 맞다, 대답하다, 대하다, 대면하다' 등 다양한 활용을 보인다. 따라서 한자의 의미를 외우는 것보다 배경을 생각한다면 의미가 발전하는 이유를 알게 되고 더 쉽게 그 뜻을 기억해 낼 수 있다.

지금 여러분은 자신도 모르는 사이에 복잡한 한자를 보면 기본글자들로 분리해서 보고 있을 것이다. 이제부터 접하게 되는 한자들은 대부분이 뜻과 소리를 의미하는 기본글자를 조립한 형성문자라고 해도 과언이 아니다. 따라서 새로운 한자를 접하게 된다면 분리된 기본글자들이 어떻게 의미에 기여하며 소리에 영향을 미치는지 유의해서 보기 바란다. 그리고 그러한 기본글자들 사이의 연관성을 생각하며 새로운 글자를 습득해 간다면 한자의 매력에 빠져 당신의 중국어 실력은 더욱 발전하게 될 것이다.

a		
a	啊	17f
ā	阿	17e
	啊	17f
ǎi	矮	96k
ài	爱	34e
ān	安	96a
	广	143
	厂	147
áng	卬	87
b		
ba	吧	92c
bā	巴	92a
	八	229
bǎ	把	92b
bà	罢	94c
	爸	98a
bái	白	134
bǎi	摆	94d
	百	134a
bài	败	186g
bān	般	117c
	搬	117d
	班	120f
bǎn	板	147c
	版	215a
bàn	办	159b
	半	175b
bāng	邦	209a
	帮	209b
bāo	勺	46
	包	47
bǎo	饱	47a
bào	报	34a
	抱	47b
bēi	卑	215b
	杯	223b
běi	北	88c
bèi	备	56a
	倍	79e
	被	130a
	贝	186
běn	本	210a
bí	鼻	26c
bǐ	匕	88
	比	88a
	笔	188a
bì	必	28b
biān	边	61a
biǎn	扁	144c
biàn	变	34c
	便	35d
	遍	144d
	采	183
biǎo	表	130b
bié	别	120e
bīn	宾	119e
bīng	兵	119d
	冫	206
	冰	206a
bìng	病	81a
	并	122
bō	灬	59
	播	183b
bǔ	卜	127
	捕	166d
bù	步	53a
	部	79f
	布	132c
	不	223a
c		
cā	擦	126c
cái	才	32
	材	32b
cǎi	彩	8b
	采	33d
cài	菜	33e
cān	参	8c
cāo	操	180a
cǎo	艹	207
	草	207a
cè	册	217
céng	层	90d
	曾	229b
chá	察	126b
	茶	207b
	查	224c
chà	差	171b
chǎn	产	8d
chāng	昌	218c
cháng	长	102
	常	150c
chǎng	厂	147
	场	155a
chàng	唱	218d
chāo	超	121d
cháo	朝	218f
chē	车	124
chén	臣	106
	辰	187
	晨	187a
chèn	衬	130d
chéng	乘	88d
	成	114a
	城	114b
chī	吃	16b
chí	持	42a
	弛	84d
	迟	91b
chǐ	尺	91
chì	彳	60
	斥	119b
chóng	虫	184
chōu	抽	154a
chū	初	120c
	出	169a
chú	厨	140b
	除	146a

chǔ	楚	55a	dài	逮	37a	diàn	店	127b	**e**	
	处	56b		大	74		电	157a	è	厄	85a
	础	169b		代	110c	diào	掉	128a		饿	137a
chù	处	56b		戴	113a		调	152b	ēn	恩	74f
chuān	穿	25a		带	132b	dīng	丁	225	ér	而	9
chuán	船	125a	dān	担	31g	dìng	定	54e		儿	69
chuǎn	舛	58		单	232c	diū	丢	94a	ěr	耳	10a
chuāng	窗	142a	dàn	蛋	55b	dōng	冬	206e		尔	73
chuáng	床	143a		旦	218a		东	212	èr	二	226
chuī	吹	25b		但	218b	dǒng	懂	151b			
chuí	垂	11i	dāng	当	150e	dòng	动	159d	**f**	
chūn	春	218i	dāo	刀/刂	120	dōu	都	101a	fā	发	34f
chuò	辶	61	dǎo	导	7b	dǒu	斗	164	fǎ	法	94b
cí	词	16g		倒	112c	dòu	豆	140	fà	发	34f
	兹	197a		岛	177c	dòu	斗	164	fān	翻	182b
	磁	197b	dào	道	7a	dū	都	101a		番	183a
cǐ	此	88g		到	112b	dú	读	75d	fán	烦	6b
cì	次	21b	de	的	46b		独	173a		凡	213b
cōng	聪	16j		地	84a	dù	度	143b	fǎn	反	147a
cóng	从	63g	de/dé/děi	得	40b	duǎn	短	111d	fàn	饭	147b
cūn	村	40a	dēng	登	59a	duàn	段	117a	fāng	方	160
cùn	寸	40		灯	158a		锻	117b	fáng	房	144a
cuò	错	199b	děng	等	42c	duī	臼	193	fǎng	访	160a
			dī	低	99b	duì	对	40c	fàng	放	50a
d			dì	的	46b		兑	70c	fēi	非	181
dā/dá	答	65b		地	84a	dùn	顿	6e		啡	181b
dǎ	打	31c		弟	109a	duō	多	222d		飞	182c
dà	大	74		第	109b	duǒ	朵	210j	fēn	分	120a
dǎi	歹	30	diǎn	点	127d				fēng	封	40e
	逮	37a		典	217a					丰	209

	风	213c
fǒu	缶	166g
fū	夫	74a
fú	服	34b
	福	126i
	甴	153
fǔ	府	41a
	腐	41b
	辅	124a
	甫	166c
fù	付	41
	附	41c
	复	56d
	父	98
	阝	146
	畐	163
	富	163a
	傅	166e
	负	186a

g

gāi	该	4b
gǎi	改	50b
gài	丐	48
	概	80f
gān	甘	22f
	干	118
gǎn	敢	50g
	感	114d
gàn	干	118
gāng	冈	165a
	刚	165b
	钢	165c
gāo	高	5
	羔	171c
	糕	171d
gǎo	搞	5a
gào	告	175d
gē	哥	17a
	歌	17b
	戈	113
gé	革	189b
gè	各	57
	个	63b
gěi	给	65d
gēn	根	14b
	跟	14c
gěn	艮	14
gèng	更	35c
gōng	公	93b
	弓	109
	工	203
gǒng	廾	43
gòng	共	43c
gǒu	狗	46e
gòu	够	46d
gū	姑	19c
gǔ	古	19
	骨	29
	鼓	51b
	谷	196
gù	顾	6d
	故	19a
guā	刮	22a
	瓜	33f
guà	挂	156a
guài	夬	76
	怪	155f
guān	观	13b
	关	45
	官	193b
guǎn	馆	193c
guàn	贯	186e
	惯	186f
guǎng	广	143
guī	圭	156
guǐ	鬼	153a
guì	贵	186d
gǔn	丨	231
guo	过	40f
guó	国	20a
guǒ	果	210f
guò	过	40f

h

hā	哈	65c
hái	孩	4c
	还	61b
hǎi	海	97b
hài	亥	4
	害	209d
hán	含	66a
	寒	206b
hǎn	喊	114e
hàn	汉	34g
háng	行	60b
háo	毫	188b
hǎo	好	96c
hào	号	16c
	好	96c
hē	喝	48c
hé	何	17c
	河	17d
	曷	48a
	合	65a
	禾	139
	和	139a
hēi	黑	158d
hěn	很	14a
hóng	红	131i
hòu	后	16e
	候	111b
hū	忽	49a
	乎	118e
	胡	19e
	湖	19f
hù	户	144
	护	144f
	互	149a
huā	花	68b
huá	滑	29a
huà	话	22b
	化	68a
	划	120g
	画	169c
huài	坏	155d
huān	欢	21c
huán	还	61b

병음	한자	쪽
	环	108c
huàn	奂	72c
	换	72d
huáng	皇	108a
	黄	136
huí	回	20d
huì	会	66c
hūn	昏	99d
	婚	99e
huó	活	22c
huǒ	火/灬	158
huò	或	113d
j		
jī	基	44a
	鸡	177a
	几	213
	机	213a
jí	及	36e
	急	36f
	级	36g
	极	36h
	人	65
	吉	104a
	集	178a
jǐ	己	82
	挤	133d
	几	213
jì	寄	18b
	计	23b
	彐	36
	技	51a
	无	80d
	既	80e
	记	82b
	纪	82c
	祭	126a
	继	131d
	济	133c
	季	139e
	绩	186c
jiā	加	159g
	家	174a
jiǎ	叚	34j
	假	34k
jià	假	34k
	驾	159h
jiān	坚	106c
	监	107a
	戋	115
	间	145c
jiǎn	检	67b
	简	145d
	柬	212c
jiàn	见	13
	建	38b
	健	38c
	践	52a
	件	175a
jiāng	江	203a
	将	214a
jiǎng	讲	228a
jiàng	降	58b
jiāo	交	1a
	教	50c
	蕉	207c
jiǎo	饺	1b
	脚	85f
	角	191
jiào	较	1c
	觉	13a
	叫	16h
	教	50c
jiē	街	60c
	接	96i
	结	104b
jié	巳/卩	85
	节	85g
	结	104b
jiě	解	175c
	姐	224a
jiè	介	63c
	界	63d
	借	220a
jīn	今	66
	斤	119
	巾	132
	金	199
jǐn	紧	106b
jìn	近	119a
	进	228b
jīng	京	2
	睛	11h
	经	131e
	精	135b
jǐng	景	2c
	井	228
jìng	竟	24c
	境	24d
	镜	24e
	净	36b
	静	36c
jiōng	冂	148
jiū	究	230a
jiǔ	久	72g
	酒	162a
	九	230
jiù	就	80b
	旧	218g
jū	居	90g
jú	局	91a
	橘	116b
jǔ	举	43e
jù	句	46c
	据	90h
jué	觉	13a
	决	76a
	绝	92e
	亅	170
jūn	君	38e
k		
kā	咖	159i
kǎ	卡	128c
kāi	开	43a
kǎn	凵	169
kàn	看	11a
kāng	康	37b

kǎo	考	100c	lǎo	耂	100	liào	料	164b		慢	28f

kǎo	考	100c	lǎo	耂	100	liào	料	164b		慢	28f
kē	科	164a		老	100a	liè	列	30b	máng	忙	3b
	棵	210g	le	了	170a	lín	邻	146g	māo	猫	152d
ké	咳	4d	lè	乐	210l		林	211	máo	矛	116
kě	可	17	lèi	累	131c	líng	零	86c		毛	188
	渴	48b	lěng	冷	86b	lǐng	领	6c	mǎo	卯	87c
kè	刻	4a	lí	离	194a	lìng	令	86	mào	冒	11e
	克	19g	lǐ	李	95c		另	120d		帽	11f
	客	57b		理	108b	liú	留	87d	me	么	93a
	课	210h		礼	126g		流	201a	méi	没	117f
kōng	空	142b		里	151	liù	六	229a	měi	每	97a
kǒu	口	16	lì	例	30c	lóu	娄	138a	mèi	妹	210e
kū	哭	16a		吏	35a		楼	138b	men	们	145a
kǔ	苦	19d		隶	37	lù	路	57a	mén	门	145
kù	库	124d		立	79		录	202a	mǐ	米	138
	裤	124e		利	120h	lǚ	旅	63i	mì	冖	167
kuài	快	28d		力	159	lù	律	38a	mián	宀	141
	块	76b		历	159j		绿	131j	miǎn	免	72a
	筷	216b	liǎ	俩	64c	luàn	乱	22e	miàn	面	10
kuàng	况	70b	lián	联	10e	lùn	论	23d	miáo	苗	152c
kùn	困	20b		连	124c				mín	民	99c
			liǎn	脸	67d		**m**		mǐn	皿	125b
l			liàn	练	131g	ma	吗	176a	míng	鸣	177b
la	啦	79b		炼	212d		嘛	211c		明	218h
lā	拉	79a	liáng	凉	2a	mā	妈	176b		名	222c
lái	来	210k		良	15	má	麻	211b	mìng	命	86a
lán	蓝	107b	liǎng	两	64b	mǎ	马	176	mò	末	210b
	篮	107c	liàng	谅	2b	mǎi	买	75b	mǔ	母	97
lǎn	览	13e		亮	5b	mài	卖	75c	mù	目	11
láng	狼	15b		辆	64d		麦	209c		木	210
làng	浪	15a	liáo	聊	87e	mǎn	满	64e			
láo	劳	159e	liǎo	了	170a	màn	曼	28e			

n

na	呐	64a
	哪	146f
ná	拿	31b
nǎ	哪	146f
nà	那	146e
nǎi	奶	96d
nài	耐	9a
nán	难	34h
	男	159a
	南	232b
nǎo	脑	192c
ne	呢	90c
nè	疒	81
nèi	内	64
néng	能	89b
ńg	嗯	74g
ní	尼	90b
nǐ	你	73a
nián	年	118a
niàn	念	66b
niáng	娘	15c
niǎo	鸟	177
nín	您	73b
niú	牛	175
nóng	农	130c
nú	奴	96e
nǔ	努	96f
nǚ	女	96
nuǎn	暖	33b

p

pá	爬	33c
pà	怕	134c
pāi	拍	31d
pái	排	181a
	牌	215c
pài	派	201b
pán	盘	125c
páng	旁	160b
pàng	胖	192d
pǎo	跑	47c
péng	朋	192a
pèng	碰	197c
pī	批	88b
pí	皮	189
	啤	215d
piān	篇	144e
pián	便	35d
piàn	片	215
piào	票	126d
	漂	126e
piě	丿	234
píng	平	123
	评	123a
	苹	123b
	瓶	122a
pò	破	189a
pǒu	咅	79d
pū	攵	50
pú	葡	166f
pǔ	普	79g

q

qī	期	44b
	妻	96l
	七	223d
qí	奇	18
	骑	18a
	其	44
	旗	44c
	齐	133b
qǐ	企	53b
	起	53d
	乞	83a
qì	器	172a
	气	204
	汽	204a
qiān	金	67
	臤	106a
	铅	199a
	千	232d
qián	钱	115a
	前	221a
qiǎn	浅	115b
qiàn	欠	21
qiáng	墙	20f
	斗	214
qiáo	乔	77b
	桥	77c
qiē	切	120b
qiě	且	224
qiè	妾	96h
	切	120b
qīn	亲	103a
qīng	轻	124b
	青	135
	清	135a
qíng	情	135d
	晴	135e
qǐng	请	135c
qiū	秋	139b
qiú	球	198b
	求	202b
qǔ	取	10b
qù	趣	10d
	去	94
quán	全	63f
	泉	200c
quǎn	犬	172
	犭	173
què	却	85e
	确	191a
qūn	夋	69b
qún	裙	38f

r

rán	然	158e
ràng	让	23c
rè	热	158f
rén	人	63
	㇒	72
	亻	68
	儿	69
	壬	105
rèn	认	63a
	任	105a

rì	日	218
róng	容	196a
róu	内	194
ròu	肉	192
rú	如	96g
rù	入	63e

s

sāi	塞	206c
sài	塞	206c
	赛	206d
sān	三	223e
sǎn	伞	232e
sàn	散	50d
sǎo	扫	31h
sè	啬	20e
	色	72f
sēn	森	211a
shān	衫	130e
	山	195
shàn	彡	8
shāng	商	103c
shàng	尚	150b
	上	223f
shāo	烧	158b
sháo	勺	46a
shǎo	少	235a
shào	绍	121a
shé	舌	22
shè	射	27b
	设	117e
	社	126h

	舍	170c
shéi	谁	178b
shēn	身	27
	申	157
	深	201c
shén	神	126f
	什	232a
shēng	声	104d
	生	208
shěng	省	235b
shèng	剩	88e
	胜	208a
shī	尸	90
	师	132e
	狮	132f
	失	199c
shí	拾	31e
	时	42d
	实	75a
	食	137
	识	179b
	石	197
	十	232
	什	232a
shǐ	史	35
	使	35b
	始	93f
	矢	111
	豕	174
shì	视	13c
	适	22d
	事	36d

	是	54b
	氏	99
	士	104
	式	110a
	试	110b
	室	112a
	示	126
	市	132a
	世	207f
shōu	收	50e
shǒu	首	7
	手/扌	31
shòu	瘦	34m
shū	疋	55
	殳	117
	舒	170d
	输	221d
	书	231d
	叔	235f
shú	孰	5d
	熟	5e
	卡	235e
shǔ	数	138c
shù	树	40d
	数	138c
	术	210i
	束	212a
shuā	刷	90i
shuāng	双	34i
shuǐ	水	200
	氵	201
	水	202

shuì	睡	11j
shuō	说	70d
sī	司	16f
	思	28a
	厶	93
	纟	131
	丝	131a
sǐ	死	30a
sì	四	20c
	寺	42
	似	63k
	巳	92
sòng	送	45a
sǒu	叟	34l
sòu	嗽	212b
sú	俗	196b
sù	诉	119c
	宿	134b
suān	酸	69c
suàn	算	43b
suī	虽	184a
suì	岁	195a
suǒ	所	144a

t

tā	他	84b
	她	84c
	它	88f
tái	台	93c
	抬	93d
tài	太	74c
	态	74d

tán	谈	158c	tòng	痛	81c		为	159c		希	132d
tāng	汤	219b	tóu	亠	1		韦	190		西	168
táng	唐	138d		头	75		围	190b		昔	220
	糖	138e	tū	突	142c		违	190c		夕	222
	堂	150d	tú	图	206f	wěi	委	96j	xí	习	182a
tǎng	躺	27a	tǔ	土	155		伟	190a	xǐ	洗	69e
táo	逃	129b	tuán	团	32c	wèi	位	79c		喜	140a
	萄	166h	tuī	推	31f		畏	153b	xì	戏	113e
tǎo	讨	40g	tuǐ	腿	14f		喂	153c		系	131b
tè	特	42b	tuì	退	14e		为	159c		细	131h
téng	疼	81b	tuō	脱	70e		未	210d	xià	夏	56e
tī	踢	49d				wén	闻	10f		下	223g
	梯	109c		**W**			文	133	xiān	先	69d
tí	提	54c	wǎ	瓦	149	wèn	问	145b		鲜	185a
	题	54d	wà	袜	210c	wǒ	我	113b	xián	咸	114c
tǐ	体	29b	wài	外	222a	wò	握	90f	xiǎn	险	67a
tiān	天	74b	wán	完	71a		卧	107	xiàn	现	13d
tián	甜	22g		玩	198a	wū	屋	90e	xiāng	相	11c
	田	152		丸	230c	wú	无	80c		香	139c
tiáo	条	56c	wǎn	晚	72b		吾	226b		箱	216a
	调	152b		宛	85c	wǔ	舞	58a	xiǎng	享	5c
tiào	跳	129a		碗	85d		武	110d		想	11d
tiě	铁	199d	wàn	万	194d		午	118b		响	150a
tīng	听	16d	wāng	尢	80		五	226a	xiàng	相	11c
tíng	廷	62a	wáng	亡	3	wù	误	23e		向	150
	庭	62b		王	108		勿	49		象	174b
	壬	105	wǎng	往	60a		物	49b		像	174c
	亭	225a		网/罒	165		戊	114	xiāo	消	235d
	停	225b	wàng	忘	3a		务	159f	xiǎo	小	235
tǐng	挺	62c		望	3c				xiào	校	1d
tōng	通	166b	wēi	危	72e		**X**			笑	77a
tóng	同	148b	wéi	口	20	xī	息	26b		孝	100b

533

yuàn	院	71b		长	102		纸	99a	zǒng	总	16i
	宛	85b		涨	102b		只	179	zǒu	走	53c
	愿	200e	zhàng	丈	39d	zhì	治	93e	zū	租	139d
yuē	约	207d	zhāo	昭	121b		志	104c	zú	足	52
yuè	戊	114f	zháo	着	11b		至	112		族	161a
	越	114g	zhǎo	爪/⺥	33	zhōng	终	206g	zǔ	祖	126j
	乐	210l		找	113c		中	231a		组	131f
	月	221	zhào	召	121		钟	231b	zuǐ	嘴	191b
yún	云	227		照	121c	zhǒng	种	231c	zuì	最	10c
yǔn	允	69a		兆	129	zhòng	众	63h	zuó	昨	234c
yùn	运	227a	zhe	着	11b		重	151a	zuǒ	左	39a
			zhě	者	101	zhōu	舟	125	zuò	做	19b
Z			zhè	这	133a		周	152a		坐	155b
zá	杂	230b	zhēn	真	12c	zhū	猪	101b		座	155c
zài	在	32a	zhèn	振	187b	zhú	竹	216		作	234b
	再	148a	zhēng	争	36a	zhǔ	、	233			
zán	咱	26a	zhěng	整	54a		主	233c			
zāng/zàng	脏	143e	zhèng	政	50f	zhù	祝	70a			
zǎo	澡	180b		正	54		助	224b			
	早	218e	zhī	支	51		住	233d			
zào	枣	180		之	83d		注	233e			
zé	择	122d		知	111c	zhuāng	庄	143d			
	责	186b		只	179		装	214c			
zěn	怎	234d		织	179a	zhuàng	壮	214b			
zēng	增	155e		汁	201d	zhuī	隹	178			
zhà	乍	234a	zhí	直	12		追	193a			
zhǎn	展	90a		植	12a	zhǔn	准	178c			
zhàn	占	127a		值	12b	zhuō	桌	128b			
	站	127c	zhǐ	止	53	zhuó	卓	128			
zhāng	章	24a		久	56	zǐ	子	95			
	张	102a		旨	89	zì	自	26			
zhǎng	掌	31a		指	89a		字	95b			

기본자 색인

　한자를 사전에서 찾을 때 한어병음 색인을 보면 좋겠지만 한어병음을 알지 못할 때는 보통 부수자를 기준으로 나열되어 있는 색인을 찾아야 한다. 그러나 한자를 보고 부수자가 무엇인지 추리해서 찾아간다는 것이 처음에는 어려울 수 있다. 따라서 이 색인에서는 부수자가 아니더라도 한자를 분해하면 보이는 어떤 기본글자라도 따라가 찾을 수 있도록 중복해서 수록하였다. 나열되어 있는 한자들 중 파란색으로 표시되어 있는 글자들은 부수자이거나 기본글자 역할을 하는 글자들이므로 획수를 세어 찾아가 보면 더 많은 한자들을 볼 수 있을 것이다.

1획

乙(乚) 83	九230	习182a	飞182c	亿83c	乞83a	吃16b	艺83b
	也84	电157a	礼126g	乱22e			

亅 170	了170a	丁225	予170b	预6a	于118d	乎118e	争36a
	事36d						

一 223	七223d	切120b	二226	于118d	三223e	与167a	写167a
	上223f	让23c	朩235e	叔235f	下223g	卡128c	万194d
	不223a	夫74a	天74b	无80c	世207f	甘22f	乎118e
	本210a	末210b	未210d	东212	炼212d	旦218a	但218b
	查224c	且224	吏35a	使35b	事36d	业223c	西168
	酉162	同148b	两64b	金67	担31g	或113d	咸114c
	感114d	喊114e	面10				

丨 231	个63b	丰209	中231a	钟231b	种231c	书231d	申157
	旧218g						

丶 233	丸230c	义233a	议233b	太74c	态74d	办159b	为159c
	尤80a	就80b	以63j	似63k	发34f	斥119b	诉119c
	头75	永200a	泳200b	术210i	主233c		

丿 234	九230	丸230c	么93a	久72g	之83d	千232d	义233a
	议233b	尹38d	君38e	裙38f	夭77	笑77a	乔77b
	桥77c	少235a	省235b	发34f	乎118e	禾139	乍234a
	必28b	缶166g	丢94a	我113b	系131b	重151a	乐210l

亠 1	亡 3	六 229a	文 133	立 79	市 132a	交 1a	亥 4
	变 34c	享 5c	孰 5d	熟 5e	京 2	高 5	亮 5b
	亭 225a	停 225b	毫 188b	夜 222b	离 194a	脑 192c	

讠 23	计 23b	认 63a	让 23c	讨 40g	记 82b	议 233b	论 23d
	设 117e	许 118c	访 160a	讲 228a	词 16g	诉 119c	评 123a
	译 122c	识 179b	该 4b	话 22b	试 110b	误 23e	说 70d
	语 226c	谅 2b	读 75d	请 135c	调 152b	谈 158c	谁 178b
	谊 224e	课 210h	谢 27c				

又 34	丈 39d	友 34d	双 34i	及 36e	级 36g	极 36h	支 51
	殳 117	反 147a	发 34f	汉 34g	对 40c	树 40d	奴 96e
	努 96f	皮 189	观 13b	欢 21c	戏 113e	报 34a	服 34b
	译 122c	择 122d	鸡 177a	取 10b	最 10c	趣 10d	变 34c
	臤 106a	度 143b	怪 155f	叔 235f	段 34j	假 34k	叟 34l
	瘦 34m	难 34h	紧 106b	坚 106c	曼 28e	慢 28f	

ナ 39	丈 39d	友 34d	左 39a	右 39b	布 132c	有 39c	希 132d

勹 46	勺 46a	的 46b	约 207d	药 207e	勿 49	昜 219	易 219
	包 47	勾 48	句 46c	萄 166h	葡 166f	够 46d	狗 46e

廴 62	廷 62a	庭 62b	挺 62c	建 38b	健 38c		

人 63	个 63b	久 72g	认 63a	介 63c	从 63g	众 63h	以 63j
	似 63k	内 64	呐 64a	两 64b	今 66	令 86	论 23d
	勾 48	企 53b	合 65a	会 66c	伞 232e	金 67	坐 155b
	座 155c	舍 170c	舒 170d	界 63d	食 137	除 146a	茶 207b
	俞 221b	愉 221c	输 221d	入 63e	全 63f	金 199	

勹 72	久 72g	及 36e	尔 73	你 73a	您 73b	争 36a	危 72e
	色 72f	负 186a	免 72a	晚 72b	奂 72c	换 72d	角 191
	急 36f	象 174b	像 174c				

亻 68	亿 83c	化 68a	花 68b	什 232a	付 41	他 84b	代 110c
	们 145a	似 63k	休 68c	任 105a	件 175a	伟 190a	何 17c
	体 29b	你 73a	您 73b	位 79c	倍 79e	低 99b	但 218b
	住 233d	作 234b	例 30c	使 35b	夜 222b	信 23a	便 35d
	俩 64c	俗 196b	值 12b	健 38c	候 111b	倒 112c	借 220a
	做 19b	假 34k	宿 134b	停 225b	傅 166e	像 174c	

儿 69	见13	允69a	夋69b	酸69c	元71	兄70	四20c
	西168	酉162	先69d	洗69e	选69f	兆129	克19g
	兔72a	晚72b	亮5b	鬼153a	竟24c	境24d	镜24e
	烧158b						
宀	乞83a	吃16b	失199c	铁199d	乍234a	每97a	海97b
	览13e	监107a	蓝107b	篮107c	复56d	旅63i	族161a
	游161b	旗44c	舞58a				
卩（巳）85	厄85a	危72e	顾6d	印87	迎87a	妒85b	宛85c
	碗85d	节85g	令86	印87b	卯87c	聊87e	爷98b
	却85e	脚85f	报34a	服34b			
匕 88	化68a	花68b	比88a	北88c	乘88d	剩88e	它88f
	尼90b	呢90c	论23d	死30a	此88g	些88h	嘴191b
	旨89	指89a	老100a	能89b	熊89c		
厶 93	么93a	允69a	夋69b	酸69c	公93b	内194	离194a
	台93c	去94	育192b	流210a	参8c	鬼153a	能89b
	熊89c						
刀（刂）120	分120a	切120b	召121	列30b	例30c	划120g	师132e
	狮132f	刚165b	初120c	别120e	利120h	刻4a	刮22a
	刷90i	到112b	倒112c	览13e	监107a	蓝107b	篮107c
	前221a	俞221b	愉221c	输221d	留87d	紧106b	坚106c
	班120f	剩88e	解175c				
卜 127	占127a	处56b	外222a	卧107	卓128	掉128a	桌128b
阝 146	阳146b	阴146c	那146e	哪146f	邦209a	帮209b	阿17e
	啊17f	附41c	邮146d	邻146g	降58b	险67a	院71b
	除146a	部79f	都101a				
厂 147	厄85a	危72e	顾6d	反147a	历159j	产8d	彦8e
	颜8f	原200d	愿200e	厨140b			
冂 148	冃11e	冒11e	帽11f	内64	呐64a	两64b	内194
	离194a	冈165a	刚165b	钢165c	央78	再148a	同148b
	向150	响150a	网165	同116a	周152a	调152b	禹194b
	遇194c	南232b	病81a				
力 159	办159b	为159c	历159j	边61a	另120d	别120e	务159f
	加159g	驾159h	咖159i	动159d	努96f	男159a	劳159e
	助224b						

부수							
凵 169	出169a	础169b	画169c	离194a	脑192c		
一 167	写167a	农130c	劳159e	学95a	觉13a	带132b	爱34e
	深201c						
冫 206	冬206e	图206f	终206g	疼81b	决76a	冰206a	况70b
	冷86b	净36b	凉2a	准178c	寒206b		
几 213	凡213b	赢3d	风213c	朵210j	机213a		
丁 225	打31c	灯158a	亭225a	停225b			
二 226	元71	互149a	五226a	吾226b	语226c	云227	井228
	讲228a	进228b	次21b	些88h			
八(丷) 229	公93b	殳117	分120a	六229a	穴142	深201c	只179
	织179a	识179b	共43c	戴113a	兴43d	举43e	同116a
	其44	典217a	真12c	铅199a	船125a	黄136	寅136a
	演136b	介63c	界63d	乔77b	桥77c	齐133b	济133c
	挤133d	半175b	关45	当150e	伞232e	兑70c	说70d
	脱70e	尚150b	总16i	聪16j	束212c	兹197a	磁197b
	黑158d	曾229b	增155e				
九 230	丸230c	杂230b	究230a				
十 232	千232d	计23b	什232a	汁201d	早218e	伞232e	草207a
	卓128	掉128a	单232c	南232b	章24a	朝218f	

3획

부수							
亡 3	忙3b	忘3a	望3c	赢3d			
彡 8	参8c	衫130e	须8a	彦8e	颜8f	彩8b	影2d
口 16	号16c	叫16h	可17	啊17f	司16f	词16g	古19
	史35	右39b	句46c	够46d	兄70	台93c	另120d
	别120e	召121	占127a	加159g	驾159h	咖159i	只179
	织179a	识179b	石197	吃16b	后16e	回20d	啬20e
	墙20f	舌22	各57	路57a	客57b	合65a	哈65c
	含66a	如96g	吉104a	结104b	同148b	问145b	向150
	响150a	尚150b	吗176a	名222c	听16d	言23	吹21a
	呀25b	君38e	裙38f	呐64a	免72a	晚72b	局91a
	吧92c	同116a	告175d	员186h	圆186i	束212a	吾226b
	语226c	狗46e	音79d	倍79e	部79f	命86a	呢90c

	知111c	或113d	咸114c	感114d	喊114e	和139a	周152a
	调152b	舍170c	舒170d	鸣177b	咳4d	总16i	聪16j
	误23e	咱26a	哪146f	虽184a	哭16a	器172a	唐138d
	糖138e	铅199a	害209d	船125a	啦79b	啡181b	啤215d
	唱218d	喝48c	喜140a	喂153c	嗯74g	桌180	操180a
	澡180b	嗽212b	嘛211c	嘴191b	赢3d		
囗 20	四20c	西168	酉162	回20d	啬20e	墙20f	团32c
	因74e	恩74f	嗯74g	困20b	园71c	邑92d	围190b
	国20a	图206f	面10	圆186i			
忄 28	忙3b	快28d	性28c	怕134c	怪155f	情135d	惯186f
	愉221c	筷216b	慢28f	懂151b			
扌 31	打31c	扫31h	扬219a	报34a	技51a	我113b	饿137a
	批88b	把92b	找113c	护144f	拍31d	担31g	抱47b
	拉79a	啦79b	抬93d	择122d	抽154a	拾31e	持42a
	挺62c	指89a	挤133d	挂156a	换72d	热158f	捕166d
	振187b	推31f	据90h	接96i	掉128a	排181a	提54c
	握90f	搞5a	摆94d	搬117d	播183b	操180a	擦126c
才 32	在32a	团32c	材32b				
彐 36	尹38d	君38e	裙38f	扫31h	争36a	聿38	当150e
	事36d	隶37	妻96l	录202a	绿131j	叟34l	瘦34m
	急36f	唐138d	糖138e	雪205a			
寸 40	对40c	树40d	讨40g	付41	导7b	过40f	寺42
	村40a	时42d	衬130d	耐9a	封40e	将214a	射27b
	谢27c	得40b	厨140b	傅166e			
廾 43	开43a	研197d	兵119d	宾119e	算43b		
丌	其44	典217a	真12c	鼻26c			
⺌	兴43d	举43e	金67	应143c	学95a	觉13a	
夂 56	处56b	务159f	冬206e	图206f	终206g	疼81b	各57
	路57a	客57b	条56c	夋69b	酸69c	麦209c	备56a
	复56d	降58b	夏56e	窗142a			
彳 60	行60b	街60c	往60a	很14a	律38a	得40b	

辶 61	边61a	过40f	还61b	远71d	迎87a	迟91b	近119a
	连124c	这133a	违190c	运227a	进228b	退14e	适22d
	送45a	选69f	逃129b	追193a	通166b	逮37a	道7a
	遍144d	遇194c	腿14f				
大 74	夫74a	天74b	太74c	态74d	夬76	筷216b	夭77
	笑77a	乔77b	桥77c	犬172	头75	央78	失199c
	铁199d	因74e	恩74f	嗯74g	夷109d	姨109e	参8c
	奇18	误23e					
尢 80	尤80a	就80b	无80c				
己 82	已82a	记82b	纪82c	改50b	起53d		
也 84	他84b	地84a	她84c	弛84d			
尸 90	尺91	局91a	迟91b	尼90b	呢90c	声104d	层90d
	居90g	据90h	刷90i	屋90e	握90f	展90a	
巳 92	巴92a	包47	导7b				
子 95	字95b	好96c	李95c	孝100b	享5c	孰5d	熟5e
	学95a	季139e	孩4c	教50c	游161b		
女 96	奶96d	奴96e	努96f	她84c	安96a	宴96b	好96c
	如96g	妈176b	姑19c	妾96h	接96i	委96j	矮96k
	妻96l	姓208c	妹210e	姐224a	姨109e	娄138a	楼138b
	数138c	要168b	娘15c	婚99e			
士 104	吉104a	结104b	桔116b	壮214b	装214c	志104c	声104d
	喜140a						
弓 109	夷109d	姨109e	张102a	涨102b	弟109a	第109b	梯109c
	弛84d						
弋 110	代110c	式110a	试110b	武110d			
干 118	午118b	许118c	平123	评123a	苹123b	年118a	并122
	瓶122a	幸122b	舍170c	舒170d			
巾 132	市132a	布132c	希132d	师132e	狮132f	刷90i	带132b
	帮209b	常150c	帽11f				
纟 131	丝131a	级36g	纪82c	红131i	约207d	药207e	纸99a
	绍121a	经131e	组131f	练131g	细131h	织179a	终206g
	给65d	绝92e	结104b	继131d	续75e	绿131j	绩186c

饣 137	饭147b	饱47a	饺1b	饿137a	馆193c		
宀 141	它88f	穴142	字95b	安96a	宴96b	完71a	院71b
	定54e	实75a	宛85c	碗85d	官193b	馆193c	宜224d
	谊224e	尚150b	客57b	室112a	宾119e	家174a	容196a
	害209d	寄18b	宿134b	寅136a	演136b	富163a	寒206b
	塞206c	赛206d	察126b	擦126c			
广 143	庄143d	脏143e	库124d	裤124e	床143a	应143c	府41a
	腐41b	店127b	庭62b	度143b	唐138d	糖138e	座155c
	康37b	麻211b					
门 145	们145a	问145b	间145c	简145d	闻10f		
土 155	步100	去94	在32a	寺42	地84a	至112	庄143d
	脏143e	场155a	圭156	走53c	块76b	坚106c	社126h
	里151	坐155b	座155c	坏155d	垂11i	睡11j	幸122b
	怪155f	周152a	调152b	城114b	基44a	堂150d	黑158d
	塞206c	墙20f	境24d	增155e			
犭 173	狗46e	狮132f	独173a	狼15b	猪101b	猫152d	
马 176	吗176a	妈176b	驾159h	验67c	骑18a		
山 195	出169a	础169b	岁195a	岛177c			
工 203	左39a	式110a	试110b	红131i	江203a	空142b	经131e
	轻124b	差171b					
氵 201	汉34g	汁201d	江203a	汤219b	没117f	汽204a	河17d
	法94b	浅115b	泳200b	注233e	活22c	洗69e	济133c
	派201b	浪15a	海97b	涨102b	酒162a	流201a	消235d
	清135a	渔185b	深201c	湖19f	滑29a	渴48b	游161b
	满64e	漂126e	演136b	澡180b			
艹(屮) 207	屯6e	顿6e	艺83b	节85g	花68b	劳159e	苦19d
	英78a	苹123b	苗152c	猫152d	草207a	茶207b	药207e
	菜33e	萄166h	葡166f	满64e	蓝107b	懂151b	蕉207c
爿 214	壮214b	装214c	将214a				
昜(易) 219	场155a	扬219a					
夕 222	歼85b	宛85c	碗85d	外222a	岁195a	名222c	多222d
	舛58	舞58a	夜222b	将214a	够46d		

巴 92a	色 72f	把 92b	吧 92c	邑 92d	爬 33c	爸 98a
父 98	爷 98b	爸 98a				
氏 99	民 99c	纸 99a	低 99b	昏 99d	婚 99e	
少 100	老 100a	考 100c	孝 100b	者 101	都 101a	猪 101b	教 50c
长 102	张 102a	涨 102b				
壬 105	任 105a	廷 62a	庭 62b	挺 62c		
王 108	玉 198	主 233c	住 233d	往 60a	注 233e	全 63f	现 13d
	国 20a	环 108c	玩 198a	皇 108a	班 120f	望 3c	理 108b
	球 198b					
戈 113	戊 114	戋 115	戏 113e	划 120g	我 113b	饿 137a	找 113c
	或 113d	烧 158b	戴 113a			
殳 117	设 117e	没 117f	段 117a	锻 117b	般 117c	搬 117d
斤 119	斥 119b	诉 119c	听 16d	兵 119d	宾 119e	近 119a	所 144a
	新 103b					
车 124	连 124c	库 124d	裤 124e	较 1c	轻 124b	辆 64d	辅 124a
	输 221d					
礻 126	礼 126g	社 126h	视 13c	祝 70a	神 126f	祖 126j	福 126i
文 133	齐 133b	济 133c	挤 133d	这 133a		
户 144	护 144f	所 144a	房 144b	扁 144c	遍 144d	篇 144e
瓦 149	瓶 122a					
反 147a	饭 147b	板 147c	版 215a			
火(灬) 158	灯 158a	秋 139b	炼 212d	烦 6b	烧 158b	谈 158c	点 127d
	羔 171c	糕 171d	热 158f	黑 158d	然 158e	照 121c	熊 89c
	熟 5e	蕉 207c				
方 160	访 160a	放 161	放 50a	房 144b	旅 63i	旁 160b	族 161a
	游 161b	旗 44c				
斗 164	科 164a	料 164b				
犬 172	哭 16a	然 158e	器 172a			
牛 175	半 175b	胖 192d	件 175a	告 175d	物 49b	特 42b	解 175c

贝 186	负186a	员186h	圆186i	责186b	绩186c	贯186e	惯186f
	败186g	贵186d	赛206d	赢3d			
毛 188	笔188a	毫188b					
韦 190	伟190a	围190b	违190c				
水 200	永200a	冰206a	泳200b	泉200c			
气 204	汽204a						
丰 209	邦209a	帮209b	麦209c	害209d			
木 210	禾139	本210a	体29b	末210b	袜210c	未210d	妹210e
	术210i	乐212l	休68c	朵210j	机213a	杂230b	困20b
	材32b	极36h	村40a	树40d	条56c	李95c	床143a
	束212a	来210k	采33d	板147c	果210f	课210h	棵210g
	林211	麻211b	森211a	楚55a	杯223b	相11c	想11d
	箱216a	亲103a	新103b	茶207b	查224c	校1d	根14b
	桥77c	桔116b	桌128b	样171a	彩8b	检67b	梯109c
	深201c	植12a	椅18c	集178a	概80f	楼138b	杲180
	操180a	澡180b	橘116b				
片 215	版215a	牌215c					
日 218	旦218a	但218b	担31g	易219	查224c	旧218g	旨89
	指89a	早218e	草207a	阳146b	时42d	间145c	简145d
	易49c	踢49d	昏99d	婚99e	者101	都101a	猪101b
	卓128	掉128a	桌128b	昌218c	唱218d	明218h	昔220
	借220a	错199b	是54b	提54c	题54d	映78b	昭121b
	照121c	香139c	星208b	春218i	昨234c	晚72b	宴96b
	得40b	晨187a	景2c	影2d	普79g	晴135e	朝218f
月 221	有39c	阴146c	肖235c	消235d	服34b	朋192a	育192b
	明218h	胡19e	湖19f	骨29	胖192d	胜208a	前221a
	俞221b	愉221c	输221d	能89b	熊89c	脏143e	脑192c
	望3c	脸67d	脱70e	脚85f	期44b	散50d	然158e
	朝218f	腿14f	赢3d				
不 223a	还61b	坏155d	环108c	杯223b			
云 227	会66c	动159d	层90d	运227a			

目 11	直 12	看 11a	相 11c	想 11d	箱 216a	冒 11e	帽 11f
	省 235b	着 11b	眼 11g	睛 11h	睡 11j	算 43b	
可 17	何 17c	阿 17e	啊 17f	河 17d	奇 18	哥 17a	歌 17b
古 19	克 19g	姑 19c	苦 19d	居 90g	据 90h	故 19a	做 19b
	胡 19e	湖 19f					
甘 22f	甜 22g						
史 35	吏 35a	使 35b	更 35c	便 35d			
付 41	附 41c	府 41a	腐 41b				
包 47	饱 47a	抱 47b	跑 47c				
勾 48	曷 48a	渴 48b	喝 48c				
正 54	定 54e	政 50f	是 54b	提 54c	题 54d	整 54a	
疋 55	蛋 55b	楚 55a					
癶 59	登 59a						
兄 70	况 70b	祝 70a	兑 70c	说 70d	脱 70e		
头 75	买 75b	卖 75c	读 75d	续 75e	实 75a		
央 78	奂 72c	换 72d	英 78a	映 78b			
立 79	产 8d	彦 8e	颜 8f	位 79c	拉 79a	啦 79b	音 79d
	倍 79e	部 79f	妾 96h	接 96i	音 24	亲 103a	新 103b
	站 127c	旁 160b	商 103c				
疒 81	病 81a	疼 81b	痛 81c	瘦 34m			
令 86	冷 86b	邻 146g	命 86a	领 6c	零 86c		
台 93c	抬 93d	治 93e	始 93f				
去 94	丢 94a	却 85e	脚 85f	法 94b	罢 94c	摆 94d	
母 97	每 97a	海 97b					
皿 125b	监 107a	蓝 107b	篮 107c	盘 125c			
矢 111	医 111a	知 111c	候 111b	族 161a	短 111d	矮 96k	
戊 114	戌 114f	越 114g	成 114a	城 114b	咸 114c	感 114d	喊 114e
戈 115	浅 115b	钱 115a	践 52a				

矛 116	膏116a	橘116b				
召 121	绍121a	昭121b	照121c	超121d		
示 126	祭126a	察126b	擦126c	票126d	漂126e	
占 127a	店127b	点127d	站127c			
衤 130	初120c	衬130d	衫130e	被130a	袜210c	裙37f	裤124e
白 134	百134a	宿134b	拍31d	的46b	怕134c	皇108a	泉200c
	原200d	愿200e					
禾 139	利120h	委96j	矮96k	和139a	季139e	秋139b	香139c
	科164a	种231c	乘88d	剩88e	租139d		
穴 142	究230a	空142b	穿25a	突142c	窗142a		
田 152	甶153	由154	邮146d	抽154a	申157	神126f	电157a
	里151	男159a	备56a	细131h	苗152c	猫152d	画169c
	果210f	课210h	棵210g	卑215b	啤215d	牌215c	单232c
	思28a	界63d	畐163	鬼153a	畏153b	喂153c	禺194b
	遇194c	留87d	累131c	黄136	寅136a	演136b	番183a
	播183b	翻182b	鼻26c	戴113a			
罒	罢94c	摆94d	曼28e	慢28f			
用 166	甬166a	通166b	痛81c	甫166c	捕166d	辅124a	傅166e
	葡166f	角191					
鸟 177	鸡177a	鸣177b	岛177c				
皮 189	被130a	破189a					
石 197	研197d	础169b	破189a	确191a	碗85d	碰197c	磁197b
钅(金) 199	钢165c	铅199a	钟231b	钱115a	铁199d	银14d	错199b
	锻117b	镜24e					
氺 202	求202b	球198b	录202a				
生 208	性28c	姓208c	胜208a	星208b			
东(東)212c	练131g						
册(冊)217	扁144c	遍144d	篇144e				
业 223c	普79g	碰197c					
且 224	助224b	组131f	姐224a	宜224d	谊224e	祖126j	租139d

乍 234a	作 234b	昨 234c	怎 234d			

6획

交 1a	饺 1b	较 1c	校 1d			
亥 4	刻 4a	该 4b	孩 4c	咳 4d		
页 6	须 8a	预 6a	烦 6b	顾 6d	顿 6e	领 6c	颜 8f
	题 54d						
而 9	耐 9a	需 9b				
耳 10a	取 10b	最 10c	趣 10d	闻 10f	敢 50g	联 10e	聪 16j
艮 14	很 14a	退 14e	腿 14f	根 14b	眼 11g	银 14d	跟 14c
舌 22	乱 22e	刮 22a	话 22b	活 22c	适 22d	甜 22g
自 26	首 7	咱 26a	息 26b	夏 56e	鼻 26c	
争 36a	净 36b	静 36c				
聿 38	建 38b	健 38c	律 38a			
寺 42	持 42a	特 42b	等 42c			
关 45	送 45a	联 10e				
合 65a	拾 31e	哈 65c	给 65d	拿 31b	答 65b	
色 72f	绝 92e					
臣 106	卧 106a	卧 107				
至 112	到 112b	倒 112c	屋 90e	握 90f	室 112a	
舟 125	般 117c	搬 117d	船 125a	盘 125c		
兆 129	逃 129b	跳 129a				
衣 130	农 130c	表 130b	装 214c			
糸 131	系 131b	紧 106b	累 131c			
米 138	来 210k	娄 138a	楼 138b	数 138c	继 131d	料 164b	精 135b
	糖 138e	糕 171d					
圭 156	封 40e	挂 156a	街 60c	鞋 156b		
缶 166g	葡 166h					
西 168a	要 168b	票 126d	漂 126e			

羊 171	差171b	样171a	羔171c	糕171d	着11b	鲜185a
羽 182	习182a	翻182b			
虫 184	虽184a	蛋55b	独173a		
肉 192	腐41b				
自 193	追193a	官193b	馆193c		
竹 216	笑77a	笔188a	第109b	等42c	答65b	简145d	筷216b
	箱216a	算43b	篇144e	篮107c		

| 谷 196 | 俗 196b | 容 196a | | | | |
| 束 212a | 柬 212c | 嗽 212b | 整 54a | | | |

10획

高 5   享 5c   孰 5d   熟 5e   亮 5b   毫 188b   搞 5a

11획

黄 136

麻 211b   嘛 211c

12획

黑 158d

13획

鼓 51b

MEMO